תלמוד בבלי

— מהדורת נאה —

עירובין חלק ה

Steinsaltz Center

KOREN

Please note that the number ranges that appear at the bottom of each daf of the Vilna pages indicate the corresponding pages of the Koren Talmud Bavli translation and commentary.

תלמוד בבלי

הוצאת קורן ירושלים

— מהדורת נאה —

מסכת עירובין
דף פט. עד דף קה.

COMMENTARY BY
Rabbi Adin Even-Israel
Steinsaltz

EDITOR-IN-CHIEF
Rabbi Dr Tzvi Hersh Weinreb

EXECUTIVE EDITOR
Rabbi Joshua Schreier

•

STEINSALTZ CENTER
KOREN PUBLISHERS JERUSALEM

כל גגות העיר רשות אחת, ובלבד שלא יהא גג גבוה י' או נמוך י', דברי ר"מ. וחכ"א: כל אחד ואחד רשות בפני עצמו. *רבי שמעון אומר: [ג]אחד גגות ואחד חצירות ואחד קרפיפות — רשות אחת הן לכלים ששבתו לתוכן, ולא לכלים ששבתו בתוך הבית.§ **גמ'** יתיב אביי בר אבין ורבי חנינא בר אבין, ויתיב אביי גבייהו, ויתבי וקאמרי: בשלמא רבנן סברי: כשם שדיורין חלוקין למטה — כך דיורין חלוקין למעלה. אלא רבי מאיר מאי קסבר? אי קסבר כשם שדיורין חלוקין למטה כך דיורין חלוקין למעלה — אמאי רשות אחת הן? ואי קסבר אין חלוקין, דכל למעלה מי' רשות אחת היא — אפילו גג גבוה עשרה ונמוך י' נמי! אמר להו אביי: לא שמיע לכו הא *דאמר רב יצחק בר אבדימי, אומר היה רבי מאיר: כל מקום שאתה מוצא שתי רשויות והן רשות אחת, כגון עמוד ברה"י גבוה עשרה ורחב ד' — אסור לכתף עליו, גזירה משום תל ברה"ר. ה"נ — גזירה משום תל ברה"ר. סבור מינה: אפילו מכתשת ואפילו גיגית. אמר להו אביי, הכי אמר מר: לא אמר ר"מ אלא עמוד ואמת הריחים, הואיל ואדם קובע להן מקום. והרי כותל שבין ב' חצירות דקבוע, *ואמר רב יהודה: כשתימצי לומר לדברי ר"מ: גגין רשות לעצמן, חצירות רשות לעצמן, קרפיפות רשות לעצמן. מאי לאו — דשרי לטלטולי דרך כותל! אמר רב הונא בר יהודה, אמר רב ששת: לא, להכנים ולהוציא דרך פתחים.§ "וחכ"א כל אחד ואחד רשות בפני עצמו".§ איתמר, *רב אמר: אין מטלטלין בו אלא בד' אמות, ושמואל אמר: מותר לטלטל בכולו. במחיצות הניכרות — דכולי עלמא לא פליגי. כי פליגי — במחיצות שאינן ניכרות. רב אמר: אין מטלטלין בו אלא בד' אמו', לא אמר גוד אסיק מחיצתא, ושמואל אמר: מותר לטלטל בכולו, דאמר גוד אסיק מחיצתא. תנן, וחכמים אומרים: כל אחד ואחד רשות

רש"י

כל גגות העיר רשות אחת. ואף על פי שדיורין חלוקין למטה לשני בני אדם, הגגות שאין תשמישן תדיר — אין בהם חילוק רשות, וכלים ששבתו בגג זה מותרין להוציאם לזה: ובלבד שלא יהא גג גבוה. מחבירו עשרה. דאם חלוק מהן בגובה י' — אסור לטלטל ממנו לגגין. וטעמא מפרש בגמ': וחכ"א כל אחד ואחד רשות לעצמו. ואם לא עירבו דיורין שלמטה — אסור לטלטל מזה לזה: ר' שמעון. מיקל מכולם, ואמר: חצירות וגגות וקרפיפות שאינן יותר מבית סאתים, הואיל וכולם אין תשמישן מיוחד ותדיר — רשות אחת הן. ומטלטלין מזה לזה, אפילו מחצר של רבים לחצר רבים בלא עירוב. ולית ליה לר"ש עירובי חצירות אלא משום היתר כלי הבית: לכלים ששבתו בתוכן. כלים ששבתו באחד מהן, מוציאין אותן מזה לזה: אבל לא לכלים ששבתו בתוך הבית. והביאום לחצירן ע"י שעירבו בני החצר, אסור להוציאן מחצירו לחצר אחרת, אם לא עירבו ב' החצירות יחד: **גמ'** כל מקום שאתה מוצא שתי רשויות. שעומדת כל אחת לבדה: והן רשות אחת. שם אחת להן, ששתיהן רשות היחיד: כגון עמוד. גבוה עשרה בחצר: אסור לכתף עליו. מן החצר, ואע"פ שרשות חצר עולה עד לרקיע: גזירה משום תל גבוה י'. ברה"ר, דהוה רה"י, דלא ליתי לכתופי עליה: אמת הריחים. כל בנין העמדת הריחים מקום מושבן קרי ליה אמת הריחים: הואיל ואדם קובע להן מקום. דדמו לתל: ואמר רב יהודה. לקמן בפירקין: כשתימצי לומר. כשתדקדק בדבריהם תמצא כן: חצירות רשות לעצמן. ומטלטלין מחצר של רבים לחצר של רבים בלא עירוב, וכן של יחיד דכי היכי דאמר ר' מאיר גגות רשות אחת הן — שמעינן מינה דחצירות נמי רשות אחת, שהרי אין תשמישן מיוחד כבתים, ודמו לגגין. אבל מגג לחצר — לא, כדקתני: ובלבד שלא יהא גג גבוה מחבירו י' וכל שכן מגג לחצר: מאי לאו. הא דקאמרינן חצירות רשות לעצמן — דשרי לטלטולי דרך כותל, ולא גזר משום תל, אלמא: גג גבוה ונמוך טעמא אחרינא הוא.
*וקרפף אם יש יותר מבית סאתים (הן) מטלטלין מזה לזה תוך ד' ואי של בית סאתים — מטלטלין טלטול גמור. אבל מהן לחצירות — לא, דלא דמו לחצירות, דחצירות רשות שותפות, וקרפף רה"י: רב אמר אין מטלטלין. לרבנן, בגג הסמוך לחבירו: אלא בד' אמות. דכיון דלרבנן כל אחד רשות לעצמו, והן פרוצין זה לזה — אוסרין זה על זה, דה"ל רשות פרוצה במלואה למקום האסור לה: מותר לטלטל בכולו. שמחיצות המבדילות למטה[ג] מן הדיורין אמרינן גוד אסקינהו למעלה, ויפרידו ביניהן: במחיצות הניכרות. שאין הבתים מחוברין, ויש אויר ביניהם, ומחיצות הבתים נראין לעומדין על הגג כשמסתכלין תחת רגליהם: כולי עלמא לא פליגי. דאמרינן בהו גוד אסיק, דדמו לעמוד ברשות הרבים דהוי רשות היחיד משום גוד אסיק — משוך והעלה: כי פליגי בשאין המחיצות ניכרות. שהגגין מחוברין יחד, ומכסין המחיצות שבין הדיורין: לא אמרינן גוד אסיק. דכי האי גוונא

תוספות

כל גגות. גזרה משום תל ברה"ר. אף על גב דקיימא לן כר' מאיר בגזירותיו, אפילו במקום רבים, כדאמרינן בפ' "אע"פ" (כתובות נז.) גבי משהה אדם את אשתו שתים ושלש שנים בלא כתובה — הכא אומר ר"י דאין הלכה כרבי מאיר. דפסקינן לקמן *הלכה כר"ש, דאמר: כולן רשות אחת הן. וכותל שבין שתי חצירות דאסרינן הכא לר' מאיר — שרי ר' יוחנן לעיל בריש "חלון" (דף עז.)(ג), ולקמן בפירקין [דף צב.]:

מאי לאו דשרי לטלטולי דרך כותל. המ"ל: כשאין הכותל רחב ארבעה: **רב** אמר אין מטלטלין בו אלא בד'. אף על גב דרב ושמואל פסקי לקמן כר"ש — הכא אליבא דרבנן פליגי, ולא סברי להו. א"נ: פלוגתייהו נפקא מינה נמי לר"ש לכלים ששבתו בבית. ואף על גב דגבי כלים ששבתו בתוכו הוי נפרץ במילואו למקום המותר לו — מ"מ חשיב שפיר נפרץ במילואו למקום האסור לכלים ששבתו בתוך הבית. כעין שפירש רש"י *בריש "מי שהוציאוהו" (לעיל דף מב.)(ד), דנפרץ במילואו למקום האסור לטלטל מגואי לבראי ומבראי לגואי הוי מקום המותר לו. א"נ: נפקא מינה כשהגגין יחד יתירים מבית סאתים, דאי לא אמר גוד אסיק — אסור כדאמרינן לקמן(ה):

במחיצות שאינן ניכרות. כשהבתים מחוברין, דאין מחילות הבתים ניכרות, כדפירש בקונטרס. ונראה דהוא הדין אם הגג בולט חוץ למחילות הבית, דחשיב נמי מחילות שאינן ניכרות. ואור"י: דגגין שלנו שבולטין ראשיהן לרה"ר ועבידי כי ארזילא, לפירוש רש"י דמפרש*) כי ארזילא בשיפוע כגגין שלנו — הוי כרמלית, דלא מינכרא מחילתא וליכא למימר גוד אסיק, ופי תקרה נמי לא אמרינן, כיון דעבידי כי ארזילא. וגוד אחית נמי לא אמרינן *לרבנן דרבי יוסי בר יהודה גבי טרסקל, משום בקיעת גדיים. דאפילו רבי יוסי בר יהודה לא אמר אלא בטרסקל דהדרן מחילתא, כדאמר בפרק

*) לקמן צ. ד"ה וכו' אמות.

עין משפט נר מצוה

א ב מיי' פ"ג מהלכות עירובין הלכה יח סמג עשין א טור ש"ע א"ח סי' שעב סעיף א:

רבינו חננאל

פ"ט כל גגות העיר רשות אחת ובלבד שלא יהא גבוה י' טפחים או נמוך י' דברי ר' מאיר מ"ט דר' מאיר אי קסבר כשם שדיורין למטה חלוקין כך חלוקין למעלה. אמאי קתני כל גגות העיר רשות אחת (בלבד) ואי אין חלוקין (כ"ע) [דלמעלה מי'] רשות אחת היא [ובלבד שיהא גבוה] י' או נמוך עשרה למה לי ואוקמה רב יצחק אומר היה ר' מאיר כל מקום שאתה מוצא ב' רשויות והן רשות אחת כגון עמוד ברה"י גבוה י' ורחב ד' אסור לכתף עליו [גזירה] משום תל ברשות הרבים סבור מינה [אפילו] מכתשת אפילו גיגית אסור לכתף עליו. אמר אביי הכי קאמר מר והוא רבה בר נחמני לא אסרו אלא בעמוד ואמת הריחים הואיל ואדם קובע להם מקום דגזרינן בהו אטו תל ברשות הרבים. ואקשינן והא כותל שבין ב' חצרות דקביע ואמר רב יהודה כשתמצא לומר לדברי ר"מ גגין וחצרות רשות לעצמן מאי לאו דשרי לטלטולי דרך כותל ולא קא גזר משום תל ברה"ר ופרקינן לא להכניס ולהוציא מהן דרך פתחים אבל מזה לזה לא. וחכמים אומרים כל גגות רשות בפני עצמו הוא: אתמר

מסורת הש"ס

שבת קל: לעיל [כב: לה.] עד. ולקמן נח.

[לקמן צ. שבת ע.]

[לקמן צ:]

[לקמן צב.]

[ג"ל וקרפיפו']

[דף לח.]

הגהות הב"ח

(ג) רש"י ד"ה מותר לטלטל וכו' למטה מן הדיורין אמרינן בהו גוד אסקינהו: (ג) תוס' ד"ה כל גגות וכו' בריש חלון נ"ב עיין בתוס' בד"ה וכו' יוחנן ... רב אמר וכו' כעין שפי' רש"י בריש מי שהוציאוהו נ"ב בדף מב וע"ש בתוס' בד"ה לא על ידי מסיכה: (ה) בא"ד כדאמרינן לקמן נ"ב דף צ סוף ע"א:

רשות לעצמו, בשלמא לשמואל — ניחא, אלא לרב — קשיא! אמרי בי רב משמיה דרב: שלא יטלטל ב' אמות בגג זה וב' אמות בגג זה. והא א"ר אלעזר, כי הוינן בבבל הוה אמרינן, בי רב משמיה דרב אמרו: אין מטלטלין בו אלא בד' אמות, והני דבי שמואל תנו: אין להן אלא גגן. מאי "אין להן אלא גגן" — לאו דשרו לטלטולי בכוליה? *ומי אלימא ממתני', דאוקימנא שלא יטלטל שתי אמות בגג זה ושתי אמות בגג זה — ה"נ: ב' אמות בגג זה וב' אמות בגג זה. *אמר רב יוסף: לא שמיע לי הא שמעתא. א"ל אביי: את אמרת ניהלן, ואהא אמרת ניהלן: גג גדול הסמוך לקטן — הגדול מותר והקטן אסור. ואמרת לן עלה, אמר רב יהודה, אמר שמואל: לא שנו אלא שיש דיורין על זה ודיורין על זה, דהויא לה הא דקטן מחיצה נדרסת. אבל אין דיורין על זה ועל זה — שניהן מותרין. א"ל: אנא הכי אמרי לכו: ל"ש אלא שיש מחיצה על זה ומחיצה על זה, דגדול מישתרי בגיפופי, וקטן נפרץ במלואו. אבל אין מחיצה לא על זה ולא על זה — שניהן אסורין. והא דיורין אמרת לן! אי אמרי לכו דיורין — הכי אמרי לכו: ל"ש אלא שיש מחיצה ראויה לדירה על זה ומחיצה ראויה לדירה על זה, דגדול מישתרי בגיפופי וקטן נפרץ במלואו. אבל יש מחיצה ראויה לדירה על הגדול, ואין ראויה לדירה על הקטן — אפילו קטן שרי לבני גדול. מאי טעמא — כיון דלא עבוד מחיצה — סלוקי סליקו נפשייהו מהכא. כהא דאמר רב נחמן: עשה סולם קבוע לגגו — הותר בכל הגגין כולן. אמר אביי: בנה עלייה על גבי ביתו ועשה לפניה דקה ארבע — הותר בכל הגגין כולן. אמר רבא: פעמים שהדקה לאיסור. היכי דמי — דעבידא להדי תרביצא דביתיה, דאמר לנטורי

רשות לעצמו. קא סלקא דעתך: כל אחד יטלטל בגגו משמע: והני דבי שמואל תנו. אית מתניתא בידייהו דמותבי מינה תיובתא לדבי רב, דקתני: אין להן לכל אחד אלא גגו, דמשמע דלא יטלטלו אלא בגגו, הא בגגו — יטלטלו: לא שמיע לי הא שמעתא. דשמואל, דקיימא גוד אסיק במחיצות כי הני, שאין ניכרות: גג גדול סמוך לקטן. גדול עודף עליו לכאן ולכאן: הגדול מותר. לטלטל בו דיורין שבו, ואפילו לרב. דהא מחיצות של מטה שישנן בעודפו לכאן ולכאן — מחיצות הניכרות הן, וגוד אסקינהו. ואית להו גפופי, והך פירצה שכנגד הקטן — פתחא הוי לגדול, ואין קטן אוסר עליו, דהוי כשתי חצירות ופתח ביניהם: אבל קטן אסור. דלדידיה הוי מלואו, ולאו פתחא הוא, ואסרי עליה בני גדול: שיש דיורין על זה ועל זה. שעוברין כל שעה מזה לזה, הלכך, ליכא למימר גוד אסיק במחיצה התחתונה שביניהם, מפני שנדרסת היא: אבל אין בהן דיורים. אמרינן בה גוד אסיק, ומותר אף הקטן, אלמא: אף במחיצה שאינה ניכרת אית ליה לשמואל גוד אסיק, דאי לאו דמחוברין הן — אין דריסה מזה לזה: שיש מחיצה על זה ועל זה. כל סביבותיהן, חוץ מכנגד חבורן, דהשתא מישתרי גדול בגיפופי: אבל אין מחיצה לא לכאן ולא לכאן שניהן אסורין. דקטן נמי אסר אגדול, דהואיל ולא הוו גיפופי ממש אלא על ידי גוד אסיק, לא הוו גיפופי לשוויה פתחא לגביה, דפתחא דמינכר בעינן, וכה"ג: לא עבדי אינשי: אי אמרי לכו דיורין. אם הזכרתי לכם שום דירה בדבר, כך אמרתי לכם. רב יוסף חלה ושכח תלמודו: לא שנו. דקטן אסור, בין לדיורי קטן בין לדיורי גדול — אלא שיש מחיצה ראויה לדירה. כלומר: מחיצה קבוע וקיימא, דתרוייהו גלו דעתייהו דבעו אשתמושי כל חד בדידיה. הלכך, גדול מותר בשלו — דפתחא הוא, ולא אסר קטן עלייהו. וקטן אסור לשניהם (א)משום דנפרץ במלואו לגדול, ואסרי עליה בני גדול. ולדידהו נמי לא מישתרי, דכיון דעבד ליה מריה מחיצה קבועה — לא סליק נפשיה מיניה, ולא אחלי לגבייהו: סלוקי סליקו נפשייהו. בני קטן מגגו, ואחליה לבני גדול: הותר בכל הגגין. ואפילו לרבנן, דכיון דאינהו לא עביד סולם — סליקו נפשייהו ואחלינהו לגביה: בנה עלייה. והקיף כל גגו מחיצות לעלייה: דקה. פתח קטן פתוח לצד הגגין: הותר בכולן. דגלי דעתיה דקא מחזיק בהו — והם לא הקפידו לעשות כן — אחלינהו לגביה: פעמים שהדקה לאיסור. ואפילו לרבי מאיר, דמשוי כל הגגות רשות אחת אסור בהן: דעבדה להדי תרביציה. שפתח לצד גינתו, ומחיצה של צד הגגין הניח סתומה: לנטורי

בפ' "בכל מערבין" (לעיל דף לג:), והואיל וכן — כל הגג אסור, כי כל הגג נפרץ במילואו לכרמלית — לאותה בליטה הבולטת לרה"ר. ואע"ג דלא שלטי ביה רבים, שהרי גבוה י' — נעשה כרמלית, דלא מצינו מקום פטור רוחב ד'. דהא בית שאין תוכו י' וקרויו משלימין ליו"ד הוי תוכו כרמלית, ואין מטלטלין בו אלא בארבע אמות, אע"ג דלא שלטי ביה רבים, שהרי סתום הוא מכל צד. והא דאמר בפ"ק דשבת (דף ז.) דאין כרמלית למעלה מי' — היינו שמכח קרקע הכרמלית אין נעשה האויר כרמלית למעלה מי', כדאמר התם דאקילו ביה רבנן(ב) קולי רה"ר, שהאויר למעלה מי' מקום פטור, וגזוזטרא דלא הויא כרמלית אלא רשות היחיד — היינו משום דגוד אחית, דבקיעת דגים לא הויא בקיעה, כדפיר' לעיל. או בפתוח *לרה"ר דהוי כי חורי רשות היחיד. וכן זיז היוצא לרשות הרבים רחב ד' דהוי רשות היחיד — היינו סמוך לחלון תוך י', דהוי כי חורי רשות היחיד. ומנעול דחשיב ליה ב"המוצא תפילין" (לקמן דף קא:) רה"י — היינו משום דליכא בקיעת גדיים, שהאיסקופה גבוה שלשה. אי נמי: שיש במנעול עצמו גבוה י', דהוי רשות היחיד אפילו איכא רה"ר גמורה תחתיו, כמו עגלות דהוו רה"י ותחתיהן רה"ר ב"הזורק" (שבת דף צט.). ורש"י פירש נמי לקמן(ג) אמתניתין דגג גדול הסמוך לקטן, גבי מה אצר דמינכרא מחיצות שלא יהא גג בולט חוצה להן, דאי לא מינכרא — לא אמר גוד אסיק. וגדול נמי אסור, שאין לו שום מחיצה, וכל שאין לו מחיצה אינו רשות היחיד. וכן בשמעתין גבי גגין השוין לר"מ כו' דפריך: קשיא דרב אדרב, פי' בקונטרס: דלית ליה גוד אסיק ה"נ בגגין השוין לרבי מאיר, נהי דלא אסור כל חד אחבריה, דחדא רשותא משוי להו — מיהו, בני רה"ר העוברים לפניהם ולאחריהם ולצידי החיצונה, אמאי לא אסרי עלייהו? הא ליכא מחיצה לגגין כו'! מיהו, בירושלמי משמע דלא חשיב כרמלית והכי איתא(ד), אמר ר' יוחנן: זיזין וכתלים שהיו גבוהים י' ורחבין ד' — מותרין כאן וכאן ובלבד שלא יחליף, משמע דחשיב להו מקום פטור, מדשרי לבני רשות הרבים ורשות היחיד, וכתלים דקאמר התם נראה דהיינו אבנים הבולטין מן הכותל, דאילו כותל גבוה י' ורחב ד' — הוי ודאי רה"י. והא דנקט רחב ד' — לרבותא, דאפ"ה הוי מקום פטור, וכל שכן אם אינם רחבים ד'. ולא קשיא ההיא דבית שאין תוכו י' דהוי כרמלית, אע"ג דלא מצי רבים לאישתמושי — דהכא כיון שהוא למעלה מי' יש לו ליחשב מקום פטור, אע"ג דרחב ד' כיון דלא הוי לא רה"ר ולא רה"י. והא דפריך: קשיא דרב אדרב — לאו משום דרה"ר אוסרת, כדפי' בקונטרס — דלעולם אין רה"ר אוסרת למעלה מי', אלא משום דידע שפיר דאיירי ביתר מבית סאתים, כדמסיק. ומ"מ פריך לשמואל, משום דאין נראה לו לומר דהני מחיצות למעלה לא עבידן, ולא הוי מוקף לדירה. והא דקאמרינן נמי לקמן: אף גג דמינכרא מחיצה, דאי לא מינכרא גדול נמי אסור — משום דקטן אוסר עליו, אבל כי מינכרא — אין הקטן אוסר עליו, משום גוד אסיק אפילו לשויה פתחא דלא כרב יוסף דבסמוך דאמר אם אין מחיצה לא על זה ולא על זה שניהם אסורין, דלא אמר גוד אסיק לשויה פתחא — משום דפתחא כי האי גוונא לא עבדי אינשי:

וקטן נפרץ במילואו. כגון שהגג קטן נכנס לתוך הגדול, כדאוקימנא פרק קמא (דף ט:) דמתניתין דחצר קטנה שנפרצה לגדולה, בנכנסין כותלי קטנה לגדולה, שלא יהא נראה מבחוץ ושוה מבפנים.

ועשה לפניה דקה ד' הותר בכל הגגין. לפי מה שמפרש ב"כיצד מעברין" (לעיל דף נט: ושם סא.) דדקה היא מחיצה, מפרש ר"י הכא דכשבנה עלייה ועשה מחיצה כל סביב גגו, ופתחה לצד הגגין, ועשה לפני הפתח דקה ד' — אז הוי תשמיש קבוע. אבל בלא דקה ירא להשתמש שם תשמיש קבוע, מפני בני גגין אחרים. וקשה: דבלא דקה נמי אמר לעיל, דאם יש מחיצה ראויה לדירה על הגדול ולא על הקטן דאפילו קטן נמי שרי לבני גדול. ור"ח גרס: "הותרו כל הגגין", פירוש: אם עירבו שאר הגגין וזה לא עירב עמהם — אינו אוסר עליהם, דכיון דעשה דקה סילק עצמו מהם. וצריך לומר לפירושו דלצד הגגין הוא פרוץ במילואו, או עלייה אינה אלא בחצי הגג. שאם היה כל הגג מוקף מחיצה — בלא דקה נמי לא היה אוסר. ולשון פעמים שהדקה לאיסור צריך ליישב, דהדקה אינה עושה לא איסור ולא היתר:

כרמלית

רבינו חננאל

אתמר רב אמר אין מטלטלין בכל גג אלא בד' אמות דלא אמרינן גוד אסיק מחיצתא. ושמואל אמר אמרינן גוד אסיק מחיצתא וכאילו מחיצות כל חצר עולות ומקיפות הגג לפיכך מותר לטלטל בכל הגג כי כמו החצר הוא ואקשינן עליה דרב והתנן וחכ"א כל אחד ואחד רשות לעצמו. ופרקינן רב הכי קתני כל אחד ואחד רשות לעצמו שלא יטלטל ב' אמות בגג זה ושתי אמות בגג אחר. אמר רב יוסף בהא דתנן גג גדול סמוך לגג קטן גדול מותר וקטן אסור. אמר רב יהודה אמר שמואל לא שנו אלא שיש מחיצה הראויה לדירה על הגדול ומחיצה הראויה על הקטן דגדול משתרי בגיפופי. פי' גיפופי כמו כתלים קטני' שנשארו מכותלי הגדולה ניתרת בהן שהן כמו פסין אבל הקטן שנפרץ במילואו ואין לו מחיצה כלל בזה *) (חצר א' חייב) אבל יש מחיצה הראויה על הגדול ואין הראויה לדירה על הקטן קטן נמי משתרי לגבי גדול דכיון [דלא] עבידו מחיצה בנפשייהו סלוקי סליקו נפשייהו מהכא וכי הא דאמר ר"נ אחד שעשה סולם קבוע לגגו מותרין בכל הגגות דהאי סליק נפשיה מהכא אמר אביי בנה עלייה על גבי ביתו ועשה לפניה דקה כמו איצטב' רחבה ד' טפחים מותרין בני הגגות בגגותיהן דהאי סליק נפשיה מהכא ולא קאסר. אמר רבא ואי עבד' להאי דקה בהדיה ביתיה אסיר דלא אמרינן סלוקי סליק

*) [אולי צ"ל בזה אמרינן דגג הקטן אסור].

(לעיל י. וש"נ)

הגהות הב"ח

(א) רש"י ד"ה לא שנו וכו' דמשום דנפרץ: (ב) תוס' ד"ה כמחיצות וכו' דאקילו ביה רבנן מקולי רה"ר: (ג) בא"ד ורש"י פי' נמי לקמן. נ"ב דף לב סוף ע"א: (ד) בא"ד והכי איתא התם א"ר יוחנן:

גליון הש"ס

גמ' ומי אלימא ממתניתין. שבת דף יב ע"א ודף פג ע"א:

לְנָטוּרֵי תַּרְבִּיצָא הוּא דַּעֲבִידָא. בָּעֵי רָמִי בַּר חָמָא: שְׁתֵּי אַמּוֹת בַּגַּג וּשְׁתֵּי אַמּוֹת בָּעַמּוּד מַהוּ? אָמַר רַבָּה: מַאי קָא מִיבַּעְיָא לֵיהּ? כַּרְמְלִית ורה"י קָא מִיבַּעְיָא לֵיהּ?! וְרָמִי בַּר חָמָא *אַגַּב חוּרְפֵּיהּ לֹא עַיֵּין בָּהּ, אֶלָּא הָכִי קָמִיבַּעְיָא לֵיהּ: ב' אַמּוֹת בַּגַּג, וּב' אַמּוֹת בָּאַכְסַדְרָה מַהוּ? מִי אָמְרִינַן: כֵּיוָן דְּלָא הַאי חֲזֵי לְדִירָה, וְלָא הַאי חֲזֵי לְדִירָה — חֲדָא רְשׁוּתָא הִיא. אוֹ דִילְמָא: כֵּיוָן דְּמִגַּג לְגַג אֲסִיר, מִגַּג לְאַכְסַדְרָה נַמִי אֲסִיר? בָּעֵי רַב בֵּיבָי בַּר אַבַּיֵי: ב' אַמּוֹת בַּגַּג וּב' אַמּוֹת בְּחוּרְבָּה מַהוּ? אָמַר רַב כָּהֲנָא: לָאו הַיְינוּ דְּרָמִי בַּר חָמָא? אָמַר רַב בֵּיבָי בַּר אַבַּיֵי: וְכִי מֵאַחַר אָתָאי וּנְצָאי?! אַכְסַדְרָה — לָא חַזְיָא לְדִירָה, וְחוּרְבָּה — חַזְיָא לְדִירָה. וְכִי מֵאַחַר דְּחַזְיָא לְדִירָה, מַאי קָמִיבַּעְיָא לֵיהּ? אִם תִּמְצֵי לוֹמַר קָאָמַר; אִם תִּמְצֵי לוֹמַר אַכְסַדְרָה לָא חַזְיָא לְדִירָה — חוּרְבָּה חַזְיָא לְדִירָה, אוֹ דִילְמָא הַשְׁתָּא מִיהָא לֵית בָּהּ דִּיוּרִין? תֵּיקוּ. גַּגִּין הַשָּׁוִין לר"מ, וְגַג יְחִידִי לְרַבָּנַן, רַב אָמַר: מוּתָּר לְטַלְטֵל בְּכוּלּוֹ, וּשְׁמוּאֵל אָמַר: אֵין מְטַלְטְלִין בּוֹ אֶלָּא בְּד'. רַב אָמַר: מוּתָּר לְטַלְטֵל בְּכוּלּוֹ, קַשְׁיָא דְּרַב אַדְּרַב! הָתָם — לָא מִינְכְּרָא מְחִיצָּתָא, הָכָא מִינְכְּרָא מְחִיצָּתָא. וּשְׁמוּאֵל אָמַר: אֵין מְטַלְטְלִין בּוֹ אֶלָּא בְּד' אַמּוֹת, קַשְׁיָא דִּשְׁמוּאֵל אַדִּשְׁמוּאֵל! הָתָם — לָא הָוֵי יוֹתֵר מִבֵּית סָאתַיִם, הָכָא — הָוֵי יוֹתֵר מִבֵּית סָאתַיִם. וְהָנֵי מְחִיצוֹת לְמַטָּה עֲבִידָן, לְמַעְלָה לָא עֲבִידָן, וַהֲוָה כְּקַרְפֵּף יָתֵר מִבֵּית סָאתַיִם שֶׁלֹּא הוּקַּף לְדִירָה, וְכָל קַרְפֵּף יוֹתֵר מִבֵּית סָאתַיִם שֶׁלֹּא הוּקַּף לְדִירָה — אֵין מְטַלְטְלִין בּוֹ אֶלָּא בְּד'. אִיתְּמַר; סְפִינָה, רַב אָמַר: מוּתָּר לְטַלְטֵל בְּכוּלָּהּ, וּשְׁמוּאֵל אָמַר: אֵין מְטַלְטְלִין בָּהּ אֶלָּא בְּד'. רַב אָמַר: מוּתָּר לְטַלְטֵל בְּכוּלָּהּ, דְּהָא

רש"י

לְנָטוּרֵי תַּרְבִּיצָא עֲבִידָא. וְסִילֵּק עַצְמוֹ מִן הַגַּגִּין: ב' אַמּוֹת בְּגַג זֶה. כְּרַב סְבִירָא לֵיהּ דְּאָמַר: גַּג שֶׁבֵּין הַגַּגִּין אֵין מְטַלְטְלִין בּוֹ אֶלָּא בְּד' דְּאָסְרֵי אַהֲדָדֵי: מַהוּ. לְטַלְטֵל מֵאַחַת מֵהֶן לְעַמּוּד הָעוֹמֵד בִּרְה"ר סָמוּךְ לוֹ, גָּבוֹהַּ י' וְרָחָב ד': כַּרְמְלִית ורה"י קָא מִיבַּעְיָא לֵיהּ. בִּתְמִיָּה. כְּלוֹמַר, פְּשִׁיטָא דַּאֲסִיר, דְּהָא גַּג כַּרְמְלִית הוּא כִּדְאָמְרִי' אֵין מְטַלְטְלִין בּוֹ אֶלָּא בְּד' וְעַמּוּד רה"י: וְרָמִי בַּר חָמָא אַגַּב חוּרְפֵּיהּ כו'. הַתַּלְמוּד קָאָמַר: וְרָמִי בַּר חָמָא נַמִי וַדַּאי לָא אִיבָּעֵי לֵיהּ לְמִיבָּעֵי הָכִי, אֶלָּא אַגַּב חוּרְפֵּיהּ מִיהֵר בִּשְׁאֵלָתוֹ, וְלֹא עִיֵּין בָּהּ יָפֶה: וְהָכִי הוּא דְּמִיבַּעְיָא לֵיהּ ב' אַמּוֹת בַּגַּג. שֶׁבֵּין הַגַּגִּין: וּב' אַמּוֹת בָּאַכְסַדְרָה. שֶׁל בְּעָלִים אֲחֵרִים, ע"ג תִּקְרָה שֶׁל אַכְסַדְרָה יוֹתֵר מִבֵּית סָאתַיִם, וְאֵין לָהּ מְחִיצָּה וְאֵין לָהּ פִּי תִּקְרָה דְּנֵימָא יוֹרֵד וְסוֹתֵם. דַּעֲבִידָא כִּי אוֹרְזִילָא, בְּשִׁפּוּעַ כְּגַגִּין שֶׁלָּנוּ, וּכְדַאֲמָרַן בְּ"עוֹשִׂין פַּסִּין" (לעיל כה:) דְּהַשְׁתָּא הָוְיָא לָהּ נַמִי כַּרְמְלִית, מַהוּ לְטַלְטֵל מִזֶּה לָזֶה: חֲדָא רְשׁוּתָא הוּא. וְאַף ע"פ שֶׁאֵינָן שֶׁל אִישׁ אֶחָד — אֵין בָּהֶם חִלּוּק רְשׁוּתָא, וַאֲפִי' לְרַבָּנַן. דְּלָא דָּמוּ לִשְׁנֵי גַּגִּין. דְּהָתָם אִיכָּא דִּיּוּרִין לְמַטָּה בִּשְׁנֵיהֶם, וְי"ל כְּשֵׁם שֶׁיֵּשׁ חִלּוּק רְשׁוּת לְמַטָּה בַּבָּתִּים — כָּךְ יֵשׁ חִלּוּק לְמַעְלָה. דְּחִלּוּק לְמַטָּה סָלֵיק וְאָזֵיל לְעֵיל. אֲבָל בְּאַכְסַדְרָה — לֵיכָּא לְמֵימַר הָכִי: אוֹ דִילְמָא כֵּיוָן דְּמִגַּג לְגַג אֲסִיר. טַעֲמַיְיהוּ דְּרַבָּנַן מִשּׁוּם דְּקָפְדֵי אַשִּׁינּוּי בְּעָלִים הוּא, וּמִגַּג לְאַכְסַדְרָה נַמִי: בְּחוּרְבָּה. שֶׁל אֲחֵרִים, וּפְרוּצָה לִרה"ר דְּהָוְיָא נַמִי כַּרְמְלִית כְּגַג בֵּין הַגַּגִּין: לָאו הַיְינוּ דְּרָמִי. מַה בֵּין חוּרְבָּה לְאַכְסַדְרָה: וְכִי מֵאַחֵר אָתָאי וּנְצָאי. מִפִּי אַחֵר בָּאתִי וְחָלַקְתִּי? בִּשְׁאֵלָה שֶׁשָּׁאַל אַחֵר בָּאתִי לְקַנְתֵּר? בִּתְמִיָּה: מַאי קָא מִיבַּעְיָא לֵיהּ. הָא לָא דָּמֵי לְגַג, וַאֲסִיר: אִם תִּמְצֵי לוֹמַר קָאָמַר. כְּלוֹמַר: לָא פְּשִׁיטָא לְרַב בֵּיבָי דְּתֶיהֱוֵי חוּרְבָּה חַזְיָא לְדִירָה, וְלָא פְּשִׁיטָא לֵיהּ נַמִי דְּתֶיהֱוֵי כִּי אַכְסַדְרָה, דְּהָא עֲדִיפָא מִינָּהּ פּוּרְתָּא. וּבָא לְהוֹסִיף עַל שְׁאֵלָתוֹ שֶׁל רָמִי בַּר חָמָא עַל יְדֵי את"ל. וְהָכִי קָאָמַר: אִם פְּשִׁיטָא לְרָמִי בַּר חָמָא דְּשָׁרֵי, הָכָא מַאי? הָתָם הוּא דְּאַכְסַדְרָה לָא חַזְיָא מִידֵּי לְדִירָה, אֲבָל חוּרְבָּה חַזְיָא לְדִירָה בְּתִיקּוּן מוּעָט, אוֹ דִילְמָא כו': גַּגִּין הַשָּׁוִין. שֶׁאֵין בָּהֶן גַּג גָּבוֹהַּ מֵחֲבֵירוֹ עֲשָׂרָה, וְיֵשׁ הַרְבֵּה סְמוּכִין יַחַד: לר"מ. דִּמְשַׁוֵּי לְהוּ כּוּלְּהוּ חֲדָא רְשׁוּתָא, וְלָא אָסְרֵי אַהֲדָדֵי: וְגַג יְחִידִי לְרַבָּנַן. שֶׁאֵינוֹ סָמוּךְ לַאֲחֵרִים, דַּאֲפִילּוּ לְרַבָּנַן לֵיכָּא דְּלֵיסַר עֲלֵיהּ: וּשְׁמוּאֵל אָמַר אֵין מְטַלְטְלִין בּוֹ אֶלָּא בְּד'. וְהָא דְּקָאָמַר ר' מֵאִיר רְשׁוּת אַחַת הֵן לְטַלְטֵל ב' אַמּוֹת בָּזֶה וּב' אַמּוֹת בָּזֶה, וְטַעֲמַיְיהוּ דְּרַב וּשְׁמוּאֵל מִפָּרְשָׁא וְאָזְלָא: קַשְׁיָא דְּרַב אַדְּרַב. דְּא"ר לְעֵיל (פט.): בַּגַּגִּין הַשָּׁוִין לְרַבָּנַן דְּאָסְרֵי אַהֲדָדֵי, אַלְמָא: לֹא אָמַר גּוּד אַסֵּיק מְחִיצּוֹת שֶׁבֵּינֵיהֶם לִהְיוֹת מוּבְדֶּלֶת. ה"נ בַּגַּגִּין הַשָּׁוִין לר"מ, נְהִי נַמִי דְּהַאי לָא אָסַר אַחַבְרֵיהּ, דַּחֲדָא רְשׁוּתָא מְשַׁוֵּי לְהוּ, מִיהוּ בְּנֵי רה"ר הָעוֹבֶרֶת לִפְנֵיהֶם וּלְאַחֲרֵיהֶם וּלְצִידֵּי הַחִיצוֹנוֹת אַמַּאי לָא אָסְרֵי עֲלַיְיהוּ? הָא לֵיכָּא מְחִיצּוֹת לַגַּגִּין, וּמְחִיצּוֹת תַּחְתּוֹנוֹת אָמַר רַב דְּלָא מְהַנֵּי לְהוּ. וְכֵן בְּגַג יְחִידִי לְרַבָּנַן, לִיתַּסְרוּ עֲלֵיהּ בְּנֵי רה"ר וַחֲצֵירוֹת שֶׁסְּבִיבוֹתָיו: וּמְשַׁנֵּי: הָתָם בֵּין גַּג לְגַג לָא אָמְרִינַן גּוּד אַסֵּיק, דְּלָא מִינְּכְרָן מְחִיצָּתָא שֶׁהֵן מְכוּסּוֹת בַּגַּגִּין. הִלְכָּךְ, כֵּיוָן דְּאָמְרוּ רַבָּנַן יֵשׁ חִלּוּק רְשׁוּיוֹת לְמַעְלָה, וְגוּד אַסֵּיק נַמִי בְּכִי הָנֵי לָא אָמְרִי — הֲרֵי הֵן פְּרוּצִים כָּל אֶחָד לִרְשׁוּת הָאֲסוּרָה לוֹ, לְפִיכָךְ אָסוּר לְטַלְטֵל בּוֹ: אֲבָל הָכָא מְחִיצוֹת מִינְּכְרָן. וְקָאָמְרִינַן בְּהוּ גּוּד אַסֵּיק. הִלְכָּךְ: לר' מֵאִיר דִּמְשַׁוֵּי לְהוּ חֲדָא רְשׁוּתָא — לֵיכָּא דְּלֵיסַר, דְּהָא מְחִיצּוֹת חִיצוֹנוֹת אִית לְהוּ, וְהָווּ כּוּלְּהוּ כְּחַד גַּג מוּקָּף מְחִיצּוֹת, וְכֵן גַּג יְחִידִי לְרַבָּנַן: ה"ג: הָתָם לָא מִינְּכְרָא מְחִיצָּתָא הָכָא מִינְּכְרָא מְחִיצָּתָא: הָתָם לֵיכָּא יוֹתֵר מִבֵּית סָאתַיִם. כֵּיוָן דְּאִית לֵיהּ לִשְׁמוּאֵל גּוּד אַסֵּיק אַף בִּמְחִיצּוֹת שֶׁבֵּינְתַיִם, וְאע"פ שֶׁאֵינָן נִיכָּרִים. וּפְלוּגְתַּיְיהוּ קַמַּיְיתָא אַלִּיבָּא דְּרַבָּנַן הִיא, דִּמְשַׁוּוּ לְכָל חַד רְשׁוּתָא בְּאַנְפֵּי נַפְשֵׁיהּ — הָוֵי כָּל גַּג וְגַג מוּקָּף בִּפְנֵי עַצְמוֹ, וּבְכָל חֲדָא לֵיכָּא יוֹתֵר מִבֵּית סָאתַיִם. אֲבָל הָכָא[(א)] דִּפְלִגִינַן אַלִּיבָּא דר' מֵאִיר דִּמְשַׁוֵּי לְכוּלְּהוּ כְּחַד, וְכוּלָּן נִיתָּרִין בִּמְחִיצּוֹת חִיצוֹנוֹת — יֵשׁ כָּאן יוֹתֵר מִבֵּית סָאתַיִם, וְהֶיקֵּף זֶה דְּגוּד אַסֵּיק אֵינוֹ הֶיקֵּף לְדִירָה. דְּהָנָךְ מְחִיצּוֹת שֶׁל מַטָּה אַף עַל פִּי שֶׁנַּעֲשׂוּ לְדִירָה — לְמַטָּה עֲבִידָן, לְדוּר בַּחֲלָלָן לְמַטָּה, וְלֹא לְדִירַת גַּג. הִלְכָּךְ: כִּי מַסְּקִינַן לְהוּ — הָוֵי מוּקָּף יוֹתֵר מִבֵּית סָאתַיִם שֶׁלֹּא הוּקַּף לְדִירָה וְגַג יְחִידִי לְרַבָּנַן נַמִי, בִּדְאִיכָּא טְפֵי מִבֵּית סָאתַיִם, דּוּמְיָא דְּגַגִּין הַשָּׁוִין לְרַבִּי מֵאִיר: מוּתָּר לְטַלְטֵל בְּכוּלָּהּ. וַאֲפִילּוּ יֶשְׁנָהּ יוֹתֵר מִבֵּית סָאתַיִם, דְּהוּקַּף לְדִירָה הוּא: לְהַבְרִיחַ

תוספות

כרמלית ורה"י קמבעיא ליה. וכגון שהעמוד מופלג מן הגג ד'. דאי בסמוך לו – לא הוי עמוד רה"י דנפרך במילואו לגג, וכגג דמי. אבל כשהוא מופלג – אסור, אע"ג דדרך למעלה מעשרה משתמש, דהוי מקום פטור – מ"מ אסור להחליף. ואפילו נתן דסרי לעיל – הכא מודה, כיון דאין נח במקום פטור:

אלא ב' אמות בגג ושתי אמות באכסדרה מהו. פירש בקונטרס: ע"ג תקרה של אכסדרה של בעלים אחרים, יותר מבית סאתים דהשתא הוי ליה כרמלית. אבל תוך אכסדרה לא רצה לפרש, דכיון דמקורה – לא הוי כרמלית במה שהוא יותר מבית סאתים. כדמוכח בפרק "עושין פסין" (לעיל דף כה.), דאמר: קרפף יותר מבית סאתים וקירה בו בית סאה כו'. ומיבעיא ליה באכסדרה, דלא שייך בה כל כך כשם שדיורין חלוקין למטה – דלית בה דיורין כל כך, כדפי' בקונטרס, ובתר הכי בעי בחורבה, דחזי' לדירה טפי. ובעי נמי בגג דחורבה, כמו באכסדרה. ומלשון הקונטרס משמע דבחורבה לא בעי בגג(ב) אלא בקרקע החורבה. ור"ת פי': ב' אמות בגג דהוי רה"י, וב' אמות בעמוד – שהוא כרמלית, שאינו גבוה י' והוא רחב ד'. וחשיבא לגג כרה"י, משום דמהני ביה עירוב לטלטל בכולו ולא הוי כשאר כרמלית:

או דילמא כיון דמגג לגג אסיר. פי' בקונטרס: וטעמא דרבנן – משום דקפדי אשינוי בעלים. קצת קשה: דלקמן (צא:) אמרינן גג וחצר ומרפסת רשות אחת לרבנן, משמע: אע"פ שהן של בעלים הרבה:

ושמואל אמר אין מטלטלין בו אלא בד'. פי' בקונטרס: והא דקאמר ר"מ רשות אחת – היינו לטלטל ב' אמות בזה וב' אמות בזה. אע"ג דלפי המסקנא דמוקי שמואל ביתר מב' סאתים אתי שפיר, דאיכא לאוקומי מתני' דלא הוי יותר מבית סאתים – מ"מ הוצרך לפרש הקונטרס למאי דסלקא דעתיה השתא:

קשיא דרב אדרב. דס"ד דבלא מינכר מחילה איירי, דאי מינכר מחילתא לא היה שמואל אומר "אין מטלטלין בו אלא בארבע": **הכא** דהוי יותר מבית סאתים. ולא אמרינן גוד אסיק לר' מאיר בגגין הרבה, אלא במחילות החיצונות, כיון דכולן רשות אחת הן. אע"ג דלענין כלים ששבתו בבית אינו רשות אחת ואמרינן גוד אסיק לשמואל. ואם תאמר: כיון דשמואל חשיב גג כקרפף לאסור ביתר מבית סאתים, אם כן בבית סאתים או בפחות נמי יחשב כקרפף בית סאתים שלא הוקף לדירה, ויאסר לטלטל מגג לחצר לרבנן כמו מקרפף לחצר. ולקמן (צא.) אמרי': דלרבנן גג וחצר רשות אחת, וקרפיפות רשות אחת! וי"ל: דדירת גג הויא טפי דירה מבקרפף, לענין כשאינו יותר מבית סאתים: **איתמר** ספינה. ביתירה מבית סאתים איירי, כדפי' בקונטרס. ופליגי אי חשיבי מחילה דספינה כמוקפת לדירה, אי לא. אבל בפחות מבית סאתים – לכולי עלמא הויא מחילה, ומטלטל בה, דהא נעשה כולה כד"א. דפסקי רב ושמואל כרבן גמליאל בספינה בפ' "מי שהוציאוהו" (לעיל דף מג:). ואי אפילו בפחות מבית סאתים אין מטלטלין בה אלא בד' – לא היתה נחשבת כד"א כמו בשבת(ג) בתל ונקע, דדוקא מד' אמות ועד בית סאתים, אבל יותר מבית סאתים – לא: דהא

רבינו חננאל

נפשיה אלא לנטורי ביתיה הוא דעביד. שתי אמות בגג שהוא רה"י וב' אמות בעמוד שהוא כרמלית כו'. בעי רמי בר חמא ב' אמות בגג וב' אמות באכסדרה כיון דמגג לגג אסור מגג לאכסדרה נמי אסור כו' ועלתה בתיקו בעי רב ביבי בן אביי ב' אמות בגג וב' אמות בחורבה מהו אמר רב כהנא לאו היינו בעי דרמי בר חמא ועלתה בתיקו. איקפד רב ביבי בר אביי רב כהנא מאחר אתי נצי כלומר הנה הוא בא ומיריב אכסדרא לא חזיא לדירה כו' ועלתה גם זו בתיקו. גגין השוין לר"מ דתני כל גגות העיר רשות אחת וגג יחידי לרבנן דתנן כל אחד רשות לעצמו. רב אמר מותר לטלטל בכולו דהכא מינכרא מילתא (מיחזקי) [ומתחזי] מחיצתא ואמרינן גוד אסיק מחיצתא ולא דמי לגג בין הגגין דהתם לא מינכרן ולא (מתחזק) [מתחזי] מחיצתא דכל גג וגג לפיכך אמר רב התם אין מטלטלין בו אלא בד' אמות ושמואל אמר הכא בגגין השוין לר' מאיר ולגג יחידי לרבנן אין מטלטלין בהן אלא בד' מאי [טעמא] משום דהני גגין הוויין להו יתר מבית סאתים והני מחיצות למטה עבדין למעלה לא עבדין. והוויין כקרפף שלא הוקף לדירה וכל קרפף יתר מבית סאתים שלא הוקף לדירה אין מיטלטלין בו אלא בד' וכי קאמינא בגג בין הגגין מותר לטלטלו בכולו בגג שיש לו בית סאתים אבל ביתר מבית סאתים לא וכן חלק בספינה רב אמר מותר לטלטל בכל הספינה דהא איכא מחיצות ושמואל אמר הני מחיצתא להבריח מים עשויות ולא לדירה הלכך אין מטלטלין בה אלא בד' אמות.

[ב"מ נו: ב"ב קטז: נדה לג:]

הגהות הב"ח

(א) רש"י ד"ה התם ליכא וכו' אבל הכא דפליגי אליבא: (ב) תום' ד"ה אלא וכו' לא בעי בגג החורבה אלא בקרקע החורב' ורבינו חננאל פירש וכו' וחשיב לגג: (ג) ד"ה איתמר וכו' כמו בשבת נ"ב פ"ק דף טו:

דהא איכא מחיצתא. ושמואל אמר: אין מטלטלין בה אלא בארבע אמות – מחיצות להבריח מים עשויות. אמר ליה רב חייא בר יוסף לשמואל: הילכתא כוותך, או הילכתא כרב? אמר ליה: [א]הילכתא כרב. אמר רב גידל, אמר רב חייא בר יוסף: [ב]ומודה רב שאם כפאה על פיה – שאין מטלטלין בה אלא בארבע אמות. כפאה למאי? אילימא לדור תחתיה – מאי שנא מגג יחידי? אלא שכפאה לזופתה. רב אשי מתני לה אספינה, ורב אחא בריה דרבא מתני לה אאכסדרא. *דאיתמר: אכסדרה בבקעה, רב אמר: [ג]מותר לטלטל בכולה, ושמואל אמר: אין מטלטלין בה אלא בארבע. רב אמר: מותר לטלטל בכולה – אמרינן: "פי תקרה יורד וסותם". ושמואל אמר: אין מטלטלין בה אלא בארבע – לא אמרינן: "פי תקרה יורד וסותם". ורב אליבא דר"מ, ליטלטלי מגג לחצר! גזירה משום *דרב יצחק בר אבדימי. ושמואל אליבא דרבנן, ניטלטל מגג לקרפף! אמר *רבא בר עולא: גזירה שמא יפחת הגג. א"ה, מקרפף לקרפף נמי לא יטלטל, דילמא מיפחית ואתי לטלטולי! התם, אי מיפחית – מינכרא ליה מילתא, הכא, אי מיפחית – לא מינכרא מילתא. *אמר רב יהודה: כשתמצא לומר, לדברי רבי מאיר: גגין רשות לעצמן, חצירות רשות לעצמן, קרפיפות

רש"י

להבריח מים. ולא לדירה: ומודה רב שאם כפאה על פיה. וגוזקה יותר מעשרה, אין מטלטלין בה אלא בארבע: מאי שנא מגג יחידי. דאמר רב: אפילו לרבנן מותר לטלטל בכולו, ואפילו יותר מבית סאתים. דכיון דמחיצות לדירה נעשו אע"פ שלא לדירת מעלה עשאום. כי אמרינן בהו גוד אסיק – הוי כהיקף לדירה. ה"נ, כיון דכפאה לדור – כפייתה זו היא עשיית מחיצתה לדירת מטן, כי אמרת בהו גוד אסיק – הוי היקף לדירה: שכפאה לזופתה. שבטל מחיצותיה מתורת דירה, דאינן עומדות כל זמן כפייתה לא לדירת מעלן ולא לדירת מטן, והוו כעמוד בעלמא. וכי אמרת בהו גוד אסיק – הוי היקף יותר מבית סאתים שלא הוקף לדירה, וכרמלית היא: מתני לה. להא דרב חייא בר יוסף אאכסדרה: אכסדרה בבקעה. הבקעה כרמלית, כדאמרינן ב"יציאות השבת" (שבת ו:) ואכסדרה זו פרולה מד' רוחותיה, ועומד קירויה על ד' יתידות ונותנין ד' קורות מיתד ליתד, ועליהן מסדרין הנסרין. ואותן הקורות קרי פי תקרה. והאי דנקט בקעה – משום דבעיר סתם אכסדראות סמוכות להקיף בית או חצר, ואיכא מחיצה אחת או שתים. ומודה שמואל התם דמטלטלין, כדאמרינן לקמן: ורב אליבא דר"מ. כיון דאמר בגגין השוין מטלטלין בכולן, אלמא: לאו כרמלית נינהו ליטלטל מגג לחצר. אלמה אמרינן לקמן לדברי ר"מ גגין רשות לעצמן, חצירות רשות לעצמן, דאין מטלטלין מגג לחצר? ואליבא דרבנן בגג יחידי – ליכא למיפרך ליה לרב ליטלטל מיניה לחצר, דלרבנן הכי נמי שרי. דאמרי' לקמן (צא.): לדברי חכמים גגין וחצירות רשות אחת, ומטלטלין מגג יחידי לחצר של רבים שיש לו רשות בה ולשמואל לא מצי למיפרך אליבא דר' מאיר ליטלטל מגג לחצר – דהא שמואל גגין השוין לר' מאיר כרמלית משוי להו, לפיכך אין מטלטלין מהן לחצר של רבים, דהויא רשות היחיד. דאפילו לא עירבה קי"ל במס' שבת בפ' "אם לא הביא כלי" (דף קל:) *דמטלטלין בכולה. והא דאמר לקמן לדברי חכמים גגין וחצירות רשות אחת – שמואל מוקי לה בגג בין הגגין, דלשמואל דאית ליה גוד אסיק במחיצות שביניהן – ליכא לכל אחד יותר מבית סאתים. א"נ: בגג יחידי, דליכא יותר מבית סאתים. ואשמעינן אע"ג דגג לרבנן רשות מיוחדת, וחצר הוא רשות שותפות – מטלטלין, דלא גזור רבנן מרה"י לרשות שותפין אלא בבתים, כגון מבית לחצר: משום דרב יצחק. בריש פירקין, גזירה משום תל ברה"ר: ושמואל אליבא דרבנן. בגג יחידי יותר מבית סאתים, כיון דאמר דהאי גוד אסיק – לא הוי היקף לדירה, וכרמלית היא, ליטלטל מיניה לקרפף יותר מבית סאתים שתי אמות בזה וב' אמות בזה. אלמה אמרי' לקמן: לדברי חכמים גגין וחצירות רשות אחת וקרפיפות רשות אחת, דאין מטלטלין מהן לקרפף. ואליבא דר"מ ליכא למיפרך ליטלטל מגג לקרפף – דהא תרווייהו כרמלית נינהו, דהא (א)גג יחידי יותר מבית סאתים אוקימנא גזירה משום תל ברה"ר. ולרב נמי אליבא דרבנן ליכא למיפרך, דהא רב גג יחידי יותר מבית סאתים רה"י משוי ליה, ובגגין השוין לרב אליבא דרבי מאיר דמותר לטלטל בכולן – ליכא למיפרך ליטלטל מינייהו לקרפף *פחות מסאתים גזירה משום תל. ולרבנן מגג יחידי אליבא דרב דמשוי ליה רה"י נמי לא פרכינן: אמר ליטלטל מיניה לקרפף פחות מבית סאתים. וכן מחצר לקרפף בין לר"מ בין לרבנן – משום דקרפף חלוק מחצר, דקרפף מוקצה לתשמיש שאינו תדיר, אבל חצר וגגין שוה תשמישן. ולרב לא פרכינן בגגין השוין לרבנן, דמשוי להו רב אליבייהו כרמלית ליטלטל מינייהו לקרפף יותר מבית סאתים. דאע"ג דמשוי להו רב כרמלית, מפני שפרולין זה לזה – הנ"מ להחמיר, לאסור טלטול של כל אחד ואחד ביותר מד' אבל לא משוי ליה כרמלית גמורה להקל לטלטל מתוכן לכרמלית גמורה. דאמרן לעיל לגבי גג בין הגגין לרב, דאסור לטלטל ממנו לחורבה ולאכסדרה. ואע"ג דשניהן אסורין לטלטל בתוכן אלא בד' אמות, מ"מ הואיל ואין רשותייהו דומות *דגג חזי לדירה טפי(ב) מחצר ואכסדרה לטלטל ממנו לחורבה ולאכסדרה. וכ"ש הכא, דגג חזי לדירה טפי מקרפף. אבל לשמואל דמשוי גג יחידי כרמלית גמור דיותר מבית סאתים הוא פרכינן: גזירה שמא יפחת הגג. ויחסר מבית סאתים, ויקפרו גם את הבית למדת הגג מלמטה, ויתנו המחיצה כנגד שפת הגג דהשתא ליכא יותר מבית סאתים והוי רה"י, ואתי לטלטולי מיניה לקרפף כמעיקרא: א"ה מקרפף. יותר מבית סאתים, לקרפף יותר מבית סאתים – נמי לא ליטלטל אפילו בתוך ד' דילמא מפחית חד מינייהו והוי רה"י מעלייתא, ואתי לטלטולי כמעיקרא מיניה לחורבה, והוי כרמלית: אי מיפחית לא מינכרא מילתא. כיון דליכא מחיצות על הגג לא מינכרא מילתא. ולא מיחזי כפחות מבית סאתים דבר שאין לו מחיצות לא סליק ליה אומדנא שפיר, וסברי אכתי טפי מבית סאתים הוא: כשתמצא לומר. כשתעמוד על סוף דעתן, זהו גמר דבריהן: לדברי ר"מ גגין רשות לעצמן. ומטלטלין מגגו של ראובן לגגו של שמעון: וחצירות רשות לעצמן. ומטלטלין מחצירו של ראובן לחצירו של שמעון כלים ששבתו בחצר, וכן מחצר של רבים לחצר של רבים: וקרפיפות

תוספות

דהא איכא מחיצתא. ואפילו לר' זירא דאמר בריש "מי שהוציאוהו" (לעיל דף מג.): מחילות להבריח מים עשויות, היינו דוקא לענין יוצא חוץ לתחום, דלא שרי להלך את כולה: ורב אליבא דר"מ ליטלטל מגג לחצר. לשמואל אליבא דר' מאיר לא מצי למיפרך, כדפי' בקונטרס. דלשמואל גגין השוין לר"מ הוי כרמלית, לפיכך אין מטלטלין מהן לחצר. ופחות מבית סאתים נמי, אע"ג דלא הוי כרמלית – מ"מ, כיון דחשיב ליה לשמואל אין מוקף לדירה – ליכא למיפרך דליטלטל מגג לחצר. אע"ג דלרבנן בגג יתר מבית סאתים אסור לטלטל ממנו לחצר לשמואל, בפחות מבית סאתים – שרי, מ"מ יאמר שמואל דלר"מ יש לגג תורת קרפף, בין ביתר מבית סאתים בין בפחות. ליטלטל מגג לחצר. אע"ג דידע טעמא דר"מ (ג)דגג גבוה ונמוך, דהוי משום דרב יצחק בר אבדימי מגג לחצר עניינים חלוקים – ס"ד דלא דמו לתל ברה"ר. לשמואל אליבא דרבנן לטלטל מגג לקרפף. פירש בקונטרס(ד): בגג יתר מבית סאתים, לקרפף יתר מבית סאתים. כיון דחשיב ליה אין מוקף לדירה, והוו תרווייהו כרמלית. וא"ת: ומנא ליה דאסור? דאי משום דאמרי רבנן לקמן דגגין וחצירות רשות אחת, וקרפיפות רשות אחת, התם ע"כ באין יתירים מבית סאתים, כדפירש בסמוך בקונטרס, דביתירים לא יאמר ר"ש דחצר וקרפף רשות אחת, דבהדיא מוכח בפ' "עושין פסין" (לעיל דף כג:) גבי נזרע רובו, דקרפף יתר מבית סאתים לר"ש הוי כרמלית. ונראה לר"י: דבגג דלא הוי יתר מבית סאתים פריך, דליטלטל לקרפף שאינו יתר מבית סאתים לרבנן, אע"ג דדירת גג חשיב טפי משל קרפף, שמותר לטלטל מגג לחצר ומקרפף לחצר אסור – מ"מ הוי לן למישרי מגג לקרפף, דטפי דמי לקרפף מלחצר. דכשהוא יתר מבית סאתים – הוי כרמלית כמו קרפף, וחצר אפילו בית עשרה כורים שריא. ומשני: גזירה שמא יפחת. פי': שמא יפחת הגג באמצעיתו, וישתמשו בני הבית על הגג דרך הפחת, ואז הוי הגג חשוב מוקף לדירה, ואסור לטלטל ממנו לקרפף כמו(ה) מחצר. אע"ג דהוי מוקף ולבסוף פתח, דלא חשיב מוקף לדירה. דדוקא בקרפף שלא הוקף לדירה לא מהני הוקף ולבסוף פתח, אבל בגג דבלאו הכי חשיב קצת מוקף לדירה, דהא מותר לטלטל ממנו לחצר – מהני ליה הפתח לשוויה מוקף לדירה לגמרי, כחצר. ופריך: א"ה, מקרפף בית סאתים לקרפף בית סאתים נמי לא ליטלטל, שמא יפחת, פירוש: יפרוץ האחד יתר מעשר במילואו לרה"ר או לבקעה. ומשום דנקט לשון פחת גבי גג, נקט נמי האי לישנא גבי פירצת קרפף. ומשני: התם אי (ו)פחות – מינכר, אבל הכא גג לא מינכרא מילתא לעומד בקרפף. ולעומד על הגג נמי לא מינכרא, שיהא אסור לטלטל ממנו לקרפף מחמת פחת זה. לדברי ר"מ גגין רשות אחת הן כו'. גגין הוא דפירש במתני', וה"ה חצירות או קרפיפות, הואיל ותשמישן שוה כמו גגין. אבל בתים – לא, דתשמישן תדיר. ועוד: דכי היכי דלרבנן הוי קרפיפות או חצירות רשות אחת, דהא אפילו גג וחצר הוי רשות אחת – כ"ש חצר וחצר. ה"נ לר"מ, דר"מ לא פליג ארבנן אלא בגג וחצר, משום דרב יצחק בר אבדימי:

עין משפט נר מצוה

ב א ב מיי' פי"ד מהל' שבת הלכה ב טוש"ע א"ח סי' שכב סעיף ד:

ג ג מיי' פי"ז מהלכות שבת הלכה לה:

רבינו חננאל

ומודה רב היכא דאפכה לספינה על פיה כדי לזופתה שאין מטלטלין בה אלא בד' אמות והני מילי לזופתה אבל לדור תחתיה הרי הוא כבית וכן אכסדרה בבקעה רב אמר מותר לטלטל בכולה ושמואל אמר אין מטלטלין בה אלא בד' אמות והלכתא בכל הני שמעתא כוותה דרב. לרב אליבא דר' מאיר דאמר מותר לטלטל בכולן דגגין השוין כרה"י הן לטלטל מן הגג לחצר דתרווייהו [רשות] היחיד נינהו. ודחינן אמאי אין מטלטלין מגג לחצר משום דרב יצחק בר אבודימי דאמר. אומר היה ר' מאיר כל מקום שאתה מוצא ב' רשויות והן רשות אחת כגון עמוד ברה"י גבוה י' ורחב ד' אסור לכתף עליו משום תל ברה"ר. לשמואל דאמר אין מטלטלין כגון ברשות היחיד גבוה י' ורחב ד' אסור לכתף בגגין השוין ובגג יחידי לרבנן אלא בארבע משום מחיצתא למטה עבידן לחצירות ולא למעלה לגגין דהוויין להו הני גגין כקרפף יתר מבית סאתים נטלטל מגג לקרפף יטלטל *) דלמא מיפחית דהא כי קרפף וקרפף הוא אומר רבה בר עולא גזרה שמא יהיו הגגין דיהו אי הכי מקרפף לקרפף לא יטלטל דלמא מיפחית חד מן הקרפיפות והוי ליה כרה"ר. ופרקי התם גבי קרפיפות אי מיפחית מחיצתא מינכרא מלתא וממנע ולא מטלטל. אמר רב יהודה כשתמצא לומר לדברי ר' מאיר גגין וחצרות רשות לעצמן

*) אולי צ"ל נטלטל מגג לקרפף דהא כי קרפף וקרפף הוא אמר רבה בר עולא גזירה שמא יפחת הגגין אי הכי וכו'.

רב נסים גאון

פ"ט כל גגות העיר ולרב אליבא דר' מאיר ליטלטל מגג לחצר גזירה משום דרב יצחק בר אבדימי והוא שאמר בתחילת הפרק (דף פט) אומר היה ר' מאיר כל מקום שאתה מוצא ב' רשויות והן רשות אחד כו':

ס"א דחד חזי לדירה טפי מחבריה. רש"ל

הגהות הב"ח

(א) רש"י ד"ה ושמואל וכו' תרווייהו כרמלית נינהו דהא בגגים יותר כצ"ל ותיבת יחידי נמחק: (ב) בא"ד דגג חזי לדירה טפי מחורבה ואכסדרה: (ג) תוס' ד"ה לטלטל וכו' דר"מ בגג וכו' דעניינים חלוקים: (ד) ד"ה לשמואל וכו' פי' בקונטרס מגג יתר: (ה) בא"ד ואסור לטלטל ממנו לקרפף כמו מקרפף לחצר ואע"ג דמה: (ו) בא"ד ופריך אי הכי מקרפף וכו' ומשני התם אי מפחית:

מסורת הש"ס

לעיל כה. ולקמן לד: [סוכה יח:]

[שבת ט. לעיל פט.]

בקל"י רבה

[שם]

דמטלטלין בכולהו וכן בגג יחידי לרבנן אליבא דשמואל והא דאמר כו' כצ"ל מהרש"א

וכן לטלטל מינייהו לקרפף פחות מסאתים כצ"ל מהרש"א

קַרְפֵּיפוֹת רְשׁוּת לְעַצְמָן. לְדִבְרֵי חֲכָמִים: גַּגִּין וַחֲצֵירוֹת רְשׁוּת אַחַת, קַרְפֵּיפוֹת רְשׁוּת אַחַת הֵן. לְדִבְרֵי רַבִּי שִׁמְעוֹן: כּוּלָּן רְשׁוּת אַחַת הֵן. תַּנְיָא כְּוָותֵיהּ דְּרַב, תַּנְיָא כְּוָותֵיהּ דְּרַב יְהוּדָה. תַּנְיָא כְּוָותֵיהּ דְּרַב: כׇּל גַּגּוֹת הָעִיר רְשׁוּת אַחַת הֵן, וְאָסוּר לְהַעֲלוֹת וּלְהוֹרִיד מִן הַגַּגִּין לֶחָצֵר וּמִן הֶחָצֵר לַגַּגִּין, וְכֵלִים שֶׁשָּׁבְתוּ בְּחָצֵר — מוּתָּר לְטַלְטְלָן בֶּחָצֵר. בַּגַּגִּין — מוּתָּר לְטַלְטְלָן בַּגַּגִּין, וּבִלְבַד שֶׁלֹּא יְהֵא גַּג גָּבוֹהַּ י׳ אוֹ נָמוּךְ י׳, דִּבְרֵי ר"מ. וַחכ"א: כׇּל אֶחָד וְאֶחָד רְשׁוּת לְעַצְמוֹ, וְאֵין מְטַלְטְלִין בּוֹ אֶלָּא בְּד׳. תַּנְיָא כְּוָותֵיהּ דְּרַב יְהוּדָה: *אָמַר רַבִּי: כְּשֶׁהָיִינוּ לוֹמְדִים תּוֹרָה אֵצֶל ר"ש בִּתְקוֹעַ, הָיִינוּ מַעֲלִין שֶׁמֶן וַאֲלוּנְטִית מִגַּג לְגַג, וּמִגַּג לֶחָצֵר, וּמֵחָצֵר לְחָצֵר, וּמֵחָצֵר לְקַרְפֵּף, וּמִקַּרְפֵּף לְקַרְפֵּף אַחֵר, עַד שֶׁהָיִינוּ מַגִּיעִין אֵצֶל הַמַּעְיָן שֶׁהָיִינוּ רוֹחֲצִין בּוֹ. אָמַר רַבִּי יְהוּדָה: מַעֲשֶׂה בִּשְׁעַת הַסַּכָּנָה וְהָיִינוּ מַעֲלִין ס"ת מֵחָצֵר לְגַג, וּמִגַּג לֶחָצֵר, וּמֵחָצֵר לְקַרְפֵּף, לִקְרוֹת בּוֹ. אָמְרוּ לוֹ: אֵין שְׁעַת הַסַּכָּנָה רְאָיָה. § "ר"ש אוֹמֵר אֶחָד גַּגִּין" וכו׳. §

*אָמַר רַב: הֲלָכָה כְּר"ש, וְהוּא, שֶׁלֹּא עֵירְבוּ, אֲבָל עֵירְבוּ — לֹא, דְּגָזְרִינַן דִּילְמָא אָתֵי לְאַפּוֹקֵי מָאנֵי דְּבָתִּים לֶחָצֵר. וּשְׁמוּאֵל אָמַר: [א]בֵּין עֵירְבוּ, בֵּין שֶׁלֹּא עֵירְבוּ. וְכֵן אָמַר ר׳ יוֹחָנָן: מִי לַחְשׁךְ בֵּין עֵירְבוּ וּבֵין שֶׁלֹּא עֵירְבוּ? מַתְקִיף לַהּ רַב חִסְדָּא: לִשְׁמוּאֵל וּלְרַבִּי יוֹחָנָן, יֹאמְרוּ: שְׁנֵי כֵלִים בְּחָצֵר אַחַת, זֶה מוּתָּר וְזֶה אָסוּר! ר"ש לְטַעְמֵיהּ דְּלָא גָּזַר. *דִּתְנַן, א"ר שִׁמְעוֹן: לְמָה הַדָּבָר דּוֹמֶה — לְשָׁלֹשׁ חֲצֵירוֹת הַפְּתוּחוֹת זוֹ לָזוֹ וּפְתוּחוֹת לרה"ר, וְעֵירְבוּ שְׁתֵּי הַחִיצוֹנוֹת עִם הָאֶמְצָעִית, הִיא מוּתֶּרֶת עִמָּהֶן וְהֵן מוּתָּרוֹת עִמָּהּ, וּב׳ הַחִיצוֹנוֹת אֲסוּרִין זוֹ עִם זוֹ. וְלָא גָּזַר דִּילְמָא אָתֵי לְאַפּוֹקֵי מָאנֵי דְּהָא חָצֵר לְהָא חָצֵר — ה"נ לָא גָּזְרִינַן דִּילְמָא אָתֵי לְאַפּוֹקֵי מָאנֵי דְּבָתִּים לֶחָצֵר. מְתִיב רַב שֵׁשֶׁת, *ר"ש אוֹמֵר: אֶחָד גַּגּוֹת, אֶחָד חֲצֵירוֹת, וְאֶחָד קַרְפֵּיפוֹת — רְשׁוּת אַחַת הֵן לְכֵלִים שֶׁשָּׁבְתוּ בְּתוֹכָן, וְלֹא לְכֵלִים שֶׁשָּׁבְתוּ בְּתוֹךְ הַבַּיִת. אִי אָמְרַתְּ בִּשְׁלָמָא דְּעֵירְבוּ — הַיְינוּ דְּמַשְׁכַּחַתְּ לַהּ מָאנֵי דְּבָתִּים בֶּחָצֵר. אֶלָּא אִי אָמְרַתְּ בְּשֶׁלֹּא עֵירְבוּ — הֵיכִי מַשְׁכַּחַתְּ לַהּ מָאנֵי דְּבָתִּים בֶּחָצֵר? הוּא מוֹתִיב לַהּ וְהוּא מְפָרֵק לַהּ: בְּבוּמְתָּא וְסוּדְרָא.

רש"י

וְקַרְפֵּיפוֹת רְשׁוּת לְעַצְמָן. וַאֲפִילּוּ הֵן שֶׁל ב׳ אֲנָשִׁים, מְטַלְטְלִין מִזֶּה לָזֶה. דְּהָאָמַר ר"מ כׇּל גַּגּוֹת הָעִיר רְשׁוּת אַחַת, שְׁמַע מִינַּהּ דְּס"ל דְּאֵין רְשׁוּת נִתְחַלֶּקֶת מֵחֲמַת שִׁינּוּי בְּעָלִים, אֶלָּא בָּתִּים לְחוּדַיְיהוּ, מִפְּנֵי שֶׁהֵם תְּדִירוֹת לְדִירָה. דְּמַה לִּי גַּגִּין וּמַה לִּי חֲצֵירוֹת וּמַה לִּי קַרְפֵּיפוֹת. אֲבָל מִגַּג לֶחָצֵר וּמִגַּג לְקַרְפֵּף לר"מ לֹא, וַאֲפִילּוּ שֶׁל אִישׁ אֶחָד כִּדְאָמְרִינַן: גְּזֵירָה מִשּׁוּם תֵּל בְּרה"ר. וְכ"ש כְּשֶׁהֵן שֶׁל שְׁנַיִם. וּמֵחָצֵר לְקַרְפֵּף נַמִי לָא. דְּשָׁמְעִינַן לְהוּ לְרַבָּנַן לְקַמָּן בְּבָרַיְיתָא דְּאָסוּר לְטַלְטֵל מֵחָצֵר לְקַרְפֵּף. וְר"מ לָא שָׁמְעִינַן לֵיהּ דְּפָלֵיג עֲלַיְיהוּ לְהָקֵל אֶלָּא בְּחִלּוּק רְשׁוּיוֹת דְּגַגִּין, הוֹאִיל וּשְׁמָן שָׁוֶה. אֲבָל בִּרְשׁוּיוֹת הַחֲלוּקוֹת בִּשְׁמָן — לָא שָׁמְעִינַן לֵיהּ דְּמֵיקֵל. דְּדַוְקָא קָאָמַר ר"מ גַּגּוֹת דְּתַשְׁמִישְׁתָּן שָׁוֶה, וְכֵן חֲצֵירוֹת וְכֵן קַרְפֵּיפוֹת. וַאֲפִילּוּ הֵן שֶׁל שְׁנַיִם, דְּבְשִׁינּוּי בְּעָלִים לָא מִיתַּסְרֵי אֶלָּא בָּתִּים לר"מ, וְגַגִּין לְרַבָּנַן. אֲבָל בְּחִלּוּק תַּשְׁמִישׁ וְשִׁינּוּי שֵׁם הָרְשׁוּת — קָפֵיד. הִלְכָּךְ: מֵחָצֵר לְקַרְפֵּף אָסוּר, וַאֲפִילּוּ הוּא שֶׁלּוֹ, וְאֵינוֹ יוֹתֵר מִבֵּית סָאתַיִם. דְּעַל כָּרְחָךְ הָנָךְ קַרְפֵּיפוֹת בְּשֶׁאֵין יְתֵירִים עַל בֵּית סָאתַיִם קָאָמַר. דְּאִי בִּיתֵירִים — בְּהָא לֵימָא רַבִּי שִׁמְעוֹן מְטַלְטְלִין? הָא כַּרְמְלִית הִיא, וְלֵיכָּא מַאן דְּפָלֵיג דְּמֵחָצֵר הַמִּשְׁכָּן גָּמְרִי. וְעוֹד, בְּהֶדְיָא אָמְרִינַן בִּשְׁלְהֵי "עוֹשִׂין פַּסִּין"* דִּפְלוּגְתָּא דְּר"ש וְרַבָּנַן בְּקַרְפֵּף בֵּית סָאתַיִם הִיא, וַאֲפִילּוּ חָצֵר וְקַרְפֵּף שֶׁל אִישׁ אֶחָד אָסְרִי רַבָּנַן, דְּקָאָמְרִי הָתָם: קַרְפֵּף יוֹתֵר מִבֵּית סָאתַיִם שֶׁהוּקַּף לְדִירָה, נִזְרַע רוּבּוֹ — הֲרֵי הוּא כְּגִנָּה כו׳ וְאָמַר רַב הוּנָא בְּרֵיהּ דְּרַב יְהוֹשֻׁעַ כו׳ וְכִי דָּיְיקַתְּ בַּהּ שָׁמְעִינַן מִינַּהּ דְּלָא שָׁרֵי ר"ש אֶלָּא בְּקַרְפֵּף בֵּית סָאתַיִם, וְרַבָּנַן אָסְרִי אע"ג דִּלְחַד גַּבְרָא הוּא: לְדִבְרֵי חֲכָמִים. דְּלָא גָּזְרוּ מִשּׁוּם תֵּל, גַּגִּין וַחֲצֵירוֹת רְשׁוּת אַחַת הֵן, לֹא שֶׁיְּטַלְטֵל מִגַּג לְגַג אִם חֲלוּקִין בַּעֲלֵיהֶן. מִשּׁוּם דְּגַגִּין לְרַבָּנַן כְּבָתִּים מְשַׁוֵּי לְהוּ עַל יְדֵי חִלּוּק שֶׁלְּמַטָּה. אֲבָל מֵחָצֵר שֶׁל רַבִּים לְחָצֵר שֶׁל רַבִּים — מְטַלְטְלִין, וּמִגַּג לְחָצֵר דְּרַבִּים — מְטַלְטְלִין. וְאַע"ג דְּגַג רְשׁוּתָא דִּידֵיהּ, וְחָצֵר דְּשׁוּתָּפוּת, כִּדְתַנְיָא בְּבָרַיְיתָא לְקַמָּן — הוֹאִיל וְגַג תַּשְׁמִישׁ שֶׁאֵינוֹ תָּדִיר הוּא, לָא הָוֵי מַמָּשׁ כְּבַיִת, וּמְטַלְטֵל מִמֶּנּוּ לְחָצֵר: קַרְפֵּיפוֹת רְשׁוּת אַחַת. וַאֲפִילּוּ הֵן שֶׁל שְׁנַיִם. דְּכׇל רְשׁוּת שֶׁשְּׁמוֹ שָׁוֶה מוּתָּר לוֹ, חוּץ מִן הַגַּגִּין. אֲבָל מֵחָצֵר לְקַרְפֵּף, אֲפִילּוּ דְּחַד גַּבְרָא — אָסִיר, וְלָא דָּמֵי לְגַג וְחָצֵר. דְּתַשְׁמִישְׁתֵּיהּ דְּגַג שָׁוֶה לְחָצֵר הוּא. וְהָכִי שְׁמִיעַ לֵיהּ לְרַב יְהוּדָה, וּמִמַּתְנִיתִין דָּיֵיק לַהּ. מִדְּקָאָמַר ר"ש: כּוּלָּן רְשׁוּת אַחַת, מִכְּלָל דְּרַבָּנַן לָאו חֲדָא רְשׁוּתָא מְשַׁוֵּי לְהוּ לְכוּלְּהוּ. וּבָרַיְיתָא מְסַיְּיעָא לֵיהּ לְקַמָּן, דְּקָתָנֵי: גַּג וְחָצֵר וְאַכְסַדְרָה וּמִרְפֶּסֶת כּוּלָּן רְשׁוּת אַחַת הֵן. וְחָצֵר וּמִרְפֶּסֶת כְּב׳ חֲצֵירוֹת דָּמֵי. וּמִדּוּקְיָא דִּידֵהּ, דְּלָא תָּנָא בַּהּ קַרְפֵּף וּמָבוֹי — מוּקְמִינַן לַהּ כְּרַבָּנַן. דְּאִי ר"ש — אֲפִילּוּ קַרְפֵּף נַמִי מִישְׁתְּרֵי בַּהֲדֵי חָצֵר. וְאִי ר"מ — גַּג וְחָצֵר לָא מִישְׁתְּרוּ, דְּהָא בְּהֶדְיָא אָסַר בְּמַתְנִי׳ מִנָּמוּךְ לְגָבוֹהַּ: לְדִבְרֵי ר"ש כּוּלָּן רְשׁוּת אַחַת. דְּלָא תֵּימָא הַאי דְּא"ר שִׁמְעוֹן: אֶחָד גַּגּוֹת וְאֶחָד חֲצֵירוֹת וְאֶחָד קַרְפֵּיפוֹת — כׇּל חֲדָא וַחֲדָא רְשׁוּתָא בְּאַנְפֵּי נַפְשֵׁיהּ מְשַׁוֵּי לַהּ, גַּגִּין לְעַצְמָן וַחֲצֵירוֹת לְעַצְמָן וְקַרְפֵּיפוֹת לְעַצְמָן, דְּהָא סְבָרָא — לר"מ אִית לֵיהּ. אֲבָל ר"ש — כּוּלְּהוּ חֲדָא רְשׁוּתָא מְשַׁוֵּי לְהוּ. הָכִי שְׁמִיעַ לֵיהּ לְרַב יְהוּדָה, וּבָרַיְיתָא מְסַיְּיעָא לֵיהּ. דְּתַנְיָא כְּוָותֵיהּ לְקַמָּן: הָיִינוּ מַעֲלִין שֶׁמֶן וַאֲלוּנְטִית מִגַּג לְגַג, וּמִגַּג לְחָצֵר, וּמֵחָצֵר לְקַרְפֵּף: תַּנְיָא כְּוָותֵיהּ דְּרַב. דְּקָאָמַר לְעֵיל (פט.) בַּגַּגִּין הַשָּׁוִין לְרַבָּנַן דְּאֵין מְטַלְטְלִין בּוֹ אֶלָּא בְּד׳ דְּאָסְרֵי אַהֲדָדֵי, וְלָא אָמְרִינַן "גּוּד אַסִּיק" בִּמְחִיצוֹת שֶׁאֵין נִיכָּרוֹת: רְשׁוּת אַחַת. וּמְטַלְטְלִין מִזֶּה לָזֶה: וְאָסוּר לְהַעֲלוֹת וּלְהוֹרִיד. ר"מ לְטַעְמֵיהּ, דְּגָזַר מִשּׁוּם תֵּל: מוּתָּר לְטַלְטְלָן בֶּחָצֵר. אע"פ שֶׁלֹּא עֵירְבָה וְה"ה לְשְׁאָר חֲצֵירוֹת: רְשׁוּת לְעַצְמוֹ. וְאֵין מְטַלְטְלִין מִזֶּה לָזֶה אֲפִילּוּ בְּתוֹךְ ד׳: וְאֵין מְטַלְטְלִין בּוֹ. אֲפִילּוּ בְּגַג עַצְמוֹ: תַּנְיָא כְּוָותֵיהּ דְּרַב יְהוּדָה. אַלִּיבָּא דְּר"ש: שֶׁמֶן. לָסוּךְ בּוֹ: אֲלוּנְטִית. לְהִסְתַּפֵּג בָּהּ: מִגַּג לְגַג וּמִגַּג לְחָצֵר, וּמֵחָצֵר לְקַרְפֵּף, וּמִקַּרְפֵּף לְקַרְפֵּף, כּוּלְּהוּ גָּרְסִינַן: וְהוּא שֶׁלֹּא עֵירְבוּ. בְּנֵי הַחֲצֵירוֹת כׇּל אַחַת לְעַצְמָהּ, דְּהַשְׁתָּא לָא שְׁכִיחֵי כְּלֵי הַבָּתִּים בֶּחָצֵר, וְלֵיכָּא לְמֵיגְזַר אִי שָׁרֵית לְהוֹצִיא כֵּלִים שֶׁשָּׁבְתוּ בָּזוֹ לְהַכְנִיסָן לַחֲבֶרְתָּהּ, אָתֵי לְאַפּוֹקֵי נַמִי לַהּ כְּלֵי הַבַּיִת: אֲבָל עֵירְבוּ. כׇּל חָצֵר לְעַצְמָהּ וְלֹא עֵירְבוּ ב׳ הַחֲצֵירוֹת יַחַד — אָסוּר לְטַלְטֵל מִזּוֹ לָזוֹ אֲפִילּוּ כְּלֵי הֶחָצֵר, דְּכֵיוָן דִּשְׁכִיחֵי מָאנֵי דְּבָתִּים בֶּחָצֵר — גָּזְרִינַן דִּילְמָא אָתֵי לְאַפּוֹקֵי מָאנֵי דְּבָתִּים שֶׁבְּחָצֵר זוֹ לְחָצֵר זוֹ. וְר"ש מוֹדֶה בְּהוּ, דְּקָתָנֵי: אֲבָל לֹא לְכֵלִים שֶׁשָּׁבְתוּ בְּתוֹךְ הַבַּיִת: מִי לַחְשׁךְ. לָא גָּרְסִינַן: הַיְינוּ דְּמַשְׁכַּחַתְּ לַהּ מָאנֵי דְּבָתִּים בֶּחָצֵר. דְּאִיצְטְרִיךְ לְמִיתְנֵי: אֲבָל לֹא לְכֵלִים שֶׁשָּׁבְתוּ בְּתוֹךְ הַבַּיִת: *בְּבוּמְתָּא וְסוּדְרָא. שֶׁשָּׁבְתוּ בְּתוֹךְ הַבַּיִת, וְהוֹצִיאָן לְחָצֵר דֶּרֶךְ מַלְבּוּשׁ: אַגְּשֵׁי

תוספות

אמר רב הלכה כר"ש והוא שלא עירבו. אין לפרש דר"ש אין מחלק בין עירבו ולא עירבו, ורב בלא עירבו סבר ליה כוותיה. דא"כ בסמוך, דפריך רב חסדא לשמואל ור׳ יוחנן יאמרו ב׳ כלים בחצר אחת זה אסור וזה מותר, לרב נמי תיקשי אליבא דר"ש! ורב ששת נמי דפריך לרב: אלא אי אמרת בשלא עירבו, היכי משכחת מאני דבתים בחצר? הא רב נמי מודה דר"ש אפילו בעירבו קאמר! ולכך נראה דרב סבר דר"ש גופיה לא אמר אלא כשלא עירבו, והשתא(א) סברת שמואל איפכא מדרב. דשמואל לא גזר הכא, דאמר בין עירבו בין לא עירבו, וגבי שלש חצירות גזר — דסבר כרבנן דאמרי שלשתן אסורות לשיטת ר"ת ד"מי שהוציאוהו" (לעיל מח: ד"ה רשות). ורב הכא גזר והתם לא גזר, דפסיק התם כר"ש. ועוד: דמשני הכא שמואל דר"ש לטעמיה דלא גזר, משמע דסבר כוותיה בההיא דג׳ חצירות, ולשיטת ר"ת סבר כרבנן:

ושמואל אומר בין עירבו בין לא עירבו. והא דאמר *שמואל בגיטין ב"הזורק" (דף עט:): לא יעמוד אדם בגג זה ויקלוט מי גשמים בגגו של חבירו, אומר ר"י: דהתם לקלוט(ב) ולהוליך לביתו קאמר, דכמו שאסור לטלטל כלים ששבתו בבית לחצר ולגג שלא עירבו אפילו לר"ש — כן אסור מגג וחצר לבית. ודווקא מגגו של חבירו, אבל מגג של עצמו — יכול לקלוט ולהוליך לביתו, ואין גג של חבירו אוסר עליו. דשמואל לטעמיה, דאמר לעיל גוד אסיק מחיצתא. וא"ת: מאי קמ"ל שמואל. דפשיטא דאסור להוליך לביתו! וי"ל: דאשמעינן דאע"פ שקולט מן האויר, ועדיין לא נגעו מי גשמים בגג:

מי לחשך. רש"י לא גרס ליה. ואור"י: דאיתא בתורת כהנים בכמה מקומות. ור"ת נמי גרס ליה, ומפרש: מי השמיעך הלכה כר"ש בין עירבו ובין לא עירבו, ורבינו שמואל פירש: דקאי ארב. כלומר: מי הגיד לך שאתה מחלק ביניהם? אינו כן, אלא בין עירבו ובין לא עירבו. ואית דגרסי "מלחשך" בתיבה אחת, ומפרשי: שנולד מלחש [כדאיתא ביומא פב.]:

גג ת"ש

רבינו חננאל

וקרפיפות רשות לעצמן לדברי חכמים גגין רשות לעצמן וחצרות רשות לעצמן וקרפיפות רשו׳ לעצמן. לדברי ר׳ שמעון רשות אחת הן. תניא כוותיה דרב כל גגות העיר רשות אחת הן. ואסור להעלות ולהוריד מגג לחצר ומחצר לגג. וכלים ששבתו בחצר מותר לטלטלן בכל החצר וכלים ששבתו בגגין מותר לטלטלן בכל הגגין ובלבד שלא יהי׳ גג גבוה י׳ טפחים או נמוך י׳ טפחים וחכ"א כל אחד ואחד רשות לעצמו. ואין מטלטלין בו אלא בד׳ אמות. תניא כרב יהודה. א"ר כשהיינו למדין תורה אצל ר׳ שמעון בתקוע היינו מעלין לו שמן ואלונטית מחצר לגג ומגג לקרפף ודברים פשוטין הן: **פיסקא** ר׳ שמעון אומר אחד גגות כו׳ אמר רב יהודה הלכה כר׳ שמעון והוא שלא עירבו בחצרות אבל עירבו בחצרות חיישינן דלמא אתי לאפוקי מני דשבתו בבתים לחצר ואתי לטלטולי מן החצר לגגין ולקרפיפות. ושמואל ור׳ יוחנן תרווייהו שוין בין עירבו ובין לא עירבו הלכתא כר׳ שמעון ואקשינן עלייהו אי בשעירבו ואפיקו מני דבתים לחצר יאמרו ב׳ כלים בחצר אחד והני מני דקנו שביתה בחצר שרו והני מני דקנו שביתה בבתים אסירי. ופרקינן אין ר׳ שמעון לטעמי׳ דלא גזר דתנן א"ר שמעון למה"ד לג׳ חצרות שפתוחות זו לזו כו׳ עד הכא נמי לא גזר דלמא אתי לאפוקי מני דבתים לחצר מתיב רב ששת ר׳ שמעון אמר אחד גגות כו׳ ואי אמר בשלא עירבו אי לא עירבו מני דבתים לחצר היכי משכחת להו ופריק רב ששת אליבא דרב לעולם בשלא עירבו והני מני דקנו שביתה בבתים דמשתכחי בחצר היכי משכחת לה כגון כונתרא וסודרא דאינון כלי מלבוש ולבשם בבית ויצא בחצר ונזדמן לו ופשט אותם מעליו ונשארו בחצר. וכהאי וכיוצא בהן תנן ולא לכלים ששבתו בתוך הבית

עין משפט נר מצוה

ד א מיי׳ פ"ג מהלכות עירובין הלכה יח סמג עשין א טור ש"ע א"ח סי׳ שעב סעיף א:

מסורת הש"ס

שבת קמז: [מנחות עב.]

דף כג.

לעיל עד.

לעיל מה: עח.

[לעיל פט. וש"נ]

[נ"ל רב יהודה אמר שמואל]

[עי׳ רש"י לעיל פד:]

הגהות הב"ח

(א) תוס׳ ד"ה אמר וכו׳ והשתא ניחא סברת שמואל: (ב) ד"ה ושמואל וכו׳ אומר ר"י דהתם לקלוט. נ"ב ע"ל דף צט בד"ה לא יעמוד.

גליון הש"ס

גמ׳ אמרו לו אין שעת הסכנה ראיה. עי׳ מג"א סי׳ שז ס"ק ח:

ת"ש: *אַנְשֵׁי חָצֵר וְאַנְשֵׁי מִרְפֶּסֶת שֶׁשָּׁכְחוּ וְלֹא עֵירְבוּ, כֹּל שֶׁגָּבוֹהַּ י' טְפָחִים — לַמִּרְפֶּסֶת, פָּחוֹת מִכָּאן — לֶחָצֵר. בד"א — שֶׁהָיוּ אֵלּוּ שֶׁל רַבִּים וְאֵלּוּ שֶׁל רַבִּים, וְעֵירְבוּ אֵלּוּ לְעַצְמָן וְאֵלּוּ לְעַצְמָן, אוֹ שֶׁל יְחִידִים שֶׁאֵין צְרִיכִין לְעָרֵב. אֲבָל הָיוּ שֶׁל רַבִּים, וְשָׁכְחוּ וְלֹא עֵירְבוּ — גַּג וְחָצֵר וְאַכְסַדְרָה וּמִרְפֶּסֶת כּוּלָּן רְשׁוּת אַחַת הֵן. טַעְמָא — דְּלֹא עֵירְבוּ, הָא עֵירְבוּ — לֹא! הָא מַנִּי — רַבָּנַן הִיא. דַּיְקָא נַמִי, דְּלָא קָתָנֵי קַרְפֵּף וּמָבוֹי, ש"מ. ת"ש: חָמֵשׁ חֲצֵירוֹת הַפְּתוּחוֹת זוֹ לָזוֹ וּפְתוּחוֹת לַמָּבוֹי, וְשָׁכְחוּ כּוּלָּם וְלֹא עֵירְבוּ — אָסוּר לְהַכְנִיס וּלְהוֹצִיא מֵחָצֵר לְמָבוֹי, וּמִן הַמָּבוֹי לֶחָצֵר. וְכֵלִים שֶׁשָּׁבְתוּ בֶּחָצֵר — מוּתָּר לְטַלְטְלָן בֶּחָצֵר, וּבַמָּבוֹי — אָסוּר. וְר"ש מַתִּיר. שֶׁהָיָה ר' שִׁמְעוֹן אוֹמֵר: כָּל זְמַן שֶׁהֵן שֶׁל רַבִּים וְשָׁכְחוּ וְלֹא עֵירְבוּ, גַּג וְחָצֵר וְאַכְסַדְרָה וּמִרְפֶּסֶת וְקַרְפֵּף וּמָבוֹי — כּוּלָּן רְשׁוּת אַחַת הֵן. טַעְמָא — דְּלֹא עֵירְבוּ, הָא עֵירְבוּ — לֹא! מַאי לֹא עֵירְבוּ — לֹא עֵירְבוּ חֲצֵירוֹת בַּהֲדֵי הֲדָדֵי, הָא חָצֵר וּבָתִּים — עֵירְבוּ. וְהָא "לֹא עֵירְבוּ" קָתָנֵי! מַאי לֹא עֵירְבוּ — לֹא נִשְׁתַּתְּפוּ. וְאבע"א: ר"ש לְדִבְרֵיהֶם דְּרַבָּנַן קָאָמַר לְהוּ; לְדִידִי לָא שְׁנָא עֵירְבוּ וְלָא שְׁנָא לֹא עֵירְבוּ, אֶלָּא לְדִידְכוּ — אוֹדוּ לִי מִיהַת דְּהֵיכָא דְּלֹא עֵירְבוּ רְשׁוּת אַחַת הִיא. וְאָמְרוּ לֵיהּ רַבָּנַן: לֹא, שְׁתֵּי רְשׁוּיוֹת הֵן. אָמַר מָר: וּבַמָּבוֹי אָסוּר. לֵימָא מְסַיֵּיעַ לֵיהּ לְרַבִּי זֵירָא אָמַר רַב, *דְּאָמַר רַבִּי זֵירָא, אָמַר רַב: מָבוֹי שֶׁלֹּא נִשְׁתַּתְּפוּ בּוֹ — אֵין מְטַלְטְלִין אֶלָּא בד"א! אֵימָא: וְלַמָּבוֹי אָסוּר. הַיְינוּ רֵישָׁא! מִשְׁנָה יְתֵירָא אִיצְטְרִיכָא לֵיהּ, מַהוּ דְּתֵימָא: כִּי פְּלִיגִי רַבָּנַן עֲלֵיהּ דְּרַבִּי שִׁמְעוֹן — הָנֵי מִילֵּי הֵיכָא דְּעֵירְבוּ, אֲבָל הֵיכָא דְּלֹא עֵירְבוּ — מוֹדוּ לֵיהּ, קמ"ל. אֲמַר לֵיהּ רָבִינָא לְרַב אַשִׁי: מִי

אנשי מרפסת. דיורי עליות הרבה פתוחין לה: ולא עירבו. בני חצר עם בני מרפסת אבל עירבו אלו לעצמן ואלו לעצמן ובני מרפסת אין אוסרים על בני חצר אע"פ שיורדין לה בסולם ודריסת רגלם עליה לרה"ר דאמרינן לעיל בפ' "כיצד מעברין" (דף נט:): סולם תורת פתח עליו, ותורת מחיצה עליו, והכל להקל והכא אמרינן תורת מחיצה עליו: כל שגבוה י' טפחים. כגון עמוד או תל: למרפסת. מותר להשתמש בו, ולחצר אסור. דה"ל לזה בפתח ולזה בזריקה. ובסמוכה למרפסת בתוך ד' עסקינן, וכדמוקמא לה בפירקין דלעיל (דף פד.): פחות מכאן לחצר. כלומר: אף לחצר, ושניהן אסורים בו. והכי אוקמינן התם: בד"א. דמחלקין רשות חצר ומרפסת, דלא מישתרו בהדי הדדי: בזמן שהיו אלו של רבים כו'. שדיורין הרבה בחצר, ודיורין הרבה במרפסת: ועירבו אלו לעצמן ואלו לעצמן. דהשתא מפקי בני חצר מאני דבתים לחצירן ובני עליות מאני דעלייה למרפסת. ואי שרית ליה כלים ששבתו בחצר לטלטל במרפסת — אתי לטלטל בה נמי כלי הבית: או שהיו של יחידים. שאין בחצר אלא בית אחד, ואין במרפסת אלא עלייה אחת: שאינן צריכין לערב. לעצמן. והשתא שכיחי מאני דבית בחצר, ומאני דעלייה במרפסת, דליכא דליסר עלייהו. הלכך, גזרו בהו רבנן דלא לישתרו בהדי הדדי, גזרה משום מאני דבתים: ושכחו ולא עירבו. לעצמן, דלא שכיחי מאני דבתים בחצר ומאני דעלייה במרפסת: כולן רשות אחת הן. לכלים ששבתו בתוכם. מאן שמעת ליה האי סברא — ר"ש, וקאמר: עירבו — לא: רבנן היא. דמודו בגגין וחצירות דרשות אחת הן. ואינהו ודאי לא שרו היכא דעירבו, דגזרי כדאמרינן בפרק "מי שהוציאוהו" (לעיל מט.) גבי ג' חצירות הפתוחות זו לזו, דפליגי אדר"ש ואמרו: שלשתן אסורין, דגזרי דילמא אתי לאפוקי מאני דבתים דחיצונה שבאמצעית לחיצונה חברתה. אבל ר"ש לא גזר: דלא קתני. גג וחצר ואכסדרה ומרפסת וקרפף ומבוי, דאי ר"ש — כולהו חדא רשותא נינהו: אסור להוציא מן החצר למבוי. כרבנן, דאסרי במבוי כקרפף: במבוי אסור. ולקמן מפרש: קס"ד השתא דאפילו כלים ששבתו בתוכו אסור לטלטולי ביה, דכרמלית משוי ליה כל זמן שלא נשתתפו בו: ור"ש מתיר. אף להוציא כלי חצר למבוי: כל זמן שהן של רבים. קס"ד דה"ק הואיל ובכולן יש דיורין הרבה ושכחו ולא עירבו לעצמן. כיון דהשתא לא שכיחי כלי הבתים בחצירות — כולן מותרים זה עם זה: לא עירבו חצירות בהדדי. וכל חצר עירבה לעצמה. והאי "כל זמן שהן של רבים" דקאמר — לאו טעמא להיתרא הוא, אלא רבותא הוא. ואע"ג דלא עירבו חצירות בהדדי, וכל חצר עירבה לעצמה, וכל חדא אית בה דיורין טובא, ומפקי מאני דבתים לחצר ואיכא למיגזר דאיידי דנפישי דיורין לא מיזדהרי שפיר, ומפקי מאני דבתים לחצר האחרת — אפ"ה לא גזר: והא לא עירבו. לגמרי משמע: מאי לא עירבו. דמשמע לגמרי — אשיתוף דמבוי קאי, ובעירוב דחצירות לא איירי מידי. דלא איכפת ליה בהו בין עירבה כל אחת לעצמה, בין לא עירבו קאמר דמותרים במבוי בלא שיתוף: ואמרי ליה רבנן לא. בגג וחצר ואכסדרה ומרפסת מודינן לך, אבל בקרפף ובמבוי — לא: הא דר' זירא בפ' "ר"א דמילה" (קל:): אימא ולמבוי אסור. להוציא כלי החצר: היינו רישא. הא תנא ליה אסור להכנים ולהוציא מן החצר למבוי: מהו דתימא. הא דתנא רישא אסור — בעירבו לעצמן קאסרי רבנן, ומשום כלי בתים והאי דקתני לא עירבו — לא נשתתפו הוא: אבל לא עירבו לעצמן אימא מודו. אשמעינן משנה יתירה, דעל כרחך חדא לעירבו וחדא דלא עירבו, ואפילו הכי אסור: ומי

גג וחצר ואכסדרה ומרפסת כולן רשות אחת הן. לרב דאוקי מתני' ב"כיצד משתתפין" (לעיל דף פד.*) לאותם הדרים במרפסת — אתי הכא שפיר, דכשעירבו בני מרפסת לעצמן, ובני חצר לעצמן דשכיחי מאני דבתים בחצר ומאני דעליות במרפסת, כשהסלע גבוה י' הוי למרפסת שהסלע שוה להן. ולבני חצר אסור להשתמש על הסלע, אפילו כלים ששבתו בחצר, אטו כלים ששבתו בבית, ופחות מכאן אסורין לשניהם. וכשלא עירבו, דלא שכיחי מאני דבתים ודעליות שם — הוי מרפסת וחצר רשות אחת, ואין אוסרין זה על זה. אבל לשמואל, דקרי מרפסת לבני עליות ומיירי כשהסלע כנגד חלונות, ומשתמשין שם בני עליות דרך חלונות כשלא עירבו. ותימה: היאך משתמשין בפחות מי' בני עליות על הסלע כלים ששבתו בעליות דרך חלונותיהן? והלא אין חצר ומרפסת רשות אחת אלא לכלים ששבתו בתוכן, ולא לכלים ששבתו בתוך הבית ועליות! וי"ל: דלשמואל דוקא ארישא קאי, דמיירי בגבוה עשרה, הוא דמפליג בין עירבו בין לא עירבו כדפרשינן לעיל אליבא דשמואל. אבל סיפא, דקתני פחות מיכן לחצר, דהוי דוקא לחצר לשמואל — מיירי ודאי בין עירבו בני עלייה לעצמן ובני חצר לעצמן, בין לא עירבו. ובין הכי ובין הכי, בני חצר מותרין ובני עלייה אסורין לשלשל מחלונותיהם: וכלים ששבתו בחצר מותר לטלטל בחצר. פי': בכל חצירות. דאי באותו חצר ותו לא — אפילו שבתו בבית נמי. ומיירי לרב כשלא עירבו חצירות עם הבתים. וקשיא: דא"כ, היכי מייתי סייעתא בסמוך לרב, דאמר מבוי שלא נשתתפו בו אין מטלטלין בו אלא בד'? הא רב גופיה לא אסר אלא כשעירבו בתים עם החצירות, אבל כשלא עירבו — לא אסר, כדמוכח בפרק "אם לא הביא" (שבת דף קל:)! ואדרבה, קשיא מינה לרב דבכה"ג לא אסר רב! ועוד: דרב פסק כר"ש, והכא קאמר דר"ש מתיר! וי"ל: דמייתי דכמו שעירבו לרב אליבא דר"ש אין מטלטלין בו אלא בד', וטעמא כדמפרש שם רש"י: משום דכשעירבו אסור לטלטל מחצר למבוי אפילו כלים ששבתו בתוכה אטו כלים ששבתו בבית. ואין במבוי שום תשמיש, ודמיא לכרמלית כיון דאין בו אלא ג' מחיצות, ולכך אין מטלטלין בו אלא בד'. ה"נ לרבנן, אפילו בלא עירבו — אין מטלטלין בו אלא בד', דאסרי לטלטל מאני דחצר למבוי, דחצר ומבוי לדידהו לאו רשות אחת הן: מהו דתימא כי פליגי רבנן עליה דר"ש היכא דעירבו. ואסור לטלטל מחצר למבוי, משום דשכיחי מאני דבתים בחצר. ומיהו, מחצר לחצר לא אסרי, אע"ג דעירבו — דאין תשמיש דחצר זה רגילין בחצר אחרת, אבל רגילות הוא להוציא מחצר למבוי. ואע"ג דרבנן דשלש חצירות (לעיל מה:) — גזרו, וגם בברייתא דגג וחצר אכסדרה ומרפסת אמרינן דוקא לא עירבו, הא עירבו — גזרינן, שמא רבנן דהכא אינם רבנן דהתם. ובלאו הכי צ"ל כן, דבפרק "מי שהוציאוהו" (לעיל דף מו:) אמר דתנא דפליג אדרבי שמעון — היינו ר' יהודה, ובברייתא המסייעה לרב יהודה אית ליה לרבי יהודה דגג וקרפף רשות אחת, ולרבנן דהכא לית להו*. קמשמע לן דבלא עירבו פליגי, וטעמא דאסור מחצר למבוי — דהוי מבוי כמו קרפף, דלא הוי רשות אחת עם החצר: והא

[ושם איתא רב הונא]

רבינו חננאל

הבית ת"ש אנשי חצר ואנשי מרפסת ששכחו ולא עירבו כל שגבוה י"ט למרפסת פחות מיכן לחצר בד"א בזמן שהיו של רבים ועירבו אלו לעצמן ואלו לעצמן או שהיו של יחידין שאין צריכין לערב אבל אם היו של רבים ששכחו ולא עירבו [גג] וחצר ואכסדרה ומרפסת רשות אחת. טעמא דלא עירבו הוא דהן רשות אחת אבל עירבו לא. קשיא לשמואל ולר' יוחנן ופרקינן הא ברייתא [רבנן] היא כי קאמרי' בין עירבו בין לא עירבו לר' שמעון קאמרינן. ואמרינן דיקא נמי מדלא קתני מבוי (מבוי) [וקרפף] בהדייהו ש"מ לרבנן היא ולא לר"ש דהא שמעינן ליה לר"ש דמבוי וקרפף כגג וכמרפסת חשיב כדבעינן למימר לקמן. ת"ש [חמש] חצרות פתוחות זו לזו ופתוחות למבוי אסור להכנים ולהוציא מחצר למבוי. *) ושנינן משנה יתירא אצטריכא ליה מהו דתימא כי פליג ר' שמעון לרבנן בשלא עירבו אבל בשעירבו מודה להו דאסור קמ"ל משנה יתירא דאפילו בשעירבו פליג עלייהו א"ל רבינא לרב אשי

*) מל' רבינו אינו נראה דגי' אחרת היה לו בסוגיא וגרס משנה יתרה לר"ש אינטריך. וצ"ע:

לעיל פג:

שבת קל:

הס"ד ואח"כ מה"ד קמ"ל. כצ"ל רש"א

מי אָמַר ר' יוֹחָנָן הָכִי? *וְהָא אָמַר רַבִּי יוֹחָנָן: הֲלָכָה כִּסְתַם מִשְׁנָה. וּתְנַן: *כּוֹתֶל שֶׁבֵּין שְׁתֵּי חֲצֵירוֹת, גָּבוֹהַּ עֲשָׂרָה וְרוֹחַב אַרְבָּעָה – מְעָרְבִין שְׁנַיִם וְאֵין מְעָרְבִין אֶחָד. הָיוּ בְּרֹאשׁוֹ פֵּירוֹת – אֵלּוּ עוֹלִין מִכָּאן וְאוֹכְלִים, וְאֵלּוּ עוֹלִין מִכָּאן וְאוֹכְלִים, וּבִלְבַד שֶׁלֹּא יוֹרִידוּ לְמַטָּה! מַאי "לְמַטָּה" – לְמַטָּה לַבָּתִּים. וְהָא תָּנֵי רַבִּי חִיָּיא: וּבִלְבַד שֶׁלֹּא יְהֵא זֶה עוֹמֵד בִּמְקוֹמוֹ וְאוֹכֵל, וְזֶה עוֹמֵד בִּמְקוֹמוֹ וְאוֹכֵל! אֲמַר לֵיהּ: *וְכִי רַבִּי לֹא שְׁנָאָהּ, ר' חִיָּיא מִנַּיִן לוֹ?! אִתְּמַר, שְׁתֵּי חֲצֵירוֹת וְחוּרְבָּה אַחַת בֵּינֵיהֶם, אַחַת עֵירְבָה וְאַחַת לֹא עֵירְבָה. אָמַר רַב הוּנָא: נוֹתְנִין אוֹתָהּ לָזוֹ שֶׁלֹּא עֵירְבָה, אֲבָל לְשֶׁעֵירְבָה – לֹא, דִּילְמָא אָתֵי לְאַפּוֹקֵי מָאנֵי דְּבָתִּים לַחוּרְבָּה. וְחִיָּיא בַּר רַב אָמַר: אַף לְשֶׁעֵירְבָה, וּשְׁתֵּיהֶן אֲסוּרוֹת. וְא"ת שְׁתֵּיהֶן מוּתָּרוֹת, מִפְּנֵי מָה אֵין נוֹתְנִין חָצֵר שֶׁלֹּא עֵירְבָה לְחָצֵר שֶׁעֵירְבָה – הָתָם כֵּיוָן דְּמִנְטְרִי מָאנֵי דְּבָתִּים בֶּחָצֵר אָתֵי לְאַפּוֹקֵי, הָכָא בַּחוּרְבָּה כֵּיוָן דְּלָא מִנְטְרִי מָאנֵי דְּחָצֵר בַּחוּרְבָּה – לָא אָתֵי לְאַפּוֹקֵי. אִיכָּא דְּאָמְרִי, חִיָּיא בַּר רַב אָמַר: אַף לְשֶׁעֵירְבָה, וּשְׁתֵּיהֶן מוּתָּרוֹת. וְאִם תֹּאמַר: שְׁתֵּיהֶן אֲסוּרוֹת – לְפִי שֶׁאֵין נוֹתְנִים חָצֵר שֶׁלֹּא עֵירְבָה לְחָצֵר שֶׁעֵירְבָה. הָתָם כֵּיוָן דְּמִנְטְרִי מָאנֵי דְּבָתִּים בֶּחָצֵר לָא שָׁרוּ בְּהוּ רַבָּנַן, דְּאָתֵי לְאַפּוֹקֵי, אֲבָל בְּחוּרְבָּה – לָא מִנְטְרִי.§

מתני' [א]גַּג גָּדוֹל סָמוּךְ לְקָטָן – הַגָּדוֹל מוּתָּר וְהַקָּטָן אָסוּר. *[ב]חָצֵר *גְּדוֹלָה שֶׁנִּפְרְצָה לִקְטַנָּה – גְּדוֹלָה מוּתֶּרֶת וּקְטַנָּה אֲסוּרָה, מִפְּנֵי שֶׁהִיא כְּפִתְחָהּ שֶׁל גְּדוֹלָה.§ **גמ'** לָמָּה לִי לְמִיתְנֵי תַּרְתֵּי? לְרַב קָתָנֵי גַּג דּוּמְיָא דְּחָצֵר; מָה חָצֵר מִנְכְּרָא מְחִיצָּתָא – אַף [ג]גַּג נַמִי מִנְכְּרָא מְחִיצָּתָא. וְלִשְׁמוּאֵל גַּג דּוּמְיָא דְּחָצֵר; מָה חָצֵר דְּקָא דָּרְסִי לָהּ רַבִּים – אַף גַּג נַמִי דְּקָא דָּרְסִי לֵיהּ רַבִּים. יָתֵיב רַבָּה וְרַבִּי זֵירָא וְרַבָּה בַּר רַב חָנָן, וְיָתֵיב אַבָּיֵי גַּבַּיְיהוּ, וְיָתְבִי וְקָאָמְרִי: שְׁמַע מִינָּהּ מִמַּתְנִיתִין: דִּיּוּרֵי גְּדוֹלָה בִּקְטַנָּה, וְאֵין דִּיּוּרֵי קְטַנָּה בִּגְדוֹלָה. כֵּיצַד? [ד]גְּפָנִים בִּגְדוֹלָה – אָסוּר לִזְרוֹעַ אֶת הַקְּטַנָּה, וְאִם זָרַע – זְרָעִין אֲסוּרִין, גְּפָנִים

רש"י

וּמִי אָמַר ר' יוֹחָנָן הָכִי. הֲלָכָה כְּר' שִׁמְעוֹן(א) וַאֲפִילּוּ עֵירְבוּ דַּחֲצֵירוֹת רְשׁוּת אַחַת: וּבִלְבַד שֶׁלֹּא יוֹרִידוּ לְמַטָּה. אַלְמָא: אָסוּר לְהוֹצִיא מֵחָצֵר לַחֲבֶירְתָּהּ. אִי אָמְרַתְּ בִּשְׁלָמָא בְּעֵירְבוּ אָסוּר אוֹקִימְנָא לְהָא בְּעֵירְבוּ אֲבָל הָשְׁתָּא בְּמַאי תּוֹקְמָא: שֶׁלֹּא יְהֵא זֶה עוֹמֵד בִּמְקוֹמוֹ. בְּקַרְקָעִית הֶחָצֵר. ל"א שֶׁיְּהֵא זֶה עוֹמֵד בִּמְקוֹמוֹ גָּרְסִינַן וְעַל רֹאשׁ הַכּוֹתֶל קָאָמַר: וְכִי רַבִּי לֹא שְׁנָאָהּ. לְמִשְׁנָה זוֹ בְּמִשְׁנָתֵינוּ: רַבִּי חִיָּיא. שֶׁסִּידֵּר וְסָתַם אֶת הַבָּרַיְיתָא וְתַלְמִידוֹ הָיָה: מִנַּיִן לוֹ. זֶה הַפֵּירוּשׁ. וּלְעוֹלָם לְמַטָּה דְּסָתַם רַבִּי מַתְנִי' – בְּבָתִּים קָאָמַר, שֶׁלֹּא יוֹרִיד מֵרֹאשׁ הַכּוֹתֶל וְיוֹלִיךְ לְבֵיתוֹ: וְחוּרְבָּה אַחַת בֵּינֵיהֶם. לָא שְׁנָא שֶׁלָּהֶם וְלָא שְׁנָא שֶׁל אֲחֵרִים. דְּהָא אוֹקְמָא כְּר"ש, שֶׁאֵין חִילּוּק רְשׁוּת אֶלָּא בְּבָתִּים, וּכְגוֹן שֶׁאֵינָהּ פְּרוּצָה לִרְשׁוּת הָרַבִּים: אַחַת עֵירְבָה. לְעַצְמָהּ, וּשְׁכִיחִי מָאנֵי דְּבָתִּים בְּגַוָּהּ: אָמַר רַב הוּנָא נוֹתְנִין הַחוּרְבָּה לָזוֹ שֶׁלֹּא עֵירְבָה. לְהוֹצִיא לָהּ כֵּלִים שֶׁשָּׁבְתוּ בֶּחָצֵר, דְּהָא לָא שְׁכִיחִי בָּהּ מָאנֵי דְּבָתִּים הוֹאִיל וְלֹא עֵירְבָה אֲבָל לְשֶׁעֵירְבָה – לֹא, דְּרַב הוּנָא תַּלְמִידוֹ דְּרַב הֲוָה. דְּאָמַר הֲלָכָה כְּר"ש בְּשֶׁלֹּא עֵירְבוּ, אֲבָל עֵירְבוּ – לֹא: וְחִיָּיא בַּר רַב אָמַר אַף לְשֶׁעֵירְבָה. אֲנִי שָׁמַעְתִּי מֵאַבָּא אַף לְשֶׁעֵירְבָה – נוֹתְנִין אוֹתָהּ, וּמִדַּעְתִּי אֲנִי מְפָרֵשׁ, דְּהַאי דְּאָמַר אַבָּא אַף לְשֶׁעֵירְבָה – לֶאֱסוֹר אֶת שְׁתֵּיהֶן קָאָמַר, דְּגָזַר לֹא עֵירְבָה אַטּוּ עֵירְבָה. דְּאִי מַפְּקֵי הָנֵי לְגַוָּהּ – הָנֵי נַמִי אָתוּ וּמַפְּקֵי: וְא"ת. בַּמֶּה שֶׁשָּׁמַעְתִּי אַף לְשֶׁעֵירְבָה לְהַתִּיר קָאָמַר אַבָּא דִּשְׁתֵּיהֶן מוּתָּרוֹת, וְלֹא גָּזַר אַבָּא בְּעֵירְבָה מִשּׁוּם מָאנֵי דְּבָתִּים – קַשְׁיָא לִי בְּמִילְּתָא דְּאַבָּא, דְּאָמַר לְעֵיל הֲלָכָה כְּר"ש וְהוּא שֶׁלֹּא עֵירְבוּ, אֲבָל עֵירְבוּ – לֹא. מִפְּנֵי מָה אֵין נוֹתְנִים חָצֵר שֶׁלֹּא עֵירְבָה לְחָצֵר שֶׁעֵירְבָה, תַּכְנִיס כֵּלֶיהָ לְתוֹךְ חֲבֶירְתָּהּ וְתוֹצִיאֵם, הָא לֹא גָּזַר רַב בְּחוּרְבָּה! כְּלוֹמַר: נְהִי נַמִי דְּתִשְׁנֵי לִי דְּהָא דְּאָמַר רַב לְעֵיל אֲבָל עֵירְבָה לֹא – מוֹדֶה הוּא דְּאוֹתָהּ שֶׁלֹּא עֵירְבָה מַכְנֶסֶת וּמוֹצִיאָה כֵּלֶיהָ לְתוֹךְ שֶׁעֵירְבָה, דְּהָא לָא שְׁכִיחִי בָּהּ בְּשֶׁלֹּא עֵירְבָה מָאנֵי דְּבָתִּים. וְאע"ג דִּבְהָא שְׁכִיחִי – לָא חָיְישִׁינַן, דִּסְתָמָא כִּי מִשְׁתַּמֵּשׁ אִינִישׁ – בְּמָאנֵי דִּידֵיהּ מִשְׁתַּמֵּשׁ וְלֹא בַּחֲבֵרֵיהּ. מִיהוּ, קַשְׁיָא לִי אַמַּאי אָסַר אַבָּא כְּשֶׁעֵירְבָה לְהַכְנִיס לְשֶׁלֹּא עֵירְבָה, הָא לֹא גָּזַר לְגַבֵּי חוּרְבָּה: הָתָם כֵּיוָן דְּמִינְטַר. כְּלוֹמַר: אַף לְשֶׁעֵירְבָה דְּקָאָמַר רַב – לְהֵיתֵּר קָאָמַר וְגַבֵּי חֲצֵירוֹת אַמַּאי גָּזַר – מִשּׁוּם דְּכֵיוָן דְּמִינְטְרִי כֵּלִים בֶּחָצֵר, שְׁכִיחִי לְאַפּוֹקֵי מָאנֵי טוּבָא, וְחָיְישִׁינַן דִּלְמָא מְחַלְּפִי מָאנֵי דְּבָתִּים בְּמָאנֵי דְּחָצֵר, וּמַפְּקֵי לַחֲבֶירְתָּהּ, שֶׁהֲרֵי נִשְׁמָרִים גַּם בְּתוֹכָהּ. אֲבָל חוּרְבָּה לָא עֲבִידִי בָּהּ אֱינָשֵׁי לְאַפּוֹקֵי מָאנֵי טוּבָא: אִיכָּא דְּאָמְרִי חִיָּיא בַּר רַב אָמַר אַף לְשֶׁעֵירְבָה וּשְׁתֵּיהֶן מוּתָּרוֹת וְאִם תֹּאמַר שְׁתֵּיהֶן אֲסוּרוֹת. וְטַעְמָא מִשּׁוּם דְּשָׁמְעִינַן לֵיהּ לְאַבָּא דְּקָאָמַר אֲבָל עֵירְבוּ לֹא, אַלְמָא: עַל כָּרְחָךְ, אֲפִילּוּ דָּחַקְתָּ לְמִילְּתֵיהּ דְּאַבָּא לְאוֹקוֹמָא לְהַאי דְּאָסַר בְּשֶׁעֵירְבָה הוּא דְּאָסַר לְטַלְטֵל כֵּלֶיהָ לְשֶׁלֹּא עֵירְבָה, אֲבָל שֶׁלֹּא עֵירְבָה מוּתֶּרֶת לְתוֹךְ שֶׁעֵירְבָה – שָׁמְעִינַן מִיהָא דְּאֵין נוֹתְנִין שֶׁלֹּא עֵירְבָה לְשֶׁעֵירְבָה. אַלְמָא: גָּזַר בְּעֵירְבָה מִשּׁוּם מָאנֵי דְּבָתִּים. וּבְחוּרְבָּה נַמִי, עַל כָּרְחָךְ שֶׁעֵירְבָה אֲסוּרָה בָּהּ. וְכִי אָמַר אַבָּא דְּיָהֲבֵי לָהּ לְתַרְוַיְיהוּ – לְאִיסּוּרָא קָאָמַר, לָא דָּמֵי: הָתָם. גַּבֵּי חֲצֵירוֹת, כֵּיוָן דְּמִינְטְרִי מָאנֵי בַּחֲצַר חֲבֵירוֹ כְּבַחֲצֵירוֹ – עֲבִידִי לְאַפּוֹקֵי לָהּ מָאנֵי טוּבָא, וְחָיְישִׁינַן דְּלָא לִיפּוֹק לָהּ מָאנֵי דְּבָתִּים. אֲבָל חוּרְבָּה לֹא: **מתני'** הַגָּדוֹל מוּתָּר. לְהַכְנִיס לוֹ כְּלֵי הַבַּיִת שֶׁלְּמַטָּה, וְאֵין בְּנֵי קָטָן אוֹסְרִין עָלָיו. דִּלְגַבֵּי גָּדוֹל הָוֵי פִּרְצָה פֶּתַח הוּא דְּשָׁרֵי בְּגִיפּוּפֵי. וּכְגוֹן דְּאֵין הַפִּרְצָה יוֹתֵר מֵעֶשֶׂר. אֲבָל קָטָן אָסוּר לוֹ לְהוֹצִיא כְּלֵי הַבַּיִת, דִּבְנֵי גָּדוֹל אָסְרִי עֲלֵיהּ דְּנִפְרַץ לוֹ בִּמְלוֹאוֹ וְדִבְרֵי הַכֹּל הִיא דַּאֲפִילּוּ ר' מֵאִיר לֹא אָמַר גַּגִּין רְשׁוּת אַחַת אֶלָּא לְכֵלִים שֶׁשָּׁבְתוּ בְּתוֹכָן אֲבָל לְכֵלִים שֶׁשָּׁבְתוּ בַּבָּתִּים לֹא, דּוּמְיָא דְּחָצֵר קְטַנָּה שֶׁנִּפְרְצָה לִגְדוֹלָה דִּלְכוּלֵּי עָלְמָא חֲצֵירוֹת רְשׁוּת אַחַת הֵן וּלְעִנְיַן כְּלֵי הַבָּתִּים אָסְרָה גְּדוֹלָה לִקְטַנָּה: גְּדוֹלָה מוּתֶּרֶת. לְהוֹצִיא כְּלֵי הַבָּתִּים שֶׁבָּהּ אִם עֵירְבָה לְעַצְמָהּ וְלֹא אָסְרִי עֲלָהּ בְּנֵי קְטַנָּה: **גמ'** תַּרְתֵּי. חָצֵר וְגַג: מָה חָצֵר דְּמִינְכְּרָא מְחִיצָּתָא. שֶׁהֲרֵי יֵשׁ לָהּ מְחִיצּוֹת: אַף גַּג. נְהִי נַמִי דְּשָׁרִינַן לֵיהּ בִּמְחִיצּוֹת הַתַּחְתּוֹנוֹת מִשּׁוּם גּוֹד אַסִּיק, מִיהוּ מְחִיצּוֹת נִיכָּרוֹת בָּעֵינַן, שֶׁלֹּא יְהֵא גַּג בּוֹלֵט חוּצָה לָהֶם. דְּאִי לָא מִינְכְּרָא – לָא אָמְרִינַן גּוֹד אַסִּיק. וְגָדוֹל נַמִי אָסוּר, דְּאֵין לוֹ שׁוּם מְחִיצָּה וְכָל שֶׁאֵין לוֹ מְחִיצּוֹת אֵינוֹ רְשׁוּת הַיָּחִיד. כָּל הַגַּגִּין שֶׁלָּהֶן חֲלָקִין הָיוּ וְלֹא מְשׁוּפָּעִין: וְלִשְׁמוּאֵל. דְּאָמַר אֲפִילּוּ לָא מִינְכְּרָא אָמְרִינַן גּוֹד אַסִּיק, לְהָכִי תְּנַנְהִי גַּבֵּי הֲדָדֵי. דְּמָה חָצֵר דְּדָרְסִי לָהּ רַבִּים – אַף גַּג, הַאי דְּקָתָנֵי קָטָן אָסוּר – מִשּׁוּם דְּדָרְסִי רַבִּים מִזֶּה לָזֶה, דְּהָוֵי לָהּ מְחִיצָּה תַּחְתּוֹנָה שֶׁבֵּינֵיהֶם מְחִיצָּה נִדְרֶסֶת וְלָא מָצֵית לְמֵיגַד וּלְאַסּוֹקֵהּ. אֲבָל אִי לָא דָּרְסִי בָּהֶן – אַף קָטָן שָׁרֵי, דְּאָמְרִינַן גּוֹד אַסִּיק וְתַפְסִיק הַמְּחִיצָּה בֵּינֵיהֶם, וְאע"ג דִּמְכַסְּיָא וְלָא מִינְכְּרָא: דִּיּוּרֵי גְּדוֹלָה מוֹשְׁלִין בִּקְטַנָּה. וּמוֹשְׁכִין אוֹתָהּ אֶצְלָן: וְאֵין דִּיּוּרֵי קְטַנָּה. מוֹשְׁלִין בִּגְדוֹלָה. לְמוֹשְׁכָהּ אֶצְלָן: אָסוּר לִזְרוֹעַ אֶת הַקְּטַנָּה. דִּכְמַאן דְּהָוְיָא קְטַנָּה כּוּלָּהּ בְּתוֹךְ גְּדוֹלָה דָּמֵי. וַאֲפִילּוּ מַרְחִיק אַרְבַּע אַמּוֹת מִן הַגְּפָנִים, שֶׁאֲפִילּוּ בְּתוֹךְ הַגְּדוֹלָה מוּתָּר לְהַרְחִיק וְלִזְרוֹעַ – הָכָא אָסוּר, דְּקָתָנֵי
לע"כ מַתְנִי' מִפְּנֵי שֶׁהִיא כְּפִתְחָהּ שֶׁל גְּדוֹלָה, אַלְמָא: כּוּלָּהּ כְּחַד פֶּתַח מְשַׁוֵּי לָהּ: *גְּפָנִים מוּתָּרִין. דְּהָא אֵין דִּיּוּרֵי קְטַנָּה מוֹשְׁלִין בִּגְדוֹלָה:
גְּפָנִים

תוספות

והא אמר רבי יוחנן הלכה כסתם משנה. וקשה: דסתם ואח"כ מחלוקת הוא, ואמר ב"החולץ" (יבמות דף מב:) דאין הלכה כסתם. ואע"ג דלכל הפחות חשיב סתם כרבים כלפי היחיד – הכא אין נפקא מינה, דבלאו הכי פליגי רבנן עליה! ותירץ הרר"א כהן: דעיקר קושיא לר"י אינה אלא דלא גזר, ובזה הדבר הוי מחלוקת ואח"כ סתם, מחלוקת בשלש חצירות ב"מי שהוציאוהו" (לעיל דף מה:) וסתם בפרק "חלון" (לעיל דף עו:), אבל הכא לא פליגי בגזירה:

מפני מה אין נותנין חצר שלא עירבה לחצר שעירבה. משום דאיירי באחת עירבה ואחת לא עירבה, נקט האי לישנא. והוא הדין דהוה מצי למימר: "מפני מה אין נותנין חצר שעירבה לשעירבה". ובקונטרס פירש שפיר:

איכא דאמרי אף לשעירבה ושתיהם מותרות. לפי האיכא דאמרי קשיא הא דאמר בפרק "הדר" (לעיל דף עד.), ר' יוחנן אמר*: אף לחורבה. ורבי יוחנן לטעמיה דלא גזר דילמא אתי לאפוקי מאני דבתים לחצר. והכא נמי לא גזר דילמא אתי לאפוקי מאני דבתים לחורבה. ומאי לטעמיה הוא, דהא אפילו רב דגזר הכא, גבי חורבה לא גזר!

אף גג דקא דרסי לה רבים. היינו כלישנא קמא דרב יוסף דלעיל*(ב): **גפנים** בגדולה אסורה לזרוע את הקטנה. למ"ד (לעיל דף ט:) נראה מבחוץ ושוה מבפנים נידון משום לחי ופתח – איירי בנכנסין כותלי קטנה לגדולה:
גפנים

[נ"ל אפילו חורבה]
ועי' בריטב"א

עין משפט נר מצוה

ה א טור ש"ע א"ח סי' שעד סעיף ד:
ו ב מיי' פ"ג מהלכות עירובין הלכה כד סמג לאוין סה ועשין א טור ש"ע א"ח שם סעיף ג:
ז ג שם סעיף ד וסי' שמה סעיף טז:
ח ד מיי' פ"ז מהלכות כלאים הלכה יט וטוש"ע י"ד סי' רצו סעיף מט:

[בהרא"ש איתא חצר קטנה שנפרצה לגדולה וכן הובא משנה דהכא לעיל ח. ט: וכ"מ מלשון רש"י דהכא ד"ה הגדול וכו' דומיא דחצר קטנה שנפרצה לגדולה וכו' אבל בכל אלפס יש כגירס' הספרים וכן הובא בסוגיין בע"ב והא תנן חצר גדולה וכו' וכן עוד לקמן דף צג:]

מסורת הש"ס

[שבת מו. וש"נ]
לעיל עו: פז:
[יבמות מג. נדה סב: ועי' תוס' שם ד"ה ר"ח]
לעיל ח. ע"ש ט: ע"ש וש"נ

הגהות הב"ח

(א) רש"י ד"ה ומי אמר ר' יוחנן הכי הלכ' כר' שמעון לחצירות רשות אחת ואפילו עירבו הס"ד: (ב) תוס' ד"ה אף וכו' דלעיל. נ"ב דף פ"ט:

רבינו חננאל

ומי א"ר יוחנן הלכה כר' שמעון דתני בין גג בין חצר רשות אחת הן והא איהו דאמר הלכה כסתם משנה ותנן בכותל שבין ב' חצרות דהיא סתמא היו בראשו פירות אלו עולין מיכן ואוכלין ואלו עולין מיכן ואוכלין ובלבד שלא יורידו למטה. ואי רשות אחת הן אמאי לא יורידו למטה. ופרקינן מאי לא יורידו למטה דקתני למטה דבתים. כלומר שיכנס בבתים אבל בחצר שרי. איני והא תני ר' חייא ובלבד שלא יעמוד זה בחצרו ויאכל וזה בחצרו ויאכל הנה אפילו בחצר אסור ודחי כי רבי לא שנאה ר' חייא מנין לו. כלומר דבר שלא שנאו [רבי] במשנתנו ר' חייא תלמיד ר' (אבן) [הביא] בידו משנה שלא שנאה רבי *) מכלל זו שאינה שנויה במשנתנו לאו דסמכה היא. אתמר ב' חצרות וחורבה אחת ביניהן חצר אחת עירבה עם הבתים והאחרת לא עירבה. אמר רב [הונא] נותנין חורבה לזו לאותה שלא עירבה אבל [אין] נותנין אותה לאותה שעירבה גזרה שמא יוציא מני דקנו שביתה בבתים מן הבתים לחצר ומן החצר לחורבה. חייא בר רב כו' איכא דאמרי חייא בר רב אמר אף נותנין זו החורבה גם לחצר שעירבה ושניהן מותרות הן בחורבה וא"ת מפני מה אין נותנין חצר שלא עירבה לחצר שעירבה נאמר כי כל החצרות רשות אחת הן התם בחצרות כיון דמנטרי מני דבתים לחצר אתו לאפוקינהו בחצר שלא עירבה אבל בחורבה לא מינטרי הלכך לא שייך גזירה דלמא אתי לאפוקי מני דבתים לחורבה: **מתני'** גג גדול סמוך לגג קטן כו'. ל"ל למיתנא גג ל"ל למיתנא חצר לרב קתני גג דומיא דחצר מה חצר דמינכרן מחיצתא אף גג דמינכרן מחיצתא הוא [דמותר] לטלטל אבל גג בין הגגין דלא מינכרא מחיצתא אין מטלטלין בו אלא ד' אמות. לשמואל קתני גג דומיא דחצר מה חצר דקא דרסי לה רבים אף גג אע"פ דדרסי לה רבים שרי. חצר גדולה שנפרצה לקטנה גדולה מותרת והקטנה אסורה. כשתימצי לומר דיורי גדולה בקטנה. כלומר כל הדר בגדולה כאלו בקטנה הוא דר שהקטנה מכללה של גדולה היא ואין דיורין קטנה חשובין מכלל דירה הגדולה עכשיו אם יהיו בגדולה שריגי גפנים אסור לזרוע בקטנה שחשובין הגפנים שבגדולה כאילו גם בקטנה הן נטועים. ואם זרע בקטנה נאסרו אותן הזרעים אבל הגפנים שבגדולה מותרין

*) נראה דצ"ל כגון זו שאינה שנויה לן כו'.

גפנים מותרין. גפנים בקטנה — מותר לזרוע את הגדולה. *[א]אשה בגדולה וגט בקטנה — מתגרשת. אשה בקטנה וגט בגדולה — אינה מתגרשת. [ב]צבור בגדולה ושליח צבור בקטנה — יוצאין ידי חובתן. ציבור בקטנה ושליח צבור בגדולה — אין יוצאין ידי חובתן. [ג]תשעה בגדולה ויחיד בקטנה — מצטרפין. תשעה בקטנה ואחד בגדולה — אין מצטרפין. [ד]צואה בגדולה — אסור לקרות קריאת שמע בקטנה. צואה בקטנה — מותר לקרות קריאת שמע בגדולה. אמר להו אביי: א"כ מצינו מחיצה לאיסור, שאילמלי אין מחיצה[א] — מרחיק ד"א וזורע. ואילו השתא אסורה! א"ל רבי זירא לאביי: ולא מצינו מחיצה לאיסור?! והא תנן: חצר גדולה שנפרצה לקטנה — גדולה מותרת וקטנה אסורה, מפני שהיא כפתחה של גדולה. ואילו השוה את גיפופיה — גדולה נמי אסורה! א"ל: התם סילוק מחיצות הוא. אמר ליה רבא לאביי: ולא מצינו מחיצה לאיסור? והא אתמר:

סיכך

גפנים בקטנה מותר לזרוע את הגדולה. לכתחלה. דלגבי גדולה פיתחא: וכל פתח כמחילה הוא. ואפילו סמוך לגפנים מותר לזרוע את הגדולה לכתחלה, כדתנן (ב"ב דף כו.) היה גדר בנתיים — זה סומך לגדר מכאן, וזה סומך לגדר מכאן. וכשיגדלו הזרעים, אע"ג דדיורי גדולה בקטנה — אין אוסרים את הגפנים. דאמר במנחות פ"ב (דף טו.): מעשה באחד שזרע את כרם של חבירו, ובא מעשה לפני חכמים ואסרו את הזרעים והתירו את הגפנים. ואמר: מאי טעמא — קנבוס ולוף אסרה תורה, שאר זרעים מדרבנן אסירי. הך(א) דלא עבד איסורא — לא קנסו רבנן. הכי נמי, הואיל וכשזרע את הגדולה — בהיתר זרעה, אפילו שתיהם שלו ליכא למקנסיה. וכ"ש אם קטנה של אחרים, וגפנים שלה קדמו: אשה. עומדת בגדולה, וזרק לה בעלה גט לתוך קטנה ושתיהן שלה ואיכא למאן דאמר במס' גיטין (דף עז:) דהא דתנן: הזורק גט לאשתו והיא בתוך ביתה או בתוך חצירה הרי זו מגורשת — דוקא עומדת לתוכה באותה שעה, אבל אם אינה עומדת לתוכה באותה שעה — לא, ואע"ג דשלה היא: מתגרשת(ב) היא. שהרי היא כעומדת בקטנה, דכולה קטנה בתר גדולה שייכא: אינה מתגרשת. דגדולה לאו בתר קטנה אזלא, וגט לא קני לאשה דנימא נשדי אשה בתר גט, דאשה לא בעיא למקני גיטא: יוצאין. דשליח ציבור דקאי בקטנה — הכא שייך: אין יוצאין. דהשתא לא שייך בתרייהו. ולצבור דקיימי בקטנה לא מצינן למימר דשייכי בתריה, דרובה בתר חד לא משתדו: מותר לקרות קריאת שמע בגדולה. דגבי גדולה כמחילה היא, ולא מלי קטנה מקלקלא(ג) בשום מידי: שאילמלי אין מחיצה. אי לאו הנך גיפופי שעודפין בגדולה — היו הגדולה והקטנה שוות, הוו להו כחצר אחת, ומותר לזרוע שם עם הגפנים ומרחיק ד' אמות. השתא, משום הנך גיפופי — שדינן לכולה קטנה בתר גדולה ומיתסרא כולה. מלינו מחילה שאוסרת: ואילו השוה את גיפופיה. שבנה מחילות בתוך הגדולה מכאן ומכאן, עד שיקלרנה כמדת הקטנה, וסילק את הגיפופין על ידי מחילות הללו — אף גדולה אסורה(ד) ועכשיו שתיהן שוות, נמלאו מחילות הללו באות לאיסור: סילוק מחיצות. האחרונות סילקו את הראשונות. אבל גבי זריעה אסר עודף הגיפופין על הקטנה, משום יתור מחילה:

סיכך

גפנים בקטנה מותר לזרוע את הגדולה. פי' בקונטרס: וכשיגדלו הזרעים, אע"ג דדיורי גדולה בקטנה — אין אוסרין את הגפנים, כדאמרינן במנחות בפ' שני (דף טו.): מעשה בא' שזרע כרמו של חבירו, ובא מעשה לפני חכמים, ואסרו הזרעים והתירו הגפנים. מ"ט — קנבוס ולוף אסרה תורה, שאר זרעים דרבנן. הך דעביד איסורא — קנסו, הך דלא עביד איסורא — לא קנסו. וה"נ, הואיל וכשזרע את הגדולה — בהיתר זרעה, אפילו שתיהן שלו — ליכא למיקנסיה. ולפירושו מיירי הכא בשאר זרעים. ותימה: דהיכי שרי להניח הזרעים כשיגדלו? כיון דדיורי גדולה בקטנה, דאפילו עלו מאיליהן תנן במסכת כלאים (פ"ה משנה ו): היה עובר בכרם וראה ירק בתוך כרמו, ואמר לכשאחזור אלקטנו, אם הוסיף מאתים — אסור, כיון שמתייאש מללוקטו. וע"כ ההיא דמנחות איירי שלא ידע בעל הכרם שהזרעים בכרמו! לכך נראה לר"י לפרש טעמא דשמעתין: משום דשם גדולה על הקטנה, ואין שם קטנה על הגדולה. ולהכי גפנים בגדולה — הוי שם כרם על הקטנה, ואע"ג דאין גפנים בקטנה — אסור לזורעה, דרחמנא קפיד על שם כרם, דכתיב: "לא תזרע כרמך כלאים". אבל גפנים בקטנה — מותר לזרוע בגדולה, אע"ג דלכשיזרענה יהיה שם שדה על הקטנה — אין לחוש, דרחמנא לא קפיד אשם שדה, דהא לא כתיב: "שדך לא תטע כרם" דהוה משמע דקפיד אשם שדה: **אשה** בגדולה וגט בקטנה. פי' בקונטרס: ושתיהן שלה. דאיכא למאן דאמר בגיטין (דף עז:), הא דתנן הזורק גט לאשתו והיא בתוך ביתה, או בתוך חצירה הרי זו מגורשת — דדוקא דעומדת בתוכה באותה שעה. אבל אינה עומדת בתוכה — לא, אע"ג דשלה היא. וצריך לומר: הא דקאמרינן התם בגמרא "והוא שעומדת בצד ביתה" — לאו אצל ביתה קאמר, אלא בתוך ביתה ממש קאמר, כדקתני התם במתני' בתוך ביתה. דהא הכא אמרינן אשה בקטנה וגט בגדולה — אינה מגורשת, אע"פ שעומדת אצל הגדולה. ולר"י נראה דהכא מיירי בשהשאילו להאשה חצר אחת, וקאמרינן דכשהשאילו לה גדולה — הוי שמה גם על הקטנה. אשה בקטנה, שהשאילו לה הקטנה — לא הוי בהכי שמה על גדולה:

תשעה בגדולה ויחיד בקטנה מצטרפין. דוקא יחיד בקטנה. אבל חמשה בקטנה וחמשה בגדולה — אין מצטרפין. וסיפא דנקט תשעה בקטנה — ה"ה חמשה בקטנה, אלא אגב רישא נקט האי לישנא. והא דתנן בפרק "כיצד צולין" (פסחים דף פה:): מן האגף ולפנים — כלפנים ומן האגף ולחוץ — כלחוץ, וקאמר התם רב בגמרא: וכן לתפלה. וריב"ל אמר: אפילו מחילה של ברזל אינה מפסקת בין ישראל לאביהם שבשמים. לכאורה נראה דלענין צירוף פליגי, דלענין לצאת מודה רב דיוצא אפילו חוץ לבית הכנסת, כדתנן בפרק "ראוהו ב"ד" (ר"ה דף כז:): היה עובר אחורי בית הכנסת ושמע קול שופר וקול מגילה, אם כוון לבו — יצא. וקשיא, דאם כן סוגיא דהכא כרב. ובפ' "אלו נאמרין" (סוטה דף לח:) משמע דקי"ל כריב"ל, גבי עם שאחורי הכהנים, ומייתי סתמא דהתלמוד ממילתא דריב"ל? ונראה לפרש: דלצירוף מודה ריב"ל דאין מצטרפין, כדאמרינן הכא. ופליגי לענין לענות קדושה או "ברכו" דקי"ל במגילה (דף כג:) דאין דבר שבקדושה פחות מעשרה, וקסבר רב מן האגף ולחוץ — אינו יכול לענות, דלא הוי בכלל צבור שבפנים. וריב"ל סבר: דאפילו מחילה של ברזל אינה מפסקת, והוי בכלל צבור לעניית ברכת כהנים ולענות דבר שבקדושה:

שאילמלי אין מחיצה מרחיק ארבע אמות וזורע. מגיפופי גדולה פריך, כדפי' בקונטרס. דאי לא הוה גיפופי לצד הקטנה אלא השוה גיפופיה, והוי ליה שתיהן חצר אחת — מרחיק ד' אמות וזורע, אם יש בין כרם ולכותל י"ב אמות כדין מחול הכרם. ועכשיו שיש גיפופי וראויות בכך ליחלק יותר זו מזו — מגרע גרע, ואסור לזרוע בקטנה ואפילו היא מאה אמה. כדמשמע לישנא: מפני שהיא כפתחה של גדולה, דהוי כאילו היא תוך הפתח. ודוקא מכותל הגדולה פריך, אבל מקטנה אינו רוצה להקשות. שאם אין כלל מחילות של קטנה — אין צריך להרחיק אלא זורע סמוך לגדולה, דהפתח הוי כמחילה ועכשיו נאסר ע"י מחילות הקטנות — דאין זה תימה, דכשאין מחילות הקטנות נראה הגיפוף, וע"י מחילות הקטנות אין ניכרין גיפופי גדולה, והוי סילוק מחילות. ואומר ר"י: דלכאורה היה נראה מתוך הסברא דאין להחמיר בקטנה שנפרצה לגדולה יותר מאילו היא תוך מחילת גדולה, שמרחיק ד' אמות וזורע כדין(ה) מחול הכרם, ושיש בין הכרם ולכותל י"ב אמות. והא דמשוינן לה כפתחה של גדולה — היינו לעשות הקטנה כאילו היא תוך מחילות הגדולה, שלא להביא זרע לשם אא"כ ירחיק ד' אמות. אבל להחמיר יותר ממה שהיתה תוך מחילות הגדולה — אינה סברא לכאורה. והיה נראה דה"פ: מלינו מחילה לאיסור, שאם אין מחילה כלל לגדולה — מרחיק ד' אמות בקטנה וזורע, אפילו אין י"ב אמות מהכרם שבחוץ לצד הכותל שבחוץ של קטנה. ולא דמי למחול הכרם, דהתם גם הכרם מוקף מחילות — להכי צריך י"ב אמות. אבל הכא דסביב הכרם אין מחילה, ולא שייך כותל קטנה לכרם — אין צריך י"ב אמה. ועכשיו שיש מחילות לגדולה — צריך י"ב אמה כדין מחול הכרם. אבל אומר ר"י דא"א לפרש כן, דא"כ למה מקשה בסמוך ממחול הכרם? דהא אמחול הכרם קיימא השתא, שאם אין מחילה — לא יהא שם דין מחול הכרם, ואם יש מחילות — יהא שם דין מחול הכרם. ונראה לי פירוש רש"י עיקר: **אמר** ליה רבא לאביי. ר"ת הגיה: "רבה", שהרי רבה ור' זירא ורבה בר רב חנן הוו יתבי ומדקדקו שלשתן ממתני' ש"מ דיורין כו', ואביי הקשה על דקדוק שלהן. וכל אחד ואחד בא לקיים דבריו דמלינו מחילה לאיסור. אע"ג דקלת נראה דרבא היה לו לגרוס, מדקאמר בתר הכי לדידי כשירה ולדידך הוי סילוק מחילות. ורבא ואביי פליגי בהא בסוכה בפ"ק (דף יח.) שמזכירו אחר אביי, ולקמן נמי מייתי לה — מ"מ נראה טפי כמו שהגיה ר"ת:

סיכך

עין משפט נר מצוה

ט א *מיי' פ"ה מהלכות גירושין סמג עשין נ טוש"ע אה"ע סי' קלט סעיף ט [*ולא נמצא בהרמב"ם ולא בטוש"ע ופלא על העין משפט דהעיד על מה דליתא]

י ב מיי' פ"ח מהלכות תפלה הלכה ז סמג עשין יט טוש"ע א"ח סי' נה סעיף יז:

יא ג מיי' שם וטוש"ע שם סעיף טז:

יב ד מיי' פ"ח מהלכות תפלה הלכה ח טוש"ע א"ח סי' עט סעיף ג:

רבינו חננאל

מותרין. וכן אם היו הגפנים בקטנה מותר לזרוע בגדולה שהקטנה בכלל הגדולה ולא הגדולה בכלל הקטנה. אשה בגדולה וזרק לה בעלה גיטה בקטנה כיון שכל מה שבקטנה חשוב כאלו בגדולה הוה נמצא גרושה וכאילו עמה הוא והגיע ברשותה. וכן אם היו הצבור בגדולה כו'. אמר אביי א"כ מצינו מחיצה לאיסור. שאילו אין שם מחיצה מרחיק ד' אמות וזורע והשתא איתסרו להו זרעים שבקטנה א"ל ר' זירא ולא מצינו מחיצה לאיסור והתניא בית שחציו מקורה וחציו אינו מקורה גפנים כאן מותר לזרוע כאן. ואילו השוה את הקידוי אסור לזרוע בכולו. א"ל אביי התם כיון דזרעיה סלוקי סלוקינהו למחיצות. אמר ליה רבא לאביי והא

הגהות הגר"א

[א] גמ' שאילמלי אין מחילה זורע ואילו וכו'. כצ"ל [וזה דלא כתו' ד"ה שאילמלי שכתבו אבל מקטנה אינה רוצה כו' ואומר ר"י לכאורה כו' ולפי גירסת רבינו באמת הקושיא רק מקטנה].

מסורת הש"ס

[גטין עט.]

הגהות הב"ח

(א) רש"י ד"ה גפנים וכו' מדרבנן אסירי הך דעבד איסורא קנסו רבנן הך דלא עבד: (ב) ד"ה מתגרשת שהרי כל"ל ותיבת היא נמחק: (ג) ד"ה מותר וכו' מקלקלא לה בשום: (ד) ד"ה ואלו וכו' אסור לעכשיו: (ה) תום' ד"ה שאילמלי וכו' כדין מחול הכרם כשים:

גליון הש"ס

בעין משפט אות א' מיי' פ"ה לא נמצא שם לא ברמב"ם ולא בש"ע ועי' בתשובת זכרון יוסף חאה"ע סי' יב:

*אסִיכֵּךְ עַל גַּבֵּי אַכְסַדְרָה שֶׁיֵּשׁ לָהּ פַּצִּימִין – כְּשֵׁירָה, וְאִילּוּ הִשְׁוָה פַּצִּימֶיהָ – פְּסוּלָה! א"ל אַבַּיֵי: לְדִידִי – כְּשֵׁירָה, לְדִידָךְ – סִילּוּק מְחִיצּוֹת הִיא. א"ל רַבָּה בַּר רַב חָנָן לְאַבַּיֵי: וְלֹא מָצִינוּ מְחִיצָּה לְאִיסּוּר? וְהָתַנְיָא: בבַּיִת שֶׁחֶצְיוֹ מְקוֹרֶה וְחֶצְיוֹ אֵינוֹ מְקוֹרֶה, גְּפָנִים כָּאן – מוּתָּר לִזְרוֹעַ כָּאן. וְאִילּוּ הִשְׁוָה אֶת קֵרוּיוֹ – אָסוּר! א"ל: הָתָם סִילּוּק מְחִיצּוֹת הוּא. שָׁלַח לֵיהּ רָבָא לְאַבַּיֵי בְּיַד רַב שְׁמַעְיָה בַּר זְעֵירָא: וְלֹא מָצִינוּ מְחִיצָּה לְאִיסּוּר? וְהָתַנְיָא: יֵשׁ בִּמְחִיצּוֹת הַכֶּרֶם לְהָקֵל וּלְהַחְמִיר; כֵּיצַד? גכֶּרֶם הַנָּטוּעַ עַד עִיקַּר מְחִיצָּה – זוֹרֵעַ מֵעִיקַּר מְחִיצָּה וְאֵילָךְ, שֶׁאִילּוּ אֵין שָׁם מְחִיצָּה מַרְחִיק ד"א וְזוֹרֵעַ, וְזֶה הוּא מְחִיצּוֹת הַכֶּרֶם לְהָקֵל. וּלְהַחְמִיר כֵּיצַד? הָיָה מָשׁוּךְ מִן הַכּוֹתֶל י"א אַמָּה – לֹא יָבִיא זֶרַע לְשָׁם, שֶׁאִילְמָלֵי אֵין מְחִיצָּה – מַרְחִיק ד"א וְזוֹרֵעַ, וְזוֹהִי מְחִיצּוֹת הַכֶּרֶם לְהַחְמִיר! א"ל: וְלִיטַעְמִיךְ, אוֹתְבַן מִמַּתְנִיתִין, *דִּתְנַן: קָרַחַת הַכֶּרֶם, ב"ש אוֹמְרִים: כ"ד אַמּוֹת, וּב"ה אוֹמְרִים: ט"ז אַמָּה. מְחוֹל הַכֶּרֶם, ב"ש אוֹמְרִים: ט"ז אַמָּה, וּב"ה אוֹמְרִים: י"ב אַמָּה. וְאֵיזוֹ הִיא קָרַחַת הַכֶּרֶם – דכֶּרֶם שֶׁחָרַב אֶמְצָעִיתוֹ. אִם אֵין שָׁם ט"ז אַמָּה – לֹא יָבִיא זֶרַע לְשָׁם, הָיוּ שָׁם ט"ז אַמָּה – נוֹתֵן לוֹ כְּדֵי עֲבוֹדָתוֹ, וְזוֹרֵעַ אֶת הַמּוֹתָר. אֵי זוֹ הִיא מְחוֹל הַכֶּרֶם – הבֵּין הַכֶּרֶם לַגָּדֵר. שֶׁאִם אֵין שָׁם י"ב אַמָּה – לֹא יָבִיא זֶרַע לְשָׁם, הָיוּ שָׁם י"ב אַמָּה – נוֹתֵן לוֹ כְּדֵי עֲבוֹדָתוֹ וְזוֹרֵעַ אֶת הַמּוֹתָר. אֶלָּא הָתָם לָאו הַיְינוּ טַעְמָא(א) – דְּכָל ד"א לְגַבֵּי כֶּרֶם – עֲבוֹדַת הַכֶּרֶם, לְגַבֵּי גָּדֵר – כֵּיוָן דְּלָא מִזְדַּרְעָן – אַפְקוּרֵי מַפְקַר לְהוּ. דְּבֵינֵי בֵּינֵי, אִי אִיכָּא ד' – חֲשִׁיבָן, וְאִי לָא – לָא חֲשִׁיבָן. אָמַר רַב יְהוּדָה: וג' קַרְפֵּיפוֹת זֶה בְּצַד זֶה, וּשְׁנַיִם הַחִיצוֹנִים מְגוּפָּפִים וְהָאֶמְצָעִי אֵינוֹ מְגוּפָּף, וְיָחִיד בָּזֶה וְיָחִיד בָּזֶה נַעֲשָׂה כְּשַׁיָּירָא וְנוֹתְנִין לָהֶן(ב) כׇּל צוֹרְכָּן וַדַּאי. אֶמְצָעִי מְגוּפָּף וּשְׁנַיִם הַחִיצוֹנִים אֵינָן מְגוּפָּפִין, וְיָחִיד בָּזֶה וְיָחִיד זֶה [וְיָחִיד בָּזֶה] אֵין נוֹתְנִין לָהֶם אֶלָּא בֵּית שֵׁשׁ, אִיבַּעְיָא לְהוּ: אֶחָד בָּזֶה וְאֶחָד בָּזֶה וּשְׁנַיִם בָּאֶמְצָעִי מַהוּ? אִי לְהָכָא נָפְקִי תְּלָתָא הָווּ, וְאִי לְהָכָא נָפְקִי תְּלָתָא הָווּ. אוֹ דִילְמָא: חַד לְהָכָא נָפֵיק, וְחַד לְהָכָא נָפֵיק. וְאִם תִּמְצֵי לוֹמַר: חַד לְהָכָא נָפֵיק וְחַד לְהָכָא נָפֵיק; שְׁנַיִם בָּזֶה וּשְׁנַיִם בָּזֶה, וְאֶחָד בָּאֶמְצָעִי מַהוּ? הָכָא וַדַּאי, אִי לְהָכָא נָפֵיק תְּלָתָא הָווּ, וְאִי לְהָכָא נָפֵיק תְּלָתָא הָווּ, אוֹ דִילְמָא: אֵימַר לְהָכָא נָפֵיק, וְאֵימַר לְהָכָא נָפֵיק? זוְהִלְכְתָא: בְּעָיָין לְקוּלָּא. אָמַר רַב חִסְדָּא:

גידוד

סִיכֵּךְ עַל גַּבֵּי אַכְסַדְרָה שֶׁיֵּשׁ לָהּ פַּצִּימִין. שְׁתֵּי דְּפָנוֹת שֶׁיֵּשׁ לָהּ כְּהִלְכָתָהּ לְאוֹרְכָּהּ, וַעֲשׂוּיָה כְּמָבוֹי. וּבְדוֹפֶן שְׁלִישִׁית וּרְבִיעִית קְבוּעִין עַמּוּדִים לְקַרְנֵי הַזָּוִיּוֹת וְיֵשׁ לָהֶם טֶפַח: כְּשֵׁירָה. דִּתְנַן (סוכה ו.)* שְׁתַּיִם כְּהִלְכָתָן וּשְׁלִישִׁית אֲפִילּוּ טֶפַח: וְאִילּוּ הִשְׁוָה אֶת פַּצִּימֶיהָ. שֶׁבָּנָה ב' מְחִיצּוֹת בְּתוֹכָהּ אֵצֶל מְחִיצּוֹת הָרִאשׁוֹנוֹת, וְנִמְצְאוּ פַּצִּימֶיהָ עוֹמְדִין בֵּין שְׁתֵּי הַמְּחִיצּוֹת מִכָּאן וּבֵין שְׁתֵּי מְחִיצּוֹת מִכָּאן, וּבְתוֹךְ הָאַכְסַדְרָה אֵינָן נִרְאִין: פְּסוּלָה. דְּאֵין לָהּ אֶלָּא ב' מְחִיצּוֹת: לְדִידִי כְּשֵׁירָה. דִּפְלִיגִי עֲלָךְ בְּהָא מִילְּתָא לְקַמָּן בְּפִירְקִין* דַּאֲפִילּוּ אֵין לָהּ שׁוּם מְחִיצָּה אָמְרִינַן פִּי תִקְרָה יוֹרֵד וְסוֹתֵם. דִּסְתַם אַכְסַדְרָה תְּחוּבִין קוֹרוֹת לְמַעְלָה מֵעַמּוּד לְעַמּוּד שֶׁעֲלֵיהֶן נוֹתְנִים אֶת הַתִּקְרָה, וְהָנָךְ קוֹרוֹת יֵשׁ לָהֶם פֶּה – דְּהַיְינוּ חוּדָּהּ, שֶׁאֵינָהּ עֲגוּלָּה אֶלָּא מְרוּבַּעַת: לְדִידָךְ. נַמִי, דְּאָמְרַתְּ פְּסוּלָה – אֵין כָּאן מְחִיצָּה לְאִיסּוּר. דְּהָכָא הַיְינוּ טַעְמָא שֶׁסִּילֵּק מִכָּאן אֶת הַפַּצִּימִין וְאֶת מְחִיצּוֹת הָרִאשׁוֹנוֹת ע"י מְחִיצּוֹת הַלָּלוּ, וְהֶעֱמִידָהּ עַל אֵלּוּ לְבַדָּן: חֶצְיוֹ מְקוֹרֶה. מְכוּסֶּה בְּגַג חָלָק, כְּעֵין תִּקְרַת עֲלִיָּיה: גְּפָנִים כָּאן. תַּחַת הַקֵּירוּי: מוּתָּר לִזְרוֹעַ כָּאן. חוּץ לַקֵּירוּי מִיָּד, וְאֵין צָרִיךְ לְהַרְחִיק, דְּפִי תִקְרָה יוֹרֵד וְסוֹתֵם, וְהָוֵי מְחִיצָּה מַבְדֶּלֶת בֵּינֵיהֶם: הִשְׁוָה אֶת קֵרוּיוֹ. שֶׁקֵּירָה כׇּל הַבַּיִת – אָסוּר, אא"כ הִרְחִיק: סִילּוּק מְחִיצּוֹת. שֶׁהַשְׁלָמָה זוֹ סִילֵּק פִּי תִקְרָה, וְאֵין כָּאן מַבְדִּיל: בְּיַד רַב שְׁמַעְיָה. לִיוָּהוּ לְהָשִׁיב לְאַבַּיֵי תְּשׁוּבָה זוֹ: לְהָקֵל וּלְהַחְמִיר. פְּעָמִים שֶׁהַמְּחִיצָּה מַתֶּרֶת לְעִנְיַן כִּלְאַיִם, וּפְעָמִים שֶׁהִיא אוֹסֶרֶת: עַד עִיקַּר הַמְּחִיצָּה. כְּלוֹמַר: עַד יְסוֹד מְחִיצָּה, סָמוּךְ וְדָבוּק לַמְּחִיצָּה: הָיָה מָשׁוּךְ. כֶּרֶם רָחוֹק מִן הַגָּדֵר אַחַת עֶשְׂרֵה אַמָּה, וְכ"ש פָּחוֹת: לֹא יָבִיא זֶרַע. בֵּין כֶּרֶם לַגָּדֵר, וְטַעְמָא מְפָרֵשׁ לְקַמָּן: אוֹתְבַן מִמַּתְנִי'. דַּאֲלִימָא לְאַקְשׁוּיֵי טְפֵי(ג) מִבָּרַיְיתָא: קָרַחַת הַכֶּרֶם. לְקַמָּן מְפָרְשָׁא: עֶשְׂרִים וְאַרְבַּע אַמּוֹת. צָרִיךְ שֶׁיְּהֵא בָּהּ לְהַתִּירָהּ, לְהַרְחִיק אַרְבַּע אַמּוֹת וְלִזְרוֹעַ. וְאִם פָּחוֹת – אָסוּר לִזְרוֹעַ בָּהּ אֲפִילּוּ טֶפַח: מָחוֹל. סָבִיב כְּעֵין מְחוֹלוֹת: אֵין שָׁם שֵׁשׁ עֶשְׂרֵה אַמָּה כו'. לְפִי שֶׁיֵּשׁ כֶּרֶם מִכָּאן וּמִכָּאן, וְצָרִיךְ לְהַרְחִיק וְלִיתֵּן אַרְבַּע אַמּוֹת לַכֶּרֶם לְכׇל צַד לַעֲבוֹדָתוֹ, כִּמְלֹא בָקָר וְכֵלָיו שֶׁהָיוּ חוֹרְשִׁין בְּשְׁוָורִין. וְאִם נִשְׁאֲרוּ ח' אַמּוֹת בָּאֶמְצַע, שֶׁאִם בָּאתָ לְחׇלְקוֹ לְכָאן וּלְכָאן – יֵשׁ ד' אַמּוֹת לְכׇל חֵלֶק – חֲשִׁיבֵי וְלָא בְּטֵילֵי, וְלָא אָתֵי כֶּרֶם דְּהַאי גִּיסָא וּמְבַטֵּל פַּלְגָא, וְכֶרֶם מֵהַאי גִּיסָא וּמְבַטֵּל פַּלְגָא: כְּדֵי עֲבוֹדָתוֹ. אַרְבַּע אַמּוֹת לְכׇל צַד: י"ב אַמּוֹת. לְקַמָּן מְפָרֵשׁ טַעְמָא: לָאו הַיְינוּ טַעְמָא. דְּתֶיהֱוֵי מְחִיצָּה, מְשַׁוְּיָא לֵיהּ לְהַאי מָחוֹל כִּי כֶּרֶם: הָכִי גָּרְסִינַן: אַרְבַּע אַמּוֹת דִּלְהָדֵי כֶּרֶם עֲבוֹדַת הַכֶּרֶם. וְכֵיוָן דְּצָרִיךְ לוֹ – הָוֵי כֶּרֶם עַצְמוֹ: כֵּיוָן דְּלָא מִזְדַּרְעָן. מִשּׁוּם דִּמְקַלְקֵל לֵיהּ לְכוֹתֶל אֲבָנִים, שֶׁהַמַּחֲרֵישָׁה מַעֲלָה עָפָר תִּיחוּחַ וְהַכּוֹתֶל נוֹפֵל כְּשֶׁאֵין תַּחְתָּיו קַרְקַע חֲזָקָה. וְהָכִי תְּנַן בְּבָבָא בַּתְרָא (דף יט.): מַרְחִיקִין אֶת הַזֶּרַע כו': אַפְקוּרֵי מַפְקַר לְהוּ. לְגַבֵּי גָּדֵר, וְלָא מִצְטָרְפֵי לַהֲדֵי הַנֵּי דְּפָיְישִׁי, לְאַחְשׁוּבֵי דְּלָא לִיבְטִיל לְגַבֵּי כֶּרֶם: ג' קַרְפֵּיפוֹת זֶה בְּצַד זֶה. כְּגוֹן שֶׁהָיוּ מְהַלְּכִין בַּדֶּרֶךְ, וְהִקִּיפוּ ג' קַרְפֵּיפוֹת לְדִירָה בִּמְחִיצָּה שֶׁל שְׁתִי, כְּגוֹן שֶׁל קָנִים. אוֹ שֶׁל עֵרֶב – כְּגוֹן חֲבָלִים, שֶׁלֹּא הִתִּירוּ בּוֹ לְיָחִיד אֶלָּא בֵּית סָאתַיִם, כִּדְמְפָרֵשׁ בְּפ"ק (דף טז:) דְּשַׁיָּירָא מוּתֶּרֶת לְהַקִּיף כׇּל צׇרְכָּן בְּקָנִים וּבַחֲבָלִים לְדִירָה, אֲבָל יָחִיד יוֹתֵר מִבֵּית סָאתַיִם – לָא, אא"כ עָשָׂה שְׁתִי וָעֵרֶב, מְחִיצָּה קַיֶּימֶת: וּשְׁנַיִם הַחִיצוֹנִים מְגוּפָּפִין וכו'. שֶׁהַחִיצוֹנִים רְחָבִים מִן הָאֶמְצָעִי, וְהוּא פָּרוּץ לִשְׁנֵיהֶם בִּמְלוֹאוֹ, וְגִיפּוּפֵיהֶן עוֹדְפִין עָלָיו: וְיָחִיד בָּזֶה וְיָחִיד בָּזֶה [וְיָחִיד בָּזֶה] נַעֲשׂוּ שַׁיָּירָא וְנוֹתְנִין לָהֶן כׇּל צׇרְכָּן. דְּאָמְרִינַן: דִּיוּרֵי גְּדוֹלִים בְּקָטָן, וְנִמְצְאוּ שְׁלׇשְׁתָּן בָּאֶמְצָעִי – הָאֶמְצָעִי מְצָרְפָן, וּמוּתָּר אֶמְצָעִי זֶה כׇּל שֶׁהוּא(ד) גָּדוֹל הֶיקֵּף בִּמְחִילָּה שֶׁל שְׁתִי אוֹ שֶׁל עֵרֶב, וּכְגוֹן שֶׁעֵירְבוּ: אֶמְצָעִי מְגוּפָּף וְחִיצוֹנִים אֵין מְגוּפָּפִין. שֶׁהוּא רָחָב מֵהֶן, וְהֵן פְּתוּחִין לוֹ בִּמְלוֹאוֹ, וּלְדִידֵיהּ לָא הָוֵי מִילּוּאוֹ: אֵין נוֹתְנִין לָהֶם. אֶלָּא בֵּית סָאתַיִם לְכׇל קַרְפֵּף, שֶׁהֲרֵי אֵין שְׁלֹשָׁה דִּיּוּרִין בְּאֶחָד. דְּדִיּוּרֵי אֶמְצָעִי בַּחִיצוֹנִים. וְזִיל לְהָכִי תְּרֵי הוּא דְּאִיכָּא, וּבָאֶמְצָעִי לֵיכָּא אֶלָּא חַד. וְאִם אֶחָד מֵהֶן יוֹתֵר מִבֵּית סָאתַיִם – הוּא אָסוּר. וְאִם אֶמְצָעִי יוֹתֵר מִבֵּית סָאתַיִם – כּוּלָּן אֲסוּרִין, שֶׁהֲרֵי הֵן פְּרוּצִין לִרְשׁוּת הָאֲסוּרָה: שְׁנַיִם הָווּ כְּיָחִיד. עַד דְּהָוֵי שַׁיָּירָא, דְּהַיְינוּ שְׁלֹשָׁה: אִיבַּעְיָא לְהוּ. אֶמְצָעִי מְגוּפָּף וְלֹא חִיצוֹנִים, וּשְׁנֵי אֲנָשִׁים בָּאֶמְצָעִי, וְיָחִיד בָּזֶה וְיָחִיד בָּזֶה, מַאי: אִי לְהָכָא נָפְקִי כו'. וְהָנָךְ דְּאֶמְצָעִי, הוֹאִיל וּשְׁנֵיהֶם שׁוֹלְטִין לְכָאן וּלְכָאן – שְׁדֵי תַּרְוַויְיהוּ לְהָכָא וְתַרְוַויְיהוּ לְהָכָא, וְלִישְׁתַּרוּ שְׁנֵי קַרְפֵּיפוֹת הַחִיצוֹנִים הֶיקֵּף בְּכׇל צׇרְכָּן: אוֹ דִילְמָא. כּוּלֵּי הַאי לָא מְקִילִינַן, דְּנִישְׁדִּינְהוּ לְהָכָא וּלְהָכָא וְה"נ לָא אָמְרִינַן דְּנִירְמִינְהוּ תַּרְוַויְיהוּ לְחַד. וּלְמִישְׁרֵי מִיהָא חַד מִן הַחִיצוֹנִים בְּכׇל צׇרְכּוֹ, דְּמִסְתַּבְּרָא הָכִי נִיחָא לֵיהּ טְפֵי דְּלֶיהֱוֵי חַד לְהָכָא וְחַד לְהָכָא, דְּלָא נֶיהֱוֵי אֶלָּא תְּרֵי בְּכׇל חַד, דִּרְוָוח לְהוּ לְתַשְׁמִישְׁתַּיְיהוּ מִלְּמֶהֱוֵי תְּלָתָא בְּחַד, וּבְאִידָךְ לָא נֶיהֱוֵי אֶלָּא חַד:(ה) וְא' בָּאֶמְצָעִי. וְהוּא שַׁלִּיט עַל הַחִיצוֹנִים: וְכׇל הֵיכָא דְּנָפֵיק תְּלָתָא הָווּ. וְשַׁדְיָא לְהָכָא וּלְהָכָא, אוֹ שַׁדְיָא מִיהָא לְחַד מִינַּיְיהוּ – וְנִישְׁתְּרֵי חַד מִן הַחִיצוֹנִים(ו) בְּכׇל צׇרְכֵי הֶיקֵּף: אוֹ דִילְמָא אֵימַר לְהָכָא אוֹ לְהָכָא. וְלָא יָדְעִינַן לְהֵי מִנַּיְיהוּ, הִילְכָּךְ: אֲפִילּוּ חַד נַמִי לָא יָהֲבִינַן לֵיהּ כׇּל צׇרְכּוֹ: וְהִלְכְתָא בְּעָיָין לְקוּלָּא. שְׁאֵלוֹתֵינוּ אֵלּוּ לְהָקֵל:

גידוד

סיכך על גבי אכסדרה שיש לה פצימין. אין נראה כמו שפירש בקונטרס שיש שתי דפנות לאורכה, כמבוי מפולש. דבפ"ק דסוכה (דף יח.) מהדר ליה אביי לרבא: בהא מודינא לך, משום דהוי כמבוי מפולש ולא אמרינן פי תקרה יורד וסותם. אלא יש לפרש דהוי כמין גאם, ואין להאריך: **חציו** מקורה גפנים כאן מותר לזרוע כאן. משום פי תקרה, אע"ג דלענין שבת לא אמרינן פי תקרה לשמואל אלא כשיש ד' מחיצות לגירסת רבינו חננאל ור"ת – [מ"מ] יש לחלק בין כלאים לשבת, כדמשמע בפ"ק (דף יא.). *והא דקא אמרינן לעיל דקטנה הוי כפתחה של גדולה אף לכלאים – מיתורא דקתני במתני' מפני שהיא כפתחה של גדולה משמע ליה: לכל מילי הויא כפתחה: **שנים** בזה ושנים בזה. ולא דמי לתשעה בקטנה ויחיד בגדולה, דהכא איכא טעמא כדאמר: דנפיק להכא ולהכא:

גידוד

עין משפט נר מצוה

יג א מיי' פ"ד מהלכות סוכה הלכה ח סמג עשין מג טוש"ע א"ח סי' תרל סעיף ח:

יד ב מיי' פ"ז מהלכות כלאים הלכה יח:

טו ג מיי' שם הלכה יג ופ"ג שם הלכה טו טוש"ע י"ד סי' רצז סעיף כב:

טז ד מיי' פ"ז שם הלכה יא וטוש"ע שם סי' רצו סעיף מב:

[עי' תוס' סוכה יח: ד"ה אכסדרה וכו' דפאות מותר לכלאים וכו' כדאיתא בעירובין לעיל יא.]

יז ה מיי' שם הלכה יב טור ש"ע שם סעיף מג:

יח ו ז מיי' פט"ז מהל' שבת הלכה יד טור ש"ע א"ח סי' שם סעיף ג:

רבינו חננאל

סיכך ע"ג אכסדרה שיש לה פצימין כשירה ואלו השוה פצימיה פסולה. א"ל לדידי כשרה היא לדידך סלוקי סלוקינהו למחיצה והתנן חצר גדולה שנפרצה לקטנה גדולה מותרת והקטנה אסורה. ואילו השוה גיפופיה גדולה נמי אסורה ודחינן התם נמי סלוקי סלוקינן למחיצתא והתניא יש במחיצות להקל ולהחמיר להקל כיצד כרם הנטוע עד עיקר מחיצה [זורע מעיקר מחיצה] ואילך שאילו אין שם מחיצה מרחיק ד' אמות וזורע וזו היא מחיצת הכרם להקל. להחמיר כיצד היה משוך מן הכותל י"א אמה לא יביא זרע לשם שאילו אין שם מחיצה מרחיק ד' אמות וזורע וזו מחיצת הכרם להחמיר. הנה מצאנו מחיצה לאיסור. א"ל אדמותבת מברייתא מותיב ממתני' דתנן איזהו מחול הכרם בין הכרם לגדר אם אין שם י"ב אמה [לא] יביא זרע לשם היו שם י"ב אמה נותנין לו כדי עבודתו. וזורע את המותר. הנה יש מחיצה לאיסור אלא סברא הוא כל ארבע אמות כו': אמר רב יהודה ג' קרפיפות כו' עד ויחיד בכל קרפף נעשו שיירא וכאילו באחד כולן שרויין ונותנין להן כל צרכן אבל אם האמצעית מגופף וב' החיצונות אינן מגופפות ויחיד בכל קרפף אין נותנין להם אלא בית שש בלבד סאתים לכל אחד מהן שאינן שרויין ביחד וכיחידים הן חשובין. איבעיא להו ב' בזה הקרפף וב' בזה הקרפף ויחיד באמצע מהו. מי אמרינן אי הכין נפיק הא הוו להו ג' ונעשו כשיירא ואי מהכא נפיק הוו להו נמי ג' להן כל צרכן. אמר רב

אינון שיירא. או דלמא אימ' מהכא לא אמרינן. ב' באמצע ואחד בזה כו' והלכתא דבעיין לקולא. כלומר אמרינן אי מהכא נפיק הוו להו ג' וכן מאידך גיסא ונעשו שיירא ונותנין להן

מסורת הש"ס

סוכה יח. לקמן נה.

(דף נה.)

כלאים פ"ד מ"א לעיל ג.

הגהות הב"ח

(א) גמ' לאו היינו טעמא אלא לכל ארבע (ב) שם כל צורכן (ודאי) תז"מ ונ"ב ס"א אין זה: (ג) רש"י ד"ה אותבן וכו' טפי מברייתא. נ"ב ר"ל מן הברייתא: (ד) ד"ה ויחיד בזה וכו' כל שהוא היקף גדול במחילה: (ה) ד"ה ואחד וד"ה וכל היכא הד"א: (ו) בא"ד מן החיצונים בהיקף כל צרכו הס"ד:

רב נסים גאון

אמר רב יהודה ג' קרפיפות זה בצד זה כו' נעשו כשיירה ונותנין להן כל צורכן איתיה לפירושיה בסוף פרק א' דהא מסכתא (דף טז) יחיד נותנין לו בית סאתים שנים נותנין להם בית סאתים שלשה נעשו שיירא נותנין להן כל צורכן:

[התם איתא תרין]

יט א מיי' פט"ז מהלכו' שבת הלכה טו טור ש"ע א"ח סי' שסב סעיף ב וסי' שעב סעיף ו:

רש"ל מ"ז

*°גִּידּוּד חֲמִשָּׁה וּמְחִיצָה חֲמִשָּׁה אֵין מִצְטָרְפִין, עַד שֶׁיְּהֵא אוֹ כּוּלּוֹ בְּגִידּוּד אוֹ כּוּלּוֹ בִּמְחִיצָה. מֵיתִיבִי: שְׁתֵּי חֲצֵירוֹת זוֹ לְמַעְלָה מִזּוֹ, וְעֶלְיוֹנָה גְּבוֹהָה מִן הַתַּחְתּוֹנָה עֲשָׂרָה טְפָחִים, אוֹ שֶׁיֵּשׁ בָּהּ גִּידּוּד חֲמִשָּׁה וּמְחִיצָה חֲמִשָּׁה — מְעָרְבִין שְׁנַיִם וְאֵין מְעָרְבִין אֶחָד. פָּחוֹת מִכָּאן — מְעָרְבִין אֶחָד וְאֵין מְעָרְבִין שְׁנַיִם! אָמַר (*רַב:) [צ"ל רבא] מוֹדֶה רַב חִסְדָּא בַּתַּחְתּוֹנָה, הוֹאִיל וְרוֹאָה פְּנֵי עֲשָׂרָה. אִי הָכִי, תַּחְתּוֹנָה תְּעָרֵב שְׁנַיִם וְלֹא תְּעָרֵב אֶחָד, עֶלְיוֹנָה לֹא תְּעָרֵב לֹא אֶחָד וְלֹא שְׁנַיִם! אָמַר רַבָּה בַּר עוּלָּא: כְּגוֹן שֶׁהָיְתָה עֶלְיוֹנָה מְגוּפֶּפֶת עַד עֶשֶׂר אַמּוֹת. אִי הָכִי, אֵימָא סֵיפָא: פָּחוֹת מִכָּאן — מְעָרְבִין אֶחָד וְאֵין מְעָרְבִין שְׁנַיִם. אִי בָּעְיָא — חַד תְּעָרֵב, אִי בָּעְיָא — תְּרֵי תְּעָרֵב! אָמַר רַבָּה בְּרֵיהּ דְּרָבָא: כְּגוֹן שֶׁנִּפְרְצָה הַתַּחְתּוֹנָה בִּמְלוֹאָהּ לָעֶלְיוֹנָה. אִי הָכִי, תַּחְתּוֹנָה — חַד תְּעָרֵב תְּרֵי לֹא תְּעָרֵב. עֶלְיוֹנָה, אִי בָּעְיָא — תְּרֵי תְּעָרֵב, אִי בָּעְיָא — חַד תְּעָרֵב! אִין הָכִי נַמִי. וְכִי קָתָנֵי: "פָּחוֹת מִכָּאן מְעָרְבִין אֶחָד וְאֵין מְעָרְבִין שְׁנַיִם" — אַתַּחְתּוֹנָה. *דָּרַשׁ מָרֵימָר: גִּידּוּד חֲמִשָּׁה וּמְחִיצָה חֲמִשָּׁה מִצְטָרְפִין. אַשְׁכְּחֵיהּ רָבִינָא לְרַב אַחָא בְּרֵיהּ דְּרָבָא(א) אֲמַר לֵיהּ: תָּנֵי מָר מִידֵּי בִּמְחִיצָה? אֲמַר לֵיהּ: לָא. אוְהִלְכְתָא: גִּידּוּד חֲמִשָּׁה וּמְחִיצָה חֲמִשָּׁה — מִצְטָרְפִין. בָּעֵי רַב הוֹשַׁעְיָא: דִּיּוּרִין הַבָּאִין בַּשַּׁבָּת מַהוּ שֶׁיַּאַסְרוּ? אָמַר רַב(ב) חִסְדָּא: תָּא שְׁמַע, *חָצֵר גְּדוֹלָה שֶׁנִּפְרְצָה לִקְטַנָּה — הַגְּדוֹלָה מוּתֶּרֶת וְהַקְּטַנָּה אֲסוּרָה, מִפְּנֵי שֶׁהִיא כְּפִתְחָהּ שֶׁל גְּדוֹלָה. אָמַר רַבָּה: אֵימַר מִבְּעוֹד יוֹם נִפְרְצָה. אֲמַר לֵיהּ אַבָּיֵי: לָא תֵּימָא מָר "אֵימַר" אֶלָּא "וַדַּאי מִבְּעוֹד יוֹם נִפְרְצָה". דְּהָא מָר הוּא דַּאֲמַר: *בְּעַי מִינֵּיהּ מֵרַב הוּנָא, וּבְעַי מִינֵּיהּ מֵרַב יְהוּדָה: עֵירֵב דֶּרֶךְ הַפֶּתַח וְנִסְתַּם הַפֶּתַח, עֵירֵב דֶּרֶךְ חַלּוֹן וְנִסְתַּם הַחַלּוֹן, מַהוּ? וְאָמַר לִי: שַׁבָּת, כֵּיוָן שֶׁהוּתְּרָה — הוּתְּרָה. אִתְּמַר, כּוֹתֶל שֶׁבֵּין שְׁתֵּי חֲצֵירוֹת שֶׁנָּפַל, רַב אָמַר: אֵין מְטַלְטְלִין בּוֹ אֶלָּא בְּד"א, וּשְׁמוּאֵל אָמַר:

זֶה

גִּידּוּד חֲמִשָּׁה. חָצֵר שֶׁקַּרְקָעִיתָהּ גָּבוֹהַּ חֲמִשָּׁה טְפָחִים, וְהוֹסִיפוּ עַל אוֹתוֹ גּוֹבַהּ מְחִיצָּה ה': מוֹדֶה רַב חִסְדָּא בַּתַּחְתּוֹנָה. דִּלְגַבָּהּ הָוְיָא מְחִיצָּה. אֲבָל לְגַבֵּי עֶלְיוֹנָה — לָאו מְחִיצָּה הִיא, שֶׁאֵינָהּ רוֹאָה אֶת פְּנֵי עֲשָׂרָה לִמְחִיצָּתָהּ. וְאִי הָוְיָא כּוּלֵּיהּ בְּגִידּוּד — שַׁפִּיר טְפֵי, מִשּׁוּם דְּמִשְׁתַּמְּשָׁא לְהֶדְיָא עַד סוֹף הַגִּידּוּד, וְרוֹאָה גּוֹבְהָהּ יוֹתֵר עַל חֲבֶרְתָּהּ עֲשָׂרָה, וּמִינַּכְּרָא מְחִיצָּתָהּ: [גיטין טו:] תַּחְתּוֹנָה תְּרֵי תְּעָרֵב. כְּלוֹמַר: לְעַצְמָהּ תֵּיעָרֵב דִּיּוּרֶיהָ, וְלֹא עִם עֶלְיוֹנָה, שֶׁהֲרֵי מְחִיצָּה בֵּינֵיהֶם. אֲבָל עֶלְיוֹנָה — אֲפִילּוּ לְעַצְמָהּ אֲסוּרָה, שֶׁהַתַּחְתּוֹנָה אוֹסַרְתָּהּ שֶׁאֵין כָּאן מְחִיצָּה. וְלֹא חַד נַמִי תְּעָרֵב עִם תַּחְתּוֹנָה — שֶׁהֲרֵי אֵין כָּאן פֶּתַח, דִּלְגַבֵּי תַּחְתּוֹנָה הַכֹּל סָתוּם: בִּמְגוּפֶּפֶת. [צ"ל רבא] מְחִיצָּה עֲשָׂרָה עַל הַגִּידּוּד עַד עֶשֶׂר אַמּוֹת אֶמְצָעִיּוֹת, שֶׁהִנִּיחוּהָ כְּעֵין פֶּתַח וְלֹא הִנִּיחוּ שָׁם הַמְּחִיצָּה עֲשָׂרָה אֶלָּא מְחִיצָּה חֲמִשָּׁה, וְהַגִּידּוּד חֲמִשָּׁה. הִלְכָּךְ: שְׁתֵּיהֶן מְעָרְבוֹת לְעַצְמָן, וְאֵין זוֹ אוֹסֶרֶת עַל זוֹ. דִּלְגַבֵּי תַּחְתּוֹנָה כּוּלָּהּ סְתוּמָה הִיא, וּלְגַבֵּי עֶלְיוֹנָה [מְחִיצָּה] וּפִתְחָא הִיא. וּמִיהוּ, כִּי הֲדָדֵי לָא מָצוּ מְעָרְבִי מִשּׁוּם דִּלְגַבֵּי תַּחְתּוֹנָה הַכֹּל סָתוּם: אֵימָא סֵיפָא כו'. וְעַל כָּרְחָךְ הַאי פָּחוֹת מִכָּאן — אַמְּחִיצַּת חֲמִשָּׁה שֶׁבְּעֶשֶׂר הָאַמּוֹת קָאֵי, דְּהָא בְּכָל הַהֶיקֵּף מְחִיצָּה עֲשָׂרָה אִיכָּא: אִי בָּעֵי חַד תְּעָרֵב. דְּהָא פֶּתַח גָּמוּר הוּא אֵצֶל שְׁתֵּיהֶן: [גיטין טו:] בִּמְלוֹאָהּ. שֶׁאֵין בְּרָחְבָּהּ אֶלָּא עֶשֶׂר אַמּוֹת, הִלְכָּךְ, אֲסָרָהּ עֶלְיוֹנָה עָלֶיהָ(ג) וְלֹא מְעָרְבָה בַּהֲדָהּ. כְּדִתְנַן: גְּדוֹלָה מוּתֶּרֶת וּקְטַנָּה אֲסוּרָה: אִי הָכִי תַּחְתּוֹנָה חַד תֵּיעָרֵב. עִם הָעֶלְיוֹנָה: תְּרֵי לֹא תְּעָרֵב. בִּפְנֵי עַצְמָהּ דְּעֶלְיוֹנָה אוֹסֶרֶת אא"כ עֵירְבָה עִמָּהּ: [לעיל לב.] דִּיּוּרִין הַבָּאִין בַּשַּׁבָּת. כְּגוֹן כּוֹתֶל שֶׁבֵּין שְׁתֵּי חֲצֵירוֹת שֶׁנָּפַל בְּשַׁבָּת דְּהַיְינוּ דִּיּוּרַיְיהוּ הַשְׁתָּא כִּי הֲדָדֵי: מַהוּ שֶׁיַּאַסְרוּ. זֶה עַל זֶה: וּקְטַנָּה אֲסוּרָה. [וְס"ד] שֶׁנִּפְרְצָה בְּשַׁבָּת: אֶלָּא וַדַּאי. עַל כּוֹרְחֵיךְ הָכִי תּוֹקְמָא דְּהָא אַתְּ אָמַרְתְּ דִּיּוּרִין הַבָּאִין בַּשַּׁבָּת אֵין אוֹסְרִין: לעיל יז. דְּאָמַרְתְּ בְּעַאי מִינֵּיהּ מֵרַב הוּנָא עֵירֵב דֶּרֶךְ הַפֶּתַח. שְׁתֵּי חֲצֵירוֹת שֶׁעֵירְבוּ יַחַד עַל יְדֵי פֶּתַח שֶׁבֵּינֵיהֶם: וְנִסְתַּם. בְּשַׁבָּת, שֶׁנָּפְלָה מַפּוֹלֶת כְּנֶגְדּוֹ: מַהוּ. לְטַלְטֵל מִזּוֹ לָזוֹ דֶּרֶךְ גּוֹבַהּ הַכּוֹתֶל וְחוֹרִין וּסְדָקִין, מִי אָמְרִינַן הוֹאִיל וְהוּתַּר לְמִקְצָת שַׁבָּת — הוּתַּר לְכוּלָּהּ אוֹ לֹא: כּוֹתֶל שֶׁבֵּין שְׁתֵּי חֲצֵירוֹת. שֶׁלֹּא הָיָה פֶּתַח בֵּינֵיהֶם, וְלֹא עֵירְבוּ בּוֹ יַחַד, וְנָפַל: רַב אָמַר אֵין מְטַלְטְלִין בּוֹ אֶלָּא בְּאַרְבַּע. רַב לֵית לֵיהּ: הוֹאִיל וְהוּתְּרָה הוּתְּרָה, וְכַחַד חָצֵר לָא מְשַׁוֵּינַן לֵיהּ, דְּקַיְ"ל חָצֵר שֶׁלֹּא עֵירְבָה דִּבְרֵי הַכֹּל מְטַלְטְלִין כֵּלִים שֶׁשָּׁבְתוּ בַּחֲצֵירָהּ — דְּהַהִיא כּוּלָּהּ חֲדָא רְשׁוּתָא הִיא, אֲבָל הָכָא ד' רְשׁוּיוֹת הָאֲסוּרוֹת זוֹ עִם זוֹ הָיוּ, וְנִמְצֵאת כָּל אַחַת פְּרוּצָה בִּמְלוֹאָהּ לְמָקוֹם הָאָסוּר לָהּ. אע"ג דְּקַיְ"ל דַּחֲצֵירוֹת רְשׁוּת אַחַת הֵן — הָכָא בְּשֶׁעֵירְבָה כָּל אַחַת לְעַצְמָהּ עָסְקִינַן. וְרַב לְטַעְמֵיהּ, דְּאָמַר: *הֲלָכָה כְּר"ש, וְהוּא שֶׁלֹּא עֵירְבוּ. אֲבָל עֵירְבוּ — שְׁתֵּי רְשׁוּיוֹת הֵן: [לעיל לג.]

זֶה

גידוד חמשה ומחיצה חמשה אין מצטרפין. בפרק שני דגיטין (דף טו:) פי' בקונטרס: כגון *בית עמוק חמשה ויש לו מחילות חמשה – אין מצטרפין להיות תוכו רה"י. וקשיא לר"ת: דהא אמר בפרק בתרא (דף לט:) דבור וחוליתה מצטרפין, ובשמעתא נמי אמר דמודה רב חסדא בתחתונה הואיל ורואה פני י'. אלא יש לפרש: גידוד חמשה – גבוה חמשה. ונפקא מינה בשתי חצירות זו למעלה מזו, ולעליונה כדאמר הכא. ול"ע לענין שבת, אם יש(ד) *(לפרש כשיש) תל ברה"ר גבוה חמשה ורחב ארבעה, ועל גביו עשו מחיצה חמשה שהזורק מרה"ר לתוכו חייב, ומתוכו לרה"ר פטור: וכי קתני פחות מכאן מערבין אחד ואין מערבין שנים אתחתונה. וא"ת: לעיל כדפריך עליונה לא תערב לא חד ולא תרי, אמאי לא משני: הא דקתני מערבין שנים ואין מערבין אחד, אתחתונה? ויש לומר: משום דמשמע ליה מערבין שנים – אתרוייהו:

לא תימא אימר אלא ודאי מבעוד יום נפרצה. קשה: דהכא אמר אביי דרבה סבר כשמואל, דאמר שבת הואיל והותרה הותרה. וא"כ תיקשי, דאביי גופיה אמר (שבת דף כב.): כל מילי דמר עביד כחומרי דרב, בר מהני תלת דעביד כשמואל: מתירין מבגד לבגד כו'. ואין לומר דמש"ה לא חשיב(ה) הא, דהכא משום דרב הונא ורב יהודה נמי סברי כשמואל – דהא בגרירא איכא דסברי כשמואל, דהא בפרק "המוציא" (שבת פא.) משמע דסבר רבי יוחנן כסתם משנה דנזיר חופף ומפספס. ומיהו, י"ל דהכי פריך ב"המוציא": ומי מצי ר' יוחנן למימר דבר שאין מתכוין אסור, דלא כסתם משנה דנזיר – אפילו איכא סתמא אחרינא כדאשכחן בבילה (דף כג:) – מאי אולמיה האי סתמא מהאי? ואין לרבי יוחנן נמי לפסוק כשום אחת בלא ראייה. אי נמי יש לומר: הא דעביד כחומרי דרב – היינו בעלמא, לבד מעירוב ואבל, דהלכה כדברי המיקל בהם. או שמא: כיון דזימנין הך קולא הויא חומרא, כגון דנאסר במקלת שבת, דמהאי טעמא נאסר לכל השבת – לא חשיב ליה מחומרי דרב, דלרב לית ליה הואיל והותרה הותרה, ולית ליה נמי הואיל ונאסר נאסר: שבת כיון שהותרה הותרה. פירשתי בפרק קמא (דף יז. ד"ה עירוב): אין מטלטלין בה אלא בארבע. בכלים ששבתו בבית לר"ש. *)חייב דברי ר"א. בגמ' מוקי לה במקום מחיצה הפרוצה, וכגון שבשני ראשיה לא נשאר כלל משתי מחיצות שבצידה, שמקום מחיצה זו שנפרצה אינו תוך מחיצות הנשארות. ובלישנא קמא מוקי לה כגון שאבדה להם דרך באותו מקום, ובררו להם מקום מחיצות להיות שלהן ללכת דרך שם בשביל דרכם שאבדו שם. ור"א לטעמיה, דאית ליה מה שבררו ברור, ורבנן סברי דאין להם כח לברור, הלכך: אף על פי שעוברים שם – אינו רה"ר, כיון שלא נמסר לרבים, ואינו של רבים. כדאמרינן בפרק שני (דף כג:) גבי שבילי בית גלגול קאמרת. ו"מתוכה" דקאמר ר"א – לאו דוקא מתוכה, אלא משום דנקטו רבנן "מתוכה" – קאמר איהו נמי "מתוכה", כדקאמר בגמרא. והכי קמהדרי ליה רבנן: אי אתה מודה שאם הוציא מתוכה לרה"ר שהוא פטור אבל אסור, שאין לרבים כח שם ולכך אינה נעשית רה"ר אפילו נפלו כל המחיצות סביב והוי כרמלית – הכא נמי מקום מחיצה תודה שיהיה כרמלית, שאין להם כח בבררתן. והא דשבקי רבנן רה"י כדנקט ר"א, ונקטי רה"ר – משום דר"א דיבר על מקום מחיצה שיהא רה"ר, וקאמר שאם הוציא מתוך החצר שהיא רה"י למקום מחיצה חייב. אבל רבנן דמיירי במוציא ומכניס לתוכו ממש, ואפילו כשנפלו כל מחיצותיה – נקטי רה"ר שאצלה הנזכר במשנה, ולא רצו למינקט שאם הוציא מתוכה לחצר שאצלה – משום דלא נזכר במשנתנו שהיה חצר אצלה. אי נמי: להכי נקטי רה"ר – להוכיח שתוכה חלוק הרבה מרה"ר, שאם לא היה חלוק הרבה – היה מותר להכניס מרה"ר לתוכה. אבל במה שפטור המוציא מרה"י לתוכה – אין להוכיח שחלוק הרבה, דאפילו אין חלוק אלא מעט מרה"ר פטור המוציא מרה"י לתוכה, כיון שאין רה"ר ממש:

ואיבעית

רבינו חננאל

רב חסדא גידור ה' טפחים. פי' כמו סלע גבוה ה' טפחים ובנה מחיצה עליה ה' טפחים אין מצטרפין לעשרה דבעינן אי כולו בגידו' אי כולו במחיצה. מיתיבי ב' חצרות זו למעלה מזו כו' הנה גידור ה' ומחיצה ה' מצטרפו. ופריק רבה מודה רב חסדא בתחתונ' הואיל ורואה פני עשרה כלומר הואיל ויש למעל' ממנה עשרה טפחים ואקשינן אי הכי תחתונה תיערב לעצמה דהא סלקו ממנה מחיצות אבל העליונה לא תיערב אפילו לעצמה דהא לית ליה מחיצתא והנה התחתונה אוסרת עליה. וזהו פי' לא תיערב לא אחד ולא שנים כלומר לא תיערב לא לעצמה ולא עם התחתונ' ופריק רבא בר עולא כגון שהיתה העליונה מגופפת פי' סתומה והולכת עד עשר אמות לפיכך העליונה מערבה לעצמה והתחתונה לעצמה. אי הכי שהעליונה מגופפת עד עשר אמות אימא סיפא פחות מיכן מערבין אחד ואין מערבין שנים. אמאי איבעיא העליונה תיערב חד דהא ליכא ביניהן מחיצה עשרה טפחים ואיבעיא תיערב שנים כלומר תערב לעצמה דהא מגופפת עשרה ודחי רבה כגון שנפרצה תחתונה במלואה לעליונה אי הכי תחתונה תיערב עם העליונה דהא אית לה מחיצתא. והנה רואה פני עשרה ונעשית עכשיו העליונה והתחתונה כאחד. אבל עליונה לא חד תערב ולא תרי תיערב דהא נפרצה עליה התחתונה *) חד נמי לא תיערב דהא לה מחיצה ופריק אין הכי נמי כו' ואסיקנא הלכתא גידור ה' ומחיצתא ה' מצטרפין. בעי רב הושעיא דיורין שבאו בשבת מהו שיאסרו. ופשטנא מהא דתנן חצר גדול כו' ואוקימנא בשנפרצה מבעו"י. אבל נפרצה בשבת מותרת אפילו הקטנה. דאיבעיא לן עירב דרך חלון ונסתם החלון מהו לטלטל מזה לזה דרך פתח וכיוצא בו וכן מי שעירב מחצר לחצר דרך הפתח ונסתם הפתח בשבת מה לטלטל מחצר זו לחצר זו דרך חלון אחר שנסתם הפתח ואיפשטא שבת שהותרה הותרה כולה ש"מ דיורין הבאין בשבת אין אוסרין ולא מתירין. איתמר כותל שבין שתי חצרות שנפל רב אמר אין מטלטלין באותה חצר אלא בד' אמות כו'.

*) משמע דרבינו גרס דעליונה לא חד תערב ולא תרי תערב ותמוה דא"כ היכי תחתונה יכולה לערב עם העליונה וצ"ע.

והא

גליון הש"ס

גמ' גידוד חמשה ומחיצה חמשה אין מצטרפין. עי' לעיל דף טו ע"א תוס' ד"ה כותל:

שייך לדף לד ע"א במתניתין

הגהות הב"ח

(א) גמ' אשכחיה רבינא לרב אחא בריה דרבא אמר ליה וכו' לא. תא"מ ונ"ב ס"א אמר ליה אמר אמימר מידי בגידוד חמשה ומחיצה חמשה אמר ליה לא: (ב) שם מה שיאסרו אמר רב חיננא ת"ש חצר: (ג) רש"י ד"ה במלואה וכו' עליונה עלה אי לא ערבה: (ד) תוס' ד"ה גידוד וכו' לענין שבת אם יש תל כצ"ל ותיבת לפרש כשיש נמחק: (ה) ד"ה לא תימא וכו' לא חשיב להא דהכא וכו' בפרק המוציא יין משמע וכו' פריך בהמוציא יין ומי:

זֶה מְטַלְטֵל עַד עִיקַּר מְחִיצָּה. כִּדְמְעִיקָּרָא דְּאָמְרִינַן: הוֹאִיל וְהוּתְּרָה הוּתְּרָה. וּבִכְלֵי הַבַּיִת קָאָמַר שְׁמוּאֵל, דְּאִי בְּשֶׁשָּׁבְתוּ בֶּחָצֵר – אֲפִילּוּ מֵחָצֵר לֶחָצֵר נַמִי דְּהָא שְׁמוּאֵל הוּא דְּאָמַר *הֲלָכָה כְּר"ש. וְאַפִּי' עֵירְבָה כָּל אַחַת לְעַצְמָהּ – לֹא גָּזַר מִשּׁוּם מָאנֵי דְּבָתִּים. וְאע"ג דְּהַשְׁתָּא הָווּ לְהוּ חָצֵר אַחַת כְּשֶׁנָּפַל – לָא אָסְרֵי לְהוּ בָּתִּים, דְּהָא שָׁרֵי לְאַפּוּקֵי מִבָּתִּים לֶחָצֵר הוֹאִיל וְהוּתַּר לְמִקְצָת שַׁבָּת: שְׁקוֹלוּ גְּלִימָא נְגִידוּ. קְחוּ טַלִּית וּפִרְסוּ אוֹתָהּ שָׁם לִהְיוֹת מְחִיצָּה: אַהַדְרִינְהוּ רַב לְאַפֵּיהּ. דְּקָסָבַר: אָסוּר לְטַלְטֵל הַסָּדִין שֶׁבְּתוֹכָהּ: שְׁקוֹלוּ הֶמְיָינֵיהּ וְקִטְרוּ בָּהּ. קְחוּ אַבְנֵטוֹ וְקִשְׁרוּ בּוֹ אֶת הַטַּלִּית לַמְּחִיצָּה: מַתְנִי' חָצֵר שֶׁנִּפְרְצָה לרה"ר. בִּמְלוֹאָהּ, אוֹ יוֹתֵר מֵעֶשֶׂר: חַיָּיב. דרה"ר הוּא. וּבַגְּמָרָא קָא בָּעֵי לָהּ: פָּטוּר. אֲבָל מוּתָּר לְכַתְּחִלָּה – לֹא, אַפִּי' תּוֹךְ אַרְבַּע אַמּוֹת דְּלָאו רה"ר הִיא אֶלָּא כַּרְמְלִית הִיא, וְהוּא הַדִּין נַמִי מִתּוֹכָהּ לרה"י: גמ' שֶׁבָּרְרוּ דֶּרֶךְ לְעַצְמָן. בְּשָׂדֶה אַחַת: מַה שֶּׁבָּרְרוּ בָּרְרוּ. וְאֵינוֹ רַשַּׁאי לְגוֹדְרָהּ אַלְמָא: קָנוּ לָהּ: שֶׁאָבְדָה לָהֶן דֶּרֶךְ בְּאוֹתוֹ שָׂדֶה. שֶׁהָיָה לָהֶן דֶּרֶךְ בּוֹ, וְאֵינוֹ יוֹדֵעַ אִי בִּצְפוֹנוֹ אִי בִּדְרוֹמוֹ. וּבָרְרוּ לָהֶן אַחַת מִן הָרוּחוֹת: וְכִי תֵּימָא הָכָא נַמִי כְּשֶׁאָבְדָה לָהֶן הַדֶּרֶךְ בְּאוֹתָהּ חָצֵר. שֶׁאֵין מְקוֹם הַמְּחִיצָּה נִיכָּר, וּבְנֵי רה"ר מַרְחִיבִין רה"ר לְתוֹכָהּ בְּמִקְצָת, וְאָמְרוּ שֶׁעַד כָּאן הָיָה רְשׁוּתָן. וְכִי אָמַר ר"א רה"ר הִיא – בְּאוֹתוֹ מְקוֹם מְחִיצָּה קָאָמַר, שֶׁחֲלוּקִין עָלָיו: וְהָאָמַר רַבִּי חֲנִינָא עַד מְקוֹם מְחִיצּוֹת מַחֲלוֹקֶת. דְּמַשְׁמַע כָּל הֶחָצֵר כּוּלָּהּ עַד מְקוֹם הַמְּחִיצָּה הָיוּ חֲכָמִים עוֹשִׂין אוֹתָהּ כַּרְמְלִית, אֲבָל בִּמְקוֹם מְחִיצָּה מוֹדוּ. מִכְּלָל דְּר"א מְשַׁוֵּי לֵיהּ לְכוּלֵּיהּ(ג) רה"ר: וְאִיבָּעֵית אֵימָא. לְעוֹלָם כְּשֶׁמְּקוֹמוֹת מְחִיצּוֹת נִיכָּרוֹת, וַאֲפִילּוּ הָכִי מְשַׁוֵּי לֵיהּ ר"א לִמְקוֹם מְחִיצָּה רה"ר, דְּקָא סָבַר: צִידֵּי רה"ר כרה"ר דָּמוּ: הָנֵי מִילֵּי הֵיכָא דְּאִיכָּא חִיפּוּפֵי. סְתָם צִידֵּי רה"ר אִיכָּא חִיפּוּפֵי, נוֹעֲצִין יְתֵידוֹת אֲבָנִים גְּדוֹלוֹת סָמוּךְ לַכּוֹתֶל שֶׁלֹּא יַזִּיקוּהוּ קְרוֹנוֹת, וְהַהוּא אֲוִיר שֶׁבֵּינֵיהֶם לַכּוֹתֶל קָרֵי צִידֵּי רְשׁוּת הָרַבִּים. וּבְהַהוּא הֲוָה אָמֵינָא הוּא דִּפְלִיגִי רַבָּנַן, וְאָמְרוּ לָאו רְשׁוּת הָרַבִּים הוּא, וְאָסוּר לְטַלְטֵל מִתּוֹכוֹ לִרְשׁוּת הָרַבִּים מִשּׁוּם דְּאִיכָּא הֶפְסֵק, וְלָא עָיְילֵי בְּהָא רַבִּים לְהֶדְיָא, אֲבָל הָכָא – אֵימָא מוֹדוּ לֵיהּ: וְהָא מִתּוֹכָהּ. לִרְשׁוּת הַיָּחִיד קָאָמַר ר"א חַיָּיב, אַלְמָא: כּוּלָּהּ חָצֵר רה"ר מְשַׁוֵּי לֵיהּ: אַיְּדֵי דְּאָמְרִי רַבָּנַן מִתּוֹכָהּ כו'. וַאֲנַן פָּרְכִינַן לְרַבָּנַן אַמַּאי נָקְטֵי מִתּוֹכָהּ, הָא רַבִּי אֱלִיעֶזֶר בְּתוֹכָהּ מוֹדֶה דְּכַרְמְלִית הִיא דִּמְקוֹם מְחִיצָּה הוּא דְּקָא מְשַׁוֵּי רה"ר: מַתְנִי' חָצֵר שֶׁנִּפְרְצָה. בְּשַׁבָּת לִרְשׁוּת הָרַבִּים: מוּתָּרִין לְאוֹתָהּ שַׁבָּת. הוֹאִיל וְהוּתַּר לְמִקְצָתָהּ: שֶׁנִּיטְּלָה קוֹרָתוֹ אוֹ (*לְחָיָיו) גָּרְסִינַן: לֶעָתִיד לָבֹא. לַשַּׁבָּת הַבָּאָה: אִם מוּתָּרִין כו'. בַּגְּמָרָא מְפָרֵשׁ דְּרַבִּי יוֹסֵי מַחְמִיר וְהָכִי קָאָמַר: כְּשֵׁם שֶׁאֲסוּרִין לֶעָתִיד לָבֹא – כָּךְ אֲסוּרִין הַיּוֹם:

גמ' בְּמַאי עָסְקִינַן. דְּאִצְטְרִיךְ לֵיהּ לְמִנְקַט מִשְּׁתֵּי רוּחוֹתָיו: אִילֵימָא בְּעֶשֶׂר. וּמִשּׁוּם הָכִי מֵרוּחַ אַחַת לֹא, דְּאָמְרִינַן פִּתְחָא הוּא: מִשְּׁתֵּי רוּחוֹתָיו(ג) נֵימָא נַמִי פִּתְחָא הוּא. דְּקָא סָלְקָא דַּעְתֵּיהּ מִשְּׁתֵּי רוּחוֹת זוֹ כְּנֶגֶד זוֹ קָאָמַר, כְּגוֹן מִזְרָח וּמַעֲרָב:

זֶה מְטַלְטֵל עַד עִיקַּר מְחִיצָּה, וְזֶה מְטַלְטֵל עַד עִיקַּר מְחִיצָּה. וְהָא דְּרַב *לָאו בְּפֵירוּשׁ אִתְּמַר, אֶלָּא מִכְּלָלָא אִתְּמַר. דְּרַב וּשְׁמוּאֵל הֲווּ יָתְבִי בְּהַהוּא חָצֵר, נָפַל גּוּדָא דְּבֵינֵי בֵּינֵי. אֲמַר לְהוּ שְׁמוּאֵל: שְׁקוּלוּ גְּלִימָא נְגִידוּ בָּהּ. אַהַדְרִינְהוּ רַב לְאַפֵּיהּ. אֲמַר לְהוּ שְׁמוּאֵל: אִי קָפֵיד *אַבָּא – שְׁקוֹלוּ *(הֶמְיָנֵיהּ) וּקְטַרוּ בָּהּ. *וְלִשְׁמוּאֵל לָמָּה לִי הָא? הָא אָמַר: זֶה מְטַלְטֵל עַד עִיקַּר מְחִיצָּה, וְזֶה מְטַלְטֵל עַד עִיקַּר מְחִיצָּה! שְׁמוּאֵל עָבֵיד לִצְנִיעוּתָא בְּעָלְמָא. וְרַב, אִי סְבִירָא לֵיהּ דַּאֲסִיר – לֵימָא לֵיהּ! *אַתְרֵיהּ דִּשְׁמוּאֵל הֲוָה. אִי הָכִי, מַאי טַעְמָא אַהַדְרִינְהוּ לְאַפֵּיהּ? דְּלָא נֵימְרוּ כִּשְׁמוּאֵל סְבִירָא לֵיהּ, (*וַהֲדַר בֵּיהּ מִשְּׁמַעְתֵּיהּ.)§ **מתני'** חָצֵר שֶׁנִּפְרְצָה לִרְשׁוּת הָרַבִּים, הַמַּכְנִיס מִתּוֹכָהּ לרה"י אוֹ מֵרה"י לְתוֹכָהּ – חַיָּיב, דִּבְרֵי רַבִּי אֱלִיעֶזֶר. וַחֲכָמִים אוֹמְרִים: מִתּוֹכָהּ לִרְשׁוּת הָרַבִּים אוֹ מֵרְשׁוּת הָרַבִּים לְתוֹכָהּ – בפָּטוּר, מִפְּנֵי שֶׁהִיא כְּכַרְמְלִית.§ **גמ'** וְרַבִּי אֱלִיעֶזֶר, מִשּׁוּם דְּנִפְרְצָה לִרְשׁוּת הָרַבִּים הָוְיָא לָהּ רְשׁוּת הָרַבִּים?! אִין, רַבִּי אֱלִיעֶזֶר לְטַעְמֵיהּ. דְּתַנְיָא, *רַבִּי יְהוּדָה אוֹמֵר מִשּׁוּם רַבִּי אֱלִיעֶזֶר: רַבִּים שֶׁבָּרְרוּ דֶּרֶךְ לְעַצְמָן – מַה שֶּׁבָּרְרוּ בָּרְרוּ. אִינִי?! וְהָאָמַר *רַב גִּידֵּל, אָמַר רַב: וְהוּא שֶׁאָבְדָה לָהֶן דֶּרֶךְ בְּאוֹתוֹ שָׂדֶה. וְכִי תֵּימָא: הָכָא נַמִי כְּגוֹן שֶׁאָבְדָה לָהּ דֶּרֶךְ בְּאוֹתָהּ חָצֵר – וְהָאָמַר רַבִּי חֲנִינָא: עַד מְקוֹם מְחִיצָּה מַחֲלוֹקֶת! אֵימָא: עַל מְקוֹם מְחִיצָּה מַחֲלוֹקֶת. וְאִיבָּעֵית אֵימָא: בְּצִידֵּי רְשׁוּת הָרַבִּים קָמִיפַּלְגִי; *דְּרַבִּי אֱלִיעֶזֶר סָבַר: צִידֵּי רְשׁוּת הָרַבִּים – כִּרְשׁוּת הָרַבִּים דָּמוּ, וְרַבָּנַן סָבְרִי: צִידֵּי רְשׁוּת הָרַבִּים – לָאו כִּרְשׁוּת הָרַבִּים דָּמוּ. וְלִיפְלוּג בְּצִידֵּי רְשׁוּת הָרַבִּים (א) בְּעָלְמָא! אִי אִיפְּלִיגוּ בְּצִידֵּי רְשׁוּת הָרַבִּים בְּעָלְמָא – הֲוָה אָמְרִינַן: כִּי פְּלִיגִי רַבָּנַן עֲלֵיהּ דְּרַבִּי אֱלִיעֶזֶר – הָנֵי מִילֵּי הֵיכָא דְּאִיכָּא חִיפּוּפֵי, אֲבָל הֵיכָא דְּלֵיכָּא חִיפּוּפֵי – אֵימָא מוֹדוּ לֵיהּ, קָא מַשְׁמַע לָן. וְהָא "מִתּוֹכָהּ" קָאָמַר! אַיְּידֵי דַּאֲמוּר רַבָּנַן "מִתּוֹכָהּ", אֲמַר אִיהוּ נַמִי "מִתּוֹכָהּ". וְרַבָּנַן, אָמַר רַבִּי אֱלִיעֶזֶר צִידֵּי רְשׁוּת הָרַבִּים, וּמְהַדְּרוּ לֵיהּ אִינְהוּ "מִתּוֹכָהּ"?! הָכִי קָאָמְרִי לֵיהּ רַבָּנַן לְרַבִּי אֱלִיעֶזֶר: מִי לָא קָא מוֹדֵית לָן הֵיכָא דְּטִילְטֵל מִתּוֹכָהּ לִרְשׁוּת הָרַבִּים, וּמֵרְשׁוּת הָרַבִּים לְתוֹכָהּ דְּפָטוּר – מִפְּנֵי שֶׁהִיא כַּרְמְלִית, צִידֵּי נַמִי לָא שְׁנָא. וְרַבִּי אֱלִיעֶזֶר – הָתָם לָא קָא דָּרְסִי לָהּ רַבִּים, הָכָא – קָא דָּרְסִי לָהּ רַבִּים.§ **מתני'** *חָצֵר שֶׁנִּפְרְצָה *)לרה"ר מִשְּׁתֵּי רוּחוֹתֶיהָ, וְכֵן בַּיִת שֶׁנִּפְרַץ מִשְּׁתֵּי רוּחוֹתָיו, וְכֵן מָבוֹי שֶׁנִּטְּלוּ קוֹרוֹתָיו אוֹ לְחָיָיו – מוּתָּרִים בְּאוֹתוֹ שַׁבָּת, וַאֲסוּרִים לֶעָתִיד לָבֹא, דִּבְרֵי רַבִּי יְהוּדָה. רַבִּי יוֹסֵי אוֹמֵר: אִם מוּתָּרִין לְאוֹתוֹ שַׁבָּת – מוּתָּרִין לֶעָתִיד לָבֹא, וְאִם אֲסוּרִין לֶעָתִיד לָבֹא – אֲסוּרִין לְאוֹתוֹ שַׁבָּת.§ **גמ'** בְּמַאי עָסְקִינַן? אִילֵימָא בְּעֶשֶׂר – מַאי שְׁנָא מֵרוּחַ אַחַת – דְּאָמַר "פִּיתְחָא הוּא", מִשְּׁתֵּי רוּחוֹת נַמִי פִּיתְחָא הוּא! אֶלָּא בְּיָתֵר מֵעֶשֶׂר – א"ה אֲפִילּוּ מֵרוּחַ אַחַת נַמִי! אָמַר רַב: לְעוֹלָם בְּעֶשֶׂר, וּכְגוֹן

*) ירושל' ורי"ף לא גרסו לרה"ר

ואיבעית אימא בצידי רה"ר פליגי. ולא איירי באבדה להם דרך: **וליפלגו** בצידי רה"ר דעלמא. ואם תאמר: דילמא דוקא הכא פליגי, משום דמקום מחיצה שלו! ואור"י: דסתם צידי רשות הרבים הם שלו, שרגיל אדם לחיות כונס תוך שלו ובונה: **אבל** היכא דליכא חיפופי מודו ליה קא משמע לן. משמע דר"א איירי בדאיכא חיפופי. והקשה ריב"א: דבפרק קמא דשבת (דף ו.) אמרינן: מתקיף לה רב אחא בריה דרב איקא, אימר דשמעת ליה לר"א היכא דליכא חיפופי, היכא דאיכא חיפופי מי שמעת ליה? וי"ל: דסוגיא דהכא כרב פפא דהתם:

מאי שנא מרוח אחת דאמר פתחא הוא. ואם תאמר: מרוח אחת, אע"ג דפרוץ מרובה אמרינן בפ"ק (דף י:) דניתרת בפס ד' או בשני משהויין לכאן ולכאן, אבל בשתי רוחות לא משתרי בהכי, דג' מחילות דאורייתא, [*כמו שתם מבוי דהוי בלחי וקורה]! וי"ל: דהכא פריך לר' יהודה, דאית ליה לקמן (צה.) שתי מחיצו' דאורייתא, ועוד אור"י: דסתם חצר אין לה אלא ג' מחילות וברביעית פס ד' או ב' משהויין, ואיירי(ד) שנפרלו ב' רוחות מאותן ג' מחילות ואף על גב דהשתא כשנפרלה הוי מפולש, ואמרינן בפ"ק (דף יא.): דבעי לכל הפתוח לורת הפתח – היינו דוקא כשנפרלה לרה"ר או לבקעה. אבל הכא איירי כשנפרלה למבוי או לחצר אחרת, דהא לא קתני שנפרלה לרה"ר:

***מאי** שנא מרוח אחת דאמרי' פי תקרה כו'. השתא לא קאמר פתחא הוא, דאפילו נפרץ במילואו או ביתר מעשר רולה להתיר בבית, מטעם פי תקרה:

***בשתי** רוחות נמי נימא פי תקרה יורד וסותם. רש"י מפרש: דרב ושמואל דפליגי בפי תקרה – היינו דווקא באכסדרה *בבקעה שאין לה כלל מחילות. אבל ביש לה אפי' מחילה אחת – מודה שמואל דבשלש מחילות אמרינן פי תקרה יורד וסותם. ואתי שפיר הא דנקט אכסדרה בבקעה – לפי שבבקעה דווקא פליגי, שאין שם מחילה. וגרס בתר הכי: כי לית ליה – בד', אבל בג' – אית ליה. ולפי זה פירוש כל הסוגיא. ואין נראה, דאפילו לרב בשתי מחילות זו כנגד זו לא אמר פי תקרה יורד וסותם, דהוי מפולש, כדאמר בפרק קמא דסוכה (דף יח:). לכך נראה לר"י: דסתם אכסדרה יש לה ג' מחילות, כדאמר ב"לא יחפור" (ב"ב דף כה:): העולם לאכסדרה הוא דומה, דרום לפונית אינה מסובבת. ולית ליה לשמואל פי תקרה יורד וסותם אלא אם כן יש שם ארבע מחילות. ומיהו, לרב אפי' פרוץ משתי רוחות

רבינו חננאל

והא דרב לא אתמר בפירוש אלא מכללא דרב ושמואל הוו יתבי בחצר נפל גודא דביני ביני אמר שמואל אייתו גלימא נגידו ביה משום צניעותא דשרי לטלטולי בכולה עד מקום גודא אהדרינהו רב לאפיה דלא לימרו הדר ביה רב משמעתיה דהוה אסר ולא אמר להו ולא מידי דאתר דשמואל הוה. ואמר שמואל אי קפיד אבא שקילו הימייניה וקטרו ביה האי גלימא: **מתני'** חצר שנפרצה לרה"ר המכנים לתוכה לרה"ר כו'. ואקשינן וכי [ס"ל] לר' אליעזר משום דנפרצה לרה"ר הויא לה רה"ר ופרקינן אין ר' אליעזר לטעמיה דכיון שעוברין ושבין רבים בתוכה הויא כרה"ר. דתניא ר' יהודה אמר משום ר' אליעזר רבים שבירו דרך לעצמן מה שבירו בירו. ואוקמה כשאבדה להן דרך באותה חצר. ועל מקום מחיצה מחלוקת איבעית אימא בצידי רה"ר פליגי ר' אליעזר סבר צידי רה"ר כרה"ר דמו. והאי חצר כיון שנפרצה לרה"ר ורבים דרסו לה כצידי רה"ר הוא ורבנן אמרי (לה) [לאו כר"ה דמי] ואמאי לא פליגי בצידי רשות דעלמא. (לא) [דלא] תימא כי פליגי רבנן עליה דר' אליעזר דאמרי ליה לאו כרשות [הרבים] דמי אלא היכא דאיכא גיפופי פי' גיפופי שנראין כפסין וכבתלים קטנים שעושין שלא (יתחברו) [יתחככו] בכתלים. אבל היכא דליכא גיפופי לא קא משמע לן חצר זו שנפרצה דלית ליה גיפופי. ואקשינן והא מתוכה לרה"ר קתני מכלל דאית ליה גיפופי דאי לית ליה גיפופי מאין לה תוך. ופרקינן לעולם לית ליה גיפופי ולית ליה תוך ואיידי דאמור רבנן מתוכה א' נמי מתוכה. ואקשינן והיכי מהדרי ליה רבנן מתוכה והוא לא אמר מתוכה. ופרקינן הכי קאמרו ליה רבנן מי לא מודי דהיכא דטילטל מתוכה לרה"ר דפטור מפני שהיא ככרמלית צידי רה"ר לא שנא. ור' אליעזר התם בחצר *) דדרסי לה רבים הכא בצידי רה"ר דאית ליה גיפופי לא דרסי לה רבים: **מתני'** חצר שנפרצה מב' רוחותיה וכן בית כו' ואוקמה רב שנפרצה מב' רוחותיה בב' אמות בקרן זוית ומפני

*) לשון רבינו תמוה לכאורה וצ"ל דצ"ל התם בחצר לא דרסי לה רבים הכא בצידי רה"ר אע"ג דאית ליה גיפופי מ"מ דרסי לה רבים.

עין משפט נר מצוה

ב א מיי' פ"ג מהלכות עירובין הלכה כה סמג לאוין סה טוש"ע א"ח סי' שעד סעיף ב:

בא ב טור ש"ע שם וסי' שסא סעיף ב:

מסורת הש"ס

לעיל נא. | [ברכות ט. וש"נ] | [נ"ל המיינ'] | [חולין נג:] | רש"ל ל"ג | [ב"ב ק.] | [שם] | שבת ו. כתובות לח: | לעיל יז. | [נ"ל לחיו ועי' תוס' לעיל יז. ד"ה קורותיו]

[עמ"ש לעיל דף עח. על הגליון] גי' רש"ל והיכי עביד שמואל הכי והא

לקמן צה. | לעיל ס"ע | לעיל ס"ע

הגהות הב"ח

(א) גמ' וליפלוג בצידי רה"ר דעלמא וכו' לעלמא הוה אמינא: (ב) רש"י ד"ה והאמר וכו' לכוליה חלר רה"ר הס"ד: (ג) ד"ה משתי רוחותיו נמי נימא פתחא: (ד) תום' ד"ה מאי שנא וכו' ואיירי נמי שנפרלו:

גליון הש"ס

גמ' זה מטלטל עד עיקר מחילה. עי' לעיל דף עט ע"ב: תום' ד"ה בשתי רוחות וכו' בבקעה שאין לה כלל. עי' לעיל דף פו ע"ב תוס' ד"ה גזוזטרא:

כב א ב מיי' פי"ז מהל' שבת הלכה לד סמג עשין א טוש"ע א"ח סי' שסא סעיף ב:

אוכגון שנפרצה בקרן זוית, *דפיתחא בקרן זוית לא עבדי אינשי. §"וכן בית שנפרץ משתי רוחותיו". § מאי שנא מרוח אחת – דאמרינן "פי תקרה יורד וסותם", משתי רוחות נמי, לימא "פי תקרה יורד וסותם"! אמרי דבי רב משמיה דרב: בכגון שנפרץ בקרן זוית, וקירויו באלכסון, דליכא למימר "פי תקרה יורד וסותם". ושמואל אמר: אפילו ביתר מעשר. אי הכי, מרוח אחת נמי! משום בית. ובית גופיה תקשי, מאי שנא מרוח אחת – דאמרי' "פי תקרה יורד וסותם", מב' רוחות נמי נימא "פי תקרה יורד וסותם"! ותו: מי אית ליה לשמואל פי תקרה יורד וסותם? והא אתמר, *אכסדרה בבקעה; רב אמר: מותר לטלטל בכולה, ושמואל אמר: אין מטלטלין בה אלא בד' אמות! הא לא קשיא, כי לית ליה – בד', אבל בשלש – אית ליה. מ"מ קשיא! כדאמרי בי רב משמיה דרב: כגון שנפרץ בקרן זוית וקירויו באלכסון, הכא נמי: כגון שנפרץ בקרן זוית וקירויו בארבע. שמואל לא אמר כרב – אלכסון לא קתני. ורב לא אמר כשמואל – אם כן הויא ליה אכסדרה, ורב לטעמיה, דאמר: אכסדרה מותר לטלטל בכולה. *דאיתמר, אכסדרה בבקעה, רב אמר: מותר לטלטל בכולה, ושמואל אמר: אין מטלטלין בה אלא בארבע אמות. רב אמר: מותר לטלטל בכולה, אמרינן "פי תקרה יורד וסותם", ושמואל אמר: אין מטלטלין בה אלא בארבע אמות, לא אמרינן "פי תקרה יורד וסותם". בעשר כולי עלמא לא פליגי, כי פליגי – ביתר מעשר. ואיכא דאמרי: ביתר – כולי עלמא לא פליגי, כי פליגי – בעשר. והא *דאמר רב יהודה: קורה

כגון שנפרצה. בה פרצה אחת, שתופסת בשתי רוחותיה – דהיינו בקרן זוית: דפיתחא בקרן זוית לא עבדי. דלאו אורחיה הוא: משתי רוחות נמי וכו'. אלכתי סלקא דעתיה: שתי רוחות ממש: אמרי בי רב. הא נמי בקרן זוית, אע"ג דבעשר אוקימנא – לא אמרינן פתחא הוא, דפתחא בקרן זוית לא עבידי. ומשום פי תקרה נמי לא, כגון שקירויו באלכסון בשיפוע, כגון גגין שלנו, דליכא פה, דהיינו כעין ארזילא דאמרינן ב"עושין פסין" (לעיל דף כה:): ושמואל אמר מתניתין אפילו ביתר מעשר. ולא מיתנא ליה אלא בשתי רוחות, כדמפרש ואזיל. ואחר קא מהדר שמואל: משום בית. דלא אפשר ברוח אחת, משום פי תקרה יורד וסותם: ותו מי אית ליה לשמואל פי תקרה יורד וסותם. דמוקמינן לה מתני' ביותר מעשר, וקאמר דבית לא מתסר. והאמר שמואל בריש פרקין באכסדרה בבקעה, דאין מטלטלין בה אלא בארבע אמות: כי לית ליה בארבע. במקום שצריך לעשות ארבע מחיצות בסתימת פי תקרה יורד וסותם, כגון אכסדרה: אבל בשלש. דאי היתה בה מחיצה כהלכתה, ופי תקרה לשלש מחיצות מכשיר: מ"מ קשיא. שתי רוחות אמאי לא אמרינן פי תקרה יורד וסותם! ושמואל לא מצי מוקי בקירוי אלכסון – דא"כ ברוח אחת נמי תתסר, הואיל דיותר מעשר: (א)כדאמרי בי רב. דהאי שתי רוחות קרן זוית קאמר: וקירויו. נמי, אף ע"ג דלא איירי ביה מתניתין מבעי ליה לאוקומי שאינו כשאר תקרות אלא משופע, לדידי נמי האי שתי רוחות חדא קרן זוית הוא. וכגון שנפרץ זה הכותל מן הקירוי על פני כל הפרצה סמוך לה במזרח ובצפון חמש אמות לכאן ברוחב ד'(ב) אמות וחמש אמות ועוד לכאן ברוחב ארבע. נמצאו כאן ארבע פיות שצריך לסתום פי תקרה בחמש אמות למזרח, וחמש ועוד לצפון – הרי שתי סתימות. ועכשיו נמצאו סתימות הללו נמשכות לפנים בחלל הבית מרוחקות ממקום המחיצה ד' לכאן וד' לכאן, וצריך לסתום פי תקרה ארבע בשפת מקלוע פרצת הקירוי המזרחי בדרומה משפת המזרחי ולכותל וכן ארבע בשפת מקלוע פרצת הצפונית. לשון אחר: שנפרץ(ג) בקרן זוית וקירויו נפרץ בארבע ברוחב לפנים למזרח, וכן לצפון, ואורך פרצת הקירוי חמש אמות לכאן וחמש אמות ועוד לכאן, כמדת פרצת הכותל, שיש כאן ארבע פיות תקרה: אחת למזרח חמש אמות ארכה ואחת אורך ארבע סמוך לה בדרום, ועוד אחת לנגד פרצת כותל הצפוני חמש אמות ארכה ואחת סמוך לה ארכה (ארבע) במקלוע *מזרחית, ובארבע לית לשמואל פי תקרה יורד וסותם: ה"ג: שמואל לא אמר כרב אלכסון לא קתני. להכי לא אוקמא שמואל בעשר ובקירוי שלם כרב, דבית קתני סתמא, וכל הבתים קירוין חלקין ולא באלכסון. הלכך, נהי נמי דפתחא לא הוי בקרן זוית נסתמה פי תקרה בשתי רוחות. אבל פרצת הקירוי, איכא למימר דקתני בית שנפרץ בית וקירויו עמו קאמר, ובשתי רוחות כגון קרן זוית אצטריכא ליה. דאי ברוח אחת – אפילו נפחת הקירוי בד' רוחב כנגד כל הפרצה, דהיינו אורך יותר מעשר – אין כאן אלא שלש פי תקרה, אחת ארוך ושנים קצרים, ובשלש אית ליה יורד וסותם: ורב לא אמר כשמואל. דא"כ דנפרץ הקירוי עמהן, ויש כאן ארבע פיות – אפילו הכי איכא למימר בכולהו יורד וסותם, דהכי סבירא ליה באכסדרה בבקעה: בעשר כולי עלמא לא פליגי. דבלאו סתימת פי תקרה נמי פתחים הם: *קורה ארבעה מתיר בחורבה. חורבה הפרוצה ברשות הרבים ונאסרה בטלטול. ויש בה קורה, ראשיה נתונים על שני יתידות – מותר לטלטל תחתיה, דארבע פיותיה יורדין וסותמין ב' בגלגה וב' בראשיה:
שיש

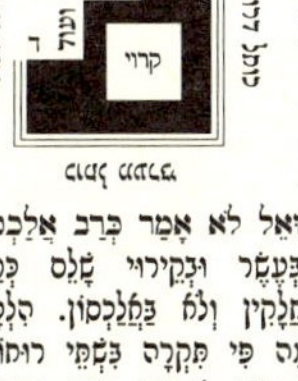

רוחות אית ליה פי תקרה, ובלבד שלא יהא מפולש. ומשום הכי נקט בבקעה – דבחצר סתם אכסדרה יש לה ג' מחיצות, דסתמא מושכת בכל החצר באורך או ברוחב. אלא שהיא עד אמצע החצר, ופרוצה לפנים במילואו. להכי נקט בקעה, דאפילו אין לה אלא שתי מחיצות, ופרוצה משני צדדין – אית ליה לרב פי תקרה. ובסמוך גרס: "כי לית ליה – בשלש, אבל בארבע – אית ליה". וכן גרסי רבינו חננאל ורבינו תם. *והכי פי': בשלש – שיש שלש מחיצות, והרביעית פרוצה במלואה. אבל בארבע, שיש ברביעית לחי או פס, דאיכא שם מחיצה, אע"פ שפרוצה מרובה או שפרוצה יתר מעשר – אמרי' פי תקרה. ופריך: מ"מ קשיא, דנימא פי תקרה אפי' בשתי רוחות, כיון דאין פרוצים במילואן, ויש בכל רוח שם מחיצה. דבין לרב ובין לשמואל אין חילוק בין מרוח אחת לשתים ואי נפרץ במילואו אפילו מרוח אחת לא אמרינן פי תקרה יורד וסותם. ומשני: שנפרץ בקרן זוית, וקירויו בארבע. שנפרץ ונפל גם מן הקירוי, עד שמופלג מן הכותל ארבע מכל רוח ורוח. דאף ע"פ דיש כאן ד' מחיצות שלא נפרץ במילואו – לא חשיבי הנך מחיצות לסייע לקירויו, ולימא פי תקרה – כיון דמופלג מהן ארבע. וה"ה דאפילו ברוח אחת בכי האי גוונא לא אמרי' יורד וסותם. ולא נקט קרן זוית אלא משום דאורחא דמילתא, דכשנפרץ שם רגיל להיות נופל מן הקירוי עמו. אי נמי: דוקא בקרן זוית משום דאיכא תרתי לריעותא. דטעמא דפי תקרה – משום דדמי לפתח, כדמפליג בסמוך בין עשר ליתר מעשר. ובקרן זוית לא דמי לפתח, משום דפתחא בקרן זוית לא עבדי אינשי. וא"ת: מאי פריך משתי רוחות נמי נימא פי תקרה, נוקי שתי רוחות דמתניתין שנפרץ זה כנגד זה, דהוי מפולש ולא אמרינן פי תקרה? וי"ל: דניחא ליה לאוקומא בכל ענין. ועוד: דומיא דחצר דלא הוי מפולש, דהא "וכן בית" קתני:

וקירויו באלכסון. פי' בקונטרס: בשיפוע, כעין גגין שלנו דליכא פה, היינו כי ארזילא כדאמרי' ב"עושין פסין" (לעיל כה:). ותימה: דהוה ליה למינקט כי ארזילא, כדנקט התס! ואור"י: דמיירי שנפרץ הקירוי באלכסון עם המחילות בקרן זוית*, וכי האי גוונא לא אמרינן פי תקרה:

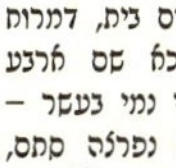

ושמואל אמר אפי' ביתר מעשר. ואיירי בין בעשר בין ביותר מעשר. ונקט שתי רוחות – משום בית, דמרוח אחת מהני פי תקרה אפילו ביתר מעשר, כיון דאיכא שם ארבע מחילות. ולא מצי למימר דנקט שתי רוחות משום דאיירי נמי בעשר – דלא הוה ליה משום הכי למינקט שתי רוחות כי אם נפרצה סתם, דהוי מרוח אחת, והוי משמע כשתם פרצה שהיא יתר מי' ולא רצה רב להעמיד אף ביתר מעשר ומשום בית, כמו שמואל – דקסבר רב דאי הוה מיירי ביתר מעשר לא לתני שתי רוחות כלל, אלא הוה ליה למיתני דווקא ביתר מעשר מרוח אחת, ולא הוה ליה למנקט שתי רוחות משום בית. אי נמי: סבר רב דביתר מי' לא יתיר רבי יהודה אף לאותה שבת, כמו שמיקל בעשר בקרן זוית, אע"פ שזו וזו נחשב לו כפרצה ולא פתח:

וקירויו בארבע. רש"י פירש שנפרץ הכותל חמש מכאן וחמש לכאן ולא דק, דאם כן לא הויא פרצה יתר מעשר, אלא אלכסון של חמש על חמש, דהיינו שבע אמות, ולא חש לדקדק בזה:

שמואל לא אמר כרב דלא קתני אלכסון. אע"ג דלא קתני נמי שנפרץ הקירוי ברחב ארבע – מ"מ חשיב כמאן דתני ליה בהדיא, כיון דקתני שנפרצה משתי רוחות – שאז רגיל הקירוי ליפול, אבל אין דרכו לפרוץ באלכסון:

רב לא אמר כשמואל דא"כ הוי ליה אכסדרה. כלומר: אפי' נפרצה רביעית ושלישית במילואו, אמר פי תקרה כמו באכסדרה:

בעשר כולי עלמא לא פליגי. פירש בקונטרס: דבלאו סתימת פי תקרה נמי פתחים הם. וקשה לפירושו: דלאיכא דאמרי דמוקי פלוגתייהו בעשר, ולית ליה לשמואל פי תקרה, ולא אמרינן פתחא הוא! אלא נראה דמכח פי תקרה חשבינן ליה פתח ללישנא קמא, כי אע"פ שהוא במילואו, דפי תקרה הוי מטעם פתח, כדפרישית לעיל:
ושמואל

רבינו חננאל

ומפני מה אין אומרין פתחא הוא ולשתרי משום דפתחא בקרן זוית (שני) [בשני] כתלים זהו מב' רוחותיה ואע"פ שאין שם פילוש אסורה וכן בית שנפרץ מב' רוחותיו ואקשינן מאי שנא מרוח אחת דאמרינן פי תקרה יורד וסותם מב' רוחותיו נמי נימא הכי ואמרינן מתניתין כגון שנפרץ בקרן זוית דכל קרן זוית הוה ליה קירויו באלכסון וכי האי גוונא לא אמרינן פי תקרה יורד וסותם. ושמואל אמר מתניתין בשנפרצה החצר ביתר מעשר ובדין הוא דאפילו מרוח אחת אסורה אלא משום דבעי למיתנא נפרץ בית מב' רוחותיה תנא נמי בפריצות חצר מב' רוחותיה ואקשינן (וכי) [ובית] גופיה למה ליה למיתנא מב' רוחותיו דמרוח א' אפילו יתר מי' אמרינן פי תקרה יורד וסותם. לפיכך מותיב מב' רוחות נמי נימא פי תקרה יורד וסותם. ועוד לשמואל לית ליה פי תקרה יורד וסותם. דאתמר אכסדרה בבקעה רב אמר מותר לטלטל בכולה פי תקרה יורד וסותם. ושמואל אמר אין מטלטלין בה אלא בד' אמות כברמלית דלא אמרינן פי תקרה יורד וסותם והויא לה רה"י ופרקינן לא קשיא כי לית ליה לשמואל פי תקרה יורד וסותם היכא דאיכא ג' מחיצות והרביעית כולה פתוחה אבל היכא דאיכא ד' מחיצות והרביעית מקצת מאחת מהן כגון פרצת בית זו ונשארה מן המחיצה הרביעית אית ליה פי תקרה יורד וסותם. מכל מקום קשיא. כלומר אי אית ליה לשמואל פי תקרה יורד וסותם מרוח אחת הוא הדין מב' רוחות ופרקינן כגון שנפרץ בית בקרן זוית וקירויו רחוק ממנו ד' טפחים דהוא מקום פתוח לדברי הכל. ואפילו לרשב"ג דאית ליה פתוח מד' כלבוד אבל ד' דברי הכל לא ומשום הכי לא אמרינן פי תקרה יורד וסותם. מרוח אחת אמרינן פתח הוא *) מב' רוחות הוה ליה בקרן זוית כדאמרן ובב' מחיצות לא אמר שמואל פי תקרה יורד וסותם אלא במחיצה רביעית בלבד ואם **) תאמר פתח הוא פתחא בקרן זוית לא עבדי אינשי משום הכי תני ב' רוחות. שמואל לא תני כרב דלא קתני מתני' באלכסון. רב לא אמר כשמואל דאם פרצה זו הויא לה יתר מעשר הויא לה אכסדרה (כפי) [ופי] תקרה יורד וסותם ומותר לטלטל בכולה. והוא הדין לבית ***) אמות בפרצה

הגהות הב"ח

(א) רש"י ד"ה כדאמרי הד"א עם ד"ה וקירויו נמי וכו' קרן זוית הוא שנפרץ זה הכותל ועל פני כל הפרצה נפרץ הקירוי סמוך לה במזרח כצ"ל ותיבת וכגון ותיבת מן הקירוי נמחק: (ב) בא"ד ברוחב ארבע וחמש אמות כצ"ל ותיבת אמות נמחק: (ג) בא"ד בקרן זוית וקירויו גם הוא נפרץ בארבע וכו' כמדת פרצת הכותל נמצא שיש כאן וכו' לית ליה לשמואל:

רב נסים גאון

אלא כדאמרי בי רב משמיה דרב. איתא בסוף פרק ראשון דסנהדרין (דף יז) אמרי בי רב הונא:

[לעיל ו.] [לעיל כה. וש"נ] לעיל כה: לעיל פו שייך לדף לה.

ו' כולי עלמא לא פליגי דפתחא הוא ושרי כי פליגי ביתר מי' (היכא דאמרי) [ואיכא דאמרי ביותר מי'] כולי עלמא לא פליגי דאסור כי פליגי בי' ורב לטעמיה ושמואל לטעמיה אלא הא דאמר רב יהודה

*) אולי צ"ל דע"י הפי תקרה נעשה כפתח וכמ"ש התוס' ע"ג דוקא בקרן זווית. **) נראה דצ"ל דאם הפרצה אינו אלא י' אמות וכמ"ש התוס' בד"ה ושמואל לאיירי בין בעשר בין ביותר מעשר ודו"ק. ***) נראה שצ"ל וה"ה לבית שנפרץ ביותר מי' אמות.

שיש לה פצימין. עמודין קבועין במחיצותיה פחות מג': אליבא דשמואל כ"ע לא פליגי. כלומר: ודאי דקאמרת אביי כרב ולא כשמואל, דמודה אביי דלשמואל פסולה. דכיון דבאכסדרה דהכך פיות תקרה לאכסדרה נעשו, ואפ"ה חסר בטלטול שבת — כ"ש דלא מהני לענין סוכה, דלא לסוכה עבידי: כי פליגי אליבא דרב. כלומר: הא דקאמר רבא כשמואל ולא כרב לא היא, דרבא נמי כרב אמרה למילתיה, ואמר לך: ע"כ לא קא שרי רב לענין שבת: אלא דהני מחיצות. פי' אותן הקורות הנתונים על ארבעה עמודים, דאינהו פי תקרה — לאכסדרה עבידי: לאו לסוכה. לשם סוכה, אע"ג דלא בעי מחיצות לשמן — כולי האי מיהא לא מקילינן: במה דברים אמורים. דצריך להודיע בפרק "חלון": ערובי חצירות. לעולם הוא זכות להן. אבל עירובי תחומין — פעמים שהוא חוב, שמפסידין לרוח שכנגדו: נפרצה לכרמלית. שרי כר' יהודה. דאי נמי אתי לאפוקי לבר, לאו איסורא דאורייתא איכא: מתני' על גבי שני בתים. והם בשני צידי רה"ר — מטלטלין תחת העלייה, דפי תקרה מכאן ומכאן יורד וסותם: וכן גשרים המפולשים. שיש להם מחיצות מלמטה בשני הצדדים: מערבין למבוי המפולש. הואיל ואיכא שתי מחיצות: גמ' דאורייתא. הלכה למשה מסיני, כדאמרינן בפ"ק (דף ד.): שיעורין חציצין ומחיצות הלכה למשה מסיני. והרי יש כאן ב' מחיצות משני הבתים, דאי לאו משום פי תקרה — לא הוה שרי: יתר על כן וכו'. רישא דברייתא: אחד חלון שבין שני בתים, ואחד חלון שבין שתי חצירות וגשרים ונפשות ורה"ר המקורה — מטלטלין תחתיהן בשבת, דברי ר' יהודה. יתר על כן אמר ר' יהודה: דאפילו רה"ר גמורה, ואין שם תקרה למימר יורד וסותם — שרי בשתי מחיצות של שני צידי רה"ר: מהאיא אין. מיניה למשמע דשתי מחיצות דאורייתא. אבל ממתני' לא שמעינן לה דטעמא משום סתימת פי תקרה הוא: מתני' נמי דייקא. דאית ליה לרב יהודה שתי מחיצות דאורייתא: אי אמרת בשלמא. טעמיה דר' יהודה(ב) דקמייתא משום דשתי מחיצות דאורי' — היינו דקתני "ועוד זו" דמשמע: ועוד זו, אע"ג דליכא פי תקרה — מתיר ר' יהודה משום האי טעמא. אלא אי אמרת טעמיה בקמייתא משום פי תקרה — מאי ועוד? הא במבוי ליכא פי תקרה. לשון אחר: מתני' נמי דייקא כרבה, דטעמא דקמייתא משום פי תקרה הוא. וה"ג: אלא א"ב דטעמא דר"י בקמייתא משום דקסבר פי תקרה יורד וסותם, ובתרייתא משום שתי מחיצות — היינו דקתני "ועוד זו מתיר רבי יהודה" ואע"ג דליכא פי תקרה — משום שתי מחיצות. אלא אי אמרת קמייתא נמי משום שתי מחיצות — מאי ועוד? היא היא ופשיטא דמערבין. — ראשון שמעתי. ואית דגרסי כלישנא בתרא, ומתפרשא קושייתא:

קורה ד' מתיר בחורבה. ורב נחמן אמר רבה בר אבוה: קורה ד' מתיר במים. מני? להך לישנא דאמרת בעשר לא פליגי — בעשר, ודברי הכל. להך לישנא דאמרת בעשר פליגי — כרב. לימא אביי ורבא בפלוגתא דרב ושמואל קמיפלגי; *דאיתמר: סיכך על גבי אכסדרה שיש לה פצימין — כשירה. אין לה פצימין, אביי אמר: כשירה, ורבא אמר: פסולה. אביי אמר: כשירה — אמר: "פי תקרה יורד וסותם". ורבא אמר: פסולה — לא אמר "פי תקרה יורד וסותם". לימא אביי כרב, ורבא כשמואל! אליבא דשמואל כולי עלמא לא פליגי, כי פליגי — אליבא דרב. אביי, כרב. ורבא, עד כאן לא קאמר רב התם — אלא דהני מחיצות לאכסדרה עבידי. אבל הכא, דהני מחיצות לאו לסוכה עבידי — לא.§ "רבי יוסי אומר אם מותרין".§ איבעיא להו: רבי יוסי לאסור או להתיר? אמר רב ששת: [א]לאסור. וכן אמר רבי יוחנן: לאסור. תניא נמי הכי, אמר רבי יוסי: כשם שאסורין לעתיד לבא, כך אסורין לאותו שבת. איתמר, רב חייא(א) בר יוסף אמר: [ב]הלכה כרבי יוסי. ושמואל אמר: הלכה כרבי יהודה. ומי אמר שמואל הכי? והתנן, *א"ר יהודה: בד"א — בעירובי תחומין, אבל בעירובי חצירות — מערבין בין לדעת בין שלא לדעת, לפי שזכין לאדם שלא בפניו ואין חבין שלא בפניו. *ואמר רב יהודה, אמר שמואל: הלכה כרבי יהודה. ולא עוד אלא, כל מקום ששנה רבי יהודה בעירובין — הלכה כמותו. וא"ל רב חנא בגדתאה לרב יהודה: אמר שמואל אפילו במבוי שניטל קורתו או לחייו? וא"ל: בעירובין אמרתי לך, ולא במחיצות. אמר רב ענן: לדידי מיפרשא לי מיניה דשמואל, כאן — שנפרצה לכרמלית, כאן — שנפרצה לרשות הרבים.§ **מתני'** הבונה עלייה על גבי שני בתים, וכן גשרים המפולשים — מטלטלין תחתיהן בשבת, דברי רבי יהודה. וחכמים אוסרין. ועוד א"ר יהודה: מערבין למבוי המפולש, וחכמים [ג]אוסרין.§ **גמ'** אמר רבה: לא תימא היינו טעמא דרבי יהודה משום דקא סבר ב' מחיצות דאורייתא, אלא משום דקסבר: "פי תקרה יורד וסותם". *איתיביה אביי: *יתר על כן א"ר יהודה: מי שיש לו שני בתים משני צידי רה"ר — עושה לחי מכאן ולחי מכאן, או קורה מכאן וקורה מכאן, ונושא ונותן באמצע. אמרו לו: אין מערבין רה"ר בכך! א"ל: מהאיא — אין, מהא — ליכא למשמע מינה. אמר רב אשי: מתניתין נמי דיקא, מדקתני "ועוד א"ר יהודה מערבין במבוי המפולש וחכמים אוסרין". אי אמרת בשלמא משום דקא סבר "פי תקרה יורד וסותם" — היינו דקתני "ועוד", אלא אי אמרת משום דקא סבר שתי מחיצות דאורייתא — מאי "ועוד"? שמע מינה.§

הדרן עלך כל גגות

המוצא *תפילין — [ד]מכניסן זוג זוג. ר"ג אומר: שנים שנים. בד"א — בישנות, אבל בחדשות — פטור. *מצאן צבתים או כריכות — מחשיך עליהן ומביאן. ובסכנה

ושמואל אמר הלכה כרבי יהודה. בסמוך מוקי לה בנפרצה לכרמלית. ונראה דהלכתא כרב דאיסורי ואפי' בנפרצה לכרמלית הלכה כרבי יוסי דמחמיר. והיכא דאיתנהו למחיצות, אפילו ר' יוסי מודה, דאמר: שבת הואיל והותרה הותרה, כדאמרי'(ג) (ע' קמא (דף ז.): **איתיביה** יתר על כן. פריך מברייתא, משום דממתניתין דקתני: ועוד א"ר יהודה מערבין במבוי המפולש — לא שמעינן ברשות הרבים גמורה:

הדרן עלך כל גגות

המוצא תפילין. הך פירקא במסכת שבת ה"ל למיתני גבי הוצאות, אלא משום דקתני סיפא: רבי יהודה אומר נותן אדם לחבירו וחבירו לחבירו, ואפילו חוץ לתחום. ועוד: משום דקתני בסוף פרקין, רבי שמעון אומר: כל מקום שהתירו לך חכמים — משלך נתנו לך, ומפרש בגמ' דקאי אסוף "מי שהוציאוהו". **מכניסן** זוג זוג. בספ"ק דביצה (דף טו.) מוכח דאיירי דלא מינטרי מחמת כלבי. אבל מינטרי מחמת כלבי, אע"ג דלא מינטרי מחמת גנבי — לא: **אבל** בחדשות פטור. איסור נמי איכא, דלקמן (צז.) תניא אוסר בחדשות: לימא

המוצא תפילין. בשדה, במקום שנאבדין: מכניסן. לעיר ולבית: זוג זוג. אחד בראש ואחד בזרוע. והיינו זוג. כדרך שלובשן בחול, וחוזר תמיד ומכניסן זוג אחר זוג, עד שיכלו: שנים שנים. זוג בראש וזוג בזרוע. ובגמרא בעי: טעמא מאי ניהו: בישנות. שניכר הקשר העשוי כמין שדי, דודאי תפילין הן, ויש בהן קדושה, ואסור להניחן בבזיון: אבל בחדשות פטור. מלהכניסן. דילמא קמיע הן בעלמא, ואין בהן קדושה אלא בנעשים כהלכתן, והיינו לשמן, הלכך: לא מחללינן שבתא עלייהו: צבתים. קשרים קשורים הרבה תפילין בכל קשר. ובגמ' מפרש מאי צבתים ומאי כריכות: מחשיך עליהן. ימתין עד שתחשך, וישב שם וישמרם, ולכשתחשך יטלם יחד. ובגמ' פריך: וליעיילינהו זוג זוג:

ובסכנה

לעיל נג. סוכה יח:

לעיל מו: פא:

[לעיל פא:]

שבת ו. וקיז. לעיל ו. יב: כב. נט:

שבת סב. ביצה טו.

[עי' תוספות לקמן נז. ד"ה מנאן]

הגהות הב"ח

(א) גמ' איתמר רב חייא בר אשי אמר רב הלכה כר' יוסי: (ב) רש"י ד"ה אי אמרת בשלמא וכו' בקמייתא משום וכו' דקתני ועוד דמשמע כצ"ל ותיבת זו נמחק: (ג) תום' ד"ה ושמואל וכו' כדאמרינן סוף פרק קמא:

גליון הש"ס

גמ' איתיביה אביי יתר על כן. עיין לעיל דף פו ע"א תוס' ד"ה קורה ארבעה: **שם** א"ל מהאיא אין. כתובות דף נח ע"ב שבועות דף לא ע"ב:

כג א ב מיי' פי"ז מהל' שבת הלכה לד סמג עשין א טוש"ע א"ח סי' שסג ס"ב וסי' שסה סעיף ב:

כד ג מיי' פי"ז מהל' שבת הלכה יח סמג שם טוש"ע א"ח סי' שסד סעיף ב:

א ד מיי' פי"ט מהל' שבת הלכה כג סמג לאוין סה טור ש"ע א"ח סי' שא סעיף מב:

רבינו חננאל

קורה מתיר בחורבה פי' כשמניחה ע"ג פסין ומותר לטלטל בחורבה הסמוכה לו לביתו ורב נחמן אמר קורה ד' אם תלויה או עומדת מתיר במים כלומר באילין חלוקות המים במחיצה בתוך המים לפיכך מותר לו למלאות מים ולהכניסם לביתו כמאן אמרה לשמעתייהו ופרשינן לההוא לישנא דאמרינן כי פליגי הני כרב דאמר בעשר אמרינן פי תקרה יורד וסותם קורה חזינן לה כאלו פיה במקום פי תקרה זו אינה מתרת. אבל לשמואל דלית ליה פי תקרה יורד וסותם גם קורה זו אינה מתרת דמחיצה מעליא בעי. ולההוא לישנא דאמר בויתר מי' פליגי אבל בי' לדברי הכל אית להו פי תקרה יורד וסותם. האי תקרה כפי תקרה דמי ולדברי הכל שרי. נימא אביי ורבא בפלוגתא דרב ושמואל פליגי דאתמר סיכך ע"ג אכסדרה שיש לה פצימין כגון אבני בנין היוצאות מן הכותל אחת למעלה מחברתה וביניהן חלל לקבל אחרת כשרה שאלו הפצימין כמו מחיצה הן. אין לה פצימין אביי אמר פי תקרה יורד וסותם כרב רבא אמר פסולה כשמואל. ודחינן אליבא דשמואל כ"ע לא פליגי דלא חד מינייהו אמר כוותיה דהא לית הלכתא כוותיה כי פליגי אליבא דרב אביי כרב. אביי אמר עד כאן לא אמר רב התם אלא משום דהני תלת מחיצתא וקורויה כולהו לאכסדרה עבידן. אבל הכא גבי סוכה דמחיצתא לבתים עבידי ולאו להאי סוכה עבידי אפילו רב מודה דלא אמרינן פי תקרה יורד וסותם: איבעיא להו ר' יוסי לאסור או להתיר קא בעי ואוקמא רב ששת ור' יוחנן אמרי לאסור תנא נמי הכי ר' יוסי אומר הואיל ואסורין לעתיד אסורין נמי לאותה שבת רב יוסף אמר הלכה כר' יוסי ושמואל אמר הלכה כר' יהודה. ומי אמר שמואל הלכה כר' יהודה בהא. והאמר רב יהודה אמר שמואל כל מקום ששנה ר' יהודה בעירובין הלכה כמותו. ואוקימנא לההוא דתנן א"ר יהודה בד"א בעירובי תחומין אבל בעירובי חצרות מערבין לאדם לדעתו ושלא לדעתו שזכין לו לאדם שלא בפניו ואין חבין לו [אלא בפניו] וא"ל רב חנא בגדתאה לרב אמר שמואל הלכה כר' יהודה אפילו במבוי שניטלה קורתו או לחייו. ואמר ליה בעירובין אמר ולא במחיצות. ופרקינן בשנפרץ לכרמלית הלכתא כוותיה. אבל בשנפרץ לרה"ר אפילו שמואל לא אמר הלכתא כוותיה. וקיי"ל כרב דאמר הלכתא כר' יוסי: הבונה עלייה ע"ג ב' בתים כו' דייקא מתני' דטעמא דר' יהודה משום דפי תקרה יורד וסותם ולא משום דב' מחיצות דאורייתא הן. ור' יהודה תרתי אית ליה שפי תקרה יורד וסותם ואית ליה ב' מחיצות דאורייתא הן מהא דתניא יתר על כן אמר ר' יהודה מי שיש [לו] ב' בתים בב' כו'. אמר רב אשי מתני' נמי דייקא דקתני ועוד אמר ר' יהודה מערבין במבוי המפולש אמרינן בשלמא רישא פי תקרה יורד וסותם וסיפא ב' מחיצות היינו דקתני ועוד [אלא] אי אמרת אידי ואידי ב' מחיצות ניערבינהו וניתנינהו או ניתי חדא ש"מ: הדרן עלך כל גגות

תורה אור

ובסכנה מכסן והולך לו. *רבי שמעון אומר: נותנן לחבירו, וחבירו לחבירו, עד שמגיע לחצר החיצונה. *וכן בנו — נותנו לחבירו, וחבירו לחבירו, אפילו מאה. רבי יהודה אומר: אנותן אדם חבית לחבירו, וחבירו לחבירו אפילו חוץ לתחום. אמרו לו: לא תהלך זו יותר מרגלי בעליה.§ **גמ'** זוג אחד — אין, טפי — לא. לימא תנן סתמא דלא כרבי מאיר. דאי כרבי מאיר — האמר: לובש כל מה שיכול ללבוש, ועוטף כל מה שיכול לעטוף. *דתנן: ולשם מוציא כל כלי תשמישו, ולובש כל מה שיכול ללבוש, ועוטף כל מה שיכול לעטוף! והיא סתמא, ממאי דרבי מאיר היא, דקתני עלה: לובש ומוציא, ופושט ולובש ומוציא ופושט, אפילו כל היום כולו, דברי ר"מ. אמר רבא: אפילו תימא רבי מאיר. התם — דרך מלבושו — כחול שוויה רבנן, והכא דרך מלבושו — כחול שוויה רבנן. התם דבחול כמה דבעי לביש — לענין הצלה נמי שרו ליה רבנן. הכא דבחול נמי, זוג אחד — אין, טפי — לא, לענין הצלה נמי: זוג אחד — אין, טפי לא.§ "רבן גמליאל אומר שנים שנים".§ מאי קסבר? אי קסבר שבת זמן תפילין הוא — זוג אחד — אין, טפי — לא. ואי קסבר שבת לאו זמן תפילין הוא, ומשום הצלה דרך מלבוש שרו ליה רבנן — אפילו טפי נמי! לעולם קסבר: שבת לאו זמן תפילין הוא, וכי שרו רבנן לענין הצלה — דרך מלבוש במקום תפילין. אי הכי, זוג אחד(א) נמי — אין, טפי — לא! *אמר רב שמואל בר רב יצחק: מקום יש בראש להניח בו שתי תפילין. הניחא דראש, דיד מאי איכא למימר? כדרב הונא; דאמר רב הונא: פעמים שאדם בא מן השדה וחבילתו על ראשו, ומסלקן מראשו וקושרן בזרועו. אימר דאמר רב הונא שלא ינהג בהן דרך בזיון, ראוי מי אמר? אלא כדאמר רב שמואל בר רב יצחק: מקום יש בראש שראוי להניח בו שתי תפילין. הכא נמי: מקום יש ביד שראוי להניח בו שתי תפילין. *תנא דבי מנשה: °"על ידך" — בזו קיבורת, "בין עיניך" — זו קדקד. היכא? אמרי דבי רבי ינאי: גמקום שמוחו של תינוק רופס. לימא בדרב שמואל בר רב יצחק קמיפלגי; דת"ק לית ליה דרב שמואל בר רב יצחק, ורבן גמליאל אית ליה דרב שמואל בר רב יצחק! לא, דכולי עלמא אית להו דרב שמואל בר רב יצחק. והכא *ב"שבת זמן תפילין" קמיפלגי. דת"ק סבר: שבת זמן תפילין הוא, ורבן גמליאל סבר: שבת לאו זמן תפילין הוא. ואיבעית אימא: דכ"ע — שבת זמן תפילין הוא. והכא *ב"מצות צריכות כוונה" קמיפלגי. ת"ק סבר: לצאת בעי כוונה, ורבן גמליאל סבר: לא בעי כוונה. ואיבעית

דברים ו

רש"י

ובסכנה. שאינו יכול להמתין שם, ומתייראה מפני הליסטים: נותנן לחבירו וחבירו לחבירו. דכל חד וחד לא ממטי להו ארבע אמות: לחצר החיצונה. של עיר שהוא מקום המשתמר ראשון: וכן בנו. שילדתו אמו שם בשדה בשבת: לא תהלך זו יותר מרגלי בעליה. אינן יכולין להרחיקה מתחום שביתת בעלים, הכל לפי מה שעירבו הבעלים: גמ' לובש כל מה שיכול ללבוש. לענין הצלת דליקה תנן ב"כל כתבי הקודש" (שבת דף קכ.): ולשם הוא מוציא. לחצר שסמוכה לדליקה: התם. דקאי בשאר מלבושין, דכמה דבעי לביש בחול: זוג אחד אין. דקסבר: שבת זמן תפילין הוא ומשום הכי שרי(ב) ובלאו הצלה נמי, אם בא להניח תפילין — מניח, ומשום הצלה לא שרינן ליה טפי: מאי קסבר. דקא שרי שנים שנים, אבל טפי לא: אי קסבר שבת זמן תפילין הוא. משום הכי שרי, אבל לאכולי טפי מן המצוה — לא: לאו זמן תפילין הוא. ושרו ליה רבנן דרך מלבוש — משום דתכשיט הוא לגביה, ולא משאוי. ואע"ג דלאו אורחיה, הכא משום הצלה — שרי: במקום תפילין. הראוי להניח בו תפילין, שאין כל הראש כשר להניח תפילין אלא קדקד לבד, וצריך יש שם שהתפילין יושבים בו ואינן בולטין כל כך כדלקמן. ובשבת נמי, באתרא דלא חזו ליה — לאו תכשיט הוא, שבולטין יותר מדאי והוי כמשאוי: דיד(ג). אין כל הזרוע כשר לתפילין אלא קיבורת, כדלקמן: מנהג בזיון. להניח חבילה עליהן, שרי ליה למנטרינהו התם: ראוי מי אמר. דגבי שבת לימא דתכשיט הוא: קיבורת. אבר אמצעי שבזרוע, ובלע"ז רבדי"ן: רופס. רך, ובלע"ז פונטינ"א: תנא קמא סבר שבת זמן תפילין הוא. ומשום הצלה לא מישרו ביה טפי מן המצוה, דלאו תכשיט נינהו. וכל שכן דכיון דזמן תפילין הוא, ואיכא "בל תוסיף" אתי איסור בל תוסיף ומשוי להו עליה כמשאוי: ר"ג סבר לאו זמן תפילין הוא. והיינו טעמא דשרו ליה רבנן להצלה — משום דתכשיט הוא. הלכך, כל כמה דהוה תכשיט — שרי, ומשום "בל תוסיף" ליכא הכא, דאין כאן מצות תפילין כלל, אלא כשאר מלבוש בעלמא: איבעית אימא דכ"ע שבת זמן תפילין הוא. ודכולי עלמא אינה תכשיט, ובמצות צריכות כוונה קא מיפלגי: ת"ק סבר מצות צריכות כוונה. שהעושה מצוה צריך שיכוין בה, הלכך, זוג אחד — אין, טפי — לא. דאי מכוין למצוה — איכא "בל תוסיף" בחד, ואי לא מכוין למצוה — תרוייהו משאוי נינהו, ואין כאן מצוה: ורבן גמליאל סבר מצות אין צריכות כוונה. הלכך: מצוה — איכא, "בל תוסיף" ליכא. דאין עובר על "בל תוסיף" אא"כ נתכוון למצוה, וזה לא נתכוון. ובכל חד אמרי האי למצוה. ולבי מגמגם לומר דכיון דלאו תכשיט נינהו, נהי ד"בל תוסיף" ליכא, איסור שבת מיהא לא פקע? והא ליכא למימר דלכולי עלמא תכשיט הם, דאם כן לתנא קמא אמאי אסור? לא ליכוין ולא ליתסר. וליכא למימר נמי דלתנא קמא לא הוו תכשיט, ולרבן גמליאל הוו תכשיט — דאם כן לוקי פלוגתייהו בהכי. ועוד: היינו פלוגתא דלעיל דזמן ולאו זמן. ונראה לי דהכי גרסינן: תנא קמא סבר מצות אין צריכות כוונה, ולכולי עלמא תכשיט הן. הלכך, כיון דלענין מיפק ידי חובתיה נפיק בלא כוונה — לענין בל תוסיף נמי, אף על גב דלא מכוין להו למצוה — איכא בל תוסיף, כיון דזמן תפילין הוא. ור"ג סבר: צריכות כוונה, לצאת ידי חובתו, הלכך, בבל תוסיף נמי לא עבר עד דמיכוין למצוה:

ואיבעית

תוספות

לימא תנן סתמא דלא כרבי מאיר. אברייתא דלקמן, *דקתני בהדיא: רבי מאיר אומר מכניסן זוג זוג הוי מצי למיפרך דר"מ אדר' מאיר, אלא דניחא ליה טפי לאקשויי אמתניתין. ומכח דקתני עלה בברייתא: ר' מאיר אומר מכניסן זוג זוג — לא היה יכול להוכיח דמתני' רבי מאיר כדמוכח בסמוך אההיא דשבת, ולאקשויי דר"מ אדרבי מאיר. דאדרבה, לקמן מוכח דמתניתין דלא כר"מ, דמתני' קתני "במה דברים אמורים" בישנות וברייתא קתני, רבי מאיר אומר: אחד חדשות ואחד ישנות: **אי** קסבר שבת זמן תפילין. פירש בקונטרס: משום הכי שרי, אבל לאכולי טפי מן המצוה — לא. וקשה: דאם מכח זה בא לדקדק דזוג אין טפי לא — אם כן, בסמוך דקאמר "לעולם לאו זמן תפילין הוא" ה"נ דמצי למימר לעולם זמן תפילין הוא! אלא י"ל: דאי זמן תפילין הוא — איכא "בל תוסיף" אע"ג דלא מיכוון, כדמסיק רבה בפרק "ראוהו בית דין" (ר"ה דף כח.), ולהכי, זוג אחד — אין, טפי — לא: **וכי** שרו רבנן לענין הצלה דרך מלבוש במקום תפילין. פירש בקונטרס: דשלא במקום תפילין הן בולטין יותר מדאי, ונראה משאוי, ולכך אסור. ואין זו סברא. אלא נראה דהטעם משום דלא מיקרי מלבוש אלא במקום שרגיל להניחו בחול: **מקום** יש בראש שראוי להניח בו ב' תפילין. מסופק היה ר"י: איזה שיעור יש ברוחב תפילין, דיש עושין גדולים מחבריהם, ויש שעושין אותם קטנים ביותר, ומדקאמר: מקום יש בראש להניח ב' תפילין — משמע דשיעור רחבו שיתמלא מקום השנים. ואור"י, דמצא במדרש: דשיעורן כב' אצבעות, וסמך לדבר(ד): דציץ רוחבו ב' אצבעות, כדאמר בפ' קמא דסוכה (ד' ה.). ואמרי' בפ"ק דערכין (דף ג:): שערו היה נראה בין ציץ למצנפת, ששם מניח תפילין. ודומה דציץ היה במקום הראוי להניח תפילין. אע"ג דגבי ציץ כתיב (שמות כח): "מצחו" ומתרגמינן: "בין עינוהי", גבי תפילין נמי כתיב (דברים יא): "בין עיניכם" ודרשינן: בגובה שבראש*: **ידך** זו קיבורת. הוא קבוצת בשר שבזרוע, שבין המרפק שקורין קודא(ה) בלע"ז ובין הכתף. ו"קיבורת" כמו קיבורת דאהיני*), ולא כמו שמפרש "קיבורית" הוא קבוצת בשר שבין פיסת היד למרפק סמוך למרפק — דבכל מקום משמע דתפילין הן בזרוע, ובמסכת אהלות (פ"א משנה ח) משמע דזרוע הוא בין המרפק ולכתף, דקאמר: שלשים בפיסת יד(ו) כו', שנים בקנה ושנים במרפק, אחד בזרוע וארבע בכתף. וב"הקומץ רבה" (מנחות ד' לז:) נמי אמרי' דבעינן שתהא שימה כנגד הלב:

[ועי' תוס' סוכה ה: ד"ה אל ופקח]

*) [ב"ב ה. סנהדרין כו:]

ימים

עין משפט נר מצוה

ב א מיי' פי"ב מהל' שבת הלכה יז סמג לאוין סה טור ש"ע א"ח סי' שמט סעיף ג:

ג ב מיי' פ"ד מהלכות תפילין הלכה ב סמג עשין כב טור ש"ע א"ח סי' כז סעיף א:

ד ג מיי' שם הלכה א טוש"ע שם סעיף ט:

רבינו חננאל

פ"י **המוצא** תפילין מכניסן זוג זוג כו'. זוג אחד אין טפי לא לימא תנן סתם דלא כר' מאיר דאי ר' מאיר האמר כל מאן דבעי מציל דתנן ולשם הוא מוציא כל כלי תשמישו ולובש כו'. אמר רבא אפילו תימא ר' מאיר כדרך מלבושו בחול התירו לו להוציא בשבת התם דבחול כמה דבעי לביש אצולי נמי כמה דבעי מציל הכא דבחול כו'. רבן גמליאל ב' ב' כו'. אוקימנא דר"ג סבר שבת לאו זמן תפילין הוא ומשום בזיון כתבי קודש שרו ליה רבנן וכי שרו ליה רבנן לא שרו ליה אלא דרך מלבוש במקום תפילין וסבר לה כר' שמואל בר רב יצחק דאמר כו' וגם בזרועו נמי יש בו מקום להניח [שני] תפילין. פי' קיבורת הזרוע שכנגד בית השחי והיא בצעת אדרע וי"א טהר או כף. פי' צבתים מעוכין אלו על אלו מלשון וגם שול תשולו לה מן הצבתים ולישנא דרבנן שנים מדובקין זה על זה נקראין צבותין מלשון צבת בצבת עשויה והן אחד כל בתי זו הני צבותין מתקיימה לימא תנן סתמא ור"ג בהא דר' שמואל בר רב יצחק פליגי ודחינן לא דכ"ע אית להו דר' שמואל בר רב יצחק ובשבת זמן תפילין פליגי דת"ק סבר שבת זמן תפילין הוא ולא שרי אלא זוג אחת בלבד. ור"ג סבר שבת לאו זמן תפילין הוא ומשום כתבי הקודש שרו ליה רבנן דרך מלבוש כדרך שראוי לו ללבוש וכיון שיש לו מקום ללבוש בו ב' תפילין התירו לו שנים איכא דאמרי כ"ע שבת זמן תפילין הוא ובלצאת בעי כוונה פליגי ת"ק סבר לצאת לא בעי כוונה ור"ג סבר לצאת נמי בעי כוונה

הגהות הב"ח

(א) גמ' אי הכי זוג אחד אין כל"ל ותיבת נמי נמחק: (ב) רש"י ד"ה זוג אחד וכו' דבלאו הצלה: (ג) ד"ה דיד מאי איכא למימר אין כל: (ד) תוס' ד"ה מקום וכו' וסמך לדבר ציץ דרוחבו: (ה) ד"ה ידך וכו' שקורין קוד"א. נ"ב ע' בתוס' פ' המנניע דף נ"ב בד"ה במרפיקו: (ו) בא"ד שלשים בפיסת יד אצבע שנים בקנה:

מסורת הש"ס

(ע' תוס' לקמן נז: ד"ה ר"ש)

(ע' תוס' שם ד"ה ה"ג)

שבת קכ.

ע"א מד.

מנחות לו. [ערכין יט:]

[שבת סא. וש"נ]

[ברכות יג. פסחים קיד:]

וְאִיבָּעֵית אֵימָא: דְּכ"ע לָצֵאת לָא בָּעֵי כַּוָּונָה. וְהָכָא, לַעֲבוֹר מִשּׁוּם "בַּל תּוֹסִיף" קָמִיפַּלְגִי. דְּתַנָּא קַמָּא סָבַר: לַעֲבוֹר מִשּׁוּם "בַּל תּוֹסִיף" — לָא בָּעֵי כַּוָּונָה, וְרַבָּן גַּמְלִיאֵל סָבַר: לַעֲבוֹר מִשּׁוּם "בַּל תּוֹסִיף" — בָּעֵי כַּוָּונָה. וְאִיבָּעֵית אֵימָא: אִי דִּסְבִירָא לָן דְּשַׁבָּת זְמַן תְּפִילִּין — דְּכ"ע לָא לַעֲבוֹר בָּעֵי כַּוָּונָה, וְלָא לָצֵאת בָּעֵי כַּוָּונָה. וְהָכָא בְּ"לַעֲבוֹר שֶׁלֹּא בִּזְמַנּוֹ" קָמִיפַּלְגִי. תַּנָּא קַמָּא סָבַר: לָא בָּעֵי כַּוָּונָה, וְרַבָּן גַּמְלִיאֵל סָבַר: "לַעֲבוֹר שֶׁלֹּא בִּזְמַנּוֹ" בָּעֵי כַּוָּונָה. אִי הָכִי, לְרַבִּי מֵאִיר זוּג אֶחָד נַמִי לֹא! וְעוֹד: *הַיָּשֵׁן בַּשְּׁמִינִי בַּסּוּכָּה יִלְקֶה! אֶלָּא מְחַוַּורְתָּא כִּדְשַׁנִּינַן מֵעִיקָּרָא. וּמַאן שָׁמְעַתְּ לֵיהּ שַׁבָּת זְמַן תְּפִילִּין — ר' עֲקִיבָא. *דְּתַנְיָא: °"וְשָׁמַרְתָּ אֶת הַחֻקָּה הַזֹּאת לְמוֹעֲדָהּ מִיָּמִים יָמִימָה" — [א]יָמִים וְלֹא לֵילוֹת. "מִיָּמִים" — [ב]וְלֹא כָּל יָמִים, פְּרָט לְשַׁבָּתוֹת וְיָמִים טוֹבִים, דִּבְרֵי רַבִּי יוֹסֵי הַגְּלִילִי. ר' עֲקִיבָא אוֹמֵר: לֹא נֶאֱמַר חוּקָּה זוֹ אֶלָּא לְעִנְיַן פֶּסַח בִּלְבַד. וְאֶלָּא הָא *דִּתְנַן: [ג]הַפֶּסַח [ד]וְהַמִּילָה מִצְוֹת עֲשֵׂה, לֵימָא דְּלָא כְּרַבִּי עֲקִיבָא; דְּאִי ר"ע — כֵּיוָן דְּמוֹקֵי לָהּ בַּפֶּסַח, לָאו נַמִי אִיכָּא, כִּדְרַבִּי אָבִין א"ר אִילְעַאי; *דְּאָמַר רַבִּי אָבִין, אָמַר רַבִּי אִילְעַאי: כָּל מָקוֹם שֶׁנֶּאֱמַר "הִשָּׁמֶר" "פֶּן" וְ"אַל" אֵינוֹ אֶלָּא בְּלֹא תַעֲשֶׂה. אֲפִילּוּ תֵּימָא רַבִּי עֲקִיבָא: *"הִשָּׁמֶר" דְּלָאו — לָאו, "הִשָּׁמֵר" דַּעֲשֵׂה — עֲשֵׂה. וְסָבַר רַבִּי עֲקִיבָא שַׁבָּת זְמַן תְּפִילִּין הוּא?! וְהָתַנְיָא, *ר"ע אוֹמֵר: יָכוֹל יַנִּיחַ אָדָם תְּפִילִּין בְּשַׁבָּתוֹת וְיָמִים טוֹבִים — ת"ל: °"וְהָיָה לְךָ לְאוֹת עַל יָדְךָ" — מִי שֶׁצְּרִיכִין אוֹת, יָצְאוּ אֵלּוּ שֶׁהֵן גּוּפָן אוֹת! אֶלָּא, הַאי תַּנָּא הוּא: דְּתַנְיָא, הַנֵּיעוֹר בַּלַּיְלָה, רָצָה — חוֹלֵץ, רָצָה — מַנִּיחַ, דִּבְרֵי רַבִּי נָתָן. יוֹנָתָן הַקִּיטוֹנִי אוֹמֵר: אֵין מַנִּיחִין תְּפִילִּין בַּלַּיְלָה. מִדְּלַיְלָה לְתַנָּא קַמָּא זְמַן תְּפִילִּין — שַׁבָּת נַמִי זְמַן תְּפִילִּין.(א) דִּילְמָא ס"ל: לַיְלָה זְמַן תְּפִילִּין הוּא, שַׁבָּת — לָאו זְמַן תְּפִילִּין הוּא. דְּהָא שָׁמְעִינַן לֵיהּ לְרַבִּי עֲקִיבָא, דְּאָמַר: *לַיְלָה זְמַן תְּפִילִּין הוּא, שַׁבָּת לָאו זְמַן תְּפִילִּין הוּא! אֶלָּא הַאי תַּנָּא הוּא, דְּתַנְיָא: מִיכַל בַּת כּוּשִׁי הָיְתָה מַנַּחַת תְּפִילִּין [ה]וְלֹא מִיחוּ בָּהּ חֲכָמִים. וְאִשְׁתּוֹ שֶׁל יוֹנָה הָיְתָה עוֹלָה לָרֶגֶל וְלֹא מִיחוּ בָּהּ חֲכָמִים. מִדְּלָא מִיחוּ בָּהּ חֲכָמִים — אַלְמָא קָסָבְרִי מִצְוַת עֲשֵׂה שֶׁלֹּא הַזְּמַן גְּרָמָא הִיא. וְדִילְמָא סָבַר לָהּ כְּרַבִּי

רש"י

וְאִיבָּעֵית אֵימָא. לְעִנְיַן לָצֵאת, כּוּלֵּי עָלְמָא לָא פְּלִיגִי דִּידֵי חוֹבָתֵיהּ נָפֵיק, אע"ג דְּלָא אִיכַּוֵּין. וּלְעִנְיַן "בַּל תּוֹסִיף" פְּלִיגִי. לְת"ק, כִּי הֵיכִי דִּלְעִנְיַן מִפִּיק נָפֵיק, לְעִנְיַן "בַּל תּוֹסִיף" נַמִי עָבַר. וּלְרַבָּן גַּמְלִיאֵל, אִי לָא מְכַוְּונַן לְמִצְוָה — לָא עָבַר: וְאִיבָּעֵית אֵימָא אִי סְבִירָא לָן.(ב) דִּלְכ"ע שַׁבָּת זְמַן תְּפִילִּין, לָא לַעֲבוֹר וְלָא לָצֵאת בָּעֵי כַּוָּונָה וְאִיכָּא "בַּל תּוֹסִיף". אֶלָּא, שַׁבָּת לָאו זְמַן תְּפִילִּין הוּא. וּבְהָא פְּלִיגִי: דְּת"ק סָבַר שֶׁלֹּא בִּזְמַנּוֹ נַמִי, אֲפִי' בְּלֹא כַּוָּונָה — מִצְוָה הִיא, וְתוֹסֶפֶת עִמָּהּ. וּלְרַבָּן גַּמְלִיאֵל שֶׁלֹּא בִּזְמַנּוֹ וְאֵינוֹ מִתְכַּוֵּין, אֵין כָּאן רֶמֶז מִצְוָה, וְאֵין כָּאן תּוֹסֶפֶת: זוּג א' נַמִי לֹא. דְּיֵשׁ כָּאן תּוֹסֶפֶת, שֶׁמּוֹסִיף שַׁבָּת עַל הַחוֹל לְמִצְוַת תְּפִילִּין: וְעוֹד הַיָּשֵׁן בַּשְּׁמִינִי בַּסּוּכָּה יִלְקֶה. דְּמוֹסִיף שְׁמִינִי עַל הַשְּׁבִיעִי. וַאֲנַן מֵיתַב יָתְבִינַן בַּשְּׁמִינִי בְּסָפֵק שְׁבִיעִי לְכַתְּחִלָּה! אֶלָּא שֶׁלֹּא בִּזְמַנּוֹ בְּלֹא כַּוָּונָה — לָאו תּוֹסֶפֶת הוּא וּלְהָכִי שָׁרֵינַן. דְּאִי שְׁמִינִי הוּא — לָא מְכַוְּינַן לְמִצְוַת סוּכָּה: מְחַוַּורְתָּא כִּדְשַׁנֵּינַן מֵעִיקָּרָא. בְּשַׁבָּת זְמַן וְלָאו זְמַן תְּפִילִּין הוּא(ג) קָא מִיפַּלְגִי: וּמַאן. תַּנָּא דְּשָׁמְעַתְּ לֵיהּ דַּאֲמַר: שַׁבָּת זְמַן תְּפִילִּין, דְּמוֹקִים מַתְנִי' אַלִּיבֵּיהּ: וְשָׁמַרְתָּ אֶת הַחוּקָּה. בְּפָרָשַׁת "קַדֶּשׁ לִי" כְּתִיב, וְהִיא אַחַת מִד' פָּרָשִׁיּוֹת שֶׁל תְּפִילִּין: אֶלָּא לְעִנְיַן פֶּסַח. דְּאַיְירִי בֵּיהּ לְעֵיל מִינֵּיהּ. וְהַאי "מִיָּמִים יָמִימָה" — מִשָּׁנָה לְשָׁנָה, דְּמִתַּרְגְּמִינַן "מִזְּמַן לִזְמַן". אַלְמָא: מִדְּלָא דָּרֵישׁ ר' עֲקִיבָא הַאי קְרָא בִּתְפִילִּין — ש"מ דְּס"ל לַיְלָה וְשַׁבָּת זְמַן תְּפִילִּין, דְּלָא קָא מְמַעֵט לְהוּ קְרָא: וְהָא דִּתְנַן. בְּפ"ק דִּכְרִיתוֹת [דף ג.]: הַפֶּסַח וְהַמִּילָה. אע"פ שֶׁיֵּשׁ בָּהֶן כָּרֵת, הוֹאִיל וְאֵין בָּהֶן לָאו אֶלָּא מִצְוַת עֲשֵׂה הֵן — אֵין מְבִיאִין עַל שִׁגְגָתָן חַטָּאת, שֶׁאֵין חַטָּאת בָּאָה אֶלָּא עַל לָאו דְּכָרֵת, כִּדְכְתִיב (ויקרא ד): "אֲשֶׁר לֹא תֵעָשֶׂינָה" וגו': לָאו נַמִי אִיכָּא. דְּהָא כְּתִיב "וְשָׁמַרְתָּ" וְכָל שְׁמִירָה — אַזְהָרַת לָאו הִיא, כִּדְר' אָבִין: הִשָּׁמֵר דְּלָאו לָאו וְהִשָּׁמֵר דַּעֲשֵׂה עֲשֵׂה. פֵּירוּשׁ הִשָּׁמֵר שֶׁלֹּא תַעֲשֶׂה כֵּן, כְּגוֹן "הִשָּׁמֶר לְךָ פֶּן תִּכְרוֹת בְּרִית" וגו' (שמות לד) "הִשָּׁמֶר לְךָ פֶּן תִּנָּקֵשׁ" וגו' (דברים יב) "הִשָּׁמֶר בְּנֶגַע הַצָּרַעַת" (שם כד) — שֶׁלֹּא יָקוֹץ בַּהַרְתּוֹ. הִשָּׁמֵר דַּעֲשֵׂה כִּי הַאי, ד"וְשָׁמַרְתָּ אֶת הַחוּקָּה": מִי שֶׁצְּרִיכִין אוֹת. יָמִים שֶׁיִּשְׂרָאֵל צְרִיכִין לְהַעֲמִיד אוֹת עַל עַצְמָן לְהַכִּיר שֶׁהֵם מַחֲזִיקִים בְּתוֹרָתוֹ שֶׁל הקב"ה, יָצְאוּ שַׁבָּתוֹת וְיָמִים טוֹבִים שֶׁהֵן עַצְמָן אוֹת בֵּין הקב"ה לְיִשְׂרָאֵל דִּכְתִיב (שמות לא): "כִּי אוֹת הִיא בֵּינִי וּבֵינֵיכֶם": הַנֵּיעוֹר בַּלַּיְלָה. שֶׁאֵין לוֹ לָחוּשׁ שֶׁמָּא יָפִיחַ בִּתְפִילָּיו: רָצָה מַנִּיחַ. וְאֵינוֹ כְּמוֹסִיף עַל הַמִּצְוָה, דְּלַיְלָה זְמַן תְּפִילִּין הוּא. וְרַבָּנַן הוּא דִּגְזוּר שֶׁמָּא יָפִיחַ כְּשֶׁהוּא יָשֵׁן: מִדְּלַיְלָה לְת"ק זְמַן תְּפִילִּין. אַלְמָא: לָא דָּרֵישׁ מִ"יָּמִים יָמִימָה" לְמַעוּטֵי לֵילוֹת, דְּמוֹקִים לִקְרָא בְּפֶסַח: שַׁבָּת נַמִי זְמַן תְּפִילִּין הוּא.(ד) מֵהַהוּא קְרָא גּוּפֵיהּ מְמַעֵט שַׁבָּת: וְדִילְמָא סְבִירָא לֵיהּ לַיְלָה זְמַן תְּפִילִּין. דְּלָא דָּרֵישׁ "מִיָּמִים יָמִימָה" לְעִנְיַן תְּפִילִּין. אֲבָל שַׁבָּת לָאו זְמַן תְּפִילִּין הוּא, וְנָפְקָא לֵיהּ מִ"וְהָיָה לְךָ לְאוֹת" כִּדְנָפְקָא לֵיהּ לְר"ע לְעֵיל, דְּמוֹקֵי מִיָּמִים יָמִימָה לְפֶסַח, דְּלָא מְמַעֵט לַיְלָה מִיָּמִים וְקָא מְמַעֵט שַׁבָּת מִ"וְהָיָה לְךָ לְאוֹת": בַּת כּוּשִׁי. בַּת שָׁאוּל כִּדְכְתִיב (תהלים ז): "עַל דִּבְרֵי כוּשׁ בֶּן יְמִינִי" דְּהַיְינוּ שָׁאוּל, כִּדְאָמְרִי' בְּ"אֵלּוּ מְגַלְּחִין" (מו"ק דף טז:): וְלֹא מִיחוּ בָּהּ חֲכָמִים. דַּהֲוֵי כְּתוֹסֶפֶת עַל דִּבְרֵי תוֹרָה, שֶׁפְּטוּרָה נָשִׁים מִמִּצְוֹת עֲשֵׂה שֶׁהַזְּמַן גְּרָמָא: שֶׁל יוֹנָה. בֶּן אֲמִתַּי: שֶׁלֹּא הַזְּמַן גְּרָמָא. אַלְמָא: מִצְוַת תְּפִילִּין כָּל שָׁעָה גַּם בַּלַּיְלָה גַּם בְּשַׁבָּת, דְּאִי מַפְּקַתְּ חַד — הָוֵי לְהוּ זְמַן קָבוּעַ: דְּר'

תוספות

ימים וכו' פרט לשבתות וי"ט. נראה דלדרש' ד"לאות על ידך" דבסמוך קא סמיך. ולכאורה אין להניח תפילין בחוה"מ, שא"צ אות, דאסור במלאכה בדבר שאינו אבד. ועוד: דחייב בסוכה בחג, ונעשה אסור באכילת חמץ. וכן פסקו בהלכות גדולות. אבל בירושלמי (פרק "אלו מגלחין" הלכה ד) משמע דצריך להניח, דגרס: ההוא גברא דאבד תפילין. אתא לקמיה דרב חננאל, שדריה לקמיה דרבה בר בר חנה. אמר ליה לספרא: זיל הב ליה תפילך, ואת כתוב לך. דתנא: כותב אדם תפילין לעצמו. אתא לקמיה דרב, א"ל: זיל כתוב ליה להדיא. מתני' פליגי עליה דרב: כותב אדם תפילין לעצמו אבל לאחרים — לא. רב פתר להניח. פירוש: מעמיד המשנה שרצה להניח לאחר המועד, אבל לצורך המועד — יכול לכתוב אף לאחרים. וכן עמא דבר. עוד מביאין ראיה מספ"ק דבילה (דף טו.) גבי משלחין תפילין:

ושמרת את החוקה הזאת. מכאן אור"ת דאפי' בני מערבא *דהוו מברכין כשהיו חולצין תפילין "לשמור חוקיו" — היינו דוקא כשחולץ סמוך לחשיכה, משום דלילה לאו זמן תפילין הוא, דהא כתיב "חוקה". מיהו, לא קי"ל הכי, ואין צריך לברך אפי' חולצן משום לילה. דקי"ל כר' עקיבא דאמר: לא נאמרה חוקה זו אלא לענין פסח בלבד. וב"הקומץ רבה" (מנחות דף לו:) פסקינן דלילה זמן תפילין עד שעת שינה. ורב אשי ורבינא מסקי התם: הלכה, ואין מורין כן, אלא כל הלילה זמן תפילין, כרבי עקיבא דשמעתין:

השמר דעשה עשה. ואפי' ר' יוחנן דאמר ב"הקומץ רבה" (מנחות דף לו:): "השמר" דעשה נמי לאו הוא, ולהכי המניח תפילין אחר שקיעת החמה — עובר בלאו, מודה הוא שאם לא הניח ביום שאינו לוקה. דלענין הנחת היום השמר דעשה עשה הוא, כמו לענין עשיית פסח, דאמר הכא דהוי עשה משום דהוי קום עשה. ודוקא לענין הנחת תפילין בלילה קאמר ר' יוחנן דלאו הוא, דהוי כמו "השמר בנגע הצרעת" דחשיב ליה לאו בפ' "אם לא הביא" (שבת דף קלב:), אע"ג דכתיב "לשמור ולעשות" — משום דפירושו לאו הוא. השמר שלא תקוץ:

מיכל בת כושי היתה מנחת תפילין. בפסיקתא [רבתי פכ"ב*] דר' חזקיה בשם ר' אבהו אמרו: אשתו של יונה — הושבה, מיכל בת כושי — מיחו בה חכמים. מה שפי' בקונטרס: דאי מצות עשה שהזמן גרמא הוא היו מוחין בידה, שנראה כמוסיפה — אין נראה לר"י. דהא ר' יהודה לית ליה נשים סומכות רשות, ושמעינן ליה בפ"ק דסוכה (דף ב:) דאמר: הילני המלכה היתה יושבת בסוכה, וז' בניה. ומיהו, יש ליישב: דמשום בניה היתה יושבת, ולא מיחזי כ"בל תוסיף". אי נמי: משום דשמעינן ליה לרבא בפרק "ראוהו ב"ד" (ר"ה דף כח:) דלעבור שלא בזמנו בעי כוונה, ולגבי אשה דלא מחייבא — הוי כשלא בזמנו(ה), דכיון דלא מיכווני לה לא עברה. אך נראה דוחק. ונראה לפרש: דטעמא למ"ד(ו) דלא הוי רשות — משום דתפילין צריכין גוף נקי, ונשים אין זריזות ליזהר. ועלייה לרגל — משום דמיחזי כמביאה חולין לעזרה, או משום ראיית פנים בעזרה שלא לצורך. ותקיעת שופר וסמיכה נמי, דמעכבין למאן דלית ליה רשות — לאו משום דמיחזי מוסיף, אלא משום דתקיעה מלאכה דרבנן היא, כדאמר בפ' "כיסוי הדם" (חולין דף פד:) דאין וודאה דוחה שבת. וסמיכה — אפי' בהקפת יד מיחזי כעבודה בקדשים.

דילמא סבר לה כר' יוסי דאמר נשים סומכות רשות. מכאן אר"ת: דמותר לנשים לברך על כל מצות עשה שהזמן גרמא, אע"ג דפטורות. כמו מיכל בת שאול, שהיתה מסתמא גם מברכת. אע"ג דר"מ ור' יהודה פליגי עליה, כדאמר בסמוך — קיימא לן כר' יוסי לגבי תרווייהו. ואע"ג דסתם מתני' דאין מעכבין את התינוקות מלתקוע *דלא כרבי יוסי, דמשמע הא נשים מעכבין כדאמר בסמוך — אפ"ה מעשה רב דמיכל בת שאול ואשתו של יונה, ועובדא דפרק "אין דורשין" (חגיגה דף טז:): דהביאוהו לעזרת נשים כדי לעשות להם נחת רוח. ועוד הביא ראיה מהא דאמר רב יוסף בפרק "החובל" (ב"ק דף פז.): מעיקרא מאן דאמר לי הלכה כרבי יהודה — עבידנא יומא טבא לרבנן, דלא מפקדנא ועבידנא כו'. ואם במקום שפטור ועושה אסור לברך — אם כן מאי קאמר דהוה עביד

* ועי' ירושלמי ברכות פ"ב ה"ג

רבינו חננאל

איכא דאמרי כ"ע [לצאת] לא בעי כוונה ובלעבור משום בל תוסיף פליגי ת"ק סבר לעבור משום בל תוסיף לא בעי כוונה ור"ג סבר אינו עובר עד שיתכוון לעבור ואיבעית אימא אי סבירא לן דשבת לאו זמן תפילין. (ספר אחר זמן תפילין היא) לא לצאת ולא לעבור (ולא) בעי כוונה והכא בלעבור שלא בזמנה פליגי. אי הכי לר' מאיר דאמר שבת לאו זמן תפילין היא לא לצאת ולא לעבור ולא בעי כוונה אלא אע"פ שאינו מתכוין לא לצאת ולא לעבור חייב אפי' זוג אחד אסור. וכן הישן בשמיני בסוכה ילקה שעובר על בסוכות תשבו שבעת ימים והוא ישב ח' הוסיף על ז' ימים שבתורה ואע"פ שלא נתכוון לעבור אלא מחוורתא כדשנינן מעיקרא ומתני' דלא כר' מאיר. מאן תנא הוא דסבר שבת זמן תפילין הוא ר' עקיבא הוא דתניא ושמרת כו' עד אלא לפסח בלבד אבל תפילין אפילו בשבתות וי"ט. ואקשינן אלא הא דתנן בכריתות פ"א הפסח והמילה מצות עשה הן דלא כתיב בהו לאו כיון דאוקמה לפרשה זו בפסח דכתיב בה ושמרת שמירה זו לאו היא כר' אבין א"ר אלעאי הנה כאן ושמרת יש בו לאו. ופרקינן ר' עקיבא סבר שמירה דלאו היא לאו והאי שמירה דעשה הוא. וסבר ר"ע שבת זמן תפילין והתניא כו' ונתברר כי ר' עקיבא סבר שבת לאו זמן תפילין היא דשבת גופה אות היא. אבל לילה זמן תפילין היא מדקאמר פרשה זו כולה בפסח נאמרה. ואתינן למפשט דר' נתן הוא דסבר שבת זמן תפילין הוא מדקתני היה נעור בלילה רצה מניח ש"מ דלילה זמן תפילין הוא סבירא ליה. ודחינן לאו דוקיא אלא האי תנא הוא דתניא מיכל בת שאול היתה מנחת תפילין בלילה ולא מיחו בה חכמים לאו משום דסברי תפילין מצות עשה שלא הזמן גרמא היא כלומר זמנם בכל יום ואפי' בשבתות וי"ט לפיכך לא מיחו בה חכמים ש"מ דשבת זמן תפילין סבירא להו. ודחינן ודלמא חכמים סבירא להו הנחת תפילין בנשים רשות בדאמרינן נשים

עין משפט נר מצוה

ה א מיי' פ"ד מהל' תפילין הלכה י סמג עשין כב טוש"ע א"ח סי' ל סעיף ב:
ו ב מיי' וסמג שם טור ש"ע א"ח סי' לא סעיף א:
ז ג מיי' פ"א מהל' קרבן פסח הלכה א סמג עשין רכג:
ח ד מיי' פ"א מהלכות מילה הלכה א סמג עשין כח טוש"ע י"ד סי' רס:
ט ה טוש"ע א"ח סי' לח סעיף ג בהג"ה:

מסורת הש"ס

[ר"ה כח:] — מנחות לו: — זבחים קו: כריתות ב. — מכות יג: שבועות ד. לו. סוטה ה. ע"ז נא: זבחים קו. מנחות נט: — מנחות לו: — [זבחים יט.] — [ברכות מד:] — יומא פח. מנחות לו: — ר"ה לג.

תורה אור: שמות יג — שם

הגהות הב"ח

(א) גמ' ודילמא סבירא ליה לילה: (ב) רש"י ד"ה ואיבעית אימא אי סבירא לן דלכולי עלמא: (ג) ד"ה מחוורתא וכו' דקא מיפלגי: (ד) ד"ה קרא: (ה) תוס' ד"ה מיכל וכו' וכיון דלא מיכוונה וכו': (ו) בא"ד דטעמא למ"ד דלית ליה רשות משום:

י א מיי' פ"ג מהל' שופר הלכה ז טור א"ח סי' תקפט:

יא ב מיי' פ"ג מהל' מעשה קרבנות הל' ח סמג עשין קפב:

יב ג ד מיי' פ"ב מהל' ציצית הלכה ז:

רבינו חננאל

נשים סומכות רשות דאי לא תימא הכי רגלים מי איכא מ"ד לעלות ברגל מצות עשה שלא הזמן גרמא הוא אלא ודאי מ"ע שהזמן גרמא הוא ולמה לא מיחו בידה משום דסבירא להו עליית נשים ברגל רשות. אלא האי תנא הוא דסבר שבת זמן תפילין הוא דתניא (המוציא) [המוצא] תפילין כו'. עד ר' יהודה אוסר בחדשות ומתיר בישנות לפי שאין אדם טורח. ודייקינן מדלא פליג באשה ש"מ דסברי מ"ע שלא הזמן גרמא היא ואפי' בשבת זמנם הוא ודחינן ודלמא הני נמי סבירא להו נשי [במ"ע שהז"ג] רשות כר' יוסי דאמר נשים סומכות רשות ודחינן לא יכלת למימר דר' מאיר ור' יהודא כר' יוסי סבירא להו דסבר נשים במצות עשה שהזמן גרמא רשות דתנן אין מעכבין כו' ש"מ דר"מ ור' יהודה לא סבירא להו הא דר' יוסי *) (לא אתבריר) לן מאן האי תנא דסבר שבת זמן תפלין היא: א"ר אלעזר המוצא תכלת בשוק [לשונות] (לשתות) פסולה דאמרינן אדעתא דגלימא צבעינהו אבל אם מצא חוטין תכלת שזורין פי' כפולין ומפוסקין בקרנתא כשרין לציצית דכולי האי לא טרח איניש לעשותן למלאכה כגון עשיית שפתא דגלימא וכיוצא בה. ואע"ג דאמר רבא וכי אדם טורח לעשות קמיע כמין תפלין [דתנן] בר"א בישנות אבל בחדשות פטור דחיישינן שמא קמיע נינהו. הא אסקה רבא טריח ולא טריח תנאי היא דתניא המוצא תפלין מכניסן זוג זוג. ר"י סבר בישנות מותר דכולי האי לא טרח אלא בחדשות טרח ר' מאיר סבר אפילו בחדשות לא טרח והשתא דתני אבוה דשמואל בר רב יצחק אלו הן ישנות כל שיש בהן רצועות ומקושרות חדשות שיש בהן רצועות ואינן מקושרות

*) הדבר צ"ע דהא מסקנא בהכא סלקא דר"מ ור"י ס"ל ע"כ דשבת זמן תפילין ואמאי לא איתברר אולי דט"ס וצ"ל ואיתברר לן דהני תנאי סברי דשבת זמן תפילין הוא.

כרבי יוסי, דאמר: נשים סומכות רשות. דאי לא תימא הכי – אשתו של יונה היתה עולה לרגל ולא מיחו בה. מי איכא למ"ד רגל לאו מצות עשה שהזמן גרמא הוא? אלא: קסבר רשות, הכא נמי: רשות. אלא האי תנא היא, דתניא: *המוצא תפילין – מכניסן זוג זוג, אחד האיש ואחד האשה, אחד חדשות ואחד ישנות, דברי ר"מ. ר' יהודה אוסר בחדשות ומתיר בישנות. ע"כ לא פליגי אלא בחדשות וישנות, אבל באשה – לא פליגי. שמע מינה: מצות עשה שלא הזמן גרמא הוא, וכל מצות עשה שאין הזמן גרמא נשים חייבות. ודילמא סבר לה כר' יוסי, דאמר: נשים סומכות רשות? לא ס"ד, דלא רבי מאיר סבר לה כרבי יוסי, ולא רבי יהודה סבר לה כרבי יוסי. לא רבי מאיר סבר לה כרבי יוסי *דתנן: אאין מעכבין את התינוקות מלתקוע. הא נשים – מעכבין. *וסתם מתני' רבי מאיר. ולא ר' יהודה סבר לה כר' יוסי *דתניא: °"דבר אל בני ישראל... וסמך" *בבני ישראל סומכין ואין בנות ישראל סומכות. רבי יוסי ור"ש אומרים: נשים סומכות רשות. *וסתם סיפרא מני(א) – ר' יהודה. א"ר אלעזר: גהמוצא תכלת בשוק, לשונות – פסולות, חוטין – כשרין. מאי שנא לשונות – דאמר: אדעתא דגלימא צבעינהו. חוטין נמי, נימא: אדעתא דגלימא טוינהו! דבשזורים. שזורים נמי, נימא: אדעתא דשיפתא דגלימא עייפינהו! במופסקין, דכולי האי ודאי לא טרחי אינשי. אמר רבא: וכי אדם טורח לעשות קמיע כמין תפילין? דתנן: במה דברים אמורים – בישנות, אבל בחדשות – פטור! א"ר זירא לאהבה בריה, פוק תני להו: המוצא תכלת בשוק, לשונות – פסולין, חוטין מופסקין – כשירין, לפי שאין אדם טורח. אמר רבא: ומשום דתני לה אהבה בריה דרבי זירא *כיפי תלא לה?! והתנן: במה דברים אמורים – בישנות, אבל בחדשות – פטור! אלא אמר רבא: טרח ולא טרח – תנאי היא, דתניא: המוצא תפילין – מכניסן זוג זוג, אחד האיש ואחד האשה, אחד

תורה אור: ויקרא א

דר' יוסי. לקמן: נשים סומכות רשות. ואע"ג דכתיב (ויקרא א): "דבר אל בני ישראל ואמרת אליהם אדם כי יקריב מכם" וסמיך ליה "וסמך ידו", בני ישראל סומכים ולא בנות ישראל סומכות: אוסר בחדשות. לחלל עליהן שבת, דילמא קמיע בעלמא נינהו: נשים סומכות רשות. דאין כאן "בל תוסיף", ומשום איסורא נמי ליכא, דקסבר: תכשיט נינהו: אין מעכבין. אין ב"ד מוזהרין למונען מלתקוע ביום טוב של ר"ה, דבעו לחנוכינהו במלות: הא נשים מעכבין. אע"ג דלא חלול י"ט הוא, כדתניא דבי שמואל (ר"ה דף כט:): ילאה תקיעת שופר ורדיית הפת, שהיא חכמה ואינה מלאכה. מיהו, נראות כמוסיפות: סתם סיפרא. תורת כהנים: לשונות. למר סרוק ונבוע: פסולות. שמא לא נבע לשם ציצית, ואנן עשייה לשמן בעינן: דגלימא(ב) טוואתיה. לארוג מהן טלית ולא לעשות מהן ציצית: שזרנהו. טוואם: בשזורים. שאין דרך לארגם: דשיפתא דגלימא. שכן דרך להסך שזורים בשפתו, שהוא גדיל ונקרא בלע"ז לימוש"י, והחוטים נקראים אורי"ל: במופסקין דכולי האי לא טרח. לחזור ולקשרם ולהסך אותן: וכי אדם טורח לעשות קמיע כעין תפילין. ואפ"ה חיישינן לה במתני' דקתני: חדשות פטור, דילמא קמיע נינהו, ולא מחללין שבתא עלייהו: פוק תני להו. להנך רבנן דבי מדרשא, דקשי להו בדר' אלעזר, לא ושנה להם שיש בידי ברייתא דמסייע ליה ומפרשת טעמא בהדיא: לפי שאין אדם טורח: *כיפי. מרגליות ל"א: נזמים, וכן עיקר:

עביד יומא טבא? והלא מפסיד כל הברכות של כל המלות, וק' ברכות בכל יום. ולא חשיב ברכה לבטלה, כיון שמברך על המלוה שעושה, אע"פ שפטור. ומיהו, אין ראיה מסומא לאשה. דסומא מיחייב מדרבנן, ומ"מ היה שמח רב יוסף, משום דמדאורייתא לא מיפקד ועביד, כדמוכח קלת ב"ערבי פסחים" (דף קטז:), דקאמר: סומא פטור מלומר אגדתא. ופריך מרב יוסף ומרב ששת שהיו אומרים הגדה, ומוליאין בני ביתם. ומשני: דקסבר מלה בזמן הזה דרבנן, משמע דמיחייבי מדרבנן, ולכך היו יכולים להוליא אחרים. ומיהו, יש לדחות: דאפי' רשות יכול להוליא בר חיובא דרבנן, כמו קטן דמברך לאביו בפרק "מי שמתו" (ברכות דף כ:) ועולה למנין ז', *ומוליא אחרים מידי מגילה לר' יהודה, כדאמר במסכת מגילה (דף יט:). אבל יש לדקדק בפרק "הקורא מעומד" (מגילה דף כד.), ר' יהודה אומר: כל שלא ראה מאורות מימיו – לא יפרוס על "שמע". משמע: הא ראה, אע"ג דהשתא נסתמא – פורס על "שמע", אע"ג דלר' יהודה סומא פטור מכל המלות! אלא ודאי מיחייב מדרבנן, ויכול לומר "קדשנו במלותיו ולונו", כיון דמחייב מדרבנן. כדאמרי' בפ' "במה מדליקין" (שבת דף כג.): היכן לונו – מ"לא תסור". אבל אשה דאינה מיחויבת אפי' מדרבנן במלות עשה שהזמן גרמא, כדמוכח בהדיא בפרק "מי שמתו" (ברכות דף כ:) גבי נשים חייבות בקדוש היום דבר תורה, ובריש סוכה (דף ב:) גבי הילני המלכה, היכי מלי למימר "ולונו"? ואין לתמוה דסומא חייב מדרבנן ואשה פטרו לגמרי – דהחמירו חכמים בסומא משום דהוי ממין בר חיובא. ועוד: שלא יראה כעו"ג, אם היה פטור מכל המלות. אבל לאשה, כי פטורה נמי לגמרי ממלות עשה שהזמן גרמא – אכתי מחויבת בכל שאר מלות. וממה שהאשה עולה למנין ז' ומברכת קריאת התורה, אע"ג דפטורה מתלמוד תורה, כדאמר בפ"ק דקדושין (דף כט.) ובריש "כל מערכין" (לעיל דף ג.) – אור"ת דאין זו ראיה. דברכת קריאת התורה לאו משום מלות תלמוד תורה, שאפי' דיבך ברכת "הערב נא" או נפטר ב"אהבה רבה" – חוזר ומברך. תדע, דבמקום שאין לוי – כהן קורא במקום לוי ומברך, אע"פ שכבר בירך בקריאה ראשונה. ומקטן דמברך ברכת המזון אע"פ שהוא פטור – אין ראיה לאשה, דקטן אתי לכלל חיוב, וחייב לחנכו, ואינו מוזהר על "לא תשא"*: **אבל באשה לא פליגי.** וא"ת: דילמא משום דהוי מלבוש לאיש, כדאמר בפרק "במה אשה" (שבת דף סב.) דתפילין דרך מלבוש עבידי! וי"ל: דהיינו דוקא לאיש, משום דרגיל ללובשן בחול, אבל לאשה – לא, כדאמרי' התם: ותלופיהן באיש. דמידי דחזי לאיש לא חזי לאשה, ומידי דחזי לאשה לא חזי לאיש. **לא** ס"ד **לא ר"מ ס"ל** כר' יוסי כו'. משמע דר"מ ור' יהודה תרוייהו אית להו דנשים חייבות בתפילין, דלאו זמן גרמא הוא. ותימה: דבפרק "מי שמתו" (ברכות דף כ:) תנן: נשים ועבדים וקטנים פטורין מן התפילין. ופריך עלה בגמרא: פשיטא, ומשני דאיצטריך, משום דאיתקש תפילין למזוזה. והשתא הא איצטריך לאפוקי מדר"מ ור' יהודה! וי"ל: דלמאן דחשיב תפילין זמן גרמא – הוי פשיטא דנשים פטורות, ומשום הכי איצטריך לשנויי טעמא דאיתקש. הקשה ה"ר יוסף טוב עלם: היכי דייק בסמוך דר"מ לא סבר לה כר' יוסי, מכח הסיפא סתמא דאין מעכבין את התינוקות מלתקוע, ומתוך כך אנן צריכין לומר דהסיפא דפרק "מי שמתו" דלא כר"מ, דלרבה, נימא דהסוגיא סתמא כר"מ, דקסבר נשים פטורות, והא דקתני הכא ר"מ אחד האיש ואחד האשה – משום דסבר לה כר' יוסי, דאמר: נשים סומכות רשות, וסתם מתני' דאין מעכבין – דלא כר"מ! ותירץ לו ר"י: דמה נפסק סתמא דברכות דלא כר"מ, דקא סבר ההוא מתני' דנשים סומכות לאו רשות, דקתני התם: נשים ועבדים וקטנים פטורים מק"ש ומתפילין, וחייבין בתפלה ובבהמ"ז ובמזוזה. והנהו קטנים – על כרחין בלא הגיעו לחינוך איירי, דהגיעו לחינוך – בתפילין נמי חייבין, כדאמר בסוף "לולב הגזול" (סוכה דף מב.): קטן היודע לשמור תפילין – אביו חייב ליקח לו תפילין. אלא בלא הגיעו לחינוך איירי. ולא קאי וחייבין אקטנים אלא אנשים ועבדים, ולא נקט קטנים אלא לענין פטור. והא נמי אינו שום חידוש דפטירי בלא הגיע לחינוך, ולא תני להו אלא לאשמועינן דנשים ועבדים כקטנים לענין תפילין, דלא בעי לאלוחי – לא שבקינן להו משום דזיון תפילין, היכא דלא הגיעו לחינוך. ועוד י"ל: דניחא ליה טפי למימר דהסיפא דברכות דלא כר"מ – משום דלא מיתרלא מילתיה דר"מ, דלאמר: זוג – אין, טפי – לא, אלא"כ סבר שבת זמן תפילין הוא, כדלאמוקינא לעיל, אם לא נאמר דלית ליה דרב שמואל בר רב יצחק, דלאמר: מקום יש בראש להניח בו ב' תפילין: **וסתם** סיפרא ר' יהודה. בפ' בתרא דר"ה (דף לג.) אית דגרסי בה: דברי ר' יהודה, והכא מוכח דלא גרסי ליה: **המוצא** תכלת בשוק וכו' חוטין כשרין. כדמסיק: בשזורין ומופסקין, דכולי האי לא טרח. וא"ת: ואע"ג דלציצית נעשה, אמאי כשירה? הא אמר בפ' "התכלת" (מנחות דף מב:) דאין תכלת ניקחת אלא מן המומחה, שיודע שטעימה פסולה. אבל ממי שאינו מומחה – לא, דהיכא למיחש לטעימה! וי"ל: דכשמלאן שזורין ומופסקין, שאנו יודעים שלצורך ציצית נפסקו – יש לתלות דמן המומחה נפלו. דכשאינו מומחה – אינו רגיל להתעסק בדבר, שיודע שלא יקנו ממנו, ואפי' לעצמו אינו רגיל לעשות, כיון שיודע בעצמו שאינו בקי בהלכות לביעה: **וכי אדם טורח לעשות קמיע כמין תפילין.** השתא לא מסיק לדעתיה טעמא דמקושרות ואין מקושרין דבסמוך, וס"ד דתרוייהו אין מקושרות. אלא שבישנות ניכר רושם הקשר שבהם, ובחדשות אינו ניכר. וחיישינן בחדשות שמא קמיע היא, אבל בישנות אין לחוש לקמיע, דאם היה קמיע – לא היה עושה קשר, דכולי האי ודאי לא הוה עביד ביה כעין תפילין. ואם תאמר: כיון דאין מקושרות, היאך מכניסן? דבשבת אסור לקשור! וי"ל: דס"ד דבלא קשירה נמי הוי דרך מלבוש. אי נמי: עונבן אפי' לר' יהודה, דס"ד דמסתמא דעתו להסיר העניבה ולעשות קשירה גמורה ולא הוי של קיימא: אמר

[מגילה דף כד.]

[תוספ' פ"ח ע"ש שבת סב.]

ר"ה לג. [ערכין ב:]

[סנהדרין פו. גיטין ז.]

ר"ה לג. חגיגה טז: חולין פה.

שם וקידושין לו.

[שבת קל: יומא מח. קידושין נג. סנהדרין פו. שבועות יג. בכורות סא. כריתות כב.]

עי' רש"י ב"ב נב. ד"ה כיפי

[כתובות פח:]

[וע"ע תוספות חגיגה טז: ד"ה לעשות ותוס' ר"ה לג. ד"ה הא ותוס' קידושין לא. ד"ה דלא ותוס' ב"ק פז. ד"ה וכן]

הגהות הב"ח

(א) גמ' וסתם ספרא מני. נ"ב וע"ע מן מסכת נדה דף מו: (ב) רש"י ד"ה דגלימא שזרינהו טוואם לארוג וכו' ציצית הס"ד ואח"כ מ"ה בשזורים:

אחד חדשות ואחד ישנות, דברי רבי מאיר. רבי יהודה אוסר בחדשות ומתיר בישנות. אלמא, מר סבר: טרח איניש, ומר סבר לא טרח איניש.§ (שיצ"י עצב"י סימן).§ והשתא דתני אבוה דשמואל בר רב יצחק: אאלו הן ישנות – כל שיש בהן רצועות ומקושרות, חדשות – יש בהן רצועות ולא מקושרות. דכולי עלמא לא טרח איניש. וליענבינהו מיענב! אמר רב חסדא, זאת אומרת: עניבה פסולה בתפילין. אביי אמר: *רבי יהודה לטעמיה, דאמר: עניבה קשירה מעלייתא היא. טעמא דעניבה קשירה מעלייתא היא, הא לאו הכי – עניב להו? *והאמר רב יהודה בריה דרב שמואל בר שילת משמיה דרב: קשר של תפילין הלכה למשה מסיני הוא. ואמר רב נחמן: ונוייהן לבר! דעניב להו כעין קשירה דידהו. אמר רב חסדא, אמר רב: בהלוקח תפילין ממי שאינו מומחה – בודק שתים של יד ואחת של ראש, או שתים של ראש ואחת של יד. מה נפשך; אי מחד גברא קא זבין – לבדוק או שלש של יד או שלש של ראש. אי מתרי תלתא גברי זבין – כל חד וחד ליבעי בדיקה! לעולם מחד גברא זבין, ובעינן דמיתמחי בשל יד ובשל ראש. איני?! והא תני רבה בר שמואל: בתפילין בודק שלש של יד ושל ראש. מאי לאו או שלש של יד, או שלש של ראש? לא, שלש, מהן של יד מהן של ראש. והתני רב כהנא: בתפילין בודק שתים של יד ושל ראש! הא מני רבי היא, דאמר: *בתרי זימני הוי חזקה. אי רבי, אימא סיפא: וכן בצבת השני, וכן בצבת השלישי. ואי רבי – שלישי מי אית ליה? מודה רבי בצבתים, דמתרי תלתא גברי זבין. אי הכי, אפילו רביעי נמי, ואפילו חמישי נמי! אין הכי נמי, והאי דקתני שלישי – לאפוקי מחזקיה, ולעולם אפילו רביעי וחמישי נמי.§ "מצאן צבתים או כריכות וכו'§ מאי צבתים, ומאי כריכות? אמר רב יהודה, אמר רב: הן הן צבתים, הן הן כריכות. צבתים זווי זווי, כריכות דכריכן טובא.§ "מחשיך עליהן ומביאן".§ ואמאי? לעיילינהו זוג זוג! אמר רב יצחק בריה דרב יהודה: לדידי מיפרשא ליה מיניה דאבא: גכל שאילו מכניסן זוג זוג וכלות קודם שקיעת החמה – מכניסן זוג זוג, ואי לא – מחשיך עליהן ומביאן.§ "ובסכנה מכסן והולך".§ והתניא: דובסכנה מוליכן פחות פחות מארבע אמות! אמר רב: לא קשיא; הא – בסכנת גוים הא בסכנת לסטים.

א"ל

רש"י

אחד חדשות. שאין אדם טורח: והשתא דתני אבוה דשמואל. דהאי חדשות – כשיש בהן רצועות ואינן מקושרות כעין קשר של תפילין העשוי כמין אותיות. וכן הוא קבוע תמיד – הלכך: טעמא משום קשר הוא דקשירה אב מלאכה, ואסור לקשור בשבת קשר של קיימא: דכ"ע לא טרח. דטעמא דחדשות לאו משום ספק קמיעא הוא[א]: ר' יהודה לטעמיה. בפרק "אלו קשרים" (שבת דף קיג.): חבל דלי שנפסק – כורך עליו פונדא או פסיקיא, ובלבד שלא יעניבנו. אלמא: טעמא משום דקשירה הוא, וחייבין עליה משום אב מלאכה: הא לאו הכי עניב. בתמיה: הלכה למשה מסיני. היאך הוא עשוי, שדומה לדל"ת, ובתפירתן עשוי כמין שי"ן, ורצועה קטנה קבועה בהן וראשה כפוף ודומה ליו"ד הרי שדי: ונוייהן. אותו היכר האותיות: לבר. לחוץ שאינס כלפי התפילין בין הבתים, אלא כנגד מראית העין. לפי שנאמר בהן "וראו" וגו' ותניא, *ר"א הגדול אומר: אלו תפילין של ראש: הלוקח תפילין. הרבה יחד, ולחזור למוכרן, ולוקחן ממי שאינו מומחה: בודק שתים של יד ואחת של ראש. וכיון דהוחזק בשלש – הוה מומחה, ולוקח השאר בלא בדיקה: מה נפשך. מאי דעתך, אי קים לך דגברא דמזבן תפילין טובא מחד גברא זבין להו, והאי מוכר נמי מחד גברא קננהו: לבדוק שלש בשל יד או שלש בשל ראש. ותסגי ליה בהכי להתחזק בכולהו: כל חד וחד נמי. כל תפילין ותפילין דשמא מי שמכר לו את אלו לא מכר את אלו: רבי היא. במסכת יבמות (דף סד:) הוא דאמר בתרי זימני הויא חזקה: נשאת לראשון ומת, לשני ומת – לשלישי לא תנשא: וכן בצבת השני. אם יהיו לו צבתים הרבה, ובכל צבת תפילין הרבה, קא סלקא דעתיה דהכי קאמר: בדק בצבת הראשון שני תפילין – הוחזק כל אותו צבת, וכן בשני – הוחזק גם הוא, וכן בשלישי וכיון דהוחזק בשלשה צבתים כשרין – הוחזקו כל הצבתים, ואין צריך עוד לבדוק כלום: מודה רבי בצבתים. דאין אחד מוחזק בשל חבירו שדרך ליקח צבת אחד מאיש זה, וצבת אחד מאיש אחר. לשון צבת – כמו "שול תשולו לה מן הצבתים" (רות ב): לאפוקי מחזקיה. לאשמועינן, דאע"ג דבעלמא תרי הוו חזקה – בצבתים לית ליה לרבי חזקה, מדקתני שלישי וגלי ביה, והוא הדין לכולם: זווי זווי. של ראש ושל יד קשורין יחד, וכן הרבה קשרי זוג בצבת אחת: דכריכן טובא. כי הדדי. ואין ב' ב' קשורים: ואי לאו. שאינם כלות קודם שקיעת החמה, דהואיל והוא צריך לטרוח ולחזור משתחשך – מחשיך עכשיו עליהם, ויטלם יחד: מוליכן כולם פחות פחות מד' אמות. קודם שיגיע לארבע אמות יעמוד לפוש, וחוזר והולך פחות פחות מארבע אמות, וכן תמיד. דהשתא כל זימנא הויא עקירה והנחה, ואין כאן העברה ארבע אמות יחד: בסכנת גוים. דמבזו להו לתפילין – מוליכן: בסכנת ליסטים. ישראל, דקטלי ליה משום ממונו, ולתפילין לא מבזו להו – מכסן:

הכי

[סוכה לג: וש"נ]

מנחות לה:

[ברכות ו.]

[יבמות סד: כתובות מג: ב"מ קו: סנהדרין פא:]

[ברא"ש איתא זווי זווי]

תוספות

אמר רב חסדא זאת אומרת עניבה פסולה בתפילין. תימה: וכי לא ידע רב חסדא דלר"י עניבה קשירה מעלייתא היא, כדקאמר אביי? וי"ל: דניחא ליה לאוקמי מתני' דאוסרת בחדשות כרבנן דר"י, דאמרי לאו קשירה הוא. אי נמי: דקסבר אפילו לר"י שריא עניבה, דסתמא דעתיה להתיר ולעשות קשר גמור בחול, כדפירשתי לעיל: אביי אמר ר"י לטעמיה כו'. ורבי מאיר דשרי בחדשות קסבר דלאו קשירה היא. ותימה: דבעיא היא בריש "אלו קשרים" *עניבה לר"מ קשירה היא אם לאו, וקאי בתיקו! ואומר ר"י: דהתם בדמיהדק, והכא בלא מיהדק. וקצת נראה דהלכה כר"י דעניבה קשירה היא, מדמסיק אביי: דרבי יהודה לטעמיה, וסתם מתניתין אתיא כרבי יהודה. מיהו, מדפריך סתמא דהתלמוד בפשיטות וליענביה מיענב, משמע דאין הלכה כר' יהודה. ומכאן אר"ת: דאין צריך בכל יום להתיר קשר תפילין ולחזור ולקשור בשעה שמניחן, (א)כגון שהיה אומר רבינו אליהו, דא"כ חדשות אמאי אסר הכא משום קשירה? הא לא הוי קשר של קיימא! ומה שהביא רבינו אליהו ראיה מדאמר בסוף "הקומץ רבה" (מנחות דף לה:): תפילין מאימתי מברך עליהן – משעת הנחה עד שעת קשירה – לאו היינו קשירה ממש, אלא קשירה דהתם היינו הידוק, כמו "שליא קשורה בוולד" (נדה דף כו:) וכן "קשורה בו ככלב" (ע"ג דף ה.):

קשר של תפילין הל"מ. פי' בקונטרס: הל"מ היאך הוא עשוי, שדומה לדל"ת, ובתפירתו עשוי כמין שי"ן, ורצועה קבועה בהם וראשה כפוף ודומה ליו"ד – הרי שדי. ואין נראה לר"י. דאין הל"מ אלא השי"ן בלבד, כדמשמע בפרק "במה מדליקין" (שבת דף כח:), דקאמר: אלא הא דתני רב יוסף לא הוכשרו למלאכת שמים אלא עור בהמה טהורה בלבד(ב) מ"למען תהיה תורת ה' בפיך" – מן המותר בפיך למאי הלכתא? וקאמר לשי"ן. והאמר אביי: שי"ן של תפילין הל"מ. ומשני: אלא לרצועותיהן. ולא פריך מד' ויו"ד, משמע דאין קדושה אלא בשי"ן בלבד והיא דווקא הלכה, ולא מצינו בשום מקום שיהא הקשר קרוי ד'*:

ונוויהן לבר. פי' ר"י: דאקשר קאי, כמו שפי' בערוך. נוי הקשר יפנה לצד חוץ, אותו צד שנראה כעין ד. להכי מייתי לה הכא*:

הלוקח תפילין ממי שאינו מומחה וכו'. תימה דבפרק "התכלת" (מנחות דף מג:) תניא: תפילין יש להן בדיקה, ואין ניקחין אלא מן המומחה. ואין לומר דבלא בדיקה קאמר, דאין ניקחין אלא מן המומחה – דהא קתני סיפא ספרים ומזוזות יש להן בדיקה, וניקחין מכל אדם. ואור"י: דהתם לכתחלה קאמר, דאין ניקחין אלא מן המומחה, שלא יצטרך לקרוע כל התפר ולבודקן ואיכא בזיון תפילין, ואיכא נמי למיחש שמא יתעצל לטרוח לבודקן ויסמוך להניחן בלא בדיקה לאורך שעה, והכא איירי בדיעבד שכבר לקח, או כגון שאינו מוצא מומחה לקנות ממנו. *מצאן צבתים או כריכות מחשיך עליהן. תימה: בחדשות נמי, דאי אפשר לקשור אמאי לא יצטרך להחשיך עליהן משום בזיון דתפילין? ויש לומר: דבישנות דווקא, דחזי להכניס זוג זוג, עשו תקנה אפילו כשהן מרודין ואין כלות קודם שקיעת החמה:

רבי

[שבת דף קיא:]

[וע"ע תוס' ברכות ו. ד"ה אלו וכו']

[וע' תוס' מנחות לה: ד"ה ונוייהן וע' בפי' רש"י דהכא והתם]

עין משפט נר מצוה

יג א מיי' פי"ט מהלכות שבת הל' כד סמג לאוין סה טוש"ע א"ח סי' שא סעיף מב:

יד ב מיי' פ"ג מהלכות תפילין הלכה י סמג עשין כב טוש"ע א"ח סי' לט סעיף ט:

טו ג ד מיי' פי"ט מהל' שבת הלכה כג כד סמג לאוין סה טוש"ע א"ח סי' שא סעיף מב:

רבינו חננאל

אמר משמיה דרב קשר של תפילין הל"מ אמר רב נחמן ונוייהו לבר (ואי) איכא למימר דעניב להו בעין קשירה דידהו אמר רב חסדא זאת אומרת עניבה פסולה בתפילין אמר רב חסדא הלוקח תפילין כו' ואוקימנא בדזבין מחד גברא ובעינן עד (דמנחי) [דמתמחי] בשל יד ובשל ראש והא דתני רב כהנא בתפילין בודק שתים בשל ראש אוקימנא לר' דאמר בתרי זימני הוי חזקה ומודה ר' בצבתין דמתרי תלתא זבין הלכך צריך לבדוק בכל צבת שתים כדקתני סיפא וכן צבת שני וכן צבת שלישי ואפי' רביעי ואפילו חמישי דינם שוין והא דקתני שלישי לאפוקי מרבי חזקיה ואפילו רביעי ואפילו חמישי הכי דינייהו. מצאן צבתין או כריכות. אמר רב יהודה כו' מחשיך עליהן ומביאן כולן כאחת ובסכנה מכסן והולך לו. אוקימנא בד"א בסכנת גוים כגון שמד אבל בסכנת לסטים מוליכן פחות פחות מארבע אמות

רב נסים גאון

פ"י **המוצא** תפילין: אביי אמר רבי יהודה לטעמיה דאמר עניבה קשירה מעלייתא היא איתא הא דר' יהודה במסכת שבת בפרק אלו קשרין (דף קיג) חבל דלי שנפסק לא היה קושרו אלא עונבו ר' יהודה אומר כורך עליו פונדא או פסקיא ובלבד שלא יעניבנו ואמרי קסבר ר' יהודה עניבה כולה קשירה היא ואיתא נמי בפרק אור לארבעה עשר (פסחים דף יא:): הא מני רבי היא דאמר בתרי זימני הויא חזקה. עיקר דברי רבי (במסכת שבת) [בתוספתא דשבת] בפרק ט"ז נישאת לראשון ומת לשני ומת לשלישי לא תנשא דברי רבי ואיתא בגמ' דיבמות (דף סד) בפרק הבא על יבמתו ובמסכת נדה (דף סד) בפרק האשה שהיא עושה צרכיה:

ומאן

הגהות הב"ח

(א) תוס' ד"ה אביי וכו' בשעה שמניחין כמו שהיה אומר: (ב) ד"ה קשר וכו' אלא עור בהמה טהורה בלבד למאי הלכתא לתפילין [תפילין] בהדיא כתיב בה למען תהיה תורת ה' בפיך מן המותר בפיך וקאמר אלא לעורן ופריך והאמר אביי שי"ן:

הגהות מהר"ב רנשבורג [א] רש"י ד"ה דכולי עלמא וכו' דטעמא דחדשות לאו משום ספק קמיעא הוא. אלא טעמא דחדשות מפני שאין מקושרות ואסור לקושרן בשבת ואם מניחן בלא קשר אין זה דרך מלבוש בחול והוי ליה משאוי ור"מ דשרי בחדשות משום דס"ל דמותר לקושרן בשבת קשר שאינו של קיימא בקשר מרופה עכ"ל הריטב"א ועי' בדף הקודם בתוס' ד"ה וכי אדם טורח וכו' ודו"ק:

[שייך לעיל לה: במשנה]

טז [א טוש"ע א"ח סי' שנב סעיף א]:

[ג"ז שייך שם]

א"ל אַבַּיֵי: בְּמַאי אוֹקִימְתָּא לְמַתְנִיתִין – בְּסַכָּנַת גּוֹיִם, אֵימָא סֵיפָא; ר' שִׁמְעוֹן אוֹמֵר: נוֹתְנָן לַחֲבֵירוֹ, וַחֲבֵירוֹ לַחֲבֵירוֹ. כָּל שֶׁכֵּן דְּאַוְושָׁא מִילְּתָא! חַסּוּרֵי מִיחַסְּרָא, וְהָכִי קָתָנֵי: בַּמֶּה דְּבָרִים אֲמוּרִים – בְּסַכָּנַת גּוֹיִם אֲבָל בְּסַכָּנַת לִיסְטִים – מוֹלִיכָן פָּחוֹת פָּחוֹת מִד' אַמּוֹת.§ "רַבִּי שִׁמְעוֹן אוֹמֵר נוֹתְנָן לַחֲבֵירוֹ וכו'.§ בְּמַאי קָמִיפַּלְגִי? מָר סָבַר: פָּחוֹת מֵאַרְבַּע אַמּוֹת עָדִיף, דְּאִי אָמְרַתְּ נוֹתְנָן לַחֲבֵירוֹ וַחֲבֵירוֹ לַחֲבֵירוֹ – אַוְושָׁא מִלְּתָא דְּשַׁבָּת. וּמָר סָבַר: נוֹתְנָן לַחֲבֵירוֹ עָדִיף, דְּאִי אָמְרַתְּ מוֹלִיכָן פָּחוֹת מֵאַרְבַּע אַמּוֹת – זִימְנִין דְּלָאו אַדַּעְתֵּיהּ, וְאָתֵי לְאַתּוֹיֵינְהוּ אַרְבַּע אַמּוֹת בִּרה"ר.§ "וְכֵן בְּנוֹ".§ בְּנוֹ מַאי בָּעֵי הָתָם?! דְּבֵי מְנַשֶּׁה תָּנָא: בְּשֶׁיְּלָדַתּוּ אִמּוֹ בַּשָּׂדֶה. וּמַאי אֲפִילּוּ הֵן מֵאָה – דְּאע"ג דְּקַשְׁיָא לֵיהּ יָדָא, אֲפִילּוּ הָכִי – הָא עֲדִיפָא.§ "רַבִּי יְהוּדָה אוֹמֵר נוֹתֵן אָדָם חָבִית".§ וְלֵית לֵיהּ לְרַבִּי יְהוּדָה הָא *דִּתְנַן: הַבְּהֵמָה וְהַכֵּלִים כְּרַגְלֵי הַבְּעָלִים?! אָמַר רֵישׁ לָקִישׁ מִשּׁוּם לֵוִי סָבָא: הָכָא בְּמַאי עָסְקִינַן – בִּמְעָרֶן מֵחָבִית לְחָבִית. וְרַבִּי יְהוּדָה לְטַעְמֵיהּ, דְּאָמַר: מַיִם אֵין בָּהֶם מַמָּשׁ. *דִּתְנַן: רַבִּי יְהוּדָה פּוֹטֵר בַּמַּיִם, מִפְּנֵי שֶׁאֵין בָּהֶן מַמָּשׁ. וּמַאי "לֹא תְּהַלֵּךְ זוֹ" – לֹא יְהַלֵּךְ מַה שֶּׁבָּזוֹ יוֹתֵר מֵרַגְלֵי הַבְּעָלִים. אֵימַר דְּשָׁמְעַתְּ לֵיהּ לְר' יְהוּדָה הֵיכָא דִּבְלִיעָן בָּעִיסָּה, הֵיכָא דְּאִיתְנְהוּ בְּעֵינַיְיהוּ מִי שָׁמְעַתְּ לֵיהּ?! הַשְׁתָּא בַּקְּדֵירָה אָמַר רַבִּי יְהוּדָה לָא בָּטְלִי, בְּעֵינַיְיהוּ בָּטְלִי?! *דְּתַנְיָא, רַבִּי יְהוּדָה אוֹמֵר: מַיִם וּמֶלַח בְּטֵלִין בָּעִיסָּה, וְאֵין בְּטֵלִין בַּקְּדֵירָה, מִפְּנֵי רוֹטְבָהּ! אֶלָּא אָמַר רָבָא: הָכָא בְּחָבִית שֶׁקָּנְתָה שְׁבִיתָה, וּמַיִם שֶׁלֹּא קָנוּ שְׁבִיתָה עָסְקִינַן, דְּבָטְלָה חָבִית לְגַבֵּי מַיִם. *כִּדְתְנַן: הַמּוֹצִיא הַחַי בְּמִטָּה – פָּטוּר אַף עַל הַמִּטָּה, מִפְּנֵי שֶׁהַמִּטָּה טְפֵילָה לוֹ. הַמּוֹצִיא אוֹכָלִין פָּחוֹת מִכְּשִׁיעוּר בִּכְלִי – פָּטוּר אַף עַל הַכְּלִי, מִפְּנֵי שֶׁהַכְּלִי טָפֵל לוֹ. מְתִיב רַב יוֹסֵף, ר' יְהוּדָה אוֹמֵר: בְּשַׁיָּירָא נוֹתֵן אָדָם חָבִית לַחֲבֵירוֹ, וַחֲבֵירוֹ לַחֲבֵירוֹ. בְּשַׁיָּירָא – אִין, שֶׁלֹּא בְּשַׁיָּירָא – לָא! אֶלָּא אָמַר רַב יוֹסֵף: כִּי תְּנַן נַמִּי בְּמַתְנִיתִין – בְּשַׁיָּירָא תְּנַן. אַבַּיֵי אָמַר: בְּשַׁיָּירָא – אֲפִילּוּ חָבִית שֶׁקָּנְתָה שְׁבִיתָה וּמַיִם שֶׁקָּנוּ שְׁבִיתָה. שֶׁלֹּא בְּשַׁיָּירָא – חָבִית שֶׁקָּנְתָה שְׁבִיתָה וּמַיִם שֶׁלֹּא קָנוּ שְׁבִיתָה. רַב אַשִׁי אָמַר: הָכָא בְּחָבִית דְּהֶפְקֵר עָסְקִינַן, וּמַיִם דְּהֶפְקֵר עָסְקִינַן. וּמַאן אָמְרוּ לוֹ – רַבִּי יוֹחָנָן בֶּן נוּרִי הִיא, *דְּאָמַר: חֶפְצֵי הֶפְקֵר קוֹנִין שְׁבִיתָה. וּמַאי לֹא תְּהַלֵּךְ זוֹ יוֹתֵר מֵרַגְלֵי הַבְּעָלִים – לֹא יְהַלְּכוּ אֵלּוּ יוֹתֵר מִכֵּלִים שֶׁיֵּשׁ לָהֶם בְּעָלִים.§

מתני' *[א]הָיָה קוֹרֵא בַּסֵּפֶר עַל הָאִיסְקוּפָּה, וְנִתְגַּלְגֵּל הַסֵּפֶר מִיָּדוֹ, גּוֹלְלוֹ אֶצְלוֹ. הָיָה קוֹרֵא בְּרֹאשׁ הַגַּג וְנִתְגַּלְגֵּל הַסֵּפֶר מִיָּדוֹ, עַד שֶׁלֹּא הִגִּיעַ לַעֲשָׂרָה טְפָחִים – גּוֹלְלוֹ אֶצְלוֹ, מִשֶּׁהִגִּיעַ לַעֲשָׂרָה טְפָחִים – הוֹפְכוֹ עַל הַכְּתָב. רַבִּי יְהוּדָה אוֹמֵר: אֲפִילּוּ אֵין מְסוּלָּק מִן הָאָרֶץ אֶלָּא כִּמְלֹא*(א) מַחַט – גּוֹלְלוֹ אֶצְלוֹ. ר' שִׁמְעוֹן אוֹמֵר: אֲפִילּוּ בָּאָרֶץ עַצְמוֹ – גּוֹלְלוֹ אֶצְלוֹ, שֶׁאֵין לְךָ דָּבָר מִשּׁוּם שְׁבוּת עוֹמֵד בִּפְנֵי כִּתְבֵי הַקֹּדֶשׁ.§ **גמ'** הַאי אִיסְקוּפָּה ה"ד? אִילֵימָא אִיסְקוּפָּה רְשׁוּת הַיָּחִיד, וְקַמָּה רְשׁוּת הָרַבִּים, וְלָא גָּזְרִינַן דִּילְמָא נָפֵיל וְאָתֵי לְאַתּוֹיֵי, מַנִּי

הָכִי גָּרְסִינַן: בְּמַאי אוֹקִימְתָּא לְמַתְנִי' בְּסַכָּנַת לִיסְטִים **אֵימָא סֵיפָא** וכו'. כֵּיוָן דְּלִיסְטִים לָא מְבַזּוּ לְהוּ. אַמַּאי קָא מְזַלְזֵל ר"ש בְּאִיסּוּרָא דְּשַׁבְּתָא כּוּלֵּי הַאי! כָּל שֶׁכֵּן דְּהָא דְּר"ש גְּרִיעָא(ב) (כּוּלֵּי הַאי) מִתַּנָּא קַמָּא וְאִיכָּא זִילְזוּל שַׁבָּת טְפֵי, דְּאַוְושָׁא מִילְּתָא דְּהָנָךְ גַּבְרֵי דְּמַקִּילִין כּוּלֵּי הַאי בְּשַׁבָּת וְכִסּוּי דְּת"ק עָדִיף. לָשׁוֹן אַחֵר וְעִיקָּר, וְלֹא לְשַׁבֵּשׁ הַסְּפָרִים: מַתְנִי' בְּסַכָּנַת עו"ג שֶׁגָּזְרוּ גְּזֵירָה שֶׁלֹּא יַנִּיחוּ תְּפִילִּין. וְהַאי וּבַסַּכָּנָה מְכַסָּן וְהוֹלֵךְ לוֹ אַכּוּלַּהּ מַתְנִיתִין קָאֵי. וְהָכִי קָאָמַר: וּבַסַּכָּנָה, שֶׁאִם יִמָּצְאוּ בְּיָדוֹ אוֹ יִשָּׁמַע לַמַּלְכוּת יֵהָרֵג בֵּין מְעַט בֵּין רָבִים – מְכַסָּן בְּטַלִּיתוֹ, שֶׁלֹּא יוּטְלוּ כ"כ בְּבִזָּיוֹן וּמַנִּיחָם שָׁם וְהוֹלֵךְ וְלֹא יָזִיז מִשָּׁם שֶׁמָּא יַרְגִּישׁוּ בּוֹ וְיִתְחַיֵּיב לַמַּלְכוּת. וּבָרַיְיתָא – בְּלִיסְטִים גּוֹיִם, וְאַסֵּיפָא קָאֵי, דְּקָתָנֵי: מַחְשִׁיךְ עֲלֵיהֶן וּמְבִיאָן, וּבְסַכָּנַת לִיסְטִים שֶׁהוּא יָרֵא לְהַחְשִׁיךְ שָׁם – מוֹלִיכָן פָּחוֹת פָּחוֹת מִד' אַמּוֹת וכו' וְלֹא יַנִּיחֵם שָׁם – שֶׁלֹּא יְזַלְזְלוּ הַלִּיסְטִים בָּהֶם וְיִנְהֲגוּ בָּהֶם מִנְהַג בִּזָּיוֹן. וּבְמַאי אוֹקִימְנָא לְמַתְנִיתִין בְּסַכָּנַת גּוֹיִם שֶׁלֹּא יִתְחַיֵּיב לַמַּלְכוּת – אֵימָא סֵיפָא וכו' וְכ"ש דְּאַוְושָׁא מִלְּתָא וְיִשָּׁמַע לַמַּלְכוּת יוֹתֵר מִשֶּׁאִם מַכְנִיסָן זוּג זוּג אוֹ מַחְשִׁיךְ עֲלֵיהֶם לְכוּלָּם וְזֶה עִיקָּר, מִדְּלָא גָּרְסִינַן בְּרֵישָׁא כָּל שֶׁכֵּן דְּאַוְושָׁא מִלְּתָא דְּשַׁבָּת, כִּדְגָרְסִינַן בְּסֵיפָא מִכְּלָל דְּהַאי אַוְושָׁא דְּמִילְּתָא לָאו אַזִּילְזוּלָא דְשַׁבָּת קָפֵיד, אֶלָּא אַסַּכָּנַת נְפָשׁוֹת קָפֵיד: **אע"ג דְּקַשְׁיָא לֵיהּ.** שֶׁמְּטַלְטְלִין אוֹתוֹ מִיָּד לְיָד: **הָא עֲדִיפָא.** בַּשַּׁבָּתָא, וְלֹא יְטַלְטְלוּהוּ הוּא לְבַדּוֹ פָּחוֹת פָּחוֹת מִד' אַמּוֹת: **כְּרַגְלֵי הַבְּעָלִים.** שֶׁהַשּׁוֹאֵל אוֹ לוֹקֵחַ בְּהֵמָה אוֹ כֵּלִים מֵחֲבֵירוֹ בְּיוֹם טוֹב – אֵינוֹ יָכוֹל לְהוֹלִיכָם אֶלָּא לְמָקוֹם שֶׁהַבְּעָלִים הָרִאשׁוֹנִים מוּתָּרִין לֵילֵךְ שָׁם, וְאִם עֵירְבוּ לַצָּפוֹן לֹא יוֹלִיכֶנּוּ זֶה לַדָּרוֹם: **מֵחָבִית לְחָבִית.** וְהַשְּׁנִיָּה שֶׁלּוֹ, וְכֵן עוֹשֶׂה תָּמִיד וּלְקַמֵּיהּ מְפָרֵשׁ מַאי לֹא תֵּהַלֵּךְ זוֹ: **אֵין בָּהֶם מַמָּשׁ.** לִקְנוֹת שְׁבִיתָה אֵצֶל בַּעֲלֵיהֶם הָרִאשׁוֹנִים, וְכָל אָדָם מוּתָּר לְהוֹלִיכָן כְּרַגְלָיו: **פּוֹטֵר בַּמַּיִם.** פְּלוּגְתַּיְיהוּ בְּפֶרֶק בַּתְרָא דְּבֵיצָה: הָאִשָּׁה שֶׁשָּׁאֲלָה מֵחֲבֶירְתָּהּ תַּבְלִין לִקְדֵירָה, וּמַיִם וּמֶלַח לְעִיסָּתָהּ – הֲרֵי הֵן כְּרַגְלֵי שְׁתֵּיהֶן, אֵין הָעִיסָּה הוֹלֶכֶת אֶלָּא לְמָקוֹם שֶׁשְּׁתֵּיהֶן מוּתָּרוֹת לֵילֵךְ שָׁם. וְאִם עֵירְבָה זוֹ לַצָּפוֹן וְזוֹ לַדָּרוֹם – אֵין עִיסָּה זָזָה מִמְּקוֹמָהּ, לְפִי שֶׁאֵין לָזוֹ שֶׁל צָפוֹן אֲפִילּוּ אַמָּה אַחַת בַּדָּרוֹם וְה"מ כְּשֶׁנָּתְנוּ עֵירוּבָן לְסוֹף אֲלָפַיִם. ר' יְהוּדָה פּוֹטֵר בַּמַּיִם, שֶׁאֵין בַּעֲלַת הַמַּיִם אוֹסֶרֶת עַל בַּעֲלַת הַקֶּמַח כְּלוּם: **וּמַאי לֹא תְּהַלֵּךְ זוֹ.** הָא רַבִּי יְהוּדָה נַמִּי בְּחָבִית לָא קָאָמַר דִּיכוֹלָה חָבִית לְהַלֵּךְ יוֹתֵר מֵרַגְלֵי הַבְּעָלִים, דְּהָא אוֹקְמִינַן מַתְנִי' בִּמְעָרֶן מֵחָבִית לְחָבִית: **מִפְּנֵי רוֹטְבָהּ.** שֶׁנִּיכָּר וְאִם הִשְׁאִילָה מַיִם לִקְדֵירָתָהּ, הֲרֵי הִיא כְּרַגְלֵי שְׁתֵּיהֶן: **מַיִם שֶׁלֹּא קָנוּ שְׁבִיתָה.** שֶׁנִּתְמַלְּאוּ הַיּוֹם מִמַּעְיָן הַנּוֹבֵעַ אוֹ מִן הַנָּהָר, דְּתַנְיָא (לעיל דף מו.): נְהָרוֹת הַמּוֹשְׁכִין וּמַעְיָנוֹת הַנּוֹבְעִים – הֲרֵי הֵן כְּרַגְלֵי כָּל אָדָם: **דְּבָטְלָה חָבִית לְגַבַּיְיהוּ.** מִפְּנֵי שֶׁהִיא טְפֵילָה לָהֶן. וְרַבָּנַן פְּלִיגֵי לְמֵימַר דְּלֹא תֵּהַלֵּךְ זוֹ, דְּלֹא בָּטְלָה לְגַבַּיְיהוּ: **פָּטוּר אַף עַל הַמִּטָּה.** הוֹאִיל וּפָטוּר עַל הַחַי, דְּקַיְימָא לָן: חַי נוֹשֵׂא אֶת עַצְמוֹ: **בְּשַׁיָּירָא.** שֶׁחָנְתָה בְּבִקְעָה, שֶׁאֲנוּסִין הֵן, שֶׁאֵין לָהֶם מַיִם – שָׁרֵי לְהוּ רַבָּנַן דְּתִיבְטִיל: **כְּרַבִּי יוֹחָנָן בֶּן נוּרִי.** בְּפֶרֶק "מִי שֶׁהוֹצִיאוּהוּ": **מתני' הָיָה קוֹרֵא בַּסֵּפֶר.** כָּל סְפָרִים הָעֲשׂוּיִם בִּימֵי הָרִאשׁוֹנִים עֲשׂוּיִן (*בִּגְלָיוֹן) כְּסֵפֶר תּוֹרָה שֶׁלָּנוּ: **גּוֹלְלוֹ אֶצְלוֹ.** הוֹאִיל וְרֹאשׁוֹ אֶחָד בְּיָדוֹ וּבַגְּמָרָא מְפָרֵשׁ לָהּ: **לַעֲשָׂרָה טְפָחִים.** לַעֲשָׂרָה הַתַּחְתּוֹנִים שֶׁבִּרְשׁוּת הָרַבִּים(ג) וְכוּלָּן מְפָרֵשׁ בַּגְּמָרָא: **הוֹפְכוֹ עַל הַכְּתָב.** הָאוֹתִיּוֹת כְּלַפֵּי הַכּוֹתֶל, שֶׁלֹּא יְהֵא מוּטָל כָּל כָּךְ בְּבִזָּיוֹן, וּמַנִּיחוֹ עַד שֶׁתֶּחְשַׁךְ: **מִשּׁוּם שְׁבוּת.** כְּגוֹן זוֹ שֶׁלֹּא נָפַל מִיָּדוֹ, שֶׁהֲרֵי אָחוּז בְּרֹאשׁוֹ אֶחָד, וְאֵין כָּאן אֶלָּא מִשּׁוּם גְּזֵירָה דִּילְמָא נָפֵיל כּוּלֵּיהּ מִיָּדֵיהּ וְאָתֵי לְאַתּוֹיֵי. כָּל אִיסּוּר דְּרַבָּנַן הָוֵי שְׁבוּת: **גמ' אִי נֵימָא אִיסְקוּפָּה** רְשׁוּת הַיָּחִיד. גְּבוֹהָה עֲשָׂרָה וּרְחָבָה אַרְבָּעָה: **וְקַמָּה רְשׁוּת הָרַבִּים.** וּלְפָנֶיהָ רְשׁוּת הָרַבִּים וְקָאָמַר מַתְנִי' אע"ג דְּמוּנָח רֹאשׁוֹ בִּרְשׁוּת הָרַבִּים – גּוֹלְלוֹ(ד) בִּרְשׁוּת הַיָּחִיד: **וְלָא גָּזְרִינַן דִּלְמָא**(ה) נָפֵל. כּוּלֵּיהּ מִיָּדֵיהּ, דְּאִיכָּא חִיּוּב חַטָּאת, וְאָתֵי לְאִיתּוּיֵי:

מַנִּי

---

*רבי **שמעון אומר** נותנן לחבירו כו'. נראה דאם אין שם חברים היה מתיר רבי שמעון להוליך פחות מארבע אמות, דלא גרע מכים דפרק "מי שהחשיך" (שבת דף קנג:). והתם נמי, אם היו חברים הרבה, והיו כולן שותפין בו – נראה דלרבי שמעון נותנו לחבירו וחבירו לחבירו, דהכי עדיפא ליה. *הכי גרסינן וכן בנו **ואפילו** הן מאה. ולא כספרים דגרסי ואפי' הן מאה, וכן בנו. דבגמרא מוכח דאפילו הן מאה – אבנו קאי, דמפרש טעמא: אע"ג דקשיא ליה ידא: **את** החי במטה פטור. וא"ת: נהי שהחי נושא את עצמו, להוי כמו זה יכול וזה אינו יכול – דיכול חייב כדמוכח ב"המצניע" (שבת דף צג.)! ואור"י: דמכ"מ מיפטר הכא, משום דגמרינן כל הוצאות ממשכן, ושם לא היו נושאים בעלי חיים. דאילים ותחשים מוליכין ברגליהן, וחלזון מיד כשיוצא מן הים היו מוציאין דמו בעודו בכחו, כי היכי דליזליל ליבעיה כדאמר בסוף פרק "כלל גדול" (שם דף עה.)*: **הכא** בחבית דהפקר ומים דהפקר עסקינן. דלא קנו שביתה (ו)לזה ולא לזה, ואפילו חוץ לתחום דקאמר – היינו ממקום שביתת המים. אבל חוץ לתחום של הזוכה בהם תחילה – לא יוליכו אותן, למאי דפרישית לעיל בפרק "מי שהוציאוהו" (דף מו.), דכרגלי כל אדם דקתני גבי נהרות המושכין – היינו כרגלי הממלא. והא דקאמר: נותנו לחבירו וחבירו לחבירו – לא משום דלא מצי אזיל התם, אלא משום דאסור להעביר ארבע אמות ברה"ר. ועוד יש לומר: דיכול להוציאם חוץ לתחום(ז) שזכה בהן תחילה, וכגון שלא נתכוון לזכות בהן לא לעצמו ולא לאחרים בהגבהתו, אלא מה ששותים, וכענין זה אפי' בי"ט שייך לשנות נותנן לחבירו וחבירו לחבירו, אע"ג דליכא איסור ד' אמות:

ולי

[ועי' תוס' שבת לד. ד"ה ספק]

רבינו חננאל

ר"ש אמר בשעת סכנת לסטים [אינו] מוליכן פחות מד' אמות זמנין דמשתלי ואתי לאתויינהו ד' אמות ברה"ר [אלא] נותנן לחבירו וחבירו לחבירו עד שמגיע לחצר החיצונה הא עדיפא דהא דאמר פחות פחות מד' אמות זמנין דמשתלי ואתי לאתויינהו ד' אמות ברה"ר ות"ק סבר הא עדיפא דהא כר' שמעון אוושא מלתא ומתיידע לכל. וכן בנו נותנו לחבירו וחבירו לחבירו. מאי בעי התם תנא דבי שמואל בשילדתו אמו בשדה. ואע"ג דקשה ליה לתינוק השלמתו מיד ליד הא עדיפא ליה מלהוליכו פחות פחות מד' אמות. ר' יהודה אמר כו' אתינן לאוקומי לאו חבית ממש אלא מי החבית ובמערה מחבית לחבית [והחבית] קני שביתה ואסור. אבל מיא לית בהו ממש. ור' יהודה לטעמיה דתנן ר' יהודה פוטר במים מפני שאין בהן ממש. ודחינן אימור דשמעת ליה לר' יהודה במיא דלית בהו ממש במיא דבליעי בעיסה במיא בעינייהו מי שמעת ליה והא איהו דאמר מים ומלח אין בטילין בקדירה מפני שהיא רוטבא ואוקמה רבא בחבית שקנתה שביתה ונתמלאת בשבת ממעיין נובעין כיוצא בהן דלא קנו שביתה דבטלה לה חבית לגבי מים ומטלטלת אגב מימיה. כדתנן את החי במטה כו'. ואוקמה רב יוסף למתני' בשיירא כדתניא ר' יהודה אומר בשיירא נותן אדם חבית לחבירו וחבירו לחבירו ואתא רב אשי ואוקמה בחבית (דאפקר) [דהפקר] ומים (דאפקר) [דהפקר] ומאן אמרו לו רבי יוחנן בן נורי דאמר חפצי הפקר קונין להן שביתה והכי קאמר ליה לר' יהודה לא תהלך זה יותר מן הכלים שיש להן בעלים וקי"ל כרב יוסף דתניא בהדיה כוותיה. היה קורא בספר כו' אוקמה רב יהודה באיסקופה רה"י וקמה עוברת רה"ר. ולא גזר דלמא נפיל לרה"ר ואתי לאתויי

רב נסים גאון

מאן אמרו לו ר' יוחנן בן נורי הוא דאמר חפצי הפקר קונין שביתה. איתא בפרק מי שהוציאוהו גוים (לעיל דף מז) וכבר כתבנוה בפרק בכל מערבין:

הגהות הב"ח

(א) גמ' במשנה אלא כמלא החוט גוללו [וכן הוא גירסת הירושלמי והרי"ף]: (ב) רש"י ד"ה הכי גרסינן וכו' גריעא מת"ק דאיכא וכו' דמקילי כולי האי: (ג) ד"ה לעשרה וכו' וכולה מפרש בגמ': (ד) ד"ה וקמה וכו' גוללו אצלו ברשות היחיד: (ה) ד"ה ולא גזרינן דילמא נפיק כוליה מידיה ואתי לאתויי דאיכא חיוב חטאת הס"ד: (ו) תוס' ד"ה הכא וכו' דלא קני שביתה לא זה ולא זה ואפילו: (ז) בא"ד דיכול להוציאן חוץ לתחום של הזוכה בהן תחילה:

ביצה לז.

שם

שם לט.

שבת נג: קמא:

לעיל מה: מז: ביצה לח.

שבת ה: [לקמן קג.]

[גי' ירושלמי ורי"ף במלא חוט]

[נ"ל בגליון]

מַנִּי ר"ש הִיא, דְּאָמַר: כָּל דָּבָר שֶׁהוּא מִשּׁוּם שְׁבוּת אֵינוֹ עוֹמֵד בִּפְנֵי כִּתְבֵי הַקּוֹדֶשׁ. אֵימָא סֵיפָא, רַבִּי יְהוּדָה אוֹמֵר: אֲפִילּוּ אֵין מְסוּלָּק מִן הָאָרֶץ אֶלָּא מְלֹא הַחוּט — גּוֹלְלוֹ אֶצְלוֹ. רַבִּי שִׁמְעוֹן אוֹמֵר: אֲפִילּוּ בָּאָרֶץ עַצְמָהּ — גּוֹלְלוֹ אֶצְלוֹ. רֵישָׁא וְסֵיפָא רַבִּי שִׁמְעוֹן, מְצִיעֲתָא רַבִּי יְהוּדָה?! אֲמַר רַב יְהוּדָה: אִין, רֵישָׁא וְסֵיפָא ר"ש, מְצִיעֲתָא רַבִּי יְהוּדָה. רַבָּה אֲמַר: הָכָא בְּאִיסְקוּפָּה הַנִּדְרֶסֶת עָסְקִינַן, וּמִשּׁוּם בִּזְיוֹן כִּתְבֵי הַקֹּדֶשׁ שָׁרוּ רַבָּנַן. אֵיתִיבֵיהּ אַבַּיֵי: תּוֹךְ ד' אַמּוֹת גּוֹלְלוֹ אֶצְלוֹ, חוּץ לְד' — הוֹפְכוֹ עַל הַכְּתָב. וְאִי אָמְרַתְּ בְּאִיסְקוּפָּה(א) נִדְרֶסֶת עָסְקִינַן, מַה לִּי תּוֹךְ ד' אַמּוֹת מַה לִּי חוּץ לְאַרְבַּע אַמּוֹת? אֶלָּא אֲמַר אַבַּיֵי: הָכָא [א]בְּאִיסְקוּפָּה כַּרְמְלִית עָסְקִינַן, וּרְשׁוּת הָרַבִּים עוֹבֶרֶת לְפָנֶיהָ. תּוֹךְ ד' אַמּוֹת, דְּאִי נָפֵיל וּמַיְיתִי לֵיהּ לָא אָתֵי לִידֵי חִיּוּב חַטָּאת — שָׁרוּ לֵיהּ רַבָּנַן. חוּץ לְאַרְבַּע אַמּוֹת, דְּאִי מַיְיתִי לֵיהּ אָתֵי לִידֵי חִיּוּב חַטָּאת — לָא שָׁרוּ לֵיהּ רַבָּנַן. אִי הָכִי, תּוֹךְ ד' אַמּוֹת נָמֵי, נִגְזַר דִּילְמָא מְעַיֵּיל מֵרה"ר לִרה"י! וְכִי תֵּימָא: כֵּיוָן דְּמַפְסֶקֶת כַּרְמְלִית לֵית לָן בָּהּ — *וְהָאָמַר רָבָא: [ב]הַמַּעֲבִיר חֵפֶץ מִתְּחִלַּת אַרְבַּע לְסוֹף אַרְבַּע, וְהֶעֱבִירוֹ דֶּרֶךְ עָלָיו — חַיָּיב! הָכָא בְּמַאי עָסְקִינַן — בְּאִיסְקוּפָּה אֲרוּכָּה(ב) אַדְּהָכִי וְהָכִי מִידְכַּר. וְאִיבָּעֵית אֵימָא: לְעוֹלָם בְּאִסְקוּפָּה שֶׁאֵינָהּ אֲרוּכָּה, וּסְתָם כִּתְבֵי הַקֹּדֶשׁ עִיּוּנֵי מְעַיֵּין בְּהוּ וּמַנַּח לְהוּ. וְלֵיחוּשׁ דִּילְמָא מְעַיֵּין בְּהוּ בִּרה"ר, וְעַיֵּיל לְהוּ בְּהֶדְיָא לִרה"י! הָא מַנִּי *בֶּן עַזַּאי הִיא, דְּאָמַר: מְהַלֵּךְ כְּעוֹמֵד דָּמֵי. וְדִילְמָא זָרֵיק לְהוּ מִזְרָק, *דְּאָמַר רַבִּי יוֹחָנָן: מוֹדֶה בֶּן עַזַּאי בְּזוֹרֵק? אָמַר רַב *אַחָא בַּר אַהֲבָה: זֹאת אוֹמֶרֶת: *[ג]אֵין מְזָרְקִין כִּתְבֵי הַקּוֹדֶשׁ. § "הָיָה קוֹרֵא בְּרֹאשׁ הַגַּג" וכו'. § וּמִי שָׁרֵי? וְהָתַנְיָא: *[ד]כּוֹתְבֵי סְפָרִים תְּפִילִּין וּמְזוּזוֹת לֹא הִתִּירוּ לָהֶן לַהֲפֹךְ יְרִיעָה עַל פָּנֶיהָ, אֶלָּא פּוֹרֵס עָלֶיהָ אֶת הַבֶּגֶד! הָתָם אֶפְשָׁר, הָכָא לֹא אֶפְשָׁר. וְאִי לֹא אַפֵּיךְ, אִיכָּא בִּזְיוֹן כִּתְבֵי הַקּוֹדֶשׁ טְפֵי. § "הוֹפְכוֹ עַל הַכְּתָב". *וְהָא לֹא נָח! [אֲמַר רָבָא:] בְּכוֹתֶל מְשׁוּפָּע [אֲמַר לֵיהּ אַבַּיֵי:] בְּמַאי אוֹקִימְתָּא לְמַתְנִיתִין — בְּכוֹתֶל מְשׁוּפָּע, אֵימָא סֵיפָא: רַבִּי יְהוּדָה אוֹמֵר: אֲפִילּוּ אֵינוֹ מְסוּלָּק מִן הָאָרֶץ אֶלָּא מְלֹא הַחוּט — גּוֹלְלוֹ אֶצְלוֹ. וְהָא נָח לֵיהּ! חַסּוּרֵי מִיחַסְּרָא וְהָכִי קָתָנֵי: בַּמֶּה דְּבָרִים אֲמוּרִים — בְּכוֹתֶל מְשׁוּפָּע, אֲבָל בְּכוֹתֶל

רש"י

מַנִּי. מַתְנִי' דְּלָא גָּזַר: ר"ש הִיא דְּאָמַר. לֹא גָּזְרוּ שְׁבוּת בְּכִתְבֵי הַקֹּדֶשׁ. דְּאִי ר' יְהוּדָה — הָא אָמַר אִם מְסוּלָּק מִן הָאָרֶץ מְלֹא הַחוּט, דְּלֹא נָח — הוּא דְּגוֹלְלוֹ אֶצְלוֹ, דְּלֵיכָּא לְמִגְזַר מִידֵי, דְּלָא דָּמֵי לִנְפִילָה כְּלָל, אֲבָל הוּנַח כָּל דְּהוּ — אָסוּר, דְּגָזְרִינַן אִיגּוּדוֹ בְּיָדוֹ אַטּוּ הֵיכָא דְּנָפַל כּוּלֵּיהּ: הַנִּדְרֶסֶת. לְעוֹלָם אִיסְקוּפָּה רה"י הִיא אֲבָל נִדְרֶסֶת, דְּרֶגֶל הָרַבִּים עוֹבֶרֶת דֶּרֶךְ לָהּ וּבִמְקוֹם דְּדְרִיסַת רַגְלֵי בְּנֵי אָדָם עוֹמְדִין — אִיכָּא בִּזָּיוֹן כִּתְבֵי הַקֹּדֶשׁ, וּלְהָכִי שַׁרְיוּהָ לְגוֹלְלוֹ אֶצְלוֹ. דְּלָא דַּמְיָא לְקוֹרֵא בַּגַּג, דְּהָתָם לֵיכָּא בִּזָּיוֹן כּוּלֵּי הַאי. מִשּׁוּם הָכִי, הֵיכָא דְּנָח — גָּזַר רַבִּי יְהוּדָה, אֲבָל בְּהָא — מוֹדֶה. דְּכֵיוָן דְּאוֹגְדוֹ בְּיָדוֹ, וּשְׁבוּת בְּעָלְמָא הוּא — לָא גָּזְרִינַן: תּוֹךְ אַרְבַּע אַמּוֹת. אַקּוֹרֵא עַל הָאִסְקוּפָּה קָאֵי, וְלָא יָדְעִנָא הֵיכָא הוּא. תּוֹךְ אַרְבַּע אַמּוֹת שֶׁלֹּא נִתְגַּלְגֵּל הַסֵּפֶר עַד אַרְבַּע אַמּוֹת בַּקַּרְקַע: מַה לִּי חוּץ לְאַרְבַּע. הָא כּוּלָּהּ שְׁבוּת הִיא, דְּאוֹגְדוֹ בְּיָדוֹ. וּמַה לִּי מַעֲבִיר ד' אַמּוֹת בִּרְשׁוּת הָרַבִּים, מַה לִּי מַכְנִיס מֵרְשׁוּת הָרַבִּים לְאִיסְקוּפָּה רְשׁוּת הַיָּחִיד(ג) דְּהָא קָשָׁרֵית לָהּ מִשּׁוּם דְּאוֹגְדוֹ בְּיָדוֹ, וְיֵשׁ כָּאן מִשּׁוּם בִּזָּיוֹן. וְכִי הֵיכִי דְּשָׁרֵית לְהַכְנִיס מֵרְשׁוּת הָרַבִּים לְאִיסְקוּפָּה, הָכִי נַמִי אִית לָן לְמִישְׁרֵי לְהַעֲבִיר ד' אַמּוֹת בִּרה"ר: אִיסְקוּפָּה כַּרְמְלִית. רְחָבָה אַרְבָּעָה וְאֵין גּוֹבְהָהּ עֲשָׂרָה, וְחוּצָה לָהּ רְשׁוּת הָרַבִּים, וְלִפְנִים הֵימֶנָּה רְשׁוּת הַיָּחִיד: וּמַיְיתִי לֵיהּ. מֵרה"ר לָאִיסְקוּפָּה אֵין כָּאן חִיּוּב חַטָּאת, וַאֲפִילּוּ אֵין אוֹגְדוֹ בְּיָדוֹ. דְּהָא מֵרְשׁוּת הָרַבִּים לְכַרְמְלִית מְעַיֵּיל, הָכָא דְּאוֹגְדוֹ בְּיָדוֹ — שָׁרֵי לֵיהּ לְכַתְּחִלָּה: חִיּוּב חַטָּאת. שֶׁמַּעֲבִיר אַרְבַּע אַמּוֹת בִּרה"ר, הָכָא דְּאוֹגְדוֹ בְּיָדוֹ לָא שָׁרוּ לֵיהּ לְכַתְּחִלָּה: נַמִי נִגְזַר. לְרַבִּי יְהוּדָה, דְּגָזַר שְׁבוּת אַף בְּכִתְבֵי הַקֹּדֶשׁ נִגְזַר דִּילְמָא נָפֵל כּוּלֵּיהּ מִיָּדוֹ, וְאָזֵיל וְשָׁקֵיל לֵיהּ בִּרְשׁוּת הָרַבִּים וּמַיְיתִי לֵיהּ בְּרַגְלָיו בְּתוֹךְ הַבַּיִת דֶּרֶךְ הָאִיסְקוּפָּה, וְקָא מְעַיֵּיל מֵרְשׁוּת הָרַבִּים לִרְשׁוּת הַיָּחִיד: וְכִי תֵּימָא וכו' דֶּרֶךְ עָלָיו. לְמַעְלָה מֵרֹאשׁוֹ, שֶׁעֲקָרוֹ מֵרְשׁוּת הָרַבִּים וְהוֹלִיכוֹ דֶּרֶךְ לְמַעְלָה מֵרֹאשׁוֹ, וְהִנִּיחוֹ לְסוֹף אַרְבַּע חַיָּיב. וְאַע"ג דַּאֲוִירָא מְקוֹם פְּטוּר, דְּגָבוֹהַּ(ד) וְאֵין בּוֹ מְקוֹם רוֹחַב אַרְבַּע. אַלְמָא: כֵּיוָן דְּלֹא נָח בִּמְקוֹם פְּטוּר — לָא מְהַנֵּי — הָכָא נַמִי לָא מְהַנֵּי — כֵּיוָן דְּלֹא נָח בָּאִיסְקוּפָּה, אַע"ג דְּדָרֵיס עֲלָהּ — לָאו הֲנָחַת גּוּפוֹ הוּא, אֶלָּא אע"כ עָמַד לָפוּשׁ: בְּאִיסְקוּפָּה אֲרוּכָּה. שֶׁיֵּשׁ לָהּ מֶשֶׁךְ גָּדוֹל בְּרָחְבָּהּ מֵרְשׁוּת הָרַבִּים עַד תּוֹךְ הַבַּיִת, דְּאִי נַמִי נָפֵיל כּוּלֵּיהּ מִיָּדוֹ — לָא אָתֵי לִידֵי חִיּוּב חַטָּאת. דְּאַדְּהָכִי נִזְכַּר וְעוֹמֵד לָפוּשׁ עַל הָאִיסְקוּפָּה, וַהֲדַר מְעַיֵּיל לֵיהּ: סְתָם כִּתְבֵי הַקֹּדֶשׁ עִיּוּנֵי מְעַיְּינֵי בְּהוּ. כִּי מָטֵי בְּאִסְקוּפָּה, וַהֲרֵי עוֹמֵד בְּכַרְמְלִית: וְדִילְמָא. נָפֵיל כּוּלֵּיהּ לִרה"ר, וְשָׁקֵיל לֵיהּ וּמְעַיֵּין בֵּיהּ הָתָם, וּמְעַיֵּיל לְהוּ לְהֶדְיָא לַבַּיִת, וְלָא קָאֵי אַאִיסְקוּפָּה מִידֵּי: מְהַלֵּךְ כְּעוֹמֵד דָּמֵי. הִלְכָּךְ, לֵיכָּא לְמִיגְזַר מִידֵי. דְּאִי נָפֵיל כּוּלֵּיהּ וּמְעַיֵּיל לֵיהּ, כֵּיוָן דְּדָרֵיס עַל הָאִיסְקוּפָּה — הֲרֵי הוּא כְּעוֹמֵד בְּכַרְמְלִית, וְאֵין כָּאן חִיּוּב חַטָּאת: דְּא"ר יוֹחָנָן. בְּפ"ק דְּשַׁבָּת (דף ו.) דְּזוֹרֵק לָאו כְּעוֹמֵד דָּמֵי: לַהֲפוֹךְ. יְרִיעַת קְלָף עַל פָּנֶיהָ לְהָגֵן עָלֶיהָ שֶׁלֹּא יַעֲלֶה אָבָק עַל הָאוֹתִיּוֹת: לֹא אֶפְשָׁר. שֶׁאֵין לוֹ בֶּגֶד לִפְרוֹס: וְהָא לֹא נָח. וַאֲפִי' שְׁבוּת לֵיכָּא: בְּכוֹתֶל מְשׁוּפָּע. דְּכֵיוָן דְּבוֹלֵט לְמַטָּה, נָח עַל בְּלִיטָתוֹ: לְמַטָּה

תוספות

וְאִי אמרת באיסקופה הנדרסת מה לי תוך ארבע אמות מה לי חוץ לארבע אמות. משום דקאי עליה דרבה, מקשי לרבה. והוא הדין דהאי פירכא נמי הויא לרב יהודה, דאוקי רישא כר"ש: **אֶלָּא** אמר אביי הכא באיסקופת כרמלית עסקינן. וא"ת: והא לא מפליג אביי בין כרמלית לרה"ר לקמן (צט.), גבי לא יעמוד אדם ברה"י וישתה ברה"ר. ואיבעיא להו: כרמלית מאי? ואמר אביי: היא היא. ואין לומר דדוקא בכתבי הקדש שרי הכא, משום בזיון אבל בשאר מילי אסור — דלקמן (דף קג.) משמע דליכא שבות כלל באיסקופה כרמלית, גבי דחותכין יבלת. דקאמר: ולאו מי אוקימנא באיסקופה כרמלית, ורה"ר לפניה. וכיון דאגודו בידו — אפילו שבות נמי ליכא. משמע: דאי הוי שבות — לא הוה שרינן גבי כתבי הקדש, משום דשבות דמקדש במדינה לא התירו. ואור"י: דגבי שתיה שייך למיגזר טפי שמא יביא אצלו, וכן מתט התחובה לו בבגדו דאסרינן לצאת בה מבעוד יום שמא יצא משחשיכה, דמייתי לה אההיא דלקמן בפ"ק דשבת (דף יא:) — בהנהו שייך למגזר טפי גזירה לגזירה מההיא דהכא. וא"ת: כיון *דפרישית דספר דהכא לאו דוקא, מאי איריא דנקט ספר משאר מילי? ולפי ההוא לישנא דמסקינן, דסתם כתבי הקדש עיוני מעיין בהו — ניחא, דספר הוי דווקא. וי"ל: דנקט ספר לאשמועינן דבראש הגג לא יגלול אצלו, לאפוקי מדרבי שמעון דאמר: שאין לך דבר משום שבות עומד בפני כתבי הקדש: **וְהָאָמַר** רבא המעביר חפץ מתחלת ארבע לסוף ארבע והעבירו דרך עליו חייב. פירש בקונטרס, דרך עליו — למעלה מיו"ד, שהוא מקום פטור. ותימה לר"י: דאדמייתי מדרבא, הוה ליה לאיתויי מת"ק דבן עזאי, דאמר בפ"ק דשבת (דף ה:): המוציא מחנות לפלטיא דרך סטיו — חייב, דהיינו דרך מקום פטור. וע"כ שמיע ליה ההיא ברייתא, דבסמוך מייתי מילתא דבן עזאי. וכן קשה לקמן (צט.) גבי עומד אדם ברה"י ומטלטל ברה"ר, ובלבד שלא יוציא חוץ לד' אמות. וקאמר בגמרא: הא הוציא — חייב חטאת. לימא מסייע לרבא, דאמר: המעביר חפץ כו'. ופירש שם הקונטרס: דמתני' נמי מיירי בעומד על הגג שלמעלה מי', דהוי כעין ההיא דרבא דאיירי במעביר דרך עליו. וקשה לפירושו: דגג מאן דכר שמיה? דרשות היחיד קתני במתני', ולא גג, וע"ק דבפ"ק דשבת (דף ח:) גבי עומד אדם על האיסקופה כו' מסיק: ובלבד שלא יטול מבעל הבית ויתן לעני, ומעני ויתן לבעל הבית. ואם נטל ונתן — שלשתן פטורין. וקאמר: ליהוי תיובתא דרבא, דאמר רבא: המעביר חפץ כו'. ומאי קושיא? ה"ל למימר דרבא סבר כרבנן דבן עזאי! לכך נראה לר"י לפרש "דרך עליו" כפי' ר"ת, שפירש בפ"ק דשבת*: דרך עליו — היינו מימינו לשמאלו. דהוה סלקא דעתך דמעביר מצד ימינו לשמאלו דרך גופו, דהוי חשובה כמונחת — אפ"ה חייב, דחשובה כמהלכת, דהא מהלכת היא. והשתא אתי שפיר, דההיא (ה)עומד אדם על האיסקופה דהכא ודלקמן — איירי שעומד במקום אחד ואינו זז ממקומו, ומעביר מכאן לכאן דרך גופו. ואיירי (*לקמן) כגון שמשלים ארבע על ידי זריקה, ולהכי לא מייתי אלא מדרבא אע"ג דידע לברייתא דבן עזאי: **הָכָא** לא אפשר. פי' בקונט': משום דאין לו בגד מזומן. ובחנם פי' כן, דאפי' יש לו, מאותו טעם דאסור לגוללו אצלו אסור, לפרוש שום בגד: **וְהָא** לא נח. הוה מצי לאוקמא כר"ע, דאית ליה*) קלוטה כמי שהונחה דמיא. אלא ניחא ליה לאוקמא אפי' כרבנן. ואע"ג דאם הוציא ידו מליאה פירות לחוץ, אמר בריש מסכת שבת (דף ג:) דאסור להחזירה — לא דמי להכא. דהתם גזרינן גופו ברה"י וידו ברה"ר אטו גופו וידו ברה"ר, דאז איכא איסורא דאורייתא אי הדר מעייל לה, דהרי נח. אבל הכא, אפי' הוה כוליה ספר התם — אכתי לא נח:

*) [שבת לז.]

רבינו חננאל

ומתני' ר' שמעון היא דאמר אין דבר משום שבות כגון זה דגולל עומד בפני כתבי הקודש ורישא וסיפא ר' שמעון ומציעתא ר' יהודה ורבה אוקמה באיסקופה נדרסת ומשום דלא נדרסי כתבי [הקודש] שרו רבנן ונדחו דברי רבה ואוקמה (כאביי) [אביי] באיסקופה כרמלית ורה"ר עוברת לפניה. תוך ד' אמות לרה"ר דאי נפיל ומייתו לה לא אתי לידי חיוב חטאת לא גזור רבנן לגוללו אצלו (ככרמלית) [בכרמלית] חוץ לד' אמות ברשות הרבים דאי מייתי ליה נמצא מעביר ד' אמות ברה"ר וחייב חטאת גזור רבנן לגוללו אצלו (ככרמלית) [בכרמלית]. ואקשינן תוך ד' אמות ברה"ר נמי נגזור דלמא מעייל ליה (ולרה"ר) [מרה"ר] לרה"י. וכי תימא כיון דמפסקא ליה כרמלית בין רה"ר לרה"י אי מעייל ליה דרך כרמלית לא מחייב. והא אמר רבא המעביר חפץ מתחלת ד' לסוף ד' והעבירו דרך עליו חייב (והוא) [והא] המעביר דרך עליו כאלו מעביר למעלה מעשרה (כרה"ר) [ברה"ר] הוא שהוא חשוב כמקום פטור. ואפ"ה חייב ופריק באיסקופה אריך עסקינן דאדהכי והכי מדכר דשבת הוא ולא אתי לאתויי מרה"ר לרה"י ואע"פ שהוא דרך כרמלית אלא ע"י גלילא איבעית אימא באיסקופה שאינו אריך וסתם כתבי קודש עיוניה מעייני בהו וע"י גלילה הוא העיון לפיכך לא חיישינן דלמא מעייל להו בידים. וניחוש דלמא מעיין בהו ברה"ר והשלים מלעיוניה ומעייל להו (בידיה) [בהדיא] לרשות היחיד. ודחינן כיון שלא *) נתכוון לעקור כדי להניח אלא כדי לעיין אע"פ שנמלך והכניסו לא מיחייב אי נמי כבן עזאי דאמר מהלך כעומד דמי **) ואפילו עמד בכרמלית (והניח) [והביא] מרשות הרבים לכרמלית (והכרמלית) [ומכרמלית] עקר והניח ברה"י דכי האי גוונא לא מיחייב. ואקשינן וניחוש דלמא זריק להו מרה"ר לרה"י שאין שם עמידה דהאמר ר' יוחנן

*) לפנינו בגמ' ליתא להאי תירוצא אך רבינו היה גורס כן ועי' בבעהמ"א בכאן ודו"ק. **) פי' אפילו אינו מוכן לאלהכה דבעומד בכרמלית והניח בכרמלית בודאי פטור גם לרבינו ואולי צ"ל דהוי כעומד וכו' וצ"ע.

רב נסים גאון

הא מני בן עזאי היא דאמר מהלך כעומד דמי עיקר דבריו בפרק יציאות השבת (דף ה) תנו רבנן המוציא מחנות לפלטיא דרך סטיו חייב ובן עזאי פוטר ואמרי' בשלמא בן עזאי קסבר מהלך כעומד דמי:

הגהות הב"ח

(א) גמ' באסקופה הנדרסת: (ב) שם לאדהכי והכי: (ג) רש"י ד"ה מה לי וכו' רשות היחיד. הא לא קשרית לה אלא משום דאוגדו: (ד) ד"ה וכי תימא וכו' לגבוה עשרה ואין בו: (ה) תום' ד"ה והאמר וכו' דההיא דעומד וכו' ומעביר מכאן לכאן דרך גופו ולהכי לא מייתי אלא מדרבא אע"ג דידע לברייתא דבן עזאי ואיירי לקמן כגון שמשלים ארבע על ידי זריקה הס"ד:

עין משפט נר מצוה

טז א מיי' פט"ו מהל' שבת הלכה כא סמג לאוין סה טוש"ע א"ח סי' שנב סעיף א:

יז ב מיי' פי"ב מהל' שבת הלכה יד:

יח ג מיי' פ"י מהלכות ס"ת הלכה ג סמג עשין כה טוש"ע י"ד סי' רפב סעיף ה:

יט ד מיי' פ"א מהל' תפילין הלכה יז טוש"ע י"ד סי' רעג [וברכ אלפס הלכות ס"ת דף סח.]:

מסורת הש"ס

[לקמן צט.] שבת ח: וע"ש

[שבת ה: כתובות לא:]

שבת ו.

בד"י אחא

[מסכ' סופרים פ"ג הל' יב]

[שם הלכה יד וע"ז ע"ש]

דפריך דספר וכו' כצ"ל רש"ל. ובק"ד הרש"ל מגיה להיפך מן דפריך על דפרישית]

כ א מיי' פי"ג מהל' שבת הלכה טז:
כא ב מיי' פט"ו מהל' שבת הלכה כא סמג לאוין סה טוש"ע א"ח סי' שנב סעיף ב:
כב ג מיי' שם הל' ז וסמג שם טוש"ע א"ח סי' שנג סעיף ב:
כג ד מיי' שם וטור וש"ע שם סעיף ג:
כד ה מיי' שם הל' ו וטוש"ע שם סעיף ב:
כה ו מיי' פט"ו מהל' שבת הלכה א סמג שם טור ש"ע א"ח סי' שנ סעיף א:
כו ז שם סעיף ב:
כז ח שם סעיף ג:

בְּכוֹתֶל שֶׁאֵינוֹ מְשׁוּפָּע, לְמַעְלָה מִשְּׁלֹשָׁה — גּוֹלְלוֹ אֶצְלוֹ, לְמַטָּה מִשְּׁלֹשָׁה — הוֹפְכוֹ עַל הַכְּתָב.§ *"רַבִּי יְהוּדָה אוֹמֵר אֲפִילּוּ אֵינוֹ מְסוּלָּק מִן הָאָרֶץ וכו'.§ דְּבָעֵינַן הַנָּחָה עַל גַּבֵּי מַשֶּׁהוּ. וְאֶלָּא הָא *דְּאָמַר רָבָא: [א]תּוֹךְ שְׁלֹשָׁה לְרַבָּנַן צָרִיךְ הַנָּחָה, לֵימָא כְּתַנָּאֵי אֲמָרָהּ לִשְׁמַעְתֵּיהּ? אֶלָּא [ב]כּוּלָּהּ רַבִּי יְהוּדָה הִיא, וְחַסּוֹרֵי מִיחַסְּרָא, וְהָכִי קָתָנֵי: בַּמֶּה דְּבָרִים אֲמוּרִים — בְּכוֹתֶל מְשׁוּפָּע, אֲבָל בְּכוֹתֶל שֶׁאֵינוֹ מְשׁוּפָּע — אֲפִילּוּ פָּחוֹת מִשְּׁלֹשָׁה טְפָחִים גּוֹלְלוֹ אֶצְלוֹ. שֶׁרַבִּי יְהוּדָה אוֹמֵר: אֲפִילּוּ אֵינוֹ מְסוּלָּק מִן הָאָרֶץ אֶלָּא מְלֹא הַחוּט — גּוֹלְלוֹ אֶצְלוֹ. מַאי טַעְמָא — דְּבָעֵינַן הַנָּחָה עַל גַּבֵּי מַשֶּׁהוּ.§ **מתני'** [ג]זִיז שֶׁלִּפְנֵי חַלּוֹן — נוֹתְנִין עָלָיו וְנוֹטְלִין מִמֶּנּוּ בְּשַׁבָּת.§ **גמ'** הַאי זִיז דְּמַפֵּיק לְהֵיכָא? אִילֵימָא דְּמַפֵּיק לִרְשׁוּת הָרַבִּים — לֵיחוּשׁ דִּילְמָא נָפֵיל, וְאָתֵי לְאִיתוּיֵי! אֶלָּא דְּמַפֵּיק לִרְשׁוּת הַיָּחִיד — פְּשִׁיטָא! אָמַר אַבַּיֵי: לְעוֹלָם דְּמַפֵּיק לִרְשׁוּת הָרַבִּים, וּמַאי נוֹתְנִין עָלָיו דְּקָתָנֵי — [ד]כֵּלִים הַנִּשְׁבָּרִים.§ תַּנְיָא נַמִי הָכִי: זִיז שֶׁלִּפְנֵי הַחַלּוֹן הַיּוֹצֵא לִרְשׁוּת הָרַבִּים — נוֹתְנִין עָלָיו קְעָרוֹת וְכוֹסוֹת קִיתוֹנִיּוֹת וּצְלוֹחִיּוֹת. וּמִשְׁתַּמֵּשׁ בְּכָל הַכּוֹתֶל עַד עֲשָׂרָה הַתַּחְתּוֹנִים. וְאִם יֵשׁ זִיז אֶחָד לְמַטָּה מִמֶּנּוּ מִשְׁתַּמֵּשׁ בּוֹ, וּבָעֶלְיוֹן אֵין מִשְׁתַּמֵּשׁ בּוֹ אֶלָּא כְּנֶגֶד חַלּוֹנוֹ. הַאי זִיז הֵיכִי דָּמֵי[א] אִי דְּלֵית בֵּיהּ אַרְבָּעָה מְקוֹם פְּטוּר הוּא, וַאֲפִילּוּ כְּנֶגֶד חַלּוֹנוֹ נַמִי לֹא יִשְׁתַּמֵּשׁ. וְאִי אִית בֵּיהּ אַרְבָּעָה — בְּכוּלֵּי הַכּוֹתֶל לִישְׁתַּמֵּשׁ! אָמַר אַבַּיֵי: [ה]תַּחְתּוֹן — דְּאִית בֵּיהּ אַרְבָּעָה, וְעֶלְיוֹן — לֵית בֵּיהּ אַרְבָּעָה, וְהַחַלּוֹן מַשְׁלִימָתוֹ לְד'. כְּנֶגֶד חַלּוֹן — מִשְׁתַּמֵּשׁ, דְּחוֹרֵי חַלּוֹן הוּא, דְּהַאי גִּיסָא וּדְהַאי גִּיסָא — אָסוּר.§ **מתני'** [ו]עוֹמֵד אָדָם בִּרְשׁוּת הַיָּחִיד וּמְטַלְטֵל בִּרְשׁוּת הָרַבִּים, בִּרְשׁוּת הָרַבִּים וּמְטַלְטֵל בִּרה"י, וּבִלְבַד שֶׁלֹּא יוֹצִיא חוּץ מֵאַרְבַּע אַמּוֹת.§ [ז]לֹא יַעֲמוֹד אָדָם בִּרְשׁוּת הַיָּחִיד וְיַשְׁתִּין בִּרה"ר, בִּרה"ר וְיַשְׁתִּין בִּרה"י, וְכֵן לֹא יָרוֹק. רַבִּי יְהוּדָה אוֹמֵר: [ח]אַף מִשֶּׁנִּתְלַשׁ רוּקּוֹ בְּפִיו לֹא יְהַלֵּךְ אַרְבַּע אַמּוֹת, עַד שֶׁיָּרוֹק.§ **גמ'** מַתְנֵי לֵיהּ רַב חִינָּנָא בַּר שְׁלָמְיָא לְחִיָּיא בַּר רַב קַמֵּיהּ דְּרַב: לֹא יַעֲמוֹד אָדָם בִּרה"י וּמְטַלְטֵל בִּרה"ר. אֲמַר לֵיהּ: שְׁבַקְתְּ רַבָּנַן וַעֲבַדְתְּ כְּר"מ!
הוא

לְמַטָּה מִשְּׁלֹשָׁה. הִגִּיעַ רֹאשׁ הַסֵּפֶר לִשְׁלֹשָׁה סָמוּךְ לַקַּרְקַע – אַרְעָא סְמִיכְתָּא הוּא, וַהֲרֵי הוּא כְּמוּנָּח: **אֶלָּא הָא דְּאָמַר רָבָא.** בְּפ' "הַזּוֹרֵק" בְּמַסֶּ' שַׁבָּת (דף ק.): תּוֹךְ שְׁלֹשָׁה לְרַבָּנַן. דִּפְלִיגִי עֲלֵיהּ דְּר"ע בִּקְלוּטָה כְּמִי שֶׁהוּנְחָה(א) וְאָמְרִי דְּהַזּוֹרֵק מֵרְשׁוּת הַיָּחִיד לִרְשׁוּת הַיָּחִיד דֶּרֶךְ רְשׁוּת הָרַבִּים לְמַטָּה מֵעֲשָׂרָה – לָא אָמְרִינַן הוֹאִיל וְנִקְלְטָה בְּיוּ"ד תַּחְתּוֹנִים, שֶׁהֵן רה"ר הֲרֵי הִיא כְּמִי שֶׁהוּנְחָה לְחַיְּיבוֹ. אֲפִי' זָרַק לְמַטָּה מִשְּׁלֹשָׁה – לָא מִיחַיַּיב, אִם עַד שֶׁלֹּא הִגִּיעַ לָאָרֶץ נִשְׂרַף אוֹ בְּלָעוֹ כֶּלֶב, אֶלָּא אִם כֵּן נָח עַל גַּבֵּי מַשֶּׁהוּ. וַאֲפִילּוּ לָא הָוֵי מְקוֹם אַרְבָּעָה – הָוְיָא הֲנָחָה. וּלְמַעְלָה מִשְּׁלֹשָׁה, אִם נָח – פָּטוּר, וַאֲפִי' לְר"ע. דְּאִי מְקוֹם אַרְבָּעָה הוּא – כַּרְמְלִית הוּא, וְאִי לֵית בֵּיהּ אַרְבָּעָה – מְקוֹם פָּטוּר הוּא: **נֵימָא כְּתַנָּאֵי אֲמָרָהּ לִשְׁמַעְתֵּיהּ.** דְּהָא תַּנָּא קַמָּא אֲפִילּוּ כִּי לָא נָח נַמִי גָּזַר לְמַטָּה מִג' – מִשּׁוּם דִּילְמָא זִמְנִין דְּאֵין אֲגוּדוֹ בְּיָדוֹ. וּלְרָבָא, כִּי אֵין אֲגוּדוֹ בְּיָדוֹ נַמִי כִּי הַאי גַּוְונָא דְּלָא נָח לָא מִיחַיַּיב, אִם קְלָטוֹ וְהֶחֱזִירוֹ קוֹדֶם שֶׁנָּח: **מתני' זִיז שֶׁלִּפְנֵי הַחַלּוֹן.** בּוֹלֵט מִן הַכּוֹתֶל, גָּבוֹהַּ י' וְרָחָב ד': **נוֹתְנִין עָלָיו.** בְּנֵי עֲלִיָּיה, דִּרה"י הוּא: **גמ' דְּמַפֵּיק לְהֵיכָן.** לְהֵיכָן בּוֹלֵט: **דְּמַפֵּיק לרה"י.** לְחָצֵר: **כֵּלִים הַנִּשְׁבָּרִים.** כְּלֵי חֶרֶס וּזְכוּכִית, שֶׁאִם נָפְלוּ יִשָּׁבְרוּ. דְּלֵיכָּא *לְמֵימַר דִּילְמָא אָזִיל וּמַיְיתֵי לְהוּ: **קְעָרוֹת וְכוֹסוֹת וְקִיתוֹנִיּוֹת.** כּוּלָּם כֵּלִים הַנִּשְׁבָּרִים הֵם, דִּסְתָמַיְיהוּ דְּחֶרֶס: **מִשְׁתַּמֵּשׁ בְּכָל הַכּוֹתֶל.** אִם הַזִּיז מוּטָּל לְאָרְכּוֹ אֵצֶל הַכּוֹתֶל עַל פְּנֵי כּוּלּוֹ, מִשְׁתַּמֵּשׁ בְּכָל הַזִּיז: **עַד עֲשָׂרָה הַתַּחְתּוֹנִים.** כְּלוֹמַר: כָּל מָקוֹם שֶׁהוּא, בֵּין סָמוּךְ לַחַלּוֹן מִיָּד, בֵּין מוּפְלָג הֵימֶנּוּ הַרְבֵּה, וּבִלְבַד שֶׁלֹּא יְהֵא בְּתוֹךְ עֲשָׂרָה תַּחְתּוֹנִים שֶׁבִּרְשׁוּת הָרַבִּים: **לְמַטָּה הֵימֶנּוּ.** לְמַעְלָה מֵעֲשָׂרָה: **מִשְׁתַּמֵּשׁ בּוֹ.** בַּתַּחְתּוֹן, ע"פ כָּל הַכּוֹתֶל, אִם מוּנָּח לְאוֹרְכּוֹ אֵצֶל הַכּוֹתֶל: **הַאי זִיז.** עֶלְיוֹן, הֵיכִי דָּמֵי: **אִי דְּלֵית בֵּיהּ אַרְבָּעָה מְקוֹם פָּטוּר הוּא. וַאֲפִילּוּ** כְּנֶגֶד חַלּוֹנוֹ לָא לִשְׁתַּמֵּשׁ. נְהִי דִּמְקוֹם פָּטוּר הוּא וּמוּתָּר לְכַתֵּף עָלָיו, כִּדְקי"ל: מָקוֹם שֶׁאֵין בּוֹ אַרְבָּעָה מוּתָּר לִבְנֵי רה"ר וְלִבְנֵי רה"י לְכַתֵּף עָלָיו. מִיהוּ, תַּשְׁמִישׁ תָּדִיר לָא מִשְׁתְּרֵי בֵּיהּ, דְּלָא חֲזֵי לְתַשְׁמִישְׁתָּא וּשְׁכִיחֵי כֵּלִים לְמִיפַּל לרה"ר. וְאע"ג דְּאוֹקְמִינַן בְּכֵלִים הַנִּשְׁבָּרִים – הָנֵי מִילֵּי בִּדְאִית בֵּיהּ ד' דְּלָא שְׁכִיחֵי לְמִיפַּל כּוּלֵּי הַאי. אֲבָל הָכָא דְּרוּבָּא נָפְלִי – מֶחֱזֵי כְּמַאן דְּשָׁדֵי לְהֶדְיָא לִרְשׁוּת הָרַבִּים: **חוֹרֵי חַלּוֹן הוּא.** כְּלוֹמַר: זָוִית הַחַלּוֹן וְהַרְחָבָתוֹ הוּא. וּלְשׁוֹן חוֹרֵי דְּנָקַט – מִשּׁוּם דְּגַבֵּי שַׁבָּת שַׁיָּיךְ לְמֵימַר חוֹרֵי רְשׁוּת הָרַבִּים כִּרְשׁוּת הָרַבִּים, וְכֵן חוֹרֵי רה"י כרה"י דָּמֵי. כְּגוֹן כּוֹתֶל הַסְּמוּכָה לרה"ר וְיֵשׁ בָּהּ חוֹרִין פְּתוּחִין לרה"ר לְמַטָּה מִיּוּ"ד הָוֵי רה"ר: **מתני' עוֹמֵד אָדָם ברה"י.** בַּבַּיִת אוֹ עַל הַגַּג, וְשׁוֹחֶה וְנוֹטֵל חֵפֶץ ברה"ר כָּאן, וּמַנִּיחוֹ כָּאן: **וּבִלְבַד שֶׁלֹּא יוֹצִיאֶנּוּ מֵאַרְבַּע אַמּוֹתָיו.** מִמָּקוֹם שֶׁהָיָה מוּנָּח בּוֹ. וְאַשְׁמוּעִי' מַתְנִיתִין דְּלָא גָּזְרִינַן שֶׁמָּא יַכְנִיסֶנּוּ אֶצְלוֹ: **וְיַשְׁתִּין ברה"ר.** דְּמַפֵּיק מרה"י לרה"ר: **מִשֶּׁנִּתְלַשׁ רוּקּוֹ בְּפִיו.** מִשֶּׁנִּתְעַגֵּל וְנֶאֱסַף לָצֵאת: **לֹא יְהַלֵּךְ אַרְבַּע אַמּוֹת עַד שֶׁיָּרוֹק.** דְּכֵיוָן דִּלְמִשְׁדְּיָיא קָאֵי, מַשְּׂאוֹי הוּא: **גמ' מַתְנֵי לֵיהּ רַב כו'.** גְּזֵירָה שֶׁמָּא יַכְנִיסֶנּוּ אֶצְלוֹ: **וַעֲבַדְתְּ כְּר"מ.** דְּאִיהוּ הוּא דְּגָזַר שֶׁמָּא יָבִיא אֶצְלוֹ כִּדְלְקַמָּן בְּפִירְקִין [דף קא.] לֹא יַעֲמוֹד בִּרְשׁוּת הַיָּחִיד וְיִפְתַּח לִרְשׁוּת הָרַבִּים, שֶׁיִּטּוֹל מַפְתֵּחַ בִּרְשׁוּת הָרַבִּים וְיִפְתַּח בּוֹ פֶּתַח הַסָּמוּךְ לִרְשׁוּת הָרַבִּים שֶׁמָּא יַכְנִיס אֶצְלוֹ בַּמָּקוֹם שֶׁהוּא:
מִדְּקִיפָא

נימא כתנאי אמרה לשמעתיה. אע"ג דלא ניחא הכא לאוקמי מילתא דרבא בפלוגתא דתנאי דמתני', מ"מ ע"כ אשכחן ברייתא דפליגא עליה במסכת שבת בפ' "הזורק" (דף צז.) גבי הזורק מרה"י לרה"י, ורה"ר באמצע. דקתני בברייתא: תוך ג' – ד"ה חייב, אי נמי, יש לחלק: דהכא שבא החפץ מלמעלה מג' למטה לתוך ג' – הוא דבעי רבא הנחה על גבי משהו, אבל התם – איירי שהיה החפץ תוך ג' משילא מתחת ידו, להכי חשיב כמונח, דהא מודה רבא דהמעביר בתוך שלשה דכמונח בקרקע דמי, כדמוכח בפרק "המוציא יין" (שם דף פ.). והא דלא חשבינן מתגלגל כמונח בסוף "הזורק" (שם דף ק.) – התם איירי כשהיתה תחילת זריקה למעלה מג': **אלא** כולה רבי יהודה היא. תימה דבשבת בפרק "הזורק" (דף צז:) בעי למימר דסבר ר' יהודה קלוטה כמו שהונחה, גבי הזורק מרה"י לרה"ר ועבר ד' אמות ברה"ר. ולמסקנא דהתם ניחא, דמוקי לה כגון דאמר כדנפקא לרה"ר תנוח. דמסתבר טפי למימר התם קלוטה כמו שהונחה, כיון שהיה דעתו ורצונו שתנוח שם. אבל הכא, דאין רצונו שיפול שם הספר – אין לנו לומר שיהא כמונח. אבל למאי דס"ד התם מעיקרא, דמיחייב שתים, ובאומר כל מקום שתרצה שם תנוח – קשה! ויש לחלק: דהתם אינו מקפיד על החפץ אנה שינוח, אבל הכא – מקפיד, ומרצונו היה חפץ שלא היה שם מונח. אבל לרבא קשיא, דאפי' באומר כל מקום שתרצה תנוח בעי רבא הנחה על גבי משהו, דמקפיד, אפילו נח על גבי משהו לא מיחייב, דלא נעשית מחשבתו. וצריך לומר דלמאי דס"ד התם מעיקרא לית ליה דרבא. ועוד יש לומר כדפרישית לעיל, דהתם כשתחילת זריקתו תוך שלשה: **ניחוש** דילמא נפיל ואתי לאיתויי. ואי דמפיק לכרמלית או לחצר שאינה מעורבת, לרבא דלית ליה לקמן (צט.) גזירה לגזירה – פשיטא דשרי, דלא איצטריך למיתני. ולאביי דגזר – אסור כמו במפיק לרה"ר. ועוד נראה: מדמשני אביי לעולם דמפיק לרה"ר, משמע דבמפיק לכרמלית או לחצר שאינה מעורבת – שרי, אפילו כלים שאינן נשברים. ואע"ג דלקמן גזר אביי גזירה לגזירה – יש לחלק, כמו שפירשתי לעיל, ובפרק "כיצד משתתפין" (לעיל דף פד.) גבי אנשי חצר ואנשי עלייה ששכחו ולא עירבו, דקתני: זיז היוצא מן הכותל בעשרה דעלייה – הוי לעלייה, אפילו הניח שם כלים שאינם נשברים: **ומשתמש** בכל הכותל עד עשרה תחתונים. פי' בקונטרס: אם הזיז מוטל לארכו על פני כל הכותל – משתמש בכל הזיז. וקשה לר"י: דהיינו סיפא, דקתני: אם יש זיז למטה הימנו – משתמש בו. ומפרש ר"י: דבחורין שבכותל קאמר דמשתמש, ולשון משתמש בכל הכותל – משמע נמי כן: **אי** דלית(ב) ליה ארבע אפי' כנגד חלונו נמי לא ישתמש. משמע מפירוש הקונט', דברחב ד' משתמש בכלים הנשברים. אבל שאין רחב – לא ישתמש, אפי' כלים הנשברים, דהוי כאילו שדי להו להדיא. וקשה לר"י: דכיון דאפילו ברחב ד' לא ישתמש בכלים שאין נשברין, א"כ אפילו רחב מאה אמה נמי, דלענין שבת חשיב רחב ד' כרחב אלף. ונראה לר"י: דברחב ד' שרי ליתן אפילו כלים שאינן נשברים, ומתני' – ברחב כל שהוא. והא דלא מוקי לה ברחב ד', ובכל כלים – משום דסתם זיז אינו רחב ד'. וכי פריך התלמוד: אי דלית ביה ארבעה אפילו כנגד חלונו לא ישתמש – ה"מ למיפרך אפי' בשלמטה הימנו לא ישתמש. והא דלא משני ליה דבכלים הנשברים איירי – היינו משום דלא מיתוקמא בהכי ע"כ, מדלא שרי בשאר הכותל אלא כנגד חלונו בלבד: **תחתון** דאית ביה ד'. ק"ק דמעליון שמעינן ליה דשרינן כנגד חלונו משום דחלון משלימתו לד'! ויש לומר: דאיצטריך לאשמועינן בתחתון, אף על גב דלא ניחא תשמישתא, דהא איכא עליון דמפסיק:
הוא

רבינו חננאל

מודה בן עזאי בזורק שחייב. ופרקינן זאת אומרת אין (מוריקין) [מזרקין] כתבי קודש: היה קורא בראש הגג כו' ואוקימנא מתני' כולה ר' יהודה היא והכי קתני בד"א בכותל משופע דהא נח לפיכך הופכו על הכתב ומניחו. ואע"ג דלא התירו חכמים לכותבי ספרים להפוך יריעה על פניה. אלא אם פירש עליה בגד הכא משום [בזיון] כתבי הקודש התירו להפוך הספר על פניו והני מילי בכותל משופע דנח הספר עליו. אבל בכותל שאינו משופע אפילו למטה מג' טפחים גוללו אצלו דברי ר' יהודה שר' יהודה אמר אפילו אינו מסולק מן הארץ אלא מלא החוט גוללו אצלו דבעינן הנחה ע"ג משהו וכן אמר רבא תוך ג' לרבנן צריך הנחה ע"ג משהו: [מתני'] זיז שלפני החלון כו' אוקימנא בזיז היוצא לרה"ר ונוטלין ממנו. דהא למעלה מי' הוא וכרה"י דמי: **ירושלמי** א"ר יוחנן זיזין וכתלים שגבוהין י' ורחבין ד' מותרין לכאן ולכאן ובלבד שלא יחליף ומאי נותנין עליו דקתני כלים שבורין דאי נפלו לרה"ר לא חיישינן דלמא מעייל להו לרה"י תניא נמי הכי זיז היוצא כו' ועד אין בין זיז לזיז י' אין משתמש בזיז אלא כנגד חלונו ופרשה אביי כגון דאית ביה בזיז ד' טפחים שנעשה (רה"ר) [רה"י] ועליון (דלית) [לית] ביה ד"ט וחלונו משלמתו לד' כנגד החלון שרי ליה לאשתמושי (דחודו) [דחורי] של חלון נינהו. אבל יתרון רחב הזיז דנפיק למעדיף על רוחב החלון (שכנגד החלון בלבד מותר אבל המעדיף) בהאי גיסא ובהאי גיסא אסירי: [מתני'] הא דתנן עומד אדם ברשות הרבים ומטלטל ברשות היחיד עומד אדם ברה"י ומטלטל ברה"ר אוקימנא לרבנן ודלא כר' מאיר דתנן לא יעמוד אדם ברשות הרבים וכו'

[מתוך הסוגיא נראה שאין כאן פסקא]

שבת פ. ק.

[נ"ל למיתח]

הגהות הב"ח

(א) רש"י ד"ה תוך ג' וכו' כמי שהונחה למיה ולאחרי וכו' למטה מג' נמי לא: (ב) תוס' ד"ה אי דלית ביה ד' וכו' אפילו בכלים:

הגהות הגר"א

[א] אי דלית ביה' ארבעה אפילו כנגד חלונו כו' [ותיבות שבכנתים מוקפות].

גליון הש"ס

גמ' ליחוש דלמא נפיל. [עיין] כ"כ דף נט ע"ב תוס' ד"ה ואפילו:

הוּא סָבַר: מִדְּסֵיפָא ר"מ – רֵישָׁא נַמִי ר"מ, וְלָא הִיא: סֵיפָא ר"מ, וְרֵישָׁא רַבָּנַן.§ "וּבִלְבַד שֶׁלֹּא יוֹצִיא חוּץ".§ הָא הוֹצִיא – חַיָּיב חַטָּאת. לֵימָא מְסַיַּיע לֵיהּ לְרָבָא, *דְּאָמַר רָבָא: הַמַּעֲבִיר חֵפֶץ מִתְּחִילַּת אַרְבַּע לְסוֹף אַרְבַּע, וְהֶעֱבִירוֹ דֶּרֶךְ עָלָיו – חַיָּיב. מִי קָתָנֵי "אִם הוֹצִיא חַיָּיב חַטָּאת", דִּילְמָא, אִם הוֹצִיא – פָּטוּר אֲבָל אָסוּר. אִיכָּא דְּאָמְרִי: הָא הוֹצִיא – פָּטוּר אֲבָל אָסוּר. לֵימָא תֶּיהֱוֵי תְּיוּבְתֵּיהּ דְּרָבָא, דְּאָמַר רָבָא: הַמַּעֲבִיר מִתְּחִילַּת ד' לְסוֹף ד' וְהֶעֱבִירוֹ דֶּרֶךְ עָלָיו – חַיָּיב! מִי קָתָנֵי, "הוֹצִיא פָּטוּר אֲבָל אָסוּר"? דִּילְמָא: אִם הוֹצִיא – חַיָּיב חַטָּאת.§ "לֹא יַעֲמוֹד אָדָם בִּרה"י" וכו'§ אָמַר רַב יוֹסֵף: [א]הִשְׁתִּין וְרָק – חַיָּיב חַטָּאת. וְהָא בָּעֵינַן עֲקִירָה וְהַנָּחָה מֵעַל גַּבֵּי מְקוֹם ד', וְלֵיכָּא! מַחְשַׁבְתּוֹ מְשַׁוְּיָא לֵיהּ מָקוֹם. דְּאִי לָא תֵּימָא הָכִי, הָא *דְּאָמַר *רָבָא: [ב]זָרַק וְנָח בְּפִי הַכֶּלֶב אוֹ בְּפִי הַכִּבְשָׁן – חַיָּיב חַטָּאת. וְהָא בָּעֵינַן הַנָּחָה ע"ג מְקוֹם ד' – וְלֵיכָּא! אֶלָּא: מַחְשַׁבְתּוֹ מְשַׁוְּיָא לֵיהּ מָקוֹם, ה"נ מַחֲשָׁבָה מְשַׁוְּיָא לָהּ מָקוֹם. בָּעֵי רָבָא: הוּא בִּרה"י, וּפִי אַמָּה בִּרה"ר מַהוּ? בָּתַר עֲקִירָה אָזְלִינַן, אוֹ [ג]בָּתַר יְצִיאָה אָזְלִינַן? תֵּיקוּ.§ "וְכֵן לֹא יָרוֹק. רַבִּי יְהוּדָה אוֹמֵר" וכו'.§ אַף עַל גַּב דְּלָא הֵפִיךְ בָּהּ? *וְהָתְנַן: הָיָה אוֹכֵל דְּבֵילָה בְּיָדַיִם מְסוֹאָבוֹת, וְהִכְנִיס יָדוֹ לְתוֹךְ פִּיו לִיטּוֹל צְרוֹר, רַבִּי מֵאִיר מְטַמֵּא, וְרַבִּי יוֹסֵי מְטַהֵר. רַבִּי יְהוּדָה אוֹמֵר: [ד]הִיפֵּךְ בָּהּ – טָמֵא, לֹא הִיפֵּךְ בָּהּ – טָהוֹר! *אָמַר רַבִּי יוֹחָנָן: מוּחְלֶפֶת הַשִּׁיטָה. רֵישׁ לָקִישׁ אָמַר: לְעוֹלָם לֹא תַּחֲלִיף, וְהָכָא בְּמַאי עָסְקִינַן – בְּכִיחוֹ. וְהָתַנְיָא, רַבִּי יְהוּדָה אוֹמֵר: כִּיחוֹ וְנִתְלַשׁ. מַאי לָאו – רוֹק וְנִתְלַשׁ! לֹא, כִּיחוֹ וְנִתְלַשׁ. וְהָא תַּנְיָא(א) ר' יְהוּדָה אוֹמֵר: כִּיחוֹ שֶׁנִּתְלַשׁ, וְכֵן רוּקוֹ שֶׁנִּתְלַשׁ, לֹא יְהַלֵּךְ ד' אַמּוֹת עַד שֶׁיָּרוֹק! אֶלָּא מְחַוַּורְתָּא כִּדְשָׁנֵינַן מֵעִיקָּרָא.§ אָמַר ר"ל: כִּיחַ בִּפְנֵי רַבּוֹ חַיָּיב מִיתָה, שֶׁנֶּאֱמַר: °"כָּל מְשַׂנְאַי אָהֲבוּ מָוֶת", *אַל תִּקְרֵי "לִמְשַׂנְאַי" אֶלָּא "לְמַשְׂנִיאַי". וְהָא מֵינַס אָנֵיס! כִּיחַ [ה]וָרָק קָאָמְרִינַן.§

מתני' [ו]*לֹא יַעֲמוֹד אָדָם בִּרה"י וְיִשְׁתֶּה בִּרה"ר, בִּרה"ר וְיִשְׁתֶּה בִּרה"י, אֶלָּא אִם כֵּן הִכְנִיס רֹאשׁוֹ וְרוּבּוֹ לַמָּקוֹם שֶׁהוּא שׁוֹתֶה. וְכֵן בַּגַּת.§ **גמ'** רֵישָׁא רַבָּנַן וְסֵיפָא רַבִּי מֵאִיר! אָמַר רַב יוֹסֵף: בַּחֲפֵיצִין שֶׁצְּרִיכִין לוֹ, וְדִבְרֵי הַכֹּל. *אִיבַּעְיָא לְהוּ: כַּרְמְלִית מַאי? אָמַר אַבַּיֵי: הִיא הִיא. אָמַר רָבָא: *[ז]הִיא גּוּפָא גְּזֵירָה, וַאֲנַן נֵיקוּם וְנִגְזוֹר גְּזֵירָה לִגְזֵירָה?! אָמַר אַבַּיֵי: מְנָא אָמִינָא לָהּ – מִדְּקָתָנֵי: וְכֵן

משלי ח שבת יח. לעיל כ.

רש"י

מִדְּסֵיפָא ר"מ. הָא דְּלָא יִפְתַּח* דְּאַיְירִי ר"מ בְּהוּ: הָא הוֹצִיא. הַחֵפֶץ מִד' אַמּוֹת – חַיָּיב, אע"ג דְּהוּא עוֹמֵד בְּגָבוֹהַּ וְהִגְבִּיהוֹ לְמַעְלָה מִי' וְהֶעֱבִירוֹ – לָא אָמְרִי' הַעֲבָרַת דֶּרֶךְ נְקוּס פָּטוּר הוּא. אַלְמָא: בָּתַר הֲנָחָה וַעֲקִירָה אָזְלִינַן, וַהֲרֵי נְטָלוֹ מִתְּחִילַּת אַרְבַּע וְהִנִּיחוֹ לְסוֹף אַרְבַּע: פָּטוּר אֲבָל אָסוּר. מִדְּרַבָּנַן, דִּילְמָא אָתֵי לְעַבּוּרֵי דֶּרֶךְ לְמַטָּה מֵעֲשָׂרָה: מַחְשַׁבְתּוֹ. שֶׁהוּא צָרִיךְ לְכָךְ, מַשְׁוָוא לָהּ הוֹצָאָה חֲשׁוּבָה: זָרַק. מִתְּחִילַּת ד' לְסוֹף ד': בְּפִי הַכִּבְשָׁן. שֶׁקְּלָטָהּ שַׁלְהֶבֶת וְנִשְׂרְפָה: בָּתַר עֲקִירָה. מִן הַגּוּף אָזְלִינַן. וְהֵן נֶעֱקָרִין מִן הֶחָלָל שֶׁל גּוּף, וְחַיָּיב, דְּמוֹצִיא מִן הַגּוּף שֶׁהוּא רה"י לרה"ר: אוֹ בָּתַר יְצִיאָה. שֶׁיּוֹצֵא מִן הַגּוּף מִמֶּנּוּ, וַהֲרֵי פִּי אַמָּה בִּרה"ר וְאֵין כָּאן עֲקִירָה מֵרה"י: וְאע"ג דְּלֹא הִיפֵּךְ. בִּתְמִיָּה, דְּמִשּׁוּם תְּלִישָׁ' לְחוּדֵיהּ אָמַר ר' יְהוּדָה דְּאָסוּר, דִּלְמֵיפַק קָאֵי וַאֲפִי' דְּלֹא הִיפֵּךְ בָּהּ בְּתוֹךְ פִּיו: הָיָה אוֹכֵל דְּבֵילָה. שֶׁל תְּרוּמָה: בְּיָדַיִם מְסוֹאָבוֹת. סְתָם יָדַיִם שֶׁלֹּא נִטְלוּ הָווּ שְׁנִיּוֹת, וּפוֹסְלוֹת אֶת הַתְּרוּמָה: ר"מ מְטַמֵּא. שֶׁהֲרֵי הוּכְשְׁרָה הַתְּרוּמָה בָּרוֹק שֶׁבְּפִיו: ר' יוֹסֵי מְטַהֵר. דְּקָסָבַר: כָּל זְמַן שֶׁהָרוֹק בְּתוֹךְ פִּיו, לָאו מַשְׁקֶה הוּא, וַהֲרֵי הוּא כְּגוּפוֹ שֶׁל אָדָם וְאֵינוֹ מַכְשִׁיר: הִיפֵּךְ. בָּרוֹק, לְהוֹצִיאוֹ לַחוּץ – טָמֵא דִּלְמִשְׁדְּיֵיהּ קָאֵי וּמַכְשִׁיר: מוּחְלֶפֶת הַשִּׁיטָה. הֶחֱלִיף ר' יְהוּדָה שִׁיטָתוֹ וְיָצָא הֵימֶנָּה: לֹא תַּחֲלִיף. לָא תֵּימָא מוּחְלֶפֶת הִיא. דְּמַתְנִי' דְּקָאָמַר אע"ג דְּלֹא הִיפֵּךְ קָאֵי לְמִשְׁדְּיֵי' בְּכִיחוֹ עָסְקִינַן. לֵיחָה שֶׁנִּתְלֶשֶׁת מִן הַגּוּף ע"י חוֹלִי שֶׁקּוֹרִין טו"ס: כִּיחוֹ וְנִתְלַשׁ. לֹא יְהַלֵּךְ ד' אַמּוֹת עַד שֶׁיָּרוֹק: מַאי לָאו. תַּרְתֵּי קָתָנֵי: כִּיחוֹ, וְכֵן רוּקוֹ: כִּדְשָׁנֵינַן מֵעִיקָּרָא. מוּחְלֶפֶת הַשִּׁיטָה: חַיָּיב מִיתָה. בִּידֵי שָׁמַיִם: כָּל מְשַׂנְאַי אָהֲבוּ מָוֶת. תּוֹרָה אָמְרָה לְהַאי קְרָא, בְּפָרָשַׁת "ה' קָנָנִי": אֶלָּא לְמַשְׂנִיאַי. לַמַּשְׂנִיאִים דַּעְתּוֹ בְּהֲנִיוּת: וְהָא מֵינַס אָנֵיס. שֶׁעַל כָּרְחוֹ הוּא ע"י חוֹלִי אוֹ הַצִּינָה: כִּיחַ וָרָק קָאָמְרִינַן. שֶׁרָקַק אוֹתוֹ בִּפְנֵי רַבּוֹ, וְהָיָה לוֹ לְהִסְתַּלֵּק מִשָּׁם אוֹ לְהַבְלִיעוֹ בִּכְסוּתוֹ: **מתני'** וְיִשְׁתֶּה בִּרה"ר. וְיוֹשִׁיט צַוָּארוֹ לרה"ר וְיִשְׁתֶּה גְּזֵירָה שֶׁמָּא יַכְנִיס הַכְּלִי אֶצְלוֹ: וְכֵן בַּגַּת. מְפָרֵשׁ בַּגְּמָ' לְעִנְיַן מַעֲשֵׂר: **גמ'** רֵישָׁא רַבָּנַן. לְעֵיל אוֹקִימְנָא לְהָא דְּקָתָנֵי עוֹמֵד אָדָם בִּרה"י וּמְטַלְטֵל בִּרה"ר כְּרַבָּנַן, דִּפְלִיגֵי עֲלֵיהּ דר"מ בְּמַתְנִי' גַּבֵּי מַפְתֵּחַ, וְלָא גָּזְרִינַן שֶׁמָּא יַכְנִיס וְהָכָא גָּזַר שֶׁמָּא יַכְנִיס כר"מ. וְהָא לֵיכָּא לְמֵימַר דִּשְׁתִיַּית הַמַּיִם תֶּהֱוֵי הַכְנָסָה כְּמַשְׁתִּין וְרוֹק – דְּלָא דָּמֵי, דְּהָתָם קָא עָקַר מֵרְשׁוּת זוֹ וְקָא עָבֵד הֲנָחָה לִרְשׁוּת זוֹ. אֲבָל שׁוֹתֶה – עָבֵיד עֲקִירָה וְהַנָּחָה בַּחֲדָא רְשׁוּתָא, דְּהָא בִּרְשׁוּת שֶׁהוּא שׁוֹתֶה בָּהּ פִּיו עוֹמֵד, וּבְפִיו הֵן נָחִין מִיָּד: בַּחֲפֵיצִין הַצְּרִיכִין לוֹ. אֲפִי' רַבָּנַן מוֹדוּ דְּגָזַר בְּהוּ, דְּמִתּוֹךְ שֶׁהוּא צָרִיךְ לָהֶם – יַכְנִיסֵם אֶצְלוֹ. הִלְכָּךְ, מַשְׁקִין הַלָּלוּ צְרִיכִין לוֹ, וְגָזְרִינַן: כַּרְמְלִית מַאי. מַהוּ שֶׁיַּעֲמוֹד בְּכַרְמְלִית וְיִשְׁתֶּה בִּרה"י אוֹ בִּרה"ר: הִיא הִיא. כִּי הֵיכִי דְּלָא יַעֲמוֹד בִּרה"ר וְיִשְׁתֶּה בִּרה"י, כָּךְ לֹא יַעֲמוֹד בְּכַרְמְלִית וְיִשְׁתֶּה בִּרה"י: הִיא גּוּפָהּ גְּזֵירָה. אִי דְּעָיֵיל לְגַבֵּיהּ כְּלִי – לֵיכָּא אִיסּוּרָא דְּאוֹרַיְיתָא, אֶלָּא גְּזֵירָה דְּרַבָּנַן, דְּלָא לֵיתֵי לְאַפּוֹקֵי מֵרה"י לרה"ר. וַאֲנַן נֵיקוּם וְנִיגְזַר שְׁתִיָּה אַטּוּ הַכְנָסַת כְּלִי:

תוספות

הוא סבר מדסיפא ר"מ כו'. פי' בקונט': סיפא ההיא דלא יפתח, דאיירי בה ר"מ. וק"ק: דהיא רחוקה יותר מדאי! ונראה לר"י: דסיפא דלא ישתין ולא ירוק, דפליג עליה ר' יהודה, וסתם בר פלוגתא דר' יהודה ר"מ. ומיהו, קשה: דא"כ הוה ליה למיפרך נמי בגמרא ר"מ אדר"מ, למאי דגרסי' ברוב ספרים ר' מאיר מטמא. וכן גרס ר"ת. ולמאי דמסיק מוחלפת השיטה – נמי ניחא דלא תיקשי דר"מ אדר"מ. ושמא מש"ה הניח מלהקשות דר"מ אדר"מ, משום דאיכא דמהפכי דרבי מאיר לדברי רבי יוסי:

זרק ונח ברה"ר בפי כלב כו'. אור"י: דלא גרסי' ונח, דונח משמע דלא נתכוין לכך, כדמוכח בפ"ק דשבת (דף ה.) גבי הא דא"ר יוחנן: זרק חפץ והלך ונח בתוך ידו של חבירו – חייב. הכא איירי במתכוין לכך. ומיהו, ר"ת גריס "ונח", דמלי למימר דונח משמע שפיר מתכוין. דשם זרק נח החפץ במקום שמתכוין, אבל הלך ונח – משמע שהלך בלא כוונת האדם. ועוד י"ל דבפ"ק דשבת מיתורא דמימרא דייק, דאיירי בלא מתכוין*:

מחשבתו משוי' ליה מקום. דוקא בכי האי גוונא, דנהנה באותו מקום טפי ממקום אחר כגון בפי כלב שיאכלנה, ובפי הכבשן שתשרף שם, וכן השתין ורק. אבל זרק על המקלות או על שום דבר, אפי' במתכוין – לא אמרו מחשבתו משויא ליה מקום:

היה אוכל דבילה בידים מסואבות. פי' בקונט': דבילה של תרומה. ור"י אומר: דאפי' בשל חולין ניחא, דידים הפוסלות תרומה מטמאין את הרוק שהוא משקה להיות תחילה, וחוזר ומטמא את הדבילה, וגם מכשירה, דהוו להו חולין טמאים דפוסלין את הגוייה. דמשקין כל שהוא מטמאין, כדאמרינן בברכות פרק "אלו דברים" (דף נג.): שמא יצאו מים אחורי הכוס ויחזרו ויטמאו את הידים. וסתמא דמאחורי הכוס ליכא רביעית, דבכל נטילתו ליכא אלא רביעית. ובפ"ק דפסחים (דף יד:) נמי משמע שהבשר מטמא מחמת המשקין שעליו, וסתמא ליכא בהו רביעית. והא דקאמר בכמה דוכתי לטמא טומאת משקין ברביעית *גבי יין נסך, ובנזיר [לח.] גבי עשר רביעי' – היינו לפסול את הגוייה, כדתנן במעילה (דף יז:): כל המשקין מצטרפין לפסול את הגוייה ברביעית. אבל ליטמא ולטמא אוכלים – בכל שהוא [משקין] טימאו ומטמו. ורוק חשיב משקה לקבל טומאה, כמו שחשוב משקה להכשיר הדבילה. והשתא ההיא דחגיגה (דף כ:): נימא נפסקה לי וקשרתיה בפה, לפי מה שפירשתי ניחא אפי' ברוק של טהור. וכן פי' הר"ר י"ט: נימא נפסקה לי וקשרתיה בפה, ובשעה שנארג בה כדי לקבל טומאה עדיין היה רוק לח עליה, שניטמא מחמת הידים וטימא את המפה. שהמשקה מטמא בכל שהוא, כדפרישית, ולא כמו שמפרש ר"ת דאיירי ברוק של נדה כמו שפירש שם בקונטרס. לפי שלא היה נראה לו להעמיד ברוק של טהור, משום דלא חשיב רוב משקה לקבל טומאה, דחשיב שפיר משקה כדפרישית:

רבי מאיר מטמא. אית ספרים דגרסי: רבי מאיר מטהר.

וכן בגת. לענין מעשר. פירוש: צריך שיכניס ראשו ורובו על הגת, ועל ידי כן מותר לשתות בכל ענין, והיינו כרבי מאיר:

קולט

[ועי' תוס' שבת ד: ד"ה אלא]

עין משפט נר מצוה

כח א מיי' פי"ג מהל' שבת הלכה ג סמג שם:
כט ב מיי' שם הלכה יג סמג שם:
ל ג מיי' שם הלכה ג וסמג שם טוש"ע א"ח סי' שנ סעיף ב:
לא ד מיי' פט"ו מהל' טומאת אוכלין הל' ז:
לב ה טור ש"ע י"ד סי' רמב סעיף כט:
לג ו ז מיי' פט"ו מהל' שבת הלכה ב סמג לאוין סה טוש"ע א"ח סי' שן סעיף א:

מסורת הש"ס

[לקמן קח.]
שבת ח: ע"ש לעיל לח.
שבת קב. [וכס אי' רבה]
כלים פ"ח משנה י
[ביצה ג. וש"נ]
[שבת קיד. מגילה כח. וכס איתא אל תקרא משנאי אלא משניאי]
שבת יח:
[שם: ביצה ג. וש"נ]

הגהות הב"ח

(א) גמ' ר' יהודה אומר כיחו וכן רוקו כו"ל ותיבת שנתלש נמחק:

רבינו חננאל

ובלבד שלא יוציא חוץ לד' אמות דייקינן מינה ללישנא בתרא הא הוציא פטור אבל אסור נימא תהוי תיובתא דרבא דאמר המעביר חפץ מתחלת ד' לסוף ד' אם העבירו דרך עליו חייב. ודחי רבא מי קתני בהדיא אם הוציא פטור אבל אסור אבל לעולם אימא לך אם הוציא חייב חטאת: לא יעמוד ברה"י וישתין כו' וכן לא ירוק מרשות לרשות. אמר רב יוסף השתין או רקק בשוגג חייב חטאת ואע"ג דלא עקר מע"ג מקום ד' דהא פיו ופי אמה שלו אין בהן ד' טפחים מחשבתו שחשב כדי לעקור מהן להנאתו משויא להו כמו שיש בו ד' טפחים וכדרבא דאמר רבא זרק ונח בפי הכלב או בפי הכבשן חייב דמחשבתו שויא לפי הכלב ולפי הכבשן [כמקום ד'] הכא נמי פיו ופי אמתו מחשבתו משויא להו כאילו מקום ד' הן. בעי רבא הוא ברשות הרבים ופי אמתו ברשות היחיד או הוא ברה"י ופי אמתו ברה"ר מהו בתר עקירה אולינן ומרשות לרשות הוא או דלמא בתר יציאה אולינן ורשות חדא היא ועלתה בתיקו. וקי"ל כל תיקו דאיסורא לחומרא. ר"י [אומר] אע"פ שנתלש רוקו בפיו כו' ואע"ג דלא אפיך ברוק נתלש נקרא *) והתניא האוכל דבילה בידים מסואבות והכנים ידו לתוך פיו ליטול צרור ר' מאיר מטמא שכבר נכשרה ברוקו ונגע בה וידיו מסואבות ור' יוסי מטהר שאין זה הכשר ר' יהודה אמר היפך ברוקו הנה נתלש והכשיר לא היפך טהור פי' לא נתלש עדיין ואינו משקה להכשיר דתנן במכשירין פ"ו ואלו מטמאין ומכשירין זובו של זב ורוקו ושכבת זרעו ומימי רגליו ורביעית מן המת ודם נדה ר' אלעזר אומר ש"ז אינה מכשרת. א"ר יוחנן מוחלפת השיטה. פי' חלוף ואומר במשנה ר' מאיר אומר היפך בו טמא ר' יהודה אומר אע"פ שלא היפך טמא ובא ר"ל ואמר לעולם לא תיפוך והא דתניא בברייתא רוקו ומשנתנו כיחו. פי' כיחו ליחה עבה שהיא כמו חתיכה. ואקשינן עליה והתניא כיחו וכן רוק שנתלש עמו. אם הלך בו ד' אמות חייב אלא מחוורתא כר' יוחנן. אמר ר"ל כיח ורק כו': לא יעמוד אדם ברה"י וישתה ברה"ר כו' ואמרינן רישא דקתני עומד ברה"ר ומטלטל ברה"י כו' רבנן סיפא דקתני לא יעמוד אדם כו' ר' מאיר ופריק רב יוסף בחפצין שצריכין לו לגופו ואפילו רבנן מודו דכי האי גוונא לא שרי ליה אלא מכנים ראשו ורובו למקום שהחפצין נתונים בו. איבעיא להו כלים שצריכין לו והן בכרמלית מהו שיעמוד ברה"ר או ברה"י אמר אביי היא היא. כלומר אסור. רבא אמר היא גופא מרשות הרבים לרה"י גזירה היא שמא (יוצא) [יוציא] מרשות לרשות והיא איסורא דאורייתא ניקו

*) משמע מלשונו דברייתא היא וכן לקמן בסמוך אמר והא דתניא בברייתא וצ"ע דהא משנה היא בכלים פ"ח.

לד א מיי׳ פ״ה מהל׳ מעשר הלכה טז:
לה ב ג ד מיי׳ פט״ו מהל׳ שבת הל׳ ג סמג לאוין סה טוש״ע א״ח סי׳ שנא:
לו ה ו מיי׳ שם הל׳ ט וסמג שם טור ש״ע א״ח סי׳ שנד סעיף א:
לז ז ח מיי׳ שם הל׳ י ועוש״ע שם סעיף ב:
לח ט מיי׳ פט״ז מהל׳ שבת הלכה כב טוש״ע א״ח סי׳ שסב סעיף א:

וְכֵן בַּגַּת. וְרָבָא אָמַר: לְעִנְיַן מַעֲשֵׂר. וְכֵן אָמַר רַב שֵׁשֶׁת: ״וְכֵן בַּגַּת״ — לְעִנְיַן מַעֲשֵׂר. *דִּתְנַן: שׁוֹתִין עַל הַגַּת בֵּין בְּחַמִּין וּבֵין בְּצוֹנֵן וּפָטוּר, דִּבְרֵי רַבִּי מֵאִיר. רַבִּי אֱלִיעֶזֶר בַּר צָדוֹק מְחַיֵּיב. וַחכ״א: [א]עַל הַחַמִּין — חַיָּיב, וְעַל הַצּוֹנֵן — פָּטוּר, מִפְּנֵי שֶׁמַּחֲזִיר אֶת הַמּוֹתָר.§ **מתני׳** [ב]קוֹלֵט אָדָם מִן הַמַּזְחֵילָה לְמַטָּה מִי׳ טְפָחִים, וּמִן הַצִּינּוֹר מ״מ שׁוֹתֶה.§ **גמ׳** קוֹלֵט — אִין, אֲבָל מְצָרֵף — לָא. מ״ט? אָמַר רַב נַחְמָן: הָכָא בְּמַזְחֵילָה פָּחוֹת מִג׳ סָמוּךְ לַגַּג עָסְקִינַן, דְּכָל פָּחוֹת מִג׳ סָמוּךְ לַגַּג כַּגַּג דָּמֵי. תַּנְיָא נַמִי הָכִי: [ג]עוֹמֵד אָדָם בִּרה״י וּמַגְבִּיהַּ יָדוֹ לְמַעְלָה מֵעֲשָׂרָה טְפָחִים לִפְחוֹת מִשְּׁלֹשָׁה סָמוּךְ לַגַּג, וְקוֹלֵט, וּבִלְבַד שֶׁלֹּא יְצָרֵף. תַּנְיָא אִידָךְ: לֹא יַעֲמוֹד אָדָם בִּרה״י וְיַגְבִּיהַּ יָדוֹ לְמַעְלָה מֵעֲשָׂרָה טְפָחִים לִפְחוֹת מִג׳ סָמוּךְ לַגַּג וִיצָרֵף, אֲבָל קוֹלֵט הוּא וְשׁוֹתֶה.§ מִן הַצִּינּוֹר מ״מ שׁוֹתֶה.§ תָּנָא: [ד]אִם יֵשׁ בַּצִּינּוֹר ד׳ עַל ד׳ — אָסוּר, מִפְּנֵי שֶׁהוּא כְּמוֹצִיא מֵרְשׁוּת לִרְשׁוּת.§ **מתני׳** [ה]בּוֹר בִּרה״ר וְחוּלְיָיתוֹ גְּבוֹהָה י׳ טְפָחִים — חַלּוֹן שֶׁעַל גַּבָּיו מְמַלְּאִין הֵימֶנּוּ בַּשַּׁבָּת, *אַשְׁפָּה בִּרה״ר גְּבוֹהָה י׳ טְפָחִים — חַלּוֹן שֶׁעַל גַּבָּיו שׁוֹפְכִין לְתוֹכָהּ מַיִם בַּשַּׁבָּת.§ **גמ׳** בְּמַאי עָסְקִינַן? אִילֵּימָא בִּסְמוּכָה — לָמָּה לִי חוּלְיָא י׳? אָמַר רַב הוּנָא: [ו]הָכָא בְּמַאי עָסְקִינַן — בְּמוּפְלֶגֶת מִן הַכּוֹתֶל אַרְבָּעָה. וְטַעְמָא — דְּאִיכָּא חוּלְיָא עֲשָׂרָה, הָא לֵיכָּא חוּלְיָא עֲשָׂרָה — קָא מְטַלְטֵל מֵרה״י לִרה״י דֶּרֶךְ רה״ר. וְרַבִּי יוֹחָנָן אָמַר: אֲפִילּוּ תֵּימָא בִּסְמוּכָה, הָא קמ״ל: *דְּבוֹר וְחוּלְיָיתוֹ מִצְטָרְפִין לַעֲשָׂרָה.§ [ז]״אַשְׁפָּה בִּרה״ר וכו׳.§ וְלָא חָיְישִׁינַן שֶׁמָּא תִּנָּטֵל אַשְׁפָּה? וְהָא *רָבִין בַּר רַב אַדָּא אָמַר רַבִּי יִצְחָק: מַעֲשֶׂה בְּמָבוֹי אֶחָד שֶׁצִּידּוֹ אֶחָד כָּלָה לַיָּם וְצִידּוֹ אֶחָד כָּלָה לָאַשְׁפָּה, וּבָא מַעֲשֶׂה לִפְנֵי רַבִּי וְלֹא אָמַר בּוֹ לֹא אִיסּוּר וְלֹא הֶיתֵּר. הֶיתֵּר לֹא אָמַר בּוֹ — דְּחָיְישִׁינַן שֶׁמָּא תִּנָּטֵל אַשְׁפָּה וְיַעֲלֶה הַיָּם שִׁירְטוֹן. אִיסּוּר לֹא אָמַר בּוֹ — דְּהָא קַיָּימִין מְחִיצּוֹת. לָא קַשְׁיָא; [ח]הָא — דְּיָחִיד, הָא — דְּרַבִּים.§ **מתני׳** *[ט]אִילָן שֶׁהָיָה מֵיסֵךְ עַל הָאָרֶץ, אִם אֵין גּוּפוֹ גָּבוֹהַּ מִן הָאָרֶץ שְׁלֹשָׁה טְפָחִים — מְטַלְטְלִים תַּחְתָּיו. שָׁרָשָׁיו גְּבוֹהִים מִן הָאָרֶץ ג׳ טְפָחִים — לֹא יֵשֵׁב עֲלֵיהֶן.§ **גמ׳** *א״ר הוּנָא בְּרֵיהּ דְּרַב יְהוֹשֻׁעַ: אֵין מְטַלְטְלִין בּוֹ יָתֵר מִבֵּית סָאתַיִם. מ״ט? מִשּׁוּם

תוספות

קולט אדם מן המזחילה למטה מי׳. כן גריס בקונטרס. פי׳: מאויר, אבל לא יצרף פיו או כלי למזחילה, לפי שהמזחילה בפחות מג׳ סמוך לגג, ואע״פ שהיא למטה מי׳, מ״מ ה״ל כמוציא מן הגג לרה״ר, כיון דתוך ג׳ לגג היא: **מן** הצינור מכל מקום שותה. פירוש: אפי׳ בצירוף כיון שהוא למטה מי׳, ורחוק שלשה טפחים מן הגג דליכא לבוד. ובגמרא מוקי לה דלית ביה ארבעה, דאי הוי ביה ארבעה — היה אסור לצרף. דמכרמלית לרה״ר קא מפיק. וכפירוש הקונטרס מוכח בתוספתא דמתיר צירוף בצינור למטה מי׳. לכך נראה כגרסת הקונט׳, דגריס גבי מזחילה: למטה מי׳. דאי הוי גרסי׳ למעלה מי׳ — הוה משמע(ה) צינור אפילו למעלה שרי, ולמטה — אפי׳ מזחילה שרי. ובתוספתא לא שרי אלא הצינור למטה, אבל צינור למעלה מי׳ או מזחילה אפילו למטה — אסור. ואית דגרס ״ומן הצינור ומ״מ מותר״. ובקונטרס הקשה על זאת הגיר׳ בגמרא. **לא** יעמוד אדם ברה״ר ויגביה ידו למטה מי׳. כן גי׳ ר״ת. אבל בקונטרס גרס: ״לא יעמוד אדם ברה״י״. והכי פירושא: לא יעמוד על גגו ויצרף מגג חבירו, שגבוה ממנו עשרה טפחים ולא עירבו. ואתיא אפי׳ *כר״מ, דאמר גגות רשות אחת הן, דבגג גבוה י׳ מודה. ואפילו לר״ש מצי אתיא. דמצי לפרושי דלצרף אסור, ולהביאם לבית קאמר. וקולט מותר אפילו להביאם — וכגון שלא שבתו בגג חבירו. דאי שבתו — פשיטא דאסור להביאם לבית. ומ״מ, אע״ג דלא שבתו — אסור לצרף ולהביאם לבית, דדמי ממש דמגג לבית קא מייתי. אבל לישנא דברייתא לא משתמע כר״ש, דקאמר: אבל קולט הוא ושותה, משמע במקומו. מכלל דצירוף אפילו במקומו — אסור. והא דאמר בגיטין ב״הזורק״ (דף עט:), א״ר יהודה, אמר שמואל: לא יעמוד אדם בגגו ויקלוט מי גשמים מגגו של חבירו — היינו להביאם לבית, כדפרישית לעיל. *צריך לומר דאיירי כששבתו בגג, דבשלא שבתו — שרי, כדאמ׳ הכא. ומהר״י אומר: דהתם איירי בקולט מאויר גג חבירו, והכא בקולט מאויר גג שלו, בסמוך לגג חבירו: וכן

[לעיל פט.] ל״ל. ד״ה שמואל

רש״י

וְכֵן בַּגַּת. וְהַאי גַּת מַאי הִיא? אִי רה״י, וְקָאָמַר דְּלֹא יַעֲמוֹד בִּרה״ר וְיוֹשִׁיט צַוָּארוֹ בַּגַּת וְיִטּוֹל כְּלִי וְיִשְׁתֶּה — הָא תָּנָא לֵיהּ רֵישָׁא. אֶלָּא לָאו בַּגַּת כַּרְמְלִית, כְּגוֹן שֶׁאֵינָהּ גְּבוֹהָה י׳: שׁוֹתִין עַל הַגַּת. עוֹמֵד עַל הַגַּת וְשׁוֹתֶה, דְּכָל זְמַן שֶׁלֹּא הוֹלִיאוֹ לַחוּץ — לָאו שְׁתִיַּית קֶבַע הִיא, וּפָטוּר מִן הַמַּעֲשֵׂר, בֵּין שֶׁמְּזָגוֹ בְּחַמִּין בֵּין שֶׁמְּזָגוֹ בְּצוֹנֵן: מְחַיֵּיב. בִּמְזִיגָה שֶׁמּוֹזְגוֹ בְּמַיִם מְשַׁוְּיָא לֵיהּ קֶבַע: עַל הַחַמִּין חַיָּיב. דְּאֵין רָאוּי לַחֲזוֹר הַמּוֹתָר שֶׁמְּקַלְקֵל הַיַּיִן. הִלְכָּךְ, כִּי מָזַג לֵיהּ בְּחַמִּין — אַדַּעְתָּא לְמִשְׁתְּיֵיהּ כּוּלֵּיהּ מָזַג לֵיהּ, וּמְשַׁוְּיָא לֵיהּ מְזִיגַת קֶבַע אֲבָל מְזִיגַת צוֹנֵן — לָא מְשַׁוְּיָא לֵיהּ קֶבַע, דִּילְמָא שָׁתֵי פּוּרְתָּא וּמְהַדַּר. הִלְכָּךְ, כָּל כַּמָּה דְּשָׁתֵי הָוֵי עֲרַאי. וּמַתְנִי׳ דְּקָתָנֵי וְכֵן בַּגַּת — ר״מ הִיא. וְקָתָנֵי: לֹא יַעֲמוֹד ע״ג קַרְקַע וְיִשְׁתֶּה בַּגַּת בְּלֹא הַפְרָשַׁת מַעֲשֵׂר, אא״כ הִכְנִיס רֹאשׁוֹ וְרוּבּוֹ לַגַּת: **מתני׳** קוֹלֵט אָדָם מִן הַמַּזְחֵילָה. לְמַטָּה מִי׳ טְפָחִים. גַּגִּין שֶׁלָּהֶן חֲלָקִים הָיוּ, וְטָחִים בְּטִיט, וּמַרְזְבִין קְטַנִּים הַרְבֵּה הָיוּ לַגַּג לְהוֹצִיא הַמַּיִם, וְנוֹתְנִין לְמַטָּה מֵהֶם דַּף כְּנֶגֶד אוֹרֶךְ הַכּוֹתֶל בְּשִׁיפּוּעַ, וְכָל הַמַּרְזְבִין שׁוֹפְכִין עָלָיו וְהוּא מֵבִיא כָּל הַמַּיִם לְמָקוֹם אֶחָד שֶׁלֹּא יַזִּיקוּ אֶת הַכּוֹתֶל. וְעוֹמֵד אָדָם בִּרה״ר וְקוֹלֵט בִּכְלִי לְמַטָּה מִי׳ טְפָחִים מִן הַמַּיִם הַיּוֹרְדִין מִן הַמַּזְחֵילָה. וְקוֹלֵט דַּוְקָא כְּדִמְפָרֵשׁ בַּגְּמָ׳ אֲבָל לֹא יְצָרֵף פִּיו אוֹ כְּלִי לַמַּזְחֵילָה, שֶׁהוּא בִּפְחוֹת מִשְּׁלֹשָׁה סָמוּךְ לַגַּג, וְאַף עַל פִּי שֶׁהוּא לְמַטָּה מִי׳, מ״מ — דְּהוֹאִיל וּמוּטֶּלֶת לְאוֹרֶךְ הַכּוֹתֶל וּבְתוֹךְ ג׳ לַגַּג — דָּמְיָא לְגַג, וְהָוֵי כְּמוֹצִיא מִן הַגַּג שֶׁהוּא רה״י לִרה״ר: וּמִן הַצִּינּוֹר מ״מ. כְּלוֹמַר: בֵּין קוֹלֵט בֵּין מְצָרֵף, מִשּׁוּם דְּצִינּוֹר לְעוֹלָם אָרוֹךְ וְיוֹצֵא לִרה״ר, וְלֵיכָּא לְמֵימַר לָבוּד. וְכֵיוָן דִּלְמַטָּה מֵעֲשָׂרָה הוּא(א) — לֵיכָּא אִיסּוּרָא. וּבַגְּמָרָא מוֹקִים לָהּ כְּשֶׁאֵין בְּפִיו אַרְבָּעָה, וְלָא גָּזְרִינַן אַטּוּ הֵיכָא דְּאִית בֵּיהּ אַרְבָּעָה. דְּאִי נַמִי אִית בֵּיהּ ד׳ — כַּרְמְלִית הוּא דְּלָא גָּבוֹהַּ עֲשָׂרָה. וּמש״ה נָקַט מַתְנִי׳ גַּבֵּי *מַזְחֵילָה לְמַטָּה מִי׳ — מִשּׁוּם דְּבָעֵי׳ לְמִתְנֵי וּמִן הַצִּינּוֹר מ״מ, וְאִי לְמַעְלָה מִי׳ לָא מִשְׁתְּרֵי צֵירוּף הַצִּינּוֹר — גְּזֵירָה אַטּוּ צִינּוֹר שֶׁבְּפִיו אַרְבָּעָ׳ דְּקָא מַפִּיק מֵרה״י לִרה״ר. אֲבָל קְלִיטָה, אֲפִי׳ לְמַעְלָה מִי׳ נַמִי מִשְׁתְּרֵי, דַּאֲוִירָא הוּא מְקוֹם פְּטוּר: **גמ׳** מְצָרֵף(ב). פִּיו אוֹ חָבִית לַמַּזְחֵילָה, וְהָוֵי כְּשׁוֹאֵב מִמֶּנָּה: תַּנְיָא נַמִי הָכִי. דִּפְחוֹת מִג׳ סָמוּךְ לַגַּג כְּגַג דָּמֵי וְהַמְצָרֵף מִשָּׁם — כִּמְצָרֵף בַּגַּג: עוֹמֵד אָדָם בִּרה״י. כְּגוֹן בַּגַּג: וְקוֹלֵט. מִן הָאֲוִיר מַיִם שֶׁיּוֹרְדִים מִגַּגּוֹ שֶׁל חֲבֵירוֹ, אֲבָל לֹא יְצָרֵף. וּבְמַתְנִיתִין נַמִי שָׁמַעְתִּי דְּהָכִי גָּרְסִינַן: מִן הַצִּינּוֹר וּמ״מ. וְלָא גָּרְסִינַן מִכָּל מָקוֹם בְּלֹא וָי״ו לְמִשְׁרֵי צֵירוּף, אֶלָּא ״ומ״מ״ כְּלוֹמַר: מ״מ הַמְקַבֵּל קוֹלֵט. וּמָצָאתִי בְּתוֹסֶפְתָּא דְּצֵירוּף מוּתָּר בְּצִינּוֹר לְמַטָּה מִי׳. וְעוֹד: הָא דְּקָאָמַר תָּנָא אִם יֵשׁ בַּצִּינּוֹר אַרְבָּעָה אָסוּר — אַהֵיכָא קָאֵי? אִקְּלִיטָה — מַאי מֵרְשׁוּת לִרְשׁוּת אִיכָּא, וְאִי אַצֵּירוּף — מַתְנִי׳ נַמִי אָסַר, אֲפִי׳ כְּשֶׁאֵין בּוֹ אַרְבָּעָה. וַאֲנִי שָׁמַעְתִּי דְּאַסֵּירוּלָא דְּמַתְנִי׳ נַמִי קָאֵי, דְּקִיּמְנָא בִּפְחוֹת מִג׳ לַגַּג, הָא לָאו הָכִי — מְצָרְפִין. וְאֵין דֶּרֶךְ לְשׁוֹן הַתַּלְמוּד כֵּן לוֹמַר תָּנָא אַהֵיתֵירָא אֲמוֹרָאִים שֶׁלֹּא הוּזְכַּר בַּמִּשְׁנָה. אֶלָּא ה״ג: וּמִן הַצִּינּוֹר מ״מ וכו׳ מַתְנִי׳ הִיא, וְאַלְּמַטָּה מֵעֲשָׂרָה קָאֵי, וְלָא סֵיפָא דְּבָרַיְיתָא הִיא: **תנא אם יש בצינור ארבעה**. בְּרוֹחַב: **אסור**. לְצָרֵף וְאע״ג דִּלְמַטָּה מִי׳ הֲוַאי וְלָבוּד נַמִי לֵיכָּא אפ״ה כַּרְמְלִית מִיהָא הָוֵי וּמַפִּיק מִכַּרְמְלִית לִרְשׁוּת הָרַבִּים: **גמ׳** אִי נֵימָא **בסמוכה**. שֶׁהַבּוֹר סְמוּכָה לַכּוֹתֶל בְּתוֹךְ אַרְבָּעָה טְפָחִים: לָמָּה לִי חוּלְיָא עֲשָׂרָה. בּוֹר גּוּפֵיהּ רה״י וַעֲמוּקָּה עֲשָׂרָה, וַהֲרֵי אֵין רְשׁוּת הָרַבִּים מַפְסֶקֶת בֵּינְתַיִים: וְטַעְמָא **דאיכא חוליא** עֲשָׂרָה. דְּלָא מָטֵי דְּלִי לרה״ר: **הא** קמ״ל כו׳. וּמַתְנִיתִין לָאו כְּדִס״ד דְּתֶיהֱוֵי חוּלְיָא עֲשָׂרָה לְבַד מִבּוֹר, אֶלָּא ה״ק: בּוֹר בִּרה״ר וְחוּלְיָיתוֹ סְבִיבָיו, וְסַךְ הַכֹּל גָּבוֹהַּ י׳ מִקַּרְקָעִית הַבּוֹר — רה״י, וּמְמַלְּאִין מִמֶּנָּה לַחַלּוֹן: שׁוֹפְכִין לְתוֹכָהּ. דְּאַשְׁפָּה רה״י הִיא: וְלָא חָיְישִׁינַן **שמא** תִּנָּטֵל **אשפה**. וְתַעֲמוֹד עַל פָּחוֹת מִי׳ וְאָתֵי לְמִשְׁרֵי בֵּיהּ נַמִי כִּמְעִיקָּרָא: בְּמָבוֹי. רֹאשׁוֹ אֶחָד פָּתוּחַ לרה״ר, וְרֹאשׁוֹ אֶחָד סָתוּם וּשְׁנֵי צְדָדָיו, אֶחָד יָם וְגִידוּדָיו גְּבוֹהִים י׳ וְאֶחָד אַשְׁפָּה וּבָתִּים וַחֲצֵירוֹת פְּתוּחִין לוֹ בְּדוֹפֶן אֶמְצָעִי: שִׁירְטוֹן. לִימוֹ״ן בְּלַעַ״ז, שֶׁמַּעֲלֶה טִיט לִשְׂפָתָיו, וּמִתְיַבֵּשׁ וְנַעֲשֶׂה קַרְקַע עוֹלָם: דְּרַבִּים. מַתְנִי׳ בְּאַשְׁפָּה דְּרַבִּים: **מתני׳** הַמֵּיסֵךְ. שֶׁגּוּפוֹ נוֹטֶה לְמַטָּה מִכָּל צְדָדָיו סָבִיב: מְטַלְטְלִין תַּחְתָּיו. דְּאָמְרִי׳ לָבוּד, וַהֲרֵי*) יֵשׁ כָּאן מְחִיצָּה עֲשָׂרָה(ג): שָׁרָשָׁיו גְּבוֹהִים. שֶׁאֵין הָעֲנָפִים נְמוּכִין אֶלָּא בְּרָאשָׁן הוֹלְכִין וּמַגְבִּיהִין לְצַד חִיבּוּרָן: לֹא יֵשֵׁב עֲלֵיהֶן. דְּכֵיוָן דִּגְבוֹהִין שְׁלֹשָׁה — כְּאִילָן חֲשִׁיבִי, וְאֵין מִשְׁתַּמְּשִׁין בְּאִילָן: **גמ׳** אֶלָּא בְּבֵית סָאתַיִם. אִם הָיָה הֶיקֵּיפוֹ יוֹתֵר עַל בֵּית סָאתַיִם — אֵין מְטַלְטְלִין בּוֹ אֶלָּא בְּאַרְבַּע(ד) וַאֲפִילּוּ נָטְעוּ מִתְּחִילָּה לְכָךְ, דְּהָוֵי מוּקָּף לְדִירָה: מ״ט. הָא כָּל הֶיקֵּף לְדִירָה, אֲפִילּוּ עֲשָׂרָה כּוֹרִים, מוּתָּר:
מִשּׁוּם

*) עי׳ בפירש״י בר״יף

משמע לצינור אפילו למעלה מעשרה שרי ולמטה מי׳ אפילו מזחילה שריא ובתוספתא לא שרי אלא בצינור למטה מעשרה אבל וכו׳ למטה מעשרה אסור:

שבת יא: [ומש״ש שם] מעשרות פ״ד מ״ד
[לעיל ח. ע״ש בתוספות ד״ה זורקין]
[לעיל עח. שבת נט.]
לעיל ח.
גי׳ רש״ל קולט
לעיל טו. סוכה כב:
[סוכה כב: ע״ש]

רבינו חננאל

ניקו ונגזור נמי כרמלית אטו רשות הרבים גזירה לגזירה לא גזרינן ודייק אביי מדתנן וכן בגת והגת ככרמלית היא. ודחי רבא ואמר וכן בגת לא קתני לענין שבת דלענין שבת מן הגת שרי ואע״ג דלא מעייל רישיה ורובו התם. כי קתני וכן בגת לענין מעשר דפטור כר׳ מאיר דתנן שותין על הגת בין בחמין ובין בצונן ופטור דברי ר׳ מאיר ר׳ אלעזר בר צדוק מחייב. וחכ״א על החמין חייב לעשר שאינו זה עראי אלא קבוע על הצונן פטור כי עראי הוא מפני שמחזיר המותר לו בכוס. משא״כ בחמין: **קולט** מן מזחילה למעלה מי׳ טפחים ומן הצנור מכל מקום ושותה. פי׳ קולט מקבל ותופש מן המים היורדין מלמעלה ושותה אבל מצרף לא כלומר לערב המים היורדין מלמעלה עם המים שכבר נחו בקרקע מ״ט אמר רב נחמן הכא במזחילה פחות מג׳ טפחים סמוך לגג עסקינן דכל פחות מג׳ סמוך לגג כגג דמי. ואלו המים שקלטם מן הגג קלטם שהוא רה״י ולפיכך אינו רשאי לצרפם עם התחתונים שהם ברה״ר תניא נמי הכי כו׳ ותניא אידך לא יעמוד ברה״ר כו׳: **ירושלמי** סילון העומד ברשות הרבים גבוה י׳ ורחב ד׳ אין שופכין בתוכו מים שמתגלגלין ויורדין: בור ברה״ר וחולייתו וכו׳. אמרינן אי בסמוכה אפי׳ פחות מי׳ טפחים כרמלית הוא ושרי ואוקימנא בבור המופלג מן הכותל ד׳ טפחים אם אין בחולייתו י׳ טפחים הרי האויר דביני ביני עד הכותל רה״ר נמצא מטלטל המים מן הבור שהוא רה״י לבית שהוא רה״י דרך חליתו על ד׳ טפחים שהן רה״ר אבל אם חליתו גבוהה י׳ טפחים נמצאו המים כשעולין מפי החולייא למעלה מי׳ טפחים שהוא רה״י לרה״י ר׳ יוחנן אמר אפילו תימא בסמוכה לא אמרינן וחולייתו גבוהה י׳ טפחים אלא ללמד דבור וחולייתו מצטרפין לי׳. אשפה ברה״ר כו׳. ואקשינן וניחוש שמא תנטל אשפה וישאר המקום רה״ר דהא אמרו משמיה דר׳ יצחק מעשה במבוי כו׳ פי׳ שירטון רפש וטיט וכשייבש נעשה ארץ ובני אדם עוברין ובאין עליו ויעשה המקום רה״ר ונמצא המבוי [פתוח] לרה״ר ופרקינן אשפה דמתניתין אשפה דרבים היא שאין עשויה לפנות ואשפה דמבוי אשפה דיחיד דעבידא לאפנויי: **אילן** המיסך על הארץ אם אין גופו גבוה מן הארץ שלשה טפחים מטלטלין תחתיו. פירוש כיון שאין גופו גבוה שלשה טפחים חוזין להאי נוף כמאן דמטי על הארץ דכל פחות מג׳ כלבוד דמי. והא הוי מחיצות לתחת האילן לפיכך נעשה תחת האילן רה״י ומותר לטלטל בכולו. אמר רב הונא בריה דרב יהושע אין מטלטלין בו יותר מבית סאתים כו׳
שרשיו

הגהות הב״ח

(א) רש״י ד״ה ומן הצינור וכו׳ דלמטה מעשרה הוא קולט ליכא איסורא: (ב) ד״ה מצרף פיו וכו׳ נמחק כל הדבור: (ג) ד״ה מטלטלין וכו׳ מחיצה עשרה שאין הענפים כצ״ל ותיבת שרשיו גבוהין נמחק והד״א: (ד) ד״ה אלא בבית וכו׳ אלא בארבע אמות ואפילו: (ה) תוס׳ ד״ה ומן הצינור וכו׳ הוה

לט א ב ג ד מיי' פכ"א מהל' שבת הל' ח סמג לאוין סה טוש"ע א"ח סי' שלו סעיף ב:
מ ה ו מיי' שם הלכה ט וטוש"ע שם סעיף א:
מא ז מיי' פ"ב מהל' פסולי המוקדשין הלכה יא:

מִשּׁוּם דְּהָוֵי דִּירָה שֶׁתַּשְׁמִישָׁהּ לָאֲוִיר, וְכָל דִּירָה שֶׁתַּשְׁמִישָׁהּ לָאֲוִיר — אֵין מְטַלְטְלִין בָּהּ יָתֵר מִבֵּית סָאתַיִם.§ א"שָׁרָשָׁיו גְּבוֹהִין מִן הָאָרֶץ וכו'.§ אִיתְּמַר, שָׁרְשֵׁי אִילָן הַבָּאִין מִלְמַעְלָה מִשְּׁלֹשָׁה לְתוֹךְ שְׁלֹשָׁה, רַבָּה אָמַר: במוּתָּר לְהִשְׁתַּמֵּשׁ בָּהֶן, רַב שֵׁשֶׁת אָמַר: אָסוּר לְהִשְׁתַּמֵּשׁ בָּהֶן. רַבָּה אָמַר מוּתָּר לְהִשְׁתַּמֵּשׁ בָּהֶן — דְּכָל פָּחוֹת מִג' דְּאַרְעָא — אַרְעָא הִיא. רַב שֵׁשֶׁת אָמַר: אָסוּר לְהִשְׁתַּמֵּשׁ בָּהֶן, דְּכֵיוָן דְּמִכַּח אִיסּוּר קָאָתֵי — אֲסוּרִין. דְּדָמוּ כִּמְשׁוּנִיתָא, גדְּסָלְקִין לְעֵילָּא — אֲסוּרִין, דְּנָחְתִּין לְתַתַּאי — שָׁרוּ. לְצִדְדִין — פְּלוּגְתָּא דְּרַבָּה וְרַב שֵׁשֶׁת. וְכֵן אַנִּיגְרָא, וְכֵן בְּקֶרֶן זָוִית. הַהוּא דִּיקְלָא דַּהֲוָה לְאַבַּיֵי וַהֲוָה סָלֵיק בְּאִיפּוּמָא. אֲתָא לְקַמֵּיהּ דְּרַב יוֹסֵף וּשְׁרָא לֵיהּ. אָמַר רַב אַחָא בַּר תַּחְלִיפָא: דִּשְׁרָא לָךְ — כְּרַבָּה שְׁרָא לָךְ. פְּשִׁיטָא! מַהוּ דְּתֵימָא: אֲפִילּוּ לְרַב שֵׁשֶׁת, בֵּיתָא כְּמַאן דְּמָלֵי דָּמֵי, וְלִישְׁתַּמֵּשׁ בְּפָחוֹת מִג' סָמוּךְ לַגַּג, קמ"ל. תְּנַן: "שָׁרָשָׁיו גְּבוֹהִין מִן הָאָרֶץ ג' טְפָחִים — לֹא יֵשֵׁב עֲלֵיהֶם". הֵיכִי דָּמֵי? אִי דְּלָא הָדְרִי כָּיְפִי — פְּשִׁיטָא! אֶלָּא לָאו — אע"ג דְּהָדְרִי כָּיְפִי! לָא, לְעוֹלָם דְּלָא הָדְרִי כָּיְפִי. וְהָא קמ"ל: דאע"ג דְּצִידּוֹ אֶחָד שָׁוֶה לָאָרֶץ.§ ת"ר: שָׁרְשֵׁי אִילָן שֶׁגְּבוֹהִין מִן הָאָרֶץ ג' טְפָחִים. אוֹ שֶׁיֵּשׁ חָלָל תַּחְתֵּיהֶן ג' טְפָחִים, אע"פ שֶׁצִּידּוֹ אֶחָד שָׁוֶה לָאָרֶץ — ה"ז לֹא יֵשֵׁב עֲלֵיהֶן, לְפִי השֶׁאֵין עוֹלִין בָּאִילָן, וְאֵין נִתְלִין בָּאִילָן, וְאֵין נִשְׁעָנִין בָּאִילָן, וְלֹא יַעֲלֶה בָּאִילָן מִבְּעוֹד יוֹם וְיֵשֵׁב שָׁם כָּל הַיּוֹם כּוּלּוֹ, אֶחָד אִילָן וְאֶחָד כָּל הַבְּהֵמָה. אֲבָל בּוֹר שִׁיחַ וּמְעָרָה וְגָדֵר *מְטַפֵּס וְעוֹלֶה מְטַפֵּס וְיוֹרֵד, וַאֲפִילּוּ הֵן מֵאָה אַמָּה. תָּנֵי חֲדָא: אִם עָלָה — מוּתָּר לֵירֵד, וְתָנֵי חֲדָא: אָסוּר לֵירֵד. לָא קַשְׁיָא; כָּאן — מִבְּעוֹד יוֹם, כָּאן — מִשֶּׁחָשֵׁיכָה. וְאִיבָּעֵית אֵימָא: והָא וְהָא מִשֶּׁחָשֵׁיכָה, וְל"ק; כָּאן — בְּשׁוֹגֵג, כָּאן — בְּמֵזִיד. וְאִיבָּעֵית אֵימָא: הָא וְהָא בְּשׁוֹגֵג, וְהָכָא *בִּקְנָסוּ שׁוֹגֵג אַטּוּ מֵזִיד קָמִיפַּלְגִי; מָר סָבַר: קָנְסִינַן, וּמָר סָבַר: לָא קָנְסִינַן. אָמַר רַב הוּנָא בְּרֵיהּ דְּרַב יְהוֹשֻׁעַ: כְּתַנָּאֵי, *זהַנִּיתָּנִין בְּמַתָּנָה אַחַת שֶׁנִּתְעָרְבוּ בְּנִיתָּנִין מַתָּנָה אַחַת — יִנָּתְנוּ בְּמַתָּנָה אַחַת. מַתַּן ד' בְּמַתַּן ד' — יִנָּתְנוּ בְּמַתַּן ד'. מַתַּן אַרְבַּע בְּמַתַּן אַחַת — ר"א אוֹמֵר: יִנָּתְנוּ בְּמַתַּן ד', וְר' יְהוֹשֻׁעַ אוֹמֵר: יִנָּתְנוּ בְּמַתָּנָה אַחַת. אָמַר לוֹ ר"א: הֲרֵי הוּא עוֹבֵר עַל "בַּל תִּגְרַע"! אָמַר לוֹ ר' יְהוֹשֻׁעַ: הֲרֵי הוּא עוֹבֵר בְּ"בַל תּוֹסִיף"! *א"ר אֱלִיעֶזֶר: לֹא אָמְרוּ אֶלָּא כְּשֶׁהוּא בְּעַצְמוֹ. אָמַר לוֹ ר' יְהוֹשֻׁעַ: לֹא נֶאֱמַר "בַּל תִּגְרַע" אֶלָּא כְּשֶׁהוּא בְּעַצְמוֹ. וְעוֹד א"ר יְהוֹשֻׁעַ: כְּשֶׁנָּתַתָּ — עָבַרְתָּ עַל "בַּל תּוֹסִיף" וְעָשִׂיתָ מַעֲשֶׂה בְּיָדְךָ, כְּשֶׁלֹּא נָתַתָּ — עָבַרְתָּ עַל "בַּל תִּגְרַע" וְלֹא עָשִׂיתָ מַעֲשֶׂה בְּיָדְךָ. לְר"א, דְּאָמַר הָתָם: קוּם עֲשֵׂה עָדִיף — ה"נ יֵרֵד. לְר' יְהוֹשֻׁעַ דְּאָמַר הָתָם שֵׁב וְאַל תַּעֲשֶׂה עֲדִיף — ה"נ לֹא יֵרֵד. דִּילְמָא לָא הִיא, ע"כ לָא קָאָמַר ר"א הָתָם קוּם עֲשֵׂה עָדִיף *אֶלָּא דְּקָא עָבֵיד מִצְוָה, אֲבָל הָכָא דְּלָא עָבֵיד מִצְוָה — ה"נ לֹא יֵרֵד. וְאִי נָמֵי, ע"כ לָא קָאָמַר ר' יְהוֹשֻׁעַ הָתָם שֵׁב וְאַל תַּעֲשֶׂה עָדִיף(א) — אֶלָּא דְּלָא

[רש"י]

מִשּׁוּם דְּהָוֵי דִּירָה שֶׁתַּשְׁמִישָׁהּ לָאֲוִיר. אֵינָהּ לָדוּר בָּהּ תָּמִיד, אֶלָּא לְהִסְתּוֹפֵף בָּהּ שׁוֹמְרֵי (הָעִיר) הַשָּׂדֶה: מִלְמַעְלָה מִג' לְתוֹךְ ג'. דִּלְאַחַר שֶׁהִגְבִּיהוּ שְׁלֹשָׁה חָזְרוּ וְכָפְפוּ: דְּדָמוּ כִּי מְשׁוּנִיתָא. כְּעֵין סֶלַע, כְּהַר זֶה שֶׁמִּשְׁתַּפֵּעַ לִצְדָדִין, כָּךְ יוֹצְאִין שָׁרָשָׁיו קְטַנִּים מִתּוֹךְ הַגְּדוֹלִין לִצְדָדִין וְכוֹפְפִין לָאָרֶץ מִכָּאן וּמִכָּאן, הַגְּדוֹלִים הוֹלְכִין וּמַגְבִּיהִין בַּאֲלַכְסוֹן יוֹתֵר מִג' כָּזֶה: דְּסָלְקִי לְעֵילַּאי. הַגְּדֵילִים מִשֶּׁהִגְבִּיהַּ לְמַעְלָה מִג': אֲסוּרִין. לְדִבְרֵי הַכֹּל: דְּנָחְתִּי לְתַתַּאי. הַגְּדֵילִים לְרֹאשׁוֹ שֶׁל צַד הָאִילָן, כָּל שֶׁלֹּא גָּבוֹהַּ ג' וְכֵן קְטַנִּים הַיּוֹצְאִין מִן הַגְּדֵילִים בְּשִׁיפּוּלוֹ: שָׁרוּ. לְדִבְרֵי הַכֹּל דְּאַכַּתִּי לָאו לִכְלָל אִיסּוּר אָתוּ: לִצְדָדִין. הַשָּׁרָשִׁים הַקְּטַנִּים הַיּוֹצְאִים מִתּוֹךְ גּוֹבַהּ שֶׁל גְּדוֹלִים, וּמָטִין לָאָרֶץ לְתוֹךְ ג' לְרַב שֵׁשֶׁת אֲסִירִי, דְּמִכַּח אִיסּוּרָא אָתוּ. לְרַבָּה שָׁרוּ: וְכֵן אַנִּיגְרָא. אִילָן הַיּוֹצֵא מִתּוֹךְ חָרִיץ קָצָר הֶעָשׂוּי לְהוֹלִיךְ הַמַּיִם לַשָּׂדוֹת, וּשְׁנֵי יְדֵי הָאִילָן שֶׁל צַד גִּידוּדֵי הֶחָרִיץ נִכְנָסִין בְּגִידוּדָיו. וְאִם בָּא לִמְדּוֹד מִצְּדָדִין שֶׁבְּתוֹךְ הַנֶּגֶר — הֲרֵי הוּא גָּבוֹהַּ ג' וְיוֹתֵר, וְאִם בָּא לִמְדּוֹד מִצְּדָדָיו הַשְּׁנַיִם שֶׁהֵן מִגִּידוּדֵי הֶחָרִיץ וּלְמַעְלָה — אֵין גָּבוֹהַּ ג'. לְרַבָּה(ב) דְּמוֹדֵד הַגִּידוּדִים שָׁרוּ דְּכָל פָּחוֹת מִג' לְאַרְעָא כְּאַרְעָא. לְרַב שֵׁשֶׁת מֵעוּמְקוֹ מוֹדֵד, וַהֲרֵי גָּבוֹהַּ ג' וּמִכַּח אִיסּוּרָא אָתוּ: וְכֵן קֶרֶן זָוִית. אִילָן הָעוֹלֶה בְּמִקְצוֹעַ שְׁנֵי כּוֹתָלִים שֶׁל חָצֵר, וְג' צְדָדָיו נִכְנָסִין בְּתוֹךְ הַמִּקְצוֹעַ שֶׁבַּכּוֹתָלִים, וְאֵין נִרְאֶה אֶלָּא צִדּוֹ שֶׁמִּבַּחוּץ, וְהוֹלֵךְ וְעוֹלֶה עַד לְמַעְלָה לַכּוֹתֶל פָּחוֹת מִג'. לְרַבָּה כָּל פָּחוֹת מִג' לָאו אִילָן הוּא, דְּמֵעוֹלָם לֹא גָּבוֹהַּ שְׁלֹשָׁה, וּלְרַב שֵׁשֶׁת מֵאַרְעָא מְשַׁחִינַן, וּמִכַּח אִיסּוּרָא אָתוּ. וְדַוְקָא קֶרֶן זָוִית, אֲבָל אֵצֶל כּוֹתֶל בְּעָלְמָא — מוֹדֶה רַבָּה, דְּהוֹאִיל וּשְׁלֹשֶׁת צְדָדָיו גְּבוֹהִין וְהָרְבִיעִי שָׁוֶה לָאָרֶץ אוֹ לַכּוֹתֶל — דְּאָסוּר, אֲפִי' צִדּוֹ דְּשָׁוֶה לַכּוֹתֶל: דַּהֲוָה סָלֵיק בְּאִיפּוּמָא. בְּתוֹךְ הַבַּיִת הָיָה עוֹמֵד, וְעוֹלֶה דֶּרֶךְ פִּי אֲרוּבָּה לְמַעְלָה מִן הַגַּג פָּחוֹת מִג': וּשְׁרָא לֵיהּ. דְּאֵינוֹ נִרְאֶה מִן הַגַּג ג' אֲפִי' בְּאֶחָד מִצְּדָדָיו: כְּרַבָּה שְׁרָא לָךְ. דְּאָמַר לָא אָמְרִי' מִכַּח אִיסּוּרָא אָתֵי, דְּהָא הָכָא בְּתוֹךְ הַבַּיִת הוּא דְּאָסוּר שֶׁגּוֹבְהוֹ נִרְאֶה שָׁם: דְּמָלֵי. כְּאַרְעָא סְמִיכְתָּא הִיא. דְּהָא אָמְרַן לְעֵיל: *חַלּוֹן שֶׁבֵּין שְׁנֵי בָּתִּים לְמַעְלָה מִי' כְּמַאן דְּמָלֵי דָּמֵי: דְּהָדְרִי כָּיְפִי. וְאַשְׁמְעִינַן דְּלֹא יֵשֵׁב עַל הַכְּפוּפִין. דְּאִי עַל הַגְּבוֹהִין — פְּשִׁיטָא, אַכַּתִּי לָא אַשְׁמְעִינַן אֵלּוּ הֵן מִשּׁוּם שְׁבוּת: לֹא עוֹלִין בָּאִילָן, בְּמַס' בֵּיצָה (דף לו:): דְּצִדּוֹ אֶחָד שָׁוֶה לָאָרֶץ. שֶׁהַקַּרְקַע גָּבוֹהַּ כְּגַדּוֹ הָאֶחָד, מוֹדֶה רַבָּה הֵיכָא דִּשְׁלֹשֶׁת צְדָדָיו גְּבוֹהִין מִן הָאָרֶץ, דַּאֲסוּרָה צַד הַשָּׁוֶה לָאָרֶץ: וְאֵין נִיתְלִין בָּאִילָן. אשטנדליי"ר: בּוֹר וְשִׁיחַ וּמְעָרָה. בֵּין שֶׁיֵּשׁ בָּהֶן מַיִם, בֵּין שֶׁאֵין בָּהֶם מַיִם: מְטַפֵּס. דנפיי"ר, מְטַפֵּס וְיוֹרֵד. דְּטַעְמָא לָאו מִשּׁוּם דְּטִרְחָא, אֶלָּא שֶׁלֹּא יִתְלוֹשׁ מִן הַמְחוּבָּר בְּמִתְכַּוֵּין: אִם עָלָה. בָּאִילָן, אָסוּר לֵירֵד. דְּכָל דֶּרֶךְ יְרִידָתוֹ הוּא מִשְׁתַּמֵּשׁ בִּמְחוּבָּר: עָלָה מִבְּעוֹד יוֹם. וְקָדַשׁ עָלָיו הַיּוֹם — לָא קָנְסִינַן לֵיהּ, וְיוֹרֵד: הַנִּיתָּנִין בְּמַתָּנָה אַחַת וכו'. כְּגוֹן דַּם הַבְּכוֹר שֶׁנִּתְעָרֵב בְּדַם בְּכוֹר אַחֵר: יִנָּתְנוּ בְּמַתָּנָה אַחַת. וְעוֹלָה אוֹתָהּ מַתָּנָה לָזֶה וְלָזֶה: מַתַּן אַרְבַּע בְּמַתַּן אַרְבַּע. דַּם חַטָּאת זוֹ נִשְׁפַּךְ לְדַם חַטָּאת זוֹ — יִנָּתְנוּ ד' מַתָּנוֹת, וְעוֹלֶה לָזוֹ וְלָזוֹ: יִנָּתְנוּ בְּמַתַּן אַרְבַּע. דְּקָסָבַר: קוּם עֲשֵׂה מִצְוָה עָדִיף, אע"ג דְּבַהֲדֵי מִצְוָה אִיכָּא נַמֵּי עֲבֵירָה דְּעָבַר אַבְּכוֹר אַבַּל תּוֹסִיף, אָתֵי עֲשֵׂה דְּחַטָּאת דִּכְתִיב (ויקרא ד): "וְנָתַן עַל קַרְנוֹת" וְדָחֵי לְבַל תּוֹסִיף דִּבְכוֹר: וְר' יְהוֹשֻׁעַ אוֹמֵר נוֹתְנוֹ בְּמַתָּנָה אַחַת. כֵּיוָן דְּקַיְימָא לָן: *)כָּל הַנִּיתָּנִין עַל מִזְבֵּחַ הַחִיצוֹן שֶׁנְּתָנָן בְּמַתָּנָה אַחַת כִּיפֵּר, הָכָא דְּלֹא אֶפְשָׁר סָמְכִינַן עֲלָהּ אֲפִילּוּ לְכַתְּחִילָּה, וְלָא עָבְרִינַן אַבַּל תּוֹסִיף. וְאִי מִשּׁוּם בַּל תִּגְרַע דְּחַטָּאת, כִּדְקָאָמַר טַעְמָא: מוּטָב שֶׁיֵּעָקֵר "בַּל תִּגְרַע" מֵאֵלָיו, שֶׁהוּא יוֹשֵׁב וְאֵינוֹ עוֹקֵר הַלָּאו בְּיָדַיִם, מִלַּעֲבוֹר עַל "בַּל תּוֹסִיף" שֶׁהוּא עוֹקְרוֹ בְּיָדַיִם: ה"נ יוֹרֵד. דְּהַךְ יְרִידָה מִצְוָה הִיא, דְּהָא כָּל זְמַן שֶׁהוּא יוֹשֵׁב מִשְׁתַּמֵּשׁ(ג) וַהֲרֵי זֶה תַּשְׁמִישׁ. הִלְכָּךְ, אע"ג דְּהַשְׁתָּא מִשְׁתַּמֵּשׁ תַּשְׁמִישׁ אַחֵר כְּשֶׁיּוֹרֵד יוֹתֵר וְיוֹתֵר — עָדִיף מִשֶּׁיֵּשֵׁב שָׁם: דְּקָא עָבֵיד מִצְוָה. דִּמְקַיֵּים עֲשֵׂה: לָא קָא עָבֵיד מִצְוָה. פּוֹרֵשׁ מִן הָעֲבֵירָה הוּא ע"י עֲבֵירָה, אֲבָל קִיּוּם מִצְוָה אֵין כָּאן: דְּלָא

*) [זבחים לו:]

[תוספות]

וכן בקרן זוית. פי' בקונטרס: שג' צדדיו נכנסין תוך המקצוע, ואין נראה מבחוץ אלא צד רביעי. ואיצטריך למימר תרוייהו קרן זוית, להודיעך כחו דרב ששת, ונגר דמשני צדדיו להודיעך כחו דרבה, דשרי. ומיהו, מודה רבה בסמוך לכותל שאינו שוה לארץ אלא מצד אחד דאסור. והא דנקט ברייתא בסמוך: וצדו אחד שוה לארץ — לא תקשי לרב ששת, דלדידיה לאו דוקא נקט צדו אחד, דהוא הדין משני צדדין:

מתן ד' במתן אחת. פי': עולה שהיא מתן שתים שהן ד', בבכור או בפסח. אבל אין לפרש מתן ד' היינו חטאת — דאם נתערבה מתן חטאת בפסח או בבכור אין להם תקנה, לפי שזה למעלה מחוט הסיקרא וזה למטה. וא"ת: וליתי עשה ולידחי לאו ד"בל תוסיף"! וי"ל: דלא דמי כלל לכלאים בציצית, דהכא ע"י פשיעה הוא בא, והיה יכול להתקיים בלא דחיית הלאו: **ינתנו** במתנה אחת. דקיימא לן: *כל הניתנין (ד) שנתנו במתנה אחת כפר: לא

[זבחים לו:]

ה"ז: [עי' לעיל כח. מ"ש על צידו]

[שבת ג: וש"נ]

ר"ה כח: זבחים פ.

דכי יהיב עביד מצוה כ"ה בס"א

רבינו חננאל

שרשיו גבוהין מן הארץ ג' טפחים לא ישב עליהן בשב' שנמצא [משתמש] באילן אבל אם היו שרשיו גבוהין מן הארץ פחות מג' טפחים הרי הן כקרקע ומותר לישב עליהן. אתמר שרשי האילן הבאין למעלה מג' טפחים וחוזרין ונכפפין לתוך ג' רבה אמר מותר לישב עליהן דכל פחות מג' טפחים דארעא כארעא הוא. רב ששת אמר אסור. כיון דמכח איסורא קא אתי אסור. דמו למשוניתא. פי' *) ההוא דיקלא דהוה לבי רב ביבי בר אביי דהוה סליק באיפומא פי' היה עולה אותה תמרה עד הגג ובגג היה לול ויצא מן הלול ועלה באויר הגג והיא עכשיו ענפיה בפחות מג' לגג אתא לקמי (דרבא) [דרב] (רב) יוסף שרא ליה לישב עליו אמר ליה רב אחא בר תחליפא הני דשרו לך כרבה שרו לך דאמר כל פחות מג' לארץ ארץ היא הכא נמי כל פחות מג' לגג גג הוא ואמרינן פשיטא מהו דתימא אפילו לרב ששת ביתא כמאן דמלי דמי [קמשמע לן] היכי דמי אילימא דלא הדרי כיפי צריכא למימר אלא לאו אע"ג דהדרי כיפי שרו. [ומשני לעולם דלא הדרי כיפי] והא קמשמע לן דאף על גב דצידו אחד שוה לארץ אסור דתניא שרשי אילן שגבוהין מן הארץ ג' טפחים או שיש חלל כו'. תני חדא אם עלה באילן ירד והני מילי מבעו"י אבל אם עלה משחשכה אסור. איבעית אימא לעולם בשעלה משחשכה ואם בשוגג ירד במזיד לא ירד. אמר רב הונא בריה דרב יהושע כתנאי דתניא בשחיטת קדשים פ"ח הניתנין מתן ד' כו' לר' אליעזר דאמר התם קום עשה עדיף מותר לירד מן האילן לר' יהושע דאמר שב ואל תעשה עדיף עלה אסור לירד. ודחינן ממאי דלמא עד כאן לא אמר ר' אליעזר התם דכי קא יהיב מצוה קא עביד אבל הכא דכי נחית מן האילן לא עביד [מצוה] הכי נמי לא ירד אבל **) הכא דיתיב באילן עביד איסורא הכי נמי דירד. תני

*) נראה דחסר בהעתקה פי' ד' רבינו על משוניתא ועי' בערוך ערך משניתא. **) נראה דחסר כאן וכן נ"ל ואי נמי ע"כ לא אמר ר"י התם שב ואל תעשה עדיף אלא דוקא דלא קעביד איסורא אבל הכא וכו'.

הגהות הב"ח

(א) גמ' שב ואל תעשה עדיף לאי לא: (ב) רש"י ד"ה וכן אניגרא וכו' לרבה מודד מהגידודים ושרי דכל פחות: (ג) ד"ה ה"נ יורד וכו' שהוא יושב משתמש (והרי זה תשמיש) תא"מ ונ"ב כנ"ל להגיה והדר משתמש: (ד) תוס' ד"ה ינתנו וכו' כל הניתנין על מזבח החיצון שניתנו במתנה:

רב נסים גאון

משום דהואי דירה שתשמישה לאויר וכל דירה שתשמישה לאויר אין מטלטלין בה יותר מבית סאתים ואיתא בתוספתא דעירובין בפרק ב' ואיתא נמי בגמרא דעושין פסין (דף כב) כלל אמר ר' שמעון כל אויר שתשמישו לדירה כו' וכל שתשמישה לאויר כגון בורגנין שבשדה בית סאתים מותר יותר מבית סאתים אסור: והשתא

גליון הש"ס תוס' ד"ה מתן ד' וכו' ולדחי לאו דבל תוסיף. במהרי"ק שרש קלט כ' ועוד שהרי תוס' כתבו פרק בתרא דעירובין וז"ל ועי"ל דאין עשה דוחה לל"ת שבמקדש כדאמרינן פרק דם חטאת מיהו יש לדחות דלא דמי דה"ט דל"ת במקדש חמיר ולא מדחי קמי עשה אבל גבי בל תוסיף ל"ש שום חומרא דשייך נמי בעלמא. א"כ מ"מ י"ל כיון דהוי במקדש לא דחי עכ"ל תוס':

מב א מיי' פכ"א מהל' שבת הלכה ו סמג לאוין סה טוש"ע א"ח סי' שלו סעיף א:
מג ב מיי' פ"א שם הל' ה סמג שם טוש"ע שם סעיף ג:
מד ג מיי' פ"ה מהל' דעות הלכה ד ופכ"א מהלכות איסורי ביאה הל' יא סמג לאוין קכו טור ש"ע א"ח סי' רמ סעיף י וטוש"ע אה"ע סי' כה סעיף ב:
מה ד טוש"ע א"ח סי' רמ סעיף א:

דְּלָא קָא עָבֵיד אִיסּוּרָא. כְּשֶׁהוּא יוֹשֵׁב וְאֵינוֹ נוֹתֵן – הֲלֹא דַּל תִּגְרַע וְהָעֲשֵׂה דּוֹנָתָן עַל קַרְנוֹת נֶעֶקְרִין מֵאֲלֵיהֶן. אֲבָל זֶה – יְשִׁיבָתוֹ תַּשְׁמִישׁ הוּא, שֶׁהוּא מִשְׁתַּמֵּשׁ בָּאִילָן: יָבֵשׁ. שֶׁאֵין בּוֹ לְתָלוֹשׁ, וְלָאו מְחוּבָּר הוּא: בִּימוֹת הַחַמָּה. יָבֵשׁ מוּתָּר, דְּלֵיכָּא אֲפִי' מִשּׁוּם מַרְאִית הָעַיִן, שֶׁהֲרֵי נִיכָּר לַכֹּל שֶׁהוּא יָבֵשׁ שֶׁאֵינוֹ מוֹצִיא עָלִין. וְהָא דְּקָתָנֵי אָסוּר – בִּימוֹת הַגְּשָׁמִים, שֶׁאֵין נִיכָּר בֵּין לַח בֵּין יָבֵשׁ, וְאִיכָּא מִשּׁוּם מַרְאִית הָעַיִן: קָא נָתְרִי פֵּירֵי. שֶׁנִּשְׁבְּרוּ בּוֹ מִשָּׁנָה שֶׁעָבְרָה, וְאָתֵי לְמִשְׁרֵי(ג) בֵּיהּ תְּלִישָׁה דְּלַח. נְהִי דַּעֲלַיָּיהּ דְּיָבֵשׁ אַטּוּ עֲלִיָּיה דְּלַח לָא גָּזְרִי' דְּהִיא גּוּפָא גְּזֵירָה. מִיהוּ, תְּלִישָׁה אַטּוּ תְּלִישָׁה נִגְזַר: בִּגְדוּדָא. יְחוּר שֶׁנִּשְׁבְּרוּ עֲנָפָיו כּוּלָּם:

תורה אור

לא קשיא הא בלחים הא ביבשים. וא"ת: והא לעיל אסרינן ביבש, דפריך: והא נתרי קינסי כו'! וי"ל: דבאילן שהוא גבוה שייך למגזר טפי, משום דמינכר ביה ניתרי קינסי:

והאידנא דקי"ל כר"ש כולהו שרי. פי' ר"ח: דהאי היתר לא קאי אלא אעשבים, דשרי בכל ענין. אבל באילן אין להוכיח שם שום היתר, אפילו יבש. דשייך למיגזר טפי, משום דמנכרא מילתא:

דְּלָא קָא עָבֵיד אִיסּוּרָא, אֲבָל הָכָא דְּקָא עָבֵיד אִיסּוּרָא – הָכִי נַמִי דְּיֵרֵד. תָּנֵי חֲדָא: [א]אֶחָד אִילָן לַח וְאֶחָד אִילָן יָבֵשׁ. וְתַנְיָא אִידָךְ: בד"א – בְּלַח, אֲבָל בְּיָבֵשׁ – מוּתָּר. אָמַר רַב יְהוּדָה: ל"ק; כָּאן – בְּשֶׁגִּזְעוֹ מַחֲלִיף, כָּאן – בְּשֶׁאֵין גִּזְעוֹ מַחֲלִיף. גִּזְעוֹ מַחֲלִיף יָבֵשׁ קָרֵית לֵיהּ? אֶלָּא: לָא קַשְׁיָא; כָּאן – בִּימוֹת הַחַמָּה, כָּאן – בִּימוֹת הַגְּשָׁמִים. בִּימוֹת הַחַמָּה *הָא נָתְרִי פֵּירֵי! בִּדְלֵיכָּא פֵּירֵי. וְהָא קָא נָתְרִי קִינְסֵי! *בִּגְדוּדָא. אִינִי?! וְהָא רַב אִיקְלַע לְאַפְסְטַיָּא, וַאֲסַר בִּגְדוּדָא! *רַב בִּקְעָה מָצָא, וְגָדַר בָּהּ גָּדֵר.§ אָמַר רָמִי בַּר *אַבָּא, אָמַר רַב אַסִי: אָסוּר לְאָדָם שֶׁיְּהַלֵּךְ עַל גַּבֵּי עֲשָׂבִים בַּשַּׁבָּת, מִשּׁוּם שֶׁנֶּאֱמַר: °"וְאָץ בְּרַגְלַיִם חוֹטֵא". תָּנֵי חֲדָא: מוּתָּר לֵילֵךְ ע"ג עֲשָׂבִים בַּשַּׁבָּת, וְתַנְיָא אִידָךְ: אָסוּר. ל"ק; הָא – בְּלַחִים, הָא – בִּיבֵשִׁים. וְאִי בָּעֵית אֵימָא: הָא וְהָא בְּלַחִים, וְלָא קַשְׁיָא; כָּאן – בִּימוֹת הַחַמָּה, כָּאן – בִּימוֹת הַגְּשָׁמִים. וְאִיבָּעֵית אֵימָא: °הָא וְהָא בִּימוֹת הַחַמָּה, ול"ק; הָא – דְּסַיֵּים מְסָאנֵיהּ, הָא – דְּלָא סַיֵּים מְסָאנֵיהּ. °וְאִיבָּעֵית אֵימָא: הָא וְהָא דְּסַיֵּים מְסָאנֵיהּ, ול"ק; הָא – דְּאִית לֵיהּ עוּקְצֵי, הָא דְּלֵית לֵיהּ עוּקְצֵי. וְאִיבָּעֵית אֵימָא: הָא וְהָא דְּאִית לֵיהּ עוּקְצֵי, הָא – דְּאִית לֵיהּ *שְׁרָכָא, הָא – דְּלֵית לֵיהּ שְׁרָכָא. *וְהָאִידָּנָא דְּקַיְימָא לַן כְּר"ש – [ב]כּוּלְּהוּ שָׁרֵי.§ וְאָמַר רָמִי בַּר חָמָא, אָמַר רַב אַסִי: [ג]אָסוּר לְאָדָם שֶׁיָּכוֹף אִשְׁתּוֹ לִדְבַר מִצְוָה, שֶׁנֶּאֱמַר: "וְאָץ בְּרַגְלַיִם חוֹטֵא". וְא"ר יְהוֹשֻׁעַ בֶּן לֵוִי: כָּל הַכּוֹפֶה אִשְׁתּוֹ לִדְבַר מִצְוָה – הָוְיָין לוֹ בָּנִים שֶׁאֵינָן מְהוּגָּנִין. אָמַר רַב אִיקָא בַּר חִינָּנָא: מַאי קְרָאָה °"גַּם בְּלֹא דַעַת נֶפֶשׁ לֹא טוֹב". תַּנְיָא נַמִי הָכִי: "גַּם בְּלֹא דַעַת נֶפֶשׁ לֹא טוֹב" – זֶה הַכּוֹפֶה אִשְׁתּוֹ לִדְבַר מִצְוָה. "וְאָץ בְּרַגְלַיִם חוֹטֵא" – זֶה הַבּוֹעֵל וְשׁוֹנֶה. אִינִי?! *וְהָאָמַר רָבָא: הָרוֹצֶה לַעֲשׂוֹת כָּל בָּנָיו זְכָרִים – יִבְעוֹל וְיִשְׁנֶה! ל"ק; כָּאן – לָדַעַת, כָּאן – שֶׁלֹּא לָדַעַת.§ *א"ר שְׁמוּאֵל בַּר נַחְמָנִי, א"ר *יוֹחָנָן: כָּל אִשָּׁה שֶׁתּוֹבַעַת בַּעְלָהּ לִדְבַר מִצְוָה – הָוְיָין לָהּ בָּנִים שֶׁאֲפִילּוּ בְּדוֹרוֹ שֶׁל מֹשֶׁה לֹא הָיוּ כְּמוֹתָן. דְּאִילּוּ בְּדוֹרוֹ שֶׁל מֹשֶׁה כְּתִיב: °"הָבוּ לָכֶם אֲנָשִׁים חֲכָמִים וּנְבוֹנִים וִידוּעִים לְשִׁבְטֵיכֶם", וּכְתִיב: "וָאֶקַּח אֶת רָאשֵׁי שִׁבְטֵיכֶם אֲנָשִׁים חֲכָמִים וִידוּעִים", וְאִילּוּ נְבוֹנִים לָא אַשְׁכַּח. וְאִילּוּ גַּבֵּי לֵאָה כְּתִיב: °"וַתֵּצֵא לֵאָה לִקְרָאתוֹ וַתֹּאמֶר אֵלַי תָּבוֹא כִּי שָׂכֹר שְׂכַרְתִּיךָ", וּכְתִיב: °"וּמִבְּנֵי יִשָּׂשכָר יוֹדְעֵי בִינָה לַעִתִּים לָדַעַת מַה יַּעֲשֶׂה יִשְׂרָאֵל רָאשֵׁיהֶם מָאתַיִם וְכָל אֲחֵיהֶם עַל פִּיהֶם". אִינִי?! וְהָאָמַר רַב יִצְחָק בַּר אַבְדִּימִי: *עֶשֶׂר קְלָלוֹת נִתְקַלְּלָה חַוָּה, דִּכְתִיב: °"אֶל הָאִשָּׁה אָמַר הַרְבָּה אַרְבֶּה" – אֵלּוּ שְׁנֵי טִפֵּי דָמִים, אַחַת דַּם נִדָּה, וְאַחַת דַּם בְּתוּלִים. "עִצְּבוֹנֵךְ" – זֶה צַעַר גִּידּוּל בָּנִים. "וְהֵרוֹנֵךְ" – זֶה צַעַר הָעִיבּוּר. "בְּעֶצֶב תֵּלְדִי בָנִים" – כְּמַשְׁמָעוֹ. *"וְאֶל אִישֵׁךְ תְּשׁוּקָתֵךְ" – מְלַמֵּד שֶׁהָאִשָּׁה מִשְׁתּוֹקֶקֶת(א) עַל בַּעְלָהּ בְּשָׁעָה שֶׁיּוֹצֵא לַדֶּרֶךְ. "וְהוּא יִמְשָׁל בָּךְ" – מְלַמֵּד שֶׁהָאִשָּׁה תּוֹבַעַת בַּלֵּב, וְהָאִישׁ תּוֹבֵעַ בַּפֶּה, זוֹ הִיא מִדָּה טוֹבָה בַּנָּשִׁים! [ד]כִּי קָאָמְרִינַן – דִּמְרַצְּיָא אַרְצוּיֵי קַמֵּיהּ. הָנֵי שֶׁבַע הָוְיָין! כִּי אֲתָא רַב דִּימִי, אֲמַר: עֲטוּפָה כְּאָבֵל, וּמְנוּדָּה מִכָּל אָדָם, וַחֲבוּשָׁה בְּבֵית הָאֲסוּרִין. מַאי מְנוּדָּה מִכָּל אָדָם? אִילֵימָא מִשּׁוּם *דַּאֲסִיר לָהּ יִיחוּד – אִיהוּ נַמִי אֲסִיר לֵיהּ יִיחוּד! אֶלָּא דַּאֲסִירָא לְבֵי תְרֵי. בְּמַתְנִיתָא תָּנָא: מְגַדֶּלֶת שֵׂעָר כְּלִילִית, וְיוֹשֶׁבֶת וּמַשְׁתֶּנֶת מַיִם כִּבְהֵמָה, וְנַעֲשֵׂית כַּר לְבַעְלָהּ. וְאִידָךְ – הָנֵי, שֶׁבַח הוּא לָהּ. דְּא"ר חִיָּיא: מַאי דִּכְתִיב °"מַלְּפֵנוּ מִבַּהֲמוֹת אָרֶץ וּמֵעוֹף הַשָּׁמַיִם יְחַכְּמֵנוּ", "מַלְּפֵנוּ מִבַּהֲמוֹת" – זוֹ פְּרֵידָה שֶׁכּוֹרַעַת וּמַשְׁתֶּנֶת מַיִם. "וּמֵעוֹף הַשָּׁמַיִם יְחַכְּמֵנוּ" – זֶה תַּרְנְגוֹל שֶׁמְּפַיֵּיס וְאַחַר כָּךְ בּוֹעֵל. א"ר יוֹחָנָן: *אִילְמָלֵא לֹא נִיתְּנָה תּוֹרָה – הָיִינוּ לְמֵידִין צְנִיעוּת מֵחָתוּל, וְגָזֵל *מִנְּמָלָה, וַעֲרָיוֹת מִיּוֹנָה. דֶּרֶךְ אֶרֶץ מִתַּרְנְגוֹל – שֶׁמְּפַיֵּיס וְאַחַר כָּךְ בּוֹעֵל. וּמַאי מְפַיֵּיס לָהּ? אָמַר רַב יְהוּדָה, אָמַר רַב, הָכִי קָאָמַר לָהּ:(ב) זַבִּינְנָא לִיךְ זִיגָא דְּמָטוּ לִיךְ עַד כַּרְעִיךְ. לְבָתַר הָכִי אָמַר לָהּ: לִישַּׁמְטְתֵיהּ לְכַרְבַּלְתֵּיהּ דְּהַהוּא תַּרְנְגוֹלָא, אִי אִית לֵיהּ וְלָא זַבִּינְנָא לִיךְ.§

מתני'

בִּקְעָה מָצָא. כְּלוֹמַר: אֵינָן בְּנֵי תּוֹרָה שֶׁיֵּדְעוּ לְהִזָּהֵר. כְּבִקְעָה זוֹ שֶׁאֵין לָהּ שׁוֹמֵר וְהַכֹּל פָּרוּץ: וְאָץ בְּרַגְלַיִם חוֹטֵא. אַלְמָא: הִלּוּךְ נַמִי חֵטְא קָרֵי לֵיהּ. וְהָכָא אִיכָּא חֵטְא שֶׁתּוֹלֵשׁ עֲשָׂבִים: לַחִים. אָסוּר, דַּהֲוֵי תּוֹלֵשׁ יְבֵשִׁין כִּתְלוּשִׁין דָּמֵי: סַיֵּים מְסָאנֵי. שָׁרֵי: לָא סַיֵּים מְסָאנֵי. אָסוּר, שֶׁעֲשָׂבִים נִדְבָּקִין בְּקִשְׁרֵי אֶצְבְּעוֹתָיו וְנִתְלָשִׁין: עוּקְצָא. אשפי"א, (ז)כָּפוּל מִתַּחְתָּיו, וְהָעֲשָׂבִים נִדְבָּקִים שָׁם וְתוֹלְשָׁן: שְׁרָכָא. פְּתִילָה אֲרוּכָּה שֶׁהָעֵשֶׂב אָרוֹךְ אָסוּר:(ה) בִּימוֹת הַחַמָּה. זֶרַע יֵשׁ בְּגִבְעוֹלִין וּמַשִּׁירָן: כְּר"ש. דְּאָמַר: דָּבָר שֶׁאֵין מִתְכַּוֵּין מוּתָּר: לִדְבַר מִצְוָה. תַּשְׁמִישׁ: בְּרַגְלַיִם. לְשׁוֹן תַּשְׁמִישׁ, דִּכְתִיב (שופטים ה): "בֵּין רַגְלֶיהָ כָּרַע נָפַל שָׁכָב": גַּם בְּלֹא דַעַת. רֵישָׁא דְּהַאי קְרָא אָךְ בְּרַגְלַיִם הוּא: נֶפֶשׁ לֹא טוֹב. לֹא טוֹבִים הַבָּנִים הַנַּעֲשִׂים בְּלֹא דַעַת הָאִשָּׁה, שֶׁהָיָה בַּעְלָהּ אָץ בְּרַגְלַיִם: הַבּוֹעֵל וְשׁוֹנֶה. שֶׁמַּטְרִיחָהּ: לָדַעַת. הָאִשָּׁה: יִבְעוֹל וְיִשְׁנֶה. שֶׁמֵּחֲמַת בִּיאָה רִאשׁוֹנָה נִתְאַוָּה הָאִשָּׁה וְהוּלְבְּשָׁה תַּאֲוָה, וּכְשֶׁבָּא בִּיאָה שְׁנִיָּה הִיא מַזְרַעַת תְּחִילָּה. וְהֵיכָא דְּהִיא מַזְרַעַת תְּחִילָּה יוֹלֶדֶת זָכָר: לִדְבַר מִצְוָה. תַּשְׁמִישׁ: נְבוֹנִים. מְבִינִים דָּבָר מִתּוֹךְ דָּבָר: יִשָּׂשכָר. לֵאָה תָּבְעָה אֶת יַעֲקֹב לִדְבַר מִצְוָה "וַתֹּאמֶר אֵלַי תָּבוֹא כִּי שָׂכֹר שְׂכַרְתִּיךָ" וגו': צַעַר עִבּוּר. עוּבָּרוֹת חוֹלוֹת הֵן: כְּמַשְׁמָעוֹ. צַעַר הַלֵּידָה: מִשְׁתּוֹקֶקֶת. מִתְאַוָּה לְתַשְׁמִישׁ: וְהוּא יִמְשָׁל בָּךְ. שֶׁהוּא מוֹשֵׁל לוֹמַר בַּפֶּה תַּאֲוַת לִבּוֹ, וְהָאִשָּׁה בַּלֵּב וּבוֹשָׁה לְהוֹצִיא בַּפֶּה: דִּמְרַצְּיָא אַרְצוּיֵי קַמֵּיהּ. מַרְאָה לְפָנָיו עִנְיְנֵי חִיבָּה: עֲטוּפָה כְּאָבֵל. בּוֹשָׁה לָצֵאת בְּרֹאשָׁהּ פָּרוּעַ: מְנוּדָּה לְכָל אָדָם. לְקַמֵּיהּ מְפָרֵשׁ שֶׁאֲסוּרָה לְכָל אָדָם חוּץ מִבַּעְלָהּ, וְהָאִישׁ נוֹשֵׂא נָשִׁים הַרְבֵּה: וַחֲבוּשָׁה בְּבֵית הָאֲסוּרִים. כָּל כְּבוּדָּה בַת מֶלֶךְ פְּנִימָה: כְּלִילִית. שֵׁד: כִּבְהֵמָה. שֶׁכּוֹרַעַת כְּשֶׁהִיא מַשְׁתֶּנֶת וְדֶרֶךְ פְּרֵידָה לַעֲשׂוֹת כֵּן: כַּר לְבַעְלָהּ. שֶׁהוּא לְמַעְלָה בִּשְׁעַת תַּשְׁמִישׁ: שֶׁבַח הוּא לָהּ. יוֹשֶׁבֶת וּמַשְׁתֶּנֶת בִּצְנִיעוּת, וְאֵינָהּ חֲסֵרָה כְּלוּם בַּדָּבָר. וְנַעֲשֵׂית כַּר לְבַעְלָהּ – אֵין לָהּ טוֹרַח כָּל כָּךְ, טוֹרְחוֹ מְרוּבֶּה מִשֶּׁלָּהּ: מַלְּפֵנוּ. מְלַמְּדֵנוּ: מִבַּהֲמוֹת אָרֶץ. שֶׁנָּתַן בָּהֶם חָכְמָה לְהוֹרוֹת לָנוּ: שֶׁמְּפַיֵּים. הוֹלֵךְ וּפוֹשֵׁט כְּנָפָיו, וְהוּא פִּיּוּס כִּדְאָמַר לְקַמָּן, שֶׁאוֹמֵר לָהּ לִקְנוֹת מַלְבּוּשׁ שֶׁמַּגִּיעַ לָאָרֶץ: צְנִיעוּת מֵחָתוּל. שֶׁאֵינוֹ מַטִּיל רְעִי בִּפְנֵי אָדָם, וּמְכַסֶּה צוֹאָתוֹ: וְגָזֵל מִנְּמָלָה. דִּכְתִיב (משלי ו): "(*אָגְרָה) בַּקַּיִץ לַחְמָהּ" וְאֵין אַחַת גּוֹזֶלֶת מֵאֹכֶל חֲבֶרְתָּהּ: וַעֲרָיוֹת מִיּוֹנָה. שֶׁאֵינוֹ נִזְקָק אֶלָּא לְבַת זוּגוֹ: זִינָא. מַלְבּוּשׁ שֶׁקּוֹרִין קוט"ה: לְבָתַר הָכִי. לְאַחַר בְּעִילָה, שֶׁמְּנַעֲנֵעַ וְכוֹפֵף רֹאשׁוֹ לָהּ לָאָרֶץ: אִי אִית לֵיהּ. כַּמָּה לִיקַּח:

מתני'

* נ"ל תכין

מסורת הש"ס: [ע' תוס' שבת קנ: ד"ה במתוכר] [כערוך גרים בגרורא] [לעיל ו. חולין קז.] — ע' בהגהות רש"ש. וכד"ש ועוד הגי' גם לקמן ואמר רמי בר אבא — [כערוך ערך שר א' גרס שרכין] שבת נה. — נדה לא: — נדרים כ: [נ"ל יונתן] — [אבות דר"נ פרק א' ע"ש] — יבמות סב: — גירסת ע"ע דאסירא ליחודי בהדי גברא דלאו דידה איהו נמי אסור ליחודי בהדי איתתא דלאו דידיה — ע' תוס' מגילה כח. — חולין נז:

רבינו חננאל

תני חדא אחד אילן לח ואחד אילן יבש אסור להשתמש בו ותניא אידך בד"א בלח אבל ביבש דלא משיר עליו מותר ופריק רב יהודה הא דתני *) אסור כשאין גזעו מחליף והא דתני יבש מותר בשגזעו מחליף **). והא דתני אסור בימות הגשמים דאיכא עלין ומשירן. והא דתני יבש מותר בימות החמה ואקשינן בימות החמה הא קא משיר פירי ודחינן באילן דלית ביה פירי. והא איכא קינסי פי' עצים יבשים דקים שנפרכין ברגל או ביד כשעולין או כשיורדין מן האילן ודחינן באילן גרדא פירוש אילן קרח שאין לו עליו לא עלין ולא אמירין אלא הוא יבש כדגרסינן במועד [קטן] ואין משקין שדה גריד במועד. איני והא רב אסר באילן גרדא בשבת ופרקי רב בקעה מצא וגדר בה גדר כלומר מקום שלא היתה בו תורה כמו בקעה ואסר להן אפי' דבר המותר. פ"א קינסי פירוש עלה האילן. תני חדא אסור להלך ע"ג עשבים בשבת שנאמר ואץ ברגלים חוטא ותניא אידך מותר ופרקינן הא דתני אסור ר' יהודה דאמר דבר שאין מתכוין אסור והא דתני מותר ר"ש. ואמרינן אי בעית אימא הא והא ר' יהודה ולא קשיא הא בימות החמה והא בימות הגשמים. [ובדאית להו] שראני עשבים יבשים והן כגון פרוע מתלעתה או דסים מסאני ***) דאית בהו עקוסא בהיזמי והיגי ואסקינ' והשתא דקי"ל כר"ש דאמר דבר שאין מתכוין מותר כולהו שרי בין בימות החמה בין בימות הגשמים בין אית להו שראני בין לית להו שראני בין מסיים מסאני בין לא סיים. בין אית להו עקוסא בין לית להו. בין בהזמי והיגי בין בשאר ציבי בכלהו שרי. אסור לאדם לכוף אשתו לדבר מצוה שנאמר ואץ ברגלים חוטא וכל הכופה הווין לו בנין שאינן מהוגנין דכתיב גם בלא דעת נפש לא טוב נפש היוצאה מביניהם לא טובה. כל אשה שתובעת בעלה כגון לאה שכתוב בה ותצא לאה לקראתו וגו' ונפק מיניה ישכר דכתיב ומבני ישכר יודעי בינה לעתים לדעת מה יעשה ישראל. ובדורו של משה כתיב ואקח את ראשי שבטיכם אנשים חכמים וידועים ואילו נבונים לא אשכח והא דאמרן דתובעת בעלה לאו תובעת ממש תביעה בפה אלא דמרציא ארצויי קמיה בלבישת [בגדים] נאים ותקונם של גוף ודברים בניחותא שמרגילין את האדם לדבר מצוה: י' קללות נתקללה חוה הרבה ארבה כו'. ומנודה מכל אדם דאשה אחת אסורה להינשא לשני אנשים כאחד. א"ר יוחנן אלמלא לא נתנה תורה לישראל למדנו צניעות מחתול שאינו בועל אלא במקום סתר. גזל מנמלה שמכינה בקיץ לחמה. עריות מיונה שאינה מקבלת עליה זכר אלא זכר המיוחד לה. דרך ארץ מתרנגול שמפיים ומראה לתרנגולת בכנפו דווגא דכיפי עבידנא ליך:

*) לכאורה נ"ל להיפך הא דתני אסור בשגזעו מחליף והא דתני יבש מותר כשאין גזעו מחליף ונ"ע. **) חסר כאן ונ"ל ופריך גזעו מחליף יבש קרי ליה אלא הא והא דתני אסור וכו'. ***) רבינו גרס הא דאית ליה עקוסה והיינו המנעל יש לו עוקץ חד ושובר את העשבים וכ"ה בערוך ערך עקוס.

הגהות הב"ח

(א) גמ' משתוקקת אל בעלה: (ב) שם הכי קאמר לה זבינא ליך זיגא וכו' שורגא לישמטיה לכרבליתיה וכו' ולא זבינא ליך: (ג) רש"י ד"ה קא נתרי וכו' ואתי למישרי תלישה בלח כצ"ל ותיבת ביה נמחק: (ד) ד"ה עוקצי אשפי"א כפוף מתחתיו: (ה) ד"ה בימות החמה נ"ל קודם ד"ה סיים:

רב נסים גאון

והשתא דקיימא לן כר' שמעון כולהו שרי היינו דאמר ר' שמעון גורר אדם מטה כסא וספסל ובלבד שלא יתכוון לעשות חריץ דקא סבר דבר שאינו מתכוון מותר ואיתא בפרק במה מדליקין (שבת דף כט) וכבר פירשנוהו בפרק כירה ואמרינן נמי דעיקר דברי ר' יהודה דבר שאין מתכוון אסור במשנת יום טוב ובמשנת בכורות איתנהו:

מאי

גליון הש"ס גמ' הא והא בימות החמה. בר"ף ובא"ש הגי' הא והא בימות הגשמים: **שם** ואי בעית אימא הא והא דסיים מסאניה. הרי"ף כאן השמיט ב' אוקימתות דעוקצי ודשרכא אבל בשבת פרק ואלו קשרים הביאן והסיפך בתחילת אוקימתא הא דאית ליה שרכא ואח"כ אוקימתא דסיים מסאניה ואח"כ אוקימתא דעוקצי. וגם איתא ועוקסי והיינו כמו עוקצי. ע' בערוך ערך עקוס:

מתני' הדלת שבמוקצה. רחבה שאחורי הבתים. ומשום הכי נקט לה, משום שאין משתמשין בה תדיר, ואין בעל הבית חושש לה לעשות לה דלת תלויה כראוי וקבועה, אלא זקופה כנגד הפתח. וכשהוא פותחה מטילה לארץ. ויש שתלויות אבל נגררות לארץ: אין נועלין בה. בשבת, משום דעביד בנין. או אפילו כשהיא תלויה ונגררת – אין זה קבועה, וכשהוא מגביהה על המשקוף, כיון דאינה קבועה שם מחזי כבונה: וחדקים שבפרצה. קוצים שעשאם חבילות, והתקינם לסתום בהם פרצה, ופעמים שהוא פותחה: ומחצלת. של קנים, שקורין גליד"א: **גמ'** קנקן. הוא כלי שאוחזין בו מאחורי המחרישה כשהן חורשין. יש שנועלים ומעמידים אותו במקום דלת כנגד הפתח: בזמן שקשורים ותלויין. אלמא: אתלויין הוא דקפיד, אבל אגבוהים מן הארץ – לא קפיד: בשיש להן ציר. דמוכחא מילתא דדלת גמורה היא, והרי היא קשורה ותלויה ולא מחזי כבונה: כשהיה להם ציר. ואע"ג דהשתא ליכא – היכירא הוא דאיכא. ל"א: טעמא דמתני' משום דחופר בארץ. וקשיא לי בגוה, דא"כ מאי תרלתיה דרבא דאמר כשהיה להם ציר? כיון דהשתא ליכא – הא קא עביד חרין! ועוד: אם כן כר' יהודה בעי לאוקומיה, דאמר דבר שאין מתכוין אסור: וגבוהין. אלמא: תרווייהו בעינן: דלת אלמנה. דלת שהיא אלמנה מתקוניה: דחד שיפא. עשויה מקרש אחד, דהכא ודאי מחזי כבונה ונתן קרש בכותל, שאין בה היכר דלת: גשמה. דילי"ש, בריחים המחברין אותה: מדורתא. היסק גדול: מלמעלה למטה. לאחוז העצים העליונים באויר ולתת תחתונים מלמטה: שרי. ביו"ט, דאין זה בנין אהלים: מלמטה למעלה אסור. לתת התחתונים תחלה לגדדין ברבוע, כדרך שעושין לפני השרים, ולסדר עליונים למעלה. דהיינו כעין בנין אהל וגגו אסור. הכי גרסי': מלמעלה למטה שרי מלמטה למעלה – אסור. וכך מצאתי בתשובת הגאונים, וכן עיקר: וכן ביעתא. לסדר הביצים על הגחלים על כלי ברזל שקורין גרדי"ל, או על גבי שני עצים שמקיפין זה אצל זה, צריך לאחוז ביצים בידו על האור, וחברו יתן העצים תחתיהן: וכן קדרה. כדתנן במסכת ביצה (דף לג:): אין מקיפין שתי חביות לשפות עליהן את הקדרה. ואמר רב יהודה: אסור להקיף חביות תחלה להקריבן זה אצל זה, ואח"כ יתן הקדרה עליהן, שזה דרך בנין. אבל יאחוז הקדרה באויר, ואחר כך יקיף חביות תחתיה: וכן פוריא. מטה שנושאין שרים בדרכים, ושל פרקים היא, ויש להם עור ארוך מוקף לולאות, וקושר הלולאות באחרוכות המטה. וכשהוא פורקן מתיר הלולאות, והעור נופל. והמתקנו ביו"ט צריך לאחוז העור שטוח מלמעלה, ואח"כ יביאו הרגלים עם האחרוכות ויושיבוהו תחתיו. אבל לא יושיבוהו תחלה על רגליו ואח"כ ישטח העור: וכן חביתא. כשמסדר חביות במרתף שורה על שורה חביות של חרס הן כעין כדין גדולים ומדנקט לרב יהודה הכא גבי מתני', ש"מ טעמא דמתני' משום בנין ולא משום חופר: חידקאה. משול כקוץ: טובם כחדק. טובים שבהם כקוצים: שפיל לסיפיה דקרא. השפל עיניך, לשפלו של מקרא, לסופו תראה שלשבח הוא: ישר ממסוכה. הישרים שבנו מגינים עלינו כסוכה: מהדקין כמו: "ושחקת ממנה הדק" (שמות ל). קומי ודושי כו'. סיפיה דקרא: "והדיקות עמים":

מתני' לא יעמוד(א) ברשות היחיד. ויטול מפתח המונח ברשות הרבים, ויפתח בו פתח חנות שברשות הרבים. ואע"פ שאין ממקום מפתח לפתח ארבע אמות – גזירה שמא יכניס המפתח אצלו. וכן לא יעמוד אדם ברשות הרבים ויושיט ידו למעלה גבוה מעשרה ורוחב ארבעה, כגון מפתח חנות המונח על גגו ויטול שם המפתח, ויפתח בו החנות והוא גבוה למעלה מעשרה – גזירה שמא יביאנה אצלו לתוך עשרה: אא"כ עשו לה מחיצה. ויעמוד בתוכה, ואסיפא קאי: פטמין. קפדים: נועלין. פתח חנותן ועומדין ברשות הרבים והמנעול למעלה מעשרה: צמרים. מוכרי צמר: **גמ'** ומהדרו ליה אינהו כרמלית. בתמיה דהא ירושלים כולה כרמלית היא, שהיא כולה כחצר של רבים שלא עירבו דהואיל ודלתותיה ננעלות בלילה מערבין את כולה: חייבין עליה. דעיר של רבים היא, שאוכלוסין הרבה באין לה. אבל עכשיו דדלתותיה ננעלות – לאו רשות הרבים, שאינה כדגלי מדבר שהוא דרך פתוח כל שעה. וכיון(ב) דכרמלית לית לן למיגזר שלא יעמוד בה ויפתח ברשות היחיד דילמא מייתי ליה דאי נמי מייתי לגביה שבות בעלמא היא וגזירה לגזירה לא גזרינן: מתניתין לאחר שנפרצה בה פרצות הוא: סיפא אתאן. רבנן אתו לאיפלוגי אשערי גינה לשער גינה שהיא כרמלית, וקאסר ר"מ לעמוד בה ולהושיט ידו על מקום גבוה עשרה ורוחב ארבעה שהוא רשות היחיד, ויטול מפתח(ג) המנעול הגבוה מעשרה: לא יעמוד ברה"י. כגון בחצירו, ויושיט ידו לגנות דרך חור או סדק, ויטול בו מפתח ויפתח בה מנעול מתוך הגינה, שמא ימשך המפתח אליו. ומחמיר רבי מאיר אפילו ברשויות דרבנן. וכן לא יעמוד בגינה ויושיט ידו למקום גבוה עשרה ורוחב ארבעה, שהוא רשות היחיד, ומפתח מונח בו, ויפתח מנעול למעלה מעשרה. גינה כרמלית היא, דהויא יותר מבית סאתים שלא הוקף לדירה:

אלא

תורה אור

מתני' [א]הדלת שבמוקצה, וחדקים שבפרצה, ומחצלות – אין נועלין בהן אלא אם כן גבוהים מן הארץ.§ **גמ'** ורמינהו: דלת הנגררת, ומחצלת הנגררת, וקנקן הנגרר, בזמן שקשורין ותלויין – נועלין בהן בשבת, ואין צריך לומר ביום טוב! אמר אביי: בשיש להם ציר. רבא אמר: בשהיה להן ציר. מיתיבי: דלת הנגררת, ומחצלת הנגררת, וקנקן הנגרר, בזמן שקשורין ותלויין וגבוהים מן הארץ אפילו מלא נימא – נועלין בהן, ואם לאו – אין נועלין בהן. אביי מתרץ לטעמיה, ורבא מתרץ לטעמיה. אביי מתרץ לטעמיה: או שיש להן ציר, או שגבוהין מן הארץ. רבא מתרץ לטעמיה: [ב]כשהיה להן ציר, או שגבוהין מן הארץ.

ת"ר: סוכי קוצים וחבילין שהתקינן לפירצה שבחצר, בזמן שקשורין ותלויין – נועלין בהן בשבת, וא"צ לומר ביו"ט. תני ר' חייא: [ג]דלת אלמנה הנגררת – אין נועלין בה. היכי דמי דלת אלמנה – איכא דאמרי: דחד שיפא, ואיכא דאמרי: דלית ליה גשמה. *אמר רב יהודה: [ד]האי מדורתא, ממעלה למטה שרי – ממטה למעלה – אסיר. [ה]וכן ביעתא, וכן קידרא, וכן פוריא, וכן חביתא. א"ל ההוא צדוקי לרבי יהושע בן חנניה: חדקאה! דכתיב בכו: °"טובם כחדק". אמר ליה: שטיא, שפיל לסיפיה דקרא, דכתיב: "ישר ממסוכה". ואלא מאי – "טובם כחדק" – כשם שחדקים הללו מגינין על הפירצה, כך טובים שבנו מגינים עלינו. דבר אחר: "טובם כחדק" – שמהדקין את הרשעים לגיהנם, שנאמר: °"קומי ודושי בת ציון כי קרנך אשים ברזל ופרסותיך אשים נחושה והדיקות עמים רבים" וגו'.§ **מתני'** לא יעמוד אדם ברשות היחיד ויפתח ברשות הרבים, ברשות הרבים ויפתח ברשות היחיד, אא"כ עשה מחיצה גבוה עשרה טפחים, דברי ר' מאיר. אמרו לו: מעשה בשוק של *פטמים שהיה בירושלים [ו]שהיו נועלין ומניחין את המפתח בחלון שעל גבי הפתח. רבי יוסי אומר: שוק של צמרים היה.§ **גמ'** ורבנן, אמר רבי מאיר רשות הרבים – ומהדרו אינהו כרמלית? *דאמר רבה בר *)בר חנה, אמר רבי יוחנן: ירושלים, אלמלא דלתותיה ננעלות בלילה – חייבין עליה משום רשות הרבים. אמר רב *פפא: כאן – קודם שנפרצו בה פרצות. כאן – לאחר שנפרצו בה פרצות. רבא אמר: סיפא אתאן לשערי גינה. והכי קאמר: וכן לא יעמוד ברשות היחיד ויפתח בכרמלית, בכרמלית ויפתח ברשות היחיד,

אלא

*) [גי' הרא"ש רב הונא]

מיכה ז · שם ז · ס"א רבה · ביצה לג: · [בערוך פירש מוכרי עופות וכ"כ הרב אלפס וע' רש"י ביצה כט: ד"ה פטם]

מיתיבי דלת הנגררת. בלאו הכי הוה מצי לאקשויי רישא לסיפא, דקרי לה "נגררת" וקרי לה "גבוהין מן הארץ", והוה מצי למימר "וליטעמיך": **דלת** אלמנה הנגררת אין נועלין בה. פי' ר"י: דאיירי כשיש להן ציר. דאי אין להן ציר – מאי איריא דלת אלמנה? אפי' דלת אחרינא נמי:

וכן ביעתא. פי' בקונט': שמסדר ביצים על כלי ברזל שקורין גרדי"ל בלע"ז. ואין נראה לר"י(ד) דרך בנין בכך, שהרי כל המחילות עשויות ככר, ולא דמו לחבית ופוריא דמסדר זו אצל זו. ותדע, שהרי היתר פשוט הוא להניח קדירה על גבי טרפידא(ה). ונראה לר"י לפרש: שמסדר עצים או ביצים, ומניח ביצה על גביהן. ומה שאנו מסדרין ככר מכאן וככר מכאן וככר על גביהם, או בספר – ליכא איסורא, אלא כשצריך לאויר שתחתיהם. אי נמי: לא דמי לבנין אלא כשעושה על גבי הקרקע, ולא על השלחן:

מביא

מו א ב מיי' פכ"ו מהל' שבת הלכה ח סמג לאוין סה טוש"ע א"ח סי' שיג סעיף ג:
מז ג מיי' שם הל' ט טוש"ע שם סעיף ד:
מח ד ה מיי' פ"ד מהל' יו"ט הל' יד סמג לאוין עה טור ש"ע א"ח סי' תקב סעיף א:
מט ו מיי' פט"ו מהל' שבת הלכה א סמג לאוין סה טוש"ע א"ח סי' שנ סעיף א:

רבינו חננאל

ליכי גדולים עד דמטו מאוניך עד לארעא. ונשבע לה אם תשיג ידו ולא יעשה לה יהי רצון דנשמטיה שונרא לרישיה דההוא תרנגולא: **הדלת** שבמוקצה והדקין שבפרצה כו'. מקום מוקצה שאינו שוה לכרמלית וגבוה ממנה שנעשה מוקצה מן כרמלית והיא כמין דיר וסהר ועשה לאותו מקום דלת. חדקין שבפרצה כדכתיב טובם כחדק והן הקוצין שסותמין בהן הפרצה שלא ליכנס בדיר גנב או חיה רעה והמחצלאות כמשמען אין נועלין בהן אא"כ גבוהין מן הארץ: ורמינהו דלת הנגררת וקנקן הנגרר בזמן שקשורין ותלויין נועלין בהן בשבת ואין צריך לומר בי"ט. הנה אע"פ שאין גבוהין נועלין בהן. ופריק אביי כשיש בהן ציר. כדכתיב הדלת תסוב על צירה והוא עקב אלברוב. רבא אמר כשהיה להם ציר כלומר כיון שהיה להן ציר אין סוגרין להן ברוחק. לפיכך אין חורצין חרין בעת שסותמין לפיכך מותר. ומותבינן עלייהו דלת הנגררת ומחצלת הנגררת וקנקן הנגרר בזמן שיש להן ציר וגבוהין מן הארץ אפי' כמלא נימא נועלין בהן ואם לאו אין נועלין בהן אביי מתרץ לטעמיה בשיש להן ציר או גבוהין מן הארץ. רבא מתרץ לטעמיה כשהיה להן ציר או כשהיו גבוהין מן הארץ. ת"ר סוכי קוצין וחבילי עצים שהתקינן לפרצה שבחצר [בזמן] שקשורין ותלויין נועלין בהן בשבת: ה"ר דלת אלמנה אמרי לה דחד שיפא. פי' לוח אחד כדכתיב וכפים מעין יעננה ומתרגמינן שיפא ואמרי לה דלית לה כשימי ויש שגורסין שיבא פי' שיבא שאינה נצמדת משתי צדדיה והוא מלשון צמידים דמתרגמינן שבבין. פי' גשמא בית קבול של ציר שהוא כמלבן אלא יורדת ומשתקעת בארץ. אמר רב יהודה האי מדורתא כו' שמועה זו עיקרה בי"ט וכבר פירשנוה שם בענין אין מקיפין ב' חביות לשפות עליה את הקדירה ואין סומכין את הקדירה בבקעת. וכן הדלת כל זה שאיסורו משום תולדות בנין וכיון שהזכיר בזה המקום סמיכת הדלת מושכת גם אלו שהן אסורין משום בנין בשבת. ואמר רב יהודה אם שינה מדרך בנין האי מדורתא ביו"ט ונתן העצים שעליה ממעלה למטה כגון שנתן עץ אחד תלוי בידו למעלה [מן] הכירה ונתן תחתיו עץ אחר עד שהגיע לכירה הרי אלו העצים נתנו בכירה שלא כדרך בנין מותר אבל אם נתן עץ אחד על חבירו ממטה ועלה למעלה הרי זה דרך בנין ואסור וכן קדירה אם אוחזה בידו ומניחה אבנים תחתיה שרי ואם נותן אבנים ושופת הקדרה עליה אסור. וכן ביצים שצריך לצלותן אם אוחז העליונה בידו ונותן אחרות תחתיה שרי ואם זו על זו אסור. וכן חבית כשיבקש להטותה ולסנן יינה מן השמרים אם אוחזה תלויה ומניח אבנים תחתיה נמצאת שלא כדרך בנין ושרי ואם נותן החבית על האבנים אסור וכן פוריא מפורקת לא יחבר העצים התחתונים תחלה אלא אוחז העליונים ומניח התחתונים תחת העליונים ומותר. ואם נותן התחתונים ואח"כ נותן העליונים הרי אלו דרך בנין ואסור: טובם כחדק. פי' טובם שבישראל מחדקין את עובדי כוכבים בגיהנם שנאמר קומי ודושי בת ציון כי קרנך אשים ברזל ופרסותיך אשים נחושה והדיקות עמים רבים וגו': **מתני'** לא יעמוד ברה"י ויפתח ברה"ר כו' ומקשינן תני ר' מאיר רה"ר ומהדרי ליה רבנן שוק של פטמין שהיה בירושלים שהיא כרמלית דא"ר יוחנן אלמלא דלתותיה ננעלות בלילה חייבין עליה

הגהות הב"ח

(א) רש"י ד"ה לא יעמוד אדם ברשות היחיד וכו' פתח החנות שברשות הרבים ואע"פ שאין ממקום המפתח עד פתח ארבע וכו' למעלה לרשות גבוהים וכו' כגון שהיה מפתח החנות מונח על גגה ויטול שם המפתח ויפתח בה פתח החנות: (ב) ד"ה חייבין וכו' דכרמלית היא לית לן וכו' דילמא מייתי לה לאי: (ג) ד"ה סיפא וכו' ויטול מפתח ויפתח המנעול: (ד) תוס' ד"ה וכן וכו' ואין נראה לר"י דדרך. נ"ב כלומר שיהא דרך בנין בכך: (ה) בא"ד גבי טרפיד"א. נ"ב עיין בפ' תולין דף קלח בתוס' ד"ה כל הגהו:

נ א מיי' פכ"ז מהל' שבת הלכה י סמג לאוין סה טוש"ע א"ח סי' שיג סעיף א:

רבינו חננאל

עליה משום רה"ר ופריק רב פפא לא אהדרו ליה ירושלים אלא לאחר שנפרצו בה פרצות יתר מעשר שהיא רה"ר. וכן שערי גינה לא יעמוד בכרמלית ויפתח ברה"י או ברה"י ויפתח בכרמלית דברי ר' מאיר. אמרו לו מעשה בשוק של פטמין כו': **ת"ר** פתחי גינה בזמן שיש לה שער מבפנים כו' האי מנעול היכי דמי אי דלית ביה ד' מקום פטור הוא. אי דאית ביה ד' בהא נמרו רבנן למעלה מעשרה למחר פותח ונועל בו ומחזירו לאיסקופה הא קא מטלטל מכרמלית לרה"י ופריק אביי לעולם דלית ביה ד' ויש בה לחוק ולהשלימו לד' ר' מאיר סבר חוקקין להשלים ורבנן סברי אין חוקקין להשלים ובמקום פטור הוא אמר רב ביבי בר אביי ש"מ מהא מתני' תלת כו': **מתני'** נגר שיש בראשו גלוסטרא רבי אליעזר אוסר ורבי יוסי מתיר בנגר הניטל באיגודו פי' הניטל באיגודו אם קשור בדלתיה בדבר שיכול להעמידו דברי הכל מותר כי פליגי

אלא אם כן עשה מחיצה גבוהה עשרה טפחים, דברי רבי מאיר. אמרו לו: מעשה בשוק של פטמים שהיה בירושלים, שהיו נועלין ומניחין את המפתח בחלון שעל גבי הפתח. רבי יוסי אומר: שוק של צמרים היה.§ תנו רבנן: פתחי שערי גינה, בזמן שיש להן בית שער מבפנים — פותח ונועל מבפנים. מבחוץ — פותח ונועל מבחוץ. מכאן ומכאן — פותח ונועל כאן וכאן. אין להן לא לכאן ולא לכאן — אסורין כאן וכאן. וכן חנויות הפתוחות לרה"ר, בזמן שהמנעול למטה מעשרה — מביא מפתח מערב שבת ומניחו באיסקופה, למחר פותח ונועל ומחזירו לאיסקופה. ובזמן שהמנעול למעלה מעשרה — מביא מפתח מערב שבת, ומניחו במנעול, למחר פותח ונועל ומחזירו למקומו, דברי רבי מאיר. וחכמים אומרים: אף בזמן שהמנעול למעלה מעשרה טפחים — מביא מפתח מערב שבת, ומניחו באיסקופה, למחר פותח ונועל ומחזירו למקומו, או בחלון שעל גבי הפתח. אם יש בחלון ארבעה על ארבעה — אסור, מפני שהוא כמוציא מרשות לרשות. מדקאמר וכן חנויות — מכלל דבאיסקופת כרמלית עסקינן. האי מנעול היכי דמי? אי דלית ביה ארבעה — מקום פטור הוא, ואי אית ביה ארבעה — בהא לימא רבנן: אף בזמן שהמנעול למעלה מי' מביא מפתח מע"ש, ומניחו באיסקופה, למחר פותח ונועל בו ומחזירו לאיסקופה, או לחלון שעל גבי הפתח? והא קא מטלטל מכרמלית לרה"י! אמר אביי: לעולם דאין בו ארבעה, ויש בו לחוק ולהשלימו לד'. ובהא פליגי; *דר"מ סבר: חוקקין להשלים, ורבנן סברי: אין חוקקין להשלים. אמר רב ביבי בר אביי: ש"מ מהא מתניתא תלת; ש"מ: חוקקין להשלים, וש"מ: הדר ביה ר"מ משערי גינה, ושמעת מינה: מדרבנן איתא לדרב דימי. *דכי אתא רב דימי, א"ר יוחנן: מקום שאין בו ארבעה על ארבעה — מותר לבני רשות הרבים ולבני רשות היחיד לכתף עליו, ובלבד שלא יחליפו.§ **מתני'** נגר שיש בראשו גלוסטרא, רבי אליעזר אוסר, ורבי יוסי [א]מתיר. אמר רבי אליעזר: מעשה בכנסת שבטבריא שהיו נוהגין בו היתר, עד שבא רבן גמליאל והזקנים ואסרו להן. ר' יוסי אומר: איסור נהגו בו, ובא רבן גמליאל והזקנים והתירו להן.§ **גמ'** בניטל באגדו — כ"ע לא פליגי, כי פליגי — בשאינו

מביא מפתח ומניח באיסקופה. פירש בקונטרס: דמהא מדקדק דהדר ביה ר' מאיר משערי גינה, ולא גזר לעומד ברשות הרבים שלא יטלטל בכרמלית. דהא איסקופה כרמלית היא, כדאמרינן לקמן. ואין נראה לר"י, דמכאן אין להוכיח דאיכא לאוקמא למחר פותח ונועל, כגון שעומד על האיסקופה. וכן צריך לפרש. דאי ברשות הרבים קאי — מאי "וכן"? דמשמע דומיא דההוא דשערי גינה. ונראה לר"י כמו שהגיה בקונטרס בפירושיו: דמסיפא מוכח דהדר בה רבי מאיר משערי גינה, דקתני: למעלה מי' — מניחו במנעול, ולמחר פותח ונועל. דכי קאי נמי על האיסקופה — הוה ליה מכרמלית לרשות היחיד, דע"כ איסקופה כרמלית היא. דאי מקום פטור — אמאי צריך להניח המפתח במנעול? יניחו באיסקופה! **מדקאמר** וכן חניות מכלל דבאיסקופ' כרמלית. דוכן משמע דומיא דשערי גינה. ואי הויא איסקופת רשות היחיד — אם כן היה מטלטל מרשות היחיד לכרמלית. וכן אם היתה רה"ר — היה מטלטל מרשות הרבים לכרמלית, ולא הוי דומיא דשערי גינה דאסרי בכי האי גוונא: **אין** חוקקין. והוי מקום פטור. והא דקאמר ומניחו באיסקופה — הוא הדין ברשות הרבים, אלא דסתמא לא מינטר בקרקע, משום הכי לא נקיט לה: **רבי** יוסי אומר איסור נהגו בו והתירו להם. ואם תאמר: והא אמרינן בנדרים בפרק "ואלו נדרים" (דף פא.) ובפרק "מקום שנהגו" (פסחים דף נא.): דברים המותרים ואחרים נהגו בהם איסור — אי אתה רשאי להתירן בפניהם! ויש לומר: דהיינו כשיודעים שמותר, ומחמירין על עצמן שלא ירגילו בני אדם להקל, ויבאו להתיר איסור. אבל אם מחמירין מחמת טעות — מותר להתיר בפניהם*: **כי** פליגי בשאין ניטל באיגודו. ר"י מפרש דדוקא הכא שרי, משום דבראשו גלוסטרא. אבל באין בראשו גלוסטרא — מודה דאסור, אפי' קשור בדלת. וסבירא ליה כרבנן דרבי יהודה בנגר הנגרר. אי נמי: סבירא(ה) ליה כר' יהודה דשרי בנגרר, והכא איירי בקשור בעיברא דדשא, דמודה רבי יהודה בשאינו ניטל באיגודו, כדמוכח בסמוך. ומשום הכי בעי במתניתין שיהא בראשו גלוסטרא

אלא אם כן עשו וכו'. אסיפא קאי, דהשתא כי קאי בגינה קאי ברשות היחיד ועולה עד לרקיע: שערי גינה. סתם מנעוליהן גבוהין עשרה ורחבין ארבעה, ורשות היחיד הן: בית שער. בית קטן, ופתח הגינה פתוח בו. ובשערי הגינה הסמוכין לרשות הרבים עסקינן, מדקתני סיפא: וכן חנויות הפתוחות לרשות הרבים: פותח ונועל(א) בפנים. דבית שער רשות היחיד הוא, וכן כשהוא מחוץ: לא לכאן ולא לכאן אסורין מכאן ומכאן. דהמנעול רשות היחיד הוא, ואע"פ שהמפתח מונח עליו — גזר ר' מאיר שלא יעמוד ברשות הרבים ולא בגינה, ויטול מפתח של רשות היחיד — שמא יביאנו אצלו לרשות הרבים או לכרמלית: וכן חנויות. לקמן מפרש האי "וכן", דבאיסקופת כרמלית בגינה קאמר. שערי חנויות פעמים שמנעוליהם גבוהין, ופעמים שהן נמוכין, לפיכך נתן בהן חילוק: (*למחר פותח ומניחו על האיסקופה. לקמיה מפרש דמהכא שמעינן דהדר ביה ר' מאיר משערי גינה, ולא גזר בעומד ברשות הרבים שלא יטלטל בכרמלית. דהא איסקופה כרמלית היא, דרחבה ד' ואינה גבוהה י' וכשנוטל מפתח משם והוא עומד ברשות הרבים, ומוליכו דרך אויר האיסקופה למנעול שעל גביו למטה מעשרה — קא מטלטל מכרמלית לכרמלית, ולא גזר רבי מאיר שמא יביאנו אצלו חוץ לעובי האיסקופה): למחר פותח ונועל וכו'.(ב) ועל האיסקופה הוא עומד ומטלטל מפתח מאיסקופה למנעול על דרך אויר האיסקופה, דאין טלטול אלא בכרמלית: ומחזירו למקומו. לאיסקופה: מניחו במנעול. אבל לא באיסקופה, דכי ממטי ליה מאיסקופה למנעול(ג) הא מפיק מכרמלית לרשות היחיד: למקומו. למנעול על גביו, כגון מנעולין הללו של עץ שעושין עניים בפתחיהן וראשיהן רחבין, ובלע"ז שרדור"א: וחכמים אומרים וכו'. לקמן מפרש טעמא, דלא משוו ליה להאי מנעול רשות היחיד: למקומו. לאיסקופה, או לחלון שאין בו ארבעה. דאף על גב דגבוה עשרה — מקום פטור בעלמא הוא: שמוציא מרשות לרשות. מאיסקופה שהוא כרמלית לחלון שהוא רשות היחיד. ואף על גב דהניחו תחילה במנעול, שהוא מקום פטור לרבנן, ובטל אגל כל הרשויות — כרב דימי קיימא לן. דאמר בפ"ק: ובלבד שלא יחליפו: מקום פטור הוא. וכי הוי למעלה מעשרה — היכי משוי ליה רבי מאיר רשות היחיד, ואסר:

ויש בו לחוק. בתוך הדלת אצל ראש המנעול בעוביו של דלת ולהשלים ראש המנעול לארבעה: חוקקין להשלים. רואין אותו כאילו חקוק: אין חוקקין. הלכך, מקום פטור בעלמא הוא: הדר ביה רבי מאיר משערי גינה. מדקא שרי לעמוד (*ברשות הרבים ליטול מפתח מאיסקופת כרמלית ולהוליכו דרך אוירא למנעול שלמטה מעשרה ולא גזר שמא יביאנו אצלו לרשות הרבים וש"מ סיפא נמי מדקא שרי לעמוד) על האיסקופה כרמלית וליטול מפתח במנעול למעלה מעשרה באיסקופת כרמלית ולהוליכו דרך אוירא למנעול ולא גזר שמא יביאנו אצלו לאיסקופה שהיא כרמלית: וש"מ מדרבנן.(ד) דאמרי: אם יש ארבעה על ארבעה — אסור ליטול מפתח מאיסקופה ולנעול במנעול שהוא מקום פטור וליטלו משם ולהניחו בחלון שהוא רשות היחיד משום דקא מחליף מאיסקופת כרמלית לחלון שהוא רשות היחיד על ידי הנחת מקום פטור: איתא לדרב דימי. דקאמר ובלבד שלא יחליפו: **מתני'** נגר. קבילי"א, שתוחבין אותו בחור שבאיסקופה לנעול הדלת: שיש בראשו גלוסטרא. שראשו עבה, וראוי לדוכנא לכתוש ולשחוק בו פלפלין. ואפילו הכי, דתורת כלי עליו — ר"א אוסר, אלא אם כן קשור ותלוי בדלת, כדמפרש בגמרא: ור' יוסי מתיר. דתורת כלי עליו, משום גלוסטרא ולא מיחזי כבונה: **גמ'** בניטל באגדו. כשהוא קשור ותלוי בחבל של קיימא, וראוי לטלטלו על ידי אותו חבל, ואינו נפסק בידיה: כולי עלמא לא פליגי. דשרי, דכיון דקשור ותלוי יפה — מוכחא מלתא דלנעול קאי, ולא מיחזי כבונה: כשאין

[וע"ע תוס' פסחים דף נח. ד"ה אי אתה]

הגהות הב"ח

(א) רש"י ד"ה פותח ונועל מבפנים וכו' כשהוא מבחוץ הס"ד: (ב) ד"ה למחר פותח ונועל וכו' עומד ברשות הרבים ומטלטל כנ"ל ותיבת ועל האיסקופה נמחק: (ג) ד"ה ומניחו במנעול וכו' למנעול קא מפיק: (ד) ד"ה וש"מ מדרבנן דאמרי אם יש בחלון ארבעה: (ה) תוס' ד"ה כי פליגי וכו' אי נמי סבירא להו כר' יהודה:

כס"א אינו

[לעיל יא: לג: שבת ז: ק. יומא יא:]

[שבת ח: לעיל ט. עז. פה: פז.]

רש"ל מ"ז

בְּשֶׁאֵינוֹ נִיטָּל בְּאִיגְּדוֹ — דְּמָר סָבַר: כֵּיוָן דְּיֵשׁ בְּרֹאשׁוֹ גְּלוּסְטְרָא — תּוֹרַת כְּלִי עָלָיו, וּמָר סָבַר: כֵּיוָן דְּאֵינוֹ נִיטָּל בְּאִיגְּדוֹ — לֹא.§ **מתני׳** *נֶגֶר הַנִּגְרָר — נוֹעֲלִין בּוֹ בַּמִּקְדָּשׁ, אֲבָל לֹא בַּמְּדִינָה. וְהַמּוּנָּח — כָּאן וְכָאן אָסוּר. ר׳ יְהוּדָה אוֹמֵר: הַמּוּנָּח — מוּתָּר בַּמִּקְדָּשׁ, וְהַנִּגְרָר — בַּמְּדִינָה.§ **גמ׳** *תָּנוּ רַבָּנַן: אֵיזֶהוּ נֶגֶר הַנִּגְרָר שֶׁנּוֹעֲלִין בַּמִּקְדָּשׁ אֲבָל לֹא בַּמְּדִינָה — כֹּל שֶׁקָּשׁוּר וְתָלוּי, וְרֹאשׁוֹ אֶחָד מַגִּיעַ לָאָרֶץ. רַבִּי יְהוּדָה אוֹמֵר(א) זֶה — אַף בַּמְּדִינָה מוּתָּר, אֶלָּא אֵיזֶהוּ נֶגֶר שֶׁנּוֹעֲלִין בַּמִּקְדָּשׁ אֲבָל לֹא בַּמְּדִינָה — כֹּל שֶׁאֵינוֹ לֹא קָשׁוּר וְלֹא תָּלוּי, וְשׁוֹמְטוֹ וּמַנִּיחוֹ בְּקֶרֶן זָוִית. אָמַר רַב יְהוּדָה, אָמַר שְׁמוּאֵל: [א]הֲלָכָה כְּרַבִּי יְהוּדָה בַּנִּגְרָר. אָמַר רָבָא: [ב]וְהוּא שֶׁקָּשׁוּר בַּדֶּלֶת. אִינִי?! וְהָא רַבִּי טַבְלָא אִיקְּלַע לִמְחוֹזָא, וַחֲזָא לְהַהוּא דַּהֲוָה תָּלֵי בְּעִיבְרָא דְּדַשָּׁא, וְלָא אֲמַר לְהוּ וְלָא מִידֵּי! [ג]הַהוּא נִיטָּל בְּאִיגְּדוֹ הֲוָה. רַב אַוְיָא אִיקְּלַע לִנְהַרְדְּעָא, חַזְיֵיהּ לְהַהוּא גַּבְרָא דַּהֲוָה קָא קָטֵיר בְּגֶמִי, אֲמַר: דֵּין לָא נִטְרוֹק. בָּעֵי רַבִּי זֵירָא: נִקְמָז מַהוּ? אֲמַר רַב יוֹסֵף: מַאי תִּיבָּעֵי לֵיהּ? לָא שְׁמִיעַ לֵיהּ הָא דְּתַנְיָא: *נִשְׁמָט — אָסוּר, נִקְמָז — מוּתָּר. וְרַבִּי יְהוּדָה אָמַר: נִקְמָז אַף עַל פִּי שֶׁאֵינוֹ נִשְׁמָט — אָסוּר. וְאָמַר רַב יְהוּדָה, אָמַר שְׁמוּאֵל: הֲלָכָה כְּרַבִּי יְהוּדָה בְּנִקְמָז. וְטַעְמָא מַאי? אָמַר אַבַּיֵי: מִשּׁוּם דְּמִיחֱזֵי כְּבוֹנֶה. בְּעָא מִינֵּיהּ רַב נְחוּמֵי בַּר זְכַרְיָה מֵאַבַּיֵי: עָשָׂה לוֹ בֵּית יָד, מַהוּ? אֲמַר לֵיהּ: בּוּכְנָא קָאָמְרַתְּ. אִיתְּמַר, אָמַר רַב נְחוּמֵי בַּר אַדָּא: עָשָׂה לוֹ בֵּית יָד — מוּתָּר. הַהוּא [ד]שָׁרִיתָא דַּהֲוָה בֵּי רַבִּי פְּדָת, דַּהֲוָה מִדְּלוּ לָהּ בֵּי עֲשָׂרָה וּשְׁדוּ לָהּ אַדַּשָּׁא, וְלָא אֲמַר לְהוּ וְלָא מִידֵּי. אֲמַר: תּוֹרַת כְּלִי עָלֶיהָ. הַהִיא אָסִיתָא דַּהֲוַת בֵּי מָר שְׁמוּאֵל, דַּהֲוָה מַחֲזֶקֶת *אַדְרִיבָא, שְׁרָא מָר שְׁמוּאֵל לְמִישְׁדְיֵיהּ אַדַּשָּׁא, אֲמַר: תּוֹרַת כְּלִי עָלֶיהָ.§ שְׁלַח לֵיהּ רָמֵי בַּר יְחֶזְקֵאל לְרַב עַמְרָם: נֵימָא לָן מָר מֵהָלֵין מִילֵּי מַעַלְיָיתָא דְּאָמְרַתְּ לָן מִשְּׁמֵיהּ דְּרַב אַסִּי בְּכֵיפֵי דְּאַרְבָּא! שְׁלַח לֵיהּ, הָכִי אֲמַר רַב אַסִּי: [ה]הָנֵי כֵּיפֵי דְּאַרְבָּא, בִּזְמַן שֶׁיֵּשׁ בָּהֶן טֶפַח, אִי נַמִּי, אֵין בָּהֶן טֶפַח וְאֵין בֵּין זֶה לָזֶה שְׁלֹשָׁה — לְמָחָר מֵבִיא מַחֲצֶלֶת וּפוֹרֵס עֲלֵיהֶן. מַאי טַעְמָא — מוֹסִיף עַל אֹהֶל עֲרַאי הוּא, וְשַׁפִּיר דָּמֵי. הָנְהוּ דִּכְרֵי דַּהֲווּ לֵיהּ לְרַב הוּנָא, דִּבְיְמָמָא בָּעוּ טוּלָּא וּבְלֵילְיָא בָּעוּ אֲוִירָא. אֲתָא לְקַמֵּיהּ דְּרַב. א״ל: [ו]זִיל כְּרוֹךְ בּוּדְיָיא, וְשַׁיֵּיר בָּהּ טֶפַח. לְמָחָר פְּשֵׁטַהּ, וּמוֹסִיף עַל אֹהֶל עֲרַאי הוּא, וְשַׁפִּיר דָּמֵי. *אָמַר רַב מִשּׁוּם רַבִּי חִיָּיא: [ז]וִילוֹן מוּתָּר לְנוֹטְתוֹ וּמוּתָּר לְפוֹרְקוֹ בְּשַׁבָּת. *[ח]כִּילַּת חֲתָנִים מוּתָּר לְפוֹרְקָהּ וּלְנוֹטְתָהּ בְּשַׁבָּת. אָמַר רַב שֵׁשֶׁת בְּרֵיהּ דְּרַב אִידִי: [ט]לָא אֲמַרַן אֶלָּא שֶׁאֵין בְּגַגָּהּ טֶפַח, אֲבָל יֵשׁ בְּגַגָּהּ טֶפַח — אָסוּר. וְכִי אֵין בְּגַגָּהּ טֶפַח(ג) לָא אֲמַרַן אֶלָּא שֶׁאֵין בְּפָחוֹת מִשְּׁלֹשָׁה סָמוּךְ לַגַּג טֶפַח, אֲבָל יֵשׁ בְּפָחוֹת מִשְּׁלֹשָׁה סָמוּךְ לַגַּג טֶפַח — אָסוּר. וְכִי אֵין בְּפָחוֹת מִשְּׁלֹשָׁה סָמוּךְ לַגַּג טֶפַח נַמִּי, לָא אֲמַרַן אֶלָּא שֶׁאֵין בְּשִׁיפּוּעָהּ

רש״י

כְּשֶׁאֵין נִיטָּל בְּאִיגְּדוֹ. שֶׁהַחֶבֶל דַּק, וְאִם הָיָה רוֹצֶה לִיטְּלוֹ מִשָּׁם לְטַלְטְלוֹ ע״י אוֹתוֹ חֶבֶל — מִיָּד נִפְסָק. ר״א סָבַר: כֵּיוָן דְּאֵינוֹ נִיטָּל בְּאִיגְּדוֹ — דַּהֲוָה כְּמִי שֶׁאֵינוֹ קָשׁוּר, וּתְנַן לְקַמָּן: נֶגֶר הַמּוּנָּח, שֶׁאֵינוֹ קָשׁוּר בַּדֶּלֶת — אֵין נוֹעֲלִין בּוֹ. וְהַאי נַמִּי מוּנָּח הוּא). (נשוּם גְּלוּסְטְרָא לָא שָׁרֵי לֵיהּ. וְרַבִּי יוֹסֵי סָבַר: גְּלוּסְטְרָא מְהַנְיָא לֵיהּ, דְּכֵיוָן דִּכְלִי הוּא — לָא הָוֵי כְּבִנְיָן: **מתני׳** נֶגֶר הַנִּגְרָר. שֶׁקָּשׁוּר בַּדֶּלֶת אֲבָל אֵינוֹ תָּלוּי. שֶׁהַחֶבֶל אָרוֹךְ, וּמִתּוֹךְ שֶׁנִּגְרָר — אֵינוֹ נִרְאֶה כְּקָשׁוּר, וּכְשֶׁאֵין בְּרֹאשׁוֹ גְּלוּסְטְרָא קָאָמַר: נוֹעֲלִין בּוֹ בַּמִּקְדָּשׁ. דִּשְׁבוּת בְּעָלְמָא הוּא, דְּאֵינוֹ בּוֹנֶה מַמָּשׁ, הוֹאִיל וְקָשׁוּר לְכָךְ. אֶלָּא הוֹאִיל וְנִגְרָר — מֶיחֱזֵי כְּבוֹנֶה. וְאֵין שְׁבוּת דְּרַבָּנַן בַּמִּקְדָּשׁ, דְּלָא גָּזְרוּ שָׁם: וְהַמּוּנָּח. שֶׁאֵינוֹ קָשׁוּר כְּלָל — הָוֵי בִּנְיָן מַמָּשׁ. וְר׳ יְהוּדָה סָבַר: לָאו בִּנְיָן מַמָּשׁ הוּא, אֶלָּא דּוֹמֶה לְבִנְיָן, וּבַמִּקְדָּשׁ לֹא גָּזְרוּ שְׁבוּת: **גמ׳** זֶה אֲפִי׳ בַּמְּדִינָה מוּתָּר. הוֹאִיל וְקָשׁוּר, אַף עַל פִּי שֶׁאֵינוֹ תָּלוּי: הֲלָכָה כְּר׳ יְהוּדָה בַּנִּגְרָר. דְּמוּתָּר אֲפִילּוּ בַּמְּדִינָה אֲבָל לֹא בַּמּוּנָּח, דְּשָׁרֵי לֵיהּ רַבִּי יְהוּדָה בַּמִּקְדָּשׁ — לֵית הִלְכְתָא כְּוָותֵיהּ. דְּכֵיוָן שֶׁאֵינוֹ קָשׁוּר שָׁם — בִּנְיָן גָּמוּר הוּא, כִּשְׁאָר נְגָרִים שֶׁנּוֹעֲלִים בַּכּוֹתָלִים. וְהַבּוֹנֶה כָּל שֶׁהוּא — חַיָּיב. וּמְלָאכָה דְּאוֹרַיְיתָא לֹא הוּתְּרָה בַּמִּקְדָּשׁ חוּץ מֵהַקְרָבַת תְּמִידִין וּמוּסָפִין וְקָרְבְּנוֹת צִבּוּר, שֶׁדּוֹחִין אֶת הַשַּׁבָּת מִגְּזֵירַת הַכָּתוּב: וְהוּא שֶׁקָּשׁוּר בַּדֶּלֶת. עַצְמָהּ, דְּמוּכָח שַׁפִּיר, וְלֹא שֶׁקָּשׁוּר בִּמְזוּזָה: נִיטָּל בְּאִיגְּדוֹ. כְּלוֹמַר: קָשׁוּר הָיָה בְּחֶבֶל חָזָק: דֵּין לָא נִטְרוֹק. זֶה לֹא יִנְעוֹל שֶׁאֵינוֹ קָשׁוּר, דִּכְמַאן דְּלֵיתֵיהּ לְגֶמִי דָּמֵי: נִקְמָז מַהוּ. שֶׁנִּכְנָס הַנֶּגֶר בְּחוֹר הָאַסְקוּפָּה, וְנִפְחַת אוֹתוֹ הַחוֹר וְיוֹצֵא הַנֶּגֶר לְצַד הַקַּרְקַע, וְנוֹעֵץ בַּקַּרְקַע. וְעַד הָשְׁתָּא אַיְירֵי כְּשֶׁהָאַסְקוּפָּה גְּבוֹהָה, וְאֵין הַחוֹר נִיקָּב עַד לָאָרֶץ: נִשְׁמָט. שֶׁנִּפְסַק הַחֶבֶל שֶׁהוּא קָשׁוּר בּוֹ, וַהֲרֵי הוּא מוּנָּח בְּקֶרֶן זָוִית כְּשֶׁפּוֹתֵחַ אוֹתוֹ: עָשָׂה לוֹ בֵּית יָד. לַנֶּגֶר שֶׁאֵינוֹ קָשׁוּר כְּלָל, וְחָקַק בֵּית יָד בְּאֶמְצָעִיתוֹ, וְדוֹמֶה לְמַקֶּבֶת. דְּהָשְׁתָּא וַדַּאי מוֹכַח מִילְּתָא הוּא דִּכְלִי הוּא, מַהוּ לִנְעוֹל בּוֹ: בּוּכְנָא קָאָמְרַתְּ. הָא וַדַּאי שָׁרֵי. בּוּכְנָא מַקֶּבֶת, וְכוֹתְשִׁין בּוֹ חִטִּין וְתַבְלִין: שָׁרִיתָא. קוֹרָה. כְּמוֹ: "בְּצֵל קוֹרָתִי" (בראשית יט)(ג) בְּטַלַּל שָׁרוּתִי: בֵּי עֲשָׂרָה. כְּלוֹמַר: מַשְׂאוֹי עֲשָׂרָה בְּנֵי אָדָם הָיָה בָּהּ, וַאֲפִילּוּ הָכִי לֹא חָסַר עֲלַיְיהוּ: וּשְׁדוּ לֵיהּ אַדַּשָּׁא. לְסוֹמְכָהּ בַּלַּיְלָה: תּוֹרַת כְּלִי. שֶׁרְאוּיָה לֵישֵׁב עָלֶיהָ: אָסִיתָא. מורטיי״ר: אַדְרִיבָא. לָחֹק חִטִּין, ט״ו סְאִין, חֲצִי כּוֹר: כֵּיפֵי דְּאַרְבָּא. אוּלָמוֹת שֶׁעוֹשִׂין בִּסְפִינָה, שֶׁנּוֹעֲצִין כְּעֵין מַעְגָּלִין שֶׁקּוֹרִין צרק״ל, רֹאשׁוֹ אֶחָד בְּדוֹפֶן זֶה שֶׁל סְפִינָה וְרֹאשׁוֹ שֵׁנִי בְּדוֹפֶן זֶה, וְהוּא כָּפוּף כְּמוֹ אוּלָם, וְעוֹמֵד כְּמוֹ כִּיפָּה. וּמַרְחִיק כַּחֲצִי אַמָּה וְנוֹעֵץ אַחֵר, וְכֵן עַל פְּנֵי כוּלָּהּ וּפוֹרְסִין בְּגָדִים וּמַחְצָלוֹת שֶׁל גֶּמִי לְהָגֵן מִפְּנֵי הַחַמָּה וְהַגְּשָׁמִים: בָּהֶם טֶפַח. שֶׁרוֹחַב שֶׁל מַעְגָּל טֶפַח, דִּבְצִיר מִטֶּפַח לָא הָוֵי אֹהֶל. אֲבָל כְּשֶׁרוֹחַב טֶפַח — מִקְרֵי אֹהֶל. נִמְצָא שֵׁם אֹהֶל עָלָיו מִבְּעוֹד יוֹם, וּכְשֶׁהוּא פּוֹרֵס הַבֶּגֶד לְמָחָר אֵינוֹ אֶלָּא מוֹסִיף: אִי נַמִּי אֵין בְּרָחְבּוֹ טֶפַח וְאֵין בֵּין זֶה לָזֶה שְׁלֹשָׁה. דְּאִיכָּא לְמֵימַר לָבוּד: דִּכְרֵי. אֵילִים: דְּבִימָמָא בָּעוּ טוּלָּא. מִפְּנֵי הַשָּׁרָב: וּבְלֵילְיָא בָּעוּ אֲוִירָא. הֲנָאַת הַקּוֹר, מִפְּנֵי הֶבֶל הַקַּיִץ. וּבִימוֹת הַחוֹל הָיוּ פּוֹרְסִין עֲלֵיהֶן בַּיּוֹם, וְנוֹטְלִין בַּלַּיְלָה: אֲתָא לְקַמֵּיהּ דְּרַב. מַה נַּעֲבֵיד לְהוּ בְּשַׁבְּתָא: כְּרוֹךְ בּוּדְיָא. כְּשֶׁתִּסְתַּלֵּק הַמַּחֲצֶלֶת מֵעֲלֵיהֶן עֶרֶב שַׁבָּת, אַל תְּסַלְּקֶנָּה כּוּלָּהּ מִשָּׁם, אֶלָּא הֱוֵי גּוֹלֵל אוֹתָהּ וְכוֹרֵךְ מֵעַל הַגַּג, וְשַׁיֵּיר בָּהּ טֶפַח פְּרוּסָה דְּלֶהֱוֵי עָלֶיהָ שֵׁם אֹהֶל: וּלְמָחָר פְּשֵׁטֵיהּ. דְּהָוֵי תּוֹסֶפֶת וְשָׁרֵי: וִילוֹן. כְּנֶגֶד הַפֶּתַח, לִצְנִיעוּת: מוּתָּר לְנוֹטְתוֹ. דְּלָאו אֹהֶל הוּא קְבִיעָא הָתָם, אֶלָּא כֵּן דַּרְכּוֹ לִינָּתֵן וּלְהִסְתַּלֵּק כְּדֶלֶת בְּעָלְמָא: כִּילַּת חֲתָנִים. לָאו אֹהֶל הוּא, מִפְּנֵי שֶׁאֵין לָהּ גַּג לְמַעְלָה רוֹחַב טֶפַח, מִפְּנֵי שֶׁהִיא נְתוּנָה בְּשִׁיפּוּעַ. וְהִיא יְרִיעָה שֶׁפּוֹרְסִין סָבִיב לְמִטָּה לִישַׁן: שֶׁאֵין בְּפָחוֹת מִשְּׁלֹשָׁה סָמוּךְ לַגַּג טֶפַח. שֶׁנְּתוּנָה בַּאֲלַכְסוֹן קָצָר, שֶׁכְּשֶׁאַתָּה מוֹדֵד רׇחְבָּהּ לְמַטָּה מִשְּׁלֹשָׁה לְגַגָּהּ — אֵין בּוֹ רוֹחַב טֶפַח, דַּהֲוֵי כּוּלֵּיהּ דּוֹפֶן, וְאֵין כָּאן אֹהֶל כְּלָל. אֲבָל הִרְחִיבָהּ עַד טֶפַח בְּתוֹךְ שְׁלֹשָׁה לְגַגָּהּ — כְּאִילּוּ גַּגָּהּ טֶפַח דָּמֵי, וְאָסוּר לִנְטוֹתָהּ: בְּשִׁיפּוּעָהּ

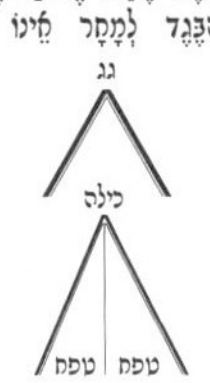

תוספות

גלוסטרא. ומתניתין דלעיל דדלת שבמוקצה והדקין שבפירצה, דבעי שיהו גבוהים מן הארץ, נראה לפרש: אע״ג דיכול לעמוד ע״י אותו חבל, מ״מ אינו ניטל באיגודו, שאם היו רוצים לטלטלו ממקום למקום ע״י אותו חבל היה נתתק, משום הכי צריך שיהיו גבוהים מן הארץ. ואתיא נמי כר׳ יהודה, דכוותיה פסקינן, דאי הוה ניטל באיגודו — אפילו נגרר ובלא גלוסטרא, ואפילו קטיר בעיברא דדשא, מתיר רבי יהודה כדמוכח הכא:

הלכה כר״י: בנגרר. פירש בקונטרס: דנועלין בו במדינה, אבל במאי דשרי מונח במקדש — לית הלכתא כוותיה:

נקמז מהו. פירוש: עד השתא הוה איירי כשהאסקופה גבוהה, ואין החור נוקב עד לארץ. והשתא בעי: אם החור הולך עד שנכנס ונועץ בקרקע, ודמי טפי לבונה: **ההוא** שריתא דהוו מדלו לה בי עשרה. ואם תאמר: דאמרינן סוף "במה מדליקין" (שבת דף לה.) גבי חלתא, אמר אביי: בעי מיניה דמר אפילו בת תרי כורי ולא שרי לי! ויש לומר דלא דמי, דחלתא אין רגילות לטלטלה בחול כלל, אבל האי שריתא — דרכה לטלטלה תמיד בחול לנעול הדלת, משום הכי שרי*. **לא** אמרן אלא שאין בשיפועה טפח. פירש בקונטרס: שיש כילות קטנות סמוכות זו לזו, ואין בכל אחת טפח. ותימה: דלימא לבוד מכילה זו לכילה זו, ונמלא שיש בשיפועה טפח. ויש לומר: דהא דחשיב ליה אהל לעיל על ידי לבוד — דהיינו לענין שיוכל להוסיף למחר בשבת, אבל לא מסתבר שיחשב בכי האי גוונא עשיית אהל לאסור עליו לעשות בשבת. דאטו יהיה אסור לנטות בשבת שני חוטין תוך שלשה משום עשיית אהל?!

הא

[וע״ע תוספות שבת לה. ד״ה ואפילו]

רבינו חננאל

בשאינו ניטל באיגודו כגון שהיה קשור בגמי ר׳ סבר כיון דיש בראשו גלוסטרא. פי׳ רומנא והיא כמין אחיזת מאנא תורת כלי עליו ומותר לטלטלו. ור׳ אלעזר סבר כיון דאינו ניטל באיגודו לא מטלטלינן ליה. ומפורש בתלמוד א״י אמר רב יוסי מי שמתיר עושה הנגר טפל לגלוסטרא והאוסר עושה לגלוסטרא טפילה לנגר. איזהו נגר א״ר יוחנן קשור אעפ״י שאינו תלוי ודברי הכל כי הגלוסטרא כלי הוא: **נגר** הנגרר נועלין בו במקדש אבל לא במדינ׳. והמונח כאן וכאן אסור. ר׳ יהודה אומר המונח במקדש כו׳: ת״ר איזהו נגר הנגרר שנועלין בו במקדש כו׳ אמר רב יהודה אמר שמואל הלכה כרבי יהודה. אמר רב יהודה והוא שקשור ותלוי בדלת. ואם ניטל באיגודו אפי׳ תלוי אלא בבריח של דלת מותר כר׳ טבלא. רב הונא איקלע לנהרדעא חזייה לנגר דהוה קטיר בגמי. אמר דין אינו ניטל באיגודו שאינו קשור בדבר שיכול להעמידו. וכיון דאינו ניטל באיגודו לא ניקטור. כלומר אין סוגרין כדגרסינן טרוקו גלי סגרו הפתחים. פי׳ ניקמן. אמר רב יהודה אמר שמואל הלכה כר׳ יהודה דאוסר (בניקמן) [בנקמז] משום דמיחזי כבונה (דמפורש) [ומפורש] בירושלמי ר׳ יעקב בר אחא בשם רבנן מדדו זהו הנקמן בראשי אצבעותיו *) וכיון דמדדהו נראה כי בונה אמר שמואל ואם עשה לו בית יד נעשה (כבוכנא) [כבוכנא] ושרי: ההיא שריתא [כו׳]. פי׳ דהוה שקלי לה עשרה ושדו לה אדשא והוה חזי להו ר׳ פדת ולא אמר להו ולא מידי אמר זו תורת כלי עליה והוא הדין לאסיתא שהיא מכתשת גדולה מחזקת אדרב ואמר מר שמוא׳ תורת כלי עליה ושרי לטלטולה. פי׳ הני כיפי דארבא כמין קרשים כפופין ע״ג הספינה. ויש טבעות קבועות וכשתהיה החמה קושרין באותן טבעות מחצלאות ופורסין אותה ע״ג הספינה מפני החמה. (עכשיו) ואי הני כיפי דארבא בהן טפח הנה הן חשיבין כאהלים דקי״ל אוהלי טומאה טפח. ואם אין בכל אחד מהן רחב טפח ואין בין זה לזה הקרש ג׳ טפחים כיון דקי״ל כל פחות מג׳ כלבוד דמי נעשו כל הקרשים כולן כאילו לבודין והנה הם אהל למחר בשבת מביא מחצלת ופורס עליהן דמוסיף על אהל עראי הוא ושרי: הנך דכרי פי׳ אלים דהוו לרב הונא ביממא בעי טולא ובלילה בעו אוירא ואתא לקמיה דרב וא״ל זיל כרוך בודייא ושייר בה טפח (פרוס) [פירוש] ושדייה (לדיר) [לבודייא] ע״ג עצים מע״ש וליהוי הבודיא כרוכה על גבי העצים לילי

*) עיין בירושלמי בפירקין הלכה י׳ וצ״ע ואולי דרבינו היה לו גי׳ אחרת בירושלמי.

עין משפט נר מצוה

נא א ב ג מיי׳ פכ״ו מהל׳ שבת הלכה ז:
נב ד מיי׳ פכ״ב מהל׳ שבת הלכה ו סמג לאוין סה טוש״ע א״ח סימן שח סעיף ג ובב״כ אלפס שבת פרק י״ז דף נד:
נג ה ו מיי׳ פכ״ב מהל׳ שבת הלכה כט סמג שם טוש״ע א״ח סי׳ שטו סעיף ב:
נד ז מיי׳ שם טוש״ע שם סעי״ א בהג״ה:
נה ח ט מיי׳ שם הלכה ל טוש״ע שם סעיף יא:

מסורת הש״ס

שבת קכו.
שם
[תוספתא פ״ח ע״ש]
[גיר׳ הערוך אדרבה פי׳ ארבע תאי לתך]
שבת קלח.
שם: מה: ע״ש

הגהות הב״ח

(א) גמ׳ רבי יהודה אומר (זה אף) תא״מ ונ״ב ס״א אף זה: (ב) שם וכי אין בגגה טפח נמי לא אמרן: (ג) רש״י ד״ה שריתא וכו׳ קורתי מתרגמינן בטלל:

רב נסים גאון

מאי טעמא מוסיף על אהלי עראי הוא ושפיר דמי עיקר דיליה בפ׳ כל הכלים ניטלין בשבת (שבת קכה) דתנן פקק החלון ר׳ אליעזר אומר בזמן שהוא קשור ותלוי פוקקין בו ובגמ׳ גרסי אמר רבה בר בר חנה אמר ר׳ יוחנן הכל מודין שאין עושין אהלי עראי בתחלה ביום טוב ואין צריך לומר בשבת לא נחלקו אלא להוסיף שר׳ אליעזר אומר אין מוסיפין ביו״ט ואין צריך לומר בשבת וחכמים אומרים מוסיפין

עין משפט נר מצוה

מסורת הש"ס

מתני׳ ... בְּשִׁיפּוּעָהּ טֶפַח, אֲבָל יֵשׁ בְּשִׁיפּוּעָהּ טֶפַח — שִׁיפּוּעֵי אֹהָלִים כְּאֹהָלִים דָּמוּ. *וְאָמַר רַב שֵׁישָׁא בְּרֵיהּ דְּרַב אִידִי: [א]סַיְינָא שָׁרֵי. וְהָתַנְיָא: אָסוּר! לָא קַשְׁיָא; הָא — דְּאִית בֵּיהּ טֶפַח, הָא — דְּלֵית בֵּיהּ טֶפַח. אֶלָּא מֵעַתָּה שַׁרְבֵּיב בִּגְלִימֵיהּ טֶפַח הָכִי נַמִי דְּאָסוּר! אֶלָּא לָא קַשְׁיָא; [ב]הָא — דְּמִיהֲדַק, הָא — דְּלָא מִיהֲדַק.§ **מתני׳** מַחֲזִירִין צִיר הַתַּחְתּוֹן בַּמִּקְדָּשׁ, אֲבָל לֹא בַּמְּדִינָה. וְהָעֶלְיוֹן — כָּאן וְכָאן אָסוּר. רַבִּי יְהוּדָה אוֹמֵר: הָעֶלְיוֹן בַּמִּקְדָּשׁ, וְהַתַּחְתּוֹן בַּמְּדִינָה.§ **גמ׳** תָּנוּ רַבָּנַן: [ג]צִיר דֶּלֶת שִׁידָּה תֵּיבָה וּמִגְדָּל, בַּמִּקְדָּשׁ — מַחֲזִירִין, בַּמְּדִינָה — דּוֹחֲקִין. וְהָעֶלְיוֹן — כָּאן וְכָאן לֹא יַחֲזִיר, גְּזֵירָה שֶׁמָּא יִתְקַע. וְאִם תָּקַע — חַיָּיב חַטָּאת. שֶׁל בּוֹר וְשֶׁל דּוּת וְשֶׁל יָצִיעַ — לֹא יַחֲזִיר, וְאִם הֶחֱזִיר — חַיָּיב חַטָּאת.§ **מתני׳** *[ד]מַחֲזִירִין רְטִיָּה בַּמִּקְדָּשׁ, אֲבָל לֹא בַּמְּדִינָה. אִם בַּתְּחִילָּה — כָּאן וְכָאן אָסוּר.§ **גמ׳** תָּנוּ רַבָּנַן: רְטִיָּה שֶׁפָּרְשָׁה מֵעַל גַּבֵּי מַכָּה — מַחֲזִירִין בַּשַּׁבָּת. ר׳ יְהוּדָה אוֹמֵר: הוּחְלְקָה לְמַטָּה — דּוֹחֲקָהּ לְמַעְלָה, לְמַעְלָה — דּוֹחֲקָהּ לְמַטָּה. [ה]וּמְגַלֶּה מִקְצָת הָרְטִיָּה וּמְקַנֵּחַ פִּי הַמַּכָּה, וְחוֹזֵר וּמְגַלֶּה מִקְצָת רְטִיָּה, וּמְקַנֵּחַ פִּי הַמַּכָּה. וּרְטִיָּה עַצְמָהּ לֹא יְקַנֵּחַ, מִפְּנֵי שֶׁהוּא מְמָרֵחַ. וְאִם מֵירַח — חַיָּיב חַטָּאת. אָמַר רַב יְהוּדָה, אָמַר שְׁמוּאֵל: הֲלָכָה כְּר׳ יְהוּדָה. אָמַר רַב חִסְדָּא: לֹא שָׁנוּ אֶלָּא שֶׁפֵּירְשָׁה עַל גַּבֵּי כְּלִי, אֲבָל פֵּירְשָׁה עַל גַּבֵּי קַרְקַע — דִּבְרֵי הַכֹּל אָסוּר! אֲמַר מָר בַּר רַב אַשִׁי: הֲוָה קָאֵימְנָא קַמֵּיהּ אַבָּא! נָפְלָה לֵיהּ אַבֵּי סָדְיָא וְקָא מְהַדַּר לֵיהּ. אֲמִינָא לֵיהּ: לָא סָבַר לָהּ מָר לְהָא דְּאָמַר רַב חִסְדָּא: מַחֲלוֹקֶת — שֶׁפֵּירְשָׁה עַל גַּבֵּי כְּלִי, אֲבָל פֵּירְשָׁה עַל גַּבֵּי קַרְקַע — אָסוּר. וְאָמַר שְׁמוּאֵל: הֲלָכָה כְּרַבִּי יְהוּדָה! אֲמַר לִי: *לָא שְׁמִיעַ לִי. כְּלוֹמַר: לָא סְבִירָא לִי.§ **מתני׳** [ו]קוֹשְׁרִין נִימָא בַּמִּקְדָּשׁ, אֲבָל לֹא בַּמְּדִינָה. וְאִם בַּתְּחִילָּה — כָּאן וְכָאן אָסוּר.§ **גמ׳** וּרְמִינְהוּ: נִימַת כִּנּוֹר שֶׁנִּפְסְקָה — לֹא הָיָה קוֹשְׁרָהּ, אֶלָּא עוֹנְבָהּ! לָא קַשְׁיָא; הָא — רַבָּנַן, וְהָא — ר׳ אֱלִיעֶזֶר. לְרַבִּי אֱלִיעֶזֶר דְּאָמַר: "מַכְשִׁירֵי מִצְוָה דּוֹחִין אֶת הַשַּׁבָּת" — קוֹשְׁרָהּ, לְרַבָּנַן דְּאָמְרִי אֵין דּוֹחִין — עוֹנְבָהּ, אִי רַבִּי אֱלִיעֶזֶר — אֲפִילּוּ לְכַתְּחִילָּה נַמִי! אֶלָּא, לָא קַשְׁיָא; הָא *רַבִּי יְהוּדָה, וְהָא — רַבָּנַן. וְרַבִּי יְהוּדָה אַלִּיבָּא דְּמַאן? אִי

בְּשִׁיפּוּעָהּ. מִכְּנֶגֶד אֶמְצָעִית גַּגָּהּ עַד מָקוֹם שֶׁשְּׂפַת יְרִיעָה כָּלֶה שָׁם. לֹא הִרְחִיב טֶפַח דַּהֲוֵי כּוּלָּהּ כְּדוֹפֶן וְאֵין כָּאן אֹהֶל כְּלָל אֲבָל הִרְחִיבָהּ כָּל דּוֹפֶן וְדוֹפֶן בַּאֲלַכְסוֹנָהּ טֶפַח — הָוֵי הַהוּא אֲלַכְסוֹן, אע"פ שֶׁהוּא מְשׁוּפָּע קָרוּי אֹהֶל, כְּרַבָּנַן דִּפְלִיגִי אַדְּרַבִּי אֱלִיעֶזֶר בְּמַסֶּכֶת סוּכָּה (דף יט:) כָּךְ שָׁמַעְתִּי, וְקַשְׁיָא לִי: אֵיזוֹ מִטָּה שֶׁאֵין בְּרָחְבָּהּ שְׁנֵי טְפָחִים אוֹ ג׳ חָסֵר מַשֶּׁהוּ, שֶׁיִּהְיֶה בְּגַגָּהּ פָּחוֹת מִטֶּפַח וּשְׁנֵי שִׁיפּוּעֶיהָ כָּל אֶחָד פָּחוֹת מִטֶּפַח? וי"ל: שֶׁהַמִּטָּה רְחָבָה כְּמִשְׁפָּטָהּ, וְנַקְלִיטִין הַרְבֵּה יוֹצְאִין הֵימֶנָּה לִשְׁנֵי רָאשֶׁיהָ, וְעוֹלִין לְמַעְלָה סְדוּרִין אֶחָד נָמוּךְ וְאֶחָד גָּבוֹהַּ, וְקָנִים נְתוּנִים עֲלֵיהֶם

כזה

מטה

מִנַּקְלִיטִין שֶׁבְּרֹאשָׁהּ לְנַקְלִיטִין שֶׁבְּרַגְלֶיהָ, וּפוֹרֵס עַל הַמִּטָּה שְׁתַּיִם וְשָׁלֹשׁ כִּילּוֹת קְטַנּוֹת בְּגַגָּהּ, וִירִיעָה גְּדוֹלָה פְּרוּסָה סָבִיב הַמִּטָּה לַדְּפָנוֹת: סַיְינָא שָׁרֵי. כּוֹבַע שֶׁל לֶבֶד, שֶׁקּוֹרִין פלטר"י, מוּתָּר לָצֵאת בּוֹ בְּשַׁבָּת: הָא דְּאִית בֵּיהּ טֶפַח. שֶׁיּוֹצֵא טֶפַח רוֹחַב שְׂפָתוֹ לְהַלָּן מֵרֹאשׁוֹ — אָסִיר, דַּהֲוֵי אֹהֶל: שַׁרְבֵּיב בִּגְלִימֵיהּ. הֶאֱרִיךְ בְּטַלִּיתוֹ לְהַלָּן מֵרֹאשׁוֹ, וְהוֹצִיאָהּ טֶפַח — הָכִי נַמִי דְּאָסוּר: אֶלָּא הָא דְּמִיהֲדַק הָא דְּלָא מִיהֲדַק. וְטַעְמָא לָאו מִשּׁוּם אֹהֶל הוּא, אֶלָּא דִּילְמָא נָפֵיל מֵרֵישֵׁיהּ וְאָתֵי לְאַתּוּיֵי. הִלְכָּךְ, כִּי מִיהֲדַק וְקָשׁוּר בִּרְצוּעָה תַּחַת גְּרוֹנוֹ — שָׁרֵי, וְאִי לָא — אָסוּר: **מתני׳** מַחֲזִירִין צִיר הַתַּחְתּוֹן. שֶׁל דֶּלֶת חַלּוֹן שִׁידָּה תֵּיבָה וּמִגְדָּל שֶׁפִּתְחֵיהֶם מִצִּדֵּיהֶן. דְּצִיר הַתַּחְתּוֹן, כָּל זְמַן שֶׁלֹּא יָצָא הָעֶלְיוֹן — נוֹחַ לְהַחֲזִירוֹ. וְאֵין כָּאן בִּנְיָן: אֲבָל לֹא בַּמְּדִינָה. גְּזֵירָה שֶׁמָּא יִתְקַע בְּגַרְזֶן אוֹ בְּמַקָּבוֹת, דַּהֲוְיָא מְלָאכָה: וְהָעֶלְיוֹן כָּאן וְכָאן אָסוּר. דְּכֵיוָן שֶׁיָּצָא הָעֶלְיוֹן — כּוּלּוֹ נוֹפֵל, וַהֲוֵי כְּבוֹנֶה. וְקָא סָבַר: יֵשׁ בִּנְיָן בְּכֵלִים, וּמְלָאכָה לֹא הוּתְּרָה אֲפִילּוּ בַּמִּקְדָּשׁ: **גמ׳** בַּמִּקְדָּשׁ מַחֲזִירִין. כְּגוֹן שֶׁצְּרִיכִין לוֹ לִדְבַר קָרְבָּן, כְּגוֹן שֶׁהָיָה שָׁם מֶלַח אוֹ לְבוֹנָה אוֹ קְטוֹרֶת, וְאֵין שְׁבוּת בַּמִּקְדָּשׁ: וּבַמְּדִינָה דּוֹחֲקִין. אִם לֹא יָצָא כּוּלּוֹ מֵחוֹר הָאַסְקוּפָּה, אֶלָּא הִתְחִיל לִשָּׁמֵט — דּוֹחֲקִין לַחוֹר בלע"ז אנפיינדר"א: וְהָעֶלְיוֹן כָּאן וְכָאן אָסוּר לְהַחֲזִיר. דַּהֲוֵי בּוֹנֶה מַמָּשׁ: שֶׁמָּא יִתְקַע. שֶׁמָּא יַחְזִיקֶנּוּ בְּמַקָּבוֹת וּבְגַרְזֶן, וַהֲוְיָא מְלָאכָה. וְאַתַּחְתּוֹנָה בַּמְּדִינָה קָאֵי, דְּאִי אַעֶלְיוֹן קָאֵי, וּבַמִּקְדָּשׁ, הֲוָה לֵיהּ שְׁבוּת, דְּהַךְ חֲזָרָה גְּזֵירָה מִשּׁוּם שֶׁמָּא יִתְקַע, וְאַמַּאי מִיתְּסַר בַּמִּקְדָּשׁ דְּקָאָמַר וְהָעֶלְיוֹן כָּאן וְכָאן אָסוּר, וְהָא שְׁבוּת בַּמִּקְדָּשׁ לֹא גָּזְרוּ: שֶׁל בּוֹר וְשֶׁל דּוּת. דַּהֲוֵי בִּנְיָן הַמְחוּבָּר לַקַּרְקַע, חָשִׁיב בִּנְיָן בְּכָל דְּהוּ: בּוֹר בַּחֲפִירָה דּוּת בְּבִנְיָן בְּתוֹךְ הַקַּרְקַע, אישקדיי"א: **מתני׳** מַחֲזִירִין רְטִיָּה. כֹּהֵן שֶׁלָּקָה בְּיָדוֹ, וְנָתַן עָלֶיהָ רְטִיָּה מִבְּעוֹד יוֹם, וְהוּלְרַךְ לַעֲבוֹד עֲבוֹדָה בְּשַׁבָּת אוֹ בְּיו"ט וְנָטַל רְטִיָּה מֵעַל יָדוֹ שֶׁלֹּא תְּהֵא חוֹצֶצֶת בֵּינוֹ וּבֵין יָדוֹ לַעֲבוֹדָה. דַּחֲצִיצָה פּוֹסֶלֶת בָּהּ, דְּבָעֵינַן "וְלָקַח הַכֹּהֵן" וְכֵיוָן דְּחָיֵיץ לָא הָוֵי לְקִיחָה בְּכֹהֵן — מַחֲזִירָהּ בַּמִּקְדָּשׁ. דְּאִי לָא שָׁרֵית לֵיהּ לְהַחֲזִירָהּ — לָא שָׁקֵיל לֵיהּ מִידֵיהּ, וּמִמְנַע וְלָא עָבֵיד עֲבוֹדָה. וְזֶה אֶחָד מִשְּׁלֹשָׁה דְּבָרִים הָאֲמוּרִים בְּמַסֶּכֶת בֵּיצָה *שֶׁהוּתְּרוּ סוֹפָן מִשּׁוּם תְּחִלָּתָן: אֲבָל לֹא בַּמְּדִינָה. גְּזֵירָה שֶׁמָּא יְמָרֵחַ הָרְטִיָּה. וּמֵירוּחַ הַיְינוּ[(א)] מוֹחֵק הָאָמוּר בַּאֲבוֹת מְלָאכוֹת שֶׁל שַׁבָּת: אִם בַּתְּחִלָּה. שֶׁלֹּא הָיְתָה קְשׁוּרָה מִבְּעוֹד יוֹם, וְכֹהֵן זֶה לֹא סַלְּקָ׳ לְצוֹרֶךְ עֲבוֹדָה: כָּאן וְכָאן אָסוּר. וְהָכָא לֵיכָּא לְמֵימַר אֵין שְׁבוּת בַּמִּקְדָּשׁ, דְּהָא וַדַּאי הַאי שְׁבוּת לָאו צוֹרֶךְ גָּבוֹהַּ הוּא, אֶלָּא לְצוֹרֶךְ עַצְמוֹ: **גמ׳** רְטִיָּה שֶׁפָּרְשָׁה. שֶׁנָּפְלָה. וּבַמְּדִינָה קָא מַיְירֵי, וּלְהָכִי נָקַט פָּרְשָׁה, שֶׁהֲרֵי לֹא נְטָלָהּ מִדַּעַת: מַחֲזִירִין. דְּמִילְּתָא דְּלָא שְׁכִיחָא הוּא, וְלָא גְּזוּר בָּהּ רַבָּנַן: רַבִּי יְהוּדָה אוֹמֵר. אִם נָפְלָה — אֵין מַחֲזִירִין, אֲבָל אִם הוּחְלְקָה — דּוֹחֲקָהּ [*וּמַחֲלִיקָהּ לְמַכָּה]: שֶׁהוּא מְמָרֵחַ. מַחֲלִיק גּוּמּוֹת שֶׁבָּרְטִיָּה. מֵירוּחַ חַיָּיב מִשּׁוּם מְמַחֵק: לֹא שָׁנוּ. דְּתַנָּא קַמָּא שָׁרֵי לְהַחֲזִירָהּ: אֶלָּא שֶׁפָּרְשָׁה ע"ג כְּלִי. עַל הַכַּר אוֹ עַל הַכֶּסֶת: ע"ג קַרְקַע. כִּלְכַתְּחִלָּה דָּמֵי: אַבֵּי סָדְיָא. נָפְלָה לוֹ עַל הַכַּר שֶׁבִּמְרַאֲשׁוֹתָיו. כְּמוֹ שֶׁמְּתַרְגֵּם "מְרַאֲשׁוֹתָיו" — אִיסָדוֹהִי: לָא סָבַר לָהּ מָר לְהָא דְּרַב חִסְדָּא. דְּמוֹקֵי לִפְלוּגְתַּיְיהוּ בְּשֶׁנָּפְלָה עַל הַכְּלִי, וַאֲפִילּוּ הָכִי אָסַר כְּרַבִּי יְהוּדָה וְאָמַר שְׁמוּאֵל: הֲלָכָה כְּרַבִּי יְהוּדָה: לָא שְׁמִיעַ לִי. הָא דְּרַב חִסְדָּא, דַּהֲנָא סְבִירָא לִי דְּכִי פָּלֵיג ר׳ יְהוּדָה — בִּנְפִילָה עַל גַּבֵּי קַרְקַע, אֲבָל בִּנְפִילָה עַל גַּבֵּי כְּלִי — מוֹדֶה, דַּהֲוֵה כְּהוּחְלְקָה בְּעָלְמָא: **מתני׳** קוֹשְׁרִין נִימָא. נִימַת כִּנּוֹר שֶׁל שִׁיר הַלְוִיִּם לַקָּרְבָּן, אִם נִפְסְקָה בְּשַׁבָּת. וּבַגְּמָרָא מְפָרֵשׁ טַעְמָא, דְּקָסָבַר מַכְשִׁירֵי מִצְוָה שֶׁלֹּא הָיָה יָכוֹל לַעֲשׂוֹתָן מֵאֶתְמוֹל, דְּהָא הַיּוֹם נִפְסְקָה — דּוֹחָה אֶת הַשַּׁבָּת. וְאַף עַל גַּב דְּקֶשֶׁר אַב מְלָאכָה הוּא בְּמַסֶּכֶת שַׁבָּת (דף עג.): וְאִם בַּתְּחִילָּה. שֶׁלֹּא הָיְתָה שָׁם מֵעוֹלָם, דְּיָכוֹל לַעֲשׂוֹת מֵאֶתְמוֹל — אָסוּר: **גמ׳** פְּלוּגְתָּא דר"א וְרַבָּנַן גַּבֵּי מִילָה (שבת דף קל.) שר"א מַתִּיר לַחְטוֹב עֵצִים וְלַעֲשׂוֹת פֶּחָמִין בְּשַׁבָּת לַעֲשׂוֹת אִיזְמֵל לָמוּל בּוֹ: קָרְבָּן לְבוּר הָוְיָא מִצְוָה הַדּוֹחָה אֶת הַשַּׁבָּת, וְשִׁיר הָוֵי מַכְשִׁירִין דִּידָהּ: אֲפִי׳ לְכַתְּחִילָּה נַמֵּי. דְּהָא לַעֲשׂוֹת פֶּחָמִין שֶׁהוּא מַכְשִׁיר — שָׁרֵי: לר׳ יְהוּדָה. דְּאָמַר: עֲנִיבָה אַב מְלָאכָה, בְּמַסֶּכֶת שַׁבָּת (דף קיג.): אֵין חִילּוּק בֵּין עֲנִיבָה לִקְשִׁירָה, וְקוֹשֵׁר. דְּקָסָבַר: מַכְשִׁירֵי מִצְוָה דּוֹחִין. וְהָא דְּתַנְיָא עוֹנְבָהּ — רַבָּנַן, דְּאָמְרִי לָאו מְלָאכָה הִיא, וְכֵיוָן דְּאֶפְשָׁר בַּעֲנִיבָה — לָא מְחַלְּלִינַן שַׁבָּת: וְרַבִּי יְהוּדָה. דְּמוֹקְמִינַן מַתְנִי׳ אַלִּיבֵּיהּ, וְקוֹשֵׁר אַב מְלָאכָה הִיא, אַלִּיבָּא דְּמַאן: אי

הא דמיהדק הא דלא מיהדק. פירש בקונטרס: דטעמא לאו משום אהל הוא. ולפי זה מותרין אותן כובעין של לבד, אע"פ שמאהיל טפח, ובלבד שיהיה קשור תחת גרונו, שלא יפול, ואתי לאיתויי ד׳ אמות ברה"ר. אבל ר"ח מפרש דמיהדק אסור, כשהטפח היוצא מן הכובע חזק שאינו נכפף ונראה אהל. ולפי זה כובעים אסורין: **והעליון** כאן וכאן אסור. פי׳ בקונטרס: דקסבר יש בנין וסתירה בכלים, דעל שידה תיבה ומגדל קאמר לה בגמרא. ותימה: אטו מתני׳ כב"ש? דלב"ה אין בנין וסתירה בכלים, בפ"ב דביצה (דף כב.)! ועוד קשה: דבגמרא גבי והעליון כאן וכאן אסור שמא יתקע, דחק לפרש דשמא יתקע קאי על תחתון, דאי אעליון — לא היה אסור במקדש, דאין שבות במקדש. ודוחק גדול הוא. ונראה לר"י: דאפילו ציר העליון הוא דרבנן, דשבות גדולה כזה לא התירו במקדש. וטובא אשכחן דלא התירו במקדש(ב), כגון סידור הקנים ונטילתן דאינו דוחה את השבת*: **מחזירין** רטיה במקדש אבל לא במדינה. פי׳ בקונט׳: גזירה שמא ימרח. אבל לשחיקת סממנין ליכא למיחש, כיון דמאתמול הוה עילויה. וקשה: דבפרק "במה אשה" (שבת דף סד:) אמר: אשה יוצאה בפילפל ובגרגיר מלח, ואם נפל — לא תחזיר. ואמאי? כיון דכבר הוי עילויה! ויש לומר: דהתם טעמא לפי שנראית כמו שמתכוון להוציא לחוץ, ואתי למשרי הוצאה. והר"ר יוסף פירש לשם — הטעם משום שחיקת סממנים, וכן יש לפרש בשמעתין. ונקט רטיה לרבותא, אף על גב דאיכא למיחש לשחיקת סממנין ולמירוח — אפי׳ הכי מחזירין במקדש: **רטיה** שפירשה מחזירין אותה. וא"ת: ומ"ש דאמר גבי פילפל ובגרגיר מלח, נפל לא תחזיר? וי"ל: דהך דפילפל איירי שנפל על גבי קרקע, והכא שנפל על גבי כלי, כדקאמר רב חסדא בסמוך. ורב אשי דקאמר בסמוך לא שמיע לי — לא קאי אדרב חסדא כדפירש בקונטרס, אלא קאי אהלכה כר׳ יהודה. אבל אמילתא דרב חסדא — לא פליג, ומודה דלא שרו רבנן אלא בכלי. ועוד י"ל: ההיא דגרגיר מלח — אתי כרבי יהודה דאסר הכא: **אמר** מר בר רב אשי הוה קאימנא קמיה דרבא. ר"ח גרס: "קמיה דאבא". וכן נראה דל"ג "קמיה דרבא", *דיום שמת רבא נולד רב אשי. **קושרין** נימא כו׳ ואם לכתחילה כאן וכאן אסור. פירש בקונטרס: שלא היתה שם מאתמול. ור"י מפרש: לכתחילה — אפילו נפסקה היום, ורוצה לשלשלה ולעשותה בלא קשר — זהו לכתחילה: הא

רבינו חננאל

לילי שבת כדי שיהא האויר נכנס על הצאן ומחר בשעת החמה פרום גם שאר הבודיא וכסה בה העצים להיות להן צל דכיון דהוה בה מאתמול פריסה מקצת הבודיא טפח נעשה אותו טפח מאתמול אהל עכשיו מוסיף על אהל עראי אתה ושרי לך. וילון פי׳ פרוכת. אמר שמואל משום ר׳ חייא כילת חתנים מותר לנוטתה כו׳ אבל יש בגגה טפח או פחות מג׳ סמוך לגג רחב טפח או נחתא מפוריא טפח או אית בשיפועא טפח. אי אית חד מהנך אסיר ושיפועי אהלים כאהלים דמו. סייאנא. פי׳ הכובע שעל ראש האדם שיש לו כנפים יוצאות כגון שפתים פשוטות נגועות על הפנים מפני השמש אם מהדק אפי׳ יש בו טפח *) שרי ואי לא אסיר: **מתני׳** מחזירין ציר התחתון במקדש. ת"ר ציר דלת של שידה ושל תיבה ושל מגדל כו׳. פי׳ שמא יתקע בה מסמר. **) יהודה אמר פרשה אין מחזירין אותה כלל אלא הוחלקה במכה למטה דוחקה למעלה על גבי מכה וכן אם הוחלקה למעלה דוחקה למטה ומגלה מקצת רטיה ומקנח פי המכה וחוזר ומגלה מקצת רטייה ומקנח פי המכה כו׳. אמר רב חסדא לא שנו אלא שפירשה ע"ג כלי דת"ק מתיר להחזירה ור׳ יהודה אוסר. אבל פירשה ע"ג קרקע דברי הכל אסור להחזירה. אמר מר בר רב אשי הוינא קאים קמיה אבא כו׳. ... רבה בתרא. ואם בתחילה [להניח] רטיה [אפילו] במקדש אסור כל שכן במדינה

*) עיין בתוס׳ כאן ד"ה הא ...

רב נסים גאון

בשבת ואין צריך לומר ביו"ט ואיתא נמי (שם קלג:) תולין את המשמרת: מחזירין רטיה במקדש אבל לא במדינה במס׳ יו"ט בפרק א׳ (דף יא.) גרסי מאי טעמא התירו חזרת רטיה במקדש ואוקמה בכהן שעובד עבודה והיינו דאמר עולא ג׳ דברים התירו סופן משום תחלתן ואלו הן עוד לפני הדריסה ותרוי חנויות וחזרת רטיה במקדש קא משמע לן הותרו סופן משום תחלתן כהן דבר עבודה אין דלאו בר עבודה לא: רבי אליעזר אומר מכשירי מצוה דוחה את השבת עיקר דבריו במס׳ שבת בפ׳ ר׳ אליעזר אומר אם לא הביא כלי מע"ש (דף קל.) דתנן ועוד אמר ר׳ אליעזר כורתין עצים לעשות פחמים לעשות ברזל ותניא מילה וכל מכשיריה דוחין

עין משפט נר מצוה

נו א ב מיי׳ פכ"ב מהלכות שבת הלכה לא וסמג שם טוש"ע א"ח סי׳ שא סעיף מח:

נז ג מיי׳ פכ"ב שם הל׳ כה סמג שם טוש"ע א"ח סי׳ שיג סעיף ה:

נח ד מיי׳ פכ"א מהל׳ שבת הלכה כז סמג שם טוש"ע א"ח סימן שכח סעיף כה:

נט ה מיי׳ שם וטוש"ע שם סעיף כו:

ס ו מיי׳ פ"י מהל׳ שבת הלכה ו:

מסורת הש"ס

[שבת קלח:] ביצה יח: [פסחים סה. מו"ק יב: כתובות ס: נז. ב"ב יג: קסה. סנהדרין כח: חולין נג: סב.] [סוכה לג: וש"נ] [דף יא:] רש"ל [קידושין עב:]

הגהות הב"ח

(א) רש"י ד"ה אבל לא וכו׳ ומירוח היינו ממחק האמור: (ב) תוס׳ ד"ה והעליון וכו׳ דלא התירו במקדש. נ"ב עיין בתוספות פרק המצניע ד"ה כד"ה שלא ובפרק כל הכלים דף קכג בסופו:

גליון הש"ס

מתני׳ קושרין נימא. עיין סוכה דף נ ע"ב ד"ה ורבנן:

אִי אַלִּיבָּא דְּר' אֱלִיעֶזֶר קָאָמַר – אֲפִי' לְכַתְחִילָּה נַמִּי! אֶלָּא לָא קַשְׁיָא; הָא – ר"ש, הָא – רַבָּנַן. דְּתַנְיָא: בֶּן לֵוִי שֶׁנִּפְסְקָה לוֹ נִימָא בַּכִּנּוֹר – קוֹשְׁרָהּ, ר' שִׁמְעוֹן אוֹמֵר: עוֹנְבָהּ. רַבִּי שִׁמְעוֹן בֶּן אֶלְעָזָר אוֹמֵר: אַף הִיא אֵינָהּ מַשְׁמַעַת אֶת הַקּוֹל, אֶלָּא מְשַׁלְשֵׁל מִלְּמַטָּה וְכוֹרֵךְ מִלְמַעְלָה, אוֹ מְשַׁלְשֵׁל מִלְמַעְלָה וְכוֹרֵךְ מִלְּמַטָּה. וְאִיבָּעֵית אֵימָא: הָא וְהָא רַבָּנַן, וְלָא קַשְׁיָא; כָּאן – בְּאֶמְצַע, כָּאן – מִן הַצַּד. וְאִיבָּעֵית אֵימָא: הָא וְהָא בְּאֶמְצַע, מָר סָבַר: גָּזְרִינַן, וּמָר סָבַר: לָא גָּזְרִינַן.§ **מתני'** [א] חוֹתְכִין יַבֶּלֶת בַּמִּקְדָּשׁ, אֲבָל לֹא בַּמְּדִינָה. וְאִם בַּכְּלִי – כָּאן וְכָאן אָסוּר.§ **גמ'** וּרְמִינְהוּ:(א) [ב]*הִרְכִּיבוֹ וַהֲבָאָתוֹ מִחוּץ לַתְּחוּם וַחֲתִיכַת יַבַּלְתּוֹ אֵין דּוֹחִין, רַבִּי אֱלִיעֶזֶר אוֹמֵר: דּוֹחִין! *רַבִּי אֶלְעָזָר וְרַבִּי יוֹסֵי *)(בֶּן) חֲנִינָא; חַד אָמַר: [ג] הָא וְהָא בְּלַחָה, וְלָא קַשְׁיָא; כָּאן – בַּיָּד, כָּאן – בִּכְלִי, וְחַד אָמַר: הָא וְהָא בַּיָּד, וְלָא קַשְׁיָא; הָא – בְּלַחָה, הָא – בִּיבֵשָׁה. וּלְמַאן דְּאָמַר "הָא – בַּיָּד, הָא – בִּכְלִי" מַאי טַעְמָא לֹא אָמַר הָא – בְּלַחָה, הָא – בִּיבֵשָׁה? אָמַר לָךְ: יְבֵשָׁה אֲפִילּוּ בִּכְלִי נַמִּי שָׁרֵי. מ"ט – אִיפְּרוּכֵי אִיפָּרְכָא. וּלְמ"ד "הָא – בְּלַחָה, וְהָא – בִּיבֵשָׁה" מַאי טַעְמָא לֹא אָמַר "הָא – בַּיָּד, הָא – בִּכְלִי"? אָמַר לָךְ: בִּכְלִי – הָא תְּנַן: אִם בִּכְלִי – כָּאן וְכָאן אָסוּר. וְאִידָךְ: הָא דְּקָתָנֵי הָתָם – מִשּׁוּם דְּקָא בָּעֵי אִיפְּלוּגֵי ר' אֱלִיעֶזֶר וְרַבָּנַן. וְאִידָךְ: דּוּמְיָא(ב) דְּהִרְכִּיבוֹ וַהֲבָאָתוֹ מִחוּץ לַתְּחוּם קָתָנֵי, דְּרַבָּנַן. וְאִידָךְ: הִרְכִּיבוֹ דְּלָא כְּרַבִּי נָתָן, *דְּאָמַר: הַחַי נוֹשֵׂא אֶת עַצְמוֹ. הֲבָאָתוֹ מִחוּץ לַתְּחוּם *כְּר"ע, דְּאָמַר: תְּחוּמִין דְּאוֹרַיְיתָא. מְתִיב רַב יוֹסֵף, אָמַר רַבִּי אֱלִיעֶזֶר: ק"ו *וּמַה שְּׁחִיטָה שֶׁהִיא מִשּׁוּם מְלָאכָה – דּוֹחָה אֶת הַשַּׁבָּת, אֵלּוּ שֶׁמִּשּׁוּם שְׁבוּת – אֵינוֹ דִּין שֶׁיִּדְחוּ אֶת הַשַּׁבָּת? אֶלָּא אָמַר רַב יוֹסֵף: הָא וְהָא – בַּיָּד, וּשְׁבוּת(ג) מִקְדָּשׁ בַּמִּקְדָּשׁ – הִתִּירוּ, שְׁבוּת דְּמִקְדָּשׁ בַּמְּדִינָה – לֹא הִתִּירוּ. יָתֵיב אַבַּיֵּי וְקָאָמַר לְהָא שְׁמַעְתָּא. אֵיתִיבֵיהּ רַב סָפְרָא לְאַבַּיֵּי: *הָיָה קוֹרֵא בַּסֵּפֶר עַל הָאַסְקוּפָּה, וְנִתְגַּלְגֵּל הַסֵּפֶר מִיָּדוֹ – גּוֹלְלוֹ אֶצְלוֹ. וְהָא הָכָא, דִּשְׁבוּת דְּמִקְדָּשׁ בַּמְּדִינָה הוּא וְלָא גָּזְרִי' דִּילְמָא נָפֵיל וְאָתֵי לְאִיתוּיֵי! וְלָאו אוֹקִימְנָא בְּאַסְקוּפָּה כַּרְמְלִית, ורה"ר עוֹבֶרֶת לְפָנֶיהָ! דְּכֵיוָן דְּאִיגְדוֹ בְּיָדוֹ – אֲפִילּוּ שְׁבוּת נַמִּי לֵיכָּא. אֵיתִיבֵיהּ: *[ד] מְשַׁלְשְׁלִין אֶת הַפֶּסַח לַתַּנּוּר עִם חֲשֵׁיכָה. וְהָא הָכָא, דִּשְׁבוּת דְּמִקְדָּשׁ בַּמְּדִינָה(ד) וְלָא גָּזְרִינַן שֶׁמָּא יְחַתֶּה בַּגֶּחָלִים! אִישְׁתִּיק. כִּי אֲתָא לְקַמֵּיהּ דְּרַב יוֹסֵף, א"ל: הָכִי אָמַר לִי רַב סָפְרָא. אֲמַר לֵיהּ: מַאי טַעְמָא לָא תְּשַׁנֵּי לֵיהּ: *בְּנֵי חֲבוּרָה זְרִיזִין הֵן? וְאַבַּיֵּי, *כֹּהֲנִים זְרִיזִין הֵן – אָמְרִינַן, בְּנֵי חֲבוּרָה זְרִיזִין הֵן – לָא אָמְרִינַן. רָבָא אָמַר: רַבִּי אֱלִיעֶזֶר הִיא, דְּאָמַר מַכְשִׁירֵי מִצְוָה דּוֹחִין אֶת הַשַּׁבָּת. וּמוֹדֶה ר' אֱלִיעֶזֶר, דְּכַמָּה דְּאֶפְשָׁר לְשַׁנּוּיֵי – מְשַׁנֵּינַן. מַאי

*) [נ"ל כר']

רש"י

אִי אַלִּיבָּא דר"א קָאָמַר. כְּלוֹמַר: כְּמַאן ס"ל כְּמַכְשִׁירִין, עַל כָּרְחָךְ כְּר"א ס"ל: וְכֵיוָן דִּכְר"א ס"ל – אַמַּאי הָוֵי לְכַתְּחִילָּה אָסוּר: אֶלָּא הָא ר' שִׁמְעוֹן וְהָא רַבָּנַן. מַתְנִי' רַבָּנַן דִּפְלִיגִי עֲלֵיהּ דְּר"ש, וְאָמְרִי קוֹשְׁרָהּ – דִּסְבִירָא לְהוּ כְּר"א בַּחֲדָא, דְּמַכְשִׁירֵי מִצְוָה דּוֹחִין וכו' וּכְגוֹן בְּשֶׁאִי אֶפְשָׁר לַעֲשׂוֹת מֵאֶתְמוֹל, כִּדְקָתָנֵי: שֶׁנִּפְסְקָה לוֹ נִימָא בְּכִנּוֹרוֹ, וּפְלִיגִי עֲלֵיהּ בְּשֶׁאֶפְשָׁר לַעֲשׂוֹת מִבְּעוֹד יוֹם. הִלְכָּךְ, בַּתְּחִילָּה אָסוּר וּמֵעִיקָּרָא כִּי תָּנֵיא מוֹקְמִינַן לָהּ כְּר' יְהוּדָה מ"ט לָא שָׁנֵינַן הָכִי, מִשּׁוּם דְּלָא שָׁמְעִינַן בְּהֶדְיָא דְּאִית לֵיהּ הַאי סְבָרָא לְמִפְלַג בֵּין אֶפְשָׁר לְאִי אֶפְשָׁר וְכָל כַּמָּה דְּלָא אַשְׁכַּח תַּנָּא דְּאָמַר הָכִי בְּהֶדְיָא מִיבַּעְיָא לַן סְתָמָא דְּמַתְנִיתִין מַנִּי: אַף הִיא. אִם הָיָה עוֹנְבָהּ אוֹ קוֹשְׁרָהּ אֵינָהּ מַשְׁמַעַת אֶת הַקּוֹל, וְהוֹאִיל וּקְשִׁירָה נַמִּי אַב מְלָאכָה הִיא – הָא עֲדִיפָא שֶׁתַּשְׁמִיעַ אֶת הַקּוֹל, וְטוֹב לָנוּ לְחַלֵּל אֶת הַשַּׁבָּת בְּשִׁלְשׁוּלוֹ לְקַיֵּים הַשְׁמָעַת קוֹל שִׁיר שֶׁל לְוִיִּם מִלְּחַלֵּל שַׁבָּת בִּקְשִׁירָה, שֶׁהִיא אַב מְלָאכָה, וְלֹא נְקַיֵּים בָּהּ שׁוּם מִצְוָה. דְּלָא מָצֵי(ה) הַשְׁמַע קוֹל: מְשַׁלְשֵׁל מִלְּמַטָּה וְכוֹרֵךְ מִלְמַעְלָה. שֶׁהֲרֵי יֵשׁ יְתֵדוֹת מִלְמַעְלָה וּלְמַטָּה, שֶׁרָאשֵׁי הַנִּימִין כְּרוּכִין בָּהֶן וּכְשֶׁהוּא רוֹצֶה – מְגַלְגֵּל הַיָּתֵד וְהַנִּימָא נֶאֱרֶכֶת, כְּעֵין שֶׁעוֹשִׂין לְמִינֵי כְּלֵי זֶמֶר אַרְפ"א, דְּמַאֲרִיךְ עַד שֶׁיַּגִּיעַ לַיָּתֵד שֶׁלְּמַעְלָה וְכוֹרְכָהּ בּוֹ, וַהֲרֵי הִיא כְּבַתְּחִלָּה. וּמְגַלְגְּלִין הַיָּתֵד עַד שֶׁמִּתְפַּשֶּׁטֶת כְּהִלְכָתָהּ וּמַשְׁמַעַת קוֹלָהּ. וּלְרַבָּנַן עֲדִיפָא לְמִשְׁרֵי קְשִׁירָה, דְּהָא מְשַׁלְשֵׁל נַמִּי אַב מְלָאכָה הוּא, דִּמְתַקֵּן כְּלִי כְּהִלְכָתוֹ וְכֵיוָן (דְּדָמֵי) [דְּשָׁרֵי] לְכַתְּחִלָּה, מַחֲלִיף וְאָתֵי נַמִּי לְהַתִּיר נִימִין בְּכִנּוֹר חָדָשׁ לְכַתְּחִלָּה, הִלְכָּךְ, קְשִׁירָה עֲדִיפָא: הָא וְהָא רַבָּנַן. דְּמַכְשִׁירִין שֶׁא"א מִבְּעוֹד יוֹם דּוֹחִין. וְהָא דְּקָתָנֵי מַתְנִיתִין קוֹשְׁרָהּ – כְּשֶׁנִּפְסְקָה בָּאֶמְצָעִית, שֶׁאִילְמָלֵי עוֹנְבָהּ לֹא תַּשְׁמַע קוֹלָהּ וְהָא דְּקָתָנֵי עוֹנְבָהּ – כְּשֶׁנִּפְסְקָה בְּרָאשֶׁיהָ, שֶׁאֵין צְרִיכָה שָׁם חִיזּוּק כָּל כָּךְ, וְסַגֵּי לֵיהּ בַּעֲנִיבָה: וְאִי בָּעֵית אֵימָא הָא וְהָא בְּאֶמְצַע. הָא ר"ש וְהָא רַבָּנַן, וּבָרַיְיתָא דְּקָתָנֵי לֹא הָיָה קוֹשְׁרָהּ – מִדְּאוֹרַיְיתָא שָׁרֵי, דְּס"ל לְר"ש מַכְשִׁירִין דְּמִצְוָה דּוֹחִין הֵיכָא דְּלָא אֶפְשָׁר לְהוּ מֵאֶתְמוֹל. וּמִשּׁוּם גְּזֵירָה הוּא דְּגָזַר אֶמְצַע אַטּוּ מִן הַצַּד, אֲבָל בְּעָלְמָא, דְּלֵיכָּא לְמִיגְזַר מִידֵי דָּחֵי: **מתני'** יַבֶּלֶת. וְרוא"ה. וְהוּא מוּם לְתָמִיד, שֶׁדּוֹחֶה אֶת הַשַּׁבָּת. כִּדְכְתִיב (ויקרא כב): "אוֹ חָרוּץ אוֹ(ו) יַבֶּלֶת" יַבֶּלֶת דִּקְרָא קָרֵינַן יַבֶּלֶת, שֶׁאֵין שֵׁם דָּבָר אֶלָּא כְּמוֹ חִיגֶּרֶת, דּוּמְיָא דְּשָׁבוּר וְלָא כְּתִיב שֶׁבֶר, וְעַוֶּרֶת נַמִּי לָא כְּתִיב עִוָּרוֹן. אֲבָל יַבֶּלֶת דְּמַתְנִי' – הוּא שֵׁם דָּבָר שֶׁל הַמּוּם: חוֹתְכִין יַבֶּלֶת. בַּיָּד קָאָמַר: אִם בִּכְלִי כָּאן וְכָאן אָסוּר. וְאַע"ג דְּכִי עָבֵיד נַמִּי בַּיָּד מְתַקֵּן הוּא וַהֲוָה לֵיהּ חוֹתֵךְ מִבַּעֲלֵי חַיִּים וַהֲוֵי תּוֹלָדָה דְּגוֹזֵז אֶת הַצֶּמֶר אפ"ה כֵּיוָן דִּכְלְאַחַר יָד קָא עָבֵיד שֶׁאֵין כֵּן דֶּרֶךְ לְחוֹתְכָהּ אֶלָּא בְּסַכִּין אֵין כָּאן אֶלָּא שְׁבוּת: וְאִם בִּכְלִי כָּאן וְכָאן אָסוּר. דְּאַב מְלָאכָה הָוֵי, הוֹאִיל וְאֵינוֹ מְשַׁנֶּה מִכְּמוֹת שֶׁעוֹשִׂין בְּחוֹל: **גמ'**(ז) הִרְכִּיבוֹ. בְּפֶסַח הַבָּא בְּשַׁבָּת קָאָמַר: הִרְכִּיבוֹ עַל כְּתֵיפוֹ בִּרה"ר אוֹ לַהֲבִיאוֹ מִחוּץ לַתְּחוּם: וַחֲתִיכַת יַבַּלְתּוֹ אֵין דּוֹחִין. קַשְׁיָא סְתָמָא אַסְּתָמָא: הָא. דִּפְסָחִים בִּכְלִי. וְה"נ קָאָמַר תַּנָּא דְּמַתְנִי' וְר"א אֲפִילּוּ בִּכְלִי שָׁרֵי. דְּס"ל מַכְשִׁירֵי מִצְוָה דּוֹחִין שַׁבָּת כְּגוֹן מְלָאכָה שֶׁאֶפְשָׁר לַעֲשׂוֹתָהּ מִבְּעוֹד יוֹם כְּגוֹן בִּקּוּר הַמּוּם מַכְשִׁירֵי קָרְבָּן הוּא וְהַקָּרְבָּן דּוֹחֶה הַשַּׁבָּת וּבְמַכְשִׁירִין פְּלִיגֵי: מַתְנִי' בִּיבֵשָׁה. וְאַפ"ה בִּכְלִי אָסוּר, מִשּׁוּם דִּמְתַקֵּן לָהּ, וְעִנְיַן מְלָאכָה קָא עָבֵיד. וְדִפְסָחִים בְּלַחָה, וְתַרְוַיְיהוּ בַּיָּד: אָמַר לָךְ בִּכְלִי. לָמָּה לִי לְאַשְׁמוּעִינַן בִּפְסָחִים דְּאָסוּר הָא כְּבָר שָׁמְעִינַן לָהּ הָכָא וְלָמָּה לֵיהּ לְתַנָּא לְסָתְמֵיהּ בִּתְרֵי דּוּכְתֵּי: וְאִידָךְ. לְהָכִי הֲדַר תַּנְיָא הָתָם מִשּׁוּם פְּלוּגְתָּא דְּרַבִּי אֱלִיעֶזֶר, דְּאַשְׁמוּעִינַן דַּאֲפִילּוּ בִּכְלִי שָׁרֵי: וְאִידָךְ. לְהָכִי לָא מוֹקְמִינַן לְהַהִיא דִּפְסָחִים בְּלַחָה, וּבִכְלִי. דְּאִם כֵּן הֲוָה לֵיהּ אַב מְלָאכָה, וְהָתָם הָא דִּשְׁבוּת הוּא דְּאַיְירֵי: דּוּמְיָא דְּהִרְכִּיבוֹ. דְּלָא מִיתְּסַר אֶלָּא מִדְּרַבָּנַן, דְּחַי נוֹשֵׂא עַצְמוֹ. וּתְחוּמִין נַמִּי דְּרַבָּנַן, וְאַפ"ה: הוֹאִיל וְאֶפְשָׁר מֵאֶתְמוֹל – לָא דָּחֵי: וְאִידָךְ. הִרְכִּיבוֹ וַהֲבָאָתוֹ גּוּפָהּ מְלָאכָה גְּמוּרָה הִיא, דְּלָא ס"ל לְהַאי תַּנָּא בִּפְסָחִים כְּר' נָתָן, דְּאָמַר בְּמַסֶּ' שַׁבָּת בְּפ' "הַמַּצְנִיעַ" (דף צד.): חַי נוֹשֵׂא אֶת עַצְמוֹ. וּבִתְחוּמִין סָבַר לָהּ כְּרַבִּי עֲקִיבָא, דְּאָמַר בְּמַסֶּ' סוֹטָה בְּפ' "כְּשֵׁם שֶׁהַמַּיִם בּוֹדְקִין" (דף כז:) תְּחוּמִין דְּאוֹרַיְיתָא: א"ר אֱלִיעֶזֶר ק"ו. הָתָם גַּבֵּי פְּלוּגְתַּיְיהוּ תָּנֵינַן לָהּ בְּפ' "אֵלּוּ דְּבָרִים" (פסחים סה:): אֵלּוּ שֶׁמִּשּׁוּם שְׁבוּת. אַלְמָא: ת"ק מִשּׁוּם שְׁבוּת קָא אָסַר לְהוּ, וּשְׁמַע מִינָּהּ דְּלָאו בִּכְלִי מִתּוֹקְמָא: אֶלָּא אָמַר רַב יוֹסֵף הָא וְהָא בַּיָּד. וּמִיהוּ, מַתְנִי' בִּיבֵשָׁה לָא מוֹקְמִינַן לָהּ. דְּאִם כֵּן – אֲפִילּוּ בִּכְלִי שָׁרֵי. אֶלָּא בְּלַחָה וּבַיָּד הַיְינוּ טַעְמָא דְּשָׁרֵי – דִּשְׁבוּת הוּא. וּבַמִּקְדָּשׁ, שֶׁתְּמִידִין וְקָרְבָּנוֹת לְצוֹר בַּמִּקְדָּשׁ הֵם מְבַקְּרִין אוֹתָן. וּבִפְסָחִים הַיְינוּ טַעְמָא דְּאָסוּר, דְּאַע"ג דִּשְׁבוּת הוּא, וְלְצוֹרֶךְ מִקְדָּשׁ הוּא – אַפ"ה כֵּיוָן דְּכָל אֶחָד וְאֶחָד מְבַקֵּר פִּסְחוֹ, וּמְתַקְּנוֹ בְּבֵיתוֹ וְאַחַ"כ מְבִיאוֹ לַמִּקְדָּשׁ – לֹא הִתִּירוּ לַעֲבוֹר עַל הַשְּׁבוּת בַּמְּדִינָה: לְהָא שְׁמַעְתָּא. דְּרַב יוֹסֵף: גּוֹלְלוֹ אֶצְלוֹ. דְּכֵיוָן דְּאִיגְדוֹ בְּיָדוֹ, אַע"ג דְּאִיכָּא שְׁבוּת – דִּילְמָא נָפֵיל כּוּלֵּיהּ לִרה"ר וְאָתֵי לְאִיתוּיֵי. סֵפֶר נַמִּי שְׁבוּת דְּמִקְדָּשׁ קָרֵי לֵיהּ, שֶׁהֲרֵי קֹדֶשׁ הוּא. אַלְמָא: שְׁבוּת דְּצוֹרֶךְ מִקְדָּשׁ הוּתַּר אַף בַּמְּדִינָה: הָא אוֹקִימְנָא. בְּרֵישׁ פִּירְקִין בְּאַסְקוּפָּה כַּרְמְלִית וכו' דַּאֲפִילּוּ שְׁבוּת לֵיכָּא לְמִגְזַר. דְּא"נ נָפֵיל כּוּלֵּיהּ, כִּי מַמְטֵי לֵיהּ לְתוֹךְ הַבַּיִת דֶּרֶךְ הָאַסְקוּפָּה – אֵין כָּאן חִיּוּב חַטָּאת: מְשַׁלְשְׁלִין וכו'. לְצַלּוֹתוֹ, וְהוּא יִצָּלֶה מֵעַצְמוֹ. וּבְבָשָׂר דְּעָלְמָא אָמְרִינַן אֵין צוֹלִין בָּשָׂר בָּצָל וּבֵיצָה אֶלָּא כְּדֵי שֶׁיִּצּוֹלוּ מִבְּעוֹד יוֹם, גְּזֵירָה שֶׁמָּא יְחַתֶּה בַּגֶּחָלִים, בְּפ"ק דְּשַׁבָּת (יט:). וְהָא הָכָא. דְּכָל אֶחָד צוֹלֶה פִּסְחוֹ בְּבֵיתוֹ, וְקָשָׁרֵי לֵיהּ נַמִּי בַּמְּדִינָה: בְּנֵי חֲבוּרָה. הַנִּמְנִין עַל הַפֶּסַח זְרִיזִין הֵן, דְּכָל הָעוֹסְקִין בְּקָדָשִׁים זְרִיזִין וַחֲכָמִים, הִלְכָּךְ, לָא מַחְתֵּי: וְאַבַּיֵּי. דְּאִישְׁתִּיק, סָבַר: כֹּהֲנִים זְרִיזִין הֵן, אָמְרִינַן בְּכַמָּה דּוּכְתֵּי. דְּכֵיוָן שֶׁנִּכְנָס לַעֲבוֹדָה בְּיָדוּעַ שֶׁלִּמְּדוּהוּ הִלְכוֹת קֹדֶשׁ. אֲבָל בְּנֵי חֲבוּרָה זְרִיזִין הֵן – לָא אָמְרִינַן, שֶׁאֵין לְךָ אָדָם שֶׁאֵינוֹ עוֹשֶׂה פֶּסַח: רָבָא אָמַר. הָא וְהָא בַּיָּד כִּדְאָמַר, דְּבִכְלִי לֵיכָּא לְאוֹקְמֵי לִפְסָחִים מִשּׁוּם מְלָאכָה. וְהָא וְהָא בְּלַחָה, דְּאִי בִּיבֵשָׁה – לָא מִיתְּסַר בִּכְלִי. אֶלָּא מַתְנִי' דְּקָתָנֵי שְׁבוּת דְּאֶפְשָׁר לָהּ מֵאֶתְמוֹל מִידֵי מַקְמֵי מַכְשִׁירֵי מִצְוָה – ר"א הִיא, דִּפְלִיג נַמִּי עֲלָהּ דְּהַהוּא דִּפְסָחִים, וְאָמַר דּוֹחִין – דַּאֲפִילּוּ אַב מְלָאכָה מִידֵי מַקְמַיְיהוּ, וְכ"ש שְׁבוּת. וְהָא דְּקָתָנֵי בְּמַתְנִי' דְּבִכְלִי אָסוּר – מוֹדֶה ר"א דְּכַמָּה דְּאֶפְשָׁר לְשַׁנּוּיֵי מְשַׁנֵּינַן לֵיהּ, וְלָא מְחַלְּלִינַן שַׁבְּתָא. וְהֵיכָא דְּלָא אֶפְשָׁר, כְּגוֹן גַּבֵּי אִיזְמֵל – דָּחֵינַן אֲפִילּוּ אַב מְלָאכָה: מַאי

תוספות

הא בלחה הא ביבשה. [מתניתין ביבשה], ואפילו הכי אסרינן בכלי – דשבות גדול הוא.

יבישה אפילו בכלי שרי. ולא מסתבר להחמיר עליו, כיון דאפרוכי מפריך:

ולאו אוקימנא באסקופה כרמלית. תימה, דאמר לעיל (דף לז.) גבי מלאן נבתים או כריכות: מביאן פחות פחות מד' אמות, אלמא: שבות דמקדש במדינה התירו! וי"ל דשבות כי האי גוונא ודאי שמוטלין בבזיון, התירו:

מה

עין משפט נר מצוה

סא א מיי' פ"ט מהל' שבת הלכה ח סמג לאוין סה טוש"ע א"ח סימן שמ סעיף ב:

סב ב ג מיי' ע"א מהל' קרבן פסח הלכה יח סמג עשין רכג:

סג ד מיי' פ"ג מהל' שבת הלכה טו:

רבינו חננאל

קושרין נימא במקדש כו' ורמינהו (נימא) [נימת] כנור שנפסקה לא היה קושרה אלא עונבה ופרקינן לא קשיא מתני' ר' אליעזר ברייתא ר' עקיבא דפליגי במכשירי מילה ובמכשירי פסח ר' אליעזר סבר מכשירי מצוה דוחין את השבת כו' ונדחה ואסיקנ' אלא ל"ק הא ר"ש הא רבנן דתניא בן לוי שנפסקה לו נימא בכנורו קושרה קשר של קיימא כו'. איבעית אימא הא והא ר' שמעון ולא קשיא מתניתין באמצע ברייתא' מן הצד איבעית אימא הא והא באמצע ות"ק סבר לא גזרינן באמצע אטו מן הצד ותנא (כר"א) [דברייתא] סבר גזרינן: **מתני'** חותכין יבלת במקדש אבל לא במדינה ואם בכלי כאן וכאן אסור. והתנן בפסח חתיכת יבלת אינה דוחה את השבת. ופרקינן מתני' ביבישה ומתני' דפסח בלחה. ואיבע"א לעולם בלחה ומתני' ביד. ומתני' דפסח בכלי. מ"ד הא ביד הא בכלי מ"ט לא אמר הא בלחה הא ביבישה. יבישה מיפרך פריכה אין צריך חתיכה. ומ"ד הא בלחה הא ביבשה מ"ט לא אמר הא ביד הא בכלי. אמר לך בכלי א"צ למיתנייה התם [הא] קתני במתני' ואם בכלי כאן אסור בין במקדש בין במדינה אסור ואידך אמר לך הא דקתני התם משום דבעי איפלוג ר' אליעזר ור' יהושע. ואקשינן והא חתיכת יבלתו דומיא (דהרכתו) [דהרכבתו] והבאתו מחוץ לתחום קתני מה הללו משום שבות אף חתיכת יבלת משום שבות ואי בכלי איסור מלאכה הוא. ופרקינן הרכיבו דלא כר' נתן דאמר החי נושא את עצמו והא דר' נתן מפורש בשבת פרק [המצניע דף צ"ד] הבאתו מחוץ לתחום כר"ע דאמר תחומין דאורייתא ומפורש (בסוכה) [בסוטה] פרק [כשם שהמים דף כ"ז] ואילו נמי איסור מלאכה נינהו ומותבינן איני דהני איסור מלאכה נינהו והתנן א"ר אליעזר ומה אם שחיטה שהיא משום מלאכה דוחה שבת אלו שמשום שבות [וכו'] *) מיהו שבות דמקדש במקדש התירו אבל האי דפסח שבות דמקדש. [במדינה לא

*) נ"ל אלא אמר רב יוסף הא והא ביד מיהו שבות למקדש וכו'.

רב נסים גאון

דוחין את השבת דברי ר' אליעזר ורבנן דפליגי עליה סברי כר' עקיבא דאמר מילה עצמה דאי אפשר לעשותה מע"ש דוחה את השבת אבל מכשיריה דאפשר לעשותן מערב שבת אין דוחין את השבת: **פלוגתא** דר' אליעזר ור' יהושע אתא לאשמועינן היינו מתני' דבפ' אלו דברים בפסח דוחין את השבת (פסחים קף סה) ותנן ר' אליעזר אומר דוחין אמר ר' אליעזר ומה אם שחיטה שהיא כו' אמר לו ר' יהושע יום טוב יוכיח כו'. הרכיבו דלא כר' נתן דאמר חי נושא את עצמו הבאתו מחוץ לתחום כר' עקיבא דאמר תחומין דאורייתא ועיקר דברי ר' נתן בפרק המצניע (שבת קף לד) ר' נתן אומר על השחוטין חייב על חיים פטור שהחי נושא את עצמו ועיקר דברי ר' עקיבא במשנת סוטה (קף כז) בפרק כשם שהמים בודקין אותה וכבר פירשנוה: **ולא** קא גזרינן שמא יחתה בגחלים איתא בסוף פרק יציאות השבת (קף יח) לא תמלא אשה קדירה עססיות כו' ואמרינן אפילו תימא בית הלל בהא מיסר אסרי גזירה שמא יחתה בגחלים. כיון דאמרי רבנן בעלמא משום שבות הכא מה

מסורת הש"ס

א) פסחים סה: וסח:

ב) [עי' סח: רוב הסוגיא ע"ש]

שבת לד.

[סוטה כז: וש"נ]

[פסחים סה:]

[לעיל לז:] [שבת ה:]

שבת יט:

[שבת כ. קיז. פסחים נט: סה. פה. ביצה יח. כ"ב ל. חולין קכג: זבחים לה.]

הגהות הב"ח

(א) גמרא ורמינהו הרכבתו והבאתו וכו' ולא קשיא הא ביד הא בכלי: (ב) שם דומיא דהרכבתו והבאתו וכו' ואידך הרכבתו דלא: (ג) שם ושבות דמקדש במקדש: (ד) שם במדינה הוא ולא גזרינן: (ה) רש"י ד"ה אף הוא וכו' דלא מצי משמעת קול: (ו) ד"ה יבלת וכו' חרוץ או יַבֶּלֶת יבלת דקרא קרינן יַבֶּלֶת שאינה שם דבר אלא כמו חִיגֶּרֶת דומיא דשבור ולא כתיב שֶׁבֶר וְעַוֶּרֶת נמי לא כתוב עורון אבל יַבֶּלֶת דמתניתין: (ז) ד"ה הרכבתו בפסח הבא בשבת קאמר הרכבתו להרכיבו על כתיפו:

מַאי הִיא? דְּתַנְיָא: כֹּהֵן שֶׁעָלְתָה בּוֹ יַבֶּלֶת – חֲבֵירוֹ חוֹתְכָהּ לוֹ בְּשִׁינָּיו. בְּשִׁינָּיו – אִין, בִּכְלִי – לָא. חֲבֵירוֹ – אִין, אִיהוּ – לָא. מַנִּי? אִילֵימָא רַבָּנַן וּבַמִּקְדָּשׁ, כֵּיוָן דְּאָמְרִי רַבָּנַן בְּעָלְמָא מִשּׁוּם שְׁבוּת – הָכָא מַה לִּי הוּא מַה לִּי חֲבֵירוֹ? אֶלָּא לָאו ר"א, דְּאָמַר בְּעָלְמָא חַיָּיב חַטָּאת, וְהָכָא – אע"ג דְּמַכְשִׁירֵי מִצְוָה דּוֹחִין אֶת הַשַּׁבָּת – כַּמָּה דְּאֶפְשָׁר לְשַׁנּוּיֵי מְשַׁנֵּינַן. לֹא, לְעוֹלָם רַבָּנַן, וְאִי עָלְתָה בִּבְרֵיסוֹ – הָכִי נַמִי. הָכָא בְּמַאי עָסְקִינַן – כְּגוֹן שֶׁעָלְתָה לוֹ נְשִׁיכָה בְּגַבּוֹ וּבְאַצִּילֵי יָדָיו, דְּאִיהוּ לָא מָצֵי שָׁקֵיל לָהּ. וְאִי רַבָּנַן, נִשְׁקְלֵיהּ נִיהֲלֵיהּ בַּיָּד, וְתִפְשׁוֹט דְּרַבִּי אֶלְעָזָר. דְּאָמַר רַבִּי אֶלְעָזָר: מַחֲלוֹקֶת בַּיָּד, אֲבָל בִּכְלִי – דִּבְרֵי הַכֹּל – חַיָּיב! וְלִיטַעְמִיךְ, לְרַבִּי אֱלִיעֶזֶר נַמִי: לִישְׁקְלֵיהּ נִיהֲלֵיהּ בַּיָּד! הַאי מַאי? אִי אָמְרַתְּ בִּשְׁלָמָא רַבִּי אֱלִיעֶזֶר – הַיְינוּ דְּגָזַר יָד אַטּוּ כְּלִי. אֶלָּא אִי אָמְרַתְּ רַבָּנַן הִיא – נִשְׁקְלֵיהּ נִיהֲלֵיהּ בַּיָּד, *וְתוּ לָא מִידֵּי.§ **מתני'** *[א]כֹּהֵן שֶׁלָּקָה בְּאֶצְבָּעוֹ – כּוֹרֵךְ עָלֶיהָ גֶּמִי בַּמִּקְדָּשׁ, [ב]אֲבָל לֹא בַּמְּדִינָה. (א)אִם לְהוֹצִיא דָּם – כָּאן וְכָאן אָסוּר.§ **גמ'** *אָמַר *רַב יְהוּדָה בְּרֵיהּ דְּרַבִּי חִיָּיא: לֹא שָׁנוּ אֶלָּא גֶּמִי, אֲבָל צִלְצוֹל קָטָן – הָוֵי יִתּוּר בְּגָדִים. וְרַבִּי יוֹחָנָן אָמַר: לֹא אָמְרוּ יִתּוּר בְּגָדִים אֶלָּא בִּמְקוֹם בְּגָדִים, אֲבָל שֶׁלֹּא בִּמְקוֹם בְּגָדִים – לָא הָוֵי יִתּוּר בְּגָדִים. וְתֵיפּוֹק לֵיהּ מִשּׁוּם חֲצִיצָה! בִּשְׂמֹאל, אִי נַמִי: בְּיָמִין, וְשֶׁלֹּא בִּמְקוֹם עֲבוֹדָה. וּפְלִיגָא דְּרָבָא, דְּאָמַר רָבָא, אָמַר רַב חִסְדָּא: [ג]בִּמְקוֹם בְּגָדִים – אֲפִילּוּ נִימָא אַחַת חוֹצֶצֶת, [ד]שֶׁלֹּא בִּמְקוֹם בְּגָדִים – שָׁלֹשׁ עַל שָׁלֹשׁ חוֹצְצוֹת, פָּחוֹת מִשָּׁלֹשׁ עַל שָׁלֹשׁ – אֵינָן חוֹצְצוֹת. אַדְּרַבִּי יוֹחָנָן וַדַּאי פְּלִיגָא, אַדְּרַב יְהוּדָה בְּרֵיהּ דְּרַבִּי חִיָּיא מִי נֵימָא פְּלִיגָא? [ה]שָׁאנֵי צִלְצוֹל קָטָן דַּחֲשִׁיב. לִישָּׁנָא אַחֲרִינָא, אָמְרִי לָהּ, אָמַר רַב יְהוּדָה בְּרֵיהּ דְּרַבִּי חִיָּיא: לֹא שָׁנוּ אֶלָּא גֶּמִי, אֲבָל צִלְצוֹל קָטָן – חוֹצֵץ. וְרַבִּי יוֹחָנָן אָמַר: לֹא אָמְרוּ חֲצִיצָה בְּפָחוֹת מִשָּׁלֹשׁ עַל שָׁלֹשׁ אֶלָּא בִּמְקוֹם בְּגָדִים, אֲבָל שֶׁלֹּא בִּמְקוֹם בְּגָדִים,

שָׁלֹשׁ

רש"י

מַאי הִיא. מְנָא תֵּימְרָא דְּמוֹדֵי ר' אֱלִיעֶזֶר דְּכַמָּה דְּאֶפְשָׁר לְשַׁנּוּיֵי מְשַׁנֵּינַן – דְּתַנְיָא: כֹּהֵן שֶׁעָלְתָה בּוֹ יַבֶּלֶת וכו': בְּשִׁינָּיו אִין. דִּשְׁבוּת הוּא, בִּכְלִי – לָא. וַאֲפִי' בְּשִׁינָּיו, חֲבֵירוֹ – אִין, וְאִיהוּ – לָא, דַּחֲבֵירוֹ לָא מְתַקֵּן לֵיהּ שַׁפִּיר. וְהָכִי אָמַר בְּמַסֶּכֶת שַׁבָּת בְּפֶרֶק "הַמַּצְנִיעַ" *דִּפְלִיגִי רַבִּי אֱלִיעֶזֶר וְרַבָּנַן בְּנוֹטֵל לְפוֹרְנָיו זוֹ בָּזוֹ אוֹ בְּשִׁינָּיו, שֶׁר"א מְחַיֵּיב חַטָּאת וַחֲכָמִים אוֹסְרִין מִשּׁוּם שְׁבוּת. וְאוֹקִימְנָא הָתָם דְּכִי מְחַיֵּיב ר"א – בְּנוֹטֵל לְעַצְמוֹ, אֲבָל לַחֲבֵירוֹ – דִּבְרֵי הַכֹּל פָּטוּר: מַנִּי. הָא דְּקָאָמַר בִּכְלִי לָא וּבְעַצְמוֹ לָא: אִילֵימָא רַבָּנַן. דְּאָמְרִי: מַכְשִׁירֵי מִצְוָה לָא דָּחוּ אַב מְלָאכָה, וְאַשְׁמְעִינַן דִּשְׁבוּת דָּחוּ – כְּגוֹן בְּשִׁינָּיו בַּחֲבֵירוֹ, וּכְגוֹן שֶׁעָלְתָה לוֹ בַּשַּׁבָּת, דְּלָא אֶפְשָׁר לֵיהּ לְמִשְׁקְלֵיהּ מֵאֶתְמוֹל: כֵּיוָן דְּאָמְרִי רַבָּנַן. לְגַבֵּי דְּבַר הָרְשׁוּת דְּנוֹטֵל לְעַצְמוֹ זוֹ בָּזוֹ אוֹ בְּשִׁינָּיו – אֵין כָּאן אֶלָּא מִשּׁוּם שְׁבוּת: הָכָא. דְּקָשְׁרוּ בַּחֲבֵירוֹ מִשּׁוּם שְׁבוּת דְּמִקְדָּשׁ – לִישְׁתְּרֵי נַמִי לְעַצְמוֹ, דְּהָא אִיהוּ גּוּפֵיהּ נַמִי שְׁבוּת הוּא: אֶלָּא לָאו ר' אֱלִיעֶזֶר הִיא. דְּאָמַר בְּנוֹטֵל בְּשִׁינָּיו לְעַצְמוֹ, דְּעָלְמָא שֶׁלֹּא לְמִצְוָה – דְּחַיָּיב חַטָּאת. ומש"ה, ה"נ כֵּיוָן דְּאֶפְשָׁר בַּחֲבֵירוֹ דְּהָוֵי שְׁבוּת – לָא שָׁרֵינַן לֵיהּ לְמִידְחֵי אַב מְלָאכָה וּלְמִשְׁקְלֵיהּ לְנַפְשֵׁיהּ. וְאע"ג דְּאָמַר ר"א מַכְשִׁירֵי מִצְוָה דּוֹחִין אַב מְלָאכָה – כַּמָּה דְּאֶפְשָׁר לְשַׁנּוּיֵי מְשַׁנֵּינַן: לְעוֹלָם רַבָּנַן. דְּאִי לְר' אֱלִיעֶזֶר לָא בָּעֵי שִׁינּוּי, וַאֲפִילּוּ לְעַצְמוֹ וַאֲפִי' בִּכְלִי שָׁרֵי, וּדְקַשְׁיָא לְרַבָּנַן, כֵּיוָן דְּנוֹטֵל לְעַצְמוֹ נַמִי שְׁבוּת הוּא, נִישְׁקְלֵיהּ אִיהוּ לְנַפְשֵׁיהּ: אִי דְּעָלְתָה לוֹ בִּבְרֵיסוֹ. מָקוֹם שֶׁאֶפְשָׁר לוֹ לִיטְּלָהּ בְּיָדוֹ אוֹ בְּשִׁינָּיו – ה"נ: הָכִי גָּרְסִינַן: וְאִי רַבָּנַן לִישְׁקְלֵיהּ נִיהֲלֵיהּ בַּיָּד וְתִפְשׁוֹט דְּר"א וכו'. כְּלוֹמַר: אִי אָמְרַתְּ בִּשְׁלָמָא ר"א הִיא וּמִשּׁוּם שִׁינּוּי – מִתּוֹקְמָא שַׁפִּיר, כְּמוֹ שֶׁמְּתָרֵץ לְקַמֵּיהּ. אֶלָּא אִי אָמְרַתְּ רַבָּנַן, וְטַעְמָא דְּבִכְלִי לָא מִשּׁוּם דְּמַכְשִׁירִין לָא דָּחוּ אַב מְלָאכָה, וְרַבָּנַן אַשְּׁבוּת הוּא דְּמַהְדְּרֵי. נְהִי דְּאִיהוּ גּוּפֵיהּ מְשַׁנֵּי' לֵיהּ – דְּלָא אֶפְשָׁר לְמִשְׁקְלֵיהּ, דִּבְגַבּוֹ הוּא. חֲבֵירוֹ מִיהָא לַשְׁמְעִינַן דְּנוֹטְלָהּ בַּיָּד, דְּהָא יָדוֹ נַמִי שְׁבוּת הִיא וְהָכִי שַׁפִּיר לְמִתְנֵי. דְּשָׁמְעִינַן מִינֵּיהּ תַּרְתֵּי. חֲדָא: דְּמַכְשִׁירִין שְׁבוּת דָּחוּ, וְלָא אַב מְלָאכָה, כִּדְמַשְׁמַע לָן הַשְׁתָּא. וְעוֹד שָׁמְעִינַן מִינֵּיהּ: מִדְּשָׁרֵי לֵיהּ בַּיָּד וְלָא בִּכְלִי – דְּהָכָא הוּא כְּדְר"א. דְּאָמַר הָתָם בְּפֶרֶק "הַמַּצְנִיעַ" (שבת דף צד:): מַחֲלוֹקֶת בַּיָּד, אֲבָל בִּכְלִי – מוֹדוּ רַבָּנַן דְּחַיָּיב חַטָּאת, דְּחַשְׁבִינַן לֵיהּ תּוֹלָדָה דְּגוֹזֵז אֶת הַצֶּמֶר, שֶׁהוּא חוֹתֵךְ מִן הַמְחוּבָּר לְבַעֲלֵי חַיִּים. אֲבָל הַשְׁתָּא לָא מָצִינוּ לְמִיפְשְׁטֵיהּ מִינֵּיהּ, וּלְמֵידַק – דְּהָא(ב) בִּכְלִי לָא מִשּׁוּם דְּאַב מְלָאכָה הוּא, דְּהָא בַּיָּד נַמִי שְׁבוּת הוּא, וְלָא קַשְׁרֵי לֵיהּ: וְלִטַעֲמֵיךְ לְר"א נַמִי. נְהִי דְּטַעְמָא מִשּׁוּם שִׁנּוּי הָוֵה, נִשְׁקְלֵיהּ נִיהֲלֵיהּ בַּיָּד – דְּהָא אִיכָּא שִׁנּוּי, דְּמוֹדֶה ר"א בְּנוֹטֵל לַחֲבֵירוֹ שֶׁאֵינוֹ אֶלָּא שְׁבוּת: אִי אָמְרַתְּ בִּשְׁלָמָא ר"א. לְגַבֵּי מַכְשִׁירֵי מִצְוָה שְׁבוּת וְאִיסּוּר דְּאוֹרַיְיתָא הֶיתֵּר מְשַׁוֵּי לְהוּ, וְטַעְמָא – מִשּׁוּם דְּאֶפְשָׁר לְשַׁנּוּיֵי מְשַׁנֵּינַן, כִּי הֵיכִי דִּמְשַׁנֵּינַן מֵאַב מְלָאכָה לִשְׁבוּת – מְשַׁנֵּינַן נַמִי מִשְּׁבוּת הַחֲמוּרָה לִשְׁבוּת הַקַּלָּה. הִלְכָּךְ, יָד חֲמוּרָה מִשִּׁנַּיִם, דְּאוֹרְחֵיהּ בְּהָכִי וְדוֹמֶה לִכְלִי, וְאִיכָּא לְמִגְזַר בָּהּ טְפֵי יָד אַטּוּ כְּלִי: אֶלָּא אִי רַבָּנַן. וְטַעְמַיְיהוּ מִשּׁוּם דְּאַב מְלָאכָה לָא מִידְחֵי לָמָּה לְהוּ לְאַהֲדוּרֵי (אֶלָּא) אַשְּׁבוּת כָּל דְּהוּ: וְתוּ לֵיכָּא. לְאַקְשׁוּיֵי מִידֵי: **מתני'** כּוֹרֵךְ עָלֶיהָ גֶּמִי. וְאַע"פ שֶׁהַגֶּמִי מְרַפֵּא אֶת הַמַּכָּה הוֹאִיל וְהַשְׁתָּא מִיהָא צוֹרֶךְ עֲבוֹדָה הִיא, דְּלָאו אוֹרַח אַרְעָא שֶׁתֵּרָאֶה מַכָּתוֹ עִם הָעֲבוֹדָה – מְכַסֶּה אוֹתָהּ בְּגֶמִי: אֲבָל לֹא בַּמְּדִינָה. שֶׁמְּרַפֵּא בְּשַׁבָּת, וּרְפוּאָה בְּשַׁבָּת שְׁבוּת הִיא, וְאָסוּר: וְאִם לְהוֹצִיא דָּם. שֶׁמְּהַדְּקוֹ בְּגֶמִי כְּדֵי לְהוֹצִיא דָּמָהּ: כָּאן וְכָאן אָסוּר. שֶׁאֵין זֶה צוֹרֶךְ עֲבוֹדָה. וְעוֹד: דַּהֲוָה לֵיהּ חוֹבֵל, וְאַב מְלָאכָה לָא מִשְׁתְּרֵי לְגַבַּיְיהוּ: **גמ'** צִלְצוּל קָטָן. אֵזוֹר קָטָן נָאֶה. כְּמוֹ: "הִיא חֲגוּרָה בְּצִלְצוֹל (*קָטָן)" דְּסוֹטָה (דף ט:) וּבְלַע"ז בנדי"ל: הָוֵי יִתּוּר בְּגָדִים. וְתַנְיָא בִּשְׁחִיטַת קָדָשִׁים בְּפֶרֶק שֵׁנִי (זבחים דף יח.) לָבַשׁ שְׁנֵי מִכְנָסַיִם, שְׁנֵי אַבְנֵטִים, חָסֵר אַחַת אוֹ יוֹתֵר אַחַת, אוֹ שֶׁהָיְתָה לוֹ רְטִיָּה עַל(ג) בְּשָׂרוֹ תַּחַת בִּגְדוֹ וְעָבַד עֲבוֹדָה – עֲבוֹדָתוֹ פְּסוּלָה. וְיָלֵיף לָהּ הָתָם מִקְּרָאֵי "בְּנֵי אַהֲרֹן הַכֹּהֲנִים" – בִּכְהוּנָּם. כְּלוֹמַר: בְּבִגְדֵי הֶדְיוֹט הַזְּקוּקִין לָהֶם(ד) כֹּהֵן הֶדְיוֹט שֶׁלָּבַשׁ בִּגְדֵי כֹּהֵן גָּדוֹל וְעָבַד – עֲבוֹדָתוֹ פְּסוּלָה דְּהַיְינוּ יִתּוּר בְּגָדִים: לֹא אָמְרוּ. בְּאוֹתָהּ מִשְׁנָה יִתּוּר בְּגָדִים – אֶלָּא בִּמְקוֹם בְּגָדִים, אֲבָל שֶׁלֹּא בִּמְקוֹם בְּגָדִים כְּגוֹן בָּאֶצְבַּע – לָא הָוֵי יִתּוּר בְּגָדִים: וְתֵיפּוֹק לֵיהּ. בֵּין גֶּמִי בֵּין צִלְצוֹל, מִשּׁוּם דְּחָיֵיץ בֵּין יָדָיו לַעֲבוֹדָה, וַאֲנַן (וְלָקַח בָּעֵינַן) "וְלָקַח הַכֹּהֵן" "וְזָרַק הַכֹּהֵן", בָּעֵינַן דְּמַשְׁמַע בְּעַצְמוֹ עַל יָדוֹ, וְלֹא ע"י אֲחֵרִים: בִּשְׂמֹאל. שֶׁאֵין עֲבוֹדָה כְּשֵׁרָה בָּהּ, כִּדְאָמַר בִּשְׁחִיטַת חוּלִּין: *כָּל מָקוֹם שֶׁנֶּאֱמַר אֶצְבַּע אוֹ (כֹּהֵן) [כֹּהֵן] – אֵינוֹ אֶלָּא יָמִין: אִי נַמִי בְּיָמִין שֶׁלֹּא בִּמְקוֹם עֲבוֹדָה. כְּגוֹן עַל גַּב הָאֶצְבַּע: וּפְלִיגָא. הָא דְּר' יוֹחָנָן, דְּקָאָמַר שֶׁלֹּא בִּמְקוֹם בְּגָדִים לָא הָוֵי יִתּוּר בְּגָדִים, וַאֲפִי' כְּנֶגֶד ג' עַל ג' מַשְׁמַע דְּלָא פָּסֵיל: אַדְּרַבָּא.(ה) דְּקָאָמַר: בִּמְקוֹם בְּגָדִים, אֲפִי' נִימָא אַחַת חוֹצֶצֶת. וְאע"ג דְּמִשּׁוּם יִתּוּר בְּגָדִים לֵיכָּא לְמֵימַר, דְּהָא לָאו בֶּגֶד הוּא – חֲלִילָה מִיהָא הָוְיָא, דִּכְתִיב (ויקרא ו): "וּמִכְנְסֵי בַד יִלְבַּשׁ עַל בְּשָׂרוֹ" – שֶׁלֹּא יְהֵא דָּבָר חוֹצֵץ: ג' עַל ג' חוֹצְצוֹת. דְּכֵיוָן דְּבֶגֶד מִקְּרֵי הָוֵי יִתּוּר בְּגָדִים. וְהַאי דְּנָקַט בִּלְשׁוֹן חֲלִילָה – מִשּׁוּם דְּרֵישָׁא אַיְּירֵי בְּנִימָא אַחַת בִּמְקוֹם בְּגָדִים, דְּלָא מָצֵי לְמִתְנְיֵיהּ יִתּוּר בְּגָדִים דְּלָאו בֶּגֶד הוּא: פָּחוֹת מִג' אֵין חוֹצְצוֹת. דְּאַיְּידֵי דְּלָא חָשִׁיב בֶּגֶד – יִתּוּר בְּגָדִים אֵין כָּאן, דְּלָאו בֶּגֶד הוּא. וַחֲלִילָה נַמִי אֵין כָּאן – דְּשֶׁלֹּא בִּמְקוֹם בְּגָדִים הוּא, וְשֶׁלֹּא בִּמְקוֹם עֲבוֹדָה: אדר' יוֹחָנָן וַדַּאי פְּלִיגָא. הָא דְּרָבָא, כְּדַאֲמַרַן שֶׁלֹּא בִּמְקוֹם בְּגָדִים ר' יוֹחָנָן לָא חָשֵׁיב יִתּוּר כְּלָל אֲפִי' בְּבֶגֶד גָּדוֹל: אַדְּרַב יְהוּדָה בְּרֵיהּ דְּר' חִיָּיא מִי נֵימָא פְּלִיגָא. הָא דְּרָבָא, דְּקָאָמַר שֶׁלֹּא בִּמְקוֹם בְּגָדִים פָּחוֹת מִג' אֵין חוֹצְצוֹת וְאִיהוּ אָמַר: דְּצִלְצוֹל קָטָן חָיֵיץ, וְאַף עַל גַּב דְּלָא הָוֵי שָׁלֹשׁ עַל שָׁלֹשׁ: צִלְצוֹל קָטָן חוֹצֵץ. מִשּׁוּם יִתּוּר בְּגָדִים. וְהַיְינוּ נַמִי כְּלִישָּׁנָא קַמָּא, וְאֵין בָּהּ חִילּוּק אֶלָּא בְּמִילְּתֵיהּ דְּר"י. וְהַאי דְּנָקְטִי לָהּ בְּמִילְּתֵיהּ דְּרַב יְהוּדָה בִּלְשׁוֹן חֲלִילָה – מִשּׁוּם הַךְ פְּלוּגְתָּא דְּר' יוֹחָנָן דְּלָא מָצֵי לְמִתְנְיֵיהּ מִשּׁוּם יִתּוּר בְּגָדִים, דְּקָאָמַר פָּחוֹת מִשָּׁלֹשׁ עַל שָׁלֹשׁ חוֹצֵץ בִּמְקוֹם בְּגָדִים, וּפָחוֹת מִג' לָא מָצֵי לְמֵימַר יִתּוּר בְּגָדִים אֶלָּא מִשּׁוּם חֲלִילָה, לְהָכִי נָקַט לָהּ לְכוּלָּהּ בִּלְשׁוֹן חֲלִילָה:

שָׁלֹשׁ

תוספות

מה לי הוא ומה לי חבירו. וא"ת: וכר' אליעזר מי ניחא? והא לא שרי הכא אלא בשיניו, ובמתני' שרי ביד, מדקתני: אם בכלי – כאן וכאן אסור. משמע הא ביד – שרי! וי"ל דגבי בהמה דאיכא מיאוס לחתוך בשיניו – לא הוצרכו לחתוך בשיניו אלא ביד. וא"ת: והיכי מצינו למימר אליבא דר"א דהיכא דאפשר לשנויי משנינן? והא קאמר בפרק אם לא הביא (שבת דף קל.) דמביא סכין למול אפי' דרך רה"ר, אע"ג דאפשר לשנויי ולהביאו דרך גגות וקרפיפות וחצירות! וי"ל: דהתם מקצר דרכו לילך דרך רה"ר, אבל הכא דיכול לחותכו ביד כמו בכלי – מודה ר' אליעזר דמשנינן:

שעלתה לו נשיכה בגבו. תימה: דלשמעינן רבותא טפי כגון שעלתה במקום שיכול הוא בעצמו ליטול, ואפ"ה שרי הוא בעצמו ליטול, אף על גב דלא הוי כלאחר יד! ויש לומר: דאי לא אשמעינן בחבירו – הוי סלקא דעתך דלא שרינן לחבריה ליטול כדי שיעבוד חבירו:

(ו)**הכי** גרסינן: ואי רבנן נשקליה ביד ותפשוט דר' אלעזר. פירוש: דשמעינן מינה תרתי, חדא: דמכשירי מצוה לא דחו אב מלאכה, ועוד: דשמעינן דבכלי מודו דחייב חטאת. אבל השתא לא מצינו למיפשטיה, ולמידק דבכלי לא – משום דאב מלאכה היא, דהא ביד נמי שבות הוא ולא קשרו: **אא"ב** ר' אליעזר. פי': כי היכי דמשנינן מאב מלאכה לשבות – משנינן נמי משבות חמור לשבות הקל. אלא אי אמרת רבנן – למה להו לאהדורי (אלא) אשבות כל דהו? והקשה השר מקוצי: דאמאי ניחא ליה למיעבד הרחקה לר"א טפי מלרבנן? והיה נראה להפך, דהא ר"א מיקל טפי! ותירץ דהיא הנותנת, אליבא דרבנן יש להתיר כל שבות, דלא נפיק מינה חורבה, כיון דאית להו דמשום הכשר לא דחינן שבת. אבל ר' אליעזר, דאית ליה דמכשירי' דוחה, ומיהו, באפשר לשנויי – משנינן, יש לנו לחזור אחר שבות הקל שלא יבא להתיר בלא שינוי, באפשר לשנויי:

לישמעינן

עין משפט נר מצוה

סד א מיי' פ"י מהלכות כלי מקדש הלכה ט סמג עשין קעג:
סה ב מיי' פכ"א מהל' שבת הל' כה סמג לאוין סה טוש"ע א"ח סי' שכח סעיף כד בהג"ה:
סו ג מיי' פ"י מהלכות כלי מקדש הלכה ו סמג עשין סה:
סז ד ה מיי' שם הל' ח:

רבינו חננאל

התירו] (*) על האיסקופה ונתגלגל הספר מידו גוללו אצלו והא הכא שבות (דכתיבי) [דכתבי] הקדש במדינה הוא ולא גזרינן דילמא נפיל ואתי לאיתויי. אמר ליה ולאו מי אוקימנא להההוא באסקופה כרמלית ורה"ר עוברת לפניה דכיון דאיגודו בידו שבות נמי ליכא. איתיביה משלשלין הפסח בתנור עם חשיכה והא הכא דשבות דמקדש במדינה היא ולא גזרינן שמא יחתה בגחלים. ופריק רב יוסף בני חבורה זריזין הן לפיכך לא גזרו ואביי כהנים זריזין הן אמרי' בני חבורה זריזין הם לא אמרינן רבא אמר ר' אליעזר לטעמיה דאמר מכשירי מצוה דוחין את השבת ומודה ר' אליעזר דכמה דאפשר לשנויי משנינן ומנא תימא דתניא כהן שעלתה לו יבלת חבירו חותכה לו (בשיש) [בשיניו] חבירו אין איהו לא. בשיניו אין בכלי לא מני הא אילימא רבנן כיון דאמר משום שבות מה לי הוא ומה לי חבירו. אלא לאו ר' אליעזר היא דאמר בעלמא חייב חטאת כו': **מתני'** כהן שלקה באצבעו כורך עליה גמי במקדש אבל לא במדינה. א"ר יהודה בריה דר' חייא לא שנו אלא גמי אבל צלצול קטן חוצץ. ור' יוחנן אמר לא אמרו חציצה בפחות מג' אצבעות אלא במקום בגדים אבל אצבע וכל כיוצא בה שאינה מקום לבישת בגדים עליה שלש על שלש חוצצות פחות משלש על שלש אינן חוצצות. והיינו דרבא אמר רב חסדא במקום בגדים אפילו נימא אחת חוצצת שלא במקום בגדים

*) נ"ל איתיביה רב ספרא לאביי היה קורא בספר על האסקופה וכו'.

רב נסים גאון

מה לי הוא מה לי חברו אלא לאו רבי אליעזר היא דאמר בעלמא חייב חטאת עיקרה במס' שבת בפ' המצניע (דף לד) דתנן הנוטל ציפורניו כו' ר' אליעזר מחייב חטאת וחכמים אומרים משום שבות: ודקתני כורך עליה גמי איתא בטהרות בתוספות מסכת כלים פ' ו' ר' יוסי מטמא בגמי מפני שהרופא נותנו על המכה שמוצץ הלחה. לא שנו אלא גמי אבל צילצול קטן הוי יתור בגדים טעמא דמילתא שהכהן אינו רשאי לשמש במקדש ולעשות עבודה אלא בבגדים האמורים בתורה דילמא מוסיף עליהם ותהיה עבודתו פסולה אם הוסיף עליהן ואיתא בשחיטת קדשים בפרק כל הזבחים שקבל דמן זר אונן (דף יח) לבש ב' מכנסים ב' אבנטים ב' כתנות כו' פסולה עבודתו. ותיפוק לי משום חציצה בשמאל טעמא דמילתא כי הכהן אינו רשאי לקשור על ידו דבר שיהא חוצץ בין ידו ובין כלי שרת וכן לא יהא דבר חוצץ בין ידו ובין הדם כמפורש לשם (זבחים דף כב) מה כלי שרת אין דבר חוצץ בין כלי שרת ובינו כו' וכן היינו פירוקא דפרקינן

מסורת הש"ס

[דף לד:]
[סוכה לו: וש"נ]
זבחים יט:
שם. [נוסח אחר: רבי יהודה וכו"ג כהן הגאון יעב"ץ ז"ל]
[עד סוף כל הענינים]
[ליתא שם]
[דף כב ע"א]

הגהות הב"ח

(א) במשנה ואם להוציא: (ב) רש"י ד"ה הכי גרסינן וכו' דהא דבכלי לא: (ג) ד"ה הוי יתור וכו' רטיה על מכת בשרו תחת בגדו ועבד עבודתו כצ"ל ותיבת עבודה נמחק: (ד) בא"ד הזקוקין להן לא כהן: (ה) ד"ה ופליגא הא וכו' דלא פסיל אדרבא הס"ד ואח"כ מ"ה דאמר רבא במקום: (ו) תוס' ד"ה הכי וכו' ואח"כ ד"ה אא"ב ר' אליעזר הס"ד:

ליׁשמעינן צלצול קטן. אי צלצול אסור במדינה – פריך שפיר לישמעינן צלצול, דבמקדש מותר ובמדינה אסור. אבל נראה לר"י דצלצול שרי במדינה. וקשיא: דאם כן, מאי פריך? ומפרש ר"י דפריך הכי: דליתני במתניתין כהן שלקה באצבע כורך לו צלצול, בין במקדש בין במדינה, ואם להוציא דם – כאן וכאן אסור:

דרש רבא חצר שנתקלקלה. הלכתא כדמסיק, דלא ירדה לא בסל ולא בקופה אלא בשולי קופה, שנשתברה ונשארו בה השוליים כדפירש בקונטרס. אי נמי: הופך הקופה ונותנה על שוליה, דהיינו על ידי שינוי. אבל ביד – נראה לר"י דאסור:

הכי גרים בקונטרס: אלא הא דאמר רב נשים המשחקות באגוזים כו'. לא משום אשווי גומות, דאי לא תימא הכי כו'. ותימה: תרתי דרב למה לי? ומיהו, י"ל: דחדא מכלל חברתה איתמר. ור"ח גרס הכי: אלא דאמר רב יהודה נשים המשחקות באגוזים כו' לא, דמשתמע קלא כי זמזומי. פירוש: שזורק אחד ומקבל אחד בהשמעת קול, דאסור. והדר קאמר: ואלא הא דאמר רב יהודה נשים המשחקות בתפוחים כו'. ומשני: לא, משום אשויי גומות. והשתא תרי ענייני איסור אשמעינן. ומיהו, אין למחות בנשים ותינוקות – דמוטב שיהו שוגגין ואל יהו מזידין. פר"ח דהלכתא כעולא, דאפילו קול שאינו של שיר אסור. אף על גב דשני רבה כל הני תיובתא דאקשי ליה – אשנויי לא סמכינן. ורב אלפס והר"ר יהודה בר ברזילי פסקו כרבה, דרב אחא בר יעקב מתרץ אליביה. וקאי אמימר נמי כוותיה, דשרא למימלא בגילגולא במחוזא:

גזרה שמא ימלא לגינתו ולחורבתו. מפרש רבינו תם: דדוקא בגלגלים גדולים, שממלאין הרבה מים ביחד שייך למיגזר, אבל שלנו קטנים הם, ולא גזרינן:

שלש על שלש – חוצצות, פחות משלש – אין חוצצות. והיינו דרבא אמר רב חסדא. לימא פליגא דרב יהודה בריה דרבי חייא? שאני צלצול קטן דחשיב. ולרבי יוחנן, אדאשמעינן גמי, לישמעינן צלצול קטן(א) מילתא אגב אורחיה קמ"ל, דגמי מסי.§ **מתני'** אבוזקין מלח על גבי כבש בשביל שלא יחליקו, וממלאין *מבור הגולה ומבור הגדול בגלגל בשבת, ומבאר הקר ביום טוב.§ **גמ'** רמי ליה רב איקא מפשרוניא לרבא, תנן: בוזקין מלח על גבי הכבש בשביל שלא יחליקו. במקדש – אין, במדינה – לא. ורמינהי: חצר שנתקלקלה במימי גשמים – מביא תבן ומרדה בה! שאני תבן דלא מבטיל ליה. א"ל רב אחא בריה דרבא לרב אשי: האי מלח ה"ד? *אי דמבטליה – קא מוסיף אבנין, (וכתיב: °"הכל בכתב מיד ה' עלי השכיל") ואי דלא קא מבטליה – קא הויא חציצה! בהולכת אברים לכבש, דלאו עבודה היא. ולא? והא כתיב: °"והקריב הכהן את הכל והקטיר המזבחה", *ואמר מר: זו הולכת אברים לכבש! אלא אימא: בבהולכת עצים למערכה, דלאו עבודה היא. דרש רבא: גחצר שנתקלקלה במימי גשמים – מביא תבן ומרדה בה. אמר ליה רב פפא לרבא, והתניא: דכשהוא מרדה – אינו מרדה לא בסל ולא בקופה אלא בשולי קופה! הדר אוקים רבא אמורא עליה ודרש: *דברים שאמרתי לפניכם טעות הן בידי, ברם כך אמרו משום רבי *אליעזר: וכשהוא מרדה אינו מרדה לא בסל ולא בקופה אלא בשולי קופה.§ "ממלאין מבור הגולה".§ עולא איקלע לבי רב מנשה, אתא ההוא גברא טרף אבבא. אמר: מאן *האי? ליתחל גופיה, דקא מחיל ליה לשבתא. א"ל *רבה: הלא אסרו אלא קול של שיר. איתיביה אביי: *מעלין בדיופי, ומטיפין *מיארק לחולה בשבת. לחולה – אין, לבריא – לא. ה"ד? לאו דנים וקא בעי דליתער? ש"מ: אולודי קלא אסיר! לא, דתיר וקא בעי דלינים, דמשתמע כי קלא דזמזומי. איתיביה: והמשמר פירותיו מפני העופות ודלעיו מפני החיה – משמר כדרכו בשבת, ובלבד שלא יספק ולא יטפח ולא ירקד כדרך *שהן עושין בחול. מאי טעמא – לאו דקמוליד קלא, וכל אולודי קלא אסיר! אמר רב אחא בר יעקב: גזירה שמא יטול צרור. ואלא הא דאמר רב יהודה אמר רב: זנשים המשחקות באגוזים – אסור. מאי טעמא – לאו דקא מוליד קלא, וכל אולודי קלא אסיר? לא, דלמא אתי לאשוויי גומות. דאי לא תימא הכי – הא דאמר רב יהודה: נשים משחקות בתפוחים אסור, התם מאי אולודי קלא איכא? אלא: דילמא אתי לאשוויי גומות. תנן: ממלאין מבור הגולה ומבור הגדול בגלגל בשבת. במקדש – אין, במדינה – לא. מאי טעמא – לאו משום דאולודי קלא ואסיר? חלא, גזירה שמא ימלא לגינתו ולחורבתו. טאמימר שרא למימלא בגילגלא במחוזא, אמר: מאי טעמא גזרו רבנן – שמא ימלא לגינתו ולחורבתו, הכא לא גינה איכא ולא חורבה איכא. כיון דקא חזא דקא

תרו

שלש על שלש חוצצות. ומשום יתור בגדים: לימא פליגא. הא דרבא אדרב יהודה בריה דרבי חייא, דחשיב צלצול קטן יתור בגדים: שאני צלצול דחשיב. ואיכא למימר דמודה בה רבא. אבל רבי יוחנן פליג עליה, דהא עלה קאי ופליג: ולרבי יוחנן. דאמר צלצול נמי שרי: לישמעינן. תנא דמתניתין צלצול קטן דלא חייץ, וכ"ש גמי: דגמי מסי. משום שבת איצטריך למתני גמי, דאף על גב דמסי שרי במקדש: **מתני'** בוזקין מלח. מפזרין ומכתתין על הכבש, מפני שחלק הוא. וכשהגשמים נופלין עליו הוא מחליק. בוזקין – לשון פיזור, כדאמר בפרק ב' דיומא (דף כג:): מאי דהאי "ויפקדם בבזק" מידי דמיבזק הוא, ועוד "כמראה הבזק" מפרש בחגיגה (דף יג:) כאור היוצא בין החרסים שצורפין בהן זהב, והם נקודים וסדוקים, ולהב היוצא בנקב יש בו כמראה ירקרק או אדמדם: וממלאין מבור הגדול כו'. כך שמן, ושניהם בלשכת העזרה: בגלגל. טור"ן בלע"ז. אבל במדינה לא, טעמא מפרש בגמרא משום שמא ימלא לגינתו ולחורבתו: ומבאר הקר בי"ט. ולא בשבת, ובגמרא מפרש מאי ניהו: **גמ'** מפשרוניא. מקום: ומרדה בה. שוטח בה: דלא מבטל ליה. וליכא משום אשוויי גומות דמלאכה הוא בשבת, דהוי כבנין דמידי דחזי למאכל בהמה או לטיט החומות לא מבטיל ליה התם אבל מלח משנדרס ברגל לא חזי ומתמתא מבטיל ליה ובמדינה אסור: קא מוסיף אבנין. ואפילו בחול אסור להוסיף על המזבח, דכתיב: "הכל בכתב מיד ה' עלי השכיל" שהבנין נמסר לדוד על ידי הנביאים, שלא להוסיף ושלא לגרוע. ואית דנקטי ליה משום שבת, ולא היא. דהא ב"כסוי הדם" ב"שחיטת חולין" (חולין פג:) דאיירי בחול, הכי נמי פרכינן: הא קא הוי חציצה. בין רגליהם לכבש, וחלילה כי האי גוונא פסולה, דתנן ב"שחיטת קדשים" (זבחים טו:): כל הזבחים שקבל דמן זר ואונן וערל, יושב ועומד על גבי כלי, על גבי רגל בהמה, וע"ג רגל חבירו – פסול. והתם יליף טעמא: בהולכת אברים לכבש דלאו עבודה היא. לעולם לא מבטל ליה, אלא לאחר דריסה מולחין ממנו עורות קדשים. ודקשיא לך הא הוי חלילה – לא תקשה, דהא דקתני בוזקין מלח – בהולכת אברים לכבש קאמר, דלאו עבודה. דקא ס"ד השתא דכיון דכל הכפרה תלויה בדם, אע"ג דהקטר חלבים הוה עבודה – הולכה דידהו מיהא לא חשיב: והקריב את הכל. רישא דקרא: "והקרב והכרעים ירחץ במים" אלמא: באברים קמשתעי קרא, ומדבעי כהונה – שמע מינה עבודה היא: ומרדה בה. לדרוס עליה: לא בסל ולא בקופה. כדרך חול: שולי הקופה. שנשתברה, ונשארו השולים: טרף אבבא. הקיש על הדלת באגרופו, והשמיע קול: דקא מחיל שבת. דקסבר: כל אולודי קלא אסיר: בקול של שיר. המשמע כעין שיר, בנעימה ונגון: מעלין בדיופי. מעלין יין מחבית לחבית ע"י שני קנים המחוכים באלכסון, ומניח ראשין המשופעים זה כנגד זה, ונותן אחד מן הקנים בחבית ומוצץ בפיו בראש הקנה האחר מעט מן היין אליו, ומסלק מפיו והיין יוצא כולו מאליו. דיופי – שתי פיות*: ומטיפין מיארק לחולה. כלי הוא, ופיו צר, ושל מתכת הוא ומנוקב בתחתיתו נקבים דקין, וממלא מים וסותם פיו העליון. וכל זמן שפיו סתום – אין המים יוצאין בנקבים התחתונים, וכשרוצה – נוטל פקק העליון, והמים יוצאין בנקבים טיף אחר טיף. ונותן כלי מתכת וכופהו תחתיו, וקולן נשמע לחולה: וקא בעי לאתעורי. ע"י קול זה, ומתירין להקיצו בידים שמא יבעית. וכיון דלהקיץ הוא – לא בנעימה ונגון נשמע, שהרי קול נעים מרדימו והולך. אפ"ה – לבריא לא: זמזומי. לינו"ש: לא יטפח. ידיו על לבו: יספוק. כף אל כף: ירקד. ברגל, להשמיע קול להבעית העופות: שמא יטול צרור. ויזרוק לה"ר להבריח העופות: משחקות באגוזים. לגלגלן דרך דף, ומכות זו את זו, כדרך שמשחקות הנשים: לאשוויי גומות. להכין דרך לגלגל האגוז: בתפוחים. נמי כה"ג: אולודי קלא. שהגלגל משמיע קול: גזרה שמא ימלא לגינתו. מתוך שממלאין בו בלא טורח, אתי להשקות בו גינתו וחורבתו בשבת:

תרו

סח א ב מיי' פ"ו מהל' תמידין הלכה ג:
סט ג ד מיי' פכ"ג מהלכות שבת הלכה ב סמג לאוין סה טוש"ע או"ח סי' שלח סעיף י:
ע ה מיי' פכ"ג מהל' שבת הלכה כד סמג שם טוש"ע או"ח סימן שלח סעי' א:
עא ו שם סעיף ז:
עב ז מיי' פכ"א מהל' שבת הלכה ג סמג שם טוש"ע שם סעי' ה:
עג ח ט מיי' שם הלכה ו ועוש"ע שם סעיף ו:

רבינו חננאל

הגהות הב"ח

גליון הש"ס

רב נסים גאון

דפרקינן בשמאל לפי שהעבודה לא הותרה אלא בידו הימנית אבל בשמאלו לא כדתנינן התם (זבחים קד עז) קיבל בשמאל פסול: בוזקין מלח. מפזרין על הכבש של מזבח והתם בגמ' יומא (פ"ב דף כב) אמרו

עד א ב מיי' פ"ג מהל' ביאת מקדש הלכה כ:
עה ג מיי' פ"א מהל' מקואות הלכה ג:
עו ד מיי' פ"ה מהל' טומאת מת הל' ו:
עז ה מיי' פ"ג מהל' ביאת מקדש הל' טז:

תרו בה כיתנא, אסר להו.§ "ומבאר הקר".§ מאי באר הקר? אמר שמואל: בור שהקרו עליה דברים והתירוה. מיתיבי: לא כל הבורות הקרות התירו, אלא זו בלבד. ואי אמרת "שהקרו דברים עליה" מאי "זו בלבד"? אלא אמר רב נחמן בר יצחק: באר מים חיים, שנאמר: °"כהקיר ביר מימיה" וגו'. גופא: לא כל הבורות הקרות התירו, אלא זו בלבד. וכשעלו בני הגולה חנו עליה, ונביאים שביניהן התירו להן. ולא *נביאים שביניהן, אלא מנהג אבותם בידיהם.§ (ירמיהו ו)

מתני' שרץ שנמצא במקדש — כהן מוציאו בהמיינו, שלא לשהות את הטומאה, דברי רבי יוחנן בן ברוקה. רבי יהודה אומר: אבצבת של עץ, שלא לרבות את הטומאה. מהיכן מוציאין אותו — מן ההיכל, ומן האולם, ומבין האולם ולמזבח, דברי ר"ש בן ננס. רבי עקיבא אומר: בכל מקום שחייבין על זדונו כרת ועל שגגתו חטאת, משם מוציאין אותו. *ושאר כל המקומות — כופין עליו *פסכתר. רבי שמעון אומר: מקום שהתירו לך חכמים — משלך נתנו לך. שלא התירו לך אלא משום שבות.§

גמ' אמר רב טבי בר קיסנא, אמר שמואל: המכנים טמא שרץ למקדש — חייב. *שרץ עצמו — פטור. מאי טעמא? אמר קרא: °"מזכר ועד נקבה תשלחו" — מי שיש לו טהרה במקוה, יצא שרץ שאין לו טהרה. (במדבר ה) לימא מסייע ליה: "מזכר עד נקבה תשלחו" *פרט לכלי חרש, דברי רבי יוסי הגלילי. מאי טעמא — לאו משום *)גדלית ליה טהרה במקוה? לא, מי שנעשה אב הטומאה — יצא דכלי חרס שאינו נעשה אב הטומאה. לימא כתנאי: שרץ שנמצא במקדש — כהן מוציאו בהמיינו, שלא לשהות את הטומאה, דברי רבי יוחנן בן ברוקה. רבי יהודה אומר: בצבת של עץ מוציאו, שלא לרבות את הטומאה. מאי לאו בהא קא מיפלגי: דמאן דאמר שלא לשהות — קסבר: המכנים שרץ למקדש — חייב, ומ"ד שלא לרבות — קסבר: המכנים שרץ למקדש — פטור! לא, הדכולי עלמא חייב, והכא בהא קא מיפלגי; מר סבר: שהויי טומאה עדיף, ומר סבר אפושי טומאה עדיף. אלא כהני תנאי, דתנן: מהיכן מוציאין אותו כו'? מאי לאו בהא קא מיפלגי; דמאן דאמר מעזרה — לא, קסבר: המכנים שרץ למקדש פטור, ומאן דאמר מכולה עזרה — קסבר: חייב. אמר

רש"י

תרו בה כיתנא. שורין בו פשתן כחול. ואית דגרסי: בונתא כוסמין: תרו. שורין: שהקרו עליה דברים. כשעלו מן הגולה הוצרכו לה, כדלקמן, ונימנו והתירוה, ובטלו תקנת השבות ממנה למלאות הימנה בגלגל ולא התירו אלא אותה לבדה. הקרו – לשון קריאה (ע"י מקרה) שהביאו(א) בה ראיות לדבריהם, שיש בהן כח לעקור שבות מפני דוחקן: מאי זו בלבד. היאך יקראו לשאר בורות בור הקר? הרי לא הוקרו דברים אלא על זו. ומדקתני בור הקר – פשיטא דההוא לחודיה קשרי: אלא אמר רב נחמן בר יצחק. ע"י שמים חיים היתה קרי ליה בור הקר, לשון מקור. כמו "כהקיר ביר מימיה" כמו שמעין מקור (מימיה) הנובע מתחדש והולך ומוסיף תמיד, כך הקרה רעתה: ביר. כמו באר: נביאים שביניהם. חגי זכריה ומלאכי: מנהג אבותיהם. באותו הבור: **מתני'** כהן מוציאו בהמיינו. בשבת ולא חייש לטלטול דאין שבות במקדש. בהמיינו באבנטו. ואף על גב דמטמי ליה לאבנט שהוא קדוש – הכי עדיף, שלא לשהות את הטומאה בעזרה, ולחזור אחר צבת של עץ שהיא פשוטי כלי עץ שאינה מקבלת טומאה. ובידיו לא נגע בה – דלא ניטמי כהן גופיה. הלכך, בהמיינו אוחזו, דלא נגע ביה. ושרץ אינו מטמא במשא, והאבנט שמיטמא בשרץ – אינו מטמא הכהן האוחזו, דהוה ליה אבנט ראשון לטומאה. והלכה רווחת היא בכל התלמוד שאין אדם וכלים מקבלין טומאה אלא מאב הטומאה בלבד. וגם במקרא לא מצינו טומאה לכלים ולאדם אלא מן השרץ והנבלה וכיוצא בהן, שהוא אב הטומאה. אבל ראשון לטומאה מטמא אוכלין ומשקין, כדכתיב (ויקרא יא): "וכל כלי חרש אשר יפול מהם" וגו' דהוה ליה כלי חרס ראשון לטומאה, מכיון שנתלה שרץ באוירו. ואף על פי שלא נגע והכלי חוזר ומטמא מה שבתוכו, יכול אם(ב) כלים היו בתוכו יטמאו מחמת כלי ראשון. תלמוד לומר: כל אשר בתוכו יטמא, וסמיך ליה: מכל האוכל אשר יאכל, אוכלין ומשקין מקבלין טומאה מחמת הכלי, ואין כלי אחר מיטמא מחמתו בשלהי "הכל שוחטין": בצבת של עץ. שהיא פשוטי כלי עץ: שלא לרבות את הטומאה. לטמא האבנט ונוח לו להשהותו שם ולחזור אחרי הצבת, מלרבות הטומאה: מהיכן מוציאין אותו. בשבת: מן ההיכל ומן האולם. אבל בעזרה, אם נמצא שם – מכסהו בסיר, ומניחו עד שתחשך: כל מקום שחייבין על זדונו כרת. אם יכנס לו בטומאה, דהיינו כולה עזרה: ושאר כל מקומות. למר כדאית ליה ולמר כדאית ליה. לבן ננס – כולה עזרה, לרבי עקיבא – לשכות: כופין עליו פסכתר. סיר של נחשת, לכסותו עד שתחשך למוצ"ש. "סירותיו" – מתרגמינן פסכתרוותיה (שמות כז): ר"ש אומר. מפרש בגמרא היכא קאי: משלך נתנו לך. כדמפרש בגמרא: **גמ'** המכנים טמא שרץ. כלי שנטמא בשרץ: חייב. חטאת בשוגג, [א] וכרת על זדונו, משום "כי את מקדש ה' טמא" (במדבר יט): מזכר ועד נקבה תשלחו. במקדש קאי, כדכתיב בסיפיה: "ולא יטמאו את מחניהם אשר אני שוכן בתוכם" דומיא דזכר ונקבה, אדם שיש לו טהרה בטבילה: פרט לכלי חרס. טמא, שאם הכניסו למקדש – פטור: דאין לו טהרה. *דכתיב (ויקרא יא): "ואותו תשברו" שאין לו טהרה אלא בשבירתו: לא. לעולם אימא לך המכנים שרץ חייב, וטעמא דכלי חרס – משום שאינו ראוי למדרס ולהיות אב הטומאה, (מי שנעשה אב הטומאה) דבעינן דומיא דזכר ונקבה – פעמים שהוא אב הטומאה כגון זב וזבה וטמא מת. וכן הכלים נמי, הואיל וראוין ליעשות אב הטומאה כגון זכר ונקבה. כגון כלי שהוא ראוי למדרס ולמושב הזב – הוי אב הטומאה ע"י מדרס של זב, ומטמאין אדם וכלים, כדכתיב (ויקרא טו): "והיושב על הכלי אשר ישב עליו הזב יטמא", המכניסן למקדש, אפילו כשהן ראשונים, כגון שנטמאו במגע הזב או נגעו במדרס הזב או בשאר אבות הטומאה – חייב. יצא כלי חרס שאינו נעשה אב הטומאה, שאין לך כלי נעשה אב הטומאה לטמא אדם או כלי אלא מדרס הזב, כדפרישית לעיל, או מגע המת. דמת אבי אבות הטומאה, כדכתיב ב"זאת חקת" "בכלי או באדם" שנגע במת "וכל אשר יגע בו הטמא יטמא והנפש הנוגעת תטמא עד הערב" פי' נפש הנוגעת בו בטמא זה, שנטמא במת – תטמא עד הערב. והא לא מצית למימר דהאי והנפש הנוגעת בנוגע במת עצמו קאמר, דא"כ – טומאת שבעה איכא. אלמא: טמא מת אב הטומאה משוי ליה קרא לטמא אדם. הלכך: כלי חרס אינו נעשה אב הטומאה כלל, דלמדרס לא חזי – משום דנשבר, ותניא בהדיא בפרק "רבי עקיבא" במסכת שבת (דף פד.): מדרס כלי חרס טהור. וע"י מגע נמי לא הוי אב הטומאה, דכתיב לעיל מההוא קרא: "וחטאו ביום השלישי" וגו' "וכל אשר יגע בו הטמא" וגו' כל היכא דקרינן ביה וחטאו, דיש לו טהרה בטבילה – קרינן ביה "והנפש הנוגעת תטמא". וכל היכא דלא קרינן ביה "וחטאו" – לא קרינן ביה "והנפש הנוגעת": מאן דאמר שלא לשהות קסבר. שרץ טעון שילוח מדאורייתא, הלכך, לא מידחי מקמי רבוי הטומאה דאבנט: המכנים שרץ גרסינן: שהויי(ג) עדיף. מאפושי טומאה. דהא אבנט נמי מידי דקדש הוא: מאי לאו בהא קא מיפלגי דמאן דאמר מעזרה לא. מפקינן ליה בשבת: קסבר המכנים שרץ למקדש פטור. דלא בעינן שילוח מדאורייתא. הלכך, לא מדחיא שבות מקמיה. ומהיכל ומאולם הוא דמפקינן ליה, דמשום כבוד שכינה לא העמידו חכמים דבריהם: אמר

תוספות

יצא כלי חרס שאין נעשה אב הטומאה. פירש בקונטרס: דלמדרס לא חזי, וגבי טומאת מת כתיב (במדבר יט): "וטמא ביום השביעי", וכלי חרס לאו בר חיטוי הוא, דכתיב (ויקרא יא): "ואותו תשבורו":

לא דכולי עלמא חייב. ושמואל דאמר פטור אית ליה דתנאי היא, וסבירא ליה כמ"ד פטור. ור"ח גרס: "דכולי עלמא פטור". וקשיא לפי': דמאי טעמא דמאן דאמר בהמיינו, הא בהמיינו איכא איסורא דאורייתא להשהותו במקדש, דהא אית ליה טהרה במקוה. ובשרץ ליכא איסורא דאורייתא, דלית ליה טהרה במקוה! לכך נראה גירסת הקונטרס עיקר:

רבינו חננאל

זה משמר כדרכו והולך ובלבד שלא יספק ולא יטפח ולא ירקד כדרך שעושה בחול אמאי קאסר להו משום דאולודי קלא אסיר. ופירק רב אחא בר יעקב אליבא דרבה לא אסרו משום אולודי קלא אלא גזירה שמא יטול צרור ויזרוק עליהן ואלא הא דאמר רב יהודה משמיה דרב נשים משחקות באגוזים אסיר להו דאולודי קלא אסיר ופריק לא *) אלא משום דמשתמע קלא דאגוזים כי זמזומי ואלא הא דאמר רב יהודה אמר שמואל נשים משחקות בתפוחים אסור התם מאי אולודי קלא איכא ופריק התם משום דלמא אתי לאשוויי גומות וכיון שמשחקות ומושכות התפוחים בארץ גזירה שמא כשהן מושכות התפוחים אצלן יש נקב בקרקע ומתמלא. ת"ש ממלאין מים מבור הגולה ומבור הגדול בגלגל בשבת. במקדש אין במדינה לא. מ"ט לאו משום דאולודי קלא בשבת אסיר. ופריק לא גזירה שמא ימלא לגינתו ולחורבתו ואע"ג דשני רבה כל הני תיובתא דמקשי עליה אשינויי לא סמכינן ולא דחינן לשמועה דעולא. אמימר שרא למימלא בגילגלא במחוזא אמר טעמא מאי אסרו במדינה שמא ימלא לגינתו ולחורבתו הכא לא גינה ולא חורבה איכא כיון דחזא דקא תרו כיתני פי' ממלאין מים ושורין טיט לעשות ממנו כנדי [אסר להו]. וממלאין מים מבור הקר ביום טוב מאי בור הקר אמר רב יהודה אמר שמואל בור שחקרו עליה נביאים והתירוה ונדחו דבריו ופירש רב נחמן בור מים חיים כדכתיב כהקיר ביר מימיה כן הקרה רעתם. גופא לא כל בורות הקירות התירו אלא זו בלבד וכשעלו בני הגולה חנו עליה והתירוה ולא נביאים שביניהם התירוה להן אלא מנהג אבותיהם בידיהם: **ירושל'** לא כל בורות הקירות התירוהו שיהו ממלאין מהן בגלגל אלא אותה הבאר שחנו עליה בלבד: **מתני'** שרץ שנמצא במקדש כהן מוציאו בהמיינו שלא לשהות את הטומאה דברי ר' יוחנן בן ברוקה ר' יהודה אומר בצבת של עץ שלא לרבות הטומאה. אמר רב טובי בר קיסנא אמר שמואל המכנים טמא שרץ במקדש חייב שרץ עצמו פטור שנאמר מזכר ועד נקבה תשלחו. פרט לכלי חרש דברי ר' יוסי הגלילי. מ"ט פטר לאו משום דלית טהרה לכלי חרס במקוה ודחינן לא טעמא דר' יוסי הגלילי מי שנעשה אב הטומאה יצא כלי חרס שאינו עושה אב הטומאה אבל השרץ הנה הוא אב הטומאה. נימא שמואל אמרה לשמעתיה כתנאי דתנן שרץ שנמצא במקדש כהן מוציאו בהמיינו כו'. מאי לאו בהא קמיפלגי ר' יוחנן בן ברוקה דחייש לשהייה קסבר המכנים שרץ במקדש חייב. ור' יהודה דחייש לטומאת המיינו וא' שלא לרבות את הטומאה קסבר המכנים שרץ במקדש פטור ודחינן לא כ"ע כשמואל דאמר פטור והכא בהא

*) עי' תוס' לעיל עמוד א' מש"כ בשם רבינו.

מסורת הש"ס

רש"ל מ"ז

ס"א הם התירו

תמיד לג.

[גי' הערוך פסכתר ומביא ראייה מן התרגום ע"ש]

*[עי' תוס' סוטה כט: ד"ה לא ותוספות מנחות נה: ד"ה אין ותוס' נדה כח: ד"ה פרט]

*) [שבת פד.]

[עיין פרש"י שבת פד. ד"ה שאין לאפוקי]

הגהות הב"ח

(א) רש"י ד"ה שהקרו וכו' לשון קריאה שהביאו ראיות כצ"ל ותיבת על ידי מקרה ותיבת בה נמחק: (ב) ד"ה כהן וכו' יכול אם היו כלים בתוכו: (ג) ד"ה שהויי טומאה עדיף:

הגהות הגר"א

[א] רש"י ד"ה חייב חטאת בשוגג. נ"ב הוא ע"ש דבהדיא אמרי' בתורת כהנים (חייב מלקות) והביאו רש"י בעצמו (שם יז ע"ז) וכ"ה הרמב"ם (בפ"ג מהלכות ביאת המקדש) וכ"ה בירושלמי [נזיר פרק כ"ג]:

גליון הש"ס

רש"י ד"ה חייב חטאת בשוגג. עיין תוי"ט רפ"ד דנזיר ד"ה ולאין חייבין:

רב נסים גאון

ממאי דהאי בוק מידי דמיכדרי הוא: **ר'** עקיבא אומר ממקום שחייבין על זדונו כרת ועל שגגתו חטאת משם מוציאין אותו. בתחילת משנת טהרות (כלים פרק א' מ"ח) שנינו עזרת ישראל מקודשת ממנה שאין מחוסר כיפורים נכנס לשם וחייבין עליה חטאת ובתוספ' (שם) כל הטמאין שנכנסו משערי ניקנור ולפנים אפי' מחוסרי כפרה חייבין על זדונן כרת ועל שגגתן חטאת ואין צריך לומר טבולי יום ושאר כל הטמאים ותניא (שם) משערי ניקנור ולפנים מחנה שכינה והן הן קלעים שבמדבר: **יצא** כלי חרס שאין נעשה אב הטומאה. עיקרה מדכתיב (ויקרא יא) וכל כלי חרש אשר יפול מהם אל תוכו כל אשר בתוכו יטמא מכל האוכל הרי נתברר מאלו המקראות שכלי חרס אינו מטמא אלא אוכלין ומשקין בלבד מכלל שאינו נעשה אב הטומאה לפי שאב הטומאה מטמא אדם וכלים ולא מצינו כלי חרס שמטמא לא אדם ולא כלים מיכן ראייה שאינו נעשה אב הטומאה כלל והמעלה שלו אינה אלא כמעלת ולד הטומאה שאינו מטמא אלא אוכלין ומשקין בלבד כדאמרינן בתחילת נזיקין (ב"ק דף ב) ותניא בתורת כהנים יכול אף הכלים יהו מטמאין מאויר כלי חרס ת"ל אוכל אוכלין מטמאין באויר כלי חרס ואין הכלים מטמאין באויר כלי חרס ובפרק אור לארבעה עשר (פסחים דף כ) אמרינן תני תנא קמיה דרב ששת שרץ מטמא את המשקין ומשקין מטמאין את הכלי והכלי מטמא את האוכלין ואוכלין את המשקין למדנו ג' טמאות בשרץ א"ל הני ד' הויין אמר [גזן] משקין דרישא נתברר מכל אלו הדברים כי השרץ מטמא הכלי והכלי את האוכלין והאוכלין את המשקין (הרא) [ומיהו] מדרבנן משקין נמי מטמאין כלי חרס כדאיתא בת"כ וכבר פירשנוה בפרק אלו דברים דברכות ואמרינן עלה [בפסחים שם] אמר ליה רב אדא בר אהבה לרבא וליחזי האי תנורא כמאן דמלי טומאה ותיהוי פת ראשונה אמר ליה לא אמרינן כמאן דמלי טומאה דתניא יכול כו' והאי ברייתא שכבר הזכרנוה זהו עיקר דאין כלי חרס נעשה אב הטומאה ואיתא בתורת כהנים נפש אשר תגע בכל דבר טמא ר' עקיבא אומר יכול אפילו באוכלין ומשקין ובכלי חרס יהא חייב ת"ל בבהמה מה בהמה מיוחדת שהיא אב הטומאה יצאו אלו שאינן אב הטומאה לטמא ובגמרא דאור לארבעה עשר דבני מערבא (הלכה ז) גרסי הוא טמא אינו נעשה לטמא ועיקר

אָמַר רַבִּי יוֹחָנָן: וּשְׁנֵיהֶם מִקְרָא אֶחָד דָּרְשׁוּ: °"וַיָּבֹאוּ הַכֹּהֲנִים לִפְנִימָה בֵּית ה' לְטַהֵר וַיּוֹצִיאוּ אֵת כָּל הַטּוּמְאָה אֲשֶׁר מָצְאוּ בְּהֵיכַל ה' לַחֲצַר בֵּית ה' וַיְקַבְּלוּ הַלְוִיִּם לְהוֹצִיא לְנַחַל קִדְרוֹן חוּצָה". מָר סָבַר: מִדְּאִשְׁתַּנֵּי בָּעֲזָרָה בַּלְוִיִּם — טוּמְאָה בָּעֲזָרָה לֵיכָּא. וּמָר סָבַר: עַד הֵיכָא דְּלָא אֶפְשָׁר בַּלְוִיִּם — מַפְּקֵי כֹּהֲנִים, הַשְׁתָּא דְּאֶפְשָׁר בַּלְוִיִּם — תּוּ לָא מְטַמְּאֵי כֹּהֲנִים. *תָּנוּ רַבָּנַן: אהַכֹּל נִכְנָסִין בַּהֵיכָל לִבְנוֹת לְתַקֵּן וּלְהוֹצִיא אֶת הַטּוּמְאָה, וּמִצְוָה בְּכֹהֲנִים. אִם אֵין שָׁם כֹּהֲנִים — נִכְנָסִין לְוִיִּם, אֵין שָׁם לְוִיִּם — נִכְנָסִין יִשְׂרְאֵלִים. וְאִידִי וְאִידִי טְהוֹרִין — אִין, טְמֵאִין — לָא. אָמַר רַב הוּנָא: *רַב כָּהֲנָא מְסַיֵּיעַ כָּהֲנֵי, דְּתָנֵי רַב כָּהֲנָא: מִתּוֹךְ שֶׁנֶּאֱמַר: °"אַךְ אֶל הַפָּרוֹכֶת לֹא יָבֹא" יָכוֹל לֹא יְהוּ כֹּהֲנִים בַּעֲלֵי מוּמִין נִכְנָסִין בֵּין הָאוּלָם וְלַמִּזְבֵּחַ לַעֲשׂוֹת רִיקּוּעֵי פַּחִים — תַּלְמוּד לוֹמַר: *"אַךְ" — חִלֵּק. במִצְוָה בִּתְמִימִים, אֵין שָׁם תְּמִימִים — נִכְנָסִין בַּעֲלֵי מוּמִין. מִצְוָה בִּטְהוֹרִין, אֵין שָׁם טְהוֹרִין — נִכְנָסִין טְמֵאִין. אִידִי וְאִידִי, כֹּהֲנִים — אִין, יִשְׂרְאֵלִים — לָא. אִיבַּעְיָא לְהוּ: טָמֵא וּבַעַל מוּם אֵיזוֹ מֵהֶן נִכְנָס? רַב חִיָּיא בַּר אַשִׁי אָמַר רַב: טָמֵא נִכְנָס, דְּהָא אִישְׁתְּרֵי בַּעֲבוֹדַת צִיבּוּר. ר' אֶלְעָזָר אוֹמֵר: גבַּעַל מוּם נִכְנָס, דְּהָא אִישְׁתְּרֵי בַּאֲכִילַת קָדָשִׁים.§ "רַבִּי שִׁמְעוֹן אוֹמֵר וכו'.§ רַבִּי שִׁמְעוֹן הֵיכָא קָאֵי? הָתָם קָאֵי, דִּתְנַן: *)מִי שֶׁהֶחְשִׁיךְ חוּץ לַתְּחוּם, אֲפִילּוּ אַמָּה אַחַת לֹא יִכָּנֵס. ר' שִׁמְעוֹן אוֹמֵר: אֲפִי' חָמֵשׁ עֶשְׂרֵה אַמָּה יִכָּנֵס, לְפִי שֶׁאֵין הַמָּשׁוֹחוֹת *מְמַצְּעִין אֶת הַמִּדּוֹת מִפְּנֵי הַטּוֹעִים. דְּקָאָמַר תַּנָּא קַמָּא לֹא יִכָּנֵס, וְאָמַר לֵיהּ רַבִּי שִׁמְעוֹן יִכָּנֵס.§ "שֶׁלֹּא הִתִּירוּ לְךָ אֶלָּא מִשּׁוּם שְׁבוּת".§ הֵיכָא קָאֵי? הָתָם קָאֵי, דְּקָאָמַר תַּנָּא קַמָּא: *קוֹשְׁרָהּ, וְאָמַר לֵיהּ רַבִּי שִׁמְעוֹן: עוֹנְבָהּ. עֲנִיבָה דְּלָא אָתֵי לִידֵי חִיּוּב חַטָּאת — שָׁרוּ לֵיהּ רַבָּנַן, קְשִׁירָה דְּאָתֵי לִידֵי חִיּוּב חַטָּאת — לָא שָׁרוּ לֵיהּ רַבָּנַן.§

הדרן עלך המוצא תפילין וסליקא לה מסכת עירובין

(דה"ב כט; ויקרא כא)

אָמַר רַבִּי יוֹחָנָן. לְעִנְיַן עַיּוּלֵי, כּוּלֵּי עָלְמָא הַמַּכְנִיס שֶׁרֶץ חַיָּיב. וּלְעִנְיַן לְהוֹצִיא הַטּוּמְאָה בָּעֲזָרָה בְּשַׁבָּת – בְּהַאי קְרָא פְּלִיגִי: וַיָּבֹאוּ הַכֹּהֲנִים (א) פְּנִימִי בֵּית ה' בַּהֵיכָל וַיּוֹצִיאוּ הַטּוּמְאָה. ע"ז וְתִקְרוֹבְתֶּיהָ, שֶׁהֵן מְטַמְּאִין בְּאֹהֶל: לַחֲצַר בֵּית ה'. עֲזָרָה: וַיְקַבְּלוּ הַלְוִיִּם לְהוֹצִיא מִשָּׁם לְנַחַל קִדְרוֹן. אֲבָל כֹּהֲנִים אֲחֵרִים לֹא מִיטַּמְּאִין אע"פ שֶׁהָיוּ צְרִיכִים לַאֲנָשִׁים הַרְבֵּה. אֵלּוּ מוֹצִיאִין מִן הַהֵיכָל לָעֲזָרָה, וְאֵילּוּ מִשָּׁם וְלַחוּץ – לְוִיִּם הוּא דְּמִיטַּמְּאִין וְלֹא כֹּהֲנִים. בֶּן נַנָּס סָבַר: מִדְּאִשְׁתַּנֵּי טוּמְאַת עֲזָרָה מִכֹּהֲנִים לִלְוִיִּם, שְׁמַע מִינַּהּ הֵיכָא דְּאִיתָא בָּעֲזָרָה – לָא מַפְּקִינַן לֵיהּ בַּעֲבֵירָה, אֶלָּא מְהַדְּרִינַן אַהֶתֵּירָא. וּבְשַׁבָּת נַמִי לָא דָּחֵינַן שְׁבוּת: טוּמְאָה בָּעֲזָרָה לֵיתָא. כְּלוֹמַר: הֵיכָא דְּאִיתָא הָתָם – לָא חֲמִירָא כּוּלֵּי הַאי: דְּלָא אֶפְשָׁר. בַּהֵיכָל לָא עָיְילֵי לְוִיִּם, דַּאֲפִי' כֹּהֲנִים אֲסִירֵי לְמֵיעַל אֶלָּא לַעֲבוֹדָה, כִּדְכְתִיב (ויקרא טז): "וְאַל יָבֹא בְּכָל עֵת אֶל הַקֹּדֶשׁ" – זֶה הֵיכָל, "מִבֵּית לַפָּרוֹכֶת" – זֶה לִפְנַי וְלִפְנִים: תּוּ לָא מְטַמְּאִינַן לְכֹהֲנִים. שֶׁהֲרֵי אֶפְשָׁר בַּלְוִיִּם, אֲבָל לְשַׁהוּיֵי עַד אוּרְתָּא – לָא: מְסַיֵּיעַ כָּהֲנֵי. דְּאָמַר לְקַמָּן: כֹּהֲנִים טְמֵאִין עֲדִיפֵי מִטְּהוֹרֵי יִשְׂרְאֵלִים: אַךְ אֶל הַפָּרוֹכֶת וגו'. בְּבַעֲלֵי מוּמִין כְּתִיב: רִקּוּעִין. טַסִּין שֶׁל זָהָב, שֶׁמְּחַפִּין בָּהֶן בֵּית קָדְשֵׁי הַקֳּדָשִׁים מִתּוֹכוֹ: אַךְ חִלֵּק. כְּלוֹמַר: אַכִּין וְרַקִּין מִיעוּטִין. כָּל אֶתִּין וְגַמִּין רִבּוּיִין. חִלֵּק – מִיעֵט. דִּלְמְלָאכָה שָׁרֵי לְעַיּוּלֵי: טָמֵא וּבַעַל מוּם. אִי אֶפְשָׁר אֶלָּא בְּאֶחָד מֵהֶן, אֵיזֶה מֵהֶן מַכְנִיסִין: דְּהָא אִישְׁתְּרֵי בַּעֲבוֹדַת צִבּוּר. דִּכְתִיב (במדבר כח): "בְּמוֹעֲדוֹ" – וַאֲפִילּוּ בְּטוּמְאָה, אֲבָל בַּעַל מוּם לֹא הוּתַּר, דְּתַנְיָא בְּתוֹרַת כֹּהֲנִים: מוּם בּוֹ אֶת לֶחֶם אֱלֹהָיו לֹא יִגַּשׁ לְהַקְרִיב, אֵין לִי אֶלָּא תְּמִידִין, שֶׁהֵן קְרוּיִין לֶחֶם, כְּעִנְיָן שֶׁנֶּאֱמַר: "אֶת קָרְבָּנִי לַחְמִי לְאִשַּׁי" שְׁאָר קָרְבְּנוֹת צִבּוּר מִנַּיִן? ת"ל שׁוּב: לֶחֶם, קְרָא אַחֲרִינָא, וּכְתִיב בַּתְרֵיהּ: "לֶחֶם אֱלֹהָיו מִקָּדְשֵׁי הַקֳּדָשִׁים" וְסָמֵיךְ לֵיהּ אַקְּרָא קַמָּא, דְּנִשְׁתְּמַע הָכִי: לֹא יִגַּשׁ לְהַקְרִיב לֶחֶם אֱלֹהָיו: דְּהָא אִישְׁתְּרֵי בַּאֲכִילַת קָדָשִׁים. מֵהַאי קְרָא "לֶחֶם אֱלֹהָיו מִקָּדְשֵׁי הַקֳּדָשִׁים(ב) וּמִן הַקֳּדָשִׁים יֹאכֵל": הַמְּשׁוּחוֹת.(ג) מוֹדְדִין הַתְּחוּמִין, וּמַצִּיבִין סִימָן כְּשֶׁהֵן מוֹדְדִין מִדָּתָן: מִפְּנֵי טוֹעֵי הַמִּדָּה. שֶׁמָּא יִטְעוּ בָּהּ, הִלְכָּךְ, מְקַצְּרִין אוֹתָהּ, נִמְצָא שֶׁעֲדַיִין הַתְּחוּם לֹא הִגִּיעַ, וּמִי שֶׁהֶחְשִׁיךְ לוֹ חוּץ לַתְּחוּם – כְּבָר נִכְנַס בְּתוֹךְ אַלְפַּיִם ט"ו אַמּוֹת, כִּדְפָרֵישִׁית בְּ"מִי שֶׁהוֹצִיאוּהוּ" (לעיל דף נב.) ל"א: מִפְּנֵי הַטּוֹעִין – שֶׁשּׁוֹכְחִין וְיוֹצְאִין וְחוֹזְרִין וְנִכְנָסִין, לְפִיכָךְ מְקַצְּרִין הַמּוֹדְדִין אֶת הַתְּחוּם הַסִּימָן, וּמַצִּיבִין בְּתוֹךְ הַתְּחוּם. שֶׁאִם יָצָא – לֹא עָבֵיד אִיסּוּרָא: יִכָּנֵס. דְּמִשֶּׁלְּךָ נָתְנוּ לָךְ, שֶׁכְּבָר הוּא בְּתוֹךְ תְּחוּמוֹ. וְהָכָא אָתָא ר' שִׁמְעוֹן לְמֵיתַב טַעְמָא לְמִילְּתֵיהּ, דְּלָא תֵּימָא מֵיקַל קָאֵי בְּאִיסּוּר שַׁבָּת – אֶלָּא מִשֶּׁלּוֹ נָתַתִּי לוֹ. וְהָכָא נָקַט לָהּ מִשּׁוּם פְּלוּגְתָּא דְּנִימַת כִּנּוֹר, כִּדִמְפָרֵשׁ וְאָזֵיל: קוֹשְׁרָהּ. בְּנִימַת כִּנּוֹר שֶׁנִּפְסְקָה, וּפָלֵיג רַבִּי שִׁמְעוֹן וְאָמַר בַּבָּרַיְיתָא: עוֹנְבָהּ. וְאָמַר הָכָא טַעְמָא לְמִילְּתָא, וּפָלֵיג אַתַּנָּא דִּלְעֵיל, וְאָמַר: לֹא הוּתְּרוּ בַּמִּקְדָּשׁ אֶלָּא שְׁבוּת. וּבְתַרְתֵּי מִיפַּלְגָא מִילְּתָא דְּרַבִּי שִׁמְעוֹן: רֵישָׁא בְּמַחְשִׁיךְ חוּץ לַתְּחוּם, וְסֵיפָא בְּנִימַת כִּנּוֹר, וְהָכִי קָאָמַר רַבִּי שִׁמְעוֹן לְתַנָּא קַמָּא: אע"פ שֶׁהֵקַלְתִּי בְּמַחְשִׁיךְ חוּץ לַתְּחוּם, מַחְמִיר אֲנִי בְּנִימַת כִּנּוֹר דְּהָתָם מִשֶּׁלְּךָ נָתְנוּ לָךְ אֲבָל כָּאן לֹא הִתִּירוּ אֶלָּא שְׁבוּת: קְשִׁירָה דְּאָתְיָא לִידֵי חִיּוּב חַטָּאת. בַּמְּדִינָה(ז) גְּזֵרָה שֶׁמָּא יִקְשׁוֹר קֶשֶׁר שֶׁל קַיָּימָא: הדרן עלך המוצא תפילין וסליקא לה מסכת עירובין

אמר רבי יוחנן ושניהם מקרא אחד דרשו. פירש בקונטרס: שבא לתרץ דכולי עלמא מכניס שרץ חייב, ולענין הוצאת טומאה פליגי. ותימה: דלכאורה אין חילוק, דאי מכניס שרץ חייב – הוא הדין דמוזהר להוציא מ"וישלחו מן המחנה", דעל היכא דקרינן "לא יטמאו את משכני" – קרינן "וישלחו", וא"כ, מאי טעמא דמאן דאמר מעזרה לא? ונראה דמילתא באפי נפשה היא, ולא קאי לדחויי הא דקאמר לעיל כתנאי(ה), ופליג בין מכניס בין מוציא, דאין חילוק, כדפירשנו. אלא בא לאסמוכי קרא למאן דאמר חייב, ולמאן דאמר פטור:

אמר ר' שמעון יכנס. והכי קאמר ליה רבי שמעון לתנא קמא: אע"פ שמיקל אני במחשיך חוץ לתחום – מחמיר אני בנימת הכנור, דהתם לאו קולא הוא, אלא משלך נתנו לך. וגם כאן לא נתנו לך אלא משלך, דהיינו עניבה, דהוה דבר המותר. והא דנקט עד הכא – משום דבעי לאסוקי מילי דבמקדש אבל לא במדינה:

הדרן עלך המוצא תפילין וסליקא לה מסכת עירובין

עח א ב ג מיי' פ"ז מהל' בית הבחירה הלכה כג:

רבינו חננאל

בהא קמיפלגי כו' ואלא לימא דשמואל כי הני תנאי דתנן מהיכן מוציאין אותו מן ההיכל כו' מאי לאו בהא קמיפלגי דר"ש דאמר מכל העזרה מוציאין אותו כו' ועמדה כתנאי. א"ר יוחנן ושניהם מקרא אחד דרשו ויבאו הכהנים פנימה בית ה' לטהר ויוציאו את כל הטומאה אשר מצאו בהיכל ה' לחצר בית ה' ויקבלו הלוים להוציא אל נחל קדרון חוצה *) ר"ע סבר מדאפקו הכהנים מן ההיכל עד לחצר בית ה' מכלל דעזרה לא מקבלה טומאה. ור"ש בן ננס סבר בהיכל דלא אפשר ללוים למיעל מטמינן להו לכהנים אבל בחוצה דאפשר בלוים תו לא מטמינן להו לכהנים. ת"ר הכל נכנסין לתקן ולבנות ולהוציא את הטומאה כהנים לוים וישראלים מצוה בכהנים אם אין שם כהנים נכנסין לוים מצוה בלוים אם אין שם לוים נכנסים ישראלים. אמר רב הונא רב כהנא דכהנא הוא ומסייע כהני. דתני רב כהנא אך אל הפרוכת לא יבא ואל המזבח כו'. יכול [לא] יהו כהנים בעלי מומין נכנסין לבין האולם ולמזבח לעשות ריקועין למזבח ת"ל אך חלק מצוה בתמימים אין שם תמימים נכנסין בעלי מומין מצוה בטהורין אין שם טהורין נכנסין טמאין ואלו ואלו כהנים [אין] אבל ישראלים לא: איבעיא להו טמא ובעל מום איזה מהן נכנס רב חייא בר אשי אמר רב טמא נכנס דהא אישתרי ליה עבודת ציבור. ר' אליעזר אמר בעל מום נכנס דהא אישתרי באכילת קדשים: מתני' ר"ש אומר כל [מה] שהתירו לך חכמים משלך נתנו לך. ר"ש (אומר) התם קאי (בהא) [אהא] דתנן מי שהחשיך חוץ לתחום אפילו אמה אחת לא יכנס. רבי [שמעון] אומר אפי' ט"ו אמה יכנס שאין המשוחות ממצין את המדות מפני הטועין כלומר הניחו מקום שלא הכניסוהו במקום אלפים אמה **) אותם שמדדו התחום יתר מזה וכאילו מכלל תחומך הן ולפיכך התירו לך שלא התירו לך אלא משום שבות גם דבריו הללו במשנה (זו משיב) [משיב על] שאמר ת"ק קושרין. א"ל קשירה דאתיא לידי חיוב חטאת גזרו בה רבנן עניבה דלא קשירה היא ולא אתיא לידי חיוב חטאת אלא משום שבות לא גזרו בה רבנן דכל מקום דהתירו לא התירו שם אלא מקום שהוא מותר והם שגזרו עליו משום שבות הוא אבל במקום איסורא דאורייתא לא: הדרן עלך המוצא וסליקא לה מסכת עירובין

*) [נראה מזה דרבינו גרס במשנה להיפך דר"ע סבר דמוציאין אותו מן ההיכל וכו' ור"ש בן ננס סבר דכל מקום שחייבין וכו' וצ"ע]: **) [אולי צ"ל מפני אותם שמדדו וכו' והוא פי' על מפני הטועין].

תוספתא דכלים פ"א
[חולין מט.]
[פסחים ה. וש"נ]
*)לעיל נב: ושם אית' מי שיצא

הגהות הב"ח

(א) רש"י ד"ה ויבאו הכהנים לפנימה: (ב) ד"ה דהא אישתרי וכו' מקדשי הקדשים וגו' לא יגש כי מום בו וסמיך ליה אקרא: (ג) ד"ה המשוחות וכו' מלתן הס"ד ואחר כך מ"ה מפני הטועין מפני טועי המדה: (ד) ד"ה קשירה וכו' במדינה גזור שמא: (ה) תוס' ד"ה א"ר יוחנן וכו' כתנאי ומפליג בין מכנים למוציא דאין חילוק:

רב נסים גאון

ועיקר הדבר הוא מה שהזכרנוהו: **טמא** נכנס דהא אישתרי בעבודת ציבור. בפ' א' דמסכת יומא (דף ו) גרסינן איתמר טומאת המת רב נחמן אמר היתר היא בציבור ואסיקנה כל טומאת המת בציבור רחמנא שרייה ותניא [שם ד' ז] (שמות כח) ונשא אהרן את עון הקדשים וכי איזה עון הוא נושא אם עון פיגול וכו' הא אינו נושא אלא עון טומאה שהותרה מכללה בציבור ובמס' פסחים בפר' אלו דברים בפסח דוחין את השבת (דף סו) גרסי' ופסח גופיה מנא לן כול' יכול לא יהו עושין את השני אלא טמאין וכו' אלא ה"ק אינו נדחה לפסח שני אלא עושין בטומאה וציבור נמי דעביד בטומאה בטמא נפש אבל בשאר טמאות לא ובפ' כיצד צולין (דף עט) שנינו נטמא קהל או רובו או שהיו הכהנים טמאין והקהל טהור (יעשה) [יעשו] בטומאה בעל מום נכנס דהא אישתרי באכילת קדשים זהו מן התורה דכתיב (ויקרא כא) כל איש אשר בו מום מזרע אהרן הכהן לחם אלהיו מקדשי הקדשים ומן הקדשים יאכל:

סליקא לה מסכת דעירובין בסיעתא דשמיא ברוך נותן ליעף כח

The following paragraph is recited three times:

הַדְרָן עֲלָךְ מַסֶּכֶת עֵירוּבִין וְהַדְרָךְ עֲלָן, דַּעְתָּן עֲלָךְ מַסֶּכֶת עֵירוּבִין וְדַעְתָּךְ עֲלָן, לָא נִתְנְשֵׁי מִנָּךְ מַסֶּכֶת עֵירוּבִין וְלָא תִתְנְשֵׁי מִנָּן, לָא בְּעָלְמָא הָדֵין וְלָא בְּעָלְמָא דְאָתֵי.

יְהִי רָצוֹן מִלְּפָנֶיךָ יהוה אֱלֹהֵינוּ וֵאלֹהֵי אֲבוֹתֵינוּ, שֶׁתְּהֵא תּוֹרָתְךָ אֻמָּנוּתֵנוּ בָּעוֹלָם הַזֶּה, וּתְהֵא עִמָּנוּ לָעוֹלָם הַבָּא. חֲנִינָא בַּר פַּפָּא, רָמֵי בַּר פַּפָּא, נַחְמָן בַּר פַּפָּא, אֲחַאי בַּר פַּפָּא, אַבָּא מָרִי בַּר פַּפָּא, רַפְרָם בַּר פַּפָּא, רָכִישׁ בַּר פַּפָּא, סוּרְחָב בַּר פַּפָּא, אַדָּא בַּר פַּפָּא, דָּרוּ בַּר פַּפָּא.

הַעֲרֶב נָא יהוה אֱלֹהֵינוּ אֶת דִּבְרֵי תוֹרָתְךָ בְּפִינוּ וּבְפִי עַמְּךָ בֵּית יִשְׂרָאֵל, וְנִהְיֶה אֲנַחְנוּ וְצֶאֱצָאֵינוּ (וְצֶאֱצָאֵי צֶאֱצָאֵינוּ) וְצֶאֱצָאֵי עַמְּךָ בֵּית יִשְׂרָאֵל, כֻּלָּנוּ יוֹדְעֵי
שְׁמֶךָ וְלוֹמְדֵי תוֹרָתְךָ לִשְׁמָהּ. מֵאֹיְבַי תְּחַכְּמֵנִי מִצְוֹתֶךָ (תהלים קיט)
כִּי לְעוֹלָם הִיא־לִי: יְהִי־לִבִּי תָמִים בְּחֻקֶּיךָ לְמַעַן לֹא אֵבוֹשׁ: לְעוֹלָם לֹא־אֶשְׁכַּח פִּקּוּדֶיךָ כִּי־בָם חִיִּיתָנִי: בָּרוּךְ אַתָּה יהוה לַמְּדֵנִי חֻקֶּיךָ: אָמֵן אָמֵן אָמֵן סֶלָה וָעֶד.

מוֹדִים אֲנַחְנוּ לְפָנֶיךָ יהוה אֱלֹהֵינוּ וֵאלֹהֵי אֲבוֹתֵינוּ שֶׁשַּׂמְתָּ חֶלְקֵנוּ מִיּוֹשְׁבֵי בֵּית הַמִּדְרָשׁ, וְלֹא שַׂמְתָּ חֶלְקֵנוּ מִיּוֹשְׁבֵי קְרָנוֹת. שֶׁאָנוּ מַשְׁכִּימִים וְהֵם מַשְׁכִּימִים, אָנוּ מַשְׁכִּימִים לְדִבְרֵי תוֹרָה, וְהֵם מַשְׁכִּימִים לִדְבָרִים בְּטֵלִים. אָנוּ עֲמֵלִים וְהֵם עֲמֵלִים, אָנוּ עֲמֵלִים וּמְקַבְּלִים שָׂכָר, וְהֵם עֲמֵלִים וְאֵינָם מְקַבְּלִים שָׂכָר. אָנוּ רָצִים וְהֵם רָצִים, אָנוּ רָצִים לְחַיֵּי הָעוֹלָם הַבָּא, וְהֵם רָצִים לִבְאֵר
שַׁחַת, שֶׁנֶּאֱמַר: וְאַתָּה אֱלֹהִים תּוֹרִדֵם לִבְאֵר שַׁחַת (תהלים נה)
אַנְשֵׁי דָמִים וּמִרְמָה לֹא־יֶחֱצוּ יְמֵיהֶם וַאֲנִי אֶבְטַח־בָּךְ:

יְהִי רָצוֹן מִלְּפָנֶיךָ יהוה אֱלֹהַי, כְּשֵׁם שֶׁעֲזַרְתַּנִי לְסַיֵּם מַסֶּכֶת עֵירוּבִין כֵּן תְּעַזְּרֵנִי לְהַתְחִיל מַסֶּכְתּוֹת וּסְפָרִים אֲחֵרִים וּלְסַיְּמָם, לִלְמֹד וּלְלַמֵּד לִשְׁמֹר וְלַעֲשׂוֹת וּלְקַיֵּם אֶת כָּל דִּבְרֵי תַלְמוּד תּוֹרָתְךָ בְּאַהֲבָה, וּזְכוּת כָּל הַתַּנָּאִים וְאָמוֹרָאִים וְתַלְמִידֵי חֲכָמִים יַעֲמֹד לִי וּלְזַרְעִי שֶׁלֹּא תָמוּשׁ הַתּוֹרָה מִפִּי וּמִפִּי זַרְעִי וְזֶרַע זַרְעִי עַד
עוֹלָם, וְיִתְקַיֵּם בִּי: בְּהִתְהַלֶּכְךָ תַּנְחֶה אֹתָךְ בְּשָׁכְבְּךָ (משלי ו)
תִּשְׁמֹר עָלֶיךָ וַהֲקִיצוֹתָ הִיא תְשִׂיחֶךָ: כִּי־בִי יִרְבּוּ יָמֶיךָ (משלי ט)
וְיוֹסִיפוּ לְּךָ שְׁנוֹת חַיִּים: אֹרֶךְ יָמִים בִּימִינָהּ בִּשְׂמֹאולָהּ (משלי ג)
עֹשֶׁר וְכָבוֹד: יהוה עֹז לְעַמּוֹ יִתֵּן יהוה יְבָרֵךְ אֶת־עַמּוֹ (תהלים כט)
בַשָּׁלוֹם:

The following paragraph is recited three times:

הַדְרָן We shall return to you, tractate *Eiruvin*, and your glory is upon us. Our thoughts are upon you, tractate *Eiruvin*, and your thoughts are upon us. We will not be forgotten from you, tractate *Eiruvin*, and you will not be forgotten from us; neither in this world nor in the World-to-Come.

יְהִי רָצוֹן May it be Your will, Lord our God and God of our ancestors, that Your Torah will be our avocation in this world and will accompany us to the World-to-Come. Ḥanina bar Pappa, Ramei bar Pappa, Naḥman bar Pappa, Aḥai bar Pappa, Abba Mari bar Pappa, Rafram bar Pappa, Rakhish bar Pappa, Surḥav bar Pappa, Adda bar Pappa, Daru bar Pappa.

הַעֲרֶב נָא Please, Lord our God, make the words of Your Torah sweet in our mouths and in the mouths of Your people, the house of Israel, so that we, our descendants (and their descendants), and the descendants of Your people, the house of Israel, may all know Your name and
study Your Torah for its own sake. Your commandments *Psalms 119*
make me wiser than my enemies, for they are ever with me. Let my heart be undivided in Your statutes, in order that I may not be put to shame. I will never forget Your precepts, for with them You have quickened me. Blessed are You, O Lord; teach me Your statutes. Amen, Amen, Amen, Selah, Forever.

מוֹדִים We give thanks before You, Lord Our God and God of our ancestors, that You have placed our lot among those who sit in the study hall and that you have not given us our portion among those who sit idly on street corners. We rise early and they rise early. We rise early to pursue matters of Torah and they rise early to pursue frivolous matters. We toil and they toil. We toil and receive a reward and they toil and do not receive a reward. We run and they run. We run to the life of the World-to-Come and they run to the pit of destruction,
as it is stated: But You, God, will bring them down into *Psalms 55*
the pit of destruction; men of blood and deceit shall not live out half their days; but as for me, I will trust in You.

יְהִי רָצוֹן May it be Your will, Lord my God, just as you have assisted me in completing tractate *Eiruvin* so assist me to begin other tractates and books and conclude them to learn and to teach, to observe and to perform, and to fulfill all the teachings of Your Torah with love. And may the merit of all the *tanna'im* and *amora'im* and Torah scholars stand for me and my descendants so that the Torah will not move from my mouth and from the mouths of my descendants and the descendants of my
descendants forever. And may the verse: When you *Proverbs 6*
walk, it shall lead you, when you lie down, it shall watch over you; and when you awaken, it shall talk with you
be fulfilled in me. For in the Torah your days shall be *Proverbs 9*
multiplied, and the years of your life shall be increased.
Length of days is in her right hand; in her left hand are *Proverbs 3*
riches and honor. May the Lord give strength to His *Psalms 29*
people; the Lord will bless His people with peace.

The following קדיש *requires the presence of a* מנין.

יִתְגַּדַּל וְיִתְקַדַּשׁ שְׁמֵהּ רַבָּא
בְּעָלְמָא דְּהוּא עָתִיד לְאִתְחַדָּתָא
וּלְאַחֲיָאָה מֵתַיָּא, וּלְאַסָּקָא יָתְהוֹן לְחַיֵּי עָלְמָא
וּלְמִבְנֵא קַרְתָּא דִירוּשְׁלֵם, וּלְשַׁכְלָלָא הֵיכְלֵהּ בְּגַוַּהּ
וּלְמֶעְקַר פָּלְחָנָא נֻכְרָאָה מֵאַרְעָא
וְלַאֲתָבָא פָּלְחָנָא דִשְׁמַיָּא לְאַתְרֵהּ
וְיַמְלִיךְ קֻדְשָׁא בְּרִיךְ הוּא בְּמַלְכוּתֵהּ וִיקָרֵהּ
(נוסח ספרד: וְיַצְמַח פּוּרְקָנֵהּ וִיקָרֵב מְשִׁיחֵהּ)
בְּחַיֵּיכוֹן וּבְיוֹמֵיכוֹן וּבְחַיֵּי דְכָל בֵּית יִשְׂרָאֵל
בַּעֲגָלָא וּבִזְמַן קָרִיב, וְאִמְרוּ אָמֵן.

יְהֵא שְׁמֵהּ רַבָּא מְבָרַךְ לְעָלַם וּלְעָלְמֵי עָלְמַיָּא.

יִתְבָּרַךְ וְיִשְׁתַּבַּח וְיִתְפָּאַר וְיִתְרוֹמַם וְיִתְנַשֵּׂא
וְיִתְהַדָּר וְיִתְעַלֶּה וְיִתְהַלָּל
שְׁמֵהּ דְּקֻדְשָׁא בְּרִיךְ הוּא
לְעֵלָּא מִן כָּל בִּרְכָתָא
/בעשרת ימי תשובה: לְעֵלָּא לְעֵלָּא מִכָּל בִּרְכָתָא/
וְשִׁירָתָא, תֻּשְׁבְּחָתָא וְנֶחֱמָתָא, דַּאֲמִירָן בְּעָלְמָא
וְאִמְרוּ אָמֵן. (קהל: אָמֵן)

עַל יִשְׂרָאֵל וְעַל רַבָּנָן
וְעַל תַּלְמִידֵיהוֹן וְעַל כָּל תַּלְמִידֵי תַלְמִידֵיהוֹן
וְעַל כָּל מָאן דְּעָסְקִין בְּאוֹרַיְתָא
דִּי בְאַתְרָא (בארץ ישראל: קַדִּישָׁא) הָדֵין, וְדִי בְכָל אֲתַר וַאֲתַר
יְהֵא לְהוֹן וּלְכוֹן שְׁלָמָא רַבָּא
חִנָּא וְחִסְדָּא, וְרַחֲמֵי, וְחַיֵּי אֲרִיכֵי, וּמְזוֹנֵי רְוִיחֵי
וּפֻרְקָנָא מִן קֳדָם אֲבוּהוֹן דִּי בִשְׁמַיָּא
וְאִמְרוּ אָמֵן.

יְהֵא שְׁלָמָא רַבָּא מִן שְׁמַיָּא
וְחַיִּים (טוֹבִים) עָלֵינוּ וְעַל כָּל יִשְׂרָאֵל
וְאִמְרוּ אָמֵן.

Bow, take three steps back, as if taking leave of the Divine Presence, then bow, first left, then right, then center, while saying:

עֹשֶׂה שָׁלוֹם/ בעשרת ימי תשובה: הַשָּׁלוֹם/ בִּמְרוֹמָיו
הוּא יַעֲשֶׂה בְרַחֲמָיו שָׁלוֹם, עָלֵינוּ וְעַל כָּל יִשְׂרָאֵל
וְאִמְרוּ אָמֵן.

The following Kaddish requires the presence of a minyan.

Magnified and sanctified may His great name be,
in the world that will in future be renewed,
reviving the dead and raising them up to eternal life.
He will rebuild the city of Jerusalem
and in it re-establish His Temple.
He will remove alien worship from the earth
and restore to its place the worship of Heaven.
Then the Holy One, blessed be He,
will reign in His sovereignty and splendor.
May it be in your lifetime and in your days,
(*Nusaḥ Sepharad:* make His salvation flourish,
and hasten His messiah,)
and in the lifetime of all the House of Israel,
swiftly and soon – and say: Amen.

May His great name be blessed for ever and all time.

Blessed and praised,
glorified and exalted,
raised and honored,
uplifted and lauded
be the name of the Holy One,
blessed be He,
beyond any blessing,
song, praise and consolation uttered in the world –
and say: Amen.

To Israel, to the teachers,
their disciples and their disciples' disciples,
and to all who engage in the study of Torah,
in this (*in Israel add:* holy) place or elsewhere,
may there come to them and you great peace,
grace, kindness and compassion,
long life, ample sustenance and deliverance,
from their Father in Heaven –
and say: Amen.

May there be great peace from heaven,
and (good) life for us and all Israel –
and say: Amen.

Bow, take three steps back, as if taking leave of the Divine Presence, then bow, first left, then right, then center, while saying:

May He who makes peace in His high places,
in His compassion make peace for us and all Israel –
and say: Amen.

Koren Talmud Bavli

THE NOÉ EDITION

EIRUVIN • PART FIVE

Steinsaltz Center

KOREN

תלמוד בבלי

KOREN TALMUD BAVLI

THE NOÉ EDITION

עירובין

EIRUVIN

Daf 89a through Daf 105a

COMMENTARY BY
Rabbi Adin Even-Israel
Steinsaltz

EDITOR-IN-CHIEF
Rabbi Dr Tzvi Hersh Weinreb

SENIOR CONTENT EDITOR
Rabbi Dr Shalom Z Berger

EXECUTIVE EDITOR
Rabbi Joshua Schreier

STEINSALTZ CENTER
KOREN PUBLISHERS JERUSALEM

Supported by the Matanel Foundation

Koren Talmud Bavli, The Noe Edition
Vol. 3.5: Tractate Eiruvin, Daf 89a through Daf 105a
Paperback, ISBN, 978-965-7765-37-1

First Hebrew/English paperback edition, 2020

Koren Publishers Jerusalem Ltd.
PO Box 4044, Jerusalem 91040, ISRAEL
PO Box 8531, New Milford, CT 06776, USA
www.korenpub.com

Steinsaltz Center

Steinsaltz Center is the parent organization of institutions established by Rabbi Adin Even-Israel Steinsaltz

PO Box 45187, Jerusalem 91450 ISRAEL
Telephone: +972 2 646 0900, Fax +972 2 624 9454
www.steinsaltz-center.org

Hardcover design by Ben Gasner

This book was published in cooperation with the Israel Institute for Talmudic Publications.

הִנֵּה יָמִים בָּאִים, נְאֻם אֲדֹנָי יֱהוִה, וְהִשְׁלַחְתִּי רָעָב בָּאָרֶץ,
לֹא־רָעָב לַלֶּחֶם וְלֹא־צָמָא לַמַּיִם, כִּי אִם־לִשְׁמֹעַ אֵת דִּבְרֵי יהוה.

Behold, days are coming – says the Lord God – I will send a hunger to the land, not a hunger for bread nor a thirst for water, but to hear the words of the Lord. (AMOS 8:11)

The Noé edition of the Koren Talmud Bavli
with the commentary of Rabbi Adin Even-Israel Steinsaltz
is dedicated to all those who open its covers
to quench their thirst for Jewish Knowledge,
in our generation of Torah renaissance.

This beautiful edition is for the young, the aged,
the novice and the savant alike,
as it unites the depth of Torah knowledge
with the best of academic scholarship.

Within its exquisite and vibrant pages,
words become worlds.

It will claim its place in the library of classics,
in the bookcases of the Beit Midrash,
the classrooms of our schools,
and in the offices of professionals and business people
who carve out precious time to grapple with its timeless wisdom.

For the Student and the Scholar

DEDICATED BY LEO AND SUE NOÉ

Steinsaltz Center

Executive Director, Steinsaltz Center
Rabbi Meni Even-Israel

Managing Editor
Rabbi Jason Rappoport

Senior Content Editor
Rabbi Dr. Shalom Z. Berger

Editors
Rabbi Joshua Amaru, *Coordinating Editor*
Rabbi David Jay Derovan
Rabbi Dov Karoll
Rabbi Adin Krohn
Sally Mayer
Rabbi Avishai Magence, *Content Curator*
Rabbi Jonathan Mishkin
Gavriel Reiss
Shira Shmidman
Rabbi Michael Siev
Avi Steinhart
Rabbi David Strauss
Rabbi Abe Y. Weschler

Copy Editors
Aliza Israel, *Coordinator*
Bracha Hermon
Ita Olesker
Shira Finson
Debbie Ismailoff
Ilana Sobel

Language Consultants
Dr. Stephanie E. Binder, *Greek & Latin*
Rabbi Yaakov Hoffman, *Arabic*
Dr. Shai Secunda, *Persian*
Shira Shmidman, *Aramaic*

KOREN

Design & Typesetting
Raphaël Freeman, *Design & Typography*
Dena Landowne Bailey, *Typesetting*
Tani Bayer, *Jacket Design*

Images
Eliahu Misgav, *Illustration*
Yehudit Cohen, *Image Acquisition*

Digital Edition
Raphaël Freeman, *Team Leader*
Eliyahu Skoczylas, *Senior Architect*
Tani Bayer, *User Interface Design*
Dena Landowne Bailey, *Concept*
Rabbi Hanan Benayahu, *Concept*
Laura Messinger, *Commercial Liaison*

Introduction by the Publisher

The Talmud has sustained and inspired Jews for thousands of years. Throughout Jewish history, an elite cadre of scholars has absorbed its learning and passed it on to succeeding generations. The Talmud has been the fundamental text of our people.

Beginning in the 1960s, Rabbi Adin Even-Israel Steinsaltz שליט״א created a revolution in the history of Talmud study. His translation of the Talmud, first into modern Hebrew and then into other languages, as well the practical learning aids he added to the text, have enabled millions of people around the world to access and master the complexity and context of the world of Talmud.

It is thus a privilege to present the *Koren Talmud Bavli*, an English translation of the talmudic text with the brilliant elucidation of Rabbi Steinsaltz. The depth and breadth of his knowledge are unique in our time. His rootedness in the tradition and his reach into the world beyond it are inspirational.

Working with Rabbi Steinsaltz on this remarkable project has been not only an honor, but a great pleasure. Never shy to express an opinion, with wisdom and humor, Rabbi Steinsaltz sparkles in conversation, demonstrating his knowledge (both sacred and worldly), sharing his wide-ranging interests, and, above all, radiating his passion. I am grateful for the unique opportunity to work closely with him, and I wish him many more years of writing and teaching.

Our intentions in publishing this new edition of the Talmud are threefold. First, we seek to fully clarify the talmudic page to the reader – textually, intellectually, and graphically. Second, we seek to utilize today's most sophisticated technologies, both in print and electronic formats, to provide the reader with a comprehensive set of study tools. And third, we seek to help readers advance in their process of Talmud study.

To achieve these goals, the *Koren Talmud Bavli* is unique in a number of ways:

- The classic *tzurat hadaf* of Vilna, used by scholars since the 1800s, has been reset for great clarity, and opens from the Hebrew "front" of the book. Full *nikkud* has been added to both the talmudic text and Rashi's commentary, allowing for a more fluent reading with the correct pronunciation; the commentaries of *Tosafot* have been punctuated. Upon the advice of many English-speaking teachers of Talmud, we have separated these core pages from the translation, thereby enabling the advanced student to approach the text without the distraction of the translation. This also reduces the number of volumes in the set. At the bottom of each *daf*, there is a reference to the corresponding English pages. In addition, the Vilna edition was read against other manuscripts and older print editions, so that texts which had been removed by non-Jewish censors have been restored to their rightful place.
- The English translation, which starts on the English "front" of the book, reproduces the *menukad* Talmud text alongside the English translation (in bold) and commentary and explanation (in a lighter font). The Hebrew and Aramaic text is presented in logical paragraphs. This allows for a fluent reading of the text for the non-Hebrew or non-Aramaic reader. It also allows for the Hebrew reader to refer easily to the text alongside. Where the original text features dialogue or poetry, the English text is laid out in a manner appropriate to the genre. Each page refers to the relevant *daf*.

- Critical contextual tools surround the text and translation: personality notes, providing short biographies of the Sages; language notes, explaining foreign terms borrowed from Greek, Latin, Persian, or Arabic; and background notes, giving information essential to the understanding of the text, including history, geography, botany, archaeology, zoology, astronomy, and aspects of daily life in the talmudic era.
- Halakhic summaries provide references to the authoritative legal decisions made over the centuries by the rabbis. They explain the reasons behind each halakhic decision as well as the ruling's close connection to the Talmud and its various interpreters.
- Photographs, drawings, and other illustrations have been added throughout the text – in full color in the Standard and Electronic editions, and in black and white in the Daf Yomi edition – to visually elucidate the text.

This is not an exhaustive list of features of this edition, it merely presents an overview for the English-speaking reader who may not be familiar with the "total approach" to Talmud pioneered by Rabbi Steinsaltz.

Several professionals have helped bring this vast collaborative project to fruition. My many colleagues are noted on the Acknowledgments page, and the leadership of this project has been exceptional.

RABBI MENACHEM EVEN-ISRAEL, DIRECTOR OF THE STEINSALTZ CENTER, was the driving force behind this enterprise. With enthusiasm and energy, he formed the happy alliance with Koren and established close relationships among all involved in the work.

RABBI DR. TZVI HERSH WEINREB שליט״א, EDITOR-IN-CHIEF, brought to this project his profound knowledge of Torah, intellectual literacy of Talmud, and erudition of Western literature. It is to him that the text owes its very high standard, both in form and content, and the logical manner in which the beauty of the Talmud is presented.

RABBI JOSHUA SCHREIER, EXECUTIVE EDITOR, assembled an outstanding group of scholars, translators, editors, and proofreaders, whose standards and discipline enabled this project to proceed in a timely and highly professional manner.

RABBI MEIR HANEGBI, EDITOR OF THE HEBREW EDITION OF THE STEINSALTZ TALMUD, lent his invaluable assistance throughout the work process, supervising the reproduction of the Vilna pages.

RAPHAËL FREEMAN, EXECUTIVE EDITOR OF KOREN, created this Talmud's unique typographic design which, true to the Koren approach, is both elegant and user friendly.

It has been an enriching experience for all of us at Koren Publishers Jerusalem to work with the Steinsaltz Center to develop and produce the *Koren Talmud Bavli*. We pray that this publication will be a source of great learning and, ultimately, greater *avodat Hashem* for all Jews.

Matthew Miller, Publisher
Koren Publishers Jerusalem
Jerusalem 5772

Contents

For the vocalized Vilna Shas layout, please open as a Hebrew book.

Introduction to **Perek IX**

To this point, tractate *Eiruvin* has primarily addressed the problem of establishing an *eiruv*, i.e., how it is possible to combine residences, courtyards, and alleyways into one domain enabling the transfer of objects from one to another? It has also addressed the manner in which it is possible to expand the Shabbat limit, extending the distance that one is permitted to walk on Shabbat. However, some very fundamental issues require elucidation. What is the *halakha* when no *eiruv* was established at all or where the *eiruv* was breached? Only by means of clarification of these points can the nature of the relationship between the various secondary Shabbat domains, in both Torah and rabbinic law, be understood. The *halakhot* of the four primary Shabbat domains were fully elucidated in tractate *Shabbat*, leaving the status of the various forms of the private domain in need of clarification.

Indeed, the primary focus of this chapter is the discussion of the relationship between various types of private domains, e.g., courtyards, rooftops, alleyways, and enclosures, when no *eiruv* has been established between them. Is each of these areas considered an independent unit requiring an *eiruv* to unite them? Or are they all components of one overriding domain and it is permitted to transfer objects from one to the other without establishing an *eiruv*? In other words, what is the criterion for distinguishing private domains from one another? Is it the existence of a partition between them; is it the fact that they have different owners; or is it the fact that they are utilized in different ways?

Another issue is that all of the *halakhot* relating to partitions or the lack thereof were addressed from the perspective of the *halakhot* of *eiruv*. However, when the partitions are removed, when the courtyard is breached, or when one domain is completely open into a second domain, what is the halakhic status in that case? Does the domain that opens into another domain lose its independent status, or has its status merely been altered? Is the change in status dependent solely on the existence of the partitions, or are the use of the courtyard and the function it serves also significant factors?

These problems and others that arise from them constitute the crux of the discussions in this chapter.

מתני׳ כָּל גַּגּוֹת הָעִיר רְשׁוּת אַחַת, וּבִלְבַד שֶׁלֹּא יְהֵא גַּג גָּבוֹהַּ עֲשָׂרָה אוֹ נָמוּךְ עֲשָׂרָה, דִּבְרֵי רַבִּי מֵאִיר. וַחֲכָמִים אוֹמְרִים: כָּל אֶחָד וְאֶחָד רְשׁוּת בִּפְנֵי עַצְמוֹ.

MISHNA **All the roofs of the city**[B] are considered **one domain.** It is permitted to carry from one roof to another, even if the residents of the houses did not establish an *eiruv* between them. The Sages did not prohibit carrying between roofs, as it is rare to transfer an item from one roof to another. However, it is only permitted to transfer objects between roofs **provided that** one **roof is neither ten** handbreadths **higher nor ten** handbreadths **lower** than the adjacent roof. This is **the statement of Rabbi Meir. And the Rabbis say: Each and every one** of the roofs is **a domain in and of itself.** It is permitted to carry from one to the other only if the residents of both houses established an *eiruv*.

רַבִּי שִׁמְעוֹן אוֹמֵר: אֶחָד גַּגּוֹת וְאֶחָד חֲצֵירוֹת וְאֶחָד קַרְפֵּיפוֹת – רְשׁוּת אַחַת הֵן לְכֵלִים שֶׁשָּׁבְתוּ לְתוֹכָן, וְלֹא לְכֵלִים שֶׁשָּׁבְתוּ בְּתוֹךְ הַבַּיִת.

Rabbi Shimon says: Roofs, courtyards, and enclosures[NH] **are all one domain with regard to vessels that were inside them** when **Shabbat** began, and one may therefore carry from one of these areas to another. However, they are **not** one domain **with regard to vessels that were inside the house** when **Shabbat** began and were later taken into one of the above domains. A vessel that was inside the house when Shabbat began and subsequently carried to one of these areas may be carried from one roof, courtyard, or enclosure to another only if an *eiruv* had been established between the domains.

גמ׳ יָתֵיב אַבָּיֵי בַּר אָבִין וְרַבִּי חֲנִינָא בַּר אָבִין, וִיתֵיב אַבָּיֵי גַּבַּיְיהוּ, וְיָתְבִי וְקָאָמְרִי: בִּשְׁלָמָא רַבָּנַן סָבְרִי: כְּשֵׁם שֶׁדִּיּוּרִין חֲלוּקִין לְמַטָּה – כָּךְ דִּיּוּרִין חֲלוּקִין לְמַעְלָה.

GEMARA **Abaye bar Avin and Rabbi Ḥanina bar Avin were sitting, and Abaye was sitting beside them, and they sat and said: Granted, the Rabbis maintain: Just as residents are divided** into separate domains **below,** and they may not carry from house to house without an *eiruv*, **so are residents divided** into separate domains **above,** on the rooftops, and it is prohibited to carry from one roof to another without an *eiruv*.

אֶלָּא רַבִּי מֵאִיר מַאי קָסָבַר? אִי קָסָבַר כְּשֵׁם שֶׁדִּיּוּרִין חֲלוּקִין לְמַטָּה כָּךְ דִּיּוּרִין חֲלוּקִין לְמַעְלָה – אַמַּאי רְשׁוּת אַחַת הֵן? וְאִי קָסָבַר אֵין חֲלוּקִין, דְּכָל לְמַעְלָה מֵעֲשָׂרָה רְשׁוּת אַחַת הִיא – אֲפִילּוּ גַּג גָּבוֹהַּ עֲשָׂרָה וְנָמוּךְ עֲשָׂרָה נָמֵי!

However, Rabbi Meir, what does he maintain; what is the rationale for his opinion? **If he maintains** that **just as residents are divided** into separate domains **below, so are residents divided** into separate domains **above, why,** in his opinion, **are they** considered **one domain? And if he maintains** that **they are not divided** into separate domains, **as any place above ten** handbreadths off the ground **is** considered **one domain, even** if a **roof** is **ten** handbreadths **higher or ten** handbreadths **lower** than the adjacent roof, it should **likewise** be permitted to carry from one roof to the other.

אֲמַר לְהוּ אַבָּיֵי: לָא שְׁמִיעַ לְכוּ הָא דְּאָמַר רַב יִצְחָק בַּר אַבְדִּימִי, אוֹמֵר הָיָה רַבִּי מֵאִיר: כָּל מָקוֹם שֶׁאַתָּה מוֹצֵא שְׁתֵּי רְשׁוּיוֹת וְהֵן רְשׁוּת אַחַת, כְּגוֹן עַמּוּד בִּרְשׁוּת הַיָּחִיד גָּבוֹהַּ עֲשָׂרָה וְרָחָב אַרְבָּעָה – אָסוּר לְכַתֵּף עָלָיו, גְּזֵירָה מִשּׁוּם תֵּל בִּרְשׁוּת הָרַבִּים. הָכִי נָמֵי – גְּזֵירָה מִשּׁוּם תֵּל בִּרְשׁוּת הָרַבִּים.

Abaye said to them: Have **you not heard that which Rav Yitzḥak bar Avdimi said that Rabbi Meir would say: Any place that you find two domains,** i.e., places set apart from each other by disparity in height or by boundaries, **and yet they are** halakhically **one domain,**[N] **for example, a pillar ten** handbreadths **high and four** handbreadths **wide** situated **in a private domain,** it is **prohibited to adjust** a burden on one's **shoulders upon it,** by rabbinic **decree, due to** the concern lest he come to do the same thing on **a mound in the public domain.** The legal status of a mound ten handbreadths high and four handbreadths wide located in a public domain is that of a private domain. In that case, it is prohibited by Torah law to transfer an object from the public domain to the mound. **Here too,** in the case of roofs, Rabbi Meir prohibited transferring objects between roofs with a height disparity of ten handbreadths, by rabbinic **decree, due to** the concern lest one come to transfer an object from the public domain to **a mound in a public domain.**

סָבוּר מִינָּהּ: אֲפִילּוּ מַכְתֶּשֶׁת וַאֲפִילּוּ גִּיגִית.

Abaye and Ḥanina bar Avin **understood** by inference **from this** ruling that in the opinion of Rabbi Meir, it would be prohibited to adjust one's burden **even** on **a mortar and even** on **a vat** that were overturned in a private domain and that are large enough to constitute private domains in their own right.

BACKGROUND

The roofs of the city – גַּגּוֹת הָעִיר: According to Rabbi Meir, all roofs that are roughly equal in height are considered one domain, excluding one that is ten handbreadths higher or lower than the others.

Roof ten handbreadths higher than the rest of the roofs

NOTES

A courtyard and an enclosure – חָצֵר וְקַרְפֵּף: Rashi distinguishes between a courtyard and an enclosure in terms of ownership; a courtyard is typically shared by many houses, while an enclosure is owned by a single individual. This explanation has been questioned by other commentaries. Rashi adds that a courtyard is subject to frequent use, and people regularly carry objects in it, whereas an enclosure is designed for specific purposes, e.g., as a garden, and it is rarely an area where objects are carried from one place to another (see Maharsha and others).

Two domains and one domain – שְׁתֵּי רְשׁוּיוֹת וּרְשׁוּת אַחַת: The commentaries explain that Rabbi Meir issued this decree only with regard to a private domain such as a courtyard, but not a roofed private domain, as it has nothing in common with a public domain. Other authorities maintain, contrary to Rashi's opinion, that Rabbi Meir's decree applies only if the two private domains belong to different people who did not establish an *eiruv*, as the prohibition against carrying from one domain to another is similar to that of carrying into the public domain. However, Rabbi Meir did not extend his decree to two private domains that belong to the same individual (Ritva).

HALAKHA

Roofs, courtyards, and enclosures – גַּגִּין חֲצֵירוֹת וְקַרְפֵּיפוֹת: With regard to rooftops, courtyards, and enclosures owned by several different people who each established his own *eiruv* but did not establish an *eiruv* together, it is nonetheless permitted to carry from one to another any utensils that were located in one of them when Shabbat began. However, those utensils that were inside the house when Shabbat commenced may only be carried into a courtyard whose inhabitants established an *eiruv* together, in accordance with the opinion of Rabbi Shimon (*Shulḥan Arukh*, *Oraḥ Ḥayyim* 372:1).

אָמַר לְהוּ אַבַּיֵי, הָכִי אָמַר מָר: לֹא אָמַר רַבִּי מֵאִיר אֶלָּא עַמּוּד וְאַמַּת הָרֵיחַיִם, הוֹאִיל וְאָדָם קוֹבֵעַ לָהֶן מָקוֹם.

Abaye said to them: The Master, Rabba, **said as follows: Rabbi Meir spoke only** in the case of **a pillar or the** raised **base of a millstone.**[N] **Since a person fixes a place for them** they are comparable to a mound in a public domain in that they are rarely moved. However, the Sages did not issue a decree in the case of portable objects.

וַהֲרֵי כּוֹתֶל שֶׁבֵּין שְׁתֵּי חֲצֵירוֹת דְּקָבוּעַ, וְאָמַר רַב יְהוּדָה: כְּשֶׁתִּימְצֵי לוֹמַר לְדִבְרֵי רַבִּי מֵאִיר: גַּגִּין רְשׁוּת לְעַצְמָן, חֲצֵירוֹת רְשׁוּת לְעַצְמָן, קַרְפֵּיפוֹת רְשׁוּת לְעַצְמָן.

The Gemara raises a difficulty. There is the case of **a wall that is between two courtyards, which is fixed, and** nevertheless **Rav Yehuda said: When** you analyze the matter, **you will find** that **according to Rabbi Meir** all **roofs** form a single **domain in and of themselves,** and likewise all **courtyards** form a single **domain in and of themselves,** and all **enclosures** form a single **domain in and of themselves.**[N] It is permitted to carry from one courtyard to another, although it is not permitted to carry from a courtyard to a roof.

מַאי לָאו – דְּשָׁרֵי לְטַלְטוֹלֵי דֶּרֶךְ כּוֹתֶל!

What, is it not that it is permitted to move objects from one courtyard to another **via a** dividing **wall,** even though it is ten handbreadths high? This poses a difficulty to the opinion of Rabbi Meir, who prohibits the transfer of an object from one place to a place ten handbreadths higher or lower.

אָמַר רַב הוּנָא בַּר יְהוּדָה, אָמַר רַב שֵׁשֶׁת: לֹא, לְהַכְנִיס וּלְהוֹצִיא דֶּרֶךְ פְּתָחִים.

Rav Huna bar Yehuda said that **Rav Sheshet said: No,** that explanation is incorrect, as Rav Yehuda meant to say that according to Rabbi Meir it is permitted **to carry in and carry out** between one courtyard and another, or from one enclosure to another, **via the openings** between them. However, Rabbi Meir concedes that one may not transfer objects over the wall that separates the two domains, as the wall is considered a domain in and of itself.

"וַחֲכָמִים אוֹמְרִים כָּל אֶחָד וְאֶחָד רְשׁוּת בִּפְנֵי עַצְמוֹ". אִיתְּמַר, רַב אָמַר: אֵין מְטַלְטְלִין בּוֹ אֶלָּא בְּאַרְבַּע אַמּוֹת, וּשְׁמוּאֵל אָמַר: מוּתָּר לְטַלְטֵל בְּכוּלּוֹ.

We learned in the mishna: **And the Rabbis say** that **each and every one** of the roofs **is a domain in and of itself. It was stated** that *amora'im* disagreed about the following issue. **Rav said:** According to the Rabbis, **one may move** objects on each roof **only within four cubits.** As, according to the Rabbis, the legal status of roofs is like that of courtyards, in that it is prohibited to carry from one roof to another, and each roof is fully open to a domain into which carrying is prohibited. Therefore, it is also prohibited to carry objects farther than four cubits on each roof. **And Shmuel said: It is permitted to move** objects throughout each **entire** roof.

בִּמְחִיצוֹת הַנִּיכָּרוֹת – דְּכוּלֵּי עָלְמָא לָא פְּלִיגִי. כִּי פְּלִיגִי – בִּמְחִיצוֹת שֶׁאֵינָן נִיכָּרוֹת.

The Gemara comments: **With regard to partitions that are conspicuous,** i.e., detached houses whose walls are distinct, **everyone agrees** that it is permitted to carry throughout each roof. **Where they disagree** is **with regard to partitions that are not conspicuous,** i.e., attached houses, which appear as though they share a common roof although they are owned by different people.

רַב אָמַר: אֵין מְטַלְטְלִין בּוֹ אֶלָּא בְּאַרְבַּע אַמּוֹת, לֹא אָמַר גּוּד אַסֵּיק מְחִיצָתָא, וּשְׁמוּאֵל אָמַר: מוּתָּר לְטַלְטֵל בְּכוּלּוֹ, דְּאָמַר גּוּד אַסֵּיק מְחִיצָתָא.

Rav said: One may carry on each roof **only within four cubits.** Rav **does not state** the principle: **Extend and raise the partitions** between the houses below, which states that the walls of the houses are considered to extend upward and create partitions between the roofs. **And Shmuel said:** It is **permitted to carry throughout** each **entire** roof, **as he states** the principle: **Extend and raise the partitions.**

תְּנַן, וַחֲכָמִים אוֹמְרִים: כָּל אֶחָד וְאֶחָד

The Gemara asks a question based on that which **we learned** in the mishna: And **the Rabbis say** that **each and every one** of the roofs

רְשׁוּת לְעַצְמוֹ, בִּשְׁלָמָא לִשְׁמוּאֵל – נִיחָא, אֶלָּא לְרַב – קַשְׁיָא!

is **a domain in and of itself.** This indicates that each roof constitutes a discrete domain, and one may carry throughout this entire domain. **Granted according to** the opinion of **Shmuel,** this works out **well, but according to** the opinion of **Rav,** it is **difficult.**

NOTES

Base of a millstone – אַמַּת הָרֵחַיִם:

Millstone marking the summit of Møllehøj, the highest natural point in Denmark

Rabbi Meir's opinion – שִׁיטַת רַבִּי מֵאִיר: According to Rav Yehuda's explanation of Rabbi Meir's opinion, in any place other than an actual house, the Sages issued a decree that prohibits carrying, based not on ownership but rather on the designation and the use of the domain. Consequently, all courtyards are considered a single domain in this regard, even if they belong to different people. The same applies to all roofs and enclosures. It is not permitted, however, to carry from one type of domain to another (see *Me'iri* and Ritva).

אָמְרִי בֵּי רַב מִשְּׁמֵיהּ דְּרַב: שֶׁלֹּא יְטַלְטֵל שְׁתֵּי אַמּוֹת בְּגַג זֶה וּשְׁתֵּי אַמּוֹת בְּגַג זֶה.

The Gemara answers that the Sages of the **school of Rav said in the name of Rav:** The ruling in the mishna is not a leniency permitting one to carry throughout the entire roof; rather, it is a stringency, ruling **that one may not move** an object **two cubits on this roof and two cubits on that roof.** The *tanna* rules that even the allowance to carry within four cubits is restricted to a single roof.

וְהָא אֲמַר רַבִּי אֶלְעָזָר, כִּי הָוֵינַן בְּבָבֶל הֲוָה אָמְרִינַן, בֵּי רַב מִשְּׁמֵיהּ דְּרַב אָמְרוּ: אֵין מְטַלְטְלִין בּוֹ אֶלָּא בְּאַרְבַּע אַמּוֹת, וְהָנֵי דְּבֵי שְׁמוּאֵל תָּנוּ: אֵין לָהֶן אֶלָּא גַּגָּן.

The Gemara raises a difficulty. **But didn't Rabbi Elazar say: When we were in Babylonia we** would **say** that the Sages of **the school of Rav said in the name of Rav: One may move** an object **on** each roof **only within four cubits, and those** Sages **of the school of Shmuel taught**[N] a *baraita* in accordance with their opinion: **They have only their** own **roof.**

מַאי "אֵין לָהֶן אֶלָּא גַּגָּן" – לָאו דְּשָׁרוּ לְטַלְטוּלֵי בְּכוּלֵּיהּ? וּמִי אַלִּימָא מִמַּתְנִיתִין, דְּאוֹקִימְנָא שֶׁלֹּא יְטַלְטֵל שְׁתֵּי אַמּוֹת בְּגַג זֶה וּשְׁתֵּי אַמּוֹת בְּגַג זֶה – הָכִי נַמִי: שְׁתֵּי אַמּוֹת בְּגַג זֶה וּשְׁתֵּי אַמּוֹת בְּגַג זֶה.

The Gemara seeks to clarify this *baraita*. **What is** the meaning of the statement: **They have only their** own **roof?** Is it **not that they are permitted to move** an object **throughout** each **entire** roof? This *baraita* poses a difficulty to Rav. The Gemara rejects this contention: **And is** this *baraita* any **stronger** a proof **than our mishna, which we established** as a stringency, **that one may not move** an object **two cubits on this roof and two cubits on that roof? So too,** this *baraita* is teaching that one may not carry **two cubits on this roof and two cubits on that roof.**[N]

אֲמַר רַב יוֹסֵף: לָא שְׁמִיעַ לִי הָא שְׁמַעְתָּא. אֲמַר לֵיהּ אַבַּיֵי: אַתְּ אֲמַרְתְּ נִיהֲלַן, וְאַהָא אֲמַרְתְּ נִיהֲלַן: גַּג גָּדוֹל הַסָּמוּךְ לְקָטָן – הַגָּדוֹל מוּתָּר וְהַקָּטָן אָסוּר.

Rav Yosef said, after an illness had caused him to forget his knowledge: **I have not heard this *halakha*** of Shmuel's with regard to roofs. His student **Abaye said to him: You** yourself **said it to us, and it was about this** that **you said it to us:** With regard to **a large roof that is adjacent to a small one,**[B] carrying on **the large** one **is permitted,** as its partitions are distinct where it extends beyond the small one, **and** carrying on **the small one is prohibited,** as it is breached along its entire length into the other roof, onto which it is prohibited to carry.[N]

וְאָמְרַתְּ לַן עֲלָהּ, אָמַר רַב יְהוּדָה, אָמַר שְׁמוּאֵל: לֹא שָׁנוּ אֶלָּא שֶׁיֵּשׁ דִּיּוּרִין עַל זֶה וְדִיּוּרִין עַל זֶה, דְּהָוְיָא לָהּ הָא דְּקָטָן מְחִיצָה נִדְרֶסֶת.

And you said to us about it: Rav Yehuda said that **Shmuel said: They** only **taught** this *halakha* in a case **where there are residents on this** roof **and residents on that** roof, as the extended, virtual partition **of the small** roof is considered **a trampled partition.** The residents trample this virtual partition as they move from one roof to the other, and the entire length of the small roof is considered breached into the large one.

אֲבָל אֵין דִּיּוּרִין עַל זֶה וְעַל זֶה – שְׁנֵיהֶן מוּתָּרִין.

However, if **there are no residents on this** roof **and** none **on that** one, carrying on **both** roofs **is permitted.** Presumably, Shmuel's reasoning is that in this case the walls of the houses below extend upward and form partitions between the roofs, in accordance with the principle: Extend and raise the partitions.

אֲמַר לֵיהּ: אֲנָא הָכִי אָמְרִי לְכוּ: לֹא שָׁנוּ אֶלָּא שֶׁיֵּשׁ מְחִיצָה עַל זֶה וּמְחִיצָה עַל זֶה, דְּגָדוֹל מִישְׁתְּרֵי בְּגִיפּוּפֵי, וְקָטָן נִפְרַץ בִּמְלוֹאוֹ. אֲבָל אֵין מְחִיצָה לֹא עַל זֶה וְלֹא עַל זֶה – שְׁנֵיהֶן אֲסוּרִין.

Rav Yosef **said to him:** I remember it now. **I said to you as follows: They taught** this *halakha*, that carrying is prohibited on the small roof, **only** with regard to a case **where there was an** actual **partition on** all sides of **this** roof **and an** actual **partition on** all sides of **that** roof, not only between the two roofs. In **that** case, carrying on **the large** roof **is permitted by** means of **the remnants** of the partition on either side of the opening, **and** carrying on the **small** roof **is** prohibited because it is **fully breached** into the larger one. **However, if there is no partition, neither on** all sides of **this** roof **nor on** all sides of **that** roof, carrying on **both of them is prohibited.**

וְהָא דִּיּוּרִין אָמְרַתְּ לַן! אִי אָמְרִי לְכוּ דִּיּוּרִין – הָכִי אָמְרִי לְכוּ: לֹא שָׁנוּ אֶלָּא שֶׁיֵּשׁ מְחִיצָה רְאוּיָה לְדִירָה עַל זֶה וּמְחִיצָה רְאוּיָה לְדִירָה עַל זֶה, דְּגָדוֹל מִישְׁתְּרֵי בְּגִיפּוּפֵי וְקָטָן נִפְרַץ בִּמְלוֹאוֹ.

Abaye raised a difficulty: **But didn't you speak to us of residents?** Rav Yosef replied: **If I spoke to you of residents, this** is what **I said to you: They taught** this *halakha*, that carrying is prohibited on the small roof, **only** in a case **where there is an** actual **partition** that renders the area **fit for residence on** all sides of **this** roof, **and an** actual **partition** that renders the area fit **for residence on** all sides of **that** roof, as carrying on **the large** roof **is permitted by** means of **the remnants** of the partition on either side of the opening, **and** carrying on the **small** roof is prohibited because it is **fully breached** into the larger one.

NOTES

And those of the school of Shmuel taught – וְהָנֵי דְּבֵי שְׁמוּאֵל תָּנוּ: This *baraita*, which was taught in the school of Shmuel, was not well known and is less authoritative than a mishna or even of a well-documented *Tosefta*. Therefore, the Gemara did not cite the fact that despite the fact that he was an *amora*, Rav's status is that of a *tanna*, and therefore he may disagree with a *baraita*, because that answer is used only as a last resort, when no other explanation is available (Ritva).

Two cubits on that roof – שְׁתֵּי אַמּוֹת בְּגַג זֶה: The Gemara might have answered this question simply by stating that both the mishna and *baraita* refer to a situation where the partitions are conspicuous, as in that case Rav agrees with Shmuel. Nevertheless, the Gemara chose to provide an answer in keeping with the question itself, rather than introduce a special set of circumstances (*Me'iri*).

A large roof and a small roof – גַּג גָּדוֹל וְגַג קָטָן: In the Jerusalem Talmud a question is raised with regard to Rav's opinion: As Rav maintains that it is permitted to carry only four cubits on any roof, the fact that carrying on the small roof is prohibited apparently means that it is prohibited to carry even four cubits. However, this level of stringency is not applied even to a public domain. The answer offered in the Jerusalem Talmud, similar to the resolution that appears in our Gemara, is that this statement means that it is prohibited to carry even less than four cubits into the area of the large roof.

BACKGROUND

A large roof that is adjacent to a small one – גַּג גָּדוֹל הַסָּמוּךְ לְקָטָן:

Large roof adjacent to small roof

אֲבָל יֵשׁ מְחִיצָה רְאוּיָה לְדִירָה עַל הַגָּדוֹל, וְאֵין רְאוּיָה לְדִירָה עַל הַקָּטָן – אֲפִילּוּ קָטָן שָׁרֵי לִבְנֵי גָּדוֹל. מַאי טַעְמָא – כֵּיוָן דְּלָא עֲבוּד מְחִיצָה – סַלּוֹקֵי סַלִּיקוּ נַפְשַׁיְיהוּ מֵהָכָא.

However, if **there is a partition** that renders the area fit **for a residence on** all sides of **the large roof, but** there is **no** partition that renders the area fit for **a residence on the small** roof, carrying **even** on **the small** roof **is permitted for the residents of the large** roof. **What is the reason** for this? **Since** the residents of the small roof **did not erect a partition** around their roof, **they** thereby **removed themselves from here** and transferred the right to their domain to the residents of the large roof.

כְּהָא דְּאָמַר רַב נַחְמָן: עָשָׂה סוּלָּם קָבוּעַ לְגַגּוֹ – הוּתַּר בְּכָל הַגַּגִּין כּוּלָּן.

This is **in accordance with that which Rav Naḥman said:** If one **affixed a permanent ladder to his roof,** while the owners of the neighboring roofs did not do so, it **is permitted for him to** carry on **all the roofs.** The failure of the other owners to erect a ladder indicates that they relinquished the right to their roofs to the one who affixed the permanent ladder.

אָמַר אַבָּיֵי: בָּנָה עֲלִיָּיה עַל גַּבֵּי בֵּיתוֹ וְעָשָׂה לְפָנֶיהָ דַּקָּה אַרְבַּע – הוּתַּר בְּכָל הַגַּגִּין כּוּלָּן.

Abaye said: If a person **built an upper story atop his house,** by surrounding the roof with walls, **and erected before its** entrance **a small partition** [*dakka*] **four** cubits high that opens to other roofs, **it is permitted** for him **to** carry on **all the roofs.** His construction of the partition is indicative of his plans to utilize the other roofs, while the failure of the other owners to do so indicates that they conceded use of their roofs to him.[B]

אָמַר רָבָא: פְּעָמִים שֶׁהַדַּקָּה לְאִיסּוּר. הֵיכִי דָּמֵי – דַּעֲבִידָא לְהָדֵי תַּרְבִּיצָא דְּבֵיתֵיהּ, דְּאָמַר

Rava said: Sometimes the small partition leads **to prohibition.**[N] **What are the circumstances** of this case? It is a case **where** the partition **was erected** facing **toward the garden of his house** and the sides facing the other roofs were sealed. The reason is **that** through his actions **he said**

BACKGROUND

If he built an upper story and a partition – בָּנָה עֲלִיָּה וְדַקָּה: The illustration is of an upper story constructed above one of the houses, with a partition [*dakka*] in front of it. This upper story and partition establish the person's dwelling upon the roof, as a result of which it is permitted to carry on the adjacent roofs as well.

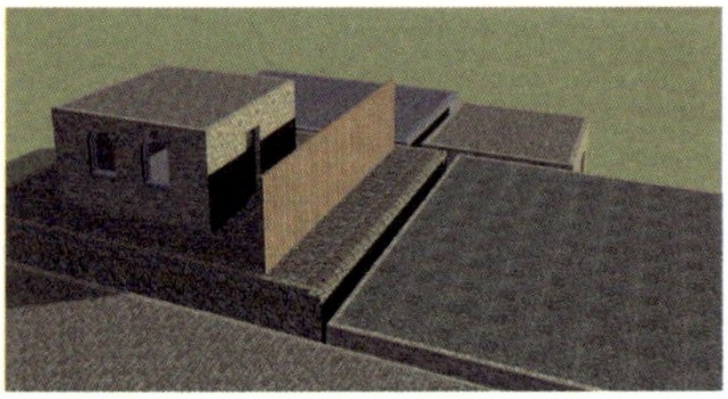

Upper story and partition

NOTES

A small partition [*dakka*] that permits and prohibits – דַּקָּה לְהֶיתֵּר וּלְאִיסּוּר: The commentaries dispute the meaning of the word *dakka*. Rashi maintains that it connotes an entrance, while Rabbeinu Ḥananel explains that it is a shelf. *Tosafot* and other commentaries explain that it means a partition. In addition, the commentaries dispute the correct version of the text. Some authorities adopt Rabbeinu Ḥananel's reading and explain that if one erects a partition that separates his roof from the others, those other roofs may be used by their owners, as he no longer imposes restrictions upon them. However, if it is possible that he built this partition to provide himself with a vantage point from which he could survey his garden, there is no longer any proof that he completely isolated himself from all the other roofs. Therefore, the existence of the partition does not render it permitted for them to carry there because of him (*Me'iri*; Ritva).

Perek **IX**
Daf **90** Amud **a**

לְנַטּוּרֵי תַּרְבִּיצָא הוּא דַּעֲבִידָא.

that he built the upper story **to protect the garden** [*tarbitza*],[L] not to access the roofs.

בָּעֵי רָמִי בַּר חָמָא: שְׁתֵּי אַמּוֹת בְּגַג וּשְׁתֵּי אַמּוֹת בְּעַמּוּד מַהוּ? אָמַר רַבָּה: מַאי קָא מִיבַּעְיָא לֵיהּ? כַּרְמְלִית וּרְשׁוּת הַיָּחִיד קָא מִיבַּעְיָא לֵיהּ?!

Rami bar Ḥama raised a dilemma: According to Rav, who holds that one may carry only within four cubits on each roof, if he carries an object **two cubits on a roof and** another **two cubits on a pillar** ten handbreadths high and four handbreadths wide adjacent to the roof, **what is** the *halakha*? **Rabba said:** With regard to **what** matter **is he raising a dilemma?** Is it with regard to **a *karmelit* and a private domain**[N] that **he is raising a dilemma?** The roof is a *karmelit* and the pillar is a private domain; certainly carrying from one to the other is prohibited.

וְרָמִי בַּר חָמָא אַגַּב חוּרְפֵּיהּ לָא עַיֵּין בַּהּ, אֶלָּא הָכִי קָמִיבַּעְיָא לֵיהּ: שְׁתֵּי אַמּוֹת בְּגַג, וּשְׁתֵּי אַמּוֹת בְּאַכְסַדְרָה מַהוּ?

The Gemara explains that this was not in fact the dilemma, **and Rami bar Ḥama, due to his keen** mind, **did not analyze** the dilemma carefully and was imprecise in its formulation. **Rather, this is** the **dilemma he is raising:** If one carries an object **two cubits on the roof** of a house, **and** another **two cubits on the** slanted roof of **a portico,**[B] a roofed structure without walls, before a house belonging to someone else, **what is** the *halakha*?

מִי אָמְרִינַן: כֵּיוָן דְּלָא הַאי חֲזֵי לְדִירָה, וְלָא הַאי חֲזֵי לְדִירָה – חֲדָא רְשׁוּתָא הִיא. אוֹ דִּילְמָא: כֵּיוָן דְּמִגַּג לְגַג אָסִיר, מִגַּג לְאַכְסַדְרָה נָמֵי אָסִיר?

The Gemara elaborates on Rami bar Ḥama's dilemma: **Do we say** that **since neither this** roof **is fit for residence, nor is this** portico roof **fit for residence, it is** regarded as **one domain,** and therefore carrying between them is permitted? **Or perhaps since** carrying **from a roof to** another **roof is prohibited,** carrying **from a roof to a portico is likewise prohibited,** as the latter is also a domain in and of itself.

LANGUAGE

Garden [*tarbitza*] – תַּרְבִּיצָא: Courtyard or garden. Some linguists claim that the word is Persian in origin, but it is more likely of Semitic origin, in the form of the Akkadian word *tarbāṣu*.

NOTES

A *karmelit* and a private domain – כַּרְמְלִית וּרְשׁוּת הַיָּחִיד: *Tosafot* explain this: The adjacent pillar is the *karmelit*, while the roof of the house is the private domain, which is the opposite of Rashi's undertanding. Rabbeinu Ḥananel explains it this way as well.

BACKGROUND

A house and a portico – בַּיִת וְאַכְסַדְרָה: The image displays the differences between a house and a portico and the ease of transferring objects from the roof of the portico to the roof of the house.

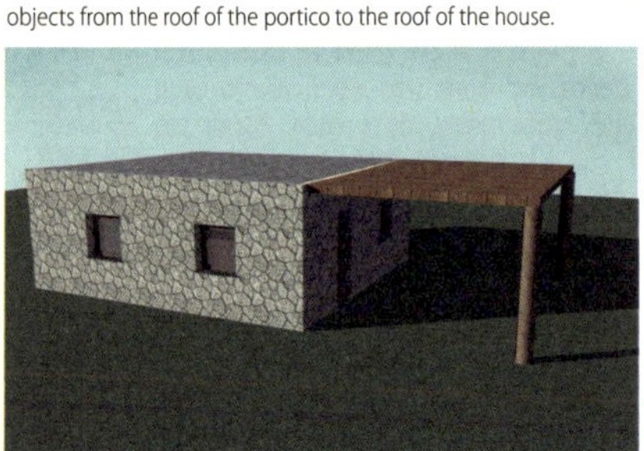

House with adjoining portico

בָּעֵי רַב בֵּיבָי בַּר אַבַּיֵי: שְׁתֵּי אַמּוֹת בְּגַג וּשְׁתֵּי אַמּוֹת בְּחוּרְבָּה מַהוּ?

Rav Beivai bar Abaye raised a similar **dilemma:** If one carries **two cubits on the roof** of a house **and** another **two cubits** on the roof **of a ruin** belonging to someone else, one side of which was completely open to a public domain, **what is the** *halakha*?

אָמַר רַב כָּהֲנָא: לָאו הַיְינוּ דְּרָמִי בַּר חָמָא? אָמַר רַב בֵּיבָי בַּר אַבַּיֵי: וְכִי מְאַחֵר אֲתָאי וּנְצָאי?! אַכְסַדְרָה – לָא חַזְיָא לְדִירָה, וְחוּרְבָּה – חַזְיָא לְדִירָה.

Rav Kahana said: Is that not precisely the same dilemma raised **by Rami bar Ḥama** with regard to a portico? **Rav Beivai bar Abaye said: And did I come late** [*me'aḥer*] merely **to quarrel,**[N] and meddle in other people's questions? That is not the case, as the two dilemmas are not identical. **A portico is not fit for residence, while a ruin is fit for residence.** Therefore, the *halakha* might differ in each case.

וְכִי מֵאַחַר דְּחַזְיָא לְדִירָה, מַאי קָמִיבַּעְיָא לֵיהּ? אִם תִּימְצֵי לוֹמַר קָאָמַר; אִם תִּימְצֵי לוֹמַר אַכְסַדְרָה לָא חַזְיָא לְדִירָה – חוּרְבָּה חַזְיָא לְדִירָה, אוֹ דִּילְמָא הָשְׁתָּא מִיהָא לֵית בָּהּ דִּיּוּרִין? תֵּיקוּ.

The Gemara is surprised by this explanation: **And now that it is fit for residence, what dilemma is he raising?** The situation is comparable to the case of two standard roofs. The Gemara answers: Rav Beivai was unaware of the resolution to the dilemma raised by Rami bar Ḥama, and therefore, **he states** the dilemma employing the style: **If you say. If you say** that **a portico is not fit for residence,** and therefore carrying is permitted, it can be argued that as **a ruin is fit for residence,** the legal status of its roof should be like that of a standard roof. **Or perhaps** that is not the case, as **now in any event there are no residents in** the ruin, and therefore its roof is not comparable to a standard roof. No resolution was found for these dilemmas, and they **stand** unresolved.

גַּגִּין הַשָּׁוִין לְרַבִּי מֵאִיר, וְגַג יְחִידִי לְרַבָּנַן, רַב אָמַר: מוּתָּר לְטַלְטֵל בְּכוּלּוֹ, וּשְׁמוּאֵל אָמַר: אֵין מְטַלְטְלִין בּוֹ אֶלָּא בְּאַרְבַּע.

The Gemara discusses a different question. With regard to **roofs that are level,** i.e., with a height disparity of less than ten handbreadths, **according to** the opinion of **Rabbi Meir, or an isolated roof** that does not border other roofs, **according to** the opinion of **the Rabbis, Rav said: It is permitted to move** an object **throughout the entire** roof; **and Shmuel said: One may move** an object **in it only within four** cubits.

רַב אָמַר: מוּתָּר לְטַלְטֵל בְּכוּלּוֹ, קַשְׁיָא דְּרַב אַדְּרַב! הָתָם – לָא מִינְּכְרָא מְחִיצָּתָא, הָכָא מִינְּכְרָא מְחִיצָּתָא.

The Gemara seeks to clarify the conflicting opinions. **Rav said** that **it is permitted to move** objects **throughout the entire** roof. This is **difficult,** as there is an apparent contradiction between one statement **of Rav and** another statement **of Rav.** With regard to level roofs, Rav said that according to the Rabbis one may carry on each roof only within four cubits. The Gemara answers: **There,** in the case of a roof among roofs, **the** inner **partitions** between the houses **are not conspicuous,** and therefore, are not taken into consideration. **Here,** however, **the** outer **partitions** of a single house or group of houses **are conspicuous,** meaning that they are considered to extend upward and delineate the edge of the roof.

וּשְׁמוּאֵל אָמַר: אֵין מְטַלְטְלִין בּוֹ אֶלָּא בְּאַרְבַּע אַמּוֹת קַשְׁיָא דִּשְׁמוּאֵל אַדִּשְׁמוּאֵל! הָתָם – לָא הָוֵי יוֹתֵר מִבֵּית סָאתַיִם, הָכָא – הָוֵי יוֹתֵר מִבֵּית סָאתַיִם. וְהָנֵי מְחִיצּוֹת לְמַטָּה עֲבִידָן, לְמַעְלָה לָא עֲבִידָן, וַהֲוָה כְּקַרְפֵּף יָתֵר מִבֵּית סָאתַיִם שֶׁלֹּא הוּקַּף לְדִירָה, וְכָל קַרְפֵּף יוֹתֵר מִבֵּית סָאתַיִם שֶׁלֹּא הוּקַּף לְדִירָה – אֵין מְטַלְטְלִין בּוֹ אֶלָּא בְּאַרְבַּע.

The Gemara returns to discuss Shmuel's ruling. **And Shmuel said: One may carry only within four** cubits. Once again, it is **difficult,** as there is an apparent contradiction between one statement **of Shmuel and** another statement **of Shmuel,** who said that in the case of level roofs, according to the Rabbis one may carry throughout each separate roof. The Gemara answers: **There,** the area of the roof **is no greater than two** *beit se'a*; whereas **here,** the area **is greater than two** *beit se'a*. **And these partitions** of the house **were erected** for use **below** as partitions for the residence itself; **they were not erected to** serve as partitions for use on the roof **above.** Consequently, even if the walls are viewed as extending upward so that they constitute surrounding partitions for the roof, the legal status of the roof is **like** that of **an enclosure greater than two** *beit se'a* **that was not enclosed** from the outset for the purpose of **residence; and** the principle is that with regard to **any enclosure greater than two** *beit se'a* **that was not enclosed** from the outset **for** the purpose of **residence, one may move** an object **in it only within four cubits.**[N]

אִיתְּמַר; סְפִינָה, רַב אָמַר: מוּתָּר לְטַלְטֵל בְּכוּלָּהּ, וּשְׁמוּאֵל אָמַר: אֵין מְטַלְטְלִין בָּהּ אֶלָּא בְּאַרְבַּע. רַב אָמַר: מוּתָּר לְטַלְטֵל בְּכוּלָּהּ,

It was further **stated** that these same *amora'im* disagreed with regard to a large **ship. Rav said: It is permitted to move** an object **throughout** the entire ship, as it is all one domain; **and Shmuel said: One may move** an object **in it only within four** cubits. The Gemara proceeds to clarify their respective opinions. **Rav said: It is permitted to move** an object **throughout** the boat,

NOTES

And did I come late [*me'aḥer*] merely to quarrel – וְכִי מְאַחֵר אֲתָאי וּנְצָאי: There are several explanations of this obscure phrase (see Rashi). The *Me'iri* explains that Rav Beivai bar Abaye said: Are you treating me as though I came late to the study hall, missed the lesson, and am now disagreeing for no reason? Some commentaries omit the phrase: And did, transforming the rhetorical question of Rav Beivai bar Abaye into a statement, saying that he came to instigate a gratuitous quarrel (Rabbeinu Ḥananel). Following this version of the text, the *Me'iri* understands *me'aḥer* differently: He is younger than me and yet he comes to pick a fight with me.

The opinions of Rav and Shmuel with regard to level roofs – שִׁיטַּת רַב וּשְׁמוּאֵל בְּגַגִּין הַשָּׁוִין: The early commentaries struggled to account for the Gemara's statement with regard to contradictions in the rulings of both Rav and Shmuel. Rashi explains, in a forced explanation, that according to Rav the case involves an added structure built next to an isolated roof, which could be considered grounds for prohibition (see Ritva). With regard to the contradiction between Shmuel's statements, since the Gemara already established that even Rav agrees in the case of visible partitions, the focus on Shmuel must serve to underscore the difficulty, as it is doubly difficult according to his approach (see *Ge'on Ya'akov*).

דְּהָא אִיכָּא מְחִיצָתָא. וּשְׁמוּאֵל אָמַר: אֵין מְטַלְטְלִין בָּהּ אֶלָּא בְּאַרְבַּע אַמּוֹת – מְחִיצוֹת לְהַבְרִיחַ מַיִם עֲשׂוּיוֹת.

as there are partitions. **And Shmuel said: One may move** an object **in it only within four cubits,** as **the partitions** of the ship are not considered full-fledged partitions; they **are erected** only **to keep water out,**[N] not to render it a residence.

אֲמַר לֵיהּ רַב חִיָּיא בַּר יוֹסֵף לִשְׁמוּאֵל: הִילְכְתָא כְּוָותָךְ, אוֹ הִילְכְתָא כְּרַב? אֲמַר לֵיהּ: הִילְכְתָא כְּרַב.

Rav Ḥiyya bar Yosef said to Shmuel: Is **the *halakha* in accordance with your** opinion[N] or is **the *halakha* in accordance with** the opinion of **Rav?** Shmuel **said to him: The *halakha* is in accordance with** the opinion of **Rav,** as his rationale is more convincing.[H]

אָמַר רַב גִּידֵּל, אָמַר רַב חִיָּיא בַּר יוֹסֵף: וּמוֹדֶה רַב שֶׁאִם כְּפָאָהּ עַל פִּיהָ – שֶׁאֵין מְטַלְטְלִין בָּהּ אֶלָּא בְּאַרְבַּע אַמּוֹת. כְּפָאָהּ לְמַאי? אִילֵימָא לָדוּר תַּחְתֶּיהָ – מַאי שְׁנָא מִגַּג יְחִידִי?

Rav Giddel said that **Rav Ḥiyya bar Yosef said: And Rav concedes that if one overturned** the ship **onto its mouth,**[H] and it is more than ten handbreadths high, **that one may move** an object **on it only within four cubits.** The Gemara asks: **For what** purpose **was** the ship **overturned? If you say** it was overturned so **that** one may **reside beneath it, what is the difference** between it and **an isolated roof?** The legal status of the overturned ship should in every sense be that of a house, and therefore it should be permitted to carry throughout the entire ship.

אֶלָּא שֶׁכְּפָאָהּ לְזוֹפְתָהּ.

Rather, it must be **that he overturned it to tar it,** i.e., to add a fresh coat to its underside. In that case, the boat certainly does not serve as a residence, and its sides are not considered full-fledged partitions.

רַב אַשִׁי מַתְנֵי לַהּ אַסְּפִינָה, וְרַב אַחָא בְּרֵיהּ דְּרָבָא מַתְנֵי לַהּ אַאַכְסַדְרָא. דְּאִיתְּמַר: אַכְסַדְרָה בַּבִּקְעָה, רַב אָמַר: מוּתָּר לְטַלְטֵל בְּכוּלָּהּ, וּשְׁמוּאֵל אָמַר: אֵין מְטַלְטְלִין בָּהּ אֶלָּא בְּאַרְבַּע.

Rav Ashi teaches Shmuel's acceptance of Rav's opposing view (Ritva) with regard **to a ship,** as stated above; **and Rav Aḥa, son of Rava, teaches it** with regard **to a portico,**[N] **as it was stated** that *amora'im* disagreed with regard to **a portico** located **in a field.**[H] A portico has a roof and either incomplete walls or no walls. Consequently, in the case of a portico located in a valley, which is a *karmelit,* it remains to be determined whether or not it is permitted to carry in it. **Rav said: It is permitted to move** an object **throughout the entire** portico, as it is a private domain. **And Shmuel said: One may move** an object **in it only within four** cubits.

רַב אָמַר: מוּתָּר לְטַלְטֵל בְּכוּלָּהּ – אָמְרִינַן: ״פִּי תִקְרָה יוֹרֵד וְסוֹתֵם״. וּשְׁמוּאֵל אָמַר: אֵין מְטַלְטְלִין בָּהּ אֶלָּא בְּאַרְבַּע – לָא אָמְרִינַן: ״פִּי תִקְרָה יוֹרֵד וְסוֹתֵם״.

The Gemara elaborates. **Rav said: It is permitted to move** an object **throughout the entire** portico, as **we say: The edge of the roof descends** to the ground **and seals** the portico on all sides, rendering it a private domain. **And Shmuel said: One may move** an object **in it only within four** cubits, as **we do not say: The edge of the roof descends** to the ground **and seals** the portico.

וְרַב אַלִּיבָּא דְּרַבִּי מֵאִיר, לִיטַלְטְלֵי מִגַּג לְחָצֵר! גְּזֵירָה מִשּׁוּם דְּרַב יִצְחָק בַּר אַבְדִּימִי.

The Gemara asks: **But** according to **Rav's** statement **in accordance with** the opinion **of Rabbi Meir** that one is permitted to carry from one roof to another if they are level, it should also be permitted **to carry from a roof to a courtyard.** Why then does Rabbi Meir rule that roofs and courtyards are separate domains and that carrying between them is prohibited? The Gemara answers: It is prohibited because Rabbi Meir issued **a decree, due to** the opinion **of Rav Yitzḥak bar Avdimi.** As stated previously, Rav Yitzḥak bar Avdimi rules that one may not transfer objects between two halakhically equivalent but physically distinct domains ten or more handbreadths high. This is a decree lest one standing in a public domain adjust a burden on a mound ten handbreadths high and four handbreadths wide, which is a private domain, an act prohibited by Torah law.

וּשְׁמוּאֵל אַלִּיבָּא דְּרַבָּנַן, נִיטַלְטֵל מִגַּג לְקַרְפֵּף! אָמַר רָבָא בַּר עוּלָּא: גְּזֵירָה שֶׁמָּא יִפְחַת הַגַּג.

The Gemara continues: **And** according to **Shmuel's** statement **in accordance with** the opinion **of the Rabbis** that the legal status of an isolated roof greater than two *beit se'a* is that of a *karmelit,* it should be permitted **to move** an object **from** an isolated **roof to an enclosure** within four cubits of the roof, as the legal status of the enclosure is also that of a *karmelit.* Why then do the Rabbis rule that roofs and enclosures are separate domains and carrying from one to the other is prohibited? **Rava bar Ulla said:** It is prohibited because the Rabbis issued **a decree lest the** area of the **roof diminish**[N] to less than two *beit se'a,* in which case it would assume the status of a private domain, as it is prohibited to carry between a private domain and an enclosure.

NOTES

The partitions are erected to keep water out – מְחִיצוֹת לְהַבְרִיחַ מַיִם: Apparently, Shmuel's rationale is not that the sides of a boat are designed solely in order to keep water out, and that consequently they cannot serve as a residence. Instead, Shmuel maintains that their primary function is to support the ship, while their use for a residence is a secondary one. However, some commentaries explain that Rabbi Zeira prohibits carrying in the entire boat, even if the boat is smaller than two *beit se'a*. This ruling is also in accordance with Shmuel's opinion that the partitions are not used for a residence at all (*Ge'on Ya'akov*).

Is the *halakha* in accordance with your opinion – הִילְכְתָא כְּוָותָךְ: Although the Sages frequently disagreed with each other, and each held firm to his own principles, occasionally one Sage would rule in favor of the Sage with whom he disagreed if he concluded that the other's reasoning was more convincing. In some cases, the Sage would completely retract his opinion. In other cases, despite the fact that he still considered his own opinion the correct one, he deemed the rationale behind the opposing opinion more compelling.

Portico – אַכְסַדְרָה: According to Rashi, the portico mentioned here is open on all sides, as it consists merely of four posts and a roof. *Tosafot*, by contrast, maintain that this portico, like all others mentioned by the Sages, is closed on three sides and entirely open on the fourth side.

Lest the area of the roof diminish – שֶׁמָּא יִפְחַת הַגַּג: The *Me'iri* explains that the height of the roof might decrease to the point that it is no longer a private domain, for example if dirt piled up around the outside of the house within ten handbreadths of the roof. This explains why this difference is not immediately visible, as those living in the house might not notice the change. Conversely, the decreased partitions of an enclosure are visible to all. See *Tosafot*, who suggest a very different explanation.

HALAKHA

Moving objects on a boat – טִלְטוּל בִּסְפִינָה: It is permitted to carry on a boat, even if it is more than two *beit se'a*, as it is considered to be enclosed for the purpose of residence. The *halakha* is in accordance with the opinion of Rav, as even Shmuel agrees with him in this case (*Shulḥan Arukh, Oraḥ Ḥayyim* 362:4).

An overturned ship – סְפִינָה הֲפוּכָה: If a boat is overturned, enabling one to live beneath it, it is permitted to carry even on the underside of the boat, which then serves as the roof of this house, as in a private domain. However, if it is overturned for it to be tarred, and its area is greater than two *beit se'a*, one may carry only four cubits beneath it (Rashi; *Shulḥan Arukh, Oraḥ Ḥayyim* 362:4).

A portico in a field – אַכְסַדְרָה בַּבִּקְעָה: It is permitted to carry in a portico with three walls and a roof that is located in a field, based on application of the principle: The edge of the roof descends and seals, to the fourth side (Rambam *Sefer Zemanim, Hilkhot Shabbat* 17:35).

אִי הָכִי, מִקַּרְפֵּף לְקַרְפֵּף נַמִי לֹא יְטַלְטֵל, דִּילְמָא מִיפְּחִית וְאָתֵי לְטַלְטוּלֵי! הָתָם, אִי מִיפְּחִית – מִינְכְּרָא לֵיהּ מִילְּתָא, הָכָא, אִי מִיפְּחִית – לָא מִינְכְּרָא מִילְּתָא.

The Gemara asks: **If so, one should also not** be permitted to **move** an object **from one enclosure to** another **enclosure,** due to the concern that **perhaps** the area of one of the enclosures will **diminish** and become a private domain, **and he** will **come to move** an object from one to the other as before. The Gemara answers: **There, if** the enclosure **is diminished, the matter is conspicuous,** as its walls are clearly visible. **Here,** however, **if** the roof **is diminished, the matter is not conspicuous,** as the roof does not have walls.

אָמַר רַב יְהוּדָה: כְּשֶׁתִּמְצָא לוֹמַר, לְדִבְרֵי רַבִּי מֵאִיר: גַּגִּין רְשׁוּת לְעַצְמָן, חֲצֵירוֹת רְשׁוּת לְעַצְמָן,

Rav Yehuda said: After careful analysis, **you will find** that you can say that **according to the statement of Rabbi Meir, roofs are a domain in and of themselves,** and one may carry from one roof to another; and likewise **courtyards are** considered **a domain in and of themselves,** and one may likewise carry from one courtyard to another.

Perek **IX**
Daf **91** Amud **a**

קַרְפֵּיפוֹת רְשׁוּת לְעַצְמָן. לְדִבְרֵי חֲכָמִים: גַּגִּין וַחֲצֵירוֹת רְשׁוּת אַחַת, קַרְפֵּיפוֹת רְשׁוּת אַחַת הֵן. לְדִבְרֵי רַבִּי שִׁמְעוֹן: כּוּלָּן רְשׁוּת אַחַת הֵן.

Similarly, **enclosures are a domain in and of themselves,** and one is therefore permitted to carry from one enclosure to another. **According to the statement of the Rabbis, roofs and courtyards** constitute **one domain,** and therefore, one may carry even from a roof to a courtyard; however, **enclosures are one** discrete **domain. According to the statement of Rabbi Shimon, all of them,** roofs, courtyards, and enclosures, **are one domain,** and therefore it is permitted to carry between any of them.[N]

תַּנְיָא כְּוָותֵיהּ דְּרַב, תַּנְיָא כְּוָותֵיהּ דְּרַב יְהוּדָה. תַּנְיָא כְּוָותֵיהּ דְּרַב: כׇּל גַּגּוֹת הָעִיר רְשׁוּת אַחַת הֵן, וְאָסוּר לְהַעֲלוֹת וּלְהוֹרִיד מִן הַגַּגִּין לֶחָצֵר וּמִן הֶחָצֵר לַגַּגִּין, וְכֵלִים שֶׁשָּׁבְתוּ בְּחָצֵר – מוּתָּר לְטַלְטְלָן בֶּחָצֵר. בַּגַּגִּין – מוּתָּר לְטַלְטְלָן בַּגַּגִּין, וּבִלְבַד שֶׁלֹּא יְהֵא גַּג גָּבוֹהַּ עֲשָׂרָה אוֹ נָמוּךְ עֲשָׂרָה, דִּבְרֵי רַבִּי מֵאִיר. וַחֲכָמִים אוֹמְרִים: כׇּל אֶחָד וְאֶחָד רְשׁוּת לְעַצְמוֹ, וְאֵין מְטַלְטְלִין בּוֹ אֶלָּא בְּאַרְבַּע.

The Gemara comments: A *baraita* **was taught in accordance with** the opinion of **Rav,** and a *baraita* **was taught in accordance with** the opinion of **Rav Yehuda.** The Gemara elaborates. A *baraita* **was taught in accordance with** the opinion of **Rav,** that according to the Rabbis one may carry only four cubits on each roof: **All the roofs of a city are one domain, and it is prohibited to carry** objects **up or carry** them **down, from the roofs to the courtyard or from the courtyard to the roofs. And** with regard to **vessels that were inside** a **courtyard** when **Shabbat began, it is permitted to carry them in the courtyard** even if an *eiruv* was not established, and it is likewise permitted to carry them from that courtyard to other courtyards. With regard to vessels that were **on the roofs** when **Shabbat** began, **it is permitted to carry them on the roofs, provided that one roof is neither ten** handbreadths **higher nor ten** handbreadths **lower** than the other. This is **the statement of Rabbi Meir. And the Rabbis say: Each and every one** of the roofs **is a domain in and of itself,** and **one may move** objects **on** each roof **only within four** cubits.

תַּנְיָא כְּוָותֵיהּ דְּרַב יְהוּדָה: אָמַר רַבִּי: כְּשֶׁהָיִינוּ לוֹמְדִים תּוֹרָה אֵצֶל רַבִּי שִׁמְעוֹן בִּתְקוֹעַ, הָיִינוּ מַעֲלִין שֶׁמֶן וַאֲלוּנְטִית מִגַּג לְגַג, וּמִגַּג לֶחָצֵר, וּמֵחָצֵר לֶחָצֵר, וּמֵחָצֵר לְקַרְפֵּף, וּמִקַּרְפֵּף לְקַרְפֵּף אַחֵר, עַד שֶׁהָיִינוּ מַגִּיעִין אֵצֶל הַמַּעְיָין שֶׁהָיִינוּ רוֹחֲצִין בּוֹ.

Likewise, a *baraita* **was taught in accordance with Rav Yehuda's** interpretation of the opinion of Rabbi Shimon. **Rabbi** Yehuda HaNasi **said: When we were studying Torah with Rabbi Shimon in Tekoa,**[B] **we would carry oil** for smearing **and a towel** for drying **from roof to roof, and from roof to courtyard, and from courtyard to courtyard, and from courtyard to enclosure, and from enclosure to enclosure,** to refrain from carrying in a prohibited place, **until we reached the spring in which we would bathe.**

אָמַר רַבִּי יְהוּדָה: מַעֲשֶׂה בִּשְׁעַת הַסַּכָּנָה וְהָיִינוּ מַעֲלִין תּוֹרָה מֵחָצֵר לְגַג, וּמִגַּג לֶחָצֵר, וּמֵחָצֵר לְקַרְפֵּף, לִקְרוֹת בּוֹ.

And similarly, **Rabbi Yehuda said:** There was **an incident during a time of danger,** when decrees were issued that banned religious observance, **and we would carry a Torah scroll from courtyard to roof, and from roof to courtyard, and from courtyard to enclosure, to read from it.**

אָמְרוּ לוֹ: אֵין שְׁעַת הַסַּכָּנָה רְאָיָה.

The Sages **said to him:** The *halakha* cannot be determined from that incident, as an incident occurring during **a time of danger is no proof.** At a time of danger it is permitted to carry even in places where carrying is ordinarily prohibited by rabbinic law.

NOTES

The opinion of the Rabbis with regard to moving objects – **שִׁיטַת חֲכָמִים בְּטִלְטוּל**: It is unclear from the formulation of the *baraita* in this context, with regard to the opinions of Rabbi Yehuda HaNasi and Rabbi Yehuda, whether or not the latter agrees with Rabbi Shimon. The more precise version of the text indicates, as stated in the Jerusalem Talmud, that there are in fact four opinions: The first is that of the Rabbis, who maintain that each roof is considered a domain in its own right. The second opinion is Rabbi Meir's. He rules that all level roofs form a single domain, but it is one that is discrete from courtyards and enclosures. Rabbi Yehuda offers a third opinion. He teaches that roofs and courtyards are one domain, while enclosures constitute an independent domain. The fourth opinion is that of Rabbi Shimon, who considers all these areas a single domain.

BACKGROUND

Tekoa – **תְּקוֹעַ**: There are at least two cities in Israel called Tekoa, one in Judea and the other in the Galilee. Based on the time period, the city mentioned in this context is probably the Galilean Tekoa.

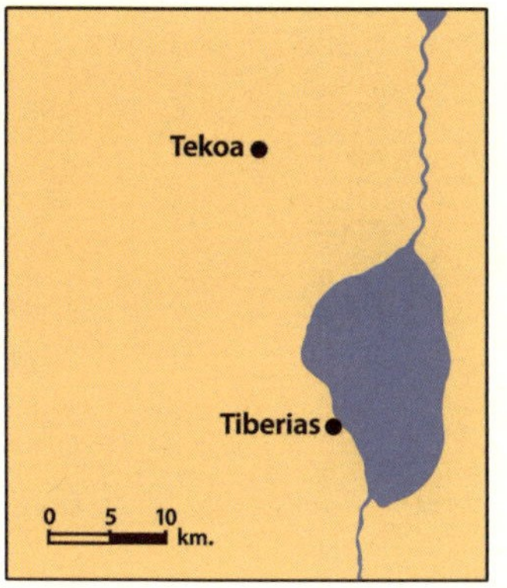

Tekoa in the Galilee

HALAKHA

The *halakha* is in accordance with the opinion of Rabbi Shimon – הֲלָכָה כְּרַבִּי שִׁמְעוֹן: The *halakha* is ruled in accordance with the opinion of Rabbi Shimon. It is permitted to carry from courtyards to roofs and to enclosures, even if the residents of each courtyard establish a separate *eiruv*, as the *halakha* is in accordance with the opinion of Rabbi Yoḥanan in disputes with Rav. In addition, Shmuel also agrees with him (*Shulḥan Arukh, Oraḥ Ḥayyim* 372:1).

NOTES

Who whispered to you – מִי לְחָשְׁךָ: *Tosafot* point out that this expression also appears in the halakhic midrash. Other commentaries note that it is also featured in various aggadic midrash. As for its meaning in this context, several commentaries explain, in the wake of Rabbeinu Tam's interpretation, that the question: Who whispered to you, was posed by Rabbi Yoḥanan to Shmuel. He asked him who informed him of this *halakha*. Apparently, as stated elsewhere, this is not Shmuel's own opinion. Nevertheless, he cited the *halakha* correctly. Indeed, in the Jerusalem Talmud it is stated that Shmuel is of the opinion that in a place where they established an *eiruv* it is prohibited to carry anything from one courtyard to another, including utensils from the courtyard in which they established an *eiruv* (see Maharsha; Rabbi Eliezer Meir Horowitz).

Rabbi Shimon conforms to his standard reasoning – רַבִּי שִׁמְעוֹן לְטַעְמֵיהּ: The *halakha* stated in the mishna with regard to the three courtyards challenges the opinion that Rabbi Shimon ruled leniently where they did not establish an *eiruv*. The answer is that in the case of three courtyards each person knows which utensils are his and which belong to his neighbor. Consequently, he knows which utensils it is permitted to carry. However, in this case some of the utensils are prohibited, while others are permitted, even though they came from the same place. As there is no obvious difference between them, the residents might mistakenly carry the prohibited objects (Ritva).

״רַבִּי שִׁמְעוֹן אוֹמֵר אֶחָד גַּגִּין״ וכו׳.

Rabbi Shimon says: Roofs, courtyards, and enclosures are **all** one domain with regard to vessels that were inside them when Shabbat began, and one may therefore carry from one of these areas to the other. However, they are not one domain with regard to vessels that were inside the house when Shabbat began.

אָמַר רַב: הֲלָכָה כְּרַבִּי שִׁמְעוֹן, וְהוּא, שֶׁלֹּא עֵירְבוּ, אֲבָל עֵירְבוּ – לֹא, דְּגָזְרִינַן דִּילְמָא אָתֵי לְאַפּוֹקֵי מָאנֵי דְּבָתִּים לֶחָצֵר.

Rav said: The *halakha* is in accordance with the opinion of **Rabbi Shimon,**[H] **provided that** the residents of each courtyard **did not establish a** separate *eiruv* for themselves, as in that case they may not move objects from their houses into the courtyard. **However, if they established** a separate *eiruv* for each courtyard, without establishing an *eiruv* between the various courtyards, **no,** that is not the *halakha*, **as we issue a decree lest one come to take out vessels** from one **of the houses to the courtyard,** an action that is fundamentally permitted, and subsequently proceed to carry them out to a different courtyard with which an *eiruv* had not been established, which everyone agrees is prohibited.

וּשְׁמוּאֵל אָמַר: בֵּין עֵירְבוּ, בֵּין שֶׁלֹּא עֵירְבוּ. וְכֵן אָמַר רַבִּי יוֹחָנָן: מִי לְחָשְׁךָ בֵּין עֵירְבוּ וּבֵין שֶׁלֹּא עֵירְבוּ?

And Shmuel said: The *halakha* is in accordance with Rabbi Shimon, **whether they established an *eiruv* or whether they did not establish an *eiruv*. And similarly Rabbi Yoḥanan said: Who whispered to you,**[N] who told you that there is a difference **whether they established an *eiruv* or whether they did not establish an *eiruv*?**

מַתְקִיף לַהּ רַב חִסְדָּא: לִשְׁמוּאֵל וּלְרַבִּי יוֹחָנָן, יֹאמְרוּ: שְׁנֵי כֵּלִים בְּחָצֵר אַחַת, זֶה מוּתָּר וְזֶה אָסוּר!

Rav Ḥisda strongly objects to this ruling. **According to Shmuel and according to Rabbi Yoḥanan,** people **will say** with regard to **two vessels** located **in the same courtyard,** one of which was in the courtyard when Shabbat began while the other was in the house, that moving **this** one, which was in the courtyard at the start of Shabbat, to another courtyard is **permitted, while** moving **that one,** which was in the house at the start of Shabbat, to another courtyard, is **prohibited.**

רַבִּי שִׁמְעוֹן לְטַעְמֵיהּ דְּלָא גָּזַר. דִּתְנַן, אָמַר רַבִּי שִׁמְעוֹן: לְמָה הַדָּבָר דּוֹמֶה – לְשָׁלֹשׁ חֲצֵירוֹת הַפְּתוּחוֹת זוֹ לָזוֹ וּפְתוּחוֹת לִרְשׁוּת הָרַבִּים, וְעֵירְבוּ שְׁתֵּי הַחִיצוֹנוֹת עִם הָאֶמְצָעִית, הִיא מוּתֶּרֶת עִמָּהֶן וְהֵן מוּתָּרוֹת עִמָּהּ, וּשְׁתֵּי הַחִיצוֹנוֹת אֲסוּרִין זוֹ עִם זוֹ.

The Gemara answers: In this regard, **Rabbi Shimon** conforms **to his** standard **reasoning,**[N] **as he did not issue a decree** due to these concerns. **As we learned** in a mishna, **Rabbi Shimon said: To what is this matter comparable?** It is comparable **to three courtyards that are open into each other, and that are** also **open into a public domain.** If **the two outer** courtyards each **established an *eiruv* with the middle one,** it is **permitted** for the residents of the middle one to carry **into** the two outer ones, **and they,** the residents of the two outer ones, **are permitted** to carry **into it, but** for the residents of **the two outer** courtyards it is **prohibited** to carry **into each other,** as they did not establish an *eiruv* together.

וְלָא גָּזַר דִּילְמָא אָתֵי לְאַפּוֹקֵי מָאנֵי דְּהָא חָצֵר לְהָא חָצֵר – הָכִי נַמִי לָא גָּזְרִינַן דִּילְמָא אָתֵי לְאַפּוֹקֵי מָאנֵי דְּבָתִּים לֶחָצֵר.

And in that case Rabbi Shimon **did not issue a decree** prohibiting one to carry objects from the middle courtyard to one of the outer ones **lest one come to take out vessels from this** outer **courtyard to that** outer **courtyard,** despite the fact that both sets of vessels are located in the middle courtyard. **Here too, we do not issue a decree lest one come to take out utensils** from one **of the houses to the courtyard,** and carry them to a different courtyard.

מֵתִיב רַב שֵׁשֶׁת, רַבִּי שִׁמְעוֹן אוֹמֵר: אֶחָד גַּגּוֹת, אֶחָד חֲצֵירוֹת, וְאֶחָד קַרְפֵּיפוֹת – רְשׁוּת אַחַת הֵן לְכֵלִים שֶׁשָּׁבְתוּ בְּתוֹכָן, וְלֹא לְכֵלִים שֶׁשָּׁבְתוּ בְּתוֹךְ הַבַּיִת. אִי אָמְרַתְּ בִּשְׁלָמָא דְּעֵירְבוּ – הַיְינוּ דְּמַשְׁכַּחַתְּ לַהּ מָאנֵי דְּבָתִּים בְּחָצֵר.

Rav Sheshet raised an objection. We learned in the mishna that **Rabbi Shimon says: Roofs, courtyards, and enclosures are all one domain with regard to vessels that were inside them** when **Shabbat** began. **But** they are **not** one domain **with regard to vessels that were inside the house** when **Shabbat** began. **Granted, if you say** that it is dealing with a case where the residents of the courtyards **established an *eiruv*, that is how you find vessels** that were taken **from the house in the courtyard.** Because those vessels were in the house at the beginning of Shabbat, they may not be moved to a different courtyard.

אֶלָּא אִי אָמְרַתְּ בְּשֶׁלֹּא עֵירְבוּ – הֵיכִי מַשְׁכַּחַתְּ לַהּ מָאנֵי דְּבָתִּים בְּחָצֵר? הוּא מוֹתֵיב לַהּ וְהוּא מְפָרֵק לַהּ: בְּכוּמְתָּא וְסוּדָרָא.

However, if you say it is referring to a case **where they did not establish an *eiruv*,** under **what** circumstances can the case of **vessels from the house in the courtyard** be found? This poses a difficulty for Rav. Rav Sheshet **raised the objection, and he resolved it:** It refers **to the** case of **a hat or a shawl,** which one wore in the house and subsequently went out to the courtyard and placed it there. In this manner, it is possible that objects taken from the house can be found in the courtyard, even if an *eiruv* was not established.

תָּא שְׁמַע: אַנְשֵׁי חָצֵר וְאַנְשֵׁי מִרְפֶּסֶת שֶׁשָּׁכְחוּ וְלֹא עֵירְבוּ, כֹּל שֶׁגָּבוֹהַּ עֲשָׂרָה טְפָחִים – לַמִּרְפֶּסֶת, פָּחוֹת מִכָּאן – לֶחָצֵר. בַּמֶּה דְּבָרִים אֲמוּרִים – שֶׁהָיוּ אֵלּוּ שֶׁל רַבִּים וְאֵלּוּ שֶׁל רַבִּים, וְעֵירְבוּ אֵלּוּ לְעַצְמָן וְאֵלּוּ לְעַצְמָן, אוֹ שֶׁל יְחִידִים שֶׁאֵין צְרִיכִין לְעָרֵב.

Come and **hear** proof from a *baraita*: With regard to **the residents of** houses that open directly into **a courtyard and the residents of** upper stories that open onto **a balcony** from which stairs lead down to that courtyard, **who forgot and did not establish an *eiruv*** between them, **anything ten handbreadths high** in the courtyard, e.g., a mound or a pillar, is attributed **to the balcony** in terms of its use on Shabbat. The residents of the balcony may move objects between the mound or pillar and their apartments. Anything **lower than that** is attributed **to the courtyard. In what** case **is this statement,** that it is prohibited for the residents of the courtyard to carry to the balcony and vice versa, **stated?** It is in a case **where** the residents of the courtyard **were many, and** the residents of the balcony were **many, and these established an *eiruv* for themselves, and those established an *eiruv* for themselves; or** if the courtyard and the balcony were occupied by **individuals who need not establish an *eiruv*** for themselves.

אֲבָל הָיוּ שֶׁל רַבִּים, וְשָׁכְחוּ וְלֹא עֵירְבוּ – גַּג וְחָצֵר וְאַכְסַדְרָה וּמִרְפֶּסֶת כּוּלָּן רְשׁוּת אַחַת הֵן.

However, if the residents of the courtyard and the balcony **were many, and they forgot and did not establish an *eiruv*** for their courtyard or balcony, in that case **roof, and courtyard, and portico, and balcony are all one domain,** and it is permitted to carry from one to another any vessels that were located in any one of them when Shabbat began.

טַעְמָא – דְּלֹא עֵירְבוּ, הָא עֵירְבוּ – לֹא! הָא מַנִּי – רַבָּנַן הִיא.

The Gemara infers: **The reason** that carrying between them is permitted is **that they did not** each **establish** their own ***eiruv***; however, if **they** each **established** their own ***eiruv*, no,** it is prohibited to carry between them. This inference supports Rav and poses a difficulty for Shmuel. The Gemara answers: **Whose** opinion is represented by **this** *baraita*? **It is** that of **the Rabbis,**[N] who maintain that roofs and courtyards form a single domain, contrary to the opinion of Rabbi Shimon. The Rabbis indeed issued a decree that carrying is prohibited if each group established a separate *eiruv*.

דַּיְקָא נַמִי, דְּלָא קָתָנֵי קַרְפֵּף וּמָבוֹי, שְׁמַע מִינַּהּ.

The Gemara comments: The language of the *baraita* **is also precise,** as **it is not teaching** the cases of **an enclosure and an alleyway,** in accordance with the opinion of Rabbi Shimon, but only the cases of a roof and a courtyard, in accordance with the opinion of the Rabbis. The Gemara concludes: Indeed, **learn from here** that this is the correct understanding.

תָּא שְׁמַע: חָמֵשׁ חֲצֵירוֹת הַפְּתוּחוֹת זוֹ לָזוֹ וּפְתוּחוֹת לַמָּבוֹי, וְשָׁכְחוּ כּוּלָּם וְלֹא עֵירְבוּ – אָסוּר לְהַכְנִיס וּלְהוֹצִיא מֵחָצֵר לַמָּבוֹי, וּמִן הַמָּבוֹי לֶחָצֵר. וְכֵלִים שֶׁשָּׁבְתוּ בֶּחָצֵר – מוּתָּר לְטַלְטְלָן בֶּחָצֵר, וּבַמָּבוֹי – אָסוּר.

Come and **hear** from another *baraita*: With regard to **five courtyards that are open to each other**[N] and are also **open to an alleyway, and** the residents of **all** the courtyards **forgot and did not establish an *eiruv*, it is prohibited to carry in or carry out, from a courtyard to the alleyway or from the alleyway to a courtyard. And** with regard to **vessels that were in the courtyard** when **Shabbat** began, **it is permitted to carry them in the courtyard, but in the alleyway it is prohibited** to carry them.

וְרַבִּי שִׁמְעוֹן מַתִּיר. שֶׁהָיָה רַבִּי שִׁמְעוֹן אוֹמֵר: כָּל זְמַן שֶׁהֵן שֶׁל רַבִּים וְשָׁכְחוּ וְלֹא עֵירְבוּ, גַּג וְחָצֵר וְאַכְסַדְרָה וּמִרְפֶּסֶת וְקַרְפֵּף וּמָבוֹי – כּוּלָּן רְשׁוּת אַחַת הֵן.

And Rabbi Shimon permits doing so, **as Rabbi Shimon would say: Whenever** the courtyards **are** in the possession **of many** people, **and they forgot and did not establish an *eiruv***, the **roof, and courtyard, and portico, and balcony, and enclosure, and alleyway are all one domain.** These areas are all classified as private domains, and therefore, it is permitted to carry from one to the other.

טַעְמָא – דְּלֹא עֵירְבוּ, הָא עֵירְבוּ – לֹא! מַאי לֹא עֵירְבוּ – לֹא עֵירְבוּ חֲצֵירוֹת בַּהֲדֵי הֲדָדֵי, הָא חָצֵר וּבָתִּים – עֵירְבוּ.

The Gemara infers: **The reason** that carrying between them is permitted is **that they did not** each **establish** their own ***eiruv***; however, if **they** each **established** their own ***eiruv*, no,** it is prohibited to carry between them. This inference supports Rav and poses a difficulty for Shmuel. The Gemara answers: **What is** the meaning of the phrase: **They did not establish an *eiruv***? It means that the residents of the **courtyards did not establish an *eiruv* with each other; however, the** residents of each **courtyard established an *eiruv*** with the residents of **the houses** inside it, and it is nevertheless permitted to carry between them, in accordance with the opinion of Shmuel.

NOTES

Whose opinion is this? It is that of the Rabbis – הָא מַנִּי רַבָּנַן הִיא: It can be proven that the Rabbis indeed issued a decree in a case where they established an *eiruv*, because they issued a decree in the case of three courtyards that open into one another, as they disagree with Rabbi Shimon in this matter as well (Ritva).

Courtyards that are open to each other – חֲצֵירוֹת הַפְּתוּחוֹת זוֹ לָזוֹ: It was necessary to state that the courtyards open into each other according to the opinion of Rabbi Meir; he maintains that one may not carry from one courtyard to another over a wall ten handbreadths high, as in his opinion, a roof constitutes a domain in and of itself. Therefore, this discussion must refer to a case where there are openings between the courtyards (Ra'avad).

NOTES

But doesn't it state they did not establish an *eiruv* – הא לא עירבו קתני: Rabbeinu Ḥananel explains this difficulty as follows. The expression: Established an *eiruv*, refers specifically to the joining of the houses inside a courtyard, as the joining of separate courtyards that open into an alleyway is called a merging of an alleyway. The ensuing response is also based on a linguistic consideration: Although the term *eiruv* usually denotes the joining of households through a courtyard, this is not its exclusive meaning, as it can also refer to the merging of several courtyards.

The superfluous teaching – משנה יתירא: Although inferences cannot be drawn from seemingly redundant phrases in a mishna, and certainly not from those of *baraitot*, in the manner that they are drawn from verses in the Bible, occasionally concepts or *halakhot* are inferred from superfluous expressions in a mishna. This is especially true with regard to obvious repetitions in adjacent sentences, as in this case.

והא "לא עירבו" קתני! מאי לא עירבו – לא נשתתפו.

The Gemara raises a difficulty. **But doesn't** the *baraita* **state: They did not establish an *eiruv*,**[N] indicating that they did not establish any *eiruv* at all, either with the residents of the other courtyard or within each courtyard? The Gemara rejects this argument. **What is the meaning of: They did not establish an *eiruv*?** It means that **they did not merge** the courtyards facing the alleyway.

ואיבעית אימא: רבי שמעון לדבריהם דרבנן קאמר להו; לדידי לא שנא עירבו ולא שנא לא עירבו, אלא לדידכו – אודו לי מיהת דהיכא דלא עירבו רשות אחת היא.

And if you wish, say instead: **Rabbi Shimon is speaking to the Rabbis in accordance with their** own **opinion,** not enumerating the leniencies inherent in his own ruling. His statement should therefore be understood as follows: **According to my own** opinion, **there is no difference if they established an *eiruv* and there is no difference if they did not establish an *eiruv*. However, according to your** opinion, **agree with me at least that** in a case **where they did not establish an *eiruv* it is** all considered **one domain.**

ואמרו ליה רבנן: לא, שתי רשויות הן.

And the Rabbis said to him: No, although we agree with you in the cases of a roof, courtyard, portico, and balcony, in the cases of an enclosure and an alleyway we disagree, as **they are two domains** and therefore it is prohibited to carry from one to the other.

אמר מר: ובמבוי אסור. לימא מסייע ליה לרבי זירא אמר רב, דאמר רבי זירא, אמר רב: מבוי שלא נשתתפו בו – אין מטלטלין אלא בארבע אמות! אימא: ולמבוי אסור.

The Master said above in the *baraita*: Vessels that were in a courtyard at the start of Shabbat may be carried within the courtyard, **but in the alleyway it is prohibited.** The Gemara asks: **Let us say** that this **supports that** which **Rabbi Zeira said** that **Rav said, as Rabbi Zeira said** that **Rav said:** In **an alleyway in which they did not merge** the courtyards facing it, **one may carry only within four cubits.** The Gemara rejects this suggestion. **Say** that the *baraita* means: **But to an alleyway it is prohibited,** i.e., it is prohibited to carry from the courtyard to the alleyway; however, within the alleyway itself it is permitted to carry.

היינו רישא! משנה יתירא איצטריכא ליה, מהו דתימא: כי פליגי רבנן עליה דרבי שמעון – הני מילי היכא דעירבו, אבל היכא דלא עירבו – מודו ליה, קא משמע לן.

The Gemara raises a difficulty. If so, **that is** identical to **the first clause** of the *baraita*. The *tanna* would not have taught the very same thing twice. The Gemara answers: **The** apparently **superfluous teaching**[N] **was necessary, lest you say: When the Rabbis disagree with Rabbi Shimon, it is only** in a case **where they established an *eiruv*, but** in a case **where they did not establish an *eiruv*,** the Rabbis **concede to** Rabbi Meir that it is all considered one domain and carrying is permitted. The *baraita* therefore **teaches us** that the Rabbis disagree with Rabbi Shimon in both cases, as they prohibit carrying in the alleyway even if the residents did not establish an *eiruv*.

אמר ליה רבינא לרב אשי:

Ravina said to Rav Ashi:

Perek **IX**
Daf **92** Amud **a**

מי אמר רבי יוחנן הכי? והא אמר רבי יוחנן: הלכה כסתם משנה. ותנן: כותל שבין שתי חצירות, גבוה עשרה ורוחב ארבעה – מערבין שנים ואין מערבין אחד. היו בראשו פירות – אלו עולין מכאן ואוכלים, ואלו עולין מכאן ואוכלים, ובלבד שלא יורידו למטה!

Did Rabbi Yoḥanan actually **say this,** that the *halakha* is in accordance with Rabbi Shimon's opinion that all courtyards constitute a single domain, even if each courtyard established an independent *eiruv*? **But didn't Rabbi Yoḥanan say** that **the *halakha* is in accordance with an unattributed mishna, and we learned:** With regard to **a wall between two courtyards, ten** handbreadths **high and four** handbreadths **wide, they establish two *eiruvin*,** one for each courtyard, **but they do not establish one *eiruv*.** If **there was fruit atop** the wall, **these,** the residents of one courtyard, **may ascend from here and eat** it, **and those,** the residents of the other courtyard, **may ascend from there and eat** it, **provided that they do not take** the fruit **down** from atop the wall to the courtyards. According to Rabbi Yoḥanan, all the courtyards are considered a single domain. Why may they not bring the fruit down?

מאי "למטה" – למטה לבתים. והא תני רבי חייא: ובלבד שלא יהא זה עומד במקומו ואוכל, וזה עומד במקומו ואוכל!

The Gemara answers: **What is** the meaning of the word **down** in this context? It means **down to the houses;** however, it is indeed permitted to bring the fruit down to the courtyards. The Gemara raises a difficulty: **But didn't Rabbi Ḥiyya** explicitly **teach** in a *Tosefta*: **Provided that neither will this** one **stand** below **in his place** in his courtyard **and eat, nor will that** one **stand in his place** in his courtyard **and eat?**

אמר ליה: וכי רבי לא שנאה, רבי חייא מנין לו?!

Rav Ashi **said to** Ravina: No proof can be cited from this *baraita* of Rabbi Ḥiyya with regard to the mishna. **If Rabbi** Yehuda HaNasi **did not** explicitly **teach it**[N] in this manner, **from where does** his student **Rabbi Ḥiyya** know it? If a *halakha* is not taught by the mishna itself, it should not be distorted to have it correspond with a *Tosefta*.

איתמר, שתי חצירות וחורבה אחת ביניהם, אחת עירבה ואחת לא עירבה. אמר רב הונא: נותנין אותה לזו שלא עירבה, אבל לשעירבה – לא, דילמא אתי לאפוקי מאני דבתים לחורבה.

It was stated that *amora'im* dispute the following case: If there were **two courtyards and** there was **one ruin**[N] **between them,** and the residents of **one** courtyard **established an** *eiruv* for themselves, while the residents of **the other** courtyard **did not establish an** *eiruv* for themselves, **Rav Huna said:** The Sages **confer** the right to utilize the ruin **to the** residents of **that** courtyard **that did not establish an** ***eiruv*; however, to** the residents of the courtyard **that established an** ***eiruv*, no,** they do not confer the right to utilize the ruin. It is prohibited due to a decree, **lest people come to take out vessels** from one **of the houses to the ruin,** which is prohibited, as no *eiruv* was established with the ruin itself. However, this concern does not extend to the courtyard whose residents did not establish an *eiruv*. They are not permitted to move objects from their houses to the courtyard, and therefore there is no reason to issue a decree prohibiting the carrying of objects from the courtyard to the ruin.

וחייא בר רב אמר: אף לשעירבה, ושתיהן אסורות. ואם תאמר שתיהן מותרות, מפני מה אין נותנין חצר שלא עירבה לחצר שעירבה –

And Ḥiyya bar Rav disagreed with Rav Huna and **said:** Rights to the ruin are conferred **to the** residents of the courtyard **that established an** *eiruv*, and consequently, it is **prohibited** for residents of **both** courtyards to carry objects. **And if you say** that it should be **permitted** for residents of **both** to move articles to the ruin, that is incorrect. As if that were so, **for what** reason did the Sages **not confer** the right to carry in **the courtyard that did not establish an** ***eiruv*, to the** residents of the **courtyard that established an** ***eiruv*?** If there is no cause for concern, it should always be permitted to the residents of a courtyard that established an *eiruv* to carry from their courtyard to a different courtyard whose residents did not establish an *eiruv*.

התם כיון דמנטרי מאני דבתים בחצר אתי לאפוקי, הכא בחורבה כיון דלא מנטרי מאני דחצר בחורבה – לא אתי לאפוקי.

The Gemara refutes this contention: **There,** in the case of courtyards, **since the vessels from the houses are protected in the courtyard** as well, there is a concern lest people **come to take them out** from the house to the courtyard, where they could be confused with those vessels already in the courtyard, and they might come to move those objects into the other courtyard. **Here, in the case of a ruin, since the vessels from the courtyard are not protected in the ruin,** there is **no** concern lest people **come to take out** the vessels from the courtyard into the ruin. Therefore, it is possible that residents of both courtyards would be permitted to utilize the ruin.

איכא דאמרי, חייא בר רב אמר: אף לשעירבה, ושתיהן מותרות. ואם תאמר: שתיהן אסורות – לפי שאין נותנים חצר שלא עירבה לחצר שעירבה. התם כיון דמנטרי מאני דבתים בחצר לא שרו בהו רבנן, דאתי לאפוקי, אבל בחורבה – לא מנטרי.

Some say a different version of the previous discussion. **Ḥiyya bar Rav** disagreed with Rav Huna and **said:** The ruin belongs **even to** the residents of the courtyard **that established an** ***eiruv*, and** it is **permitted** for residents of **both** to carry in the ruin. **And if you say** they should **both** be **prohibited** to do so in accordance with the argument presented above, **that** the Sages **do not confer** the right to carry in **the courtyard that did not establish an** ***eiruv* to the** residents of the **courtyard that established an** ***eiruv*,** this proof can be refuted. **There, since the vessels from the houses are protected in the courtyard, the Sages did not permit** carrying **them,** due to the concern **lest** people **come to take them out** from the house to the courtyard and from there to the other courtyard. **However,** in the case of **a ruin,** the vessels **are not protected** in the ruin, and therefore, there is no cause for concern.

NOTES

If Rabbi Yehuda HaNasi did not teach it – וכי רבי לא שנאה: It is evident that this principle is not absolute, for otherwise there would be no point in studying *baraitot* and comparing them to the Mishna, which is one of the primary modes of analysis in the Gemara. This principle simply means that nothing can be learned from a *baraita* that contradicts the plain meaning of a mishna or that leads to a conclusion not found in a mishna, as in that case it cannot be viewed as an elucidation and explanation of the mishna. Rather, it represents Rabbi Ḥiyya's own opinion (see *Tosafot Yevamot*).

Two courtyards and one ruin – שתי חצירות וחורבה אחת: This entire discussion is based on Rav's opinion that Rabbi Shimon's statement applies only to a courtyard whose residents did not establish an *eiruv*. Rabbi Huna, Rav's student, and Ḥiyya, Rav's son, disagree about his opinion. Rashi maintains that Ḥiyya received a tradition from his father that the ruin is permitted even to the residents of the courtyard who did not establish an *eiruv*, but he could not decide whether in practice it should be prohibited or permitted for both courtyards to use the ruin.

The Ra'avad explains that this entire discussion with regard to a ruin applies only if it belongs equally to both courtyards. However, if it belongs only to the residents of one of the courtyards, the inhabitants of the other courtyard have nothing to do with it.

מתני׳ גַּג גָּדוֹל סָמוּךְ לְקָטָן – הַגָּדוֹל מוּתָּר וְהַקָּטָן אָסוּר. חָצֵר גְּדוֹלָה שֶׁנִּפְרְצָה לִקְטַנָּה – גְּדוֹלָה מוּתֶּרֶת וּקְטַנָּה אֲסוּרָה, מִפְּנֵי שֶׁהִיא כְּפִתְחָהּ שֶׁל גְּדוֹלָה.

MISHNA If **a large roof** was **adjacent to a small roof,**[H] and the boundary between them was no wider than ten cubits, use of **the large one is permitted,** i.e., one may bring objects up to the roof from the house below and carry them on the roof, **and** use of **the small one is prohibited.** A similar *halakha* applies to **a large courtyard that was breached into a small one,**[H] in a manner that one entire side of the small courtyard was breached, but the breach was less than ten cubits; it is **permitted** for the residents of **the large** courtyard to carry, **but** it is **prohibited** for the residents of **the small one** to do so. The rationale for this difference is **because** in that case, the legal status of the breach **is like** that of **the entrance of the large** courtyard. As the breach in the wall of the larger courtyard is surrounded on both sides by the remaining portions of that wall, and the breach is no greater than ten cubits wide, its legal status is like that of an entrance in the wall of the courtyard, and therefore it is permitted to carry in the large courtyard. With regard to the small courtyard, however, since one entire side of the small courtyard was breached, there remains no partition whatsoever on that side and carrying in that courtyard is therefore prohibited.

גמ׳ לָמָּה לֵיהּ לְמִיתְנֵי תַּרְתֵּי?

GEMARA The Gemara poses a question: **Why does** the mishna **teach** the same *halakha* **twice?** Why is it necessary to repeat the ruling with regard to both roofs and courtyards when the cases are apparently identical?

לְרַב קָתָנֵי גַּג דּוּמְיָא דְּחָצֵר; מַה חָצֵר מִנְכַּרָא מְחִיצָּתָא – אַף גַּג נַמִּי מִנְכַּרָא מְחִיצָּתָא.

The Gemara answers: **According to** the opinion of **Rav,** with regard to the lenient ruling that the residents may carry on a roof, the repetition comes to **teach** the *halakha* of **a roof similar to** that of **a courtyard: Just as a courtyard, its partitions are conspicuous, so too a roof, its** extended **partitions,** based on the principle: Extend and raise the walls of the house, must be **conspicuous**[H] for it to be permitted for the residents to carry on their account. In other words, the roof must not extend beyond the walls of the house.

וְלִשְׁמוּאֵל גַּג דּוּמְיָא דְּחָצֵר; מַה חָצֵר דְּקָא דָּרְסִי לַהּ רַבִּים – אַף גַּג נַמִּי דְּקָא דָּרְסִי לֵיהּ רַבִּים.

Whereas **according to** the opinion of **Shmuel,** the repetition should be understood in the opposite manner, as it comes to teach the *halakha* of **a roof similar to** that of **a courtyard: Just as a courtyard** is a place **where multitudes tread, so too, the roof** is a place **where multitudes tread.** However, if it is not used by many people, even the small roof is permitted, as the principle: Extend and raise the walls of the house, is applied to the wall between the houses, despite the fact that the partition is not conspicuous.

יְתֵיב רַבָּה וְרַבִּי זֵירָא וְרַבָּה בַּר רַב חָנָן, וִיתֵיב אַבַּיֵּי גַּבַּיְיהוּ, וְיָתְבִי וְקָאָמְרִי: שְׁמַע מִינָּהּ מִמַּתְנִיתִין: דִּיּוּרֵי גְדוֹלָה בִּקְטַנָּה, וְאֵין דִּיּוּרֵי קְטַנָּה בִּגְדוֹלָה.

Rabba, Rabbi Zeira, and Rabba bar Rav Ḥanan were sitting, and Abaye was sitting beside them, and they sat and said: Learn from the mishna that the rights of **the residents of the large** courtyard extend **into the small one,**[N] **but** the rights of **the residents of the small** courtyard do **not** extend **into the large one.**

כֵּיצַד? גְּפָנִים בִּגְדוֹלָה – אָסוּר לִזְרוֹעַ אֶת הַקְּטַנָּה, וְאִם זָרַע – זְרָעִין אֲסוּרִין.

How so? If there are **vines in the large** courtyard,[H] **it is prohibited to sow** crops **in the small one,**[N] even at a distance of four cubits, due to the prohibition against planting other food crops in a vineyard. **And if he sowed** crops, **the seeds are prohibited.** As the small courtyard is considered part of the large one, the vines in the larger courtyard render the seeds in the smaller courtyard prohibited.

HALAKHA

Large and small roofs – גַּג גָּדוֹל וְקָטָן: If a wall that separates a small roof from a larger roof is completely breached before Shabbat, it is prohibited to carry any utensils that were inside the house when Shabbat began up to the small roof. However, it is permitted to carry these utensils to the larger roof. Even if the wall is breached on Shabbat, since it was permitted at the beginning of Shabbat it remains permitted throughout the day (*Beit Yosef*; *Shulḥan Arukh, Oraḥ Ḥayyim* 374:4).

A large courtyard that was breached into a small one – חָצֵר גְּדוֹלָה שֶׁנִּפְרְצָה לִקְטַנָּה: If the entire length of a wall separating a small courtyard from an adjacent larger one is breached, and the breach is less than ten cubits long, it is permitted to carry utensils from the house into the larger courtyard if they establish an *eiruv* there, but residents of the small courtyard may not carry from the house into the small courtyard. If the breached wall is more than ten cubits long, it is also prohibited to carry into the larger courtyard (*Shulḥan Arukh, Oraḥ Ḥayyim* 374:3).

A roof, its partitions must be conspicuous – גַּג נַמִּי מִנְכַּרָא מְחִיצָּתָא: It is permitted to utilize a large roof when the wall separating it from an adjacent smaller roof was breached, only if the walls of the house below are visible on the roof as well. If not, the status of the roof is that of a *karmelit*. This is in accordance with the opinion of Rav and contrary to the opinion of Shmuel (*Shulḥan Arukh, Oraḥ Ḥayyim* 374:4).

Vines in the large courtyard – גְּפָנִים בִּגְדוֹלָה: If vines are growing in a large courtyard, it is prohibited to sow seeds in a smaller courtyard that opens into it. Any seeds sown there are prohibited, although the vines remain permitted, in accordance with the conclusion inferred from the mishna (*Shulḥan Arukh, Yoreh De'a* 296:49).

NOTES

The residents of the large one into the small one – דִּיּוּרֵי גְדוֹלָה בִּקְטַנָּה: The Ritva maintains that the principle is that the larger courtyard is considered as though it spread out and enveloped the smaller one. However, the residents of the smaller one are not considered residents of the larger courtyard. This is in accordance with Rashi's later version of the text as opposed to his explanation in this context.

Vines in the large one and seeds in the small one – גְּפָנִים בִּגְדוֹלָה וּזְרָעִים בִּקְטַנָּה: Generally, both the seeds and the vines that are planted together in a vineyard are prohibited, due to the violation of planting diverse kinds in a vineyard. However, in this case the vines were planted first, in an entirely permissible manner. Consequently, the seeds planted in the other courtyard cannot render them prohibited, and the seeds alone are prohibited due to the vines.

גְּפָנִים מוּתָּרִין. גְּפָנִים בִּקְטַנָּה – מוּתָּר לִזְרוֹעַ אֶת הַגְּדוֹלָה.

The vines, however, **are permitted,** as the small courtyard does not extend into and impact upon the large one. The converse is also true: If there are **vines in the small** courtyard, **it is permitted to sow** other crops **in the large one**[N] *ab initio*, even if they are not planted four cubits away from the vines, because the vines are not considered to be located in the larger courtyard, and therefore there is no prohibition whatsoever.

אִשָּׁה בִּגְדוֹלָה וְגֵט בִּקְטַנָּה – מִתְגָּרֶשֶׁת. אִשָּׁה בִּקְטַנָּה וְגֵט בִּגְדוֹלָה – אֵינָהּ מִתְגָּרֶשֶׁת.

Likewise, if there were two adjacent courtyards, and **a wife,** who owned both courtyards, was standing **in the large** courtyard, **and** her husband threw her **a bill of divorce** into **the small** courtyard, **she is divorced.** Her presence in the larger courtyard extends to the smaller one, and she is therefore considered to be standing in the small courtyard. If, however, **the wife was in the small** courtyard **and the bill of divorce** was thrown into **the large one, she is not divorced.**

צִבּוּר בִּגְדוֹלָה וּשְׁלִיחַ צִבּוּר בִּקְטַנָּה – יוֹצְאִין יְדֵי חוֹבָתָן. צִיבּוּר בִּקְטַנָּה וּשְׁלִיחַ צִבּוּר בִּגְדוֹלָה – אֵין יוֹצְאִין יְדֵי חוֹבָתָן.

Likewise, with regard to communal prayer, if the **congregation** was **in the large** courtyard, **and the prayer leader** was **in the small one,**[H] **they fulfill their obligation** through his prayer, as the congregation is considered to be in the small one as well. However, if **the congregation** was **in the small** courtyard, **and the prayer leader** was **in the large one, they do not fulfill their obligation.**

תִּשְׁעָה בִּגְדוֹלָה וְיָחִיד בִּקְטַנָּה – מִצְטָרְפִין. תִּשְׁעָה בִּקְטַנָּה וְאֶחָד בִּגְדוֹלָה – אֵין מִצְטָרְפִין.

The same principle applies to a prayer quorum: If there were **nine** men **in the large** courtyard **and one** man **in the small one,**[H] **they join** together to form the necessary quorum of ten, as the small courtyard is subsumed within the large one, and the individual is considered to be in the large courtyard. However, if there were **nine** men **in the small** courtyard **and one in the large one, they do not join** together.

צוֹאָה בִּגְדוֹלָה – אָסוּר לִקְרוֹת קְרִיאַת שְׁמַע בִּקְטַנָּה. צוֹאָה בִּקְטַנָּה – מוּתָּר לִקְרוֹת קְרִיאַת שְׁמַע בִּגְדוֹלָה.

Furthermore, if there was **excrement in the large** courtyard,[H] **it is prohibited to recite *Shema* in the small one,** as the excrement is considered to be in the small courtyard as well, and it is prohibited to recite *Shema* in the presence of excrement. If, however, there was **excrement in the small** courtyard, **it is permitted to recite *Shema* in the large one.**[N]

אֲמַר לְהוּ אַבַּיֵי: אִם כֵּן מָצִינוּ מְחִיצָה לְאִיסּוּר, שֶׁאִילְמָלֵי אֵין מְחִיצָה – מַרְחִיק אַרְבַּע אַמּוֹת וְזוֹרֵעַ. וְאִילּוּ הָשְׁתָּא אֲסוּרָה!

Abaye said to them: If so, we have found a partition that causes **prohibition.**[N] According to these principles, the existence of a partition renders sowing crops prohibited; in the absence of a partition sowing the crops would have been permitted due to their distance from the vines. Ostensibly, this is a counterintuitive conclusion. **As, were there no partition** at all, it would be sufficient to **distance** oneself **four cubits** from the vine **and sow** the crop, **whereas now** that the area is divided into two courtyards by means of a partition, **it is prohibited** to sow the crop in the entire small courtyard.

NOTES

It is permitted to sow in the large one – **מוּתָּר לִזְרוֹעַ אֶת הַגְּדוֹלָה**: This is a surprising statement, as, in general, the principle is that the seeds are considered as though they were situated between the vines. Even if the planted seeds do not render the vines prohibited, what reason could there be for permitting this act *ab initio*? The Ra'avad explains that when the Gemara states that it is permitted to sow, this does not mean that it is entirely permitted to maintain the seeds for an unlimited length of time and one is not required to uproot them. Rather, he may maintain them until the grapes begin to ripen, at which point he must uproot the seedlings before they too reach a fully ripened state. See Rashi, who addresses this difficulty, as well as *Tosafot*, who suggest a different answer.

Small and large courtyards – **חָצֵר קְטַנָּה וּגְדוֹלָה**: A careful analysis of these cases reveals that at least two fundamental principles are at play. According to Rashi, for example, from the perspective of the smaller courtyard, it is considered as though there were a partition between the domains, which is why it is permitted to sow in the larger courtyard. However, in another sense, the status of the smaller courtyard is negated by that of the larger one. In fact, the smaller one is subsumed within the larger one, as though it were merely its entrance. Furthermore, one additional principle must be taken into account, as the larger courtyard is not invariably considered the main section with the smaller one considered its entrance, as in some cases the situation is reversed. For example, in the case of a woman and her bill of divorce, the guiding principle is that the bill of divorce must enter the woman's domain. The same is true with regard to a prayer leader, and when nine people praying are separated from the tenth (see *Ge'on Ya'akov*).

A partition that causes prohibition – **מְחִיצָה לְאִיסּוּר**: It is, of course, possible for a prohibition to take effect due to the presence of a partition. For example, the domains of Shabbat are based on partitions and the prohibitions that result from them. The meaning of this claim in this context, however, is that the existence of the partition causes two items to be deemed closer together than they actually are, rendering them prohibited. This is problematic, because the essence of a partition is for separation, while here it apparently brings two items together.

HALAKHA

If the congregation was in the large courtyard, and the prayer leader was in the small one – **צִבּוּר בִּגְדוֹלָה וּשְׁלִיחַ צִבּוּר בִּקְטַנָּה**: If a congregation is located in a large courtyard, which is not separated by a wall from a smaller courtyard, and the prayer leader is in the smaller one, the congregants fulfill their prayer obligation through his prayers. However, if the community is in the smaller courtyard and the prayer leader in the larger one, they do not fulfill their prayer obligation by means of his prayers (*Shulḥan Arukh, Oraḥ Ḥayyim* 55:17).

If there were nine in the large courtyard and one in the small one – **תִּשְׁעָה בִּגְדוֹלָה וְיָחִיד בִּקְטַנָּה**: If there are nine people praying in the larger courtyard and one person in the smaller one, they together constitute a quorum. However, if nine are in the smaller one and one in the larger one, they do not constitute a quorum (*Shulḥan Arukh, Oraḥ Ḥayyim* 55:16).

Excrement in the large courtyard – **צוֹאָה בִּגְדוֹלָה**: If there is excrement or any other filth in a large courtyard, it is prohibited to recite *Shema* in an adjacent smaller one. Conversely, if there is excrement in the smaller one, it is permitted to recite *Shema* in the larger courtyard, provided that there is no foul odor there (*Shulḥan Arukh, Oraḥ Ḥayyim* 79:3).

BACKGROUND

Even its protrusions – הִשְׁוָה אֶת גִּיפּוּפֶיהָ: In the image, the partition that separates the smaller courtyard from the larger one is fully breached, while the larger protrudes to the sides of the smaller one. If, however, one were to build partitions opposite the smaller courtyard, as portrayed here by the translucent partitions, the two courtyards would be considered entirely merged, and it would be prohibited to carry in both. This constitutes a partition that renders it prohibited to carry, according to Abaye.

Partitions opposite the smaller courtyard

אָמַר לֵיהּ רַבִּי זֵירָא לְאַבַּיֵי: וְלֹא מָצִינוּ מְחִיצָה לְאִיסּוּר?! וְהָא תְּנַן: חָצֵר גְּדוֹלָה שֶׁנִּפְרְצָה לִקְטַנָּה – גְּדוֹלָה מוּתֶּרֶת וּקְטַנָּה אֲסוּרָה, מִפְּנֵי שֶׁהִיא כְּפִתְחָהּ שֶׁל גְּדוֹלָה.

Rabbi Zeira said to Abaye: And didn't we find a partition that causes **prohibition? But didn't we learn** in the mishna: With regard to **a large courtyard that was breached into a small** one, it is **permitted** for the residents of **the large** courtyard to carry, **but** it is **prohibited** for the residents of **the small one** to do so. That is **because** in that case, the legal status of the breach **is like** that of **the entrance of the large** courtyard.

וְאִילּוּ הִשְׁוָה אֶת גִּיפּוּפֶיהָ – גְּדוֹלָה נַמִי אֲסוּרָה!

And if he were to even its protrusions[B] by constructing partitions in the larger courtyard so that the large courtyard no longer protruded beyond the smaller one, carrying in **the large** courtyard would **also be prohibited,** as it would now be completely breached into the smaller courtyard. Apparently, in this case, construction of additional partitions causes prohibition.

אֲמַר לֵיהּ: הָתָם סִילּוּק מְחִיצוֹת הוּא.

Abaye **said to** Rabbi Zeira: The two cases are not comparable, as **there,** adding partitions in order to even the protrusions is not considered establishment of partitions. On the contrary, **it is** effectively **the removal of partitions.** These partitions are designed to negate the original partitions of the courtyard.

אֲמַר לֵיהּ רָבָא לְאַבַּיֵי: וְלֹא מָצִינוּ מְחִיצָה לְאִיסּוּר? וְהָא אִתְּמַר:

Rava said to Abaye: And didn't we find a partition that causes **prohibition? But wasn't it stated:**

Perek **IX**
Daf **93** Amud **a**

BACKGROUND

Evened the doorposts – הִשְׁוָה פַּצִּימֶיהָ: The illustration depicts a portico that has doorposts. The doorposts, which support the roof, are in each corner, while the existing partitions are on the outer sides of the doorposts (A). If a second set of partitions were to be constructed on the inside of the doorposts (B), the doorposts would no longer be considered valid partitions.

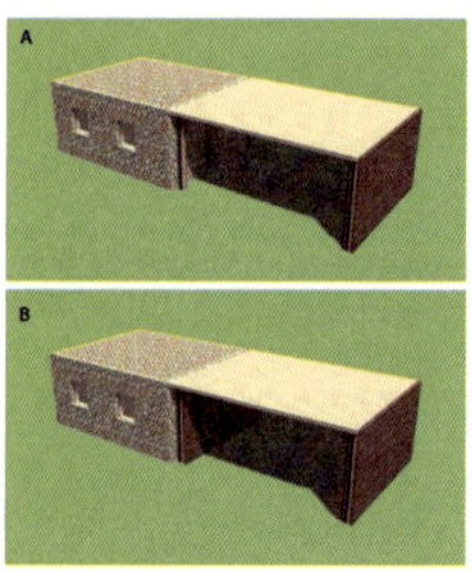

Porticos with different sets of partitions

A house, half of which is roofed – בַּיִת שֶׁחֶצְיוֹ מְקוֹרֶה: The structure has a roof covering half of its area, underneath which vines have been planted. In the other, unroofed section, other crops are planted. In accordance with the principle: The edge of the roof descends and seals, it is as though the two sections of the structure are separated by a full-fledged partition. However, if a roof was subsequently erected over the unroofed side the building, the entire area would be considered a single room, and the other crops would be prohibited.

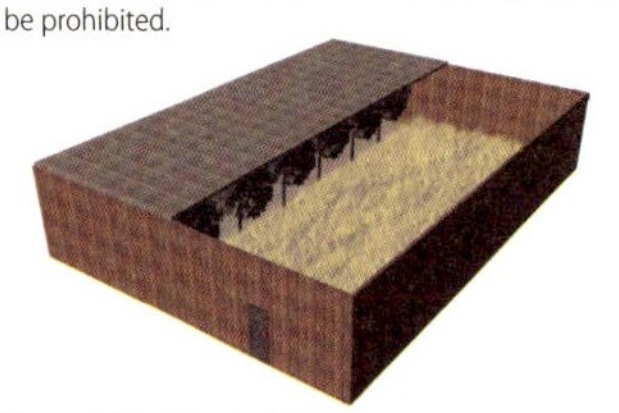

Structure with a roof covering half of its area

סִיכֵּךְ עַל גַּבֵּי אַכְסַדְרָה שֶׁיֵּשׁ לָהּ פַּצִּימִין – כְּשֵׁירָה, וְאִילּוּ הִשְׁוָה פַּצִּימֶיהָ – פְּסוּלָה!

If one **placed roofing on top of a portico that has doorposts,**[NH] i.e., a portico with two parallel walls that are valid for a *sukka*, as well as posts in the corners supporting the portico and protruding like doorposts, which are considered as sealing the other two sides of the portico, it is a **valid** *sukka*. However, **if he evened the doorposts**[BN] by constructing walls adjacent to the existing walls, obscuring the posts so that they do not protrude, the *sukka* is **invalid.** This teaching indicates that the creation of a partition can cause prohibition.

אֲמַר לֵיהּ אַבַּיֵי: לְדִידִי – כְּשֵׁירָה, לְדִידָךְ – סִילּוּק מְחִיצוֹת הִיא.

Abaye said to him: In my opinion, with regard to that case of a portico, the *sukka* is **valid.** However, even **according to your opinion,** this **is** another instance of **the removal of partitions.** Evening the doorposts does not render the *sukka* invalid through the establishment of new partitions, but because it negates the original partitions of the *sukka*.

אֲמַר לֵיהּ רַבָּה בַּר רַב חָנָן לְאַבַּיֵי: וְלֹא מָצִינוּ מְחִיצָה לְאִיסּוּר? וְהָתַנְיָא: בַּיִת שֶׁחֶצְיוֹ מְקוֹרֶה וְחֶצְיוֹ אֵינוֹ מְקוֹרֶה, גְּפָנִים כָּאן – מוּתָּר לִזְרוֹעַ כָּאן.

Rabba bar Rav Ḥanan said to Abaye: And didn't we find that **a partition** causes **prohibition? But wasn't it taught** in a *baraita*: With regard to **a house, half of which is roofed**[BH] **and half unroofed,** if there are **vines here,** under the roofed section of the house, **it is permitted to sow** crops **there,** in the open section. The reason is that it is as though the edge of the roof descends to the ground and forms a partition between the two sections of the house.

NOTES

A portico that has doorposts – אַכְסַדְרָה שֶׁיֵּשׁ לָהּ פַּצִּימִין: Rashi in tractate *Sukka* and *Tosafot* here explain that the Gemara is referring to a portico with doorposts positioned within three handbreadths of each other, which means that the principle of *lavud* is in effect.

He evened the doorposts – הִשְׁוָה פַּצִּימֶיהָ: According to Rashi, he built a partition inside, obscuring the doorposts. The Rambam maintains that the doorposts are regarded as removed only if there is a double partition completely obscuring them on all sides.

HALAKHA

A portico that has doorposts – אַכְסַדְרָה שֶׁיֵּשׁ לָהּ פַּצִּימִין: If one placed roofing atop a portico with doorposts, the *sukka* is valid whether the doorposts are visible from the inside or from the outside. This *halakha* is in accordance with the Rambam's ruling, not with Rashi's interpretation. Some authorities dispute this *halakha*, claiming that one may not build a *sukka* in this manner *ab initio* (*Shulḥan Arukh, Oraḥ Ḥayyim* 630:8, and in the comment of the Rema).

A house, half of which is roofed – בַּיִת שֶׁחֶצְיוֹ מְקוֹרֶה: If a structure has a roof over one half of its area, while the other half is unroofed, it is permitted to sow other seeds beneath the roof even if vines were planted in the unroofed section, or vice versa. However, if one extended the roof to cover the entire structure, it is prohibited to sow a second species of plants (Rambam *Sefer Zera'im, Hilkhot Kilayim* 7:18).

וְאִילּוּ הִשְׁוָה אֶת קֵרוּיוֹ – אָסוּר! אֲמַר לֵיהּ: הָתָם סִילּוּק מְחִיצּוֹת הוּא.

And if he evened its roofing, by extending the roof to cover the entire house, it would be **prohibited** to sow other crops there. It is evident that the very placement of a partition, in this case a roof, causes prohibition. Abaye **said to him: There** too **it is** an instance of **the removal of partitions.** It is prohibited to sow not due to the added roofing; rather, it is prohibited due to the negation of the imaginary partition.

שְׁלַח לֵיהּ רָבָא לְאַבָּיֵי בְּיַד רַב שְׁמַעְיָה בַּר זְעֵירָא: וְלָא מָצִינוּ מְחִיצָּה לְאִיסּוּר? וְהָתַנְיָא: יֵשׁ בִּמְחִיצּוֹת הַכֶּרֶם לְהָקֵל וּלְהַחְמִיר; כֵּיצַד? כֶּרֶם הַנָּטוּעַ עַד עִיקַּר מְחִיצָּה – זוֹרֵעַ מֵעִיקַּר מְחִיצָּה וְאֵילָךְ, שֶׁאִילּוּ אֵין שָׁם מְחִיצָּה מַרְחִיק אַרְבַּע אַמּוֹת וְזוֹרֵעַ, וְזֶה הוּא מְחִיצּוֹת הַכֶּרֶם לְהָקֵל.

Rava sent a different proof **to Abaye by means of Rav Shemaya bar Ze'eira,** with regard to the same issue. **And didn't we find a partition** causes **prohibition? But wasn't it taught** in a *baraita*: **There is** an element **in the partitions of a vineyard** that causes **leniency** with regard to diverse kinds of seeds **and** an element that causes **stringency.**[H] **How so?** With regard to **a vineyard that is planted until the** very **base of a partition, one sows** crops **from the base of** the other side of **the partition onward.** This is a leniency, **as were there no partition there,** he would be required to **distance** himself **four cubits** from the last vine **and** only then **sow** there. **And this is** an element in **partitions of a vineyard** that causes **leniency.**

וּלְהַחְמִיר כֵּיצַד? הָיָה מָשׁוּךְ מִן הַכּוֹתֶל אַחַת עֶשְׂרֵה אַמָּה – לֹא יָבִיא זֶרַע לְשָׁם, שֶׁאִילְמָלֵי אֵין מְחִיצָּה – מַרְחִיק אַרְבַּע אַמּוֹת וְזוֹרֵעַ, וְזוֹהִי מְחִיצּוֹת הַכֶּרֶם לְהַחְמִיר!

And as for an element in partitions that causes **stringency, how so?** If the vineyard **was distanced eleven cubits from a wall, one may not bring** the **seeds** of other crops **there,** between the vineyard and the wall, and sow that area. This is a stringency, **as were there no partition,** it would suffice to **distance** himself **four cubits** from the last vine, **and sow** there. **This is** an element of **partitions in a vineyard** that causes **stringency,** a clear situation of a partition that causes prohibition.

אֲמַר לֵיהּ: וְלִיטַעְמִיךְ, אוֹתְבַן מִמַּתְנִיתִין, דִּתְנַן: קָרַחַת הַכֶּרֶם, בֵּית שַׁמַּאי אוֹמְרִים: עֶשְׂרִים וְאַרְבַּע אַמּוֹת, וּבֵית הִלֵּל אוֹמְרִים: שֵׁשׁ עֶשְׂרֵה אַמָּה. מְחוֹל הַכֶּרֶם, בֵּית שַׁמַּאי אוֹמְרִים: שֵׁשׁ עֶשְׂרֵה אַמָּה, וּבֵית הִלֵּל אוֹמְרִים: שְׁתֵּים עֶשְׂרֵה אַמָּה.

Abaye **said to him: And according to your reasoning** that this presents a difficulty, **raise an objection against our** opinion **from a mishna,** rather than a less authoritative *baraita*, **as we learned** in a mishna: With regard to **a clearing in a vineyard,**[H] **Beit Shammai say:** Its measure is **twenty-four cubits, and Beit Hillel say: Sixteen cubits.** With regard to **the perimeter of a vineyard, Beit Shammai say: Sixteen cubits, and Beit Hillel say: Twelve cubits.**

וְאֵיזוֹ הִיא קָרַחַת הַכֶּרֶם – כֶּרֶם שֶׁחָרַב אֶמְצָעִיתוֹ. אִם אֵין שָׁם שֵׁשׁ עֶשְׂרֵה אַמָּה – לֹא יָבִיא זֶרַע לְשָׁם, הָיוּ שָׁם שֵׁשׁ עֶשְׂרֵה אַמָּה – נוֹתֵן לוֹ כְּדֵי עֲבוֹדָתוֹ, וְזוֹרֵעַ אֶת הַמּוֹתָר.

The mishna explains: **And what is a clearing in a vineyard?** It is referring to **a vineyard whose middle** section **was laid bare** of vines. If **there are not sixteen cubits** across in the clearing, **one may not bring** foreign **seeds** and sow them **there,** due to the Torah prohibition against sowing other crops in a vineyard (Deuteronomy 22:9). If **there were sixteen cubits** across in the clearing, **one provides** the vineyard with **its** requisite **work area,** i.e., four cubits along either side of the vines are left unsown to facilitate cultivation of the vines, **and he sows the rest** of the cleared area with foreign crops.

אֵי זוֹ הִיא מְחוֹל הַכֶּרֶם – בֵּין הַכֶּרֶם לַגָּדֵר. שֶׁאִם אֵין שָׁם שְׁתֵּים עֶשְׂרֵה אַמָּה – לֹא יָבִיא זֶרַע לְשָׁם, הָיוּ שָׁם שְׁתֵּים עֶשְׂרֵה אַמָּה – נוֹתֵן לוֹ כְּדֵי עֲבוֹדָתוֹ וְזוֹרֵעַ אֶת הַמּוֹתָר.

The mishna continues: **What is the perimeter of a vineyard?** It is the vacant area **between the vineyard and the fence** surrounding it. If **there are not twelve cubits** in that area, **one may not bring** foreign **seeds** and sow them **there.** If **there are twelve cubits** in that area, **he provides** the vineyard with **its** requisite **work area,** four cubits, **and he sows the rest.** However, were the vineyard not surrounded by a fence, all he would need to do is distance himself four cubits from the last vine. It is clear from this *halakha* that the partition causes prohibition.

אֶלָּא הָתָם לָאו הַיְינוּ טַעְמָא – דְּכׇל אַרְבַּע אַמּוֹת לְגַבֵּי כֶּרֶם – עֲבוֹדַת הַכֶּרֶם, לְגַבֵּי גָּדֵר – כֵּיוָן דְּלָא מִזְדַּרְעָן – אַפְקוֹרֵי מַפְקַר לְהוּ. דְּבֵינֵי בֵּינֵי, אִי אִיכָּא אַרְבַּע – חֲשִׁיבָן, וְאִי לָא – לָא חֲשִׁיבָן.

Rather, the objection was not raised from there because **there, isn't this the reason** that the partition is not considered to cause prohibition? It is **because the entire** area of **four cubits alongside a vineyard is** considered **the vineyard's work area,** and is therefore an actual part of it. Likewise, with regard to the four cubits **alongside the fence** surrounding the vineyard, **since they cannot** easily **be sown**[N] due to the wall, **he renounces ownership over** the area. With regard to the space **in between, if it is four** cubits, **it is** deemed **significant** in its own right, **and if not, it is not significant** and is nullified relative to the rest, and it is prohibited to sow there. A similar reasoning applies to the *baraita*. The stringency is not due to the fact that the partition causes prohibition, but because the partition impedes cultivation of the vineyard.

HALAKHA

The partitions of a vineyard as a leniency and as a stringency – מְחִיצוֹת הַכֶּרֶם לְהָקֵל וּלְהַחְמִיר: If a full-fledged partition, ten handbreadths high, separates a vineyard from the adjacent land, it is permitted to sow other crops on the other side. If there is a gap of less than twelve cubits between the vineyard and the partition, which is the measure of the perimeter of a vineyard, it is prohibited to sow there (Rambam *Sefer Zera'im, Hilkhot Kilayim* 7:13).

A clearing in a vineyard – קָרַחַת הַכֶּרֶם: If there is a clearing free of vines inside a vineyard sixteen by sixteen cubits in size, it is permitted to sow crops there four cubits from the vines. The *halakha* is in accordance with the opinion of Beit Hillel (Rambam *Sefer Zera'im, Hilkhot Kilayim* 7:11).

NOTES

They cannot easily be sown – לָא מִזְדַּרְעָן: This area is generally left unsown, either because the plow would loosen the earth, or because the crops themselves would undermine the fence and ruin it (Rashash).

אָמַר רַב יְהוּדָה: שְׁלֹשָׁה קַרְפֵּיפוֹת זֶה בְּצַד זֶה, וּשְׁנַיִם הַחִיצוֹנִים מְגוּפָּפִים וְהָאֶמְצָעִי אֵינוֹ מְגוּפָּף, וְיָחִיד בָּזֶה וְיָחִיד בָּזֶה נַעֲשָׂה כְּשַׁיָּירָא וְנוֹתְנִין לָהֶן כָּל צוֹרְכָּן וַדַּאי.

Rav Yehuda said: If there are **three enclosures alongside one another, and the two outer** ones **protrude,** i.e., they are wider than the middle one, so that there are partitions on both sides of the breach between them and the middle enclosure, **and the middle one does not protrude,** and there are no partitions between it and the outer enclosures, as it is totally breached, **and there is one** person **in this** one **and one** person **in that** one and yet another person in the third enclosure,[B] the people in the enclosures are considered as though they are all living in one large enclosure.[H] Consequently, the legal status of the group **becomes like** that of **a caravan, and one provides them** with **all** the space **that they require.** In other words, they may use the entire enclosure even if it is very large, just as there are no limits to the size of the enclosed area in which members of a caravan may carry.

אֶמְצָעִי מְגוּפָּף וּשְׁנַיִם הַחִיצוֹנִים אֵינָן מְגוּפָּפִין, וְיָחִיד בָּזֶה וְיָחִיד זֶה [וְיָחִיד בָּזֶה] אֵין נוֹתְנִין לָהֶם אֶלָּא בֵּית שֵׁשׁ,

However, if the **middle** enclosure **protruded, and the two outer ones did not protrude,** i.e., they were narrower than the middle enclosure, so that their entire width was breached into it,[B] **and there is one** person **in this** one **and one** person **in that** one and yet another in the third, **one provides them only** an area of **six** ***beit se'a,*** in accordance with the *halakha* of individuals in a field, who may enclose an area of only two *beit se'a* per person. As the middle enclosure is larger than the two outer ones, it determines their status, in accordance with the principle stated above, not the other way around. Consequently, the person in the middle enclosure is regarded as though he established residence in only one of the outer enclosures, constituting a group of no more than two, which does not have the legal status of a caravan.

אִיבַּעְיָא לְהוּ: אֶחָד בָּזֶה וְאֶחָד בָּזֶה וּשְׁנַיִם בָּאֶמְצָעִי מַהוּ? אִי לְהָכָא נָפְקִי תְּלָתָא הָווּ, וְאִי לְהָכָא נָפְקִי תְּלָתָא הָווּ.

Based on these assumptions, **a dilemma was raised before** the Sages: If there is **one** person **in this** outer enclosure, **and one person in the other** outer enclosure, **and two** people **in the middle** enclosure,[H] **what is** the *halakha*? Is the ruling that **if** the pair **exit to here,** one of the outer enclosures, **they are three** people in one place, **and if they exit to there,** the other outer enclosure, **they are three** people in one place, and three people are considered a caravan and provided with all the space they require, as stated above?

אוֹ דִּילְמָא: חַד לְהָכָא נָפֵיק, וְחַד לְהָכָא נָפֵיק.

Or perhaps, as **one** may **exit to here**[N] **and the other may exit to there,** in which case there would be no more than two people in each enclosure, they are provided with only two *beit se'a* per person.

וְאִם תִּימְצֵי לוֹמַר: חַד לְהָכָא נָפֵיק וְחַד לְהָכָא נָפֵיק; שְׁנַיִם בָּזֶה וּשְׁנַיִם בָּזֶה, וְאֶחָד בָּאֶמְצָעִי מַהוּ? הָכָא וַדַּאי, אִי לְהָכָא נָפֵיק תְּלָתָא הָווּ, וְאִי לְהָכָא נָפֵיק תְּלָתָא הָווּ, אוֹ דִּילְמָא: אֵימַר לְהָכָא נָפֵיק, וְאֵימַר לְהָכָא נָפֵיק?

And if you say that one may exit to here and one may exit to there, if there were **two** people **in this** outer enclosure, **and two** people **in that** outer enclosure, **and one** person **in the middle** enclosure, **what** is the *halakha*? Is the ruling that **here, certainly, if he exits to here they are three, and if he exits to there they are** likewise **three,** and consequently they should be provided with all the space they require in any case? **Or perhaps,** in this case too there is uncertainty, as **say** that **he** might **exit to here, and say** that **he** might **exit to there.** As the direction in which he will leave his enclosure is undetermined, they should be provided with only two *beit se'a* each.

וְהִלְכְתָא: בְּעָיַין לְקוּלָּא.

These dilemmas were essentially left unresolved, **but the *halakha* is** that **these dilemmas** are decided **leniently,**[N] **and** they are provided with all the space they require in these cases.

אָמַר רַב חִסְדָּא:

Rav Ḥisda said:

BACKGROUND

Protruding enclosures – **קַרְפֵּיפוֹת מְגוּפָּפִים:** Three enclosures in a row, with the middle one fully open into the outer two, which extend beyond it.

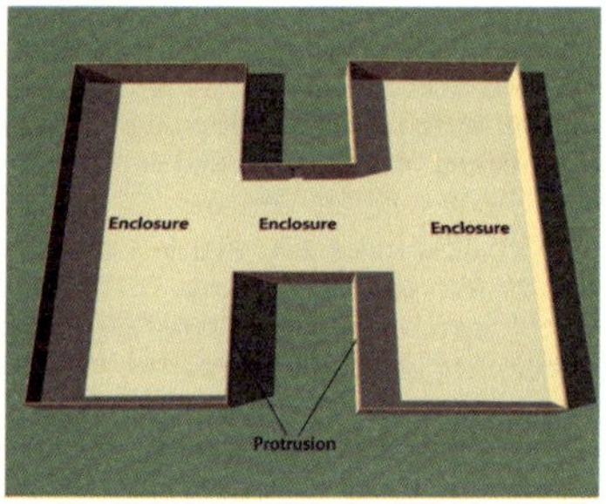

Outer enclosures extending beyond the inner one

The middle enclosure protruded – **אֶמְצָעִי מְגוּפָּף:** Here the middle enclosure extends beyond the two outer ones, which open into it.

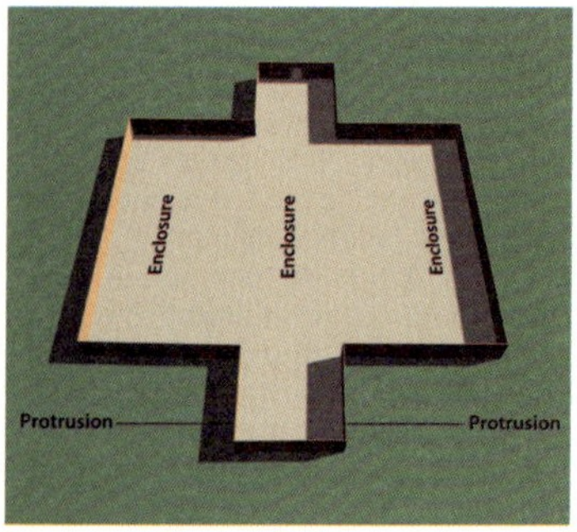

Middle enclosure extending beyond the outer two

HALAKHA

Three enclosures and there are individuals in them – **שְׁלֹשָׁה קַרְפֵּיפוֹת וִיחִידִים בָּהֶם:** Three enclosures in a row are considered a single domain. This *halakha* is in effect only if the middle enclosure is narrower than the outer enclosures and its opening into those enclosures is less than ten cubits. The Ritva adds another condition: The wall separating the enclosures must not be a side post that is even with the entrance on the inside and visible on the outside. In addition, there can be only one person in each of them. Some authorities state that the residents of the enclosures receive only two *beit se'a*, as the statement: One provides them with all the space that they require, refers only to the middle enclosure (Rashi; *Tur*). If the middle enclosure is wider than the others, and the other two are fully breached into it, the residents of the outer enclosures are each provided an area of two *beit se'a* (*Shulḥan Arukh, Oraḥ Ḥayyim* 360:3).

Two in one of the enclosures – **שְׁנַיִם בְּאֶחָד הַקַּרְפֵּיפִים:** If there were two people in one of these enclosures, and a single person or two people in the middle one, whether they were all situated in the middle one or one of the outer ones, they are considered like members of a caravan, and are provided with all the space they require in the middle enclosure (*Magen Avraham*; *Shulḥan Arukh, Oraḥ Ḥayyim* 360:3).

NOTES

Perhaps one may exit to here – **דִּילְמָא חַד לְהָכָא נָפֵיק:** This is a distinct possibility, because it stands to reason that they would each seek a larger area in which to live. Therefore, they are each likely to move in different directions.

But the *halakha* is that these dilemmas are decided leniently – **וְהִלְכְתָא בְּעָיַין לְקוּלָּא:** The later commentaries are puzzled by this statement: As these dilemmas involve a rabbinic prohibition, the *halakha* would be lenient in any case. One explanation is that according to the Rambam's principle that in cases where the Gemara presents two alternatives, introducing the second with the phrase: If you wish, say instead, the *halakha* is in accordance with the latter opinion, the first case should be prohibited. Therefore, it was necessary to specify that the ruling is lenient in all these cases, even the first one (see *Beit Yitzḥak*; Rashash).

גִּידּוּד חֲמִשָּׁה וּמְחִיצָה חֲמִשָּׁה אֵין מִצְטָרְפִין, עַד שֶׁיְּהֵא אוֹ כּוּלּוֹ בְּגִידּוּד אוֹ כּוּלּוֹ בִּמְחִיצָה.

An embankment, a height disparity between two surfaces **of five** handbreadths, **and** an additional **partition of five**[H] handbreadths **do not join** together to form a partition of ten handbreadths, the minimum height for a partition to enclose a private domain.[B] It is regarded as a partition of ten handbreadths **only if** the barrier **is** composed **entirely of the embankment or if it is** composed **entirely of a partition.**

מֵיתִיבִי: שְׁתֵּי חֲצֵירוֹת זוֹ לְמַעְלָה מִזּוֹ, וְעֶלְיוֹנָה גְּבוֹהָה מִן הַתַּחְתּוֹנָה עֲשָׂרָה טְפָחִים, אוֹ שֶׁיֵּשׁ בָּהּ גִּידּוּד חֲמִשָּׁה וּמְחִיצָה חֲמִשָּׁה – מְעָרְבִין שְׁנַיִם וְאֵין מְעָרְבִין אֶחָד. פָּחוֹת מִכָּאן – מְעָרְבִין אֶחָד וְאֵין מְעָרְבִין שְׁנַיִם!

The Gemara raises an objection from a *baraita*: If there were **two courtyards, one above the other, and the upper one was ten handbreadths higher than the lower one, or if it had an embankment of five** handbreadths **and a partition** of five handbreadths, the two courtyards are considered separate domains **and they establish two** ***eiruvin,*** one for each courtyard, **and they do not establish one** ***eiruv.*** If the height disparity was **less than** ten handbreadths, the two areas are considered a single domain, and **they establish one** ***eiruv*** **and they do not establish two** ***eiruvin.***

אָמַר (רַב:) מוֹדֶה רַב חִסְדָּא בַּתַּחְתּוֹנָה, הוֹאִיל וְרוֹאָה פְּנֵי עֲשָׂרָה. אִי הָכִי, תַּחְתּוֹנָה תְּעָרֵב שְׁנַיִם וְלֹא תְּעָרֵב אֶחָד, עֶלְיוֹנָה לֹא תְּעָרֵב לֹא אֶחָד וְלֹא שְׁנַיִם!

Rav said: Rav Ḥisda concedes that an embankment and a partition combine **with regard to the lower** courtyard, **since it faces a wall of ten,** i.e., there is a full partition of ten handbreadths before its residents. The Gemara raises a difficulty: **If so,** according to this reasoning, the residents of the **lower** courtyard, from whose perspective there is a valid partition, should **establish two** ***eiruvin,*** i.e., an independent *eiruv,* **and do not establish one** ***eiruv*** together with the upper courtyard, while the residents of **the upper** courtyard **establish neither one** ***eiruv*** **nor two.** The residents of the upper courtyard neither establish an *eiruv* on their own, as it is breached into the lower one, nor can they establish an *eiruv* together with the lower courtyard, because the latter is separated from it.[N]

אָמַר רַבָּה בַּר עוּלָּא: כְּגוֹן שֶׁהָיְתָה עֶלְיוֹנָה מְגוּפֶּפֶת עַד עֶשֶׂר אַמּוֹת.

Rabba bar Ulla said: The *baraita* is referring to a case **where** the **upper** courtyard had full-fledged ten-handbreadth-high walls that **protruded** on both sides of the section of the partition that was merely five handbreadths high, a protrusion that extended **up to ten cubits.**[B] In this case, the upper courtyard is properly enclosed by a partition ten handbreadths high, while the section that is only five handbreadths high is deemed an entrance. Consequently, even the residents of the upper courtyard can establish an *eiruv* on their own. But the two courtyards cannot be merged by a single *eiruv,* because the lower courtyard is enclosed by a partition from which there is no entrance to the upper courtyard.

אִי הָכִי, אֵימָא סֵיפָא: פָּחוֹת מִכָּאן – מְעָרְבִין אֶחָד וְאֵין מְעָרְבִין שְׁנַיִם. אִי בָּעֲיָא – חַד תְּעָרֵב, אִי בָּעֲיָא – תְּרֵי תְּעָרֵב!

The Gemara raises a difficulty: **If so, say the latter clause** of that same *baraita*: If the height disparity was **less than** ten handbreadths, **they** are considered a single domain, and the residents therefore **establish one** ***eiruv,*** **but they do not establish two** ***eiruvin.*** According to the explanation suggested above, that there is a partition ten handbreadths high between the courtyards with an entrance of sorts between them, **if they wish, they establish one** ***eiruv,*** and **if they wish, they establish two** ***eiruvin.*** That is the *halakha* in a case of two courtyards with an entrance between them.

אָמַר רַבָּה בְּרֵיהּ דְּרָבָא: כְּגוֹן שֶׁנִּפְרְצָה הַתַּחְתּוֹנָה בִּמְלוֹאָהּ לָעֶלְיוֹנָה.

Rabba, son of Rava, said: The *baraita* refers to a case **where the lower** courtyard **was fully breached into the upper one,** i.e., the gap in the wall spanned the entire width of the lower courtyard. In that case, the residents of the lower courtyard establish a joint *eiruv* with the upper courtyard; however, they may not establish an *eiruv* of their own, in accordance with the mishna in which we learned that if a large courtyard is breached into a smaller one, it is permitted for the residents of the large courtyard to carry, but it is prohibited for the residents of the small one to do so.

HALAKHA

An embankment of five and a partition of five – **גִּידּוּד חֲמִשָּׁה וּמְחִיצָה חֲמִשָּׁה:** An embankment five handbreadths high and a wall that is five handbreadths high combine to form a valid partition ten handbreadths in height (*Shulḥan Arukh, Oraḥ Ḥayyim* 362:2).

BACKGROUND

An embankment…and a partition – **גִּידּוּד...וּמְחִיצָה:** The partition between the upper and lower courtyards is partly a constructed wall and partly an embankment, which in this case is the height disparity between the courtyards.

A protrusion that extended up to ten cubits – **מְגוּפֶּפֶת עַד עֶשֶׂר אַמּוֹת:** The upper courtyard is enclosed by a partition ten handbreadths high, while the section that is five handbreadths high is deemed an entrance, provided that it is not wider than ten cubits.

NOTES

Rav Ḥisda's opinion with regard to an embankment – **שִׁיטַת רַב חִסְדָּא בְּגִידּוּד:** Apparently, Rav Ḥisda maintains that the status of a barrier consisting of an embankment five handbreadths high and a wall five handbreadths high is not that of a partition at all. Indeed, this seems to be the reasoning of the Gemara at the outset. As the discussion continues, however, it becomes evident that this partition is a valid one, especially after the Gemara states that Rav Ḥisda agrees in the case of the lower courtyard. The reason that Rav Ḥisda disagrees with regard to the upper courtyard is due to the concern that one might arrive at the mistaken conclusion that a partition five handbreadths high is sufficient, as that is all that the residents of the upper courtyard can see (Ritva).

אִי הָכִי, תַּחְתּוֹנָה – חַד תְּעָרֵב תְּרֵי לֹא תְּעָרֵב. עֶלְיוֹנָה, אִי בָּעְיָא – תְּרֵי תְּעָרֵב, אִי בָּעְיָא – חַד תְּעָרֵב!

The Gemara raises a difficulty: **If so,** the *halakha* should be that the residents of the **lower** courtyard **establish one** *eiruv* together with the upper one, but they **do not establish two** *eiruvin*, i.e., the residents cannot establish an independent *eiruv* for their courtyard. However, with regard to **the upper one, if** its residents **wish,** they **establish one** *eiruv* together with the lower courtyard, and **if** they **wish,** they **establish two** *eiruvin*. The residents of the upper courtyard can establish an independent *eiruv* for their courtyard, as the larger courtyard renders it prohibited for the residents of the smaller courtyard to carry, but not vice versa.

אִין הָכִי נַמִי. וְכִי קָתָנֵי: "פָּחוֹת מִכָּאן מְעָרְבִין אֶחָד וְאֵין מְעָרְבִין שְׁנַיִם" – אַתַּחְתּוֹנָה.

The Gemara answers: **Yes, it is indeed so;** that is the *halakha*. **And when** the *baraita* **teaches:** If the height disparity was **less than** ten handbreadths, the residents **establish one** *eiruv*, **but they do not establish two** *eiruvin*, this statement is not referring to both courtyards, but only **to the lower** one.

דָּרַשׁ מָרֵימָר: גִּידּוּד חֲמִשָּׁה וּמְחִיצָּה חֲמִשָּׁה מִצְטָרְפִין. אַשְׁכַּחֵיהּ רָבִינָא לְרַב אַחָא בְּרֵיהּ דְּרָבָא אֲמַר לֵיהּ: תָּנֵי מָר מִידֵּי בִּמְחִיצָּה? אֲמַר לֵיהּ: לָא. וְהִלְכְתָא: גִּידּוּד חֲמִשָּׁה וּמְחִיצָּה חֲמִשָּׁה – מִצְטָרְפִין.

Mareimar taught: An embankment of five handbreadths **and an** additional **partition of five** handbreadths above it **combine** to form a partition of ten handbreadths. **Ravina met Rav Aḥa, son of Rava,** and **said to him:** Has **the Master taught anything**[N] **with regard to** this **partition,** whether it is effective or not? **He said to him: No.** The Gemara concludes: The *halakha* is that **an embankment of five** handbreadths **and a partition of five** handbreadths **combine** to form an effective partition of ten handbreadths.

בָּעֵי רַב הוֹשַׁעְיָא: דִּיּוּרִין הַבָּאִין בַּשַּׁבָּת מַהוּ שֶׁיַּאַסְרוּ?

Rav Hoshaya raised a dilemma: What is the ruling with regard to **residents who arrive on Shabbat,**[N] i.e., who join the residents of a courtyard on Shabbat, e.g., if the wall between two courtyards collapsed on Shabbat so that new residents arrive in one courtyard from the other. Had these people arrived before Shabbat they would have rendered it prohibited for the residents to carry in the courtyard unless they participated with the original residents in their *eiruv*. **Do** these residents **render it prohibited** for the original residents to carry in the courtyard, even if they arrive on Shabbat itself?

אָמַר רַב חִסְדָּא: תָּא שְׁמַע, חָצֵר גְּדוֹלָה שֶׁנִּפְרְצָה לִקְטַנָּה – הַגְּדוֹלָה מוּתֶּרֶת וְהַקְּטַנָּה אֲסוּרָה, מִפְּנֵי שֶׁהִיא כְּפִתְחָהּ שֶׁל גְּדוֹלָה. אֲמַר רַבָּה: אֵימַר מִבְּעוֹד יוֹם נִפְרְצָה.

Rav Ḥisda said: Come and **hear** a resolution to the dilemma from the mishna: With regard to **a large courtyard that was breached into a small** courtyard, it is **permitted** for the residents of **the large** courtyard to carry, but it is **prohibited** for the residents of **the small** one to do so. It is permitted to carry in the large courtyard **because** the breach **is** regarded **like the entrance of the large** courtyard. Apparently, even if the breach occurred on Shabbat, it is prohibited for the residents of the small courtyard to carry. **Rabba said: Say** that the mishna is dealing with a case where **it was breached while it was still day,** i.e., on Friday. However, there is no prohibition if the breach occurred on Shabbat itself.

אֲמַר לֵיהּ אַבַּיֵי: לָא תֵּימָא מָר "אֵימַר" אֶלָּא "וַדַּאי מִבְּעוֹד יוֹם נִפְרְצָה". דְּהָא מָר הוּא דַּאֲמַר: בְּעַי מִינֵּיהּ מֵרַב הוּנָא, וּבְעַי מִינֵּיהּ מֵרַב יְהוּדָה: עֵירֵב דֶּרֶךְ הַפֶּתַח וְנִסְתַּם הַפֶּתַח, עֵירֵב דֶּרֶךְ חַלּוֹן וְנִסְתַּם הַחַלּוֹן, מַהוּ? וְאָמַר לִי: שַׁבָּת, כֵּיוָן שֶׁהוּתְּרָה – הוּתְּרָה.

Abaye said to him: The Master should not state: Say, indicating that it is possible to explain the mishna in this manner. **Rather,** the mishna is **certainly** referring to a case where the courtyard **was breached while it was still day. As Master,** you **are the one who said: I raised a dilemma before Rav Huna, and I raised a dilemma before Rav Yehuda:** If one **established an** *eiruv* to join one courtyard to another **via** a certain **opening, and that opening was sealed** on Shabbat, or if one established an *eiruv* **via** a certain **window, and that window was sealed** on Shabbat, **what is** the *halakha*? May one continue to rely on this *eiruv* and carry from one courtyard to the other via other entrances? **And he said to me: Once** it **was permitted** to carry from courtyard to courtyard at the onset of **Shabbat, it was permitted** and remains so until the conclusion of Shabbat. According to this principle, if a breach that adds residents occurs on Shabbat, the breach does not render prohibited activities that were permitted when Shabbat began.

אִתְּמַר, כּוֹתֶל שֶׁבֵּין שְׁתֵּי חֲצֵירוֹת שֶׁנָּפַל, רַב אָמַר: אֵין מְטַלְטְלִין בּוֹ אֶלָּא בְּאַרְבַּע אַמּוֹת,

It is stated that *amora'im* disagreed: With regard to **a wall between two courtyards,** whose residents did not establish a joint *eiruv*, **that collapsed** on Shabbat, **Rav said: One may carry in** the joint courtyard **only within four cubits,** as carrying in each courtyard is prohibited due to the other, because they did not establish an *eiruv* together. Rav does not accept the principle that an activity that was permitted at the start of Shabbat remains permitted until the conclusion of Shabbat.

וּשְׁמוּאֵל אָמַר:

And Shmuel said:

NOTES

Has the master taught anything – תָּנֵי מָר מִידֵּי: This style of questioning originates with a certain idea or basic assumption that seems to be particularly reasonable, in this case that the embankment and the partition combine to form a partition of ten handbreadths. Consequently, if the Sage did not teach anything in this regard, he evidently accepts the basic assumption. In these cases, the absence of comment indicates that the more novel approach is rejected (Rosh).

Residents who arrive on Shabbat – דִּיּוּרִין הַבָּאִין בַּשַּׁבָּת: Although the cases of residents who arrive on Shabbat and partitions that are removed on Shabbat are apparently identical, there is a difference between them. If courtyard partitions that face the public domain are removed, the area is no longer a private domain. Consequently, the principle: Since it was permitted it was permitted, is not in effect as it is in the case of residents who arrive, even though it also involves ruined partitions. The rationale for this difference is that the destruction of partitions between courtyards does not affect the status of the courtyard, as it remains a private domain. It merely adds new residents to the courtyard, which affects the *halakhot* of *eiruv*. As a result, the principle: Since it was permitted, it was permitted, is in effect.

זֶה מְטַלְטֵל עַד עִיקַּר מְחִיצָה, וְזֶה מְטַלְטֵל עַד עִיקַּר מְחִיצָה.

This one **may carry to the base of the** former **partition, and that** one **may** likewise **carry to the base of the partition,** as he maintains that since it was permitted at the beginning of Shabbat, it remains permitted until the conclusion of Shabbat.

וְהָא דְּרַב לָאו בְּפֵירוּשׁ אִתְּמַר, אֶלָּא מִכְּלָלָא אִתְּמַר. דְּרַב וּשְׁמוּאֵל הָווּ יָתְבִי בְּהַהוּא חָצֵר, נָפַל גּוּדָא דְּבֵינֵי בֵּינֵי. אֲמַר לְהוּ שְׁמוּאֵל: שְׁקוּלוּ גְּלִימָא נְגִידוּ בָּהּ.

The Gemara comments: **And this** ruling **of Rav was not stated explicitly; rather, it was stated by inference;** i.e., it was inferred by his students from another one of his teachings. As once **Rav and Shmuel were sitting in a certain courtyard** on Shabbat, and **the wall between** the two courtyards **fell.**[H] **Shmuel said to** the people around him: **Take a cloak** and **suspend it on** the remnant of the partition.

אַהַדְרִינְהוּ רַב לְאַפֵּיהּ. אֲמַר לְהוּ שְׁמוּאֵל: אִי קָפֵיד אַבָּא – שְׁקוּלוּ (הֵימְנֵיהּ) וּקְטַרוּ בָּהּ.

Rav turned his face away,[N] displaying his displeasure with Shmuel's opinion, as Rav maintained it was prohibited to carry a cloak in this courtyard. **Shmuel said to them** in a humorous vein: **If Abba,** Rav, **is particular, take his belt**[N] and **tie it** to the cloak, to secure it to the partition.

וְלִשְׁמוּאֵל לָמָּה לִי הָא? הָא אָמַר: זֶה מְטַלְטֵל עַד עִיקַּר מְחִיצָה, וְזֶה מְטַלְטֵל עַד עִיקַּר מְחִיצָה!

The Gemara asks: **And according to Shmuel, why was it necessary** to suspend the cloak? He himself **said:** If a wall between two courtyards collapsed on Shabbat, **this one may carry to the base of the** former **partition, and that** one **may** likewise **carry to the base of the partition.**

שְׁמוּאֵל עָבֵיד לִצְנִיעוּתָא בְּעָלְמָא.

The Gemara answers: **Shmuel** did not **do** so to render it permitted to carry in the courtyard. He did so **merely for** the purpose of **privacy,** as he did not want the residents of the other courtyard to see into his own courtyard.

וְרַב, אִי סְבִירָא לֵיהּ דַּאֲסִיר – לֵימָא לֵיהּ! אַתְרֵיהּ דִּשְׁמוּאֵל הֲוָה.

The Gemara asks: **And Rav, if he maintains that** in this case carrying is **prohibited, he should have said** so **to him** explicitly. The Gemara answers: **It was Shmuel's place.**[N] Rav did not want to disagree with his colleague in his jurisdiction, as he accepted the opinion of the local authority.

אִי הָכִי, מַאי טַעְמָא אַהַדְרִינְהוּ לְאַפֵּיהּ? דְּלָא נֵימְרוּ כִּשְׁמוּאֵל סְבִירָא לֵיהּ, (וַהֲדַר בֵּיהּ מִשְּׁמַעֲתֵיהּ.)

The Gemara asks: **If so,** if he accepted the jurisdiction of the local rabbinic authority, **why did he turn his face away?** The Gemara answers: He acted in this manner so **that** people would **not say** that **he holds in accordance with** the opinion of **Shmuel, and that he retracted his** opinion with regard to this ***halakha.***

מתני׳ חָצֵר שֶׁנִּפְרְצָה לִרְשׁוּת הָרַבִּים, הַמַּכְנִיס מִתּוֹכָהּ לִרְשׁוּת הַיָּחִיד אוֹ מֵרְשׁוּת הַיָּחִיד לְתוֹכָהּ – חַיָּיב, דִּבְרֵי רַבִּי אֱלִיעֶזֶר.

MISHNA With regard to **a courtyard that was breached into the public domain,**[NH] and the breach was more than ten cubits wide, so that it cannot be considered an entrance, **one who carries** an object **from inside** the courtyard **into the private domain, or from the private domain into it, is liable,** as it ceases to be a private domain and is subsumed into the public domain. This is **the statement of Rabbi Eliezer.**

וַחֲכָמִים אוֹמְרִים: מִתּוֹכָהּ לִרְשׁוּת הָרַבִּים אוֹ מֵרְשׁוּת הָרַבִּים לְתוֹכָהּ – פָּטוּר, מִפְּנֵי שֶׁהִיא כְּכַרְמְלִית.

And the Rabbis disagree and **say:** One who carries **from inside** the courtyard **into the public domain,**[N] **or from the public domain into it, is exempt, because its** legal status **is like** that of a ***karmelit.*** Although it ceases to be a private domain, it does not become a full-fledged public domain.

NOTES

Rav turned his face away – אַהַדְרִינְהוּ רַב לְאַפֵּיהּ: According to Rav, this case involves two prohibitions, and he maintains that placing the cloak in place of a fallen partition creates a full-fledged partition (*Tosafot*). Consequently, one who erects a partition of this kind on Shabbat performs the prohibited labor of building. Shmuel, in contrast, maintains that its legal status is not that of a partition, and therefore its construction does not violate the prohibition against building (Rabbeinu Yehonatan; *Tosafot*).

Take his belt – שְׁקוּלוּ הֵימְנֵיהּ: This comment was certainly spoken in jest. Some commentaries explain that Shmuel is pointing out that if Rav feels that a partition consisting of a cloak is not sturdy enough, he should use his belt to tighten it.

Shmuel's place – אַתְרֵיהּ דִּשְׁמוּאֵל: Although it is improper to defer to a Torah authority in a case involving a Torah prohibition, since this incident involves a rabbinic prohibition, one may remain silent in deference to the local Torah scholar (*Me'iri*). Furthermore, as no definitive halakhic ruling was reached, it is not considered a mistake contrary to an explicit teaching of a mishna. Therefore, there is no reason to rule against the local scholar (Ritva).

A courtyard that was breached into the public domain – חָצֵר שֶׁנִּפְרְצָה לִרְשׁוּת הָרַבִּים: The early commentaries ask: As the Sages said that by Torah law the legal status of any area surrounded by three partitions is that of a private domain, how can this be the topic of a dispute between the Rabbis and Rabbi Eliezer in the mishna? The Ra'avad resolves this apparent contradiction by pointing out that three partitions are effective by Torah law only if there is some sort of barrier on the fourth side as well, either by means of a conspicuous marker in its construction or by a difference in height. Alternatively, if one of the partitions collapses, it can be assumed that they are all removed, which leaves the courtyard bereft of proper partitions and surrounded by mere protrusions (*Ge'on Ya'akov*).

From inside the courtyard into the public domain – מִתּוֹכָהּ לִרְשׁוּת הָרַבִּים: The difference in phrasing between Rabbi Eliezer and the Rabbis, where Rabbi Eliezer speaks about carrying out into or in from a private domain, while the Rabbis refer to carrying out into or in from a public domain, is deliberate and serves as a point of emphasis. Rabbi Eliezer is underscoring the point that the status of this courtyard is not that of a private domain at all, and therefore one who carries an object into it is liable. In contrast, had the Rabbis merely exempted one who carries an article from a private domain, this would have created the impression that they consider the courtyard a private domain, and consequently their ruling was stringent as a precaution. To avoid this erroneous conclusion, they emphasize that the courtyard is a full-fledged *karmelit*, even when this entails a leniency (*Tosafot*; Ritva).

HALAKHA

A wall between courtyards that fell – כּוֹתֶל שֶׁבֵּין חֲצֵרוֹת שֶׁנָּפַל: With regard to a wall between two courtyards that collapses after the residents of each courtyard established an independent *eiruv*, if the wall collapses on Shabbat, it is permitted to carry throughout the courtyard up to where the wall once stood, as though it had not fallen. The *halakha* is in accordance with the opinion of Shmuel, who acted upon his own ruling. In addition, the *halakha* is in accordance with the principle that something permitted at the onset of Shabbat remains permitted throughout Shabbat (*Shulḥan Arukh, Oraḥ Ḥayyim* 374:2).

A courtyard that was breached into the public domain – חָצֵר שֶׁנִּפְרְצָה לִרְשׁוּת הָרַבִּים: It is prohibited to carry in a courtyard that was breached into the public domain, as its legal status is that of a *karmelit*. It is also prohibited to carry from this courtyard into a private or a public domain and vice versa. The same *halakha* applies to carrying from the place where the wall stood into the public or private domains. The *halakha* is in accordance with the majority opinion of the Rabbis (*Shulḥan Arukh, Oraḥ Ḥayyim* 361:2).

גמ׳ וְרַבִּי אֱלִיעֶזֶר, מִשּׁוּם דְּנִפְרְצָה לִרְשׁוּת הָרַבִּים הָוְיָא לָהּ רְשׁוּת הָרַבִּים?! אִין, רַבִּי אֱלִיעֶזֶר לְטַעְמֵיהּ.

GEMARA The Gemara asks: **And** according to **Rabbi Eliezer, due to** the fact that the courtyard **was breached into the public domain,** does **it become the public domain?** The Gemara answers: **Yes,** as in this regard the opinion of **Rabbi Eliezer** conforms **to his** standard line of **reasoning.**

דְּתַנְיָא, רַבִּי יְהוּדָה אוֹמֵר מִשּׁוּם רַבִּי אֱלִיעֶזֶר: רַבִּים שֶׁבָּרְרוּ דֶּרֶךְ לְעַצְמָן – מַה שֶּׁבָּרְרוּ בָּרְרוּ.

As it was taught in a *baraita* that **Rabbi Yehuda said in the name of Rabbi Eliezer:** In a situation where the **multitudes selected a path for themselves** in a field, or between fields, the path **that they selected, they selected,** and they retain the right to traverse this path even if the place belongs to an individual. Here too, as the partition of the courtyard was breached to the extent that the public can enter, its status is that of a public domain.

אִינִי?! וְהָאָמַר רַב גִּידֵּל, אָמַר רַב: וְהוּא שֶׁאָבְדָה לָהֶן דֶּרֶךְ בְּאוֹתוֹ שָׂדֶה.

The Gemara expresses surprise at this opinion: **Is that so? But didn't Rav Giddel say** that **Rav said: And this** applies only **if they had misplaced a path in that field.** Generally speaking, the public does not have the right to establish a path wherever it chooses. The *baraita* is referring to a case where a public path used to run through that field, but it fell into disuse, and no one remembers its precise course. In this case the public may once again select a path through the field.

וְכִי תֵּימָא: הָכָא נַמִי כְּגוֹן שֶׁאָבְדָה לָהּ דֶּרֶךְ בְּאוֹתָהּ חָצֵר – וְהָאָמַר רַבִּי חֲנִינָא: עַד מְקוֹם מְחִיצָה מַחֲלוֹקֶת!

And if you say: Here too, the mishna is dealing with a case **where** the public **misplaced a path in that courtyard.** They do not remember the exact position of the partition that once separated the courtyard and the public domain. The public claims that the residents of the courtyard appropriated that part of their domain. It is only this area that Rabbi Eliezer says is considered a public domain. The Gemara asks: **But didn't Rabbi Ḥanina say:** The **dispute** between Rabbi Eliezer and the Rabbis is with regard to the entire courtyard **to [ad] the place of** the fallen **partition,** not only the small section that might have been a public path.

אֵימָא: עַל מְקוֹם מְחִיצָה מַחֲלוֹקֶת.

The Gemara rejects this argument: **Say** that Rabbi Ḥanina stated that Rabbi Eliezer and the Rabbis **disagree over [*al*] the place of** the **partition,** i.e., the dispute does not concern the entire courtyard, but only the former location of the partition, where a public path might once have passed.

וְאִיבָּעֵית אֵימָא: בְּצִידֵּי רְשׁוּת הָרַבִּים קָמִיפַּלְגִי; דְּרַבִּי אֱלִיעֶזֶר סָבַר: צִידֵּי רְשׁוּת הָרַבִּים – כִּרְשׁוּת הָרַבִּים דָּמוּ, וְרַבָּנַן סָבְרִי: צִידֵּי רְשׁוּת הָרַבִּים – לָאו כִּרְשׁוּת הָרַבִּים דָּמוּ.

And if you wish, say instead that the mishna is dealing with a case where the location of the original partition is known, and the *tanna'im* **disagree with regard to** the legal status of **the sides of a public domain. As Rabbi Eliezer maintains** that **the sides of a public domain are considered like a public domain,** i.e., the areas adjacent to the public domain are subsumed into the public domain. The same applies to the place of the partition that once separated the courtyard and the public domain but was breached. **And the Rabbis maintain** that **the sides of a public domain are not considered like a public domain.**

וְלִיפְלוֹג בְּצִידֵּי רְשׁוּת הָרַבִּים בְּעָלְמָא! אִי אִיפְלִיגוּ בְּצִידֵּי רְשׁוּת הָרַבִּים בְּעָלְמָא – הֲוָה אָמְרִינַן: כִּי פְּלִיגִי רַבָּנַן עֲלֵיהּ דְּרַבִּי אֱלִיעֶזֶר – הָנֵי מִילֵּי הֵיכָא דְּאִיכָּא חִיפּוּפֵי, אֲבָל הֵיכָא דְּלֵיכָּא חִיפּוּפֵי – אֵימָא מוֹדוּ לֵיהּ, קָא מַשְׁמַע לָן.

The Gemara asks: If so, **let them disagree with regard to the sides of a public domain in general;** why did they disagree about this particular case? The Gemara answers: **Had they disagreed with regard to the sides of a public domain in general, we would have said: When do the Rabbis disagree with Rabbi Eliezer? This** dispute **applies only where there are stakes**[B] alongside the houses, which interfere with the use of the sides of the public domain. **However, where there are no** such **stakes, say** that **they concede to him** that the sides of a public domain are considered like a public domain. By formulating the dispute with regard to a courtyard that was breached into the public domain, the mishna is **teaching us** that they disagree in all cases.

וְהָא ״מִתּוֹכָהּ״ קָאָמַר!

The Gemara raises a difficulty: **But didn't** Rabbi Eliezer **say** with regard to a courtyard that was breached into the public domain, that one who carries an object **from inside** the courtyard into the private domain is liable? Apparently, he is liable if he carries an article into the private domain from anywhere in the courtyard, not only from the area adjacent to the public domain, as the entire courtyard is considered a public domain.

BACKGROUND

Stakes – חִיפּוּפֵי:

House with stakes on the side facing the public domain, to prevent carriages and crowds of people from approaching the walls of the house

דְּאָמְרוּ רַבָּנַן ״מִתּוֹכָהּ״, אָמַר אִיהוּ נַמִּי ״מִתּוֹכָהּ״.

The Gemara answers: **As the Rabbis said: From inside** the courtyard, Rabbi Eliezer **also said: From inside** the courtyard. No conclusion can be inferred from his use of the term, as he was referring only to the section adjacent to the public domain.

וְרַבָּנַן, אָמַר רַבִּי אֱלִיעֶזֶר צִידֵּי רְשׁוּת הָרַבִּים, וּמַהְדְּרוּ לֵיהּ אִינְהוּ ״מִתּוֹכָהּ״?!

The Gemara asks: **But,** if that is the case, the statement of **the Rabbis** is difficult. **Rabbi Eliezer said** that the legal status of **the sides of the public domain** is like that of a public domain, **and they replied to him** by referring to: **From inside** the entire courtyard? They appear to be addressing two different cases.

הָכִי קָאָמְרִי לֵיהּ רַבָּנַן לְרַבִּי אֱלִיעֶזֶר: מִי לָא קָא מוֹדֵית לָן הֵיכָא דְּטִילְטֵל מִתּוֹכָהּ לִרְשׁוּת הָרַבִּים, וּמֵרְשׁוּת הָרַבִּים לְתוֹכָהּ דְּפָטוּר – מִפְּנֵי שֶׁהִיא כַּרְמְלִית, צִידֵּי נַמִּי לָא שְׁנָא.

The Gemara answers: **This is what the Rabbis are saying to Rabbi Eliezer: Don't you concede to us** with regard to a case **where he carried** an object **from inside** the courtyard **to the public domain, or from the public domain to** the courtyard, **that** he is **exempt, because** the courtyard **is** considered **like a** ***karmelit*****? The sides** of the public domain are **no different,** and should have the status of a *karmelit* **as well.**

וְרַבִּי אֱלִיעֶזֶר – הָתָם לָא קָא דָּרְסִי לָהּ רַבִּים, הָכָא – קָא דָּרְסִי לָהּ רַבִּים.

And how does **Rabbi Eliezer** counter this argument? **There, the public does not tread on** the courtyard; **here,** the **public treads on** the edge of the courtyard adjacent to the public domain, and therefore its status is that of a public domain in every sense.

מתני׳ חָצֵר שֶׁנִּפְרְצָה לִרְשׁוּת הָרַבִּים מִשְּׁתֵּי רוּחוֹתֶיהָ, וְכֵן בַּיִת שֶׁנִּפְרַץ מִשְּׁתֵּי רוּחוֹתָיו, וְכֵן מָבוֹי שֶׁנִּטְּלוּ קוֹרוֹתָיו אוֹ לְחָיָיו – מוּתָּרִים בְּאוֹתוֹ שַׁבָּת, וַאֲסוּרִים לֶעָתִיד לָבֹא, דִּבְרֵי רַבִּי יְהוּדָה.

MISHNA With regard to **a courtyard that was breached** on Shabbat **into a public domain from two of its sides, and likewise** with regard to **a house that was breached from two of its sides, and likewise** with regard to **an alleyway whose** cross **beams or side posts were removed** on Shabbat, the residents of that domain **are permitted** to carry there **on that Shabbat,**[N] **but are prohibited** from doing so **in the future.** This is **the statement of Rabbi Yehuda.**

רַבִּי יוֹסֵי אוֹמֵר: אִם מוּתָּרִין לְאוֹתוֹ שַׁבָּת – מוּתָּרִין לֶעָתִיד לָבֹא, וְאִם אֲסוּרִין לֶעָתִיד לָבֹא – אֲסוּרִין לְאוֹתוֹ שַׁבָּת.

Rabbi Yosei says: This cannot be the *halakha,* as **if they are permitted** to carry there **on that Shabbat, they are** likewise **permitted** to do so **in the future, and if they are prohibited** from carrying there **in the future, they are** also **prohibited** from carrying there **on that Shabbat.**

גמ׳ בְּמַאי עָסְקִינַן? אִילֵימָא בְּעֶשֶׂר – מַאי שְׁנָא מֵרוּחַ אַחַת – דְּאָמַר ״פִּיתְחָא הוּא״, מִשְּׁתֵּי רוּחוֹת נַמִּי פִּיתְחָא הוּא! אֶלָּא בְּיָתֵר מֵעֶשֶׂר – אִי הָכִי אֲפִילּוּ מֵרוּחַ אַחַת נַמִּי!

GEMARA The Gemara poses a question: **With what** case **are we dealing? If you say** the mishna is referring to a case **where** the breach was up to **ten** cubits wide, in **what way is** a breach **on** only **one side different?**[N] It is due to the fact **that we say: It is an entrance** rather than a breach, and carrying is therefore permitted. If so, if it was breached **on two sides as well,** say: **It is an entrance,** and there are entrances on two sides of the courtyard. **Rather,** the mishna is certainly dealing **with** a breach that is **greater than ten** cubits. **If so,** it should be prohibited to carry **even** if the courtyard was breached **on** only **one side,** as a breach that size negates all the partitions.

אָמַר רַב: לְעוֹלָם בְּעֶשֶׂר,

Rav said: Actually, the mishna is dealing **with** a breach that is no wider than **ten** cubits,

NOTES

Permitted on that Shabbat – מוּתָּרִים בְּאוֹתוֹ שַׁבָּת: Some commentaries explain that Rabbi Yehuda conforms with his standard line of reasoning here. By Torah law, two partitions create a private domain. As the Torah permits one to carry in this courtyard and house, there is no need to completely refrain from using them for one Shabbat, as the Sages permitted using the courtyard in exigent circumstances (see *Tosafot;* Rashash; and others).

In what way is a breach on one side different – מַאי שְׁנָא מֵרוּחַ אַחַת: The early commentaries ask: Perhaps this refers to a situation where a courtyard or house was breached on opposite sides, as in that case everyone agrees that the principle: The edge of the roof descends to the ground and seals the opening is not in effect and therefore it is prohibited to carry. *Tosafot* and other commentaries explain that since the mishna does not specify which walls collapsed, it can be assumed that the same *halakha* applies regardless of which sides were affected. Other authorities claim that it makes no difference according to Rabbi Yehuda, as he permits carrying even if the breaches are on opposite sides (see *Me'iri* and Ritva).

וּכְגוֹן שֶׁנִּפְרְצָה בְּקֶרֶן זָוִית, דְּפִיתְחָא בְּקֶרֶן זָוִית לָא עָבְדִי אֱינָשֵׁי.

and with a case **where** the courtyard **was breached in a corner,** so that it is breached on two sides.[H] Although the opening is no more than ten cubits wide, it cannot be considered an entrance, **as people do not build an entrance in a corner.**[N] It is therefore clear that this is a breach that negates the partition.

״וְכֵן בַּיִת שֶׁנִּפְרַץ מִשְּׁתֵּי רוּחוֹתָיו״. מַאי שְׁנָא מֵרוּחַ אַחַת – דְּאָמְרִינַן ״פִּי תִקְרָה יוֹרֵד וְסוֹתֵם״, מִשְּׁתֵּי רוּחוֹת נָמֵי, לֵימָא ״פִּי תִקְרָה יוֹרֵד וְסוֹתֵם״!

We learned in the mishna: **And likewise,** with regard to **a house that was breached** on Shabbat **from two of its sides**[H] into a public domain, the residents are permitted to carry in the house on that Shabbat, but not a future Shabbat. The Gemara asks: In **what way is** a breach **on one side different?** The difference is due to the fact **that we say: The edge of the roof descends and seals** the house, as if there were a full-fledged partition there. **So too,** when it is breached **on two sides, let us say: The edge of the roof descends and seals.**

אָמְרִי דְּבֵי רַב מִשְּׁמֵיהּ דְּרַב: כְּגוֹן שֶׁנִּפְרַץ בְּקֶרֶן זָוִית, וְקֵירוּיוֹ בַּאֲלַכְסוֹן, דְּלֵיכָּא לְמֵימַר ״פִּי תִקְרָה יוֹרֵד וְסוֹתֵם״.

The Gemara answers: **The** Sages of the **school of Rav said in the name of Rav:** The mishna is referring to a case **where** the house **was breached in a corner,**[B] **and its roofing was inclined,**[NB] **as** in that case, **one cannot say: The edge of the roof descends and seals,** as the edge of an inclined roof does not appear to be the beginning of a partition.

וּשְׁמוּאֵל אָמַר: אֲפִילּוּ בְּיָתֵר מֵעֶשֶׂר. אִי הָכִי, מֵרוּחַ אַחַת נָמֵי!

And Shmuel said: The mishna is referring to a breach that is **even wider than ten** cubits. The Gemara asks: **If so,** why did the mishna cite a case where it is breached from two sides? It should be prohibited to carry there **even** if it were breached **from one side.**

מִשּׁוּם בַּיִת.

The Gemara answers: The reason that it is prohibited only if it is breached from two sides is **due to** the fact that it is **a house.** In the case of a courtyard, the same *halakha* would apply even if it were breached on only one side. However, the mishna sought to teach the *halakha* of a house as well, in which case, it is prohibited to carry only if it is breached on two sides. If it is breached on one side, the edge of the roof descends and seals, and carrying is permitted.

וּבַיִת גּוּפֵיהּ תִּקְשֵׁי, מַאי שְׁנָא מֵרוּחַ אַחַת – דְּאָמְרִי ״פִּי תִקְרָה יוֹרֵד וְסוֹתֵם״, מִשְּׁתֵּי רוּחוֹת נָמֵי נֵימָא ״פִּי תִקְרָה יוֹרֵד וְסוֹתֵם״!

The Gemara asks: **But** the *halakha* of **a house itself should pose a difficulty** according to this explanation. In **what** way **is** a breach **on one side different?** It is due to the fact **that we say: The edge of the roof descends and seals** the house, as if there were a full-fledged partition there. **So too,** when it is breached **on two sides, let us say: The edge of the roof descends and seals.**

HALAKHA

The courtyard was breached in a corner on two sides – חָצֵר שֶׁנִּפְרְצָה בְּקֶרֶן זָוִית: It is prohibited to carry in a courtyard that was breached in a corner, even if the breach was narrower than ten cubits wide, in accordance with Rav's explanation of the mishna (*Shulḥan Arukh, Oraḥ Ḥayyim* 361:2).

A house that was breached from two sides – בַּיִת שֶׁנִּפְרַץ מִשְּׁתֵּי רוּחוֹתָיו: With regard to a house that was breached in a corner with a breach less than ten cubits, if the ceiling also partially collapsed such that the breach runs diagonally across as explained by *Tosafot*, or if the roof was inclined as explained by Rashi, it is considered breached and it is prohibited to carry there. This ruling is in accordance with the opinion of Rav (*Shulḥan Arukh, Oraḥ Ḥayyim* 361:2).

NOTES

An entrance in a corner – פִּתְחָא בְּקֶרֶן זָוִית: *Tosafot* explain that people do not generally consider a corner breach an entrance. If, however, they decided to construct the form of a doorway in a corner, it certainly assumes the status of an entrance, as indicated by the Gemara elsewhere.

Its roofing was inclined – קֵירוּיוֹ בַּאֲלַכְסוֹן: The Ra'avad maintains that if the roof was breached diagonally as explained by *Tosafot*, the edge of the roof descends and seals. However, if the roof was intact when a section of the partition fell, the principle: The edge of the roof descends and seals, does not apply, because in that case, the edge of the roof is not positioned above the walls.

BACKGROUND

The house was breached in a corner – בַּיִת שֶׁנִּפְרַץ בְּקֶרֶן זָוִית: The house in the image below is breached at a corner, while its roof above is also breached at an angle. According to Shmuel, the principle: The edge of the ceiling descends and seals, is not applicable to this case. This illustration follows the interpretation of *Tosafot*.

Breach in the corner according to *Tosafot*

Its roofing was inclined – קֵירוּי בַּאֲלַכְסוֹן: The house in the image below, with an inclined roof, is breached at a corner. This illustration follows Rashi's interpretation.

Breach in the corner according to Rashi

וְתוּ: מִי אִית לֵיהּ לִשְׁמוּאֵל פִּי תִקְרָה יוֹרֵד וְסוֹתֵם? וְהָא אִתְּמַר, אַכְסַדְרָה בְּבִקְעָה; רַב אָמַר: מוּתָּר לְטַלְטֵל בְּכוּלָּהּ, וּשְׁמוּאֵל אָמַר: אֵין מְטַלְטְלִין בָּהּ אֶלָּא בְּאַרְבַּע אַמּוֹת!

And furthermore: Is Shmuel of the opinion that there is a principle: **The edge of a roof descends and seals? But wasn't it stated** that there is an amoraic dispute with regard to a portico located **in a valley,** which has the status of a *karmelit*. **Rav said:** It **is permitted to carry in the entire** portico, as he maintains that the edge of the roof of the portico descends and seals, rendering it a private domain. **And Shmuel said: One may carry only within four cubits.** Apparently, Shmuel does not accept the principle: The edge of a roof descends and seals.

הָא לָא קַשְׁיָא, כִּי לֵית לֵיהּ – בְּאַרְבַּע, אֲבָל בְּשָׁלֹשׁ – אִית לֵיהּ.

The Gemara answers: **This is not a difficulty. Where** Shmuel **is not of** the opinion that this principle is applied, it is **with regard to** a structure where walls on all **four** sides[N] are formed in that manner. **However, with regard to** a structure where only **three** sides are formed in that manner and the fourth side is an actual wall, **he is of** the opinion that the principle is applied.

מִכָּל מָקוֹם קַשְׁיָא!

The Gemara comments: **In any case,** this is **difficult.** Although the contradiction between the two statements of Shmuel was resolved, the question remains: Why do we not apply the principle: The edge of a roof descends and seals, to two sides of the house?

כִּדְאָמְרִי בֵּי רַב מִשְּׁמֵיהּ דְּרַב: כְּגוֹן שֶׁנִּפְרַץ בְּקֶרֶן זָוִית וְקֵירוּיוֹ בַּאֲלַכְסוֹן, הָכָא נַמִי: כְּגוֹן שֶׁנִּפְרַץ בְּקֶרֶן זָוִית וְקֵירוּיוֹ בְּאַרְבַּע.

The Gemara answers: The reason is **as the** Sages of the **school of Rav said in the name of Rav:** The mishna is referring to a case **where** the house **was breached in a corner, and its roofing was inclined,** as in that case, one cannot say: The roof of the house descends and seals. **Here too,** Shmuel's opinion can be explained in a similar manner: The mishna is dealing with a case **where** the house **was breached in a corner, and its roof is** at a distance **of** at least **four** handbreadths from the breach,[B] and is uneven. In that case, the principle: The edge of a roof descends and seals, would have to be applied to four corners, and Shmuel is of the opinion that it may not be applied in that case.

שְׁמוּאֵל לֹא אָמַר כְּרַב – אֲלַכְסוֹן לָא קָתָנֵי. וְרַב לֹא אָמַר כִּשְׁמוּאֵל – אִם כֵּן הָוְיָא לֵיהּ אַכְסַדְרָה, וְרַב לְטַעְמֵיהּ, דְּאָמַר: אַכְסַדְרָה מוּתָּר לְטַלְטֵל בְּכוּלָּהּ.

The Gemara explains: **Shmuel did not say** his explanation of the mishna **in accordance with** the opinion of **Rav, as** the mishna **does not teach** that the roof was **slanted,** which is the crux of Rav's explanation. **And Rav did not say** his explanation of the mishna **in accordance with** the opinion of **Shmuel,** as **if so,** even if the roof was breached on several sides, **its** legal status would be that of **a portico, and Rav** conforms **to his** standard line of **reasoning, as he said:** With regard to **a portico, it is permitted to carry throughout the entire** portico.

דְּאִיתְּמַר, אַכְסַדְרָה בְּבִקְעָה, רַב אָמַר: מוּתָּר לְטַלְטֵל בְּכוּלָּהּ, וּשְׁמוּאֵל אָמַר: אֵין מְטַלְטְלִין בָּהּ אֶלָּא בְּאַרְבַּע אַמּוֹת.

The Gemara proceeds to cite the dispute between Rav and Shmuel in a more comprehensive manner. **As it was stated** that **Rav said:** It **is permitted to carry in the entire** portico as it is considered sealed. **And Shmuel said: One may carry only within four cubits.** As the portico does not have actual partitions it is subsumed into the field, and shares its status of a *karmelit*.

רַב אָמַר: מוּתָּר לְטַלְטֵל בְּכוּלָּהּ, אָמְרִינַן "פִּי תִקְרָה יוֹרֵד וְסוֹתֵם", וּשְׁמוּאֵל אָמַר: אֵין מְטַלְטְלִין בָּהּ אֶלָּא בְּאַרְבַּע אַמּוֹת, לָא אָמְרִינַן "פִּי תִקְרָה יוֹרֵד וְסוֹתֵם".

The Gemara elaborates on their respective opinions. **Rav said:** It **is permitted to carry in the entire** portico, as he maintains that **we say: The edge of the roof descends and seals** the portico to form a partition. As there is a roof over the portico, it is considered sealed with partitions on all four sides. **And Shmuel said: One may carry only within four cubits,** as **we do not say: The edge of the ceiling descends and seals.**

בְּעֶשֶׂר כּוּלֵּי עָלְמָא לָא פְּלִיגִי, כִּי פְּלִיגִי – בְּיָתֵר מֵעֶשֶׂר.

The Gemara elaborates further: If the openings on the sides of the portico are no wider than **ten** cubits, **everyone agrees** that they are considered sealed, as the status of even an unroofed breach of ten cubits or less is that of an entrance, and one is permitted to carry throughout the entire domain. **They disagree** only in a case **where** the openings are **more than ten** cubits wide.

וְאִיכָּא דְּאָמְרִי: בְּיָתֵר – כּוּלֵּי עָלְמָא לָא פְּלִיגִי, כִּי פְּלִיגִי – בְּעֶשֶׂר.

And some say: On the contrary, if the openings are **more** than ten cubits wide, **everyone agrees** that they are considered breaches, and the principle: The edge of the roof descends and seals, is not applied. **They disagree** only in a case **where** the openings are no wider than **ten** cubits.

וְהָא דְּאָמַר רַב יְהוּדָה:

And that which Rav Yehuda said:

NOTES

Where Shmuel is not of the opinion that this principle is applied, it is with regard to a structure where walls on all four sides – כִּי לֵית לֵיהּ בְּאַרְבַּע: The text in the Gemara is in accordance with Rashi's reading. This reading is the subject of a fundamental dispute between Rashi and *Tosafot*, here and elsewhere, with regard to the definition of the term *akhsadra*, translated here as portico. Rashi maintains that an *akhsadra* located in a valley consists of only four posts and no partitions, whereas *Tosafot* and most commentaries explain that an *akhsadra* has three walls and is open on only one side. Consequently, according to *Tosafot*, the correct version of Shmuel's statement is: Where Shmuel is not of the opinion that this principle is applied, it is with regard to a structure where there are walls on three sides. In other words, if there are only three partitions, Shmuel does not accept the principle that the edge of the roof descends and seals. However, if there are four partitions, three of which were properly constructed while the fourth has protrusions or side posts, Shmuel concedes to Rav that the principle is applied. The entire discussion is subject to two different explanations, in accordance with these two approaches.

BACKGROUND

A roof that collapsed at a distance of at least four handbreadths from the breach – גַּג שֶׁנָּפַל קֵירוּיוֹ בְּאַרְבַּע: The house in the image below is breached in the corner, while the roof collapsed unevenly in a manner that is four handbreadths away from the walls. It is necessary, therefore, to complete not only one wall but four, by means of the edge of the roof, as indicated by the dotted lines.

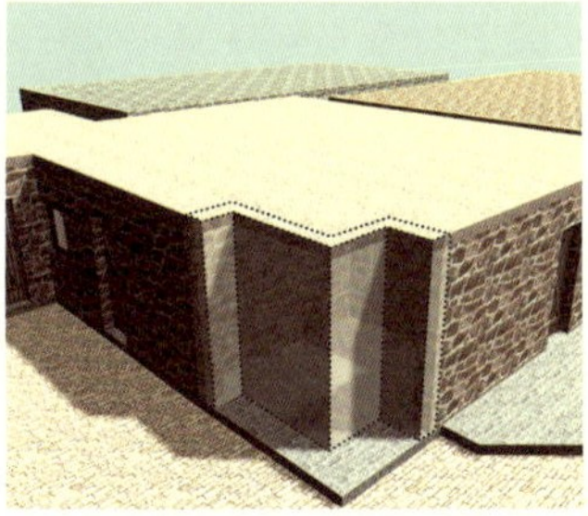

Collapsed roof at a distance of four handbreadths from the breach

BACKGROUND

If one placed roofing on top of a portico – סִכֵּךְ עַל גַּבֵּי אַכְסַדְרָה: As explained elsewhere, this refers to a situation similar to the illustration below: The house is U-shaped with a portico along the inner walls. The roofing is placed over the indented section. The question is whether or not the external walls of the portico can be considered partitions for the *sukka*.

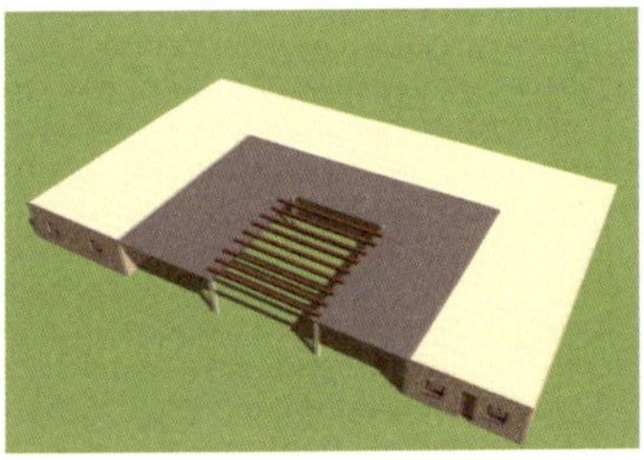

Portico along the inner walls of a house

NOTES

According to Shmuel everyone agrees – אַלִּיבָּא דִּשְׁמוּאֵל...לָא פְּלִיגִי: Rashi explains that Abaye concedes that Shmuel invalidates the *sukka* in this case. The Ritva questions Rashi's approach and amends it slightly. Rabbeinu Ḥananel explains that the phrase: According to Shmuel everyone agrees, means that as the *halakha* is not in accordance with his opinion, the two *amora'im* certainly did not discuss his ruling.

Partitions were built for the portico – מְחִיצּוֹת לְאַכְסַדְרָה עֲבִידִי: Rashi explains that the partitions must be built for the purpose of the mitzva of *sukka*. This is puzzling, as the generally accepted *halakha* is that the walls of a *sukka* need not be constructed for the sake of the mitzva. In tractate *Sukka*, Rashi says that the roof of the portico is in any case built for its inner area, as the edge of this roof seals the portico from the inside. In the case of a *sukka*, however, as the edge of the portico roof is on the outside, it cannot create external partitions for the *sukka* as well.

HALAKHA

The *halakha* is in accordance with the opinion of Rabbi Yosei – הֲלָכָה כְּרַבִּי יוֹסֵי: Rabbi Yosei's statement in the mishna is intended as a prohibition, and his opinion is accepted as the *halakha*. Furthermore, the *halakha* is in accordance with Rav in disputes with Shmuel with regard to prohibitions. Consequently, if the partition is removed it is prohibited to carry even on that Shabbat (*Shulḥan Arukh, Oraḥ Ḥayyim* 361:2).

קוֹרָה אַרְבָּעָה מַתִּיר בְּחוּרְבָּה. וְרַב נַחְמָן אָמַר רַבָּה בַּר אֲבוּהּ: קוֹרָה אַרְבָּעָה מַתִּיר בְּמַיִם. מַנִּי?

A cross **beam four** handbreadths wide **renders** carrying **in a ruin** that is breached into a public domain **permitted,** as the edge of the cross beam is considered to descend and seal the breach. **And** that which **Rav Naḥman said** that **Rabba bar Avuh said: A** cross **beam four** handbreadths wide **renders** carrying **in water permitted** like a partition. In accordance with **whose** opinion were these rulings stated?

לְהָךְ לִישָּׁנָא דְּאָמְרַתְּ בְּעֶשֶׂר לָא פְּלִיגִי – בְּעֶשֶׂר, וְדִבְרֵי הַכֹּל. לְהָךְ לִישָּׁנָא דְּאָמְרַתְּ בְּעֶשֶׂר פְּלִיגִי – כְּרַב.

The Gemara explains: **According to this version that you stated,** that Rav and Shmuel **agree with regard to** an opening no wider than **ten** cubits, here it is referring **to** a cross beam that is no longer than **ten** cubits, **and everyone,** both Rav and Shmuel, **agrees** with these rulings. **According to that** other **version that you stated,** that **they disagree with regard to** an opening no wider than **ten** cubits, these rulings are **in accordance with** the opinion of **Rav** alone.

לֵימָא אַבַּיֵּי וְרָבָא בִּפְלוּגְתָּא דְּרַב וּשְׁמוּאֵל קָמִיפַּלְגִי; דְּאִיתְּמַר: סִיכֵּךְ עַל גַּבֵּי אַכְסַדְרָה שֶׁיֵּשׁ לָהּ פַּצִּימִין – כְּשֵׁירָה. אֵין לָהּ פַּצִּימִין, אַבַּיֵּי אָמַר: כְּשֵׁירָה, וְרָבָא אָמַר: פְּסוּלָה.

The Gemara suggests: **Let us say** that **Abaye and Rava are disagreeing with regard to the** point that was the subject of a **dispute between Rav and Shmuel. As it was stated:** If one **placed roofing on top of a portico**[B] **that has doorposts,** i.e., pillars that form the beginnings of partitions, **it is a valid *sukka*.** If, however, he placed the roofing atop a portico that **has no doorposts,** there is a dispute. **Abaye said: It is a valid *sukka*. And Rava said: It is invalid.**

אַבַּיֵּי אָמַר: כְּשֵׁירָה – אָמַר: ״פִּי תִקְרָה יוֹרֵד וְסוֹתֵם״. וְרָבָא אָמַר: פְּסוּלָה – לֹא אָמַר ״פִּי תִקְרָה יוֹרֵד וְסוֹתֵם״. לֵימָא אַבַּיֵּי כְּרַב, וְרָבָא כִּשְׁמוּאֵל!

The Gemara elaborates: **Abaye said: It is valid.** As **he said: The edge of a roof descends and seals.** Since the portico is roofed, it is considered to have partitions as well. **And Rava said: It is invalid,** as **he did not say: The edge of a roof descends and seals. Let us say** that **Abaye** holds **in accordance with** the opinion of **Rav, and Rava** holds **in accordance with** the opinion of **Shmuel?**

אַלִּיבָּא דִּשְׁמוּאֵל כּוּלֵּי עָלְמָא לָא פְּלִיגִי, כִּי פְּלִיגִי – אַלִּיבָּא דְּרַב. אַבַּיֵּי, כְּרַב. וְרָבָא, עַד כָּאן לָא קָאָמַר רַב הָתָם – אֶלָּא דְּהָנֵי מְחִיצּוֹת לְאַכְסַדְרָה עֲבִידִי. אֲבָל הָכָא, דְּהָנֵי מְחִיצּוֹת לָאו לְסוּכָּה עֲבִידִי – לָא.

The Gemara answers: **According to** the opinion of **Shmuel, everyone,** including Abaye, **agrees**[N] that this *sukka* is invalid. **Where they disagree** is **according to** the opinion of **Rav. Abaye** holds **in accordance with** the opinion of **Rav** in a straightforward manner. **And Rava** claims: **Rav stated** his opinion, that the edge of the portico descends and seals, **only there, where those partitions** formed by the roof **were built for the portico,**[N] and they are therefore viewed as sealing it. **However here, where these partitions were not built for** the mitzva of ***sukka*, no,** even Rav would agree that the partitions are not sufficiently significant to utilize for the purpose of this mitzva.

״רַבִּי יוֹסֵי אוֹמֵר אִם מוּתָּרִין״. אִיבַּעְיָא לְהוּ: רַבִּי יוֹסֵי לֶאֱסוֹר אוֹ לְהַתִּיר?

We learned in the mishna: **Rabbi Yosei says: If they are permitted** to carry there on that Shabbat, they are likewise permitted to do so in the future, and if they are prohibited from carrying there in the future, they are also prohibited from carrying there on that Shabbat **A dilemma was raised before** the Sages: Did **Rabbi Yosei** intend **to prohibit** carrying even on that Shabbat, **or to permit** carrying even in the future?

אָמַר רַב שֵׁשֶׁת: לֶאֱסוֹר. וְכֵן אָמַר רַבִּי יוֹחָנָן: לֶאֱסוֹר. תַּנְיָא נַמִי הָכִי, אָמַר רַבִּי יוֹסֵי: כְּשֵׁם שֶׁאֲסוּרִין לֶעָתִיד לָבֹא, כָּךְ אֲסוּרִין לְאוֹתוֹ שַׁבָּת.

Rav Sheshet said: His intention was **to prohibit** carrying even on that Shabbat. **And similarly, Rabbi Yoḥanan said:** His intention was **to prohibit** carrying even on that Shabbat. **This** opinion **was also taught** in a *baraita*: **Rabbi Yosei said: Just as they are prohibited** from carrying **in the future, so are they prohibited** from carrying **on that Shabbat.**

אִיתְּמַר, רַב חִיָּיא בַּר יוֹסֵף אָמַר: הֲלָכָה כְּרַבִּי יוֹסֵי. וּשְׁמוּאֵל אָמַר: הֲלָכָה כְּרַבִּי יְהוּדָה.

It was stated: Rav Ḥiyya bar Yosef said that **the *halakha* is in accordance with** the opinion of **Rabbi Yosei,**[H] **while Shmuel said** that **the *halakha* is in accordance with** the opinion of **Rabbi Yehuda.**

וּמִי אָמַר שְׁמוּאֵל הָכִי? וְהָתְנַן, אָמַר רַבִּי יְהוּדָה: בַּמֶּה דְּבָרִים אֲמוּרִים – בְּעֵירוּבֵי תְחוּמִין, אֲבָל בְּעֵירוּבֵי חֲצֵירוֹת – מְעָרְבִין בֵּין לָדַעַת בֵּין שֶׁלֹּא לָדַעַת, לְפִי שֶׁזָּכִין לָאָדָם שֶׁלֹּא בְּפָנָיו וְאֵין חָבִין שֶׁלֹּא בְּפָנָיו.

The Gemara expresses surprise: **But did Shmuel** really **say this? Didn't we learn** in a mishna that **Rabbi Yehuda said: In what** case **are these matters**, that an *eiruv* may be established for a person only with his knowledge, **stated?** It is **with regard to a joining of** Shabbat **boundaries, but with regard to a joining of courtyards, one may establish an** *eiruv* for another person **both with his knowledge and without his knowledge, because one may act in a person's interest** even when **not in his presence, but one may act to** his **disadvantage only in his presence.** One may take unilateral action on another's behalf when it is to that other person's benefit. However, if it is to that person's disadvantage, or when the action entails both benefits and disadvantages, he may act on the other person's behalf only if he was explicitly appointed as his agent. A joining of courtyards is always to a person's benefit, and therefore it can be established even without his knowledge. However, with regard to a joining of Shabbat boundaries, any distance that a person gains in one direction he forfeits in the opposite direction. Consequently, this type of *eiruv* may be established only with his knowledge.

וְאָמַר רַב יְהוּדָה, אָמַר שְׁמוּאֵל: הֲלָכָה כְּרַבִּי יְהוּדָה. וְלֹא עוֹד אֶלָּא, כׇּל מָקוֹם שֶׁשָּׁנָה רַבִּי יְהוּדָה בְּעֵירוּבִין – הֲלָכָה כְּמוֹתוֹ.

And Rav Yehuda said that **Shmuel said:** The ***halakha*** **is in accordance with** the opinion of **Rabbi Yehuda. And furthermore, anyplace where Rabbi Yehuda taught with regard to** the *halakhot* of ***eiruv***, **the** ***halakha*** **is in accordance with his** opinion.

וַאֲמַר לֵיהּ רַב חָנָא בַּגְדָּתָאָה לְרַב יְהוּדָה: אָמַר שְׁמוּאֵל אֲפִילּוּ בְּמָבוֹי שֶׁנִּיטַּל קוֹרָתוֹ אוֹ לְחָיָיו? וַאֲמַר לֵיהּ: בְּעֵירוּבִין אָמַרְתִּי לְךָ, וְלֹא בִּמְחִיצּוֹת.

And Rav Ḥana of Baghdad said to Rav Yehuda: Did **Shmuel state** this ruling **even with regard to an alleyway whose** cross **beam or side post was removed** during Shabbat? **And** Rav Yehuda **said to him: I spoke to you with regard to** the acquisition of **an** ***eiruv***, **and not with regard to partitions.** The Gemara asks: How, then, could Shmuel rule that the *halakha* is in accordance with the opinion of Rabbi Yehuda in this case, after explicitly stating that the *halakha* is not in accordance with his opinion in the case of fallen partitions?

אָמַר רַב עָנָן: לְדִידִי מִיפָּרְשָׁא לִי מִינֵּיהּ דִּשְׁמוּאֵל, כָּאן – שֶׁנִּפְרְצָה לְכַרְמְלִית, כָּאן – שֶׁנִּפְרְצָה לִרְשׁוּת הָרַבִּים.

Rav Anan said: This matter **was explained to me** personally **by Shmuel** himself: **Here,** where Shmuel rules in accordance with the opinion of Rabbi Yehuda, it is in a case **where** the courtyard **was breached into a** ***karmelit***.[N] In that case the *halakha* is lenient, as there is no concern lest one transgress a Torah prohibition. **There,** where Shmuel states that the *halakha* is not in accordance with the opinion of Rabbi Yehuda, it is in a case **where** the courtyard **was breached into a public domain,** and the *halakha* is therefore stringent, due to the concern lest one transgress a Torah prohibition.

מתני׳ הַבּוֹנֶה עֲלִיָּיה עַל גַּבֵּי שְׁנֵי בָתִּים, וְכֵן גְּשָׁרִים הַמְפוּלָּשִׁים – מְטַלְטְלִין תַּחְתֵּיהֶן בְּשַׁבָּת, דִּבְרֵי רַבִּי יְהוּדָה. וַחֲכָמִים אוֹסְרִין.

MISHNA With regard to **one who builds an upper story atop two houses**[B] on opposite sides of a public domain that passes beneath it, **and likewise bridges with a thoroughfare** beneath them[B] that rest on walls on opposite sides of a public domain, **one** may **carry beneath** the upper story and beneath the bridge **on Shabbat.** This is **the statement of Rabbi Yehuda,** who maintains that these areas are considered private domains.[N] **And the Rabbis prohibit** carrying in these areas.

וְעוֹד אָמַר רַבִּי יְהוּדָה: מְעָרְבִין לְמָבוֹי הַמְפוּלָּשׁ, וַחֲכָמִים אוֹסְרִין.

And furthermore, Rabbi Yehuda said: One may **establish an** ***eiruv*** even **for an alleyway that is open** at both ends,[H] with no need for any additional measures, **and the Rabbis prohibit** doing so.

NOTES

Where the courtyard was breached into a ***karmelit*** **–** **שֶׁנִּפְרְצָה לְכַרְמְלִית:** The *Me'iri* explains that Shmuel was stringent with regard to a case where the courtyard was breached into a *karmelit*, in accordance with the principle: One type found a similar type and was revived, i.e., when the measure of each of two items is less than the measure that renders an action prohibited and the two items are combined, resulting in a measure that renders an action prohibited, the prohibition takes effect, rendering the entire entity prohibited. However, if the courtyard was breached into the public domain, it is not prohibited to carry in the domain, as it is completely set apart from the courtyard.

Rabbi Yehuda's opinion with regard to an upper story – **שִׁיטַת רַבִּי יְהוּדָה בַּעֲלִיָּיה:** In the Jerusalem Talmud as well as in the *Tosefta*, the explanation is given that the decisive factor is the presence of a roof, as everyone agrees that carrying within a roofed domain is not prohibited by Torah law, but rather by rabbinic decree. Consequently, even the Rabbis, who dispute Rabbi Yehuda's opinion, rule that carrying is prohibited by rabbinic law.

BACKGROUND

An upper story atop two houses – **עֲלִיָּיה שֶׁעַל שְׁנֵי בָתִּים:** According to Rabbi Yehuda, an upper story constructed above two houses on either side of a street has the status of an alleyway in its own right, as there is a private domain on both sides. If the principle: The edge of a roof descends and seals, is in effect, it is as though the lower edge of the upper story descends to the ground and closes off the area between the houses from all sides.

Upper story above two houses

Bridges over an underpass – **גְּשָׁרִים הַמְפוּלָּשִׁים:** Below is a view of the Roman bridge in Ourense, Spain, that traverses the Miño River. On the right-hand side, a street can be seen running below the bridge.

Roman bridge in Ourense, Spain, with a public domain running under it

HALAKHA

An alleyway that is open at both ends – **מָבוֹי הַמְפוּלָּשׁ:** An alleyway that opens at both ends into a public domain or a *karmelit* cannot be rendered fit for carrying within it by means of a side post or a cross beam. Instead, the form of a doorway must be constructed at one end and a side post or a cross beam placed at the other end, as the *halakha* is in accordance with the majority opinion of the Rabbis, and contrary to the opinion of Rabbi Yehuda (*Shulḥan Arukh*, *Oraḥ Ḥayyim* 364:1).

גמ׳ אֲמַר רַבָּה: לָא תֵּימָא הַיְינוּ טַעְמָא דְּרַבִּי יְהוּדָה מִשּׁוּם דְּקָא סָבַר שְׁתֵּי מְחִיצוֹת דְּאוֹרַיְיתָא, אֶלָּא מִשּׁוּם דְּקָסָבַר: ״פִּי תִקְרָה יוֹרֵד וְסוֹתֵם״.

GEMARA **Rabba said: Do not say this is Rabbi Yehuda's reason;**[N] **that he maintains** that **by Torah law two partitions** constitute a private domain, i.e., the areas beneath the upper story and the bridge are considered private domains, as each has two partitions, one on each side of the public domain. Rather, the reason for Rabbi Yehuda's opinion is **because he maintains** that **the edge of a roof descends and seals.** The edges of the upper story and the bridge are considered to seal the areas beneath them.

אֵיתִיבֵיהּ אַבַּיֵי: יָתֵר עַל כֵּן אָמַר רַבִּי יְהוּדָה: מִי שֶׁיֵּשׁ לוֹ שְׁנֵי בָתִּים מִשְּׁנֵי צִידֵּי רְשׁוּת הָרַבִּים – עוֹשֶׂה לֶחִי מִכָּאן וְלֶחִי מִכָּאן, אוֹ קוֹרָה מִכָּאן וְקוֹרָה מִכָּאן, וְנוֹשֵׂא וְנוֹתֵן בָּאֶמְצַע. אָמְרוּ לוֹ: אֵין מְעָרְבִין רְשׁוּת הָרַבִּים בְּכָךְ!

Abaye raised an objection to Rabba from a *baraita*: **Furthermore, Rabbi Yehuda said:** With regard to **one who has two houses on two sides of a public domain** and seeks to carry from one house to the other on Shabbat via the public domain, **he places a side post from here,** adjacent to one of the houses, **and** another **side post from there,** adjacent to the other house, **or** he places **a** cross **beam from here and** another cross **beam from there, and he may** subsequently **carry** objects **and place** them **in the middle** of the area, as he transformed it into a private domain. His colleagues **said to him: One cannot establish an *eiruv*** to transform a **public domain** into a private domain **in this manner.** Clearly, the rationale for Rabbi Yehuda's opinion in that case is not that the edge of the roof descends and seals, as the area is not covered. Rather, he apparently holds that by Torah law, two walls suffice to form a private domain.

אָמַר לֵיהּ: מֵהַהִיא – אִין, מֵהָא – לֵיכָּא לְמִשְׁמַע מִינָּהּ.

Rabba **said to him: From that** *baraita*, **yes,** it is indeed possible to arrive at this conclusion. But **from this,** the mishna, **nothing can be learned from this** source, as there could be a different reason for Rabbi Yehuda's opinion.

אֲמַר רַב אַשִׁי: מַתְנִיתִין נַמִי דַּיְקָא, מִדְּקָתָנֵי ״וְעוֹד אָמַר רַבִּי יְהוּדָה מְעָרְבִין בְּמָבוֹי הַמְפוּלָּשׁ וַחֲכָמִים אוֹסְרִין״.

Rav Ashi said: The mishna is also precise in its wording, as it indicates that the rationale for Rabbi Yehuda's opinion is that the edge of a roof descends and seals. **As** the mishna **teaches: And furthermore, Rabbi Yehuda said: One** may **establish an *eiruv*** even **for an alleyway that is open** at both ends, **and the Rabbis prohibit** doing so.

אִי אָמְרַתְּ בִּשְׁלָמָא מִשּׁוּם דְּקָא סָבַר ״פִּי תִקְרָה יוֹרֵד וְסוֹתֵם״ – הַיְינוּ דְּקָתָנֵי ״וְעוֹד״,

Granted, if you say that the reason for Rabbi Yehuda's leniency with regard to carrying beneath an upper story and a bridge is **that he maintains** that **the edge of a roof descends and seals, that is** why the mishna **states: And furthermore,** to introduce the ruling for an alleyway. In other words, the *tanna* of our mishna is saying that the ruling applies not only to a roofed area, but also to an unroofed alleyway, despite the fact that the reason there is that two partitions suffice to create a private domain by Torah law.

אֶלָּא אִי אָמְרַתְּ מִשּׁוּם דְּקָא סָבַר שְׁתֵּי מְחִיצוֹת דְּאוֹרַיְיתָא – מַאי ״וְעוֹד״? שְׁמַע מִינָּהּ.

However, if you say that Rabbi Yehuda permitted the first case as well **because he maintains** that **by Torah law two partitions** suffice to create a private domain, **what** is the need for the introduction: **And furthermore?** The rationale for the second ruling is no different from the rationale for the first. The Gemara concludes: Indeed, **learn from here** that this is correct.

הדרן עלך כל גגות

NOTES

Do not say this is Rabbi Yehuda's reason – לָא תֵּימָא הַיְינוּ טַעְמָא דְּרַבִּי יְהוּדָה: There is a practical difference between the two rationales for Rabbi Yehuda's opinion. If the rationale is the principle that two partitions can create a private domain by Torah law, two side posts or cross beams are required to render it permitted to carry in the domain by rabbinic law. However, if the rationale is the principle: The edge of the roof descends and seals, no additional steps are necessary to render it permitted to carry there (*Ge'on Ya'akov*).

Summary of
Perek IX

In this chapter, the *halakhot* of limits and partitions were elucidated, with some fundamental differences of opinion surrounding the roots of these principles. Ultimately the halakhic conclusion was that those ordinances and decrees cited in tractate *Eiruvin* that established that one may not move objects from house to house and from courtyard to courtyard without an *eiruv* apply only to those objects that were in the house at the onset of the Shabbat. All private domains other than the house proper are considered a single domain. The fact that one area differs from another in its use, specifications, or ownership has no impact on the legal status domains. Therefore, all the adjacent courtyards, adjacent rooftops, and adjacent enclosures are considered one domain, and it is permitted to freely move objects from one to the other provided that the object was in that domain at the onset of the Shabbat.

Another issue involved partitions that were destroyed, causing a change in the definition of the courtyards. Primarily, the issues addressed here pertained to courtyards that were breached and now open into each other, especially if the breach created a situation where one courtyard is completely open to the other. Had these two courtyards, and for all intents and purposes rooftops as well, not been equal in size, and the situation were one of a smaller courtyard opening into a larger courtyard, the independent status of the smaller courtyard would have been negated, creating a complex relationship between the two courtyards. On the basis of this, the relationship of a large courtyard to a smaller neighbor and that of a small courtyard to its larger neighbor were determined.

Another matter that was elucidated with regard to partitions was the relationship between two parallel principles: First, that the determining factor in the *halakhot* of Shabbat is the existence of a partition or lack thereof during Shabbat itself; and second, that once it is permitted to carry in a domain on Shabbat it remains permitted. The halakhic conclusion was that where the matter is not dependent on the presence or absence of partitions, but rather on the residents and the residence, the latter principle prevails and once carrying is permitted it remains permitted. In cases where the matter depends on partitions, the former principle prevails and carrying is permitted only as long as the partitions are intact.

Introduction to **Perek X**

The *halakhot* of *eiruv* comprise merely one halakhic category that falls under the rubric of rabbinic decrees issued to prevent performance of labor prohibited by Torah law and to enhance the character of Shabbat as a day of rest. The final chapter of tractate *Eiruvin* goes beyond the limited realm of the *halakhot* of *eiruv* and addresses additional decrees issued to achieve those objectives. However, it does not address all such decrees, but primarily those that in one sense or another relate to the prohibitions against moving objects on Shabbat.

The key question of concern is: To what degree must moving objects be prohibited within the confines of a single domain or within the confines of those domains established by rabbinic law, in order to prevent one from moving objects in a manner absolutely prohibited by Torah law? With regard to all rabbinic ordinances and decrees, the question arises: To what extent should application of these preventive measures be expanded in order to prevent one from performing a full-fledged prohibited labor on Shabbat? In what cases is it appropriate to enact preventive measures, and in what cases are they superfluous? Or, under what circumstances are the Sages less than insistent that people abide by these measures? As all these prohibitions are rabbinic ordinances and decrees, a fine line distinguishes the permitted from the prohibited. There is no fixed principle applicable in every case, and these decrees are not Torah decrees with regard to which there can be no flexibility. There were areas in which the Sages were concerned, ruled stringently, and issued decrees, and there were other areas where they ruled leniently and did not issue decrees.

In general, the Sages adopted one approach with regard to the Temple precincts and consecrated items, as they were careful to avoid implementation of their decrees in the Temple and with regard to all other sacred matters. This is the rationale for the principle: There are no rabbinic decrees in the Temple, which is in effect almost universally. In any event, here too there is a plethora of issues that arise: In what cases did the Sages completely suspend their decree and in what cases were they lenient in applying certain aspects of the decree while maintaining the fundamental prohibition? Clarification of these matters is the primary focus of this chapter.

Perek **X**
Daf **95** Amud **a**

מתני׳ הַמּוֹצֵא תְּפִילִּין – מַכְנִיסָן זוּג זוּג. רַבָּן גַּמְלִיאֵל אוֹמֵר: שְׁנַיִם שְׁנַיִם. בַּמֶּה דְּבָרִים אֲמוּרִים – בִּישָׁנוֹת, אֲבָל בַּחֲדָשׁוֹת – פָּטוּר.

MISHNA **One who finds phylacteries**[NH] outside the city on Shabbat, where they are in danger of becoming lost or damaged, **brings them in** to his house **pair by pair** by donning them in the manner in which they are typically donned for the mitzva. **Rabban Gamliel says:** He brings them in **two** pairs by **two** pairs. **In what** case **is this statement** that one is permitted to carry phylacteries inside **said?** It is **with regard to old** phylacteries, which have already been used and are designated for the mitzva. **However, with regard to new** ones, as it is unclear whether they are phylacteries or merely amulets in the form of phylacteries, he is **exempt** from performing the task.

מְצָאָן צְבָתִים אוֹ כְּרִיכוֹת – מַחְשִׁיךְ עֲלֵיהֶן וּמְבִיאָן.

If **one finds** phylacteries **tied in bundles or in wrapped piles,** in which case he is unable to carry them in pairs, **he** sits there and **waits with them until dark,**[N] guarding them until the conclusion of Shabbat, **and** then **brings them in** to his house.

Perek **X**
Daf **95** Amud **b**

וּבַסַּכָּנָה מְכַסָּן וְהוֹלֵךְ לוֹ.

And in a time of **danger,** when it is dangerous to tarry outside town, **he covers** the phylacteries **and proceeds on his** way.

רַבִּי שִׁמְעוֹן אוֹמֵר: נוֹתְנָן לַחֲבֵירוֹ, וַחֲבֵירוֹ לַחֲבֵירוֹ, עַד שֶׁמַּגִּיעַ לֶחָצֵר הַחִיצוֹנָה.

Rabbi Shimon says that there is an alternative method of transferring the phylacteries: **One gives them to another** who is less than four cubits from him, **and the other** passes them **to another, until** the phylacteries **reach the outermost courtyard** of the city. Since carrying less than four cubits in a public domain is not prohibited by Torah law, in this case, the Sages permitted carrying in that manner due to the sanctity of the phylacteries.[H]

וְכֵן בְּנוֹ – נוֹתְנוֹ לַחֲבֵירוֹ, וַחֲבֵירוֹ לַחֲבֵירוֹ, אֲפִילּוּ מֵאָה. רַבִּי יְהוּדָה אוֹמֵר: נוֹתֵן אָדָם חָבִית לַחֲבֵירוֹ, וַחֲבֵירוֹ לַחֲבֵירוֹ אֲפִילּוּ חוּץ לַתְּחוּם. אָמְרוּ לוֹ: לֹא תְּהַלֵּךְ זוֹ יוֹתֵר מֵרַגְלֵי בְעָלֶיהָ.

And similarly, with regard to **one's son** who was born in a field and may not be carried on Shabbat, since that is akin to carrying a burden in the public domain: **One gives him to another, and the other** passes him **to another, even** if it requires **a hundred** people. **Rabbi Yehuda says: A person** may even **give a barrel to another,**[N] **and the other** may pass it **to another,** and in that way **even** take it **beyond the** Shabbat **limit,** provided that no one person carries it more than four cubits. **They said to him: This** barrel may **not go a greater** distance **than the feet of its owner,** i.e., it may not be carried any farther than its owner may walk.[H]

גמ׳ זוּג אֶחָד – אִין, טְפֵי – לָא. לֵימָא תְּנַן סְתָמָא דְּלָא כְּרַבִּי מֵאִיר.

GEMARA We learned in the mishna that a person who finds phylacteries in a field may carry them by pairs, indicating that **one pair, yes,** it may be carried; however, **more** than one pair, **no,** they may not be carried. The Gemara asks: **Let us say** that **we learned the unattributed** mishna **not in accordance with** the opinion of **Rabbi Meir,**[N] despite the principle that an unattributed mishna usually reflects Rabbi Meir's opinion.

דְּאִי כְּרַבִּי מֵאִיר – הָאָמַר: לוֹבֵשׁ כָּל מַה שֶּׁיָּכוֹל לִלְבּוֹשׁ, וְעוֹטֵף כָּל מַה שֶּׁיָּכוֹל לַעֲטוֹף. דִּתְנַן: וּלְשָׁם מוֹצִיא כָּל כְּלֵי תַשְׁמִישׁוֹ, וְלוֹבֵשׁ כָּל מַה שֶּׁיָּכוֹל לִלְבּוֹשׁ, וְעוֹטֵף כָּל מַה שֶּׁיָּכוֹל לַעֲטוֹף!

As, if you say that the mishna is **in accordance with** the opinion **of Rabbi Meir, didn't** Rabbi Meir **say:** In order to rescue items from a fire, one is permitted to remove items from his house by wearing them, and **he dons all** the clothes **that he can wear, and wraps** himself **in all** items **in which he can wrap** himself. **As we learned** in a mishna: **And one removes all the utensils to** the courtyard adjacent to the fire, **and dons all** the garments **that he can wear, and wraps** himself in **all** the items in **which he can wrap** himself in order to rescue his property.

NOTES

One who finds phylacteries – הַמּוֹצֵא תְּפִילִּין: According to most *tanna'im* and *amora'im*, phylacteries are not donned on Shabbat. Nevertheless, since all the Sages agree that one who walks in the public domain donning phylacteries in the appropriate manner is not liable and doing so is prohibited only by rabbinic law, the Sages did not impose their decree in a case where a sacred object might be profaned.

He waits with them until dark – מַחְשִׁיךְ עֲלֵיהֶן: The question arises: Why shouldn't one do the same in the case of new phylacteries? Since he cannot carry them with him, shouldn't he wait until the conclusion of Shabbat when their identity can be determined? *Tosafot* explain that with regard to phylacteries that are certainly sacred, the Sages were stringent and required him to wait. However, they did not require him to do so in a case of uncertainty.

HALAKHA

One who finds phylacteries – הַמּוֹצֵא תְּפִילִּין: If one finds phylacteries on Shabbat that were discarded or left unguarded, he dons them one pair at a time in the typical manner and brings them into the town. If it is dangerous to do so due to a government decree against donning phylacteries, he covers them and only then proceeds on his way (Rambam *Sefer Zemanim, Hilkhot Shabbat* 19:23; *Shulḥan Arukh, Oraḥ Ḥayyim* 301:42).

HALAKHA

Carrying phylacteries – טִלְטוּל תְּפִילִּין: If one finds pairs of phylacteries outside the city on Shabbat, and there are too many to bring them in one pair at a time before dark, he must remain with them until the conclusion of Shabbat. If he is concerned about bandits, he may move them less than four cubits at a time. Alternatively, he may pass them to another person, who passes them to another person, and so forth (*Shulḥan Arukh, Oraḥ Ḥayyim* 301:42).

Carrying a barrel – טִלְטוּל חָבִית: One may pass a barrel to another person, who passes it to yet another person in the public domain, provided no single person carries it four cubits, and it is passed beyond the Shabbat boundary. This ruling is in accordance with the opinion of Rabbi Yehuda. The Rambam, however, rules in accordance with Rav Ashi's opinion that Rabbi Yehuda stated his opinion only with regard to ownerless objects. Still other authorities prohibit carrying in this manner in accordance with the opinion of the first *tanna*, who prohibits doing so even in the case of phylacteries (Rabbi Zeraḥya HaLevi; *Maggid Mishne*). The Rema is inclined to be lenient, in accordance with the first opinion that the *halakha* accords with the opinion of Rabbi Yehuda (Rambam *Sefer Zemanim, Hilkhot Shabbat* 19:23; *Shulḥan Arukh, Oraḥ Ḥayyim* 349:3).

NOTES

A person may give a barrel to another – נוֹתֵן אָדָם חָבִית לַחֲבֵירוֹ: Some commentaries explain that the Gemara is referring to the case of a sick, thirsty person situated at a distance, to whom water had to be transported. Indeed, even Rabbi Yehuda permitted doing so only in order to fulfill a mitzva (Rabbeinu Yehonatan).

Let us say we learned…not in accordance with the opinion of Rabbi Meir – לֵימָא...דְּלָא כְּרַבִּי מֵאִיר: See *Tosafot*, who address this issue. The Ritva explains that the Sages who discussed this issue were unfamiliar with the *baraita* that ascribes the opposite viewpoint to Rabbi Meir. It was not unusual for *amora'im* to be unfamiliar with certain *baraitot*.

וְהַהִיא סְתָמָא, מִמַּאי דְּרַבִּי מֵאִיר הִיא, דְּקָתָנֵי עֲלָהּ: לוֹבֵשׁ וּמוֹצִיא, וּפוֹשֵׁט וְלוֹבֵשׁ וּמוֹצִיא וּפוֹשֵׁט, אֲפִילּוּ כָּל הַיּוֹם כּוּלּוֹ, דִּבְרֵי רַבִּי מֵאִיר.

The Gemara asks: **And from where** do we know that **this unattributed** mishna with regard to Shabbat **is** a reflection of the opinion of **Rabbi Meir? As it teaches with regard to** that mishna: If there are many garments there, one **dons** a garment, and **takes** it **out** to a safe place, **and removes** it there, **and returns** to the fire, **and dons** another garment, **and takes** it **out and removes** it. **And** he may do so **even all day long;** this is **the statement of Rabbi Meir.** Apparently, according to Rabbi Meir, one may don only one garment at a time.

אָמַר רָבָא: אֲפִילּוּ תֵּימָא רַבִּי מֵאִיר. הָתָם – דֶּרֶךְ מַלְבּוּשׁוֹ – כַּחוֹל שַׁוְּיֵהּ רַבָּנַן, וְהָכָא דֶּרֶךְ מַלְבּוּשׁוֹ – כַּחוֹל שַׁוְּיָהּ רַבָּנַן.

In answer to the question, **Rava said: Even if you say** that the mishna is in accordance with the opinion of **Rabbi Meir,** there is a distinction between the cases. **There,** if he dons the clothes in **the manner that he** typically **wears them, the Sages rendered** the legal status of wearing garments on Shabbat **like** the status of wearing garments during the **week** and permitted him to remove clothes from his house by wearing them in that manner. **And here,** too, if he dons phylacteries in **the manner that he** typically **dons them, the Sages rendered** the legal status of donning phylacteries on Shabbat **like** the status of donning phylacteries during the **week.**

הָתָם דְּבַחוֹל כַּמָּה דְּבָעֵי לָבֵישׁ – לְעִנְיַן הַצָּלָה נַמִי שָׁרוּ לֵיהּ רַבָּנַן. הָכָא דְּבַחוֹל נַמִי, זוּג אֶחָד – אִין, טְפֵי – לָא, לְעִנְיַן הַצָּלָה נַמִי: זוּג אֶחָד – אִין, טְפֵי לָא.

Consequently, **there, where during the week he** may **wear as many** clothes **as he wishes, with regard to rescue** from a fire **the Sages likewise permitted him** to wear as many clothes as he wishes. However, **here,** in the case of phylacteries, **even during the week,** donning **one pair, yes,** one may do so, but donning **more** than one pair, **no,** he may not do so. Therefore, **with regard to rescue as well,** the Sages said: Donning **one pair, yes,** one may do so; however, donning **more** than one pair, **no,** he may not.

״רַבָּן גַּמְלִיאֵל אוֹמֵר שְׁנַיִם שְׁנַיִם״. מַאי קָסָבַר? אִי קָסָבַר שַׁבָּת זְמַן תְּפִילִּין הוּא – זוּג אֶחָד – אִין, טְפֵי – לָא.

We learned in the mishna that **Rabban Gamliel says:** He brings the phylacteries in **two** pairs **by two** pairs. The Gemara asks: **What does he hold?** What is the rationale for this *halakha*? **If he holds** that **Shabbat is a time for phylacteries,** and one is permitted or even obligated to don phylacteries on Shabbat, then the ruling should be: Donning **one pair, yes,** this is permitted; donning **more, no,** it is prohibited. It should be prohibited to wear more than one pair as there is room to don only one set of phylacteries on one's head.

וְאִי קָסָבַר שַׁבָּת לָאו זְמַן תְּפִילִּין הוּא, וּמִשּׁוּם הַצָּלָה דֶּרֶךְ מַלְבּוּשׁ שָׁרוּ לֵיהּ רַבָּנַן – אֲפִילּוּ טְפֵי נַמִי!

And if he holds that **Shabbat is not a time for phylacteries, and** it was only **due to** the fact that **rescue** was permitted only in the **manner** that one typically wears **clothing** that **the Sages permitted him** to don phylacteries, he should **likewise** be permitted to don **even more** than two pairs. He should be permitted to don as many pairs of phylacteries as possible, not only two.

לְעוֹלָם קָסָבַר: שַׁבָּת לָאו זְמַן תְּפִילִּין הוּא, וְכִי שָׁרוּ רַבָּנַן לְעִנְיַן הַצָּלָה – דֶּרֶךְ מַלְבּוּשׁ בִּמְקוֹם תְּפִילִּין.

The Gemara answers: **Actually, he holds** that **Shabbat is not a time for phylacteries, and when the Sages permitted** one to don phylacteries **for the purpose of rescue,** it was only by donning them in the **manner** that one typically wears **clothing,** i.e., in the appropriate **place** for **phylacteries.** He may not don them anywhere else on his body, as in that case he is considered to be carrying, not wearing them.

אִי הָכִי, זוּג אֶחָד נַמִי – אִין, טְפֵי – לָא! אָמַר רַב שְׁמוּאֵל בַּר רַב יִצְחָק: מָקוֹם יֵשׁ בָּרֹאשׁ לְהַנִּיחַ בּוֹ שְׁתֵּי תְפִילִּין.

The Gemara raises a difficulty: **If so,** then **one pair, yes,** it should be permitted, but **more, no,** it should not be permitted, as the second pair is necessarily positioned out of place. **Rav Shmuel bar Rav Yitzḥak said: There is room on** one's **head**[N] **to place two phylacteries.** One can place two phylacteries on his head and don them both in the proper manner.

הָנִיחָא דְּרֹאשׁ, דְּיָד מַאי אִיכָּא לְמֵימַר?

The Gemara asks: **It works out well** with regard to donning two phylacteries **of the head,** as there is room; however, with regard to the phylacteries **of the arm, what is there to say?** How can one wear two phylacteries on his arm simultaneously?

כִּדְרַב הוּנָא; דְּאָמַר רַב הוּנָא: פְּעָמִים שֶׁאָדָם בָּא מִן הַשָּׂדֶה וַחֲבִילָתוֹ עַל רֹאשׁוֹ, וּמְסַלְּקָן מֵרֹאשׁוֹ וְקוֹשְׁרָן בִּזְרוֹעוֹ.

The Gemara answers that even when one dons two phylacteries on his arm, he is regarded as donning them in the typical manner, **in accordance with** the opinion of **Rav Huna. As Rav Huna said: Sometimes a person comes from the field with his bundle on his head,** and in order not to crush the phylacteries, he **removes them from his head and binds them on his arm.** This indicates that there is room for additional phylacteries on his arm.

NOTES

There is room on one's head – מָקוֹם יֵשׁ בָּרֹאשׁ: It is evident from this discussion that phylacteries must be a certain size. Otherwise, the concept of sufficient room for phylacteries is moot. There is a dispute as to whether the size mentioned in *Tosafot* represents the average or the minimum size. For many generations, Jews who were scrupulous in the fulfillment of mitzvot adopted the custom to don two pairs of phylacteries due to uncertainty; one set was configured in accordance with Rashi's opinion and the other was in accordance with Rabbeinu Tam. Many Sephardic and other Jews adopted the custom of placing these two pairs of phylacteries on the head at the same time, relying on this passage in the Gemara.

אֵימַר דְּאָמַר רַב הוּנָא שֶׁלֹּא יִנְהַג בָּהֶן דֶּרֶךְ בִּזָּיוֹן, רָאוּי מִי אָמַר?

The Gemara rejects this: **Say that Rav Huna said** that one may remove the phylacteries from his head and tie them on his arm **so that he will not** come to **treat** them **in a degrading manner** by placing a bundle on top of them. However, **did he say** that the spot on his arm is **fit** for two phylacteries? Can proof be cited from here that one may don additional phylacteries on his arm *ab initio*?

אֶלָּא כִּדְאָמַר רַב שְׁמוּאֵל בַּר רַב יִצְחָק: מָקוֹם יֵשׁ בָּרֹאשׁ שֶׁרָאוּי לְהַנִּיחַ בּוֹ שְׁתֵּי תְפִילִּין. הָכָא נַמִי: מָקוֹם יֵשׁ בַּיָּד שֶׁרָאוּי לְהַנִּיחַ בּוֹ שְׁתֵּי תְפִילִּין.

Rather, it is **in accordance with** that which **Rav Shmuel bar Rav Yitzḥak said: There is room on** one's **head to place two phylacteries. Here, too, there is room on the arm to place two phylacteries.**

תָּנָא דְּבֵי מְנַשֶּׁה: "עַל יָדֶךָ" – זוֹ קִיבּוֹרֶת, "בֵּין עֵינֶיךָ" – זוֹ קׇדְקֹד. הֵיכָא? אָמְרִי דְּבֵי רַבִּי יַנַּאי: מָקוֹם שֶׁמּוֹחוֹ שֶׁל תִּינוֹק רוֹפֵס.

The Gemara comments: **The school of Menashe taught** the following. The verse states: "And you shall bind them for a sign on your arm, and they shall be as frontlets between your eyes" (Deuteronomy 6:8). **"On your arm," this is the biceps** muscle of the arm;[H] **"between your eyes," this is the crown** of the head. The Gemara asks: **Where** exactly on the crown of the head? **The school of Rabbi Yannai say:** Phylacteries are placed on **the spot where a baby's head is soft** after birth.[H]

לֵימָא בִּדְרַב שְׁמוּאֵל בַּר רַב יִצְחָק קָמִיפַּלְגִי; דְּתַנָּא קַמָּא לֵית לֵיהּ דְּרַב שְׁמוּאֵל בַּר רַב יִצְחָק, וְרַבָּן גַּמְלִיאֵל אִית לֵיהּ דְּרַב שְׁמוּאֵל בַּר רַב יִצְחָק!

The Gemara asks: **Let us say that** the *tanna'im* of the mishna **disagree about** the principle of **Rav Shmuel bar Rav Yitzḥak,** such **that the first *tanna* is not** of the opinion that the ruling is in accordance with the opinion of **Rav Shmuel bar Rav Yitzḥak** that there is room on one's head for two phylacteries, **while Rabban Gamliel is of** the opinion that the ruling is in accordance with the opinion of **Rav Shmuel bar Rav Yitzḥak,** and therefore one is permitted to bring in two pairs of phylacteries at a time.

לָא, דְּכוּלֵּי עָלְמָא אִית לְהוּ דְּרַב שְׁמוּאֵל בַּר רַב יִצְחָק. וְהָכָא בְּ"שַׁבָּת זְמַן תְּפִילִּין" קָמִיפַּלְגִי. דְּתַנָּא קַמָּא סָבַר: שַׁבָּת זְמַן תְּפִילִּין הוּא,

The Gemara rejects this: **No, everyone is** of the opinion **of Rav Shmuel bar Rav Yitzḥak, and here they disagree with regard to** whether or not **Shabbat is a time for phylacteries.**[N] **The first *tanna* holds** that **Shabbat is a time for phylacteries.** Although one may don one pair of phylacteries, he may not add to the mitzva by donning an extra pair. If he does so, it is tantamount to carrying a prohibited burden.

וְרַבָּן גַּמְלִיאֵל סָבַר: שַׁבָּת לָאו זְמַן תְּפִילִּין הוּא.

And Rabban Gamliel holds that **Shabbat is not a time for phylacteries.** Consequently, one may don more than one pair, as the day itself is not at all suitable for donning phylacteries. When he dons the second pair, he is not adding to the mitzva. With regard to rescuing them, the phylacteries have the legal status of an ornament that he is permitted to don, provided that he dons no more than two pairs.

וְאִיבָּעֵית אֵימָא: דְּכוּלֵּי עָלְמָא – שַׁבָּת זְמַן תְּפִילִּין הוּא. וְהָכָא בְּ"מִצְוֹת צְרִיכוֹת כַּוָּונָה" קָמִיפַּלְגִי. תַּנָּא קַמָּא סָבַר: לָצֵאת בָּעֵי כַּוָּונָה,

And if you wish, say instead that the dispute should be understood as follows. **Everyone agrees that Shabbat is a time for phylacteries, and here they disagree with regard to** whether or not fulfillment of **mitzvot requires intent. The first *tanna* holds: To fulfill** a mitzva one **needs intent.**[N] Therefore, if one dons phylacteries without intent to fulfill the mitzva, no mitzva is performed, and he is merely carrying a burden. However, if he has intent to fulfill the mitzva, he may don no more than one pair. If he does so, he violates the prohibition against adding to mitzvot.

וְרַבָּן גַּמְלִיאֵל סָבַר: לָא בָּעֵי כַּוָּונָה.

And Rabban Gamliel holds: In order to fulfill a mitzva, **one does not need intent.** Therefore, if one dons two pairs of phylacteries he fulfills his obligation with one of them, but does not violate the prohibition against adding to mitzvot with the other. In order to do so, he would require specific intent to fulfill a second mitzva with the additional pair.

HALAKHA

The place of the phylacteries of the arm – מְקוֹם תְּפִילִּין שֶׁל יָד: The phylacteries of the arm is placed on the lower slope of the biceps, the muscle between the elbow and the armpit. While the entire biceps is suitable for phylacteries, the custom is to place it closer to the elbow, rather than the armpit, so that it is opposite the heart (Rambam *Sefer Ahava, Hilkhot Tefillin UMezuza VeSefer Torah* 4:2; *Shulḥan Arukh HaRav*; *Shulḥan Arukh, Oraḥ Ḥayyim* 27:1).

The place of the phylacteries of the head – מְקוֹם תְּפִילִּין שֶׁל רֹאשׁ: The phylacteries of the head are placed on the crown of the head between the eyes, anywhere from the beginning of the hairline back to the place where an infant's head is soft. This area is large enough to hold two sets of phylacteries (Rambam *Sefer Ahava, Hilkhot Tefillin UMezuza VeSefer Torah* 4:1; *Shulḥan Arukh, Oraḥ Ḥayyim* 27:9).

NOTES

Shabbat is a time for phylacteries – שַׁבָּת זְמַן תְּפִילִּין: In the Jerusalem Talmud it is stated that it was clear to Rabban Gamliel that Shabbat is not a time for phylacteries, which is why he permitted donning two pairs, whereas the first *tanna* maintains that the matter remains undetermined. Therefore, he was reluctant to permit bringing in more than one pair at a time.

To fulfill a mitzva one needs intent – לָצֵאת בָּעֵי כַּוָּונָה: The correct version of the Gemara according to most commentaries (Rashi, Rabbeinu Ḥananel, *Me'iri*, Ritva, and others) is the opposite of the version that appears here. The first *tanna* maintains that intent is not required in order to fulfill a mitzva. Therefore, one may not don two pairs of phylacteries, because he will perforce fulfill the obligation and violate the prohibition against adding to mitzvot. On the other hand, Rabban Gamliel maintains that intent is required to fulfill a mitzva, and therefore one may don an additional pair.

NOTES

One who sleeps in a *sukka* on the Eighth Day of Assembly – הַיָּשֵׁן בַּשְּׁמִינִי בַּסּוּכָּה: Why doesn't the *tanna* state that one who eats in a *sukka* on the Eighth Day of Assembly receives lashes as well? One answer is that since a person recites the blessing: To dwell in the *sukka*, before eating throughout the festival of *Sukkot*, the fact that he does not do so on the Eighth Day of Assembly indicates his lack of intention to perform a full mitzva. However, as no blessing is recited when sleeping in the *sukka*, his intention is not evident when he sleeps there (*Shem MiShimon*). The nature of the lashes mentioned in this context is a matter of dispute. Some authorities maintain that these lashes are imposed by the Torah for the violation of the prohibition against adding to mitzvot, while other authorities claim that they are by rabbinic law due to the transgression of a rabbinic enactment (see Rambam and the commentaries on his work).

וְאִיבָּעֵית אֵימָא: דְּכוּלֵּי עָלְמָא לָצֵאת לָא בָּעֵי כַּוָּונָה. וְהָכָא, לַעֲבוֹר מִשּׁוּם ״בַּל תּוֹסִיף״ קָמִיפַּלְגִי. דְּתַנָּא קַמָּא סָבַר: לַעֲבוֹר מִשּׁוּם ״בַּל תּוֹסִיף״ – לָא בָּעֵי כַּוָּונָה, וְרַבָּן גַּמְלִיאֵל סָבַר: לַעֲבוֹר מִשּׁוּם ״בַּל תּוֹסִיף״ – בָּעֵי כַּוָּונָה.

And if you wish, say instead that **everyone agrees** that **to fulfill** a mitzva **one does not need intent, and here they disagree with regard to** the condition needed **to violate** the prohibition: **Do not add** to mitzvot of the Torah. **As the first *tanna* holds** that **one does not need intent to violate** the prohibition: **Do not add** to mitzvot. One who dons another pair of phylacteries transgresses the prohibition against adding to mitzvot even if he does not don them with the intention of fulfilling the mitzva. **And Rabban Gamliel holds** that in order **to violate** the prohibition: **Do not add** to mitzvot, **one needs intent** to perform a mitzva. Since in this case one's intention is merely to move the phylacteries to a safer place, he may don a second pair.

וְאִיבָּעֵית אֵימָא: אִי דִּסְבִירָא לַן דְּשַׁבָּת זְמַן תְּפִילִּין – דְּכוּלֵּי עָלְמָא לֹא לַעֲבוֹר בָּעֵי כַּוָּונָה, וְלֹא לָצֵאת בָּעֵי כַּוָּונָה.

And if you wish, say instead that the dispute may be explained as follows. **If we were to maintain** that **Shabbat is** a fit **time for** donning **phylacteries, everyone** would **agree** that **one does not need intent to violate** the prohibition against adding to mitzvot, **nor does one need intent to fulfill** a mitzva. In this case, one's intention has no bearing on his action.

וְהָכָא בְּ״לַעֲבוֹר שֶׁלֹּא בִּזְמַנּוֹ״ קָמִיפַּלְגִי. תַּנָּא קַמָּא סָבַר: לָא בָּעֵי כַּוָּונָה, וְרַבָּן גַּמְלִיאֵל סָבַר: ״לַעֲבוֹר שֶׁלֹּא בִּזְמַנּוֹ״ בָּעֵי כַּוָּונָה.

However, here, they disagree with regard to the condition for **violating** the prohibition against adding to a mitzva **not in its** proper **time,** i.e., when a mitzva is performed not at its prescribed time. **The first *tanna* holds** that if the act of a mitzva is performed not in its proper time, **one does not need intent;** that is, even if one does not intend to perform the mitzva he nonetheless violates the prohibition against adding to mitzvot by his action alone. Consequently, in this case, a person may not don more than one pair of phylacteries. **And Rabban Gamliel holds that to violate** the prohibition against adding to a mitzva **not in its** proper **time, one needs intent** to fulfill the mitzva. Without such intent one does not violate the prohibition, and therefore in this case he may don a second pair of phylacteries.

אִי הָכִי, לְרַבִּי מֵאִיר זוּג אֶחָד נַמִי לֹא.

With regard to this last explanation the Gemara asks: **If so, according to** the opinion of **Rabbi Meir** one should **not even** don **one pair** of phylacteries. According to Rabbi Meir's opinion, one who does so violates the prohibition against adding to mitzvot merely by donning one pair, since he is fulfilling the mitzva of phylacteries at a time when he is not commanded to do so.

וְעוֹד: הַיָּשֵׁן בַּשְּׁמִינִי בַּסּוּכָּה יִלְקֶה. אֶלָּא מְחַוַּורְתָּא כִּדְשַׁנֵּינַן מֵעִיקָּרָא.

And furthermore, according to this opinion, **one who sleeps in a *sukka* on the Eighth Day** of Assembly[N] **should be flogged** for violating the prohibition against adding to mitzvot, as he adds to the mitzva of: "You shall dwell in booths for seven days" (Leviticus 23:42). Yet the Sages instituted that outside of Eretz Yisrael, Jews must observe *Sukkot* for eight days, even though one who sleeps in a *sukka* on the eighth night outside of Eretz Yisrael transgresses a Torah law. **Rather, it is clear as we originally answered,** i.e., you must accept one of the other explanations.

וּמַאן שָׁמְעַתְּ לֵיהּ שַׁבָּת זְמַן תְּפִילִּין – רַבִּי עֲקִיבָא. דְּתַנְיָא: ״וְשָׁמַרְתָּ אֶת הַחֻקָּה הַזֹּאת לְמוֹעֲדָהּ מִיָּמִים יָמִימָה״ – יָמִים וְלֹא לֵילוֹת. ״מִיָּמִים״ – וְלֹא כׇּל יָמִים, פְּרָט לְשַׁבָּתוֹת וְיָמִים טוֹבִים, דִּבְרֵי רַבִּי יוֹסֵי הַגְּלִילִי.

Since the topic of phylacteries was discussed, the Gemara continues to explore this issue. **Whom did you hear** who said that **Shabbat is** a fit **time for** donning **phylacteries?** It is **Rabbi Akiva, as it was taught** in a *baraita* with regard to the end of the section in the Torah beginning with: "Sanctify all firstborns to me" (Exodus 13:2), which deals with the mitzvot of the Paschal lamb and phylacteries: **"And you shall observe this ordinance in its season from year [*miyamim*] to year"** (Exodus 13:10), which indicates that these mitzvot apply during the **days [*yamim*] and not** during the **nights.** Furthermore, the letter *mem* in **"from year" [*miyamim*]** teaches: **But not on all days;** this **excludes Shabbat and Festivals,** on which phylacteries are not worn. This is **the statement of Rabbi Yosei HaGelili.**

רַבִּי עֲקִיבָא אוֹמֵר: לֹא נֶאֱמַר חוּקָּה זוֹ אֶלָּא לְעִנְיַן פֶּסַח בִּלְבַד.

Rabbi Akiva says: This ordinance is stated only with regard to the Paschal lamb, and it does not refer to phylacteries at all. According to Rabbi Akiva, there is no reason to refrain from donning phylacteries on Shabbat and Festivals.

וְאֶלָּא הָא דִּתְנַן: הַפֶּסַח וְהַמִּילָה מִצְוַת עֲשֵׂה, לֵימָא דְּלָא כְּרַבִּי עֲקִיבָא; דְּאִי רַבִּי עֲקִיבָא – כֵּיוָן דְּמוֹקֵי לָהּ בְּפֶסַח, לָאו נַמִּי אִיכָּא, כִּדְרַבִּי אָבִין אָמַר רַבִּי אֶילְעַאי; דְּאָמַר רַבִּי אָבִין, אָמַר רַבִּי אֶילְעַאי: כׇּל מָקוֹם שֶׁנֶּאֱמַר ״הִשָּׁמֶר״ ״פֶּן״ וְ״אַל״ אֵינוֹ אֶלָּא בְּלֹא תַעֲשֶׂה.

The Gemara asks: **But** with regard to **that** which **we learned** in a mishna that **the Paschal lamb**[H] **and circumcision**[H] **are positive mitzvot, let us say that** this statement is **not in accordance with** the opinion of **Rabbi Akiva.** The reason for this claim is **that if** you say this teaching is in accordance with the opinion of **Rabbi Akiva, since he establishes** this verse as referring **to the Paschal** lamb, this would mean that in failure to bring this offering there **is also** the violation of **a negative** mitzva, **in accordance with** the principle **that Rabbi Avin** said that **Rabbi Elai said. As Rabbi Avin said** that **Rabbi Elai said: Any place where it is stated: Observe, lest, or do not,**[N] this means **nothing other than a negative** mitzva, as these are negative terms. Consequently, the verse "You shall observe this ordinance," which refers to the Paschal lamb, constitutes a negative mitzva.

אֲפִילּוּ תֵּימָא רַבִּי עֲקִיבָא: ״הִשָּׁמֶר״ דְּלָאו – לָאו, ״הִשָּׁמֵר״ דַּעֲשֵׂה – עֲשֵׂה.

The Gemara rejects this: **Even if you say** that **Rabbi Akiva** holds that no negative mitzva applies to the Paschal lamb, it is not difficult, as an additional principle must be taken into account. Although it is true that the term **observe with regard to a negative** mitzva indicates the presence of another **negative** mitzva; that same term **observe** with regard to **a positive** mitzva has the force of **a positive** mitzva, as the Torah is warning adherents to take special care in the observance of a mitzva. The word observe in connection with the Paschal lamb is an example of this type of positive mitzva.

וְסָבַר רַבִּי עֲקִיבָא שַׁבָּת זְמַן תְּפִילִּין הוּא? וְהָתַנְיָא, רַבִּי עֲקִיבָא אוֹמֵר: יָכוֹל יַנִּיחַ אָדָם תְּפִילִּין בְּשַׁבָּתוֹת וְיָמִים טוֹבִים – תַּלְמוּד לוֹמַר: ״וְהָיָה לְךָ לְאוֹת עַל יָדְךָ״ – מִי שֶׁצְּרִיכִין אוֹת, יָצְאוּ אֵלּוּ שֶׁהֵן גּוּפָן אוֹת.

The Gemara returns to the issue at hand: **And does Rabbi Akiva** really **hold that Shabbat is a time for** donning **phylacteries? Wasn't it taught** in a *baraita* that **Rabbi Akiva says:** I **might** have thought that **a person should don phylacteries on *Shabbatot* and Festivals.**[H] Therefore, **the verse states: "And it shall be for a sign for you on your arm,** and for a remembrance between your eyes, so that God's law shall be in your mouth; for with a strong arm God brought you out of Egypt" (Exodus 13:9). The obligation to don phylacteries applies when Jews **require a sign** to assert their Judaism and their status as the Chosen People, i.e., during the week, **excluding** Shabbat and Festivals, **as they are themselves signs**[N] of Israel's status as the Chosen People and a remembrance of the exodus from Egypt. Consequently, no further sign is required on these days. This teaching proves that Rabbi Akiva maintains that Shabbat is not a fit time for donning phylacteries.

אֶלָּא, הַאי תַּנָּא הוּא: דְּתַנְיָא, הַנֵּיעוֹר בַּלַּיְלָה, רָצָה – חוֹלֵץ, רָצָה – מַנִּיחַ, דִּבְרֵי רַבִּי נָתָן. יוֹנָתָן הַקִּיטוֹנִי אוֹמֵר: אֵין מַנִּיחִין תְּפִילִּין בַּלַּיְלָה. מִדְּלַיְלָה לְתַנָּא קַמָּא זְמַן תְּפִילִּין – שַׁבָּת נַמִּי זְמַן תְּפִילִּין.

Rather, it is this *tanna*, Rabbi Natan, who maintains that Shabbat is not a fit time for donning phylacteries, **as it was taught** in a *baraita*: With regard to **one who is awake at night, if he wishes he** may **remove** his phylacteries, and **if he wishes he** may continue to **don** them, and he need not worry about violating the prohibition against adding to mitzvot. This is **the statement of Rabbi Natan. Yonatan HaKitoni**[L] **says: One** may **not don phylacteries at night. From the fact that according to the first *tanna*,** Rabbi Natan, **night is** a fit **time for phylacteries,** it may be inferred that **Shabbat, too, is a time for** donning **phylacteries,** as Rabbi Natan evidently does not accept Rabbi Yosei HaGelili's limitation based on the phrase: From year to year.

דִּילְמָא סְבִירָא לֵיהּ: לַיְלָה זְמַן תְּפִילִּין הוּא, שַׁבָּת – לָאו זְמַן תְּפִילִּין הוּא. דְּהָא שָׁמְעִינַן לֵיהּ לְרַבִּי עֲקִיבָא, דְּאָמַר: לַיְלָה זְמַן תְּפִילִּין הוּא, שַׁבָּת לָאו זְמַן תְּפִילִּין הוּא.

The Gemara rejects this contention: This is not a conclusive proof, as **perhaps he holds** that although **night is** a fit **time for phylacteries, Shabbat is not** a fit **time for phylacteries. As we** have **heard that Rabbi Akiva said** that **night is a time for phylacteries,**[H] because he does not accept the limitation of "from days to days," and yet he maintains that **Shabbat is not a time for phylacteries,** as no sign is required on Shabbat. It is therefore possible that Rabbi Natan holds the same opinion.

HALAKHA

The Paschal lamb as a positive mitzva – פֶּסַח מִצְוַת עֲשֵׂה: The sacrifice of the Paschal lamb is a positive mitzva and one who intentionally neglects this obligation is liable to receive *karet*. However, if one unwittingly fails to fulfill this mitzva, he does not bring a sin-offering, as he has not violated a prohibition (Rambam *Sefer Korbanot, Hilkhot Korban Pesaḥ* 1:1–2).

Circumcision as a positive mitzva – מִילָה מִצְוַת עֲשֵׂה: Circumcision is a positive mitzva, and one who intentionally refrains from circumcising himself is liable to receive *karet*. However, one does not bring a sin-offering for unwitting failure to fulfill this mitzva as he did not violate a prohibition (Rambam *Sefer Ahava, Hilkhot Tefillin UMezuza VeSefer Torah* 4:1; *Shulḥan Arukh, Yoreh De'a* 260:1).

Phylacteries on *Shabbatot* and Festivals – תְּפִילִּין בְּשַׁבָּתוֹת וְיָמִים טוֹבִים: Not only is there no obligation to don phylacteries on Shabbat and Festivals, it is prohibited to do so, as this is a sign of disrespect of the sacred day. The early commentaries dispute whether one dons phylacteries on the intermediate days of a Festival. Some commentaries argue that the prohibition of donning phylacteries on Shabbat and Festivals is a function of the prohibition against performing work, while other authorities connect this issue to the sanctity of the day. Since the kabbalistic tradition is not to don phylacteries on the intermediate days of a Festival, all Sephardic and Hassidic communities follow suit. This is also the prevailing custom in Eretz Yisrael (*Shulḥan Arukh, Oraḥ Ḥayyim* 31:1–2).

Phylacteries at night – תְּפִילִּין בַּלַּיְלָה: One does not don phylacteries at night, as he might fall asleep while donning them and treat them disrespectfully. This prohibition is only by rabbinic law, as the *halakha* is in accordance with Rabbi Akiva, who maintains that night is a fit time for phylacteries. The Rambam holds that the prohibition against donning phylacteries at night is by Torah law, as indicated by the discussion here. Nevertheless, all authorities agree that if one donned phylacteries during the day, he need not remove them after nightfall; however, a public ruling is not issued to that effect (*Shulḥan Arukh, Oraḥ Ḥayyim* 30:2).

LANGUAGE

Yonatan HaKitoni – יוֹנָתָן הַקִּיטוֹנִי: According to this reading of the name, this individual was probably given his name due to his profession as a maker of beds or some other item related to the bedroom [*kiton*]. According to an alternative reading, *HaKatroni*, the name refers to the town of Katron in the territory of Zebulun.

NOTES

Observe, lest, or do not – ״הִשָּׁמֶר״ ״פֶּן״ וְ״אַל״: The biblical word *lo*, you shall not, clearly indicates a prohibition. The Sages added that the word *al*, do not, also refers to a negative commandment. *Tosafot* explain that there is a dispute among the Sages with regard to the word *hishamer*, observe, in all of its forms. Some authorities maintain that the term observe always means that one should refrain from a particular action. According to this opinion, all forms of observance connote that whoever does not perform a particular mitzva has violated a prohibition. The discussion in the Gemara reveals that some Sages distinguish between the term observe in the context of a positive mitzva and its association with a prohibition.

As they are themselves signs – שֶׁהֵן גּוּפָן אוֹת: There are different opinions with regard to the nature of Shabbat and Festivals as signs. Some commentaries maintain that the mitzva to sanctify these days serves as a sign of Israel's uniqueness. Others teach that the main feature of their nature as signs is the avoidance of labor on these days. Yet other commentaries explain that the signs are the special mitzvot of these days, e.g., the *sukka* on *Sukkot* and the prohibition against eating leaven on Passover.

HALAKHA

Women and phylacteries – **נָשִׁים וּתְפִילִּין**: A woman is not permitted to don phylacteries even if she wishes to be stringent upon herself. One reason is that women are not careful regarding the purity of their bodies (*Magen Avraham*). This ruling is based on the statement in the Jerusalem Talmud and the *Pesikta* that the Sages objected to the conduct of Michal, daughter of Saul (*Shulḥan Arukh*, *Oraḥ Ḥayyim* 38:3, and in the comment of the Rema).

אֶלָּא הַאי תַּנָּא הוּא, דְּתַנְיָא: מִיכַל בַּת כּוּשִׁי הָיְתָה מַנַּחַת תְּפִילִּין וְלֹא מִיחוּ בָּהּ חֲכָמִים. וְאִשְׁתּוֹ שֶׁל יוֹנָה הָיְתָה עוֹלָה לָרֶגֶל וְלֹא מִיחוּ בָּהּ חֲכָמִים. מִדְּלָא מִיחוּ בָּהּ חֲכָמִים – אַלְמָא קָסָבְרִי מִצְוַת עֲשֵׂה שֶׁלֹּא הַזְּמַן גְּרָמָא הִיא.

Rather, we must say that **it is this *tanna*** who maintains that Shabbat is a time for phylacteries, **as it was taught** in a *baraita*: **Michal, daughter of Kushi,**[N] King Saul, **would don phylacteries, and the Sages did not protest against her** behavior, as she was permitted to do so.[H] **And** similarly, **Jonah's wife**[N] **would undertake the Festival pilgrimage and the Sages did not protest against her** practice. **From** the fact **that the Sages did not protest against** Michal's donning phylacteries, **it is apparent that these** Sages **hold** that phylacteries **is a positive mitzva not bound by time,**[N] i.e., it is a mitzva whose performance is mandated at all times, including nights and Shabbat. There is an accepted principle that women are obligated in all positive mitzvot not bound by time.

וְדִילְמָא סָבַר לַהּ

The Gemara rejects this contention: **But perhaps** that *tanna* **holds**

NOTES

Michal, daughter of Kushi – **מִיכַל בַּת כּוּשִׁי**: Parallel sources read: Michal, daughter of Saul. Kushi is another name for Saul, based on the Gemara's interpretation of the verse: "Concerning Kush a Benjamite" (Psalms 7:1). The incident discussed here is not mentioned in the Bible; rather, it is a rabbinic tradition.

Michal and Jonah's wife – **מִיכַל וְאֵשֶׁת יוֹנָה**: In the Jerusalem Talmud and the *Pesikta* it is related that Jonah's wife was sent home, and that the Sages did object to the actions of Michal, daughter of Saul. Some commentaries explain that Jonah's wife was sent home because the kings of Israel established guards to prevent people from undertaking the pilgrimage to Jerusalem because it was in Judea. Since Jonah was from Gat HaḤefer in the north, the Sages ruled that Jonah's wife was not required to endanger herself for something from which she was exempt (Rabbi Zvi Hirsch Chajes).

A positive mitzva not bound by time – **מִצְוַת עֲשֵׂה שֶׁלֹּא הַזְּמַן גְּרָמָא**: The commentaries point out that if donning phylacteries is not a time-bound mitzva, women should be obligated to don them just as men are. However, even according to the opinion that donning phylacteries is not a time-bound mitzva, the Sages decreed that women should not observe it, due to the concern that they will be unable to take proper care of the phylacteries or maintain their sanctity. The Sages have the power to abrogate the practice of mitzvot by instructing individuals to refrain from performing them (Ritva).

Perek **X**
Daf **96** Amud **b**

NOTES

It is optional for women to place their hands – **נָשִׁים סוֹמְכוֹת רְשׁוּת**: This statement can be understood in several ways. The commentaries and authorities debate whether women transgress the prohibition against adding to the mitzvot by observing a mitzva that they are not obligated to perform, or whether there is no prohibition whatsoever in those cases. If the woman's intent is not to fulfill the mitzva but simply to perform it, there are no grounds for concern (Ritva). However, in this context, the discussion concerns mitzvot that the Sages permitted women to perform even when there is a certain measure of prohibition involved. For example, it could be argued in the case of placing one's hands on a sacrifice that it should be prohibited for women to do so, as they would be guilty of misusing the sacrifice. Consequently, the issue is similar to that of women donning phylacteries on Shabbat (see *Tosafot*, *Ḥullin* 85a).

Fulfillment of mitzvot in which women are not obligated – **קִיּוּם מִצְוֹת שֶׁבָּהֶן נָשִׁים פְּטוּרוֹת**: It could be argued that since women may don phylacteries on weekdays if they choose, they may don them on Shabbat as well, as in rescuing phylacteries the Sages permitted wearing on Shabbat anything that one wears on a weekday (Ritva).

כְּרַבִּי יוֹסֵי, דְּאָמַר: נָשִׁים סוֹמְכוֹת רְשׁוּת.

in accordance with the opinion of **Rabbi Yosei, who said:** It is **optional** for **women** to **place** their hands[N] on the head of a sacrificial animal before it is slaughtered. Although only men have this obligation, women may perform that rite if they wish. Similarly, women may perform other mitzvot that they have no obligation to fulfill.[N]

דְּאִי לָא תֵּימָא הָכִי – אִשְׁתּוֹ שֶׁל יוֹנָה הָיְתָה עוֹלָה לָרֶגֶל וְלֹא מִיחוּ בָּהּ. מִי אִיכָּא לְמַאן דְּאָמַר רֶגֶל לָאו מִצְוַת עֲשֵׂה שֶׁהַזְּמַן גְּרָמָא הוּא? אֶלָּא: קָסָבַר רְשׁוּת, הָכָא נָמֵי: רְשׁוּת.

As, if you do not say so, that this *tanna* holds in accordance with the opinion of Rabbi Yosei, the *baraita* states that **Jonah's wife would ascend** to Jerusalem for **the Festival pilgrimage and** the Sages **did not reprimand her. Is there anyone who says** that the mitzva of **Festival** pilgrimage **is not a time-bound positive mitzva** and that women are obligated to fulfill it? **Rather, he holds** that she did not embark on the pilgrimage as an obligation, but that it was **optional; here, too,** with regard to phylacteries, it is **optional.** Consequently, no proof can be cited from this *baraita* as to whether or not Shabbat is a fit time for phylacteries.

אֶלָּא הַאי תַּנָּא הִיא, דְּתַנְיָא: הַמּוֹצֵא תְּפִילִּין – מַכְנִיסָן זוּג זוּג, אֶחָד הָאִישׁ וְאֶחָד הָאִשָּׁה, אֶחָד חֲדָשׁוֹת וְאֶחָד יְשָׁנוֹת, דִּבְרֵי רַבִּי מֵאִיר. רַבִּי יְהוּדָה אוֹסֵר בַּחֲדָשׁוֹת וּמַתִּיר בִּיְשָׁנוֹת.

Rather, who is the *tanna* who maintains that Shabbat is a time for phylacteries? **It is this *tanna*** who taught the *halakha*, **as it was taught** in the *Tosefta*: **One who finds phylacteries brings them in pair by pair, whether** the finder is **a man or whether** she is **a woman,** and **whether** the phylacteries are **new or whether** they are **old.** This is **the statement of Rabbi Meir. Rabbi Yehuda prohibits** bringing in **new** phylacteries since they might merely be amulets in the form of phylacteries, **but** he **permits** bringing in **old** ones, which are certainly valid phylacteries.

עַד כָּאן לָא פְּלִיגִי אֶלָּא בַּחֲדָשׁוֹת וִישָׁנוֹת, אֲבָל בְּאִשָּׁה – לָא פְּלִיגִי. שְׁמַע מִינַּהּ: מִצְוַת עֲשֵׂה שֶׁלֹּא הַזְּמַן גְּרָמָא הוּא, וְכׇל מִצְוַת עֲשֵׂה שֶׁאֵין הַזְּמַן גְּרָמָא נָשִׁים חַיָּיבוֹת.

Analysis of this *Tosefta* indicates that Rabbi Meir and Rabbi Yehuda **disagree only with regard to** the issue of **new** phylacteries **and old ones; however, with regard to a woman** bringing in the phylacteries, **they do not disagree** that it is permitted. **Learn from it** that this *tanna* maintains that donning phylacteries **is a positive mitzva not bound by time, and** since **women are obligated in every positive mitzva not bound by time,** a woman may don these phylacteries and walk into the town.

וְדִילְמָא סָבַר לָהּ כְּרַבִּי יוֹסֵי, דְּאָמַר: נָשִׁים סוֹמְכוֹת רְשׁוּת? לָא סָלְקָא דַּעְתָּךְ, דְּלָא רַבִּי מֵאִיר סָבַר לָהּ כְּרַבִּי יוֹסֵי, וְלָא רַבִּי יְהוּדָה סָבַר לָהּ כְּרַבִּי יוֹסֵי.

The Gemara attempts to refute this. **But perhaps** that *tanna* **holds in accordance with** the opinion of **Rabbi Yosei, who said:** It is **optional** for **women to place** their hands on the head of a sacrificial animal before it is slaughtered. Here too, perhaps it is optional for women to don phylacteries. The Gemara answers: **This cannot enter your mind, as neither Rabbi Meir holds in accordance with** the opinion of **Rabbi Yosei, nor does Rabbi Yehuda hold in accordance with** the opinion of **Rabbi Yosei,** as the Gemara proceeds to prove.

לָא רַבִּי מֵאִיר סָבַר לָהּ כְּרַבִּי יוֹסֵי דִּתְנַן: אֵין מְעַכְּבִין אֶת הַתִּינוֹקוֹת מִלִּתְקוֹעַ. הָא נָשִׁים – מְעַכְּבִין. וּסְתָם מַתְנִיתִין רַבִּי מֵאִיר.

Neither Rabbi Meir holds in accordance with the opinion of **Rabbi Yosei, as we learned** in a mishna: **One need not prevent children from sounding**[H] the *shofar* on Rosh HaShana. Although there is an element of prohibition in sounding the *shofar* when there is no obligation to do so, since the children will one day be obligated to sound the *shofar*, one need not prevent them from doing so and learning. It may be inferred from here that **one must prevent women** from sounding the *shofar*. **And an unattributed mishna** is in accordance with the opinion of **Rabbi Meir,** indicating that according to Rabbi Meir, a woman does not even have the option of performing a time-bound positive mitzva.

וְלָא רַבִּי יְהוּדָה סָבַר לָהּ כְּרַבִּי יוֹסֵי דְּתַנְיָא: "דַּבֵּר אֶל בְּנֵי יִשְׂרָאֵל וְסָמַךְ" בְּנֵי יִשְׂרָאֵל סוֹמְכִין וְאֵין בְּנוֹת יִשְׂרָאֵל סוֹמְכוֹת. רַבִּי יוֹסֵי וְרַבִּי שִׁמְעוֹן אוֹמְרִים: נָשִׁים סוֹמְכוֹת רְשׁוּת.

Nor does Rabbi Yehuda hold in accordance with the opinion of **Rabbi Yosei, as it was taught** in the *Sifra*, the halakhic *midrash* on Leviticus. The verse states: **"Speak to the sons of Israel…and he shall place** his hands on the head of the burnt-offering" (Leviticus 1:2–4). By inference, **the sons of Israel place** their hands, **but the daughters of Israel do not place** their hands.[H] **Rabbi Yosei and Rabbi Shimon say:** It is **optional** for **women** to **place** their hands on the head of a sacrificial animal before it is slaughtered.

וּסְתָם סִיפְרָא מַנִּי – רַבִּי יְהוּדָה.

And who is the author of **an unattributed** ***Sifra*****? It is Rabbi Yehuda.**[N] This teaching proves that Rabbi Yehuda maintains that women do not have the option of placing their hands on a sacrifice. Neither Rabbi Meir nor Rabbi Yehuda accepts Rabbi Yosei's opinion that it is optional for women to perform time-bound positive mitzvot; therefore, the *tanna* who cited their opinions that a woman may bring in phylacteries on Shabbat maintains that the mitzva of phylacteries is not time-bound and is in effect even on Shabbat, which is why even women are obligated.

אָמַר רַבִּי אֶלְעָזָר: הַמּוֹצֵא תְּכֵלֶת בַּשּׁוּק, לְשׁוֹנוֹת – פְּסוּלוֹת, חוּטִין – כְּשֵׁרִין.

Rabbi Elazar said: With regard to **one who one finds** fabric dyed **sky blue**[H] **in the marketplace,**[N] if he found **strips** of combed and dyed wool **they are unfit** for use as ritual fringes. The sky blue threads used in ritual fringes must be spun and dyed for the purpose of the mitzva, and these strips might have been dyed for a different purpose. However, if one found sky blue **threads, they are fit** for use in ritual fringes, as it can be assumed they were prepared for that purpose.

מַאי שְׁנָא לְשׁוֹנוֹת – דְּאָמַר: אַדַּעְתָּא דִּגְלִימָא צְבַעִינְהוּ. חוּטִין נַמִי, נֵימָא: אַדַּעְתָּא דִּגְלִימָא טְוֵינְהוּ. בִּשְׁזוּרִים.

The Gemara asks: **What is different** about **strips** that renders them unfit? It is because Rabbi Elazar **said: One dyed** the strips **with the intent** to use them **for a cloak.** If so, with regard to **threads as well, let us say: One spun them with the intent** to use them **for a cloak.** In that case, they too would be deemed unfit. The Gemara answers: Here, it is referring to threads that are **twisted,** which are not typically used for weaving.

שְׁזוּרִים נַמִי, נֵימָא: אַדַּעְתָּא דְּשִׁיפְתָּא דִּגְלִימָא עַיְיפִינְהוּ. בִּמוּפְסָקִין, דְּכוּלֵּי הַאי וַדַּאי לָא טָרְחִי אֱינָשֵׁי.

The Gemara asks: With regard to **twisted** threads **as well, let us say** that **one twisted them with the intent** of attaching them to **the hem of a cloak** as ornamentation. The Gemara answers: It is referring to twisted threads **that were cut** into short strings suitable for use as ritual fringes, **as people certainly do not exert** themselves and fashion fringes of a cloak to resemble ritual fringes.

אָמַר רָבָא: וְכִי אָדָם טוֹרֵחַ לַעֲשׂוֹת קָמֵיעַ כְּמִין תְּפִילִּין? דִּתְנַן: בַּמֶּה דְּבָרִים אֲמוּרִים – בִּיְשָׁנוֹת, אֲבָל בַּחֲדָשׁוֹת – פָּטוּר.

Rava said: The assertion that people do not exert themselves is problematic, **as** by the same token, **does a person exert** himself **to fashion an amulet in the form of phylacteries?** Nevertheless, the Sages were concerned that an object that appears to be phylacteries might actually be a different object. **As we learned** in a mishna: **In what** case **is this statement** that one is permitted to carry phylacteries inside on Shabbat **said?** It is **with regard to old** phylacteries. **However, with regard to new** ones, **he is exempt** from the obligation to bring them in, as it is possible that they are not phylacteries but amulets in the form of phylacteries. Similarly, there should be concern lest people fashion items similar to objects used for a mitzva, even if exertion is involved.

HALAKHA

One need not prevent children from sounding – אֵין מְעַכְּבִין אֶת הַתִּינוֹקוֹת מִלִּתְקוֹעַ: One is not obligated to prevent children who have not reached the age of education from sounding a *shofar* on Shabbat. However, if they have reached the age of five or six years old, one must stop them from doing so. An adult is permitted to teach a child to sound the *shofar* on Rosh HaShana, even if it coincides with Shabbat, whether or not the child has reached the age of education (Rambam). According to the Ra'avad, if the child has reached the age of education one can assist him even on Shabbat; however, if he has not reached that age, one may not teach him on Shabbat, and one need not prevent him from sounding the *shofar* on the Festival (Rambam *Sefer Zemanim, Hilkhot Shofar VeSukka VeLulav* 2:7). The author of the *Tur* writes that if a child has not reached the age of education, he is encouraged to sound the *shofar*. If he has reached it, he is not told to sound the *shofar*, but if he attempts to do so, one need not stop him (*Tur, Oraḥ Ḥayyim* 588).

The daughters of Israel do not place their hands – אֵין בְּנוֹת יִשְׂרָאֵל סוֹמְכוֹת: Women do not place their hands on a sacrifice, as stated by the mishna in tractate *Menaḥot* (Rambam *Sefer Avoda, Hilkhot Ma'aseh HaKorbanot* 3:8).

One who finds fabric dyed sky blue – הַמּוֹצֵא תְּכֵלֶת: If a person finds strips of fabric dyed sky blue, or even cut threads, they are invalid for use as ritual fringes. However, if he finds twisted threads, they are valid, in accordance with the opinion of Rabbi Eliezer (Rambam *Sefer Ahava, Hilkhot Tzitzit* 2:7).

NOTES

The author of an unattributed *Sifra*…is Rabbi Yehuda – סְתָם סִפְרָא...רַבִּי יְהוּדָה: There is a difference between the assertion that an unattributed *Sifra* reflects Rabbi Yehuda's opinion, and similar statements that a certain Sage edited a rabbinic text. A Sage who edited a book is not required to agree with everything the volume contains. According to Rambam, the *Sifra*, also known as *Torat Kohanim*, was edited by Rav and not by Rabbi Yehuda. However, the statement that an unattributed *Sifra* reflects Rabbi Yehuda's opinion indicates that although he did not edit the *Sifra*, the unattributed teaching is in accordance with his opinion (see *Baḥ* and Rashash).

One who finds fabric dyed sky blue in the marketplace – הַמּוֹצֵא תְּכֵלֶת בַּשּׁוּק: In tractate *Menaḥot*, the Sages explain that not every blue-dyed wool is considered dyed sky blue, and there are many signs for determining the nature of the dye used to color the wool. Even if the wool threads were certainly dyed with sky blue dye, it is still possible that they were dyed improperly as several factors can invalidate the wool used for the mitzva of ritual fringes. For example, the wool would be invalidated if the dye upon it was used only as a test (see *Tosafot* and *Me'iri*).

אָמַר רַבִּי זֵירָא לְאַהֲבָה בְּרֵיהּ, פּוּק תְּנִי לְהוּ: הַמּוֹצֵא תְּכֵלֶת בַּשּׁוּק, לְשׁוֹנוֹת – פְּסוּלִין, חוּטִין מוּפְסָקִין – כְּשֵׁירִין, לְפִי שֶׁאֵין אָדָם טוֹרֵחַ.

Rabbi Zeira said to his son Ahava: Go out and teach this *baraita* **to** the Sages. With regard to **one who finds** fabric dyed **sky blue in the marketplace,** if he finds **strips, they are unfit** for use in ritual fringes; however, if he finds **threads cut** into short strings, **they are fit** for use in ritual fringes **because a person does not exert** himself. Apparently, that is the reason for the *halakha*.

אָמַר רָבָא: וּמִשּׁוּם דְּתָנֵי לַהּ אַהֲבָה בְּרֵיהּ דְּרַבִּי זֵירָא כֵּיפֵי תְּלָא לַהּ? וְהָתְנַן: בַּמֶּה דְּבָרִים אֲמוּרִים – בִּישָׁנוֹת, אֲבָל בַּחֲדָשׁוֹת – פָּטוּר.

Rava said: And because Ahava, son of Rabbi Zeira, taught this *halakha*, **has he hung** ornamental **rings on** that line of reasoning, i.e., does that constitute an absolute proof? The difficulty posed by Rava from the mishna is not resolved by the *baraita*, **as we learned: In what** case **is this statement** that one is permitted to carry phylacteries inside **said?** It is **with regard to old** phylacteries. **However, with regard to new** ones, **he is exempt.** Apparently, there is concern lest one exert himself to fashion an object similar to one used in a mitzva.

אֶלָּא אָמַר רָבָא: טָרַח וְלֹא טָרַח – תַּנָּאֵי הִיא,

Rather, Rava said: The sources are not contradictory, as the question of whether one **exerts** himself **or does not exert** himself **is** the subject of a dispute between ***tanna'im***. Some hold that one exerts himself as indicated by the mishna with regard to phylacteries, whereas others hold that one does not exert himself as stated with regard to sky blue dye.

דְּתַנְיָא: הַמּוֹצֵא תְּפִילִּין – מַכְנִיסָן זוּג זוּג, אֶחָד הָאִישׁ וְאֶחָד הָאִשָּׁה,

As it was taught in the *Tosefta*: **One who finds phylacteries** in a field **brings them in** to the town **pair** by **pair, whether** the finder is **a man or a woman,**

Perek **X**
Daf **97** Amud **a**

אֶחָד חֲדָשׁוֹת וְאֶחָד יְשָׁנוֹת, דִּבְרֵי רַבִּי מֵאִיר. רַבִּי יְהוּדָה אוֹסֵר בַּחֲדָשׁוֹת וּמַתִּיר בִּישָׁנוֹת. אַלְמָא, מָר סָבַר: טָרַח אִינִישׁ, וּמָר סָבַר לֹא טָרַח אִינִישׁ.

and **whether** the phylacteries are **new or old;** this is **the statement of Rabbi Meir. Rabbi Yehuda prohibits** carrying **new** phylacteries **but permits** carrying **old ones.**[NH] **Apparently,** one **Sage,** Rabbi Yehuda, **holds** that **a person exerts** himself to fashion an amulet that looks like phylacteries, **and** one **Sage,** Rabbi Meir, **holds** that **a person does not exert** himself for this purpose, and therefore something that has the appearance of phylacteries must be phylacteries.

(שיצ"י עצב"י סִימָן). וְהַשְׁתָּא דְּתָנֵי אֲבוּהּ דִּשְׁמוּאֵל בַּר רַב יִצְחָק: אֵלּוּ הֵן יְשָׁנוֹת – כֹּל שֶׁיֵּשׁ בָּהֶן רְצוּעוֹת וּמְקוּשָּׁרוֹת, חֲדָשׁוֹת – יֵשׁ בָּהֶן רְצוּעוֹת וְלֹא מְקוּשָּׁרוֹת. דְּכוּלֵּי עָלְמָא לֹא טָרַח אִינִישׁ.

Shin, *yod*, *tzadi*, *yod*, *ayin*, *tzadi*, *beit*, *yod* is a **mnemonic** for the statements that follow. The Gemara adds: **And now that the father of Shmuel bar Rav Yitzḥak has taught** that **these are** deemed **old** phylacteries: **Any that have straps that** are permanently **tied**[N] in the manner of phylacteries, and **new** phylacteries are those **that have straps that are not tied,** the conclusion is **that everyone agrees** that **a person exerts** himself to fashion an amulet similar to phylacteries or string-like ritual fringes. They disagree with regard to new phylacteries that are not tied properly and cannot be donned in a manner typical of a weekday. The reason is that tying a permanent knot on Shabbat is prohibited by Torah law. Therefore, these phylacteries may not be donned, and Rabbi Zeira's opinion is accepted.

וְלִיעַנְבִינְהוּ מִיעַנָב. אָמַר רַב חִסְדָּא, זֹאת אוֹמֶרֶת: עֲנִיבָה פְּסוּלָה בִּתְפִילִּין.

The Gemara asks a question with regard to Rabbi Yehuda's opinion that new phylacteries may not be brought into town because they lack a permanent knot: Why must one tie the phylacteries with a knot? **Let him** simply **tie a bow,** which is not prohibited on Shabbat, and place the phylacteries on his head and arm in that manner. **Rav Ḥisda said: That is to say** that **a bow is invalid for phylacteries,** as a proper knot is required.

אַבָּיֵי אָמַר: רַבִּי יְהוּדָה לְטַעְמֵיהּ, דְּאָמַר: עֲנִיבָה קְשִׁירָה מְעַלְּיְיתָא הִיא.

Abaye said: This is not the correct interpretation. Rather, **Rabbi Yehuda** conforms to **his** standard line of **reasoning, as he said: A bow is a full-fledged knot,** and it is prohibited to tie it on Shabbat by Torah law.

NOTES

New and old phylacteries – תְּפִילִּין חֲדָשׁוֹת וִישָׁנוֹת: In the Jerusalem Talmud it is stated that the concern with regard to new phylacteries is unrelated to their status as phylacteries. Rather, the issue is whether or not they have been examined. Since it is possible that they are not valid phylacteries, they may not be carried on Shabbat.

Straps that are tied – רְצוּעוֹת וּמְקוּשָּׁרוֹת: The Rif explains that in the final analysis Rabbi Yehuda prohibits carrying new phylacteries not due to the prohibition against making a knot, but due to the concern that they might be amulets. If it only has straps, the phylacteries might be amulets; on the other hand, if the straps have actually been tied, it can be assumed that they are not amulets, as no one would go to the trouble of tying knots for amulets. The Rambam's ruling indicates that he explains this in a similar manner (Ramban).

HALAKHA

New and old phylacteries – תְּפִילִּין חֲדָשׁוֹת וִישָׁנוֹת: New phylacteries may not be carried on Shabbat, even if they have straps, unless the straps have been knotted (*Shulḥan Arukh, Oraḥ Ḥayyim* 301:42).

טַעְמָא דַּעֲנִיבָה קְשִׁירָה מַעַלְיְיתָא הִיא, הָא לָאו הָכִי – עָנֵיב לְהוּ? וְהָאָמַר רַב יְהוּדָה בְּרֵיהּ דְּרַב שְׁמוּאֵל בַּר שֵׁילַת מִשְּׁמֵיהּ דְּרַב: קֶשֶׁר שֶׁל תְּפִילִּין הֲלָכָה לְמֹשֶׁה מִסִּינַי הוּא. וַאֲמַר רַב נַחְמָן: וְנוֹיֵיהֶן לְבַר.

The Gemara asks: **The reason** that it is prohibited to tie a bow is **that a bow is a full-fledged knot. If that were not so,** one could **tie the** phylacteries **with a bow. But didn't Rav Yehuda, son of Rav Shmuel bar Sheilat, say in the name of Rav:** The form of the permanent **knot of phylacteries**[B] **is a *halakha* transmitted to Moses from Sinai; and Rav Naḥman said: And their decorative** side, the side of the knot where the shape of the letter appears, must face **outward.**[N] Apparently, a bow does not suffice for phylacteries, as an actual knot is required.

דְּעָנֵיב לְהוּ כְּעֵין קְשִׁירָה דִּידְהוּ.

The Gemara rejects this contention: It is referring to a case **where one tied a bow similar** in form **to a** permanent **knot,** without actually tying a permanent knot.

אָמַר רַב חִסְדָּא, אָמַר רַב: הַלּוֹקֵחַ תְּפִילִּין מִמִּי שֶׁאֵינוֹ מוּמְחֶה – בּוֹדֵק שְׁתַּיִם שֶׁל יָד וְאַחַת שֶׁל רֹאשׁ, אוֹ שְׁתַּיִם שֶׁל רֹאשׁ וְאַחַת שֶׁל יָד.

Rav Ḥisda said that **Rav said: One who purchases** a large quantity of **phylacteries from one who is not an expert,** i.e., a person who has not proven to be a reliable manufacturer of phylacteries, the purchaser **examines two** phylacteries **of the arm and one of the head, or two of the head and one of the arm,** to see if they are valid and the individual reliable. If the three phylacteries are found to be valid upon examination, the seller is considered an expert and the rest of the phylacteries are presumed valid as well.

מַה נַּפְשָׁךְ; אִי מֵחַד גַּבְרָא קָא זָבֵין – לִבְדּוֹק אוֹ שָׁלֹשׁ שֶׁל יָד אוֹ שָׁלֹשׁ שֶׁל רֹאשׁ.

The Gemara asks: **Whichever way you look at it,** this ruling is problematic: **If** the buyer **purchased** all of the phylacteries **from one person,** who acquired them from somebody else, **let him examine three** phylacteries **of the arm or three of the head,** in accordance with the principle that presumptive status is established after three instances.

אִי מִתְּרֵי תְּלָתָא גַּבְרֵי זָבֵין – כָּל חַד וְחַד לִיבָּעֵי בְּדִיקָה. לְעוֹלָם מֵחַד גַּבְרָא זָבֵין, וּבָעֵינַן דְּמִיתְמַחֵי בְּשֶׁל יָד וּבְשֶׁל רֹאשׁ.

If he purchased the phylacteries **from two** or **three people, each and every one** of the phylacteries **should require examination.**[H] The presumptive status of one pair of phylacteries does not apply to the others, as they might have been produced by a different person. The Gemara answers: **Actually,** this refers to a case where the buyer **bought** the phylacteries **from one person, and we require** that the seller prove himself **to be an expert with regard to** both the phylactery **of the arm and** the phylactery **of the head.**

אִינִי? וְהָא תָּנֵי רַבָּה בַּר שְׁמוּאֵל: בַּתְּפִילִּין בּוֹדֵק שָׁלֹשׁ שֶׁל יָד וְשֶׁל רֹאשׁ. מַאי לָאו אוֹ שָׁלֹשׁ שֶׁל יָד, אוֹ שָׁלֹשׁ שֶׁל רֹאשׁ? לֹא, שָׁלֹשׁ, מֵהֶן שֶׁל יָד מֵהֶן שֶׁל רֹאשׁ.

The Gemara asks: **Is that so? Didn't Rabba bar Shmuel teach** that **with** regard to **phylacteries one examines three of the arm and three of the head? What, is it not** that he examines **either three** phylacteries **of the arm or three of the head?** The Gemara rejects this explanation: **No,** it means that he examines **three** phylacteries in total, **among them** phylacteries **of the arm and among them** phylacteries **of the head,** as stated by Rav Ḥisda in the name of Rav.

וְהָתָנֵי רַב כָּהֲנָא: בַּתְּפִילִּין בּוֹדֵק שְׁתַּיִם שֶׁל יָד וְשֶׁל רֹאשׁ. הָא מַנִּי רַבִּי הִיא, דְּאָמַר: בִּתְרֵי זִימְנֵי הָוֵי חֲזָקָה.

The Gemara asks: **But didn't Rav Kahana teach** that **with** regard to **phylacteries one examines two of the arm and two of the head?** This statement certainly contradicts Rav's opinion. The Gemara explains: In accordance with **whose** opinion **is this** *halakha*? **It is** the opinion of **Rabbi** Yehuda HaNasi, **who said: Presumptive status is** established[N] **by two times.** Although most Sages maintain that it takes three instances to establish a presumptive status, Rabbi Yehuda HaNasi rules that two cases suffice. Consequently, in the case of phylacteries, it is sufficient to examine two.

BACKGROUND

Knot of phylacteries – קֶשֶׁר שֶׁל תְּפִילִּין: The pictures show the letter *shin* on the head phylactery itself, the knot of the head phylactery according to the Ashkenazic custom, which is tied in the shape of the letter *dalet*, and the knot of the arm phylactery, which is tied in the shape of the letter *yod*. Together these spell out the Hebrew word *Shadai*, which is one of God's names.

Letter *shin* on head phylactery

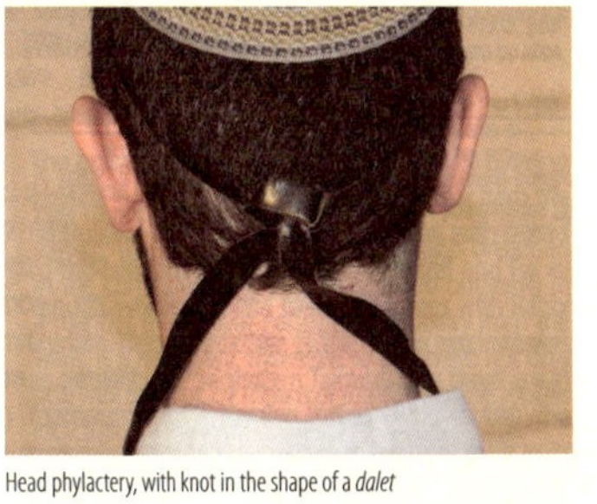

Head phylactery, with knot in the shape of a *dalet*

Arm phylactery, with knot in the shape of a *yod*

HALAKHA

Examination of phylacteries – בְּדִיקַת תְּפִילִּין: One who buys phylacteries from a person who has not been established as an expert must examine them. If he checked three phylacteries of the head and the arm and found them to be valid, all the other phylacteries are presumed to be valid as well. If he bought them in bundles he must examine each and every bundle, as stated by Rav (Rambam *Sefer Ahava, Hilkhot Tefillin UMezuza VeSefer Torah* 2:10; *Shulḥan Arukh, Oraḥ Ḥayyim* 39:9).

NOTES

Their decorative side must face outward – נוֹיֵיהֶן לְבַר: This statement has been explained in several ways. Some commentaries state that it refers to the raised letter *shin* on the phylactery of the head, which should not be contained inside the phylactery box, but must be visible on the outside, as taught by Rashi. Other authorities explain that this means the *shin* must be raised rather than carved into the phylactery. Yet other commentaries maintain that the reference is to the *halakha* that the parchments must be written on the better quality side of the hide (*Me'iri*).

The establishment of a presumptive status – קְבִיעַת חֲזָקָה: This dispute regarding the laws of a presumptive status appears in several places in the Talmud. The Rabbis maintain that something that recurs three times has a presumptive status, i.e., it forms an established status quo. An example of this is the *halakha* of an ox that gored three times, at which point its owner is considered forewarned and must pay full damages if the animal causes further harm. By contrast, Rabbi Yehuda HaNasi maintains that a simple repetition is enough to create a presumptive status. In this context, three consecutive examinations that reveal valid phylacteries are enough to establish a reliable presumptive status that all of the phylacteries are valid. This status can only be annulled by evidence to the contrary.

אִי רַבִּי, אֵימָא סֵיפָא: וְכֵן בַּצְּבָת הַשֵּׁנִי, וְכֵן בַּצְּבָת הַשְּׁלִישִׁי. וְאִי רַבִּי – שְׁלִישִׁי מִי אִית לֵיהּ?

The Gemara asks: **If** this ruling is in accordance with the opinion of **Rabbi** Yehuda HaNasi, **say the latter clause** of that same *baraita* as follows: **And** he must **likewise** examine **the second bundle** of phylacteries, **and likewise the third bundle. And if it is** in accordance with **Rabbi** Yehuda HaNasi's opinion, **is he of** the opinion that **a third** examination is necessary? Rabbi Yehuda HaNasi does not require a third examination to establish a presumptive status, as he maintains that the examination of two bundles suffices.

מוֹדֶה רַבִּי בִּצְבָתִים, דְּמִתְּרֵי תְּלָתָא גַּבְרֵי זָבֵין. אִי הָכִי, אֲפִילּוּ רְבִיעִי נַמִי, וַאֲפִילּוּ חֲמִישִׁי נַמִי.

The Gemara answers: **Rabbi** Yehuda HaNasi **concedes with regard to bundles, as one buys** them **from two** or **three** different **people.** It can be assumed that the various bundles of phylacteries were not all manufactured by the same person. Consequently, the validity of one bundle does not establish a presumption with regard to another. The Gemara asks: **If so, even** the **fourth** bundle must be examined **as well, and even** the **fifth as well.** If the bundles were bought from different manufacturers, every one of them requires examination, not only the third.

אִין הָכִי נַמִי, וְהַאי דְּקָתָנֵי שְׁלִישִׁי – לְאַפּוֹקֵי מֵחֶזְקֵיהּ, וּלְעוֹלָם אֲפִילּוּ רְבִיעִי וַחֲמִישִׁי נַמִי.

The Gemara answers: **Yes, it is indeed so;** this is how one must proceed. **And** the reason **that** Rabbi Yehuda HaNasi **teaches three** bundles rather than four or five is **to exclude** the third bundle **from its presumptive status.** By stating that the third bundle must be examined, Rabbi Yehuda HaNasi indicates that in this case two examinations do not establish a presumption; rather, all of the bundles must be checked. **And actually, even** the **fourth and fifth** bundles require examination **as well.**

״מְצָאָן צְבָתִים אוֹ כְּרִיכוֹת וכו׳״ מַאי צְבָתִים, וּמַאי כְּרִיכוֹת? אָמַר רַב יְהוּדָה, אָמַר רַב: הֵן הֵן צְבָתִים, הֵן הֵן כְּרִיכוֹת. צְבָתִים זוּוֵי זוּוֵי, כְּרִיכוֹת דִּכְרִיכָן טוּבָא.

It was stated in the mishna that if **one finds** phylacteries **tied in bundles or in wrapped piles,** he sits there and waits with them until dark and then brings them in. The Gemara asks: **What is** the meaning of **bundles** in this context, **and what is** meant by **wrapped piles? Rav Yehuda said** that **Rav said:** The same types of objects **are** called **bundles, and they are** also called **wrapped piles,** i.e., both contain more than one pair of phylacteries. **Bundles** consist of many pairs of phylacteries arranged **in pairs** [*zuvei*][L] of a head phylactery with an arm phylactery, whereas **wrapped piles**[B] indicates **that many** phylacteries **are wrapped together** in no particular arrangement.

״מַחְשִׁיךְ עֲלֵיהֶן וּמְבִיאָן״. וְאַמַּאי? לְעַיְּילִינְהוּ זוּג זוּג. אָמַר רַב יִצְחָק בְּרֵיהּ דְּרַב יְהוּדָה: לְדִידִי מִיפָּרְשָׁא לִיהּ מִינֵּיהּ דְּאַבָּא: כׇּל שֶׁאִילּוּ מַכְנִיסָן זוּג זוּג וְכָלוֹת קוֹדֶם שְׁקִיעַת הַחַמָּה – מַכְנִיסָן זוּג זוּג, וְאִי לָא – מַחְשִׁיךְ עֲלֵיהֶן וּמְבִיאָן.

We learned in the mishna that one sits there and **waits with them until dark and** then **brings them** in. The Gemara asks: **And why** must he do that? **Let him bring them in pair** by **pair. Rav Yitzḥak, son of Rav Yehuda, said:** This matter **was explained to me** personally **by** my **father** as follows: **Any** instance where there are few enough phylacteries **that were he to bring them in pair** by **pair**[H] **he would finish before sunset, he brings them** in **pair** by **pair. But if not,** i.e., if there are so many pairs of phylacteries that were he to bring them in one pair at a time he would not bring them all in before sunset, **he waits** there **with** all of **them until dark and** then **brings them** in.

״וּבְסַכָּנָה מְכַסָּן וְהוֹלֵךְ״. וְהָתַנְיָא: וּבְסַכָּנָה מוֹלִיכָן פָּחוֹת פָּחוֹת מֵאַרְבַּע אַמּוֹת. אָמַר רַב: לָא קַשְׁיָא; הָא – בְּסַכָּנַת גּוֹיִם, הָא – בְּסַכָּנַת לִסְטִים.

It was stated in the mishna that **in** a time of **danger**[H] **one covers** the phylacteries **and proceeds on his** way. The Gemara asks: **Wasn't it taught** in a different *baraita*: **And in** a time of **danger he carries them less than four cubits** at a time? The Gemara answers that **Rav said:** It is **not difficult.** In **this** mishna, which states that the finder covers the phylacteries, it is referring **to the danger** posed **by gentiles,** where the gentile authorities decreed against donning phylacteries and the finder is afraid to be seen carrying them. However, in **that** *baraita,* which teaches that one may carry them less than four cubits at a time, it is dealing **with the danger** posed **by bandits** [*listim*].[L] In that case he is afraid to remain there until dark, but he is not worried about taking the phylacteries with him. Consequently, he may carry them less than four cubits at a time.

LANGUAGE

Pairs [*zuvei*] – **זוּוֵי:** Related to the Greek ζεῦγος, *zeugos*, meaning a yoke, and by extension, a pair.

Bandits [*listim*] – **לִסְטִים:** From the Greek ληστής, *lestès*, meaning thief or bandit. The written form was corrupted slightly to *listim* instead of *listis*.

BACKGROUND

Wrapped piles – **כְּרִיכוֹת:** A pile of phylacteries wrapped and placed together, as opposed to bundles of phylacteries placed in pairs.

Pile of phylacteries

HALAKHA

Any instance that were he to bring them in pair by pair – **כׇּל שֶׁאִילּוּ מַכְנִיסָן זוּג זוּג:** If one finds a large pile of phylacteries outside and is unable to bring them all in by nightfall in pairs, he may not carry any of them. Instead, he must wait alongside them and guard them until nightfall (Rambam *Sefer Zemanim, Hilkhot Shabbat* 19:23; *Shulḥan Arukh, Oraḥ Ḥayyim* 301:42).

Danger – **סַכָּנָה:** If it is dangerous to walk in public with phylacteries on one's head due to bandits, one may carry them in increments of less than four cubits each, or pass them to another who then passes the phylacteries to another until the phylacteries reach a private domain. In this case the *halakha* is not in accordance with the first *tanna*, but with the lenient opinion of Rabbi Shimon (*Beit Yosef*). Furthermore, Rabbi Yehuda permits one to carry in this manner even for an optional purpose (Rambam *Sefer Zemanim, Hilkhot Shabbat* 19:24; *Shulḥan Arukh, Oraḥ Ḥayyim* 301:42, and in the comment of the Vilna Gaon).

אָמַר לֵיהּ אַבַּיֵי: בְּמַאי אוֹקִימְתָּא לְמַתְנִיתִין – בְּסַכָּנַת גּוֹיִם, אֵימָא סֵיפָא; רַבִּי שִׁמְעוֹן אוֹמֵר: נוֹתְנָן לַחֲבֵירוֹ, וַחֲבֵירוֹ לַחֲבֵירוֹ. כׇּל שֶׁכֵּן דְּאַוּוֹשָׁא מִילְּתָא.

Abaye said to him: In what manner **did you establish our mishna as dealing with the danger** posed **by gentiles? Say the latter clause** of the mishna as follows: **Rabbi Shimon says** that **one gives them to another and the other** passes them **to another.** In that case, **all the more so** will **the matter be conspicuous,** and they should fear the decree issued by the gentiles.

חַסּוּרֵי מִיחַסְּרָא, וְהָכִי קָתָנֵי: בַּמֶּה דְּבָרִים אֲמוּרִים – בְּסַכָּנַת גּוֹיִם אֲבָל בְּסַכָּנַת לִיסְטִים – מוֹלִיכָן פָּחוֹת פָּחוֹת מֵאַרְבַּע אַמּוֹת.

The Gemara answers: The mishna **is incomplete and is teaching the following: In what case is this statement** that the finder covers the phylacteries **said?** It is where the concern is **danger** posed by **gentiles. However,** where the concern is **danger** posed by **bandits, one carries them less than four cubits at a time.** In that case Rabbi Shimon disagrees, maintaining that it is preferable that many people carry the phylacteries.

״רַבִּי שִׁמְעוֹן אוֹמֵר נוֹתְנָן לַחֲבֵירוֹ וכו׳״. בְּמַאי קָמִיפַּלְגִי? מָר סָבַר: פָּחוֹת מֵאַרְבַּע אַמּוֹת עָדִיף, דְּאִי אָמְרַתְּ נוֹתְנָן לַחֲבֵירוֹ וַחֲבֵירוֹ לַחֲבֵירוֹ – אַוּוֹשָׁא מִילְּתָא דְּשַׁבָּת.

It is stated in the mishna that **Rabbi Shimon says: One gives them to another** and the other passes them to another. The Gemara asks: **With regard to what** principle **do they disagree?** One **Sage,** the first *tanna*, **holds** that having one person carrying the phylacteries **less than four cubits** at a time **is preferable, as if you say** that the finder **gives them to another, and the other** passes them **to another, Shabbat** desecration **will be noticeable,**[N] thereby demeaning Shabbat's character as a sacred day of rest.

וּמָר סָבַר: נוֹתְנָן לַחֲבֵירוֹ עָדִיף, דְּאִי אָמְרַתְּ מוֹלִיכָן פָּחוֹת מֵאַרְבַּע אַמּוֹת – זִימְנִין דְּלָאו אַדַּעְתֵּיהּ, וְאָתֵי לְאַתּוֹיֵינְהוּ אַרְבַּע אַמּוֹת בִּרְשׁוּת הָרַבִּים.

And the other Sage, Rabbi Shimon, **holds** that the solution that **one gives** the phylacteries **to another is preferable, as if you say** that the finder **carries them less than four cubits** at a time, **sometimes it is not in his thoughts and** will unwittingly **come to carry** the phylacteries **four cubits in the public domain.** That is unlikely if there are numerous people together.

״וְכֵן בְּנוֹ״. בְּנוֹ מַאי בָּעֵי הָתָם? דְּבֵי מְנַשֶּׁה תָּנָא: בְּשֶׁיְּלָדַתּוּ אִמּוֹ בַּשָּׂדֶה.

It was stated in the mishna: **And the same** is true with regard to **one's son.** The Gemara is surprised: **What is his son doing there**[N] in the field necessitating his retrieval in this way? **The school of Menashe taught:** It is referring to a case **where his mother gave birth to him in a field,**[N] and he must be brought to town.

וּמַאי אֲפִילּוּ הֵן מֵאָה – דְּאַף עַל גַּב דְּקַשְׁיָא לֵיהּ יָדָא, אֲפִילּוּ הָכִי – הָא עֲדִיפָא.

And what may be inferred from the mishna's ruling that the baby is passed from one person to the next, **even** if it requires **a hundred** people? This teaches **that although it is difficult for** the child to be passed from **hand** to hand, **even so, this** method of transporting him **is preferable** to his being carried by one person less than four cubits at a time.

״רַבִּי יְהוּדָה אוֹמֵר נוֹתֵן אָדָם חָבִית״. וְלֵית לֵיהּ לְרַבִּי יְהוּדָה הָא דִּתְנַן: הַבְּהֵמָה וְהַכֵּלִים כְּרַגְלֵי הַבְּעָלִים?

It was stated in the mishna that **Rabbi Yehuda says: A person gives a barrel to another,** and the other may pass it to another, and in that way they may take it even beyond the Shabbat limit. The Gemara asks: **And is Rabbi Yehuda not of the opinion** of that **which we learned** in a mishna: The distance that **an animal and vessels** may be taken **is like** the distance that **the feet of the owners** may go with regard to Shabbat limits?

אָמַר רֵישׁ לָקִישׁ מִשּׁוּם לֵוִי סָבָא: הָכָא בְּמַאי עָסְקִינַן – בִּמְעָרֶן מֵחָבִית לְחָבִית. וְרַבִּי יְהוּדָה לְטַעְמֵיהּ, דְּאָמַר: מַיִם אֵין בָּהֶם מַמָּשׁ.

Reish Lakish said in the name of Levi the Elder: With what are we dealing here? We are dealing **with** a case where **one pours** the water **from one barrel to** another **barrel** so that only the water, rather than the barrel itself, is taken beyond the limit. **And Rabbi Yehuda** follows **his** usual **reasoning, as he said: Water has no substance,** i.e., it is not significant enough for its transfer beyond the Shabbat limit to be prohibited.

דִּתְנַן: רַבִּי יְהוּדָה פּוֹטֵר בַּמַּיִם, מִפְּנֵי שֶׁאֵין בָּהֶן מַמָּשׁ.

As we learned in a mishna that discusses a dispute on this issue: If one person adds flour for dough while another adds the water, the Rabbis say that the dough may only be taken as far as both owners are permitted to go, whereas **Rabbi Yehuda exempts water** from any limit **due to the fact that it has no substance.**[N]

NOTES

Shabbat desecration will be noticeable – אַוּוֹשָׁא מִילְּתָא דְּשַׁבָּת: Some commentaries explained the problem as follows: Although this does not constitute a prohibition, the concern is that a person ignorant in *halakha* might think they are desecrating Shabbat (Rabbeinu Yehonatan).

What is his son doing there – בְּנוֹ מַאי בָּעֵי הָתָם: In other words, the case being discussed must certainly be some sort of an emergency, as one does not generally carry a child in this method. The Gemara therefore asks how the child got there (Ritva).

Where his mother gave birth to him in a field – בְּשֶׁיְּלָדַתּוּ אִמּוֹ בַּשָּׂדֶה: The explanation in the Jerusalem Talmud is that this refers to a baby whose life would be threatened were it to remain outside the town. Nevertheless, the Sages insisted that the situation should be addressed without performing labor prohibited on Shabbat if possible.

The commentaries on the Babylonian Talmud and the halakhic authorities disagree with this interpretation. They maintain that if the baby's life is threatened or if it requires first aid, Shabbat prohibitions may certainly be violated. Rather, it is referring to a case where bringing the baby to town would permit better care for the child, although the baby would not be in danger if left where it is (see Ritva).

Water…has no substance – מַיִם...אֵין בָּהֶם מַמָּשׁ: The initial assumption is surprising: How can water in dough be comparable to water in its pure unadulterated form? The Ritva suggests that even water in dough is discernible. That is because dough can only be prepared with water, which facilitates its preparation, and an ingredient that facilitates preparation of that food cannot be nullified.

וּמַאי ״לֹא תְּהַלֵּךְ זוֹ״ – לֹא יְהַלֵּךְ מַה שֶּׁבָּזוֹ יוֹתֵר מֵרַגְלֵי הַבְּעָלִים.

And what, then, is the meaning of the Rabbis' statement in the mishna: **This** may **not go** farther than the feet of the owners may go, which apparently refers to the barrel? It means: **That which is in this** barrel may **not go farther than the feet of the owners** may go.

אֵימַר דְּשָׁמְעַתְּ לֵיהּ לְרַבִּי יְהוּדָה הֵיכָא דִּבְלִיעָן בָּעִיסָּה, הֵיכָא דְּאִיתְנְהוּ בְּעֵינַיְיהוּ מִי שְׁמַעַתְּ לֵיהּ? הָשְׁתָּא בַּקְּדֵירָה אָמַר רַבִּי יְהוּדָה לָא בָּטְלִי, בְּעֵינַיְיהוּ בָּטְלִי? דְּתַנְיָא, רַבִּי יְהוּדָה אוֹמֵר: מַיִם וּמֶלַח בְּטֵלִין בָּעִיסָּה, וְאֵין בְּטֵלִין בַּקְּדֵירָה, מִפְּנֵי רוֹטְבָהּ.

The Gemara rejects this explanation. **Say that you heard Rabbi Yehuda** express **his** opinion that water has no substance in a case **where it is absorbed in dough;** but in a case **where it is in its pure, unadulterated** state **did you hear him** say so? **Now,** if with regard to water **in a pot** of cooked food **Rabbi Yehuda said** that it **is not nullified,** would it be **nullified when it is in its pure, unadulterated** state? That is clearly not the case, **as it was taught** in a *baraita* that **Rabbi Yehuda says: Water and salt are nullified in dough,** as they are absorbed into it and are not independently discernible. However, **they are not nullified in a pot** of cooked food, **because** the water and salt are discernible in **its gravy.**

אֶלָּא אָמַר רָבָא: הָכָא בְּחָבִית שֶׁקָּנְתָה שְׁבִיתָה, וּמַיִם שֶׁלֹּא קָנוּ שְׁבִיתָה עָסְקִינַן, דְּבָטְלָה חָבִית לְגַבֵּי מַיִם.

Rather, Rava rejected this explanation and **said: Here, we are dealing with a barrel** that belonged to a particular individual who **acquired residence** at the start of Shabbat in a specific location, **and water that did not** remain in one place, i.e., spring or river water, and that does not belong to any individual who **acquired residence.** In that case, **the barrel is nullified relative to the water,**[N] since the barrel is designated to hold the water.

כִּדְתְנַן: הַמּוֹצִיא הַחַי בַּמִּטָּה – פָּטוּר אַף עַל הַמִּטָּה, מִפְּנֵי שֶׁהַמִּטָּה טְפֵילָה לוֹ.

As we learned in a mishna: **One who carries out a living person on a bed** from one domain to another on Shabbat **is exempt even for** carrying out **the bed, due to** the fact **that the bed is secondary to** the person. He is exempt for carrying out the living person because a living being carries itself, i.e., the person being carried lightens the load and thereby assists those bearing him.

הַמּוֹצִיא אוֹכָלִין פָּחוֹת מִכַּשִּׁיעוּר בַּכְּלִי – פָּטוּר אַף עַל הַכְּלִי, מִפְּנֵי שֶׁהַכְּלִי טָפֵל לוֹ.

Similarly, **one who carries out** an amount of **food, less than the measure** that determines liability for carrying out food on Shabbat, **in a vessel is exempt, even for** carrying out **the vessel, due to** the fact **that the vessel is secondary to** the food inside it. By the same reasoning, the barrel should be nullified relative to the water it contains.

מְתִיב רַב יוֹסֵף, רַבִּי יְהוּדָה אוֹמֵר: בַּשַּׁיָּירָא נוֹתֵן אָדָם חָבִית לַחֲבֵירוֹ, וַחֲבֵירוֹ לַחֲבֵירוֹ. בַּשַּׁיָּירָא – אִין, שֶׁלֹּא בַּשַּׁיָּירָא – לָא. אֶלָּא אָמַר רַב יוֹסֵף: כִּי תְּנַן נַמִי בְּמַתְנִיתִין – בְּשַׁיָּירָא תְּנַן.

Rav Yosef raised an objection from the following *baraita*. **Rabbi Yehuda says:** If members of **a caravan** camped in a field wish to drink, one **person gives a barrel to another, and the other** passes it **to another.** By inference: **In a caravan, yes,** it is permitted to do so due to exigent circumstances; however, in a case **that is not a caravan, no,** it is prohibited. **Rather, Rav Yosef said: When we learned** the case **in the mishna as well, we learned** it with regard **to a caravan.** The Sages were lenient in the case of a caravan due to the lack of water.

אַבַּיֵי אָמַר: בַּשַּׁיָּירָא – אֲפִילּוּ חָבִית שֶׁקָּנְתָה שְׁבִיתָה וּמַיִם שֶׁקָּנוּ שְׁבִיתָה. שֶׁלֹּא בַּשַּׁיָּירָא – חָבִית שֶׁקָּנְתָה שְׁבִיתָה וּמַיִם שֶׁלֹּא קָנוּ שְׁבִיתָה.

Abaye said that this explanation is unnecessary: **In a caravan, even** if **the barrel acquired residence and the water acquired residence,** it is permitted to move them. If one is **not in a caravan,** if **the barrel acquired residence and the water did not acquire residence,** it is prohibited to move them.

רַב אַשִׁי אָמַר: הָכָא בְּחָבִית דְּהֶפְקֵר עָסְקִינַן, וּמַיִם דְּהֶפְקֵר עָסְקִינַן. וּמַאן אָמְרוּ לוֹ – רַבִּי יוֹחָנָן בֶּן נוּרִי הִיא, דְּאָמַר: חֶפְצֵי הֶפְקֵר קוֹנִין שְׁבִיתָה. וּמַאי לֹא תְּהַלֵּךְ זוֹ יוֹתֵר מֵרַגְלֵי הַבְּעָלִים – לֹא יְהַלְּכוּ אֵלּוּ יוֹתֵר מִכֵּלִים שֶׁיֵּשׁ לָהֶם בְּעָלִים.

Rav Ashi said: Here, we are dealing with an ownerless barrel and ownerless water, neither of which acquired residence as they do not belong to anyone. **And who** is the *tanna* about whom it says in the mishna that **they said to** Rabbi Yehuda that it may not go farther than the feet of its owners may go? **It is Rabbi Yoḥanan ben Nuri,** who, consistent with his approach, **said** that **ownerless objects acquire residence** where they were located when Shabbat began, and it is prohibited to move them beyond their limit. **And what** is the meaning of the statement: **This** may **not go farther than the feet of its owners** may go, as it has no owner? It means that the barrel and water may **not go farther than vessels that have owners,** i.e., they may not be moved beyond their limit.

מתני׳ הָיָה קוֹרֵא בַּסֵּפֶר עַל הָאִיסְקוּפָּה, וְנִתְגַּלְגֵּל הַסֵּפֶר מִיָּדוֹ, גּוֹלְלוֹ אֶצְלוֹ.

MISHNA One who **was reading** a sacred **book** in scroll form on Shabbat **on** an elevated, wide **threshold,**[NH] **and the book rolled from his hand**[B] into the public domain, **he** may **roll it** back **to himself,** since one of its ends remains in his hand.

NOTES

The barrel is nullified relative to the water – בָּטְלָה חָבִית לְגַבֵּי מַיִם: Since all authorities agree that with regard to carrying on Shabbat the barrel is nullified relative to the water, why do they disagree here? The Ra'avad answers that although that is certainly the case as far as the Torah prohibition is concerned, carrying the barrel is prohibited by rabbinic decree.

Threshold – אִיסְקוּפָּה: Some commentaries explain that this term refers to a kind of couch placed at the entrance to a house (*Agur* by Rabbi Shmuel Jama).

HALAKHA

A sacred book on a threshold – סֵפֶר עַל הָאִיסְקוּפָּה: If one is sitting on a threshold with a book in scroll form in his hand, and one end of the scroll rolls out of his hand into the public domain, he may roll it back toward himself (*Shulḥan Arukh, Oraḥ Ḥayyim* 352:1).

BACKGROUND

The book rolled from his hand – נִתְגַּלְגֵּל הַסֵּפֶר מִיָּדוֹ:

Person sitting on a threshold with one end of a scroll in his hand, while the other end has rolled away from him

הָיָה קוֹרֵא בְּרֹאשׁ הַגַּג וְנִתְגַּלְגֵּל הַסֵּפֶר מִיָּדוֹ, עַד שֶׁלֹּא הִגִּיעַ לַעֲשָׂרָה טְפָחִים – גּוֹלְלוֹ אֶצְלוֹ, מִשֶּׁהִגִּיעַ לַעֲשָׂרָה טְפָחִים – הוֹפְכוֹ עַל הַכְּתָב.

If he was reading on top the roof, which is a full-fledged private domain, **and the book rolled from his hand, as long as** the edge of the book **did not reach** within **ten handbreadths** above the public domain, the book is still in its own domain, and he may **roll it** back **to himself.** However, **once the book has reached** within **ten handbreadths** above the public domain, it is prohibited to roll the book back to oneself. In that case, **he** may only **turn it** over **onto the** side with **writing,** so that the writing of the book will be facedown and not exposed and degraded.

רַבִּי יְהוּדָה אוֹמֵר: אֲפִילּוּ אֵין מְסוּלָּק מִן הָאָרֶץ אֶלָּא כִּמְלֹא מַחַט – גּוֹלְלוֹ אֶצְלוֹ. רַבִּי שִׁמְעוֹן אוֹמֵר: אֲפִילּוּ בָּאָרֶץ עַצְמוֹ – גּוֹלְלוֹ אֶצְלוֹ, שֶׁאֵין לְךָ דָּבָר מִשּׁוּם שְׁבוּת עוֹמֵד בִּפְנֵי כִּתְבֵי הַקּוֹדֶשׁ.

Rabbi Yehuda says: Even if the scroll **is removed only a needle breadth from the ground, he rolls it** back **to himself. Rabbi Shimon says: Even if** the scroll is **on the ground itself, he rolls it** back **to himself, as you have nothing** that was instituted **as a rabbinic decree** to enhance the character of Shabbat as a day of **rest** that **stands** as an impediment **before** the rescue of **sacred writings.**

גמ׳ הַאי אִיסְקוּפָּה הֵיכִי דָּמֵי? אִילֵימָא אִיסְקוּפָּה רְשׁוּת הַיָּחִיד, וְקַמָּהּ רְשׁוּת הָרַבִּים, וְלָא גָּזְרִינַן דִּילְמָא נָפֵיל וְאָתֵי לְאַתּוּיֵי,

GEMARA The Gemara questions the first clause of the mishna: **What are the circumstances of this threshold? If you say** it is referring to **a threshold** that is **a private domain, and** there is **a public domain before it, and** the mishna teaches that **we do not issue a decree lest** the entire scroll **fall** from one's hand **and he come to bring it** from a public to a private domain,

Perek **X**
Daf **98** Amud **a**

מַנִּי רַבִּי שִׁמְעוֹן הִיא, דְּאָמַר: כׇּל דָּבָר שֶׁהוּא מִשּׁוּם שְׁבוּת אֵינוֹ עוֹמֵד בִּפְנֵי כִּתְבֵי הַקּוֹדֶשׁ. אֵימָא סֵיפָא, רַבִּי יְהוּדָה אוֹמֵר: אֲפִילּוּ אֵין מְסוּלָּק מִן הָאָרֶץ אֶלָּא מְלֹא הַחוּט – גּוֹלְלוֹ אֶצְלוֹ. רַבִּי שִׁמְעוֹן אוֹמֵר: אֲפִילּוּ בָּאָרֶץ עַצְמָהּ – גּוֹלְלוֹ אֶצְלוֹ.

who is the *tanna* of the mishna? **It is Rabbi Shimon, who said: Anything that** is prohibited on Shabbat and its prohibition is not by Torah law, but rather **is due to** a **rabbinic decree** issued to enhance the character of Shabbat as a day of rest **stands** as an impediment **before** the rescue of **sacred writings.** But if it is the opinion of Rabbi Shimon, **say the latter clause** of the mishna as follows: **Rabbi Yehuda says: Even if** the scroll **is removed only a needle breadth from the ground, he rolls it** back **to himself;** and **Rabbi Shimon says: Even if** the scroll is **on the ground itself, he rolls it** back **to himself.**

רֵישָׁא וְסֵיפָא רַבִּי שִׁמְעוֹן, מְצִיעֲתָא רַבִּי יְהוּדָה? אָמַר רַב יְהוּדָה: אִין, רֵישָׁא וְסֵיפָא רַבִּי שִׁמְעוֹן, מְצִיעֲתָא רַבִּי יְהוּדָה.

Is it possible that the *tanna* cited in **the first clause** of the mishna is Rabbi Shimon, as claimed above, while it is explicitly stated that **the last clause** represents the opinion of **Rabbi Shimon,**[N] and yet its **middle clause** reflects the opinion of **Rabbi Yehuda? Rav Yehuda said: Yes,** that is the correct, albeit unconventional, explanation. **The first and last clauses** are in accordance with the opinion of **Rabbi Shimon,** while **the middle clause** of the mishna reflects the opinion of **Rabbi Yehuda.**

רַבָּה אָמַר: הָכָא בְּאִיסְקוּפָּה הַנִּדְרֶסֶת עָסְקִינַן, וּמִשּׁוּם בִּזָּיוֹן כִּתְבֵי הַקֹּדֶשׁ שָׁרוּ רַבָּנַן.

Rabba said that the mishna may be understood differently. **Here, we are dealing with a threshold that is trodden upon** by the public, **and due to** the potential **degradation of the sacred writings the Sages permitted** one to violate the rabbinic decree.[N] It would be disgraceful if people were to trample over sacred writings.

אֵיתִיבֵיהּ אַבָּיֵי: תּוֹךְ אַרְבַּע אַמּוֹת גּוֹלְלוֹ אֶצְלוֹ, חוּץ לְאַרְבַּע – הוֹפְכוֹ עַל הַכְּתָב. וְאִי אָמְרַתְּ בְּאִיסְקוּפָּה נִדְרֶסֶת עָסְקִינַן, מָה לִי תּוֹךְ אַרְבַּע אַמּוֹת מָה לִי חוּץ לְאַרְבַּע אַמּוֹת?

Abaye raised an objection to his explanation: It was taught that if the scroll rolled **within four cubits, he rolls it** back **to himself;** if it rolled **beyond four cubits, he turns it over onto its writing. And if you say we are dealing with a threshold that is trodden on** by the public, **what** difference is there **to me** whether it remained **within four cubits** and **what** difference is there **to me** if it rolled **beyond four cubits?** Since the prohibition is a rabbinic decree, not a Torah prohibition, why isn't one permitted to move the scroll in both cases to prevent the degradation of the sacred writings?

אֶלָּא אָמַר אַבָּיֵי: הָכָא בְּאִיסְקוּפָּה כַּרְמְלִית עָסְקִינַן, וּרְשׁוּת הָרַבִּים עוֹבֶרֶת לְפָנֶיהָ.

Rather, Abaye said: Here, we are dealing with a threshold that is a *karmelit,* as the threshold is four handbreadths wide but is less than ten handbreadths high. Furthermore, on one side of the *karmelit* there is a private domain, **and a public domain passes before it.**

NOTES

Is it possible that the *tanna* cited in the first clause is Rabbi Shimon, while it is explicitly stated that the last clause represents the opinion of Rabbi Shimon – רֵישָׁא וְסֵיפָא רַבִּי שִׁמְעוֹן: Although this question appears often in the Talmud, it bears a different meaning in this context. The question is usually raised in a case where two statements are quoted without attribution. Here, Rabbi Shimon is explicitly cited as the author of the last clause of the mishna. The Ritva explains that the difficulty here stems from the fact that Rabbi Shimon's name is omitted from the first clause.

Sacred writings and other scrolls – כִּתְבֵי הַקֹּדֶשׁ וּשְׁאָר סְפָרִים: *Tosafot* ask: If the concern is that one might carry, why is there a difference between sacred writings and other scrolls? Apparently, the Sages were lenient only with regard to sacred writings, as they distinguished between carrying four cubits and less than four cubits (Ritva).

תּוֹךְ אַרְבַּע אַמּוֹת, דְּאִי נָפֵיל וּמַיְיתִי לֵיהּ לָא אָתֵי לִידֵי חִיּוּב חַטָּאת – שָׁרוּ לֵיהּ רַבָּנַן.

The reason for the different rulings is as follows: If the scroll rolled **within four cubits,** even **if** the entire scroll **falls** out of the one's hand **and he brings it** back, **he** cannot **incur liability** to bring **a sin-offering,** as the prohibition against carrying from a public domain to a *karmelit* is a rabbinic decree. Consequently, **the Sages permitted him** to roll it back to himself, as there is no danger of transgressing a Torah prohibition.

חוּץ לְאַרְבַּע אַמּוֹת, דְּאִי מַיְיתִי לֵיהּ אָתֵי לִידֵי חִיּוּב חַטָּאת – לָא שָׁרוּ לֵיהּ רַבָּנַן.

However, if it rolled **beyond four cubits, so that if he brings it** back **he incurs liability** to bring **a sin-offering,** as carrying an object four cubits in the public domain is prohibited by Torah law, **the Sages did not permit him** to roll it back. In this case, if he forgot and carried the scroll instead of rolling it, he would be violating a severe prohibition.

אִי הָכִי, תּוֹךְ אַרְבַּע אַמּוֹת נַמִי, נִגְזַר דִּילְמָא מְעַיֵּיל מֵרְשׁוּת הָרַבִּים לִרְשׁוּת הַיָּחִיד. וְכִי תֵּימָא: כֵּיוָן דְּמַפְסֶקֶת כַּרְמְלִית לֵית לָן בָּהּ – וְהָאָמַר רָבָא: הַמַּעֲבִיר חֵפֶץ מִתְּחִלַּת אַרְבַּע לְסוֹף אַרְבַּע, וְהֶעֱבִירוֹ דֶּרֶךְ עָלָיו – חַיָּיב.

The Gemara asks: **If so, let us likewise issue a decree** in the case where the scroll remained **within four cubits, lest he bring** the scroll **in from the public domain to the private domain,** i.e., to his house. **And lest you say: Since a** ***karmelit*** **separates** the public and private domains **we have no** problem **with it,** as nothing is directly carried from one domain to the other, **didn't Rava say: One who carries an object from the beginning of four** cubits **to the end of four** cubits in the public domain, **and he carried it by way of** the airspace **above his head,**[H] he **is liable, even though** the object remained more than ten handbreadths off the ground and passed from the beginning to the end of four cubits by way of an exempt zone? Here, too, one should be liable for carrying the scroll from the public domain to a private domain by way of a *karmelit.*

הָכָא בְּמַאי עָסְקִינַן – בְּאִיסְקוּפָּה אֲרוּכָּה אַדְּהָכִי וְהָכִי מִידְּכַר.

The Gemara answers: **With what are we dealing here?** We are dealing **with an extended threshold.**[HN] Consequently, **in the meantime,** while he is carrying the scroll along the length of the threshold, **he will remember** not to bring it into the private domain.

וְאִיבָּעֵית אֵימָא: לְעוֹלָם בְּאִסְקוּפָּה שֶׁאֵינָהּ אֲרוּכָּה, וּסְתָם כִּתְבֵי הַקֹּדֶשׁ עִיּוּנֵי מְעַיֵּין בְּהוּ וּמַנַּח לְהוּ. וְלֵיחוּשׁ דִּילְמָא מְעַיֵּין בְּהוּ בִּרְשׁוּת הָרַבִּים, וְעָיֵיל לְהוּ בְּהֶדְיָא לִרְשׁוּת הַיָּחִיד.

And if you wish, say instead: **Actually,** it is referring **to a threshold that is not extended;** however, **ordinarily one peruses sacred writings and** then **puts them** in their place. Consequently, there is no concern that he might pass directly from the public to the private domain, as he will pause on the threshold to read the scroll. The Gemara asks: According to this explanation too, **let us be concerned lest he** pause to **peruse** the scroll **in the public domain, and** subsequently **carry it directly into the private domain** without pausing in the *karmelit.*

הָא מַנִּי בֶּן עַזַּאי הִיא, דְּאָמַר: מְהַלֵּךְ כְּעוֹמֵד דָּמֵי. וְדִילְמָא זָרֵיק לְהוּ מִזְרָק, דְּאָמַר רַבִּי יוֹחָנָן: מוֹדֶה בֶּן עַזַּאי בְּזוֹרֵק?

The Gemara answers: In accordance with **whose** opinion is **this** mishna? **It is** the opinion of **Ben Azzai, who said** that **walking is considered like standing.** Consequently, one who passes through the *karmelit* is considered to have paused and stood there. Therefore, the object was not transferred directly from the public domain to the private domain, as he paused in the *karmelit.* The Gemara asks: **But** what of the concern **lest he throw** the scrolls inside, rather than carry them by hand, **as Rabbi Yoḥanan said: Ben Azzai concedes** that **one who throws** an object from the public domain to a private domain by way of an exempt domain is liable?

אָמַר רַב אַחָא בַּר אַהֲבָה: זֹאת אוֹמֶרֶת: אֵין מְזָרְקִין כִּתְבֵי הַקּוֹדֶשׁ.

The Gemara answers that **Rav Aḥa bar Ahava said: That is to say** that **one does not throw sacred writings,**[H] as this is demeaning to them. Consequently, there is no concern that one might throw the scrolls rather than carry them by hand.

״הָיָה קוֹרֵא בְּרֹאשׁ הַגַּג וכו׳״. וּמִי שָׁרֵי? וְהָתַנְיָא: כּוֹתְבֵי סְפָרִים תְּפִילִּין וּמְזוּזוֹת לֹא הִתִּירוּ לָהֶן לַהֲפֹךְ יְרִיעָה עַל פָּנֶיהָ, אֶלָּא פּוֹרֵס עָלֶיהָ אֶת הַבֶּגֶד.

It was stated in the mishna: If **one was reading on top of the roof,**[B] which is a full-fledged private domain, and the scroll rolled from his hand, as long as the edge of the scroll did not reach ten handbreadths above the public domain, he may roll it back to himself. However, once the scroll reached within ten handbreadths above the public domain, it is prohibited to roll it back. In that case, he should turn it over, so that the writing of the scroll will be facedown and not be exposed and degraded. The Gemara asks: **And is it permitted** to do so? **Wasn't it taught** in a *baraita* that with regard to **writers of scrolls, phylacteries, and** ***mezuzot*** who interrupt their work, the Sages **did not permit them to turn the sheet** of parchment **facedown**[H] lest it become soiled? **Rather, one spreads a cloth over it** in a respectful manner.

HALAKHA

He carried it…above his head – הֶעֱבִירוֹ דֶּרֶךְ עָלָיו: One who carries an object four cubits in the public domain by carrying it above his head is liable, in accordance with Rava's opinion (Rambam *Sefer Zemanim, Hilkhot Shabbat* 12:14).

An extended threshold – אִיסְקוּפָּה אֲרוּכָּה: With regard to one who is reading a scroll while sitting on a threshold and one end of it rolls out of his hand, if the other end remains in his hand he may roll it back to himself even if it rolled beyond four cubits. This ruling is in accordance with the opinion of Rabba, as Abaye's answer with regard to a long threshold is rejected due to the fact that the Sages do not distinguish between different cases in the application of their decrees. The second resolution is based on the opinion of Ben Azzai, which is not accepted as *halakha* (Vilna Gaon). However, this ruling applies only to sacred writings, not to other scrolls (Rema, based on the Rashba). Other later commentaries rule leniently in all cases involving scrolls (*Nehar Shalom*; Vilna Gaon; *Shulḥan Arukh, Oraḥ Ḥayyim* 352:1).

One does not throw sacred writings – אֵין מְזָרְקִין כִּתְבֵי הַקֹּדֶשׁ: It is prohibited to throw the sacred writings that are in the Bible, and that prohibition applies to other sacred books as well (*Shulḥan Arukh, Yoreh De'a* 282:5).

Turn the sheet facedown – לַהֲפֹךְ יְרִיעָה: A scribe is not permitted to turn the parchment of a Torah scroll facedown onto its writing. Instead, he spreads a cloth over it. It is also prohibited to turn over other sacred writings (*Baḥ*; *Shulḥan Arukh, Yoreh De'a* 277).

NOTES

An extended threshold – אִיסְקוּפָּה אֲרוּכָּה: Rabbi Zeraḥya HaLevi rules that the *halakha* is not in accordance with this resolution because elsewhere the accepted *halakha* is that there is no distinction between the cases, and that the decree applies even if there is no concern that one might violate a prohibition. Other commentaries explain that since this is an unlikely circumstance, the Sages were lenient in deference to the sacred writings (*Ge'on Ya'akov*).

BACKGROUND

Reading on top of the roof – קוֹרֵא בְּרֹאשׁ הַגַּג: In this illustration, a scroll has rolled down from a rooftop toward the public domain along a vertical rather than inclined wall.

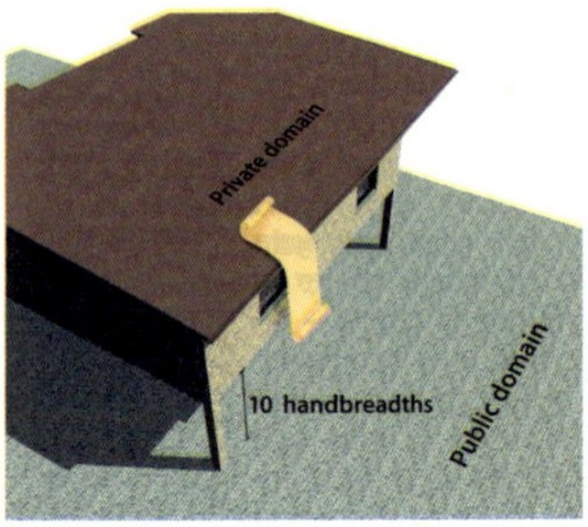

Scroll that has rolled down from a rooftop

הָתָם אֶפְשָׁר, הָכָא לָא אֶפְשָׁר. וְאִי לָא אָפֵיךְ, אִיכָּא בִּזְיוֹן כִּתְבֵי הַקּוֹדֶשׁ טְפֵי.

The Gemara answers: **There,** with regard to scribes, **it is possible** to cover the parchment respectfully; **here,** it is **not possible**[N] to do so. **And if he does not turn** the scroll **over, it will be more degrading to the sacred writings.** Consequently, although this is not an ideal solution, it is preferable to turn it over rather than leave the scroll exposed.

"הוֹפְכוֹ עַל הַכְּתָב". וְהָא לָא נָח. [אָמַר רָבָא:] בְּכוֹתֶל מְשׁוּפָּע

The mishna states: Once the scroll has reached within ten handbreadths above the public domain, it is prohibited to roll it back to oneself, and **one turns it over onto the writing.** The Gemara asks: **But** why is this prohibited? Since the scroll **did not** come to **rest** in the public domain, rolling it back to oneself should not be prohibited. **Rava said:** This teaching is referring **to an inclined wall.** Although the scroll did not reach the ground, it came to rest within the confines of the public domain.

[אָמַר לֵיהּ אַבָּיֵי:] בְּמַאי אוֹקִימְתָּא לְמַתְנִיתִין – בְּכוֹתֶל מְשׁוּפָּע, אֵימָא סֵיפָא: רַבִּי יְהוּדָה אוֹמֵר: אֲפִילּוּ אֵינוֹ מְסוּלָּק מִן הָאָרֶץ אֶלָּא מְלֹא הַחוּט – גּוֹלְלוֹ אֶצְלוֹ. וְהָא נָח לֵיהּ.

Abaye said to him: In what manner **did you establish** that **the mishna** is referring **to** the case of **an inclined wall? Say the latter clause** of the mishna as follows: **Rabbi Yehuda says: Even** if the scroll **is removed only a needle breadth from the ground, he rolls it** back **to himself. But didn't** the scroll come to **rest** in the public domain? It shouldn't matter whether or not the scroll is in contact with the ground.

חַסּוּרֵי מִיחַסְּרָא וְהָכִי קָתָנֵי: בַּמֶּה דְּבָרִים אֲמוּרִים – בְּכוֹתֶל מְשׁוּפָּע, אֲבָל

The Gemara answers: The mishna **is incomplete and is teaching the following: In what case is this statement said?** It is said **in the** case **of an inclined wall. However,**

NOTES

Here it is not possible – הָכָא לָא אֶפְשָׁר: Rashi explains that it is not possible because there is no large cloth available with which to cover it. The Ritva explains that covering the scroll is not an option, as one may not place a cloth on the scroll if the scroll itself was unintentionally rolled to a location where it may not be placed.

Perek **X**
Daf **98** Amud **b**

בְּכוֹתֶל שֶׁאֵינוֹ מְשׁוּפָּע, לְמַעְלָה מִשְּׁלֹשָׁה – גּוֹלְלוֹ אֶצְלוֹ, לְמַטָּה מִשְּׁלֹשָׁה – הוֹפְכוֹ עַל הַכְּתָב.

with regard to a wall that is not inclined, the following distinction applies: If the end of the scroll is **three** handbreadths **above** the ground, **he** may **roll it** back **to himself;** but if it is **below three** handbreadths from the ground, it is considered as though the scroll is on the ground, and **he must** therefore **turn it** facedown **onto the writing.**

"רַבִּי יְהוּדָה אוֹמֵר אֲפִילּוּ אֵינוֹ מְסוּלָּק מִן הָאָרֶץ וכו'". דְּבָעֵינַן הֲנָחָה עַל גַּבֵּי מַשֶּׁהוּ.

It was stated in the mishna that **Rabbi Yehuda says: Even** if the scroll **is removed only** a needle breadth **from the ground,** one rolls it back to himself. The Gemara explains: Rabbi Yehuda maintains **that** in order for an object to be deemed at rest, **we require** that it **rest atop something.** Consequently, a scroll that is not actually touching the ground is not considered resting and may be rolled back.

וְאֶלָּא הָא דְּאָמַר רָבָא: תּוֹךְ שְׁלֹשָׁה לְרַבָּנַן צָרִיךְ הֲנָחָה, לֵימָא כְּתַנָּאֵי אֲמָרָהּ לִשְׁמַעְתֵּיהּ?

The Gemara asks: **But** consider **that** which **Rava said** with regard to an object located **within three** handbreadths of the ground.[H] Rava said that according **to** the opinion of **the Rabbis,** who disagree with Rabbi Akiva and claim that something in the air is not considered to be at rest, nevertheless, for one to incur liability **it is necessary** for the object to **rest** on a surface. **Let us say** that **he stated his** ***halakha*** **in accordance with** only one of **the** ***tanna'im,***[N] but not in accordance with all of them. This is an unacceptable conclusion.

אֶלָּא כּוּלָּהּ רַבִּי יְהוּדָה הִיא, וְחַסּוּרֵי מִיחַסְּרָא, וְהָכִי קָתָנֵי: בַּמֶּה דְּבָרִים אֲמוּרִים – בְּכוֹתֶל מְשׁוּפָּע, אֲבָל בְּכוֹתֶל שֶׁאֵינוֹ מְשׁוּפָּע – אֲפִילּוּ פָּחוֹת מִשְּׁלֹשָׁה טְפָחִים גּוֹלְלוֹ אֶצְלוֹ. שֶׁרַבִּי יְהוּדָה אוֹמֵר: אֲפִילּוּ אֵינוֹ מְסוּלָּק מִן הָאָרֶץ אֶלָּא מְלֹא הַחוּט – גּוֹלְלוֹ אֶצְלוֹ.

Rather, the Gemara rejects the previous explanation in favor of the following one: The mishna **is all** in accordance with **Rabbi Yehuda, and it is incomplete and is teaching** the following: **In what** case **is this statement** that once the end of the scroll is within ten handbreadths of the ground it may not be rolled back **said?** It was said in the case **of an inclined wall.**[H] **But with regard to a wall that is not inclined, even** if the end of the scroll is **less than three handbreadths** from the ground, **one** may **roll it** back **to himself,** as **Rabbi Yehuda says: Even** if the scroll **is removed only a needle breadth from the ground, he rolls it** back **to himself.**

HALAKHA

Placement within three handbreadths – הֲנָחָה תּוֹךְ שְׁלֹשָׁה: For an object to be considered at rest with regard to the *halakhot* of Shabbat, it must rest atop a surface. This requirement applies even if it is hanging within three handbreadths of the ground, in accordance with the opinion of Rava (Rambam *Sefer Zemanim, Hilkhot Shabbat* 13:16).

An inclined wall – כּוֹתֶל מְשׁוּפָּע: If one end of a scroll rolls off a roof and rests on the incline of a wall ten handbreadths above the ground, it is permitted to roll it back. If it is less than ten handbreadths off the ground, one must turn it facedown (*Shulḥan Arukh, Oraḥ Ḥayyim* 352:2).

NOTES

Let us say he stated his *halakha* in accordance with one of the *tanna'im* – לֵימָא כְּתַנָּאֵי אֲמָרָהּ לִשְׁמַעְתֵּיהּ: This expression bears an unusual meaning in this context. In this case, it is clear that this matter is indeed a tannaitic dispute. However, according to the first presentation of the issue, Rava's opinion is a minority opinion contrary to the majority opinion. After the Gemara implements several corrections, Rava's statement is taken to mean that there is no dispute in the mishna, as the Rabbis did not disagree with Rabbi Yehuda with regard to this principle (Ritva).

מַאי טַעְמָא – דְּבָעֵינַן הֲנָחָה עַל גַּבֵּי מַשֶּׁהוּ.

What is the reason for this ruling? The reasoning is that for an object to be considered at rest, **we require** that it **rest atop some** surface. Consequently, if the scroll is not actually touching the ground, it is not considered at rest, even if it is less than three handbreadths from the ground.

מתני׳ זִיז שֶׁלִּפְנֵי חַלּוֹן – נוֹתְנִין עָלָיו וְנוֹטְלִין מִמֶּנּוּ בְּשַׁבָּת.

MISHNA With regard to **a ledge in front of a window,** that is ten handbreadths high and four handbreadths wide, **one** may **place** objects **upon it or remove** them **from it on Shabbat** via the window.

גמ׳ הַאי זִיז דְּמַפֵּיק לְהֵיכָא? אִילֵימָא דְּמַפֵּיק לִרְשׁוּת הָרַבִּים – לֵיחוּשׁ דִּילְמָא נָפֵיל, וְאָתֵי לְאֵיתוּיֵי! אֶלָּא דְּמַפֵּיק לִרְשׁוּת הַיָּחִיד – פְּשִׁיטָא!

GEMARA The Gemara clarifies: **This ledge, to where does it protrude? If you say** that the ledge **protrudes into a public domain,** one should be prohibited to place an object on it, as **we should be concerned lest** the object **fall and he** will forget and **come to bring it in** from the public domain to a private domain. **Rather,** it must be **that** the ledge **protrudes into a private domain;** but if so, it is **obvious** that it is permitted to place objects on it and to remove them.

אָמַר אַבָּיֵי: לְעוֹלָם דְּמַפֵּיק לִרְשׁוּת הָרַבִּים, וּמַאי נוֹתְנִין עָלָיו דְּקָתָנֵי – כֵּלִים הַנִּשְׁבָּרִים.

Abaye said: Actually, the mishna is dealing with a case **where it protrudes into a public domain, and what** is the meaning of **that** which **it teaches: One** may **place** objects **upon it?** This refers to **fragile utensils,**[N] which would break instantly if they fell. Consequently, there is no concern that one might then bring them in from the public domain to the private domain.

תַּנְיָא נָמֵי הָכִי: זִיז שֶׁלִּפְנֵי הַחַלּוֹן הַיּוֹצֵא לִרְשׁוּת הָרַבִּים – נוֹתְנִין עָלָיו קְעָרוֹת וְכוֹסוֹת קִיתוֹנִיּוֹת וּצְלוֹחִיּוֹת.

The Gemara comments: **That was also taught** in a *baraita*: With regard to **a ledge in front of a window**[BH] **that protrudes into a public domain, one** may **place on it bowls, cups, small cups** [*kitoniyot*],[L] **and saucers.** All of these utensils are made of fragile glass or earthenware, which supports Abaye's opinion.

וּמִשְׁתַּמֵּשׁ בְּכׇל הַכּוֹתֶל עַד עֲשָׂרָה הַתַּחְתּוֹנִים. וְאִם יֵשׁ זִיז אֶחָד לְמַטָּה מִמֶּנּוּ מִשְׁתַּמֵּשׁ בּוֹ, וּבָעֶלְיוֹן אֵין מִשְׁתַּמֵּשׁ בּוֹ אֶלָּא כְּנֶגֶד חַלּוֹנוֹ.

The *baraita* continues: **And one** may **use** this ledge along the **entire** length of **the wall,** if the ledge spans its length, whether in close proximity to the window or removed from it, **until the lower ten** handbreadths of the wall, but not if the ledge is lower than that. **And if there is one** other **ledge below it** but still ten handbreadths above the ground, **one** may **use** the lower ledge along the entire length of the wall; **but with regard to the upper** ledge, **one** may **use it only opposite his window.**[NH]

הַאי זִיז הֵיכִי דָּמֵי אִי דְּלֵית בֵּיהּ אַרְבָּעָה מְקוֹם פְּטוּר הוּא, וַאֲפִילּוּ כְּנֶגֶד חַלּוֹנוֹ נָמֵי לֹא יִשְׁתַּמֵּשׁ. וְאִי אִית בֵּיהּ אַרְבָּעָה – בְּכוּלֵּי הַכּוֹתֶל לִישְׁתַּמֵּשׁ!

The Gemara asks: **This** upper **ledge, what are its circumstances? If it is not four** handbreadths deep, although **it is an exempt domain** with regard to the *halakhot* of Shabbat, which means it does not pose a problem in itself, **one should** nonetheless **not** be permitted to **use** it **even opposite his window,** as anything placed on this narrow ledge is likely to fall. Consequently, it is as though he has thrown the object directly to the ground. **And if it is four** handbreadths deep, **let him use** the ledge along the **entire** length of the ledge along **the wall.**

אָמַר אַבָּיֵי: תַּחְתּוֹן – דְּאִית בֵּיהּ אַרְבָּעָה, וְעֶלְיוֹן – לֵית בֵּיהּ אַרְבָּעָה, וְחַלּוֹן מַשְׁלִימְתּוֹ לְאַרְבָּעָה. כְּנֶגֶד חַלּוֹן – מִשְׁתַּמֵּשׁ, דְּחוֹרֵי חַלּוֹן הוּא, דְּהַאי גִּיסָא וּדְהַאי גִּיסָא – אָסוּר.

Abaye said: We are dealing with a case where **the lower** ledge **is four** handbreadths deep **and the upper** ledge **is not four** handbreadths deep, but the **windowsill** on the inside **completes it to** form a surface **four** handbreadths deep. Accordingly, **one** may **use** the part of the upper ledge **opposite the window, as it is** considered **an extension of the window,** but the parts **to this side or to that side** of the window are **prohibited,** as they are less than four handbreadths deep.

NOTES

Fragile utensils – כֵּלִים הַנִּשְׁבָּרִים: Another reason that it is permitted to place fragile utensils on a ledge is that a person is very careful that they should not fall. Consequently, there is no concern that one might carry them out into the public domain (Rabbeinu Yehonatan).

Two ledges – שְׁנֵי זִיזִים: The Gemara does not explain why the ruling with regard to two ledges is more stringent than the ruling with regard to one ledge. The Rambam and other commentaries explain that in this case one domain renders the other prohibited. If the lower and upper ledges are each four by four handbreadths in size, each owner of a ledge retains his own domain, provided that the two ledges are not too close to each other (see *Ge'on Ya'akov*). However, if the lower ledge is four by four handbreadths , while the upper one is smaller, the entire domain of the wall up to the sky belongs to the owner of the lower ledge, and the upper ledge may not be used (Rashba). The Rambam rules differently, but it is unclear whether he does so due to a different reading of the text, or because he does not distinguish between these cases.

BACKGROUND

A ledge in front of a window – זִיז שֶׁלִּפְנֵי הַחַלּוֹן: The *ge'onim* define the difference between a ledge and a balcony as follows: A balcony is an outwardly protruding section of a house, with walls, while a ledge is a protrusion from a house, beneath which there are partitions.

Window with a ledge in front of it

LANGUAGE

Small cups [*kitoniyot*] – קִיתוֹנִיּוֹת: From the Greek κώθων, *kothon*, meaning earthenware drinking vessel.

HALAKHA

A ledge in front of a window – זִיז שֶׁלִּפְנֵי חַלּוֹן: One may place fragile utensils on a window ledge four by four handbreadths in size (Rashi). According to the Rambam, one may do so even if the ledge is less than four by four handbreadths, provided that it protrudes from a wall ten handbreadths above the public domain, as stated in the mishna, in accordance with Abaye's explanation (*Shulḥan Arukh, Oraḥ Ḥayyim* 353:2).

Two ledges – שְׁנֵי זִיזִים: With regard to two window ledges owned by different people on the same wall, if the upper ledge is four by four handbreadths, the lower ledge serves to render the use of the upper ledge prohibited to its owner, even if it is smaller than four by four handbreadths (*Magen Avraham, Oraḥ Ḥayyim* 353:2, based on the *Maggid Mishne* on Rambam *Sefer Zemanim, Hilkhot Shabbat* 15:4). However, if both ledges are smaller than four by four handbreadths in size, both may be used. If the lower ledge is four by four handbreadths and the upper one is less than four by four handbreadths, one may use only the section of the upper one that is opposite his window, as stated by Abaye (*Shulḥan Arukh, Oraḥ Ḥayyim* 353:2).

מתני׳ עוֹמֵד אָדָם בִּרְשׁוּת הַיָּחִיד וּמְטַלְטֵל בִּרְשׁוּת הָרַבִּים, בִּרְשׁוּת הָרַבִּים וּמְטַלְטֵל בִּרְשׁוּת הַיָּחִיד, וּבִלְבַד שֶׁלֹּא יוֹצִיא חוּץ מֵאַרְבַּע אַמּוֹת.

MISHNA A person may **stand in a private domain and move** objects that are **in a public domain,** as there is no concern that he might mistakenly bring them into the private domain. Similarly, one may stand **in a public domain and move** objects **in a private domain, provided that he does not carry** them **beyond four cubits** in the public domain, which is prohibited on Shabbat.[H]

לֹא יַעֲמוֹד אָדָם בִּרְשׁוּת הַיָּחִיד וְיַשְׁתִּין בִּרְשׁוּת הָרַבִּים, בִּרְשׁוּת הָרַבִּים וְיַשְׁתִּין בִּרְשׁוּת הַיָּחִיד, וְכֵן לֹא יָרוֹק.

However, **a person** may **not stand in a private domain and urinate into a public domain,** nor may one stand **in a public domain and urinate into a private domain. And likewise,** one may **not spit** in such a manner that the spittle passes from a private domain to a public domain or vice versa.[H]

רַבִּי יְהוּדָה אוֹמֵר: אַף מִשֶּׁנִּתְלַשׁ רוּקוֹ בְּפִיו לֹא יְהַלֵּךְ אַרְבַּע אַמּוֹת, עַד שֶׁיָּרוֹק.

Rabbi Yehuda says: Even once a person's **spittle is gathered in his mouth,**[H] **he** may **not walk four cubits** in the public domain **until he spits** it out, for he would be carrying the accumulated spittle in his mouth, which is akin to carrying any other object.

גמ׳ מַתְנֵי לֵיהּ רַב חִינָּנָא בַּר שְׁלָמְיָא לְחִיָּיא בַּר רַב קַמֵּיהּ דְּרַב: לֹא יַעֲמוֹד אָדָם בִּרְשׁוּת הַיָּחִיד וּמְטַלְטֵל בִּרְשׁוּת הָרַבִּים. אֲמַר לֵיהּ: שְׁבַקְתְּ רַבָּנַן וַעֲבַדְתְּ כְּרַבִּי מֵאִיר!

GEMARA Rav Ḥinnana bar Shelamiya would teach this mishna **to Ḥiyya bar Rav before Rav** as follows: **A person** may **not stand in a private domain and move** objects that are **in a public domain.** Rav **said to him:** Have **you abandoned** the majority opinion of **the Rabbis**[N] **and followed** the solitary dissenting opinion of **Rabbi Meir,** who is stringent in this regard?

Perek **X**
Daf **99** Amud **a**

הוּא סָבַר: מִדְּסֵיפָא רַבִּי מֵאִיר – רֵישָׁא נַמִי רַבִּי מֵאִיר, וְלָא הִיא: סֵיפָא רַבִּי מֵאִיר, וְרֵישָׁא רַבָּנַן.

The Gemara explains: Rav Ḥinnana **maintains that from** the fact that **the latter clause** of the mishna, was taught in accordance with the opinion of **Rabbi Meir,** it can be inferred that **the first clause** was **likewise** taught in accordance with the opinion of **Rabbi Meir. But** in fact **that is not so: The latter clause** is in accordance with the opinion of **Rabbi Meir, while the first clause** is in accordance with that of **the Rabbis.**

״וּבִלְבַד שֶׁלֹּא יוֹצִיא חוּץ״. הָא הוֹצִיא – חַיָּיב חַטָּאת. לֵימָא מְסַיֵּיעַ לֵיהּ לְרָבָא, דְּאָמַר רָבָא: הַמַּעֲבִיר חֵפֶץ מִתְּחִילַּת אַרְבַּע לְסוֹף אַרְבַּע, וְהֶעֱבִירוֹ דֶּרֶךְ עָלָיו – חַיָּיב.

We learned in the mishna: One may move objects in a public domain when he is standing in a private domain, **provided that he does not carry** them **beyond** four cubits in the public domain. The Gemara infers: This teaching indicates that if **he carried** them beyond four cubits, **he is liable** to bring **a sin-offering.** The Gemara asks: **Let us say** that **this** ruling **supports** the opinion of **Rava, as Rava said:** With regard to **one who carries an object** in a public domain **from the beginning of four** cubits **to the end of** those **four** cubits, even if he **carried it above his head,** i.e., he lifted the object above his head so that it passed through an exempt place, **he is** nonetheless **liable** for carrying four cubits in a public domain. Here, too, although he is standing in an elevated private domain and carries the object at that elevated height, he is still liable.

מִי קָתָנֵי ״אִם הוֹצִיא חַיָּיב חַטָּאת״, דִּילְמָא, אִם הוֹצִיא – פָּטוּר אֲבָל אָסוּר.

The Gemara rejects this contention: **Is** the mishna **teaching** that **if he carried** the object beyond four cubits **he is liable** to bring **a sin-offering? Perhaps** the mishna means: **If he carried** the object beyond four cubits, he is **exempt** from bringing a sin-offering, **but it is** nevertheless **prohibited** by rabbinic decree to do so.

HALAKHA

Moving objects in a different domain – טִלְטוּל בִּרְשׁוּת אַחֶרֶת: One may stand in one domain and move objects that are in another domain, provided that he does not carry them four cubits in the public domain. However, one may not move any objects he needs, as he might inadvertently draw them to him. According to the Rambam, one is permitted to stand in one domain and move even utensils he needs, with the exception of utensils used for drinking, in another domain (*Shulḥan Arukh, Oraḥ Ḥayyim* 350:1).

Spitting into a different domain – יְרִיקָה לִרְשׁוּת אַחֶרֶת: It is prohibited to stand in a public domain and spit or urinate into a private domain or vice versa. The same *halakha* applies to a *karmelit* (Rosh; *Shulḥan Arukh, Oraḥ Ḥayyim* 350:2).

Once a person's spittle is gathered in his mouth – מִשֶּׁנִּתְלַשׁ רוּקוֹ בְּפִיו: Once a person has gathered spittle in his mouth, he may not walk four cubits in the public domain or move from one domain to another until after removing the spittle, as the Rabbis did not disagree with Rabbi Yehuda in this regard (*Tur*). The later commentaries rule likewise (*Eliya Rabba*; *Shulḥan Arukh, Oraḥ Ḥayyim* 350:3).

NOTES

Have you abandoned the Rabbis – שְׁבַקְתְּ רַבָּנַן: The Ritva explains that Rav Ḥinnana bar Shelamiya sought to be more stringent than the basic *halakha* of the mishna. Rav replied that this stringency itself is a matter of dispute between *tanna'im*, and the *halakha* is not in accordance with the stringent ruling.

אִיכָּא דְּאָמְרִי: הָא הוֹצִיא – פָּטוּר אֲבָל אָסוּר. לֵימָא תֶּיהֱוֵי תְּיוּבְתֵּיהּ דְּרָבָא, דְּאָמַר רָבָא: הַמַּעֲבִיר מִתְּחִילַּת אַרְבַּע לְסוֹף אַרְבַּע וְהֶעֱבִירוֹ דֶּרֶךְ עָלָיו – חַיָּיב! מִי קָתָנֵי, "הוֹצִיא פָּטוּר אֲבָל אָסוּר"? דִּילְמָא: אִם הוֹצִיא – חַיָּיב חַטָּאת.

Some say a different version of the previous discussion: The Gemara's initial inference was actually that if **he carried** the object beyond four cubits he is **exempt** from bringing a sin-offering, **but it is prohibited** by rabbinic decree to do so. The Gemara asks: If so, **let us say** that this **is a conclusive refutation of Rava's** opinion, **as Rava said:** With regard to **one who carries** an object in a public domain **from the beginning of four** cubits **to the end of** those **four** cubits, even if he **carried it above his head, he is liable.** The Gemara rejects this suggestion: **Is** the mishna **teaching** that **if he took** it beyond four cubits he is **exempt, but it is prohibited** to do so? **Perhaps** the *tanna* means that **if he carried** it beyond four cubits, he is **liable** to bring **a sin-offering.**

"לֹא יַעֲמוֹד אָדָם בִּרְשׁוּת הַיָּחִיד וכו'" אָמַר רַב יוֹסֵף: הִשְׁתִּין וְרָק – חַיָּיב חַטָּאת.

The mishna states: **A person** may **not stand in a private domain** and urinate or spit into the public domain. **Rav Yosef said: One who urinated or spat** in this manner is **liable** to bring **a sin-offering.**[NH]

וְהָא בָּעֵינַן עֲקִירָה וְהַנָּחָה מֵעַל גַּבֵּי מְקוֹם אַרְבָּעָה, וְלֵיכָּא!

The Gemara raises a difficulty: **But** for an act of carrying to be considered a prohibited Shabbat labor that entails liability, **we require** that the **lifting and placing** of the object be performed **from atop an area four** by four handbreadths, the minimal size of significance with regard to the *halakhot* of carrying on Shabbat. **And** that is **not** the case here, as one's mouth, which produces the spittle, is not four by four handbreadths in size.

מַחְשַׁבְתּוֹ מְשַׁוְּיָא לֵיהּ מָקוֹם. דְּאִי לָא תֵּימָא הָכִי, הָא דְּאָמַר רָבָא: זָרַק וְנָח בְּפִי הַכֶּלֶב אוֹ בְּפִי הַכִּבְשָׁן – חַיָּיב חַטָּאת. וְהָא בָּעֵינַן הַנָּחָה עַל גַּבֵּי מְקוֹם אַרְבָּעָה – וְלֵיכָּא!

The Gemara answers: One's **intent renders it an area**[N] of significance, i.e., as one certainly considers his mouth a significant area, it is regarded as four by four handbreadths in size. **As, if you do not say so,** that the size of an area is not the sole criterion, but that a person's thoughts can also establish a place as significant, there is a difficulty with **that** which **Rava said:** If **a person threw** an object **and it landed in the mouth of a dog**[H] **or in the mouth of a furnace,** he is **liable** to bring **a sin-offering. But don't we require** that the object be **placed on an area of four** by four handbreadths? **And** that is **not** the case here.

אֶלָּא: מַחְשַׁבְתּוֹ מְשַׁוְּיָא לֵיהּ מָקוֹם, הָכִי נָמֵי מַחֲשָׁבָה מְשַׁוְּיָא לָהּ מָקוֹם.

Rather, the person's **intent** to throw the object into the dog's mouth **renders it an area** of significance. **Here too, his intent renders** his own mouth **a** significant **area.**

בָּעֵי רָבָא: הוּא בִּרְשׁוּת הַיָּחִיד, וּפִי אַמָּה בִּרְשׁוּת הָרַבִּים מַהוּ? בָּתַר עֲקִירָה אָזְלִינַן, אוֹ בָּתַר יְצִיאָה אָזְלִינַן? תֵּיקוּ.

Rava raised a dilemma: If **one** is standing **in a private domain, and the opening of his** male **member is in the public domain,**[H] and he urinates, **what is the** *halakha*? How should this case be regarded? Do **we follow** the domain where the urine is **uprooted** from the body, i.e., the bladder, which is in the private domain? **Or do we follow the** point of the urine's actual **emission** from the body, and since the urine leaves his body through the opening of his member in the public domain, no prohibition has been violated? Since this dilemma was not resolved, the Gemara concludes: **Let it stand** unresolved.

"וְכֵן לֹא יָרוֹק. רַבִּי יְהוּדָה אוֹמֵר" וכו'. אַף עַל גַּב דְּלָא הֵפִיךְ בָּהּ?

The mishna states: **And likewise, one** may **not spit** from one domain to another. **Rabbi Yehuda says:** Once a person's spittle is gathered in his mouth, he may not walk four cubits in the public domain until he removes it. The Gemara asks: Does this teaching mean that it is prohibited to do so **even if he has not turned** the spittle **over** in his mouth,[H] i.e., after he has dredged up the saliva but before he has rolled it around in his mouth in preparation to spit it out?

וְהָתְנַן: הָיָה אוֹכֵל דְּבֵילָה בְּיָדַיִם מְסוֹאָבוֹת, וְהִכְנִיס יָדוֹ לְתוֹךְ פִּיו לִיטּוֹל צְרוֹר, רַבִּי מֵאִיר מְטַמֵּא,

Didn't we learn in a mishna the *halakha* of one who **was eating a dried fig** of *teruma* **with unwashed hands?** By Torah law, only food that has come into contact with a liquid is susceptible to ritual impurity, and no liquid had ever fallen on this fig. The significance of the fact that his hands are unwashed is that by rabbinic law, unwashed hands have second degree ritually impurity status and therefore invalidate *teruma*. If this person **inserted his hand into his mouth to remove a pebble, Rabbi Meir deems** the dried fig **impure,** as it had been rendered liable to contract impurity by the spittle in the person's mouth, and it subsequently became impure when it was touched by his unwashed hand.

NOTES

One who urinated or spat is liable to bring a sin-offering – הִשְׁתִּין וְרָק חַיָּיב חַטָּאת: This issue also depends on the tannaitic dispute with regard to a prohibited labor performed on Shabbat not for its own sake. In this case, one who spits into a different domain does not specifically desire that spittle come to rest in a particular spot, merely that it should leave his mouth. The Ritva states that those who maintain that one is exempt for a prohibited labor performed on Shabbat not for its own sake would apply the same ruling in this case as well.

One's intent renders it an area – מַחְשַׁבְתּוֹ מְשַׁוְּיָא לֵיהּ מָקוֹם: The Rosh explains that the principle that his intent renders it an area of significance applies only if he has a particular reason why the object should be uprooted from an area less than four by four handbreadths in size, or why it should come to rest in an area of that size. However, intent alone cannot establish an area as being one of significance.

HALAKHA

Spitting from one domain to another – רָק מֵרְשׁוּת לִרְשׁוּת: One who stands in a private domain and spits or urinates into a public domain, or vice versa, is liable to bring a sin-offering, in accordance with the opinion of Rav Yosef (Rambam *Sefer Zemanim, Hilkhot Shabbat* 13:3).

Landed in the mouth of a dog – נָח בְּפִי הַכֶּלֶב: If one throws an object from a private domain, intending it to land in a dog's mouth or in the mouth of a furnace in a public domain, he is liable to bring a sin-offering if his intent is fulfilled (Rambam *Sefer Zemanim, Hilkhot Shabbat* 13:13).

The opening of his member is in a different domain – פִּי אַמָּה בִּרְשׁוּת אַחֶרֶת: If one is standing in one domain while the opening of his member is in a different domain, and he urinates, he is exempt from bringing a sin-offering; however, it is prohibited to do so, as this question was left unresolved by the Gemara (Rambam *Sefer Zemanim, Hilkhot Shabbat* 13:3).

Spittle that he turned over – רוֹק שֶׁהֶפַךְ בּוֹ: If one inserts a ritually impure hand into his mouth, and touches food that is not susceptible to contract ritual impurity, and there is spittle in his mouth that he had turned over, the food is rendered liable to become ritual impure by the spittle, and is subsequently rendered impure by his hands. However, if he had not turned the spittle over in his mouth, the food remains ritually pure, in accordance with the opinion of Rabbi Yehuda (Rambam *Sefer Tahara, Hilkhot Tumat Okhalin* 15:7).

As spittle that has not been turned over is not considered detached from one's mouth, the prohibition against spitting into a different domain on Shabbat is applied only to spittle that one has turned over in his mouth (*Shulḥan Arukh, Oraḥ Ḥayyim* 350:3).

וְרַבִּי יוֹסֵי מְטַהֵר. רַבִּי יְהוּדָה אוֹמֵר: הִיפֵּךְ בָּהּ – טָמֵא, לֹא הִיפֵּךְ בָּהּ – טָהוֹר!

And Rabbi Yosei deems the fig **ritually pure,** as he maintains that spittle which is still in one's mouth is not considered liquid that renders food liable to contract impurity; the spittle does so only after it has left the mouth. **Rabbi Yehuda says** that there is a distinction between the cases: If **he turned** the spittle **over** in his mouth, it is like spittle that has been detached from its place, and it therefore its legal status is that of a liquid, which means the fig is **impure.** However, if **he** had **not** yet **turned** the spittle **over** in his mouth, the fig is **pure.** This indicates that according to Rabbi Yehuda, spittle that has not yet been turned over in one's mouth is not considered detached.

אָמַר רַבִּי יוֹחָנָן: מוּחְלֶפֶת הַשִּׁיטָה.

Rabbi Yoḥanan said: The attribution of the **opinions is reversed,** as the opinion attributed to Rabbi Yehuda is actually that of a different *tanna*, while Rabbi Yehuda himself maintains that the fig is ritually impure in either case.

רֵישׁ לָקִישׁ אָמַר: לְעוֹלָם לֹא תַּחֲלִיף, וְהָכָא בְּמַאי עָסְקִינַן – בְּכִיחוֹ.

Reish Lakish said: Actually, do not reverse the opinions, **and** the apparent contradiction can be reconciled in accordance with the original version of the text: **With what we are dealing here** in the mishna? We are dealing **with his phlegm** that is expelled through coughing.

וְהָתַנְיָא, רַבִּי יְהוּדָה אוֹמֵר: כִּיחוֹ וְנִתְלַשׁ. מַאי לָאו – רוֹק וְנִתְלַשׁ! לֹא, כִּיחוֹ וְנִתְלַשׁ. וְהָא תַּנְיָא רַבִּי יְהוּדָה אוֹמֵר: כִּיחוֹ שֶׁנִּתְלַשׁ, וְכֵן רוּקוֹ שֶׁנִּתְלַשׁ, לֹא יְהַלֵּךְ אַרְבַּע אַמּוֹת עַד שֶׁיָּרוֹק! אֶלָּא מְחַוַּורְתָּא כִּדְשַׁנִּינַן מֵעִיקָּרָא.

The Gemara raises a difficulty against this resolution. **Wasn't it taught** in a *baraita* that **Rabbi Yehuda says: If one's phlegm was detached,** he may not walk four cubits in the public domain with it in his mouth? **What, is it not** the case that this *halakha* refers to **spittle that was detached?** The Gemara rejects this contention: **No,** this ruling applies only to **one's phlegm that was detached.** The Gemara raises a difficulty: **Wasn't it taught** in a *baraita* that **Rabbi Yehuda says: If one's phlegm was detached, and likewise,** if **his spittle was detached, he** may **not walk four cubits** in the public domain **before he spits** it out, even if he has not yet turned it over. **Rather, it is clear as we originally answered,** that the opinions in the mishna with regard to spittle and ritual impurity must be reversed.

אָמַר רֵישׁ לָקִישׁ: כִּיחַ בִּפְנֵי רַבּוֹ חַיָּיב מִיתָה, שֶׁנֶּאֱמַר: ״כׇּל מְשַׂנְאַי אָהֲבוּ מָוֶת״, אַל תִּקְרֵי ״לִמְשַׂנְאַי״ אֶלָּא ״לְמַשְׂנִיאַי״.

Having mentioned phlegm, the Gemara cites a related teaching: **Reish Lakish said:** One who expelled **phlegm in front of his master** has acted in a disrespectful manner and is **liable** for the punishment of **death** at the hand of Heaven,[H] **as it is stated: "All they who hate Me[N] love death"** (Proverbs 8:36). **Do not read it** as: **"They who hate [*mesanai*] Me"; rather,** read it as: **"Those who make themselves hateful [*masniai*] to Me,"** i.e., those who make themselves hateful by such a discharge.

וְהָא מֵינַס אָנֵיס! כִּיחַ וָרָק קָאָמְרִינַן.

The Gemara expresses surprise at this ruling: **But doesn't he** do so **involuntarily,** as no one coughs and emits phlegm by choice; why should this be considered a transgression? The Gemara answers: **We are speaking** here of someone who had **phlegm** in his mouth **and spat** it out, i.e., one who had the opportunity to leave his master's presence and spit outside.

מַתְנִי׳ לֹא יַעֲמוֹד אָדָם בִּרְשׁוּת הַיָּחִיד וְיִשְׁתֶּה בִּרְשׁוּת הָרַבִּים, בִּרְשׁוּת הָרַבִּים וְיִשְׁתֶּה בִּרְשׁוּת הַיָּחִיד, אֶלָּא אִם כֵּן הִכְנִיס רֹאשׁוֹ וְרוּבּוֹ לַמָּקוֹם שֶׁהוּא שׁוֹתֶה. וְכֵן בְּגַת.

MISHNA A person may **stand in a private domain** and extend his head **and drink in a public domain,** and he may stand **in a public domain and drink in a private domain,**[H] **only if he brings his head and most of his** body **into the domain** in **which he drinks. And the same** applies **in a winepress,** as will be explained in the Gemara.

גמ׳ רֵישָׁא רַבָּנַן וְסֵיפָא רַבִּי מֵאִיר!

GEMARA The Gemara registers surprise at the mishna: It would seem that **the first clause,** i.e., the previous mishna, is in accordance with the opinion of **the Rabbis,** who maintain that a person located in one domain is permitted to move objects in another domain, **whereas the latter clause,** i.e., this mishna, is in accordance with the opinion of **Rabbi Meir,** who maintains that it is prohibited for a person in one domain to move objects in a different domain.

אָמַר רַב יוֹסֵף: בַּחֲפֵיצִין שֶׁצְּרִיכִין לוֹ, וְדִבְרֵי הַכֹּל.

Rav Yosef said: This mishna is referring **to objects that one needs,**[N] **and** the ruling is accepted by **all.** In this case, even the Rabbis concede that it is prohibited to move objects in another domain, lest one absent-mindedly draw the objects to him and thereby violate a Torah prohibition.

HALAKHA

One who expelled phlegm and spittle in front of his master – כִּחַ וָרָק בִּפְנֵי רַבּוֹ: One who expectorates phlegm or spittle in front of his master is considered to have acted in a disrespectful manner and will be punished by Heaven. For the same reason, one must be careful not to expel phlegm or spittle during prayer (*Shulḥan Arukh, Yoreh De'a* 242:29).

Drinking in a different domain – לִשְׁתּוֹת בִּרְשׁוּת אַחֶרֶת: It is prohibited for one to stand in a private domain and drink in a public domain or vice versa, as he might draw the water to him (Rashi). The Rambam maintains that this *halakha* applies only if he drinks from quality utensils. The *Mishna Berura*, based on *Eliya Rabba*, rules in accordance with the first opinion that it is always prohibited (*Shulḥan Arukh, Oraḥ Ḥayyim* 350:1).

NOTES

All they who hate Me – כׇּל מְשַׂנְאַי: According to the interpretation of Reish Lakish, the verse does not refer to those who hate God or to those who are hated by Him. Rather, it speaks of those who cause people to hate Him, i.e., those who desecrate the name of Heaven. This idea is applied to scholars who act or dress inappropriately, as such behavior leads others to disrespect the Torah. In this case, it refers to those who make themselves hateful to their masters, as the fear of one's master should be like the fear of Heaven.

Objects that one needs – חֲפֵיצִין הַצְּרִיכִין לוֹ: According to Rashi, anything a person requires, including water, is included in the category of objects that he needs. However, the Rambam maintains that only especially attractive utensils are considered objects that one needs. Therefore, one need not be concerned about drinking water in a different domain.

אִיבַּעְיָא לְהוּ: כַּרְמְלִית מַאי? אָמַר אַבַּיֵי: הִיא הִיא. אָמַר רָבָא: הִיא גּוּפָא גְּזֵירָה, וַאֲנַן נֵיקוּם וְנִגְזוֹר גְּזֵירָה לִגְזֵירָה?!

A dilemma was raised before the Sages: If one of the domains is a *karmelit*, **what is** the *halakha*? **Abaye said: This** case **is** equal **to that** case, i.e., in this situation a *karmelit* is governed by the same *halakha* that applies to a domain defined by Torah law. Just as the Sages prohibited one in the private domain from drinking from the public domain and vice versa, so too, they prohibited one in a *karmelit* from drinking in the same manner. **Rava said:** How can you say so? The prohibition against carrying to or from a *karmelit* is **itself** a rabbinic **decree. And will we** then **proceed to issue a decree to** prevent violation of another **decree?**

אָמַר אַבַּיֵי: מְנָא אָמִינָא לַהּ – מִדְּקָתָנֵי:

Abaye said in explanation of his opinion: **From where do I say that** *halakha*? **From** the fact **that it is taught** in the mishna:

Perek **X**
Daf **99** Amud **b**

וְכֵן בַּגַּת.

And the same applies **in a winepress.** This winepress cannot be a private domain, as the first clause of the mishna already dealt with a private domain. The winepress must therefore be a *karmelit*, which proves that it is prohibited to drink from a *karmelit* while standing in a public domain.

וְרָבָא אָמַר: לְעִנְיַן מַעֲשֵׂר. וְכֵן אָמַר רַב שֵׁשֶׁת: ״וְכֵן בַּגַּת״ – לְעִנְיַן מַעֲשֵׂר.

And Rava said: This proof is not conclusive, as the words: The same applies in a winepress, do not refer to Shabbat but **to the matter of** the *halakhot* of **tithes,** as explained below. **And similarly, Rav Sheshet said** that the statement that **the same** applies **in a winepress** refers **to the matter of tithes.**

דִּתְנַן: שׁוֹתִין עַל הַגַּת בֵּין בְּחַמִּין וּבֵין בְּצוֹנֵן וּפָטוּר, דִּבְרֵי רַבִּי מֵאִיר. רַבִּי אֱלִיעֶזֶר בַּר צָדוֹק מְחַיֵּיב.

The Gemara clarifies this statement. **As we learned** in a mishna: **One** may **drink** grape juice directly **on the winepress**[H] *ab initio* without tithing, **whether** the juice was diluted **with hot** water, even though he will then be unable to return the leftover wine to the press, as it would ruin all the wine in the press, **or whether** the juice was diluted **with cold** water, in which case he could return the leftover wine without ruining the rest, **and he is exempt.** Drinking that way is considered incidental drinking, and anything that is not a fixed meal is exempt from tithing. That is the **statement of Rabbi Meir.** This is the **statement of Rabbi Meir. Rabbi Eliezer bar Tzadok deems** one **obligated** to tithe in both cases.

וַחֲכָמִים אוֹמְרִים: עַל הַחַמִּין – חַיָּיב, וְעַל הַצּוֹנֵן – פָּטוּר, מִפְּנֵי שֶׁמַּחֲזִיר אֶת הַמּוֹתָר.

And the Rabbis say: There is a distinction between these two cases. When the juice is diluted **with hot** water, since one cannot return what is left of the juice to the press, **he is obligated** to tithe it, as this drinking is like fixed drinking for which one is obligated to tithe. However, when the juice is diluted **with cold** water, **he is exempt** from tithing it, **because he** can **return the leftover** juice to the press. Therefore, it is considered incidental drinking, which is exempt from tithing. The teaching of the mishna: The same applies to a winepress, is in accordance with the opinion of Rabbi Meir, as it teaches that that the leniency to drink without separating tithes applies only if the drinker's head and most of his body are in the winepress.

מתני׳ קוֹלֵט אָדָם מִן הַמַּזְחִילָה לְמַטָּה מֵעֲשָׂרָה טְפָחִים, וּמִן הַצִּינּוֹר מִכׇּל מָקוֹם שׁוֹתֶה.

MISHNA **A person** standing in a public domain on Shabbat may **catch** water in a vessel **from a gutter** running along the side of a roof, if it is **less than ten handbreadths** off the ground, which is part of the public domain. **And from a pipe**[HBN] that protrudes from the roof, **one** may **drink in any manner,** i.e., not only by catching the water in a vessel, but even by pressing his mouth directly against the spout.

HALAKHA

One may drink on the winepress – שׁוֹתִים עַל הַגַּת: One who drinks wine directly from a winepress is not required to separate tithes, as this is considered incidental drinking. However, if he diluted it with hot water it is considered fixed drinking, in accordance with the opinion of the Rabbis, which is the intermediate opinion between the two other rulings (Rambam *Sefer Zera'im, Hilkhot Ma'aserot* 5:16).

A gutter and a pipe – מַזְחֵילָה וְצִינּוֹר: With regard to a gutter that is within three handbreadths of a roof, it is prohibited to stand in the public domain and press one's mouth or a vessel to the gutter. However, it is permitted to collect the water as it pours down. If the pipe or gutter extends three handbreadths beyond the roof, it is permitted to press one's mouth or a vessel against it, as long as the gutter is not four by four handbreadths in size (*Shulḥan Arukh, Oraḥ Ḥayyim* 351:1).

BACKGROUND

A gutter and a pipe – מַזְחֵילָה וְצִינּוֹר: A gutter is fashioned out of the wall itself. It catches rainwater falling from the roof and pours it out.

Gutter

A pipe is a spout connected to a house that collects water from the roof. It differs from the gutter in that it protrudes from the wall and is typically made of earthenware or metal.

Pipe

NOTES

A gutter and a pipe – מַזְחֵילָה וְצִינּוֹר: There are many variant readings, and therefore many different conclusions, with regard to these *halakhot*. One widespread version of the text reads: A person may catch from a gutter above ten handbreadths. This is explained as referring to a gutter precisely thirteen handbreadths tall. It is evident from the continuation of the discussion in the Gemara, and especially from the two *baraitot* it cites, that a wide variety of readings are possible. Different versions can be found in the commentaries of the Rif, Rabbeinu Ḥananel, the Rambam, the Rashba, the Ra'avad, and others.

גמ׳ קוֹלֵט – אִין, אֲבָל מְצָרֵף – לָא. מַאי טַעְמָא? אָמַר רַב נַחְמָן: הָכָא בְּמַזְחִילָה פָּחוֹת מִשְּׁלֹשָׁה סָמוּךְ לַגַּג עָסְקִינַן, דְּכָל פָּחוֹת מִשְּׁלֹשָׁה סָמוּךְ לַגַּג כְּגַג דָּמֵי.

GEMARA A careful reading of the mishna indicates that to **catch, yes,** one may catch the water from a distance, **but** to **press** his hand or mouth to the gutter, **no,** that is prohibited. The Gemara asks: **What is the reason** for this distinction? **Rav Naḥman said: Here, we are dealing with a gutter within three** handbreadths **of the roof,** and the *halakha* is in accordance with the principle that **anything within three** handbreadths **of a roof is considered like the roof** itself, based on the principle of *lavud*, according to which two solid surfaces are considered joined if there is a gap of less than three handbreadths between them. Since the roof of the house is a private domain, one would be carrying from a private domain to a public domain, which is prohibited.

תַּנְיָא נַמִי הָכִי: עוֹמֵד אָדָם בִּרְשׁוּת הַיָּחִיד וּמַגְבִּיהַּ יָדוֹ לְמַעְלָה מֵעֲשָׂרָה טְפָחִים לְפָחוֹת מִשְּׁלֹשָׁה סָמוּךְ לַגַּג, וְקוֹלֵט, וּבִלְבַד שֶׁלֹּא יְצָרֵף.

That ruling, that there is a distinction between catching water falling from a gutter and pressing one's hand or mouth to it, **was also taught** in a *baraita*: **A person** may **stand in a private domain and raise his hand above ten handbreadths,** until it is **within three** handbreadths **of the roof, and catch** any water falling from his neighbor's roof in a vessel, **provided that he does not press** his hand or mouth to the roof.

תַּנְיָא אִידָךְ: לֹא יַעֲמוֹד אָדָם בִּרְשׁוּת הַיָּחִיד וְיַגְבִּיהַּ יָדוֹ לְמַעְלָה מֵעֲשָׂרָה טְפָחִים לְפָחוֹת מִשְּׁלֹשָׁה סָמוּךְ לַגַּג וִיצָרֵף, אֲבָל קוֹלֵט הוּא וְשׁוֹתֶה.

It was likewise **taught** in **another** *baraita*: **A person** may **not stand in a private domain and raise his hand above ten handbreadths, to within three** handbreadths **of the roof, and press** his hand to the gutter, **but he** may **catch** water falling from the gutter **and drink.**

מִן הַצִּינּוֹר מִכָּל מָקוֹם שׁוֹתֶה. תָּנָא: אִם יֵשׁ בַּצִּינּוֹר אַרְבָּעָה עַל אַרְבָּעָה – אָסוּר, מִפְּנֵי שֶׁהוּא כְּמוֹצִיא מֵרְשׁוּת לִרְשׁוּת.

It was stated in the mishna: **But from a pipe one** may **drink in any manner,** as it protrudes more than three handbreadths from the roof. A Sage **taught** in the *Tosefta*: **If the pipe** itself **is four by four** handbreadths wide, **it is prohibited** to stand in the public domain and press one's hand or mouth to the water, **because he is like** one who **carries from one domain to** another **domain,** as the pipe is considered a domain in its own right.

מתני׳ בּוֹר בִּרְשׁוּת הָרַבִּים וְחוּלְיָיתוֹ גְּבוֹהַּ עֲשָׂרָה טְפָחִים – חַלּוֹן שֶׁעַל גַּבָּיו מְמַלְּאִין הֵימֶנּוּ בַּשַּׁבָּת,

MISHNA With regard to **a cistern in a public domain, with an embankment ten handbreadths high,** i.e., the embankment constitutes a private domain by itself, if there is **a window above** the cistern,[B] i.e., the window of an adjacent house is situated above the cistern, **one** may **draw** water **from** the cistern **on Shabbat** through the window, as it is permitted to carry from one private domain to another.

אַשְׁפָּה בִּרְשׁוּת הָרַבִּים גְּבוֹהַּ עֲשָׂרָה טְפָחִים – חַלּוֹן שֶׁעַל גַּבָּיו שׁוֹפְכִין לְתוֹכָהּ מַיִם בַּשַּׁבָּת.

Similarly, with regard to **a garbage dump in a public domain** that is **ten handbreadths high,** which means it has the status of a private domain, if there is **a window above** the pile of refuse that abuts the garbage dump, **one** may **throw water** from the window **onto** the dump **on Shabbat,** as it is permitted to carry from one private domain to another.

גמ׳ בְּמַאי עָסְקִינַן? אִילֵּימָא בִּסְמוּכָה – לָמָּה לִי חוּלְיָא עֲשָׂרָה?

GEMARA The Gemara asks: **With what are we dealing** here? **If you say** we are dealing **with** a cistern that is **adjacent** to the wall of the house, i.e. the cistern and wall are separated by less than four handbreadths, **why do I** need the cistern's **embankment** to be **ten** handbreadths high? Presumably the cistern is ten handbreadths deep, which makes it a private domain, and as it is too close to the house for the public domain to pass between them, one should be permitted to draw water from the cistern through the window, regardless of the height of the embankment.

אָמַר רַב הוּנָא: הָכָא בְּמַאי עָסְקִינַן – בְּמוּפְלֶגֶת מִן הַכּוֹתֶל אַרְבָּעָה.

Rav Huna said: With what we are dealing here? With a case where the cistern or garbage dump is **four** handbreadths **removed from the wall** of the house, i.e., a public domain separates the house from the cistern or heap. It is prohibited to carry from one private domain to another by way of a public domain. However, if the cistern's embankment is ten handbreadths high, the one drawing the water transfers it by way of an area that is more than ten handbreadths above the public domain, which is an exempt domain.

BACKGROUND

A cistern near a window – **בּוֹר לְיַד חַלּוֹן**: The image illustrates a cistern with an embankment, i.e., the stone wall surrounding the mouth of the cistern, in a public domain. There is a window in the house above the cistern.

Cistern near a window

וְטַעְמָא – דְּאִיכָּא חוּלְיָא עֲשָׂרָה, הָא לֵיכָּא חוּלְיָא עֲשָׂרָה – קָא מְטַלְטֵל מֵרְשׁוּת הַיָּחִיד לִרְשׁוּת הַיָּחִיד דֶּרֶךְ רְשׁוּת הָרַבִּים.

And the reason that drawing the water is permitted is **that there is an embankment of ten** handbreadths; but **if there is no embankment of ten** handbreadths, it is prohibited, as this would involve **moving** objects **from one private domain to another by way of the public domain.**[H]

וְרַבִּי יוֹחָנָן אָמַר: אֲפִילּוּ תֵּימָא בִּסְמוּכָה, הָא קָא מַשְׁמַע לַן: דְּבוֹר וְחוּלְיָיתוֹ מִצְטָרְפִין לַעֲשָׂרָה.

And Rabbi Yoḥanan said: The above explanation is unnecessary. **Even** if **you say** that we are dealing **with** a cistern that is **adjacent** to the wall of the house, the mishna comes to **teach us that a cistern and its embankment combine to** complete the **ten** handbreadths required for a private domain, and it is not necessary that the embankment itself reach a height of ten handbreadths.

״אַשְׁפָּה בִּרְשׁוּת הָרַבִּים וכו׳״. וְלָא חָיְישִׁינַן שֶׁמָּא תִּנָּטֵל אַשְׁפָּה?

The mishna states: With regard to **a garbage dump in a public domain** that is ten handbreadths high, if there is a window above the heap, one may throw water from the window onto the heap on Shabbat. The Gemara asks: **Aren't we concerned that the** entire **garbage dump** or part of it **might be removed,** turning the area into a public domain, and people will continue to throw water onto it on Shabbat?[H]

וְהָא רָבִין בַּר רַב אַדָּא אָמַר רַבִּי יִצְחָק: מַעֲשֶׂה בְּמָבוֹי אֶחָד שֶׁצִּידּוֹ אֶחָד כָּלֶה לַיָּם וְצִידּוֹ אֶחָד כָּלֶה לָאַשְׁפָּה, וּבָא מַעֲשֶׂה לִפְנֵי רַבִּי וְלֹא אָמַר בּוֹ לֹא אִיסּוּר וְלֹא הֶיתֵּר.

But didn't Ravin bar Rav Adda say that **Rav Yitzḥak said: An incident** occurred **involving a certain alleyway, one of whose sides terminated in the sea,** which closed it off on one side, **and the other side** of which **terminated in a garbage dump. And the incident came before Rabbi** Yehuda HaNasi for his ruling as to whether the alleyway has the status of an alleyway closed on both sides, **and he did not say** anything **about it, either prohibition or permission.**[N]

הֶיתֵּר לֹא אָמַר בּוֹ – דְּחָיְישִׁינַן שֶׁמָּא תִּנָּטֵל אַשְׁפָּה וְיַעֲלֶה הַיָּם שִׂירְטוֹן.

The Gemara clarifies: Rabbi Yehuda HaNasi **did not say about it** that carrying in the alleyway is **permitted, as we are concerned lest the garbage dump be removed** from its present spot, leaving one side of the alleyway open, **and** we are likewise concerned that perhaps **the sea will throw up sediment** and recede. These sedimentary deposits will intervene between the end of the alleyway and the sea, thereby depriving the alleyway of one its partitions.

אִיסּוּר לֹא אָמַר בּוֹ – דְּהָא קַיְימִין מְחִיצוֹת.

Similarly, **he did not say about it** that carrying in the alleyway was **prohibited, as its partitions,** the sea and the garbage dump, indeed **exist,** and it was certainly permitted at that time to carry in the alleyway. Apparently, there is indeed a concern that a garbage dump might be removed; why, then, does the same concern not apply to the case in the mishna?

לָא קַשְׁיָא; הָא – דְּיָחִיד, הָא – דְּרַבִּים.

The Gemara answers: This is **not difficult.** In **this** case, with regard to the alleyway between the garbage dump and the sea, we are concerned, as we are dealing **with a private** garbage dump, whose owner might change his mind and remove it; whereas in **that** case, i.e., the case in the mishna, it is referring **to a public** heap, which will certainly remain fixed in place.

מתני׳ אִילָן שֶׁהָיָה מֵיסֵךְ עַל הָאָרֶץ, אִם אֵין גּוֹפוֹ גָּבוֹהַּ מִן הָאָרֶץ שְׁלֹשָׁה טְפָחִים – מְטַלְטְלִים תַּחְתָּיו.

MISHNA With regard to **a tree that was hanging over**[H] **the ground,**[B] i.e., its branches hung down on all sides like a tent so that it threw a shadow on the ground, **if** the tips of **its branches are no higher than three handbreadths from the ground, one** may **carry under it.** This applies even if the tree is planted in a public domain, as the branches form partitions which turn the enclosed area into a private domain.

שָׁרָשָׁיו גְּבוֹהִים מִן הָאָרֶץ שְׁלֹשָׁה טְפָחִים – לֹא יֵשֵׁב עֲלֵיהֶן.

If **its roots** were **three handbreadths higher than the ground, one** may **not sit on them,** as it is prohibited to use a tree on Shabbat. Any part of a tree that is three handbreadths above the ground has the status of a tree with regard to this prohibition.

גמ׳ אָמַר רַבִּי הוּנָא בְּרֵיהּ דְּרַב יְהוֹשֻׁעַ: אֵין מְטַלְטְלִין בּוֹ יָתֵר מִבֵּית סָאתַיִם. מַאי טַעְמָא?

GEMARA **Rav Huna, son of Rav Yehoshua, said: One** may **not** move objects in the area **under** the tree if it is **more than two *beit se'a*. What is the reason** for this prohibition?

HALAKHA

Drawing water from a cistern – שְׁאִיבָה מִבּוֹר: It is permitted to draw water into a private domain from a cistern in the public domain by way of a window ten handbreadths high (*Magen Avraham*), if the cistern is within four handbreadths of the private domain. However, if the cistern is more than four handbreadths away, it is permitted to draw water from it only if the embankment of the cistern itself is ten handbreadths high. This ruling is in accordance with the statement in the mishna as explained by Rav Huna, as even Rabbi Yoḥanan does not disagree with him (*Shulḥan Arukh, Oraḥ Ḥayyim* 354:1).

Throwing into a garbage dump – זְרִיקָה לָאַשְׁפָּה: It is permitted to throw objects onto a garbage dump that has the dimensions of a private domain but is located in the public domain, from a private domain located within four handbreadths of the heap. However, if the heap is privately owned, it is prohibited to throw into it, as the heap might be removed. If the pile is not a garbage dump, one may not throw objects there, as the owner might change his mind and remove the pile (Rema, citing the *Maggid Mishne* and the Rashba; *Shulḥan Arukh, Oraḥ Ḥayyim* 354:2).

A tree that was hanging over – אִילָן שֶׁהָיָה מֵיסֵךְ: The space formed under a tree that has large hanging branches is considered partitioned off. Therefore, one is permitted to carry beneath it as he would in a private domain, if the following conditions are met: The tips of its branches are no higher than three handbreadths from the ground; its branches are at least ten handbreadths high at the spot where they join the tree; and the branches are tied so that they cannot move in the wind. This ruling is in accordance with the *halakha* stated in the mishna, as explained by Rav Huna, son of Rav Yehoshua (*Shulḥan Arukh, Oraḥ Ḥayyim* 362:1).

NOTES

He did not say anything about it, either prohibition or permission – לֹא אָמַר בּוֹ לֹא אִיסּוּר וְלֹא הֶיתֵּר: Since Rabbi Yehuda HaNasi did not expressly permit carrying in the alleyway, one must treat the alleyway as though carrying is prohibited there. Rabbi Yehuda HaNasi's noncommittal response reflects the fact that the prohibition against carrying in the alleyway is merely due to the concern over a possible future change, not because there is any problem with the domain as it currently stands.

BACKGROUND

A tree that was hanging over the ground – אִילָן שֶׁהָיָה מֵיסֵךְ עַל הָאָרֶץ: The image shows a tree with branches hanging down on its sides, forming a kind of canopy that encloses the area surrounding the trunk.

Tree with hanging branches

מִשּׁוּם דְּהָוֵי דִּירָה שֶׁתַּשְׁמִישָׁהּ לָאֲוִיר, וְכָל דִּירָה שֶׁתַּשְׁמִישָׁהּ לָאֲוִיר – אֵין מְטַלְטְלִין בָּהּ יָתֵר מִבֵּית סָאתַיִם.

This was prohibited **because it is a dwelling that serves** only **the air**, i.e., it is used only by someone guarding the fields or the like. It is not used as permanent living quarters, despite its partitions. **And** the rule with respect to **any dwelling that serves** only **the air** is that **it is not permitted to carry in it** if its area is **more than two** ***beit se'a***. As it is not a proper place of residence, the Sages treated it as an enclosure.

״שָׁרָשָׁיו גְּבוֹהִין מִן הָאָרֶץ וכו׳״. אִיתְּמַר, שָׁרְשֵׁי אִילָן הַבָּאִין מִלְמַעְלָה מִשְּׁלֹשָׁה לְתוֹךְ שְׁלֹשָׁה, רַבָּה אָמַר: מוּתָּר לְהִשְׁתַּמֵּשׁ בָּהֶן, רַב שֵׁשֶׁת אָמַר: אָסוּר לְהִשְׁתַּמֵּשׁ בָּהֶן.

The mishna states: If **the roots** of the tree are three handbreadths **above the ground**, one may not sit on them on Shabbat.[H] **It was stated** that *amora'im* disagreed with regard to **the roots of a tree that** rise up[B] and then bend and **come down from above,**[H] **from** a height of **three** handbreadths **to within three** handbreadths of the ground. **Rabba said: It is permitted to use them,** and **Rav Sheshet said: It is prohibited to use them.**

רַבָּה אָמַר מוּתָּר לְהִשְׁתַּמֵּשׁ בָּהֶן – דְּכָל פָּחוֹת מִשְּׁלֹשָׁה דְּאַרְעָא – אַרְעָא הִיא. רַב שֵׁשֶׁת אָמַר: אָסוּר לְהִשְׁתַּמֵּשׁ בָּהֶן, דְּכֵיוָן דְּמִכֹּחַ אִיסּוּר קָאָתֵי – אֲסוּרִין.

The Gemara clarifies the rationale of each opinion. **Rabba said** that **it is permitted to use them,** as **anything less than three** handbreadths **from the ground is** considered as **the ground. Rav Sheshet said: It is prohibited to use them; since they come from a prohibited source, they are prohibited.** The section of the tree from which they grow is prohibited. Therefore, these roots should likewise be prohibited.

דְּדָמוּ כִּמְשׁוּנִּיתָא, דְּסָלְקִין לְעֵילָּא – אֲסוּרִין, דְּנָחֲתִין לְתַתַּאי – שָׁרוּ. לְצִדְדִין – פְּלוּגְתָּא דְּרַבָּה וְרַב שֵׁשֶׁת.

The Gemara proceeds to qualify the dispute: With regard to ascending and descending roots **that resemble** a rocky **crag, those that rise upward are** certainly **prohibited** according to all opinions; those that **fall downward are permitted** according to everyone. It is the roots that branch out **to the sides** that are the subject of the **dispute between Rabba and Rav Sheshet.** Rav Sheshet prohibits using them, while Rabba is lenient.

וְכֵן אַנִּיגְרָא, וְכֵן בְּקֶרֶן זָוִית.

And likewise, Rabba and Rav Sheshet disagree about **a tree that grows in a ditch**[B] that has elevated roots, some of which are concealed by the banks of the ditch. The *amora'im* dispute whether the roots concealed by the banks are considered part of the ground. **And likewise,** in the case of a tree that grows **in a corner**[B] between two walls, they disagree as to whether the section between the walls is considered part of the ground.

HALAKHA

The use of roots – שִׁימּוּשׁ בְּשָׁרָשִׁים: It is prohibited to use tree roots that are more than three handbreadths above the ground. However, one may use roots that are within three handbreadths of the ground (*Shulḥan Arukh, Oraḥ Ḥayyim* 336:2).

Roots of a tree that come from above – שָׁרְשֵׁי אִילָן הַבָּאִין מִלְמַעְלָה: With regard to roots of a tree that are connected to the tree above three handbreadths, it is permitted to sit on the part of the root that lies below three handbreadths. The *halakha* is in accordance with the opinion of Rabba, as Rav Yosef ruled in this manner (*Shulḥan Arukh, Oraḥ Ḥayyim* 336:2).

BACKGROUND

Roots of a tree that rise up – שָׁרְשֵׁי אִילָן הַבָּאִין מִלְמַעְלָה:

Roots above three handbreadths that bend to within three handbreadths

A tree that grows in a ditch – אַנִּיגְרָא: The height of a tree planted in a ditch can be measured either from the bottom of the ditch or from its banks.

Tree growing in a ditch

A tree in a corner – אִילָן בְּקֶרֶן זָוִית: There is a dispute with regard to a tree growing in a corner as to whether the three handbreadths are measured from the ground or from the top of the walls.

Tree growing in a corner

הַהוּא דִּיקְלָא דַּהֲוָה לְאַבַּיֵּי וַהֲוָה סָלֵיק בְּאִיפּוּמָא. אֲתָא לְקַמֵּיהּ דְּרַב יוֹסֵף וּשְׁרָא לֵיהּ.

The Gemara relates that **Abaye had a certain palm tree** that grew in his house and **that projected through an opening in the roof.**[B] **He came before Rav Yosef** to ask him about it, **and he permitted him** to use the first three handbreadths of the palm tree above the roof, as the tree's lower part is treated as though it were in the ground.

אָמַר רַב אַחָא בַּר תַּחֲלִיפָא: דִּשְׁרָא לָךְ – כְּרַבָּה שְׁרָא לָךְ.

Rav Aḥa bar Taḥlifa said to Abaye: **He who permitted** it **to you, permitted it to you** in accordance with the opinion of **Rabba,** who maintains that a section of a tree concealed from view in at least two directions is considered as though it were underground. Consequently, the first three handbreadths above that section may be used on Shabbat, as they have the status of the ground.

פְּשִׁיטָא! מַהוּ דְּתֵימָא: אֲפִילּוּ לְרַב שֵׁשֶׁת, בֵּיתָא כְּמַאן דְּמָלֵי דָּמֵי, וְלִישְׁתַּמֵּשׁ בְּפָחוֹת מִשְּׁלֹשָׁה סָמוּךְ לַגַּג, קָא מַשְׁמַע לָן.

The Gemara expresses surprise: This is **obvious.** What novel element is Rav Aḥa bar Taḥlifa teaching us? The Gemara answers: It is necessary, **lest you say** that in this case it should be permitted **even according to Rav Sheshet,** as **the house is considered full,** i.e., it is as though it were filled with earth, **and** this would mean it is permitted **to use** the section **less than three** handbreadths **from the roof.** Rav Aḥa bar Taḥlifa therefore **teaches us** that Rav Sheshet is stringent even in this case.

תְּנַן: ״שָׁרָשָׁיו גְּבוֹהִין מִן הָאָרֶץ שְׁלֹשָׁה טְפָחִים – לֹא יֵשֵׁב עֲלֵיהֶם״. הֵיכִי דָּמֵי? אִי דְּלָא הָדְרִי כָּיְפִי – פְּשִׁיטָא! אֶלָּא לָאו – אַף עַל גַּב דְּהָדְרִי כָּיְפִי!

The Gemara attempts to adduce proof from the mishna, in which **we learned:** If **the roots** of the tree are **three handbreadths above the ground, one** may **not sit on them. What are the circumstances** of this case? **If** the situation is **that** the roots **do not bend over again,** this is **obvious,** as anything higher than three handbreadths is part of the tree. **Rather, doesn't** it mean that one may not sit on them **even though they bend back** downward to within three handbreadths of the ground? The mishna apparently indicates that if parts of the roots are more than three handbreadths above the ground, it is prohibited to use them along the rest of their entire length, as maintained by Rav Sheshet, contrary to Rabba.

לֹא, לְעוֹלָם דְּלָא הָדְרִי כָּיְפִי. וְהָא קָא מַשְׁמַע לָן: אַף עַל גַּב דְּצִידּוֹ אֶחָד שָׁוֶה לָאָרֶץ.

The Gemara rejects this contention: **No, actually** the mishna is referring to a case **where they do not bend back** downward, **and** the *tanna* comes to **teach us** the following: **Although** on **one side** of the tree the roots are **level with the ground,** nevertheless, it is prohibited to sit on them, as the roots on the other sides are more than three handbreadths above the ground.

תָּנוּ רַבָּנַן: שָׁרְשֵׁי אִילָן שֶׁגְּבוֹהִין מִן הָאָרֶץ שְׁלֹשָׁה טְפָחִים. אוֹ שֶׁיֵּשׁ חָלָל תַּחְתֵּיהֶן שְׁלֹשָׁה טְפָחִים, אַף עַל פִּי שֶׁצִּידּוֹ אֶחָד שָׁוֶה לָאָרֶץ – הֲרֵי זֶה לֹא יֵשֵׁב עֲלֵיהֶן, לְפִי שֶׁאֵין עוֹלִין בָּאִילָן, וְאֵין נִתְלִין בָּאִילָן, וְאֵין נִשְׁעָנִין בָּאִילָן,

The Sages taught in a *baraita*: With regard to **roots of a tree that are three handbreadths above the ground, or if there is** a hollow **space beneath them** of **three handbreadths, although** on **one side** of the tree the roots **are level with the ground, one** may **not sit on them**[H] **because** of the following rule: **One** may **not climb a tree, nor** may **one hang from a tree** by one's hands, **nor** may **one** even **lean against a tree** on Shabbat.[HN]

וְלֹא יַעֲלֶה בָּאִילָן מִבְּעוֹד יוֹם וְיֵשֵׁב שָׁם כׇּל הַיּוֹם כּוּלּוֹ, אֶחָד אִילָן וְאֶחָד כׇּל הַבְּהֵמָה. אֲבָל בּוֹר שִׁיחַ וּמְעָרָה וְגָדֵר מְטַפֵּס וְעוֹלֶה מְטַפֵּס וְיוֹרֵד, וַאֲפִילּוּ הֵן מֵאָה אַמָּה.

And similarly, **one** may **not climb a tree** on Friday **while it is still day and sit there the entire day** of Shabbat. This constitutes the use of the tree itself, not merely climbing it, and it is therefore prohibited. This *halakha* applies **both** to **a tree and** to **all animals;** one may not climb upon them, hang from them, or lean against them. **However,** the prohibition is not due to the effort involved in climbing, as is evident from the case of **a cistern, ditch, cave, or a fence. One** may **climb up** and **climb down** them, **even if they are a hundred cubits** deep.

תָּנֵי חֲדָא: אִם עָלָה – מוּתָּר לֵירֵד, וְתָנְיָא חֲדָא: אָסוּר לֵירֵד. לָא קַשְׁיָא; כָּאן – מִבְּעוֹד יוֹם, כָּאן – מִשֶּׁחָשֵׁיכָה.

The Gemara comments: **It was taught** in **one** *baraita*: **If one climbed up** a tree, he is **permitted to climb down; and it was taught** in **one** other *baraita* that he is **prohibited to climb down.** The Gemara resolves this apparent contradiction: This is **not difficult. Here,** where it is permitted to descend, one climbed up on Friday, **while it was still day; there,** where it is prohibited to descend, one climbed up on Shabbat **after nightfall.**

וְאִיבָּעֵית אֵימָא: הָא וְהָא מִשֶּׁחָשֵׁיכָה, וְלָא קַשְׁיָא; כָּאן – בְּשׁוֹגֵג, כָּאן – בְּמֵזִיד.

And if you wish, say instead that **both** *baraitot* are referring to a case where one climbed up the tree **after nightfall. But** even so, it is **not difficult: Here,** it is permitted to descend, as one climbed up the tree **unwittingly; there,** it is prohibited to descend, as the *baraita* is dealing with one who climbed **intentionally.**

BACKGROUND

A tree projecting through an opening in the roof – אִילָן בַּאֲרוּבָּה:

Palm tree growing in a house and protruding through an opening in the roof

HALAKHA

Roots that have a hollow space beneath them – שָׁרָשִׁים שֶׁיֵּשׁ חָלָל תַּחְתֵּיהֶם: It is prohibited to use roots that have a hollow space of three handbreadths beneath them, even if they are level with the ground on one side. However, if they are level with the ground on both sides, it is permitted (Vilna Gaon, based on Rabba; *Shulḥan Arukh, Oraḥ Ḥayyim* 336:2).

The use of a tree – שִׁימּוּשׁ בְּאִילָן: It is prohibited to climb a tree on Shabbat, lean against it, hang from one its branches, or utilize it in any other manner (*Shulḥan Arukh, Oraḥ Ḥayyim* 336:1).

NOTES

The prohibition against using a tree – אִיסּוּר שִׁימּוּשׁ בְּאִילָן: The prohibition against using a tree, by either climbing on it, leaning against it, or hanging from one of its branches, is not due to the exertion involved. In fact, it is permitted to climb a tall fence or descend a deep cistern. Rather, using a tree is prohibited because one might pluck the fruit of the tree or cut off a branch, thereby transgressing the prohibited labor of reaping. The same logic applies to the prohibition against riding an animal on Shabbat. One might mistakenly pull off a branch to use as a riding crop.

וְאִיבָּעֵית אֵימָא: הָא וְהָא בְּשׁוֹגֵג, וְהָכָא בְּקָנְסוּ שׁוֹגֵג אַטּוּ מֵזִיד קָמִיפַּלְגִי; מָר סָבַר: קָנְסִינַן, וּמָר סָבַר: לָא קָנְסִינַן.

And if you wish, say instead that **both** *baraitot* are referring to a case where one climbed up **unwittingly, and they disagree about** whether or not the Sages **penalized** an **unwitting** offender **due to an intentional** offender. One Sage, who ruled that it is prohibited to descend, **maintains** that **they penalized** an unwitting sinner to prevent others from climbing up on purpose and descending. Therefore, one may not come down even if he ascended by mistake. **And one Sage,** who ruled that it is permitted, **maintains** that **they did not penalize** the unwitting sinner in this manner.[H]

אָמַר רַב הוּנָא בְּרֵיהּ דְּרַב יְהוֹשֻׁעַ: כְּתַנָּאֵי, הַנִּיתָּנִין בְּמַתָּנָה אַחַת שֶׁנִּתְעָרְבוּ בְּנִיתָּנִין מַתָּנָה אַחַת – יִנָּתְנוּ בְּמַתָּנָה אַחַת. מַתַּן אַרְבַּע בְּמַתַּן אַרְבַּע – יִנָּתְנוּ בְּמַתַּן אַרְבַּע.

Rav Huna, son of Rav Yehoshua, said: This dispute between the two *baraitot* is **parallel to the** dispute of the ***tanna'im***, who disagreed with regard to a different matter. The blood of certain sacrifices, e.g., the firstborn and tithe offerings, is sprinkled once on the altar, while the blood of other sacrifices, e.g., burnt-offerings, is sprinkled four times. They require two sprinklings that are four, i.e., two sprinklings on opposite corners, so that the blood falls on all four sides. If the blood of sacrifices **that require** only **one sprinkling becomes intermingled with** the blood of other sacrifices that **require** only **one sprinkling,** the mixture **will be sprinkled once.** Likewise, if the blood of sacrifices that require **four sprinklings** becomes intermingled **with** the blood of other sacrifices that require **four sprinklings,** the mixture **will be sprinkled four times.**

מַתַּן אַרְבַּע בְּמַתַּן אַחַת – רַבִּי אֱלִיעֶזֶר אוֹמֵר: יִנָּתְנוּ בְּמַתַּן אַרְבַּע, וְרַבִּי יְהוֹשֻׁעַ אוֹמֵר: יִנָּתְנוּ בְּמַתָּנָה אַחַת.

If, however, the blood of a sacrifice that requires **four sprinklings** becomes intermingled **with** the blood of a sacrifice that requires only **one sprinkling,** the *tanna'im* disagree: **Rabbi Eliezer says:** The mixture of blood **is sprinkled four times. And Rabbi Yehoshua says:** It **is sprinkled once,** and this suffices for the atonement of the sacrifice.[H]

אָמַר לוֹ רַבִּי אֱלִיעֶזֶר: הֲרֵי הוּא עוֹבֵר עַל ״בַּל תִּגְרַע״! אָמַר לוֹ רַבִּי יְהוֹשֻׁעַ: הֲרֵי הוּא עוֹבֵר בְּ״בַל תּוֹסִיף״!

Rabbi Eliezer said to Rabbi Yehoshua: If one sprinkles the blood only once, **he transgresses** the prohibition **"you shall not diminish,"** which prohibits the omission of any elements of the performance of a mitzva, as he has not sprinkled the blood of the burnt-offering in the proper manner. **Rabbi Yehoshua said to** Rabbi Eliezer: According to your ruling, that one must sprinkle the blood four times, **he transgresses** the prohibition: **Do not add** (Deuteronomy 13:1), which prohibits the addition of elements to a mitzva, as he sprinkles the blood of the firstborn animal more times than necessary.

אָמַר רַבִּי אֱלִיעֶזֶר: לֹא אָמְרוּ אֶלָּא כְּשֶׁהוּא בְּעַצְמוֹ. אָמַר לוֹ רַבִּי יְהוֹשֻׁעַ: לֹא נֶאֱמַר ״בַּל תִּגְרַע״ אֶלָּא כְּשֶׁהוּא בְּעַצְמוֹ.

Rabbi Eliezer said to Rabbi Yehoshua: **They said** the prohibition against adding to the mitzvot **only where** the blood stands **by itself,** not when it is part of a mixture. **Rabbi Yehoshua said** to Rabbi Eliezer: Likewise, the prohibition: **Do not diminish, was stated only** in a case **where** the blood stands **by itself.**

וְעוֹד אָמַר רַבִּי יְהוֹשֻׁעַ: כְּשֶׁנָּתַתָּ – עָבַרְתָּ עַל ״בַּל תּוֹסִיף״ וְעָשִׂיתָ מַעֲשֶׂה בְּיָדְךָ, כְּשֶׁלֹּא נָתַתָּ – עָבַרְתָּ עַל ״בַּל תִּגְרַע״ וְלֹא עָשִׂיתָ מַעֲשֶׂה בְּיָדְךָ.

And Rabbi Yehoshua further said in defense of his position: **When you sprinkle** four times, **you have transgressed** the prohibition: **Do not add,** with regard to one of the sacrifices, **and you** also **performed an action with your** own **hand,** i.e., you transgress the Torah's command by means of a positive act. By contrast, **when you do not sprinkle** four times, even if **you have transgressed** the prohibition: **Do not diminish, you did not perform** the **action**[N] **with your** own **hand.** If one is forced to deviate from the commands of the Torah, it is better to do so in a passive manner.

לְרַבִּי אֱלִיעֶזֶר, דְּאָמַר הָתָם: קוּם עֲשֵׂה עָדִיף – הָכִי נַמִי יֵרֵד. לְרַבִּי יְהוֹשֻׁעַ דְּאָמַר הָתָם שֵׁב וְאַל תַּעֲשֶׂה עָדִיף – הָכִי נַמִי לֹא יֵרֵד.

Rav Huna, son of Rav Yehoshua, sought to argue the following: **According to Rabbi Eliezer, who said there,** with regard to sacrifices, that if both alternatives involve the violation of a prohibition **it is preferable to stand and take action,** i.e., perform a positive action, **here too,** one should **climb down** from the tree, as it is better to perform a single positive transgression by climbing down rather than commit a passive transgression throughout the entire Shabbat by remaining on the tree. By contrast, **according to Rabbi Yehoshua,** who **said** with regard to sacrifices that **it is preferable to sit and not take action, here too,** one should **not descend** from the tree.

HALAKHA

One who is situated on a tree on Shabbat – הַמָּצוּי עַל הָאִילָן בְּשַׁבָּת: In the case of one who climbed up a tree on Shabbat, if he did so intentionally, it is prohibited for him to climb down until nightfall. However, if acted unwittingly he is permitted to descend. If he went up on Friday, he may descend after nightfall in either case. The most lenient ruling is accepted here, as no conclusion was reached in the Gemara's discussion. In addition, the *halakha* is lenient with regard to an uncertainty that involves a rabbinic prohibition.

Some authorities state that if one ascended Friday intentionally, with the intention of staying there in a prohibited manner on Shabbat, he is prohibited from coming down (*Tur*). The Rema claims these *halakhot* apply only to a person. It is certainly prohibited to remove on Shabbat in any manner an object that has been placed on a tree before Shabbat (*Shulḥan Arukh, Oraḥ Ḥayyim* 336:1).

Mixtures of blood – תַּעֲרוֹבוֹת דָּמִים: When the blood of different sacrifices becomes intermingled, the following rules apply: If the blood of a sacrifice that requires a single sprinkling becomes intermingled with the blood of another sacrifice that requires a single sprinkling, the mixture is sprinkled once. If the blood of a sacrifice that requires four sprinklings becomes mixed with the blood of another sacrifice that requires four sprinklings, it is sprinkled four times. If the blood of a sacrifice that requires one sprinkling becomes intermingled with the blood of a sacrifice that requires four sprinklings, it is sprinkled only once, as the *halakha* is in accordance with the opinion of Rabbi Yehoshua as opposed to that of Rabbi Eliezer (Rambam *Sefer Avoda, Hilkhot Pesulei HaMukdashin* 2:11).

NOTES

You did not perform the action – לֹא עָשִׂיתָ מַעֲשֶׂה: This rationale is offered in several talmudic discussions, as the Sages have the authority to uproot Torah obligations by instructing one to sit and refrain from acting. In addition to the fact that refraining from doing something does not constitute an actual transgression, the Torah is far more stringent with regard to negative commandments than positive ones. Consequently, it is preferable to sin by failing to perform a positive commandment. *Tosafot* add that the rule that a positive command sets aside a negative one does not apply to sacrifices (see Ritva).

דִּילְמָא לֹא הִיא, עַד כָּאן לָא קָאָמַר רַבִּי אֱלִיעֶזֶר הָתָם קוּם עֲשֵׂה עָדִיף אֶלָּא דְּקָא עָבֵיד מִצְוָה, אֲבָל הָכָא דְּלָא עָבֵיד מִצְוָה – הָכִי נַמִי לֹא יֵרֵד.

The Gemara refutes this comparison: **Perhaps that is not** the case, as the two *halakhot* are not identical. **Rabbi Eliezer** might have **stated** his opinion that **it is preferable to stand and take action only** in the case dealt with **there, where one performs a mitzva** with respect to the additional sprinklings of the burnt-offering. **However, here,** where **one performs no mitzva** whatsoever by descending, **indeed, he** should **not descend.**

וְאִי נַמִי, עַד כָּאן לָא קָאָמַר רַבִּי יְהוֹשֻׁעַ הָתָם שֵׁב וְאַל תַּעֲשֶׂה עָדִיף – אֶלָּא

Alternatively, the comparison can be rejected in a different fashion: **Rabbi Yehoshua** may have **stated** his opinion that **it is preferable to sit and not take action only** in the case dealt with **there,**

Perek **X**
Daf **100** Amud **b**

דְּלָא קָא עָבֵיד אִיסּוּרָא, אֲבָל הָכָא דְּקָא עָבֵיד אִיסּוּרָא – הָכִי נַמִי דְּיֵרֵד.

where one does not commit a transgression by refraining from action. **However, here, where one commits a transgression** every additional moment he remains in the tree, **indeed, he** should **descend** from it.

תָּנֵי חֲדָא: אֶחָד אִילָן לַח וְאֶחָד אִילָן יָבֵשׁ. וְתַנְיָא אִידָךְ: בַּמֶּה דְּבָרִים אֲמוּרִים – בְּלַח, אֲבָל בְּיָבֵשׁ – מוּתָּר.

The Gemara cites an apparent contradiction: **It was taught** in **one** *baraita* that **both a green tree and a dry tree** are included in the prohibition against climbing a tree,[H] whereas **it was taught** in **another** *baraita*: **In what** case **are these matters,** that one may not climb a tree, **stated? With regard to a green** tree. **But** in the case of **a dry** one, **it is permitted** to climb it.

HALAKHA

Green and dry trees – אִילָן לַח וְיָבֵשׁ: It is prohibited to use any tree on Shabbat, even a dry one whose leaves have shriveled up. This *halakha* is in accordance with Rav (*Shulḥan Arukh, Oraḥ Ḥayyim* 336:1).

אָמַר רַב יְהוּדָה: לָא קַשְׁיָא; כָּאן – בְּשֶׁגִּזְעוֹ מַחֲלִיף, כָּאן – בְּשֶׁאֵין גִּזְעוֹ מַחֲלִיף.

Rav Yehuda said: It is **not difficult. Here,** the *baraita* that includes a dry tree in the prohibition is referring to a tree whose **stump sends out new** shoots when cut; whereas **there,** the *baraita* that excludes a dry tree from the prohibition is referring to one whose **stump does not send out new** shoots.

גִּזְעוֹ מַחֲלִיף יָבֵשׁ קָרֵית לֵיהּ? אֶלָּא: לָא קַשְׁיָא; כָּאן – בִּימוֹת הַחַמָּה, כָּאן – בִּימוֹת הַגְּשָׁמִים.

The Gemara expresses surprise at this answer: **You call** a tree whose **stump sends out new** shoots **dry?** This tree is not dry at all. **Rather,** it is **not difficult,** as both *baraitot* deal with a dry tree whose stump will not send out any new shoots. However, **here,** the *baraita* that permits climbing a dry tree, is referring **to the summer,** when it is evident that the tree is dead; whereas **there,** the *baraita* that prohibits climbing the tree is referring **to the rainy season,** when many trees shed their leaves and it is not obvious which remain alive and which are dead.

בִּימוֹת הַחַמָּה הָא נָתְרִי פֵּירֵי! בִּדְלֵיכָּא פֵּירֵי. וְהָא קָא נָתְרִי קִינְסֵי! בִּגְדוּדָא.

The Gemara raises a difficulty: **In the summer, the fruit** of the previous year left on the dry tree **will fall off** when he climbs it, and climbing the tree should therefore be prohibited lest he come to pick the fruit. The Gemara answers: We are dealing here with a case **where there is no fruit** on the tree. The Gemara asks: **But small branches will fall off** when he climbs the tree, and once again this should be prohibited in case he comes to break them off. The Gemara answers: We are dealing here **with a tree that has** already **been stripped** of all its small branches.

אִינִי?! וְהָא רַב אִיקְּלַע לְאַפְסְטַיָּא, וַאֲסַר בִּגְדוּדָא! רַב בִּקְעָה מָצָא, וְגָדַר בָּהּ גָּדֵר.

The Gemara asks: **Is that** really **so? But Rav arrived at** a place called **Apsetaya and prohibited** its residents from climbing even **a tree that had** already **been stripped of** all **its branches.** The Gemara answers: In truth, no prohibition was involved, but **Rav found** an unguarded **field,** i.e., a place where transgression was widespread, **and fenced it in.** He added a stringency as a safeguard and prohibited an action that was fundamentally permitted.

אָמַר רָמֵי בַּר אַבָּא, אָמַר רַב אַסִּי: אָסוּר לְאָדָם שֶׁיְּהַלֵּךְ עַל גַּבֵּי עֲשָׂבִים בַּשַּׁבָּת, מִשּׁוּם שֶׁנֶּאֱמַר: ״וְאָץ בְּרַגְלַיִם חוֹטֵא״.

Rami bar Abba said that **Rav Asi said: It is prohibited for a person to walk on grass on Shabbat, due to** the fact **that it is stated: "And he who hastens with his feet sins"** (Proverbs 19:2). This verse teaches that mere walking occasionally involves a sin, e.g., on Shabbat, when one might uproot the grass on which he walks.

תָּנֵי חֲדָא: מוּתָּר לֵילֵךְ עַל גַּבֵּי עֲשָׂבִים בַּשַּׁבָּת, וְתַנְיָא אִידָּךְ: אָסוּר. לָא קַשְׁיָא; הָא – בְּלַחִים, הָא – בִּיבֵשִׁים.

The Gemara cites another apparent contradiction: **It was taught in one** *baraita* that **it is permitted to walk on grass on Shabbat,**[H] **and it was taught** in **another** *baraita* that **it is prohibited** to do so. The Gemara answers: This is **not difficult. This** *baraita* is referring **to green** grass, which one might uproot, thereby transgressing the prohibition against reaping on Shabbat. **That** other *baraita* is referring **to dry** grass, which has already been cut off from its source of life, and therefore the prohibition of reaping is no longer in effect.

וְאִי בָּעֵית אֵימָא: הָא וְהָא בְּלַחִים, וְלָא קַשְׁיָא; כָּאן – בִּימוֹת הַחַמָּה, כָּאן – בִּימוֹת הַגְּשָׁמִים.

And if you wish, say instead that both *baraitot* are referring **to green** grass, **and** yet **there is no difficulty: Here,** the *baraita* that prohibits walking on grass is referring **to the summer,** when the grass includes seeds that might be dislodged by one's feet, whereas **there,** the *baraita* that permits doing so is referring **to the rainy season,** when this problem does not exist.

וְאִיבָּעֵית אֵימָא: הָא וְהָא בִּימוֹת הַחַמָּה, וְלָא קַשְׁיָא; הָא – דְּסַיֵּים מְסָאנֵיהּ, הָא – דְּלָא סַיֵּים מְסָאנֵיהּ.

And if you wish, say instead that **both** *baraitot* are referring **to the summer, and** it is **not difficult: This** *baraita*, which permits walking on grass, is referring to a case **where one is wearing his shoes,** whereas **that** other *baraita*, which prohibits it, deals with a situation **where one is not wearing his shoes,** as the grass might get entangled between his toes and be uprooted.

וְאִיבָּעֵית אֵימָא: הָא וְהָא דְּסַיֵּים מְסָאנֵיהּ, וְלָא קַשְׁיָא; הָא – דְּאִית לֵיהּ עוּקְצֵי, הָא דְּלֵית לֵיהּ עוּקְצֵי.

And if you wish, say instead that **both** *baraitot* are referring to a case **where one is wearing his shoes, and** nevertheless this is **not difficult: This** *baraita* prohibits walking on grass, as it involves a case **where** one's shoe **has a spike**[N] on which the grass might get caught and be uprooted, whereas **that** other *baraita* permits it, because it deals a case **where** one's shoe **does not have a spike.**

וְאִיבָּעֵית אֵימָא: הָא וְהָא דְּאִית לֵיהּ עוּקְצֵי, הָא – דְּאִית לֵיהּ שְׁרָכָא, הָא – דְּלֵית לֵיהּ שְׁרָכָא.

And if you wish, say instead that **both** are referring to a case **where** the shoe **has a spike,** and it is not difficult: **This** *baraita*, which prohibits walking on grass, is referring to a case **where** the grass is **long and entangled,**[N] and it can easily get caught on the shoe, whereas **that** other *baraita* is referring to a case **where** the grass **is not long and entangled.**

וְהָאִידָּנָא דְּקַיְימָא לָן כְּרַבִּי שִׁמְעוֹן – כּוּלְּהוּ שָׁרֵי.

The Gemara concludes: **And now, when we maintain** that the *halakha* is **in accordance with the opinion of Rabbi Shimon,** who maintains that there is no liability for a prohibited act committed unwittingly during the performance of a permitted act, **all of these** scenarios **are permitted,** as here too, one's intention is merely to walk and not to uproot grass on Shabbat.

וְאָמַר רָמִי בַּר חָמָא, אָמַר רַב אַסִי: אָסוּר לְאָדָם שֶׁיָּכוֹף אִשְׁתּוֹ לִדְבַר מִצְוָה, שֶׁנֶּאֱמַר: "וְאָץ בְּרַגְלַיִם חוֹטֵא".

The Gemara cites another *halakha* derived from the verse mentioned in the previous discussion. **Rami bar Ḥama said** that **Rav Asi said: It is prohibited for a man to force his wife in the** conjugal **mitzva,**[HN] i.e., sexual relations, **as it is stated: "And he who hastens with his feet sins"** (Proverbs 19:2). The term his feet is understood here as a euphemism for intercourse.

וְאָמַר רַבִּי יְהוֹשֻׁעַ בֶּן לֵוִי: כָּל הַכּוֹפֶה אִשְׁתּוֹ לִדְבַר מִצְוָה – הָוְיָין לוֹ בָּנִים שֶׁאֵינָן מְהוּגָּנִין. אָמַר רַב אִיקָא בַּר חִינָּנָא: מַאי קְרָאָה "גַּם בְּלֹא דַעַת נֶפֶשׁ לֹא טוֹב".

And Rabbi Yehoshua ben Levi said: Anyone who forces his wife to perform **the** conjugal **mitzva will have unworthy children** as a consequence. **Rav Ika bar Ḥinnana said: What is the verse** that alludes to this? **"Also, that the soul without knowledge is not good"** (Proverbs 19:2). If intercourse takes place without the woman's knowledge, i.e., consent, the soul of the offspring will not be good.

תַּנְיָא נַמִּי הָכִי: "גַּם בְּלֹא דַעַת נֶפֶשׁ לֹא טוֹב" – זֶה הַכּוֹפֶה אִשְׁתּוֹ לִדְבַר מִצְוָה. "וְאָץ בְּרַגְלַיִם חוֹטֵא" – זֶה הַבּוֹעֵל וְשׁוֹנֶה.

That was also taught in a *baraita*: **"Also, without knowledge the soul is not good"; this is one who forces his wife to** perform **the** conjugal **mitzva. "And he who hastens with his feet sins"; this is one who has intercourse** with his wife **and repeats** the act in a manner that causes her pain or distress.

אִינִי?! וְהָאָמַר רָבָא: הָרוֹצֶה לַעֲשׂוֹת כָּל בָּנָיו זְכָרִים – יִבְעוֹל וְיִשְׁנֶה! לָא קַשְׁיָא; כָּאן – לְדַעַת, כָּאן – שֶׁלֹּא לְדַעַת.

The Gemara is surprised by this teaching: **Is that so? But didn't Rava say: One who wants all his children to be males** should **have intercourse** with his wife **and repeat** the act? The Gemara answers: This is **not difficult: Here,** where Rava issued this advice, he was referring to a husband who acts **with** his wife's **consent. There,** the *baraita* that condemns this behavior is referring to one who proceeds **without** her **consent.**

HALAKHA

Walking on grass – הֲלִיכָה עַל גַּבֵּי עֲשָׂבִים: It is permitted to walk on grass on Shabbat, whether it is green or dry, as the *halakha* is in accordance with Rabbi Shimon's opinion that anything one does not intend to do is permitted (*Shulḥan Arukh, Oraḥ Ḥayyim* 336:3).

Forcing one's wife into the conjugal mitzva – לִכְפּוֹת אִשְׁתּוֹ לִדְבַר מִצְוָה: It is prohibited to force one's wife to have sexual intercourse. The Sages speak of the harm this practice inflicts upon the offspring of such relations (*Shulḥan Arukh, Oraḥ Ḥayyim* 240:10 and *Even HaEzer* 25:2).

NOTES

Where one's shoe has a spike – דְּאִית לֵיהּ עוּקְצֵי: Rabbeinu Ḥananel explains that this refers to vegetation that has prickles and thorns, which become entangled in people's feet.

Long and entangled – שְׁרָכָא: Some commentaries explain that this refers to plant roots, while other authorities maintain that it means broad leaves resting on the ground (*ge'onim*).

In the conjugal mitzva – לִדְבַר מִצְוָה: Throughout this discussion, the Gemara refers to conjugal relations as a mitzva. This terminology teaches that while fulfilling a mitzva, one must be sensitive to his wife's wishes and dignity (Rav Ya'akov Emden; *Ge'on Ya'akov*).

אָמַר רַבִּי שְׁמוּאֵל בַּר נַחְמָנִי, אָמַר רַבִּי יוֹחָנָן: כָּל אִשָּׁה שֶׁתּוֹבַעַת בַּעְלָהּ לִדְבַר מִצְוָה – הָוְיָין לָהּ בָּנִים שֶׁאֲפִילּוּ בְּדוֹרוֹ שֶׁל מֹשֶׁה לֹא הָיוּ כְּמוֹתָן. דְּאִילּוּ בְּדוֹרוֹ שֶׁל מֹשֶׁה כְּתִיב: ״הָבוּ לָכֶם אֲנָשִׁים חֲכָמִים וּנְבוֹנִים וִידוּעִים לְשִׁבְטֵיכֶם״, וּכְתִיב: ״וָאֶקַּח אֶת רָאשֵׁי שִׁבְטֵיכֶם אֲנָשִׁים חֲכָמִים וִידוּעִים״, וְאִילּוּ נְבוֹנִים לָא אַשְׁכַּח.

Apropos relations between husband and wife, the Gemara cites that **Rav Shmuel bar Naḥmani said** that **Rabbi Yoḥanan said: Any woman who demands of her husband that** he fulfill his conjugal **mitzva will have sons the likes of whom did not exist even in Moses' generation. With regard to Moses' generation, it is written: "Get you, wise men, and understanding, and well-known from each one of your tribes, and I will make them head over you"** (Deuteronomy 1:13), **and it is** later **written: "So I took the heads of your tribes, wise men, and well-known,** and made them heads over you" (Deuteronomy 1:15). **However,** men possessing **understanding,** which is a more lofty quality than wisdom,[N] Moses **could not find** any of these.

וְאִילּוּ גַּבֵּי לֵאָה כְּתִיב: ״וַתֵּצֵא לֵאָה לִקְרָאתוֹ וַתֹּאמֶר אֵלַי תָּבוֹא כִּי שָׂכֹר שְׂכַרְתִּיךָ״, וּכְתִיב: ״וּמִבְּנֵי יִשָּׂשכָר יוֹדְעֵי בִינָה לָעִתִּים לָדַעַת מַה יַּעֲשֶׂה יִשְׂרָאֵל רָאשֵׁיהֶם מָאתַיִם וְכָל אֲחֵיהֶם עַל פִּיהֶם״.

While with regard to Leah, it is written: "And Leah went out to meet him, and said, You must come in to me, for indeed I have hired you with my son's mandrakes" (Genesis 30:16). Her reward for demanding that Jacob fulfill the conjugal mitzva with her was the birth of Issachar, **and it is written: "And of the children of Issachar, men who had understanding of the times, to know what Israel ought to do; the heads of them were two hundred, and all their brethren were at their commandment"** (I Chronicles 12:33).

אִינִי?! וְהָאָמַר רַב יִצְחָק בַּר אַבְדִּימִי: עֶשֶׂר קְלָלוֹת נִתְקַלְּלָה חַוָּה, דִּכְתִיב:

The Gemara poses a question: **Is that so?** Is it proper for a woman to demand her conjugal rights from her husband? **But didn't Rav Yitzḥak bar Avdimi say: Eve was cursed with ten curses,** due to the sin of the Tree of Knowledge, as **it is written:** "To the woman He said, I will greatly multiply your pain and your travail; in sorrow you shall bring forth children; and yet your desire shall be to your husband, and he shall rule over you" (Genesis 3:16)?

״אֶל הָאִשָּׁה אָמַר הַרְבָּה אַרְבֶּה״ – אֵלּוּ שְׁנֵי טִפֵּי דָמִים, אַחַת דַּם נִדָּה, וְאַחַת דַּם בְּתוּלִים. ״עִצְּבוֹנֵךְ״ – זֶה צַעַר גִּידּוּל בָּנִים. ״וְהֵרוֹנֵךְ״ – זֶה צַעַר הָעִיבּוּר. ״בְּעֶצֶב תֵּלְדִי בָנִים״ – כְּמַשְׁמָעוֹ.

Rav Yitzḥak bar Avdimi **proceeds to** explain this verse. **"To the woman He said: I will greatly multiply [*harba arbe*]"; these are** the **two drops of blood** unique to a woman, which cause her suffering, **one the blood of menstruation and** the other **one the blood of virginity. "Your pain"; this is the pain of raising children. "And your travail"; this is the pain of pregnancy. "In sorrow you shall bring forth children"; in accordance with its** plain **meaning,** i.e., the pain of childbirth.

״וְאֶל אִישֵׁךְ תְּשׁוּקָתֵךְ״ – מְלַמֵּד שֶׁהָאִשָּׁה מִשְׁתּוֹקֶקֶת עַל בַּעְלָהּ בְּשָׁעָה שֶׁיּוֹצֵא לַדֶּרֶךְ. ״וְהוּא יִמְשָׁל בָּךְ״ – מְלַמֵּד שֶׁהָאִשָּׁה תּוֹבַעַת בַּלֵּב, וְהָאִישׁ תּוֹבֵעַ בַּפֶּה, זוֹ הִיא מִדָּה טוֹבָה בַּנָּשִׁים!

"And yet your desire shall be to your husband" teaches that the woman desires her husband, e.g., **when he sets out on the road; "and he shall rule over you" teaches that the woman demands** her husband **in** her **heart** but is too shy to voice her desire, **but the man demands** his wife **verbally.** Rav Yitzḥak bar Avdimi adds: **This is a good trait in women,**[N] that they refrain from formulating their desire verbally. Apparently, it is improper for a woman to demand her conjugal rights from her husband.

כִּי קָאָמְרִינַן – דִּמְרַצְּיָא אַרְצוּיֵי קַמֵּיהּ.

The Gemara answers: **When we say** that a woman who demands her conjugal rights from her husband is praiseworthy, it does not mean she should voice her desires explicitly. Rather, it means **that** she should **make herself pleasing to him,**[H] and he will understand what she wants on his own.

הָנֵי שֶׁבַע הָוְיָין! כִּי אֲתָא רַב דִּימִי, אֲמַר: עֲטוּפָה כְּאָבֵל, וּמְנוּדָּה מִכָּל אָדָם, וַחֲבוּשָׁה בְּבֵית הָאֲסוּרִין.

The Gemara analyzes the above statement with regard to Eve's ten curses: Are they in fact ten? **They are** only **seven. When Rav Dimi came** from Eretz Yisrael to Babylonia, **he said** that the other curses are: A woman is **wrapped like a mourner,** i.e., she must cover her head; and she is **ostracized from all people and incarcerated within a prison,** as she typically spends all her time in the house.

מַאי מְנוּדָּה מִכָּל אָדָם? אִילֵּימָא מִשּׁוּם דַּאֲסִיר לָהּ יִיחוּד – אִיהוּ נַמִי אֲסִיר לֵיהּ יִיחוּד! אֶלָּא דַּאֲסִירָא לְבֵי תְּרֵי.

The Gemara asks: **What is the meaning of ostracized from all people? If you say** this is **because it is forbidden for her to seclude herself** with a man, **it is also forbidden** for a man **to seclude himself** with women. **Rather,** it means **that it is forbidden** for her **to** marry **two** men, whereas a man can marry two women.

בְּמַתְנִיתָא תָּנָא: מְגַדֶּלֶת שֵׂעָר כְּלִילִית, וְיוֹשֶׁבֶת וּמַשְׁתֶּנֶת מַיִם כִּבְהֵמָה, וְנַעֲשֵׂית כַּר לְבַעְלָהּ.

It was taught in a *baraita* that the three additional curses are: **She grows** her **hair** long **like Lilit,** a demon; **she sits and urinates, like an animal; and serves as a pillow for her husband** during relations.

NOTES

Wise and understanding – חָכָם וְנָבוֹן: In general, a wise man is one who comprehends an idea that is explained to him, while a man of understanding can infer one idea from another.

A good trait in women – מִדָּה טוֹבָה בַּנָּשִׁים: If shyness is a good trait, why does the Torah consider this a curse? One answer is that despite the fact that it is a laudable trait, the inability to formulate a demand verbally can lead to frustration, so it is a curse as well (Ramban).

HALAKHA

That she should make herself pleasing to him – דִּמְרַצְּיָא אַרְצוּיֵי קַמֵּיהּ: Although it is inappropriate for a woman to demand her conjugal rights verbally, she is certainly permitted to make herself pleasing to her husband and allude to her desire. Once a woman has expressed her desire, it is a mitzva for her husband to initiate relations with her, even beyond his general conjugal obligation (*Shulḥan Arukh, Oraḥ Ḥayyim* 240:1).

ואידך – הני, שבח הוא לה.

And why doesn't **the other** Sage include these curses? The Gemara answers: He maintains that **these are praise for her,** not pain, either because they are modest practices, e.g., urinating in a seated position, or because they add to her comfort, e.g., her bottom position during relations.

דאמר רבי חייא: מאי דכתיב "מלפנו מבהמות ארץ ומעוף השמים יחכמנו", "מלפנו מבהמות" – זו פרידה שכורעת ומשתנת מים. "ומעוף השמים יחכמנו" – זה תרנגול שמפייס ואחר כך בועל.

As Rabbi Ḥiyya said: What is the meaning of **that which is written: "Who teaches us by the beasts of the earth, and makes us wiser by the birds of the sky"** (Job 35:11)? He explains: **"Who teaches us by the beasts of the earth"; this is the female mule, which crouches and urinates** and from which we learn modesty. **"And makes us wiser by the birds of the sky"; this is the rooster, which** first **cajoles** the hen **and then mates** with it.

אמר רבי יוחנן: אילמלא לא ניתנה תורה – היינו למידין צניעות מחתול, וגזל מנמלה, ועריות מיונה. דרך ארץ מתרנגול – שמפייס ואחר כך בועל.

Similarly, **Rabbi Yoḥanan said: Even if the Torah had not been given, we would** nonetheless **have learned modesty from the cat,** which covers its excrement, **and** that **stealing** is objectionable **from the ant,** which does not take grain from another ant, **and forbidden relations from the dove,**[B] which is faithful to its partner, **and proper relations from the rooster,**[B] **which** first **appeases** the hen **and then mates** with it.

ומאי מפייס לה? אמר רב יהודה, אמר רב, הכי קאמר לה: זבינא ליך זיגא דמטו ליך עד כרעיך. לבתר הכי אמר לה: לישמטתיה לכרבלתיה דההוא תרנגולא, אי אית ליה ולא זבינא ליך.

What does the rooster do to **appease** the hen?[N] **Rav Yehuda said** that **Rav said:** Prior to mating, it spreads its wings as if to **say this: I will buy you a coat that will reach** down **to your feet. After** mating, the rooster bends its head as if to **say this: May the crest of this rooster fall off if he has** the wherewithal **and does not buy you one.** I simply have no money to do so.

BACKGROUND

Forbidden relations from the dove – עריות מיונה: After a male and female dove copulate they remain faithful to one another. If one of them disappears, the other usually does not breed during that season.

Proper relations from the rooster – דרך ארץ מתרנגול: There are mating rituals unique to various animal species. The Gemara offers an explanation of the mating ritual of chickens. Indeed, the very nature of mating rituals is to appease, as roosters will not engage in sexual intercourse without the prior performance of the ritual.

NOTES

What does the rooster do to appease the hen – מאי מפייס לה: The Gemara asks this question in order to teach the proper way for a man to behave in this situation (Rav Ya'akov Emden).

Perek **X**
Daf **101** Amud **a**

מתני׳ הדלת שבמוקצה, וחדקים שבפרצה, ומחצלות – אין נועלין בהן אלא אם כן גבוהים מן הארץ.

MISHNA With regard to **the door to a rear court,**[H] i.e., a door that opens from a house to the courtyard situated behind it, which is typically not a proper door but merely a wooden board without hinges that closes off the doorway; **and** likewise **bundles of thorns** that seal **a breach; and reed mats, one** may **not close** an opening **with them** on Shabbat. This would be considered building or completing a building, **unless they** remain **above the ground** even when they are open.

גמ׳ ורמינהו: דלת הנגררת, ומחצלת הנגררת, וקנקן הנגרר, בזמן שקשורין ותלויין – נועלין בהן בשבת, ואין צריך לומר ביום טוב!

GEMARA And the Gemara **raises a contradiction** from a *baraita*: With regard to **a door, or a mat, or a lattice** [*kankan*][L] **that drag** along the ground and are used for closing up openings, **when they are tied and suspended** in place **one** may **close** an opening **with them on Shabbat; and needless to say** this is permitted **on a Festival.** According to the *baraita*, the critical factor is apparently that they must be tied and suspended, not that they have to be held up above the ground.

אמר אביי: בשיש להם ציר. רבא אמר: בשהיה להן ציר.

Abaye said: The *baraita* is referring **to ones that have a hinge.**[N] As they are considered proper doors, closing them does not appear like building. **Rava said:** The *baraita* is referring even **to** doors **that** once **had a hinge,** even though they no longer have one. These partitions also bear the clear form of a door, and therefore one's action does not have the appearance of building.

מיתיבי: דלת הנגררת, ומחצלת הנגררת, וקנקן הנגרר, בזמן שקשורין ותלויין וגבוהים מן הארץ אפילו מלא נימא – נועלין בהן, ואם לאו – אין נועלין בהן.

The Gemara **raises an objection** from another *baraita*: With regard **to a door, or a mat, or a lattice that drag** along the ground, **when they are tied and suspended** in place **and** they are held **above the ground even by** as little as **a hairbreadth, one** may **close** an opening **with them. However, if** they are **not** raised in this manner, **one** may **not close** an opening **with them.** Clearly, these doors must indeed be raised above the ground as well.

HALAKHA

The door to a rear court – הדלת שבמוקצה: With regard to a door to a rear court or a door built from woven thorns used to seal a breach, if they have a hinge, one may use them to close an opening on Shabbat. However, if they never had a hinge, one may use them only if they are held above the ground. This ruling is in accordance with Rava's explanation of the mishna (*Shulḥan Arukh, Oraḥ Ḥayyim* 313:3).

LANGUAGE

Lattice [*kankan*] – קנקן: Most commentaries associate *kankan* with its common meaning, the blade of a plough. The Ra'avad maintains that it refers to the wooden handle into which the plough blade is inserted. However, the parallel discussion in the Jerusalem Talmud uses the word *kankal*, with the Hebrew letters *nun* and *lamed* transposed. From the Greek κιγκλίς, *kinklis*, a net or an item crafted into a lattice. Accordingly, *kankan* in this context refers to a wooden lattice or some other material used to close a door.

NOTES

To ones that have a hinge – בשיש להם ציר: Why is a hinge effective for these doors but not for a widowed door? One answer is that it is unusual to construct parts of a house from mats and lattices and the like, and therefore the addition of a hinge establishes any one of those items as a door. However, it is not uncommon to install a single plank as a permanent feature of a house, which is why a hinge alone is not effective in rendering it a door (*Turei Zahav*).

אַבַּיֵי מְתָרֵץ לְטַעְמֵיהּ, וְרָבָא מְתָרֵץ לְטַעְמֵיהּ. אַבַּיֵי מְתָרֵץ לְטַעְמֵיהּ: אוֹ שֶׁיֵּשׁ לָהֶן צִיר, אוֹ שֶׁגְּבוֹהִין מִן הָאָרֶץ. רָבָא מְתָרֵץ לְטַעְמֵיהּ: כְּשֶׁהָיָה לָהֶן צִיר, אוֹ שֶׁגְּבוֹהִין מִן הָאָרֶץ.

The Gemara answers: **Abaye reconciles** the objection **in accordance with his reasoning, and Rava reconciles** the objection **in accordance with his reasoning.** The Gemara elaborates: **Abaye reconciles** the objection **in accordance with his reasoning** by adding to the *baraita*: They must **either have a hinge or** be held **above the ground. Rava** likewise **reconciles** the objection **in accordance with his reasoning,** as he reads: They must **have had a hinge or** else be held **above the ground.**

תָּנוּ רַבָּנַן: סוֹכֵי קוֹצִים וַחֲבִילִין שֶׁהִתְקִינָן לְפִירְצָה שֶׁבֶּחָצֵר, בִּזְמַן שֶׁקְּשׁוּרִין וּתְלוּיִין – נוֹעֲלִין בָּהֶן בְּשַׁבָּת, וְאֵין צָרִיךְ לוֹמַר בְּיוֹם טוֹב.

The Sages taught a *baraita*: With regard to **branches of thorn bushes or bundles** of wood **that were arranged** so that they sealed off **a breach in a courtyard, when they are tied and suspended** in place, **one** may **close** an opening **with them on Shabbat; and needless to say,** this is permitted **on a Festival.**

תָּנֵי רַבִּי חִיָּיא: דֶּלֶת אַלְמָנָה הַנִּגְרֶרֶת – אֵין נוֹעֲלִין בָּהּ. הֵיכִי דָּמֵי דֶּלֶת אַלְמָנָה – אִיכָּא דְּאָמְרִי: דְּחַד שִׁיפָא, וְאִיכָּא דְּאָמְרִי: דְּלֵית לֵיהּ גִּשְׁמָה.

Rabbi Ḥiyya taught a *baraita*: With regard to **a widowed door**[NH] **that drags** along the ground, **one** may **not close** an opening **with it.** The Gemara asks: **What are the circumstances of a widowed door? Some say** it refers to a door built **from a single plank,** which does not look like a door, **and others say** it is **a door that does not have a lower doorsill** (*ge'onim*) and that touches the ground when closed.

אָמַר רַב יְהוּדָה: הַאי מְדוּרְתָא, מִמַּעְלָה לְמַטָּה שְׁרֵי – מִמַּטָּה לְמַעְלָה – אָסִיר.

With regard to activities that are prohibited because of their similarity to building, the Gemara cites a teaching that **Rav Yehuda said:** When arranging a pile of wood for **a fire** on a Festival, if the logs are arranged **from the top down,** i.e., the upper logs are temporarily suspended in the air while the lower logs are inserted below them, **it is permitted.** However, if the wood is placed from **the bottom up, it is prohibited,** as the arrangement of wood in the regular manner is a form of building.

וְכֵן בֵּיעֲתָא, וְכֵן קִידְרָא, וְכֵן פּוּרְיָא, וְכֵן חָבִיתָא.

And the same applies to **eggs** that are to be arranged in a pile, **and the same** applies to **a cauldron** that is to be set down on a fire by means of supports, **and the same** applies to **a bed** that will be placed on its frame, **and the same** applies to **barrels** arranged in a cellar. In all these cases, the part that goes on top must be temporarily suspended in the air while the lower section is inserted beneath it.[H]

אָמַר לֵיהּ הַהוּא מִינָא לְרַבִּי יְהוֹשֻׁעַ בֶּן חֲנַנְיָה: חֶדְקָאָה! דִּכְתִיב בְּכוּ: ״טוֹבָם כְּחֵדֶק״. אֲמַר לֵיהּ: שַׁטְיָא, שְׁפִיל לְסֵיפֵיהּ דִּקְרָא, דִּכְתִיב: ״יָשָׁר מִמְּסוּכָה״. וְאֶלָּא מַאי – ״טוֹבָם כְּחֵדֶק״ – כְּשֵׁם שֶׁחֲדָקִים הַלָּלוּ מְגִינִין עַל הַפִּירְצָה, כָּךְ טוֹבִים שֶׁבָּנוּ מְגִינִים עָלֵינוּ. דָּבָר אַחֵר: ״טוֹבָם כְּחֵדֶק״ – שֶׁמְּהַדְּקִין אֶת הָרְשָׁעִים לַגֵּיהִנָּם, שֶׁנֶּאֱמַר: ״קוּמִי וָדוֹשִׁי בַת צִיּוֹן כִּי קַרְנֵךְ אָשִׂים בַּרְזֶל וּפַרְסוֹתַיִךְ אָשִׂים נְחוּשָׁה וַהֲדִיקוֹת עַמִּים רַבִּים וגו׳״.

With regard to bundles of thorns used to seal a breach, the Gemara cites a related incident: **A certain heretic** once **said to Rabbi Yehoshua ben Ḥananya: Man of thorns! For it says about you: "The best of them is as a brier"**[N] (Micah 7:4), which indicates that even Israel's best are merely thorns. **He said to him: Fool, go down to the end of the verse: "The most upright is worse than a thorn hedge,"** a derogatory expression meant as praise. **Rather, what is** the meaning of **the best of them is as a brier?** It means that **just as these thorns protect a breach, so the best among us protect us. Alternatively: The best of them is as a brier** [*ḥedek*] means **that they grind** [*mehaddekin*] **the nations of the world into Gehenna, as it is stated: "Arise and thresh, O daughter of Zion, for I will make your horn iron, and I will make your hoofs brass, and you shall beat in pieces** [*vahadikot*] **many peoples;** and you shall devote their gain to God, and their substance to the God of the whole earth" (Micah 4:13).

מתני׳ לֹא יַעֲמוֹד אָדָם בִּרְשׁוּת הַיָּחִיד וְיִפְתַּח בִּרְשׁוּת הָרַבִּים, בִּרְשׁוּת הָרַבִּים וְיִפְתַּח בִּרְשׁוּת הַיָּחִיד, אֶלָּא אִם כֵּן עָשָׂה מְחִיצָה גְּבוֹהָה עֲשָׂרָה טְפָחִים, דִּבְרֵי רַבִּי מֵאִיר.

MISHNA **A person** may **not stand in the private domain and open** a door located **in the public domain** with a key, lest he inadvertently transfer the key from one domain to the other. Likewise, one may not stand **in the public domain and open** a door **in the private domain** with a key, **unless** in the latter case **he erected a partition ten handbreadths high** around the door and stands inside it. This is **the statement of Rabbi Meir.**

אָמְרוּ לוֹ: מַעֲשֶׂה בְּשׁוּק שֶׁל פַּטָּמִים שֶׁהָיָה בִּירוּשָׁלַיִם וְשֶׁהָיוּ נוֹעֲלִין וּמַנִּיחִין אֶת הַמַּפְתֵּחַ בַּחַלּוֹן שֶׁעַל גַּבֵּי הַפֶּתַח. רַבִּי יוֹסֵי אוֹמֵר: שׁוּק שֶׁל צַמָּרִים הָיָה.

The Rabbis **said to him:** There was **an incident at the poultry dealers' market in Jerusalem,** where they would fatten fowl for slaughter (Rabbeinu Ḥananel), **and they would lock** the doors to their shops **and place**[H] **the key in the window that was over the door,**[B] which was more than ten handbreadths off the ground, and nobody was concerned about the possible violation of any prohibition. **Rabbi Yosei says:** That place **was a market of wool dealers.**

NOTES

A widowed door – דֶּלֶת אַלְמָנָה: Most commentaries explain that a widowed door is one that is missing a significant component, like a woman who has lost her husband (Ritva). Others maintain that it means the door of a widow. A widowed woman has nobody to assist her; consequently, her doors are usually attached incorrectly (Rashash).

The best of them is as a brier – טוֹבָם כְּחֵדֶק: This verse compares the leaders of Israel to thorns in a positive light, in that they protect the people. The rationale for this unusual metaphor is that it is the job of the leaders to reprove the people and set them on the correct path (*Me'iri*).

HALAKHA

A widowed door – דֶּלֶת אַלְמָנָה: It is prohibited to close an opening with a door built from a single plank or one that does not have a lower doorsill. The *halakha* is in accordance with the stringencies of both explanations of a widowed door (*Shulḥan Arukh, Oraḥ Ḥayyim* 313:4).

A fire, an egg, a cauldron – מְדוּרְתָא, בֵּיעֲתָא, קִדְרָא: On a Festival, it is prohibited to arrange firewood or other items in the manner that they are typically arranged, from the bottom up. Instead, one must arrange them in an unusual fashion, e.g., place one log, then place another beneath it, and so on (*Shulḥan Arukh, Oraḥ Ḥayyim* 502:1).

Lock and place – נוֹעֲלִין וּמַנִּיחִין: It is permitted to stand in a public domain and lock a door in a private domain, as the *halakha* rejects Rabbi Meir's opinion in favor of the ruling of the Rabbis (*Shulḥan Arukh, Oraḥ Ḥayyim* 350:1).

BACKGROUND

A door and a window – פֶּתַח וְחַלּוֹן: The window in this image is clearly visible above the door. The discussion concerning how to use a door key without removing it from one domain to another is referring to a window of this type.

Synagogue door from the talmudic period, Bar'am National Park, Israel

גמ׳ וְרַבָּנַן, אָמַר רַבִּי מֵאִיר רְשׁוּת הָרַבִּים – וּמְהַדְרוּ אִינְהוּ כַּרְמְלִית? דְּאָמַר רַבָּה בַּר בַּר חָנָה, אָמַר רַבִּי יוֹחָנָן: יְרוּשָׁלַיִם, אִלְמָלֵא דַּלְתוֹתֶיהָ נִנְעָלוֹת בַּלַּיְלָה – חַיָּיבִין עָלֶיהָ מִשּׁוּם רְשׁוּת הָרַבִּים.

GEMARA The Gemara asks: **And** those **Rabbis,** who cited the case of the poultry dealers of Jerusalem to rebut Rabbi Meir's opinion, **Rabbi Meir spoke** to them about unlocking a door in a private domain while standing **in the public domain, and they responded** with an incident involving **a** ***karmelit.*** **As Rabba bar bar Ḥana said** that **Rabbi Yoḥanan said:** With regard to **Jerusalem, were it not** for the fact that **its doors are locked at night, one would be liable for** carrying in **it** on Shabbat, **because** its thoroughfares have the status of **the public domain.** However, since Jerusalem's doors are typically locked, it is considered one large *karmelit,* which is subject to rabbinic prohibitions. How, then, could a proof be cited from the markets of Jerusalem with regard to the transfer of objects between a public domain and a private domain, which is prohibited by Torah law?

אָמַר רַב פַּפָּא: כָּאן – קוֹדֶם שֶׁנִּפְרְצוּ בָּהּ פְּרָצוֹת. כָּאן – לְאַחַר שֶׁנִּפְרְצוּ בָּהּ פְּרָצוֹת.

Rav Pappa said: Here, the Rabbis considered Jerusalem a *karmelit* during the period **before breaches were made in its** walls. Its doors did not turn it into a public domain, as they were locked. Whereas **there,** Rabbi Meir is referring to the time **after breaches had been made in** the walls, and it therefore acquired the status of a public domain.

רָבָא אָמַר: סֵיפָא אֲתָאן לְשַׁעֲרֵי גִּינָּה. וְהָכִי קָאָמַר: וְכֵן לֹא יַעֲמוֹד בִּרְשׁוּת הַיָּחִיד וְיִפְתַּח בְּכַרְמְלִית, בְּכַרְמְלִית וְיִפְתַּח בִּרְשׁוּת הַיָּחִיד,

Rava said: In the latter clause of the mishna **we came to** a different issue,[N] i.e., the final section of the mishna is not designed to counter Rabbi Meir's statement with regard to the public domain. Rather, it refers **to the gates of a garden** with an area greater than two *beit se'a* in size, whose legal status is that of a *karmelit.* Consequently, the mishna **is saying as follows: And likewise,** one may **not stand in the private domain and open** a door **in a** ***karmelit;*** neither may one stand **in a** ***karmelit*** **and open** a door **in the private domain,**

NOTES

In the latter clause we came to a different issue – סֵיפָא אֲתָאן: Rava does not necessarily maintain that the mishna is missing a section, as it is possible that Rabbi Meir stated one *halakha,* while the Rabbis taught a related *halakha.* Indeed, some commentaries assert that according to this opinion there is no dispute between them at all (see Rabbi Zeraḥya HaLevi; *Ge'on Ya'akov*).

Perek **X**
Daf **101** Amud **b**

אֶלָּא אִם כֵּן עָשָׂה מְחִיצָה גְּבוֹהָה עֲשָׂרָה טְפָחִים, דִּבְרֵי רַבִּי מֵאִיר. אָמְרוּ לוֹ: מַעֲשֶׂה בְּשׁוּק שֶׁל פַּטָּמִים שֶׁהָיָה בִּירוּשָׁלַיִם, שֶׁהָיוּ נוֹעֲלִין וּמַנִּיחִין אֶת הַמַּפְתֵּחַ בַּחַלּוֹן שֶׁעַל גַּבֵּי הַפֶּתַח. רַבִּי יוֹסֵי אוֹמֵר: שׁוּק שֶׁל צַמָּרִים הָיָה.

unless he erected a partition ten handbreadths high around the door and stands inside it; this is **the statement of Rabbi Meir.** The Rabbis **said to him: An incident** occurred **at the poultry dealers' market in Jerusalem, as they would lock** the doors to their shops **and place the key in a window that was over the door,** which was higher than ten handbreadths. **Rabbi Yosei says:** That place **was a market of wool dealers.**

תָּנוּ רַבָּנַן: פִּתְחֵי שַׁעֲרֵי גִּינָּה, בִּזְמַן שֶׁיֵּשׁ לָהֶן בֵּית שַׁעַר מִבִּפְנִים – פּוֹתֵחַ וְנוֹעֵל מִבִּפְנִים. מִבַּחוּץ – פּוֹתֵחַ וְנוֹעֵל מִבַּחוּץ. מִכָּאן וּמִכָּאן – פּוֹתֵחַ וְנוֹעֵל כָּאן וְכָאן. אֵין לָהֶן לֹא לְכָאן וְלֹא לְכָאן – אֲסוּרִין כָּאן וְכָאן.

The Sages taught a *baraita:* With regard to **the entrances of garden gates** that open into a public domain, **when they have a gatehouse**[N] **on the inside,** which is a private domain, **one** may **open and close** them **from within.** This is because the lock, which is four handbreadths wide and ten handbreadths high, also constitutes a private domain. Consequently, the key may be passed from the gatehouse to the lock. However, they may not be opened or closed from without, as the key may not be passed from the public domain to the private domain of the lock. If the gatehouse is **on the outside, one** may **open and close** the doors **from without,** as once again both the lock and the gatehouse are private domains. They may not, however, be opened from within, as the key may not be passed from the garden, which is a *karmelit,* to the lock. If they have a gatehouse **from here,** from within, **and there,** from without, **one** may **open and close** the doors **here and there.** If **they do not have** a gatehouse; **neither here nor there, it is prohibited** to open or close the doors **here and there,** as one may not carry the key either in the public domain or in the garden.

וְכֵן חֲנוּיוֹת הַפְּתוּחוֹת לִרְשׁוּת הָרַבִּים, בִּזְמַן שֶׁהַמַּנְעוּל לְמַטָּה מֵעֲשָׂרָה – מֵבִיא מַפְתֵּחַ מֵעֶרֶב שַׁבָּת וּמַנִּיחוֹ בָּאִיסְקוּפָּה, לְמָחָר פּוֹתֵחַ וְנוֹעֵל וּמַחֲזִירוֹ לָאִיסְקוּפָּה.

And likewise, this is the *halakha* with regard to **stores that open into the public domain: When the lock is below ten** handbreadths off the ground, it is in the public domain. In that case, **one** may **bring a key on Shabbat eve and place it on the threshold,** whose legal status is that of a *karmelit,* and **the following day he** may **open and close** the door **and return** the key **to the threshold.**

NOTES

When they have a gatehouse – שֶׁיֵּשׁ לָהֶן בֵּית שַׁעַר: The distinction between a gatehouse on the inside and a gatehouse on the outside and all these other details are not necessary for establishing the *halakha* (Ritva). Nevertheless, as it is not unusual for a gatehouse to be on either side of a doorway, the Gemara addresses all the various situations.

וּבִזְמַן שֶׁהַמַּנְעוּל לְמַעְלָה מֵעֲשָׂרָה – מֵבִיא מַפְתֵּחַ מֵעֶרֶב שַׁבָּת, וּמַנִּיחוֹ בַּמַּנְעוּל, לְמָחָר פּוֹתֵחַ וְנוֹעֵל וּמַחֲזִירוֹ לִמְקוֹמוֹ, דִּבְרֵי רַבִּי מֵאִיר.

And when the lock is above ten handbreadths off the ground, one may **bring a key on Shabbat eve and place it in the lock. And the following day he** may **open and close** the door **and return** the key **to its place** on top of the lock. This is **the statement of Rabbi Meir.**

וַחֲכָמִים אוֹמְרִים: אַף בִּזְמַן שֶׁהַמַּנְעוּל לְמַעְלָה מֵעֲשָׂרָה טְפָחִים – מֵבִיא מַפְתֵּחַ מֵעֶרֶב שַׁבָּת, וּמַנִּיחוֹ בָּאִיסְקוּפָּה, לְמָחָר פּוֹתֵחַ וְנוֹעֵל וּמַחֲזִירוֹ לִמְקוֹמוֹ, אוֹ בַּחַלּוֹן שֶׁעַל גַּבֵּי הַפֶּתַח.

And the Rabbis say: Even when the lock is above ten handbreadths off the ground, **one** may **bring a key on Shabbat eve and place it on the threshold,** and **the following day he** may **open and close** the door **and return** the key **to its place** on the threshold **or in the window that is above the door.**

אִם יֵשׁ בַּחַלּוֹן אַרְבָּעָה עַל אַרְבָּעָה – אָסוּר, מִפְּנֵי שֶׁהוּא כְּמוֹצִיא מֵרְשׁוּת לִרְשׁוּת.

However, **if the window is four by four** handbreadths and ten handbreadths above the ground, its status is that of a private domain, **and it is** therefore **prohibited** to place the key in the window, **because** it would be **as though one is transferring** the key **from** one **domain,** a *karmelit,* **to** another private **domain.**

מִדְּקָאָמַר וְכֵן חֲנוּיוֹת – מִכְּלָל דִּבְאִיסְקוּפַּת כַּרְמְלִית עָסְקִינַן. הַאי מַנְעוּל הֵיכִי דָּמֵי? אִי דְּלֵית בֵּיהּ אַרְבָּעָה – מְקוֹם פְּטוּר הוּא,

The Gemara infers: **From** the fact that **it is stated** in the *baraita*: **And similarly, stores,** this proves **by inference that we are dealing with a threshold** that is **a *karmelit*,** as it would otherwise be prohibited to transfer the key from the threshold to the lock. If so, with regard to **this lock, what are the circumstances? If there is not** an area of **four** by four handbreadths **in it,** it does not have the status of a prohibited domain at all, and **it is an exempt domain.**

וְאִי אִית בֵּיהּ אַרְבָּעָה – בְּהָא לֵימָא רַבָּנַן: אַף בִּזְמַן שֶׁהַמַּנְעוּל לְמַעְלָה מֵעֲשָׂרָה מֵבִיא מַפְתֵּחַ מֵעֶרֶב שַׁבָּת, וּמַנִּיחוֹ בָּאִיסְקוּפָּה, לְמָחָר פּוֹתֵחַ וְנוֹעֵל בּוֹ וּמַחֲזִירוֹ לָאִיסְקוּפָּה, אוֹ לַחַלּוֹן שֶׁעַל גַּבֵּי הַפֶּתַח? וְהָא קָא מְטַלְטֵל מִכַּרְמְלִית לִרְשׁוּת הַיָּחִיד!

And if it is four by four handbreadths, and therefore a private domain, **would the Rabbis say in that** case: **Even when the lock is above ten handbreadths** off the ground, **he** may **bring a key on Shabbat eve and place it in the threshold,** and **the following day he** may **open and close** the door **and return** the key **to the threshold or to a window above the door? Isn't he moving** an object **from a *karmelit* to the private domain?**

אָמַר אַבַּיֵי: לְעוֹלָם דְּאֵין בּוֹ אַרְבָּעָה, וְיֵשׁ בּוֹ לָחוֹק וּלְהַשְׁלִימוֹ לְאַרְבָּעָה.

Abaye said: Actually, the lock **is not four** by four handbreadths, **but there is** enough space in the door surrounding it **to carve out** a hole that would **complete** its area to the requisite **four** handbreadths.

וּבְהָא פְּלִיגִי; דְּרַבִּי מֵאִיר סָבַר: חוֹקְקִין לְהַשְׁלִים, וְרַבָּנַן סָבְרִי: אֵין חוֹקְקִין לְהַשְׁלִים.

And this is their **dispute: Rabbi Meir,** who conforms to his standard line of reasoning, **maintains** that **one carves out** the space **to complete** it to four handbreadths. In other words, if a small opening is located in a place large enough for it to be widened, the place is viewed as though it had already been carved out, providing the opening with the larger dimensions. **And the Rabbis** conform to their standard line of reasoning, as they **maintain** that **one does not carve out** the space **to complete** it to four handbreadths. Consequently, the lock in its present condition is not large enough to constitute a place of significance, and it is therefore regarded as an exempt place.

אָמַר רַב בֵּיבָי בַּר אַבַּיֵי: שְׁמַע מִינָּהּ מֵהָא מַתְנִיתָא תְּלָת; שְׁמַע מִינָּהּ: חוֹקְקִין לְהַשְׁלִים, וּשְׁמַע מִינָּהּ: הֲדַר בֵּיהּ רַבִּי מֵאִיר מִשַּׁעֲרֵי גִינָּה,

Rav Beivai bar Abaye said: Learn from this *baraita* three *halakhot*: **Learn from it** that according to Rabbi Meir, **we carve out to complete**[N] the necessary dimensions. **And** further **learn from it** that **Rabbi Meir retracted** his ruling with regard to **garden gates.** According to Rava, Rabbi Meir prohibited a man standing in a *karmelit* from opening a door in a private domain, and yet here he permits a similar case.

וְשָׁמַעְתְּ מִינָּהּ: מִדְּרַבָּנַן אִיתָא לִדְרַב דִּימִי. דְּכִי אֲתָא רַב דִּימִי, אָמַר רַבִּי יוֹחָנָן: מָקוֹם שֶׁאֵין בּוֹ אַרְבָּעָה עַל אַרְבָּעָה – מוּתָּר לִבְנֵי רְשׁוּת הָרַבִּים וְלִבְנֵי רְשׁוּת הַיָּחִיד לְכַתֵּף עָלָיו, וּבִלְבַד שֶׁלֹּא יַחֲלִיפוּ.

And learn from the statement of **the Rabbis** that the ruling of **Rav Dimi is accepted. As when Rav Dimi came** to Babylonia from Eretz Israel, he said that **Rabbi Yoḥanan said: A place** with an area **that is less than four by four** handbreadths and that is set apart from the surrounding area is an exempt domain with regard to carrying on Shabbat. Consequently, if the domain is located between a public domain and a private domain, **it is permitted for** both **the people in the public domain and for the people in the private domain to adjust** the burden **onto their shoulders, provided that they do not exchange** objects with one another. This ruling, that it is prohibited to exchange articles, is supported by the position of the Rabbis that it is prohibited to transfer the key from the threshold, which is a *karmelit*, via the lock, an exempt domain, to the private domain of the window, as one may not transfer an object from one prohibited domain to another, even via an exempt domain.

NOTES

Learn from it that we carve out to complete – **שְׁמַע מִינָּהּ חוֹקְקִין לְהַשְׁלִים**: Although Rabbi Meir's opinion with regard to carving out to complete the requisite dimensions is well known, the Gemara felt it was necessary to stress that this is indeed his opinion, since he never explicitly formulated his position in these terms. Moreover, there is a novel element to this discussion, as it teaches that Rabbi Meir maintains it is possible to carve out a space to complete dimensions even with regard to an object such as a door, not only a building (Ritva).

מתני׳ נֶגֶר שֶׁיֵּשׁ בְּרֹאשׁוֹ גְּלוּסְטְרָא, רַבִּי אֱלִיעֶזֶר אוֹסֵר, וְרַבִּי יוֹסֵי מַתִּיר.

MISHNA With regard to **a bolt** that secures a door in place and **that has** a thick **knob** [*gelustera*][L] **at its end,**[BHN] a useful implement for a variety of purposes, the *tanna'im* disagree whether the bolt has the status of a vessel, and one may therefore close the door with it, or whether it is considered a cross beam, which would mean that doing so is classified as building. **Rabbi Eliezer prohibits** its use, **and Rabbi Yosei permits** it.

אָמַר רַבִּי אֱלִיעֶזֶר: מַעֲשֶׂה בִּכְנֶסֶת שֶׁבִּטְבֶרְיָא שֶׁהָיוּ נוֹהֲגִין בּוֹ הֶיתֵּר, עַד שֶׁבָּא רַבָּן גַּמְלִיאֵל וְהַזְּקֵנִים וְאָסְרוּ לָהֶן. רַבִּי יוֹסֵי אוֹמֵר: אִיסּוּר נָהֲגוּ בּוֹ, וּבָא רַבָּן גַּמְלִיאֵל וְהַזְּקֵנִים וְהִתִּירוּ לָהֶן.

Rabbi Eliezer said: An incident occurred **in a synagogue in Tiberias, where they were accustomed** to treat use of this bolt as **permitted, until Rabban Gamliel and the Elders came and prohibited** it **to them. Rabbi Yosei says** that the opposite was the case: At first **they were accustomed** to treat use of this bolt as **prohibited, and Rabban Gamliel and the Elders came and permitted** it **to them.**

גמ׳ בְּנִיטָּל בְּאִגְדוֹ – כּוּלֵּי עָלְמָא לָא פְּלִיגִי, כִּי פְּלִיגִי –

GEMARA The Gemara narrows the dispute: **If** the bolt **can be moved by the rope** with which it is attached to the door, **everyone agrees** that it is considered part of the door, and one may secure the door with it. **When** Rabbi Yosei and Rabbi Eliezer **disagree,**

NOTES

A bolt and a knob – נֶגֶר וּגְלוּסְטְרָא: Rashi and other commentaries explain that this refers to a bolt placed in the bottom of a door. It keeps the door closed when it is inserted into a hole in the threshold. Other authorities assert that it is a bar inserted through rings to hold two doors together (Rambam). Rashi, as well as the *Me'iri* and others, state that the knob is the thick part of the bolt that can also be used for pounding and is therefore a kind of utensil. The Rambam explains that the end of the bolt has a special part shaped like a pomegranate or a square, which signifies that this bar is no longer a cross beam but has been changed into a permanent utensil. Still other commentaries claim that the knob is a kind of key, located on the thin end of the bolt (Rabbi Zeraḥya HaLevi).

BACKGROUND

A bolt that has a knob at its end – נֶגֶר שֶׁיֵּשׁ בְּרֹאשׁוֹ גְּלוּסְטְרָא:

Illustration of a bolt with a knob at its end, which allows it to be used as a kind of vessel

LANGUAGE

Knob [*gelustera*] – גְּלוּסְטְרָא: From the Greek κλεῖστρον, *kleistron*, or the Latin claustrum, meaning lock. In this context, it probably refers to the thick end of the bolt, which can be used for locking.

HALAKHA

A bolt that has a knob at its end – נֶגֶר שֶׁיֵּשׁ בְּרֹאשׁוֹ גְּלוּסְטְרָא: It is permitted to use a bolt with a knob at its end to close a door on Shabbat, in accordance with the opinion of Rabbi Yosei. However, it must be attached to the door in some fashion (*Shulḥan Arukh, Oraḥ Ḥayyim* 313:1).

Perek **X**
Daf **102** Amud **a**

בְּשֶׁאֵינוֹ נִיטָּל בְּאִגְדוֹ – דְּמָר סָבַר: כֵּיוָן דְּיֵשׁ בְּרֹאשׁוֹ גְּלוּסְטְרָא – תּוֹרַת כְּלִי עָלָיו, וּמָר סָבַר: כֵּיוָן דְּאֵינוֹ נִיטָּל בְּאִגְדוֹ – לָא.

it is in a case **where it cannot be picked up by its rope,** as it is too thin to bear the weight of the bolt. **As this Sage,** Rabbi Yosei, **maintains: Since it has a knob at its end, it has the status of a vessel,**[N] and one is therefore permitted to secure the door with it. **And this Sage,** Rabbi Eliezer, **maintains: Since it cannot be picked up by its rope, no,** it is not considered a proper vessel merely because of the knob, and consequently, its use is prohibited on Shabbat.

מתני׳ נֶגֶר הַנִּגְרָר – נוֹעֲלִין בּוֹ בַּמִּקְדָּשׁ, אֲבָל לֹא בַּמְּדִינָה.

MISHNA With regard to **a bolt that** is attached to the door, but owing to the length of the rope, it does not hang from the door but **drags**[H] along the ground, **one may lock** a door **with it in the Temple** on Shabbat, as this is prohibited only by rabbinic decree, issued to enhance the character of Shabbat as a day of rest, and rabbinic decrees are not in effect in the Temple. **However,** one may **not** lock a door with this bolt **in the country** outside the Temple.

וְהַמּוּנָּח – כָּאן וְכָאן אָסוּר. רַבִּי יְהוּדָה אוֹמֵר: הַמּוּנָּח – מוּתָּר בַּמִּקְדָּשׁ, וְהַנִּגְרָר – בַּמְּדִינָה.

And with regard to **one that** is not tied at all but **rests** entirely on the ground, it **is prohibited in both** places, in and outside the Temple, as the use of this bolt is considered building.[N] **Rabbi Yehuda says: One that rests** entirely on the ground **is permitted in the Temple, and one that drags** along the ground is permitted even **in** the rest of **the country.**

גמ׳ תָּנוּ רַבָּנַן: אֵיזֶהוּ נֶגֶר הַנִּגְרָר שֶׁנּוֹעֲלִין בַּמִּקְדָּשׁ אֲבָל לֹא בַּמְּדִינָה – כֹּל שֶׁקָּשׁוּר וְתָלוּי, וְרֹאשׁוֹ אֶחָד מַגִּיעַ לָאָרֶץ. רַבִּי יְהוּדָה אוֹמֵר זֶה – אַף בַּמְּדִינָה מוּתָּר, אֶלָּא אֵיזֶהוּ נֶגֶר שֶׁנּוֹעֲלִין בַּמִּקְדָּשׁ אֲבָל לֹא בַּמְּדִינָה – כֹּל שֶׁאֵינוֹ לֹא קָשׁוּר וְלֹא תָלוּי, וְשׁוֹמְטוֹ וּמַנִּיחוֹ בְּקֶרֶן זָוִית.

GEMARA **The Sages taught** in a *baraita*: **Which is the bolt that drags** along the ground **with which** one may **lock** a door on Shabbat **in the Temple but not in the** rest of the **country? Any that is tied** to the door **and suspended** from it, **while one end** of the bolt **reaches the ground. Rabbi Yehuda says: This** type of bolt **is permitted even in** the rest of **the country. Rather, which is** the **bolt with which** one may **lock** a door **in the Temple but not in** the rest of **the country? Any that is neither tied** to the door **nor suspended** from it, **but which** one **removes** after use **and places in a corner.**

NOTES

It has the status of a utensil – תּוֹרַת כְּלִי עָלָיו: In the Jerusalem Talmud, it is explained that the dispute is whether the bolt is nullified by the knob at its end and is therefore considered a utensil, or whether it is not nullified, which would mean that the bolt itself does not have the status of a utensil. Consequently, using it would be considered building.

One that rests and one that drags – הַמּוּנָּח וְהַנִּגְרָר: *Tosafot* explain that the use of a bar that rests entirely on the ground does not constitute building. Rather, the dispute concerns whether or not one may move the bar. If it has the status of a utensil, one may move the bar, but if its status is not that of a utensil, it is considered set-aside [*muktze*] and may not be moved on Shabbat.

HALAKHA

A bolt that drags – נֶגֶר הַנִּגְרָר: If a bolt that does not have a knob at its end is attached to a door, it is permitted to lock the door with it, even if it rests entirely on the ground. However, if it was attached to the bar that locks the door, it must be tied with a rope with which it can be picked up (*Shulḥan Arukh, Oraḥ Ḥayyim* 313:1).

אמר רב יהודה, אמר שמואל: הלכה כרבי יהודה בנגרר.

Rav Yehuda said that **Shmuel said: The *halakha* is in accordance with** the opinion of **Rabbi Yehuda with regard to** a bolt **that is dragged.**[N] It is permitted to use this bolt on Shabbat even outside the Temple, but it is prohibited to use a bolt that rests on the ground, even in the Temple.

אמר רבא: והוא שקשור בדלת. איני?! והא רבי טבלא איקלע למחוזא, וחזא להההוא דהוה תלי בעיברא דדשא, ולא אמר להו ולא מידי! ההוא ניטל באיגדו הוה.

Rava said: And that is the case only **if** the bolt **is tied to the door** itself. The Gemara is surprised by this ruling: **Is that** really **so? But didn't Rabbi Tavla happen** to come **to Meḥoza and he saw a certain** bolt **that was suspended from the side of the door, and he did not say anything to** the people there with regard to a prohibition? The Gemara rejects this contention: **That** bolt **was one that could be picked up by its rope.** Everyone agrees that a bolt of this kind may be used for locking a door on Shabbat even if it is not tied to the door itself.

רב אויא איקלע לנהרדעא, חזייה לההוא גברא דהוה קא קטיר בגמי, אמר: דין לא נטרוק.

The Gemara relates that **Rav Avya** once **happened** to come **to Neharde'a** and **saw a certain person tying** a bolt to a door **with a reed. He said: This** door may **not be locked** on Shabbat, as the bolt is not adequately fastened to it.

בעי רבי זירא: נקמז מהו? אמר רב יוסף: מאי תיבעי ליה? לא שמיע ליה הא דתניא: נשמט – אסור, נקמז – מותר. ורבי יהודה אמר: נקמז אף על פי שאינו נשמט – אסור.

Rabbi Zeira raised the following **dilemma:** If the bolt **was pressed**[BN] into the ground through a hole in the threshold, **what is** the *halakha*? Is the use of this bolt considered building? **Rav Yosef said: What is** Rabbi Zeira's **dilemma?** Has **he not heard that which was taught** in the *Tosefta*: If the bolt **was** altogether **detached** from the rope to which it had been tied, **it is prohibited;** but **if it was pressed** into the ground, **it is permitted; and Rabbi Yehuda said:** If it **was pressed** into the ground, **even though it was not** entirely **detached** from its rope, **it is prohibited?**

ואמר רב יהודה, אמר שמואל: הלכה כרבי יהודה בנקמז. וטעמא מאי? אמר אביי: משום דמיחזי כבונה.

And Rav Yehuda said that **Shmuel said: The *halakha* is in accordance with** the opinion of **Rabbi Yehuda with regard to** a bolt **that was pressed** into the ground. The Gemara asks: **And what is the reason** that the Sages prohibited the use of a bolt **that was pressed** into the ground? **Abaye said:** They prohibited its use **because it appears like building,** as the bolt enters all the way into the ground.

בעא מיניה רב נחומי בר זכריה מאביי: עשה לו בית יד, מהו? אמר ליה: בוכנא קאמרת. איתמר, אמר רב נחומי בר אדא: עשה לו בית יד – מותר.

Rav Neḥumei bar Zekharya raised a dilemma before Abaye: If **one produced a handle for** the bolt in order to hold it, but it was not tied to the door, **what is** the *halakha*? Abaye **said to him: A pestle, you say?** If it has a handle it is a proper utensil, which may be freely used according to all opinions. This teaching **was stated** also in the form of a direct statement: **Rav Neḥumei bar Adda said:** If **he produced a handle for** the bolt, **it is permitted.**

ההוא שריתא דהוה בי רבי פדת, דהוה מדלו לה בי עשרה ושדו לה אדשא, ולא אמר להו ולא מידי. אמר: תורת כלי עליה.

The Gemara relates that **there was a certain** cross **beam**[H] **in the house of Rabbi Pedat that** was so heavy it took **ten** people **to lift it, and they would place it against the door** at night in order to secure it. **And** Rabbi Pedat **did not say anything to them** with regard to a possible prohibition. **He said:** I permit it because **it has the status of a utensil.** It appears like a utensil and it serves a distinct purpose; therefore, it may be used on Shabbat.

BACKGROUND

Pressed bolt – נקמז: The *ge'onim* explain that this refers to a bolt suspended on a small hook. It descends by itself when removed from the hook, thereby locking the door. The bolt in the image is permitted for use on Shabbat, as it is like a utensil and is properly affixed in place. The pressed bolt discussed in the Gemara is similar in design, only it is made from a plain piece of wood and nails.

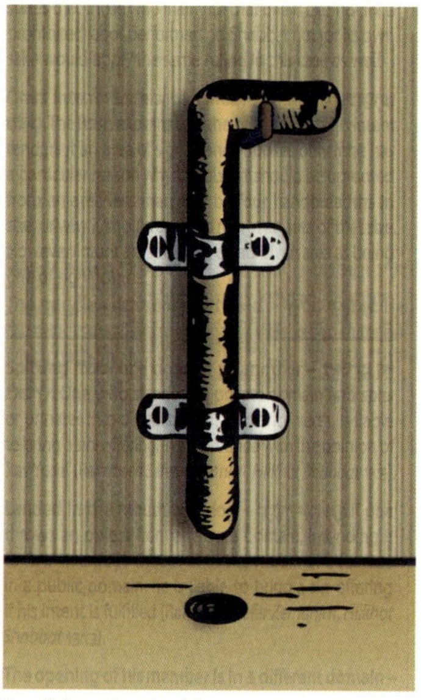

Pressed bolt, according to the *ge'onim*

HALAKHA

A certain cross beam – ההוא שריתא: Although a utensil may be extremely large and heavy, it does not lose its status as a utensil, provided that it can be moved on Shabbat. This *halakha* is in accordance with what is implied by the incidents reported in the Gemara with regard to a cross beam and a mortar (*Shulḥan Arukh, Oraḥ Ḥayyim* 308:2).

NOTES

The *halakha* is in accordance with Rabbi Yehuda with regard to a bolt that is dragged – הלכה כרבי יהודה בנגרר: This appears unnecessary, as *halakhot* related to the Temple are not practical and are considered a *halakha* for messianic times. Why then was it necessary to rule that the *halakha* is not in accordance with the opinion of Rabbi Yehuda with regard to the Temple? One answer is that in exigent circumstances or for the purpose of a mitzva, it is at times necessary to override a rabbinic decree, even in modern times outside the Temple. Consequently, a ruling was issued with regard to the Temple as well (Rav Ya'akov Emden).

Pressed [*nikmaz*] – נקמז: One explanation is that a pressed bolt is one that is suspended by a small hook protruding from the door. When the hook is turned, the bolt falls from its place, either opening or closing the door. The word *nikmaz* is related to *nikmatz*, an object held by means of something else (Rav Hai Gaon).

הַהִיא אָסִיתָא דַּהֲוַת בֵּי מַר שְׁמוּאֵל, דַּהֲוָה מַחְזֶקֶת אַדְרִיבָא, שְׁרָא מַר שְׁמוּאֵל לְמִישְׁדְּיֵיהּ אַדַּשָּׁא, אֲמַר: תּוֹרַת כְּלִי עָלֶיהָ.

The Gemara further relates that **there was a certain mortar in the house of Mar Shmuel that had a capacity of an** ***adriva*****,**[L] which is equal to half a *kor*. **Mar Shmuel permitted** them **to place it against the door** to secure it. **He said: It** falls into the halakhic **category of a utensil,** and it may therefore be used to secure the door, as this is not regarded as building.

שְׁלַח לֵיהּ רָמֵי בַּר יְחֶזְקֵאל לְרַב עַמְרָם: נֵימָא לָן מָר מֵהָלֵין מִילֵּי מְעַלְּיָיתָא דְּאָמְרַתְּ לָן מִשְּׁמֵיהּ דְּרַב אַסִי בְּכִיפֵּי דְאַרְבָּא! שְׁלַח לֵיהּ, הָכִי אֲמַר רַב אַסִי: הָנֵי כִּיפֵּי דְאַרְבָּא, בִּזְמַן שֶׁיֵּשׁ בָּהֶן טֶפַח, אִי נַמִי, אֵין בָּהֶן טֶפַח וְאֵין בֵּין זֶה לָזֶה שְׁלֹשָׁה – לְמָחָר מֵבִיא מַחֲצֶלֶת וּפוֹרֵס עֲלֵיהֶן.

Rami bar Yeḥezkel sent a request **to Rav Amram: Let the Master tell us** some **of those outstanding matters that you told us in the name of Rav Asi** with regard to **the arches of a boat**[BH] upon which mats are draped as protection against the elements. Rav Amram **sent** back **to him** that **Rav Asi said as follows:** With regard to **the arches of a boat, when they are a handbreadth** wide, or **even if they are not a handbreadth** wide **but there is less than three** handbreadths **between them,** in which case the intervening space is regarded as filled in based on the principle of *lavud*, **on the following day,** i.e., on Shabbat, **one** may **bring a mat and spread** it **over them.**

מַאי טַעְמָא – מוֹסִיף עַל אֹהֶל עֲרַאי הוּא, וְשַׁפִּיר דָּמֵי.

What is the reason for this leniency? The reason is that **this is** considered **adding to a temporary tent,** and therefore one may **well** spread a mat over the arches. They themselves constitute a tent. Therefore, one who spreads a mat over them is merely adding to the temporary tent.

הָנְהוּ דִּכְרֵי דַּהֲווֹ לֵיהּ לְרַב הוּנָא, דְּבִימָמָא בָּעוּ טוּלָּא וּבְלֵילְיָא בָּעוּ אַוִּירָא. אֲתָא לְקַמֵּיהּ דְּרַב.

The Gemara further relates that **Rav Huna had certain rams that required shade during the day and required air at night.** He therefore sought a way for the pen to be covered by day but not at night, even on Shabbat. **He came before Rav** to seek his advice.

אֲמַר לֵיהּ: זִיל כְּרוֹךְ בּוּדְיָיא, וְשַׁיֵּיר בַּהּ טֶפַח. לְמָחָר פְּשָׁטָהּ, וּמוֹסִיף עַל אֹהֶל עֲרַאי הוּא, וְשַׁפִּיר דָּמֵי.

Rav **said to him: Go, roll up the mats** [*budeya*][L] that were spread out there for shade, but **leave one handbreadth** covered. **On the following day, unroll** the entire mat, which is considered **adding to a temporary tent** and **which is permitted.**

אָמַר רַב מִשּׁוּם רַבִּי חִיָּיא: וִילוֹן מוּתָּר לְנָטוֹתוֹ וּמוּתָּר לְפוֹרְקוֹ בְּשַׁבָּת.

Rav said in the name of Rabbi Ḥiyya: With regard to **a curtain** put up for privacy, **one is permitted to spread it out, and one is** also **permitted to dismantle it on Shabbat.**[H] As it is not a tent but merely a temporary wall, akin to a door, one does not violate a prohibition if it is not fixed firmly in place.

כִּילַּת חֲתָנִים מוּתָּר לְפוֹרְקָהּ וּלְנוֹטְתָהּ בְּשַׁבָּת. אָמַר רַב שֵׁשֶׁת בְּרֵיהּ דְּרַב אִידִי: לָא אֲמַרַן אֶלָּא שֶׁאֵין בְּגַגָּהּ טֶפַח, אֲבָל יֵשׁ בְּגַגָּהּ טֶפַח – אָסוּר.

With regard to **a bridal canopy,**[BHN] a curtain that is suspended over a bed and inclines outward in both directions, **it is permitted** both **to dismantle it and to spread it on Shabbat. Rav Sheshet, son of Rav Idi, said: We said** that this is permitted **only where** the curtain extends over the bed and falls on both sides in such a manner that **the top** of the curtain, the apex of the canopy, **is less than a handbreadth** wide. **However, if its top is a handbreadth** wide, i.e., if the curtain does not rise to a sharp point but extends horizontally for a handbreadth, after which it falls to the side, this handbreadth is regarded as a tent and is therefore **prohibited.**

LANGUAGE

Adriva – **אַדְרִיבָא:** Some linguists read *ardava*, the form that appears in the *Arukh* and a relatively reliable Vatican manuscript. The word might be of Old Persian origin, with Aramaic having borrowed it at an earlier stage, given the fact that it already appears in Aramaic documents from Elephantine (c. fifth century BCE). It refers to a measurement of fifteen *se'a*, which is more than 130 ℓ.

Mats [*budeya*] – **בּוּדְיָא:** Some suggest that it should be read as *buriya*, which means mat in several Semitic languages, ranging from ancient Babylonian to modern Arabic.

BACKGROUND

The arches of a boat – כִּיפֵּי דְאַרְבָּא:

Boat with arches upon which mats would occasionally be draped to provide protection from the sun and rain

Bridal canopy – כִּילַּת חֲתָנִים: According to *Tosafot*, this tall and narrow canopy is suspended by means of a single side post positioned over the center of a bed.

Bridal canopy as explained by *Tosafot* and accepted as *halakha*

Rashi accepts the following reading: And its incline does not extend a handbreadth. Therefore, in this context, the Gemara is referring to a series of small canopies that extend across the entire bed.

Bridal canopy as explained by Rashi

NOTES

A bridal canopy – כִּילַּת חֲתָנִים: An ordinary canopy, one not designed for decorative purposes, consists of four side posts over which the canopy is spread. That canopy has a wide roof, and therefore one who sets it up has erected a tent. However, the canopy discussed in this context is primarily for decorative purposes.

HALAKHA

The arches of a boat – כִּיפֵּי דְאַרְבָּא: If one spread a covering at least one handbreadth wide over posts on Friday, he may spread it out as much as he wants on Shabbat. Spreading it is considered adding to a temporary tent, as asserted by Rav (*Shulḥan Arukh, Oraḥ Ḥayyim* 315:2).

A curtain on Shabbat – וִילוֹן בְּשַׁבָּת: Curtains and other partitions used only for the purpose of modesty, as opposed to walls of a building, may be set up and spread out even on Shabbat, as they are not considered proper tents (Rashi). Since they move in the wind and people can pass through them, they are not considered even legal partitions (*Magen Avraham; Shulḥan Arukh, Oraḥ Ḥayyim* 315:1, and in the comment of the Rema).

A bridal canopy – כִּילַּת חֲתָנִים: On Shabbat, it is permitted to spread and dismantle a canopy whose roof is less than a handbreadth wide and does not reach a width of one handbreadth within three handbreadths of its roof. Since a canopy is prepared to be used in this manner, no construction is involved, as stated by Rav and Rav Sheshet, son of Rabbi Idi. However, that reading of the Gemara: And its incline is less than a handbreadth, is rejected (*Tosafot; Maggid Mishne*), even though the Rosh and the *Tur*, based on Rashi's explanation, accept it (*Shulḥan Arukh, Oraḥ Ḥayyim* 315:11).

וְכִי אֵין בְּגַגָּהּ טֶפַח לָא אֲמַרַן אֶלָּא שֶׁאֵין בְּפָחוֹת מִשְּׁלֹשָׁה סָמוּךְ לַגַּג טֶפַח, אֲבָל יֵשׁ בְּפָחוֹת מִשְּׁלֹשָׁה סָמוּךְ לַגַּג טֶפַח – אָסוּר.

And even where its horizontal **top is not a handbreadth** wide, **we said** this leniency **only if** its width **is less than a handbreadth within three** handbreadths **from** its **top. However,** if its width **is a handbreadth within three** handbreadths **from** its **top,** this handbreadth is considered a tent and it is therefore **prohibited** to spread it on Shabbat.

וְכִי אֵין בְּפָחוֹת מִשְּׁלֹשָׁה סָמוּךְ לַגַּג טֶפַח נַמִּי, לָא אֲמַרַן אֶלָּא שֶׁאֵין

And even **where it is less than a handbreadth** wide **within three** handbreadths **of** its **top, we said** this leniency **only where**

Perek **X**
Daf **102** Amud **b**

LANGUAGE

Felt hat [*sayna*] – סַיְינָא: Of unclear origin. Some have suggested that it is related to the Middle Iranian word sāyag (shadow) and refers to the welcome protection from the sun that the head covering provides.

NOTES

Rather…where the hat fits snugly – אֶלָּא...הָא דְּמִיהֲדַק: There are two opinions with regard to the halakhic ruling in this case, largely based on the question of whether the version of the Gemara is: Rather, this is not difficult, or whether the version of the Gemara is: This is not difficult. The difference between the two opinions hinges on the unique meaning of the word rather in the Talmud. This word indicates that the previous answer has been rejected, and the Gemara is suggesting a new interpretation. The version of Rashi and the commentaries who agree with him includes the word rather. They maintain that the Gemara rejects the notion that wearing a felt hat is prohibited as a tent due to the difficulty presented by the case of a cloak. Consequently, there must be a different reason for the prohibition, i.e., that it might fall and one will come to carry it. By contrast, although in the version of Rabbeinu Ḥananel and other authorities the word rather is included, they explain that the new answer does not reject the previous one but it is an extension of that opinion. The hat is indeed prohibited as a tent, but there is a distinction between a soft hat that does not fit snugly on the head, which has a brim that folds, and a stiff hat that has the status of a tent.

One may restore a hinge pin – מַחֲזִירִין צִיר: The reason for the prohibition against restoring an upper hinge is a matter of dispute. Rashi rules that its restoration is a violation of the primary category of the prohibited labor of building, or at least a subcategory of this prohibited labor. However, in the Jerusalem Talmud, as well in *Tosafot*, it is maintained that this act constitutes only the violation of a rabbinic prohibition. Nevertheless, there is a difference between a lenient rabbinic prohibition and a stringent one, as there are types of rabbinic prohibitions that the Sages did not permit even in the Temple.

BACKGROUND

Upper and lower hinges – צִיר עֶלְיוֹן וְתַחְתּוֹן: In talmudic times, there were no hinges in the entrance doorjamb. Instead, there were strong pegs in the top and bottom of the door, which were placed in corresponding holes in the lintel and doorsill, allowing the door to swing open and close.

Door with its two hinges

בְּשִׁיפּוּעָהּ טֶפַח, אֲבָל יֵשׁ בְּשִׁיפּוּעָהּ טֶפַח – שִׁיפּוּעֵי אֹהָלִים כְּאֹהָלִים דָּמוּ.

its incline does not extend a handbreadth from the center to each side. **However, if its incline extends a handbreadth** from the center to the side, the *halakha* is that **the inclines of tents are considered like tents,** and it is therefore prohibited to suspend them.

וְאָמַר רַב שִׁישָׁא בְּרֵיהּ דְּרַב אִידִי: סַיְינָא שָׁרֵי. וְהָתַנְיָא: אָסוּר! לָא קַשְׁיָא; הָא – דְּאִית בֵּיהּ טֶפַח, הָא – דְּלֵית בֵּיהּ טֶפַח.

And Rav Sheisha, son of Rav Idi, said: With regard to a stiff **felt hat** [*sayna*],[L] **it is permitted** to wear it on Shabbat. The Gemara raises a difficulty: **But wasn't it taught** in a *baraita* that wearing this hat **is prohibited?** The Gemara answers: It is **not difficult. This** *baraita*, which prohibits wearing a felt hat, is referring to a case **where** the hat extends **a handbreadth** from the person's head and is therefore regarded as a tent; whereas **that** statement by Rav Sheisha, who permits doing so, is referring to a case **where it does not** extend **a handbreadth** from one's head.

אֶלָּא מֵעַתָּה שַׁרְבִּיב בִּגְלִימֵיהּ טֶפַח הָכִי נַמִּי דְּאָסוּר!

The Gemara is surprised at this answer: **But if that is so,** one who **pulled his cloak a handbreadth** beyond his head, **is it also prohibited** for him to do so? This is unreasonable, as it is an article of clothing, not a tent.

אֶלָּא לָא קַשְׁיָא; הָא – דְּמִיהֲדַק, הָא – דְּלָא מִיהֲדַק.

Rather, the previous explanation must be rejected, as the issue with regard to a felt hat is not whether it is considered a tent, but whether there is concern that one might come to carry it in the public domain if it falls from his head. This is **not difficult; this** statement of Rav Sheisha, which permits it, is referring to a case **where** the hat **fits snugly**[N] on his head. There is no concern lest the hat fall and one will come to carry it; therefore it is permitted to wear it. Conversely, **that** *baraita*, which prohibits wearing this hat, is referring to a case **where it does not fit snugly** on his head. It is therefore liable to fall, and one might come to carry it in the public domain.[H]

מתני׳ מַחֲזִירִין צִיר הַתַּחְתּוֹן בַּמִּקְדָּשׁ, אֲבָל לֹא בַּמְּדִינָה. וְהָעֶלְיוֹן – כָּאן וְכָאן אָסוּר. רַבִּי יְהוּדָה אוֹמֵר: הָעֶלְיוֹן בַּמִּקְדָּשׁ, וְהַתַּחְתּוֹן בַּמְּדִינָה.

MISHNA **One** may **restore** the **lower hinge pin** of the door of a carriage, box, or cupboard that becomes dislocated to its place on Shabbat **in the Temple,** as this action is prohibited by rabbinic decree, which is not in effect in the Temple; **but** it may **not** be restored to its place **in the** rest of **the country. And** restoring **the upper** hinge pin **is prohibited in both** places, as this is considered building, a labor prohibited by Torah law, which applies everywhere.[NBH] **Rabbi Yehuda says:** Restoring **the upper** hinge pin to its place is permitted **in the Temple, while** one may restore **the lower one** to its place even **in the** rest of **the country.**

HALAKHA

Hat – כּוֹבַע: A hat with a brim a handbreadth wide that does not fold over may not be worn on Shabbat even in the house, as it is considered a tent, in accordance with the opinion of Rabbeinu Ḥananel and others. The custom nowadays is to be lenient with respect to hats, as their brims are not considered stiff. This custom relies on Rashi's opinion that a hat does not constitute a tent. Consequently, no objection is raised against those who are lenient in this regard (*Mishna Berura*, citing *Eliya Rabba*). As for a hat whose brim is less than a handbreadth wide, some authorities prohibit wearing it, as it might be blown off one's head by the wind and he might carry it in a public domain. However, if it fits snugly on one's head or if it is tied with a strap, it is permitted to wear it, in accordance with Rashi's explanation (*Shulḥan Arukh*, *Oraḥ Ḥayyim* 301:40–41).

Restoring a hinge pin – הַחֲזָרַת צִיר: If the lower hinge pin of a carriage, box, or cupboard comes slightly loose, one may push it back in. If it comes out entirely, one may not put it back on Shabbat, lest he bang it in forcefully. One may not restore the upper hinge pin, even by means of pushing (*Tur*). In the Temple, one may restore the lower hinge pin to its place, even if it came out entirely (Rambam *Sefer Zemanim*, *Hilkhot Shabbat* 22:25; *Shulḥan Arukh*, *Oraḥ Ḥayyim* 313:2).

גמ׳ תָּנוּ רַבָּנַן: צִיר דֶּלֶת שִׁידָּה תֵּיבָה וּמִגְדָּל, בַּמִּקְדָּשׁ – מַחֲזִירִין, בַּמְּדִינָה – דּוֹחֲקִין. וְהָעֶלְיוֹן – כָּאן וְכָאן לֹא יַחֲזִיר, גְּזֵירָה שֶׁמָּא יִתְקַע. וְאִם תָּקַע – חַיָּיב חַטָּאת.

GEMARA **The Sages taught** a *baraita*: With regard to the lower **hinge pin of the door of a carriage, box, or cupboard, one** may **restore** it to its place **in the Temple; in the** rest of the **country one** may only **push it back** into place, provided that it did not come out of its socket entirely. As for **the upper** hinge, **one** may **not restore** it **in either** place. This is prohibited as **a preventive measure, lest** one come to **bang** it in forcefully, thereby performing an actual labor prohibited by Torah law. **And if he** actually **banged** it in, **he is liable** to bring **a sin-offering,** as his action is considered building.

שֶׁל בּוֹר וְשֶׁל דּוּת וְשֶׁל יָצִיעַ – לֹא יַחֲזִיר, וְאִם הֶחֱזִיר – חַיָּיב חַטָּאת.

With regard to the hinge pin of the door of **a pit, cistern, or an extension** to a building, **one** may **not restore** it to its place at all. **And if** one **restored** it to its place, **he is liable** to bring **a sin-offering.** The above distinction applies only to movable utensils, whereas anything attached to the ground may certainly not be fixed in place, as this is regarded as prohibited building.

מתני׳ מַחֲזִירִין רְטִיָּה בַּמִּקְדָּשׁ, אֲבָל לֹא בַּמְּדִינָה. אִם בַּתְּחִילָּה – כָּאן וְכָאן אָסוּר.

MISHNA One may **return** to its place **a bandage** that became detached from a wound on Shabbat **in the Temple.** In the Temple, this is not prohibited as a preventive measure, lest one come to spread the ointment and thereby perform the prohibited labor of smoothing. **However,** one may **not** return a bandage to its place **in the** rest of **the country. If** one sought to apply the bandage **for the first time** to an untreated wound on Shabbat, **it is prohibited in both** places.

גמ׳ תָּנוּ רַבָּנַן: רְטִיָּה שֶׁפֵּירְשָׁה מֵעַל גַּבֵּי מַכָּה – מַחֲזִירִין בְּשַׁבָּת. רַבִּי יְהוּדָה אוֹמֵר: הוּחְלְקָה לְמַטָּה – דּוֹחֲקָהּ לְמַעְלָה, לְמַעְלָה – דּוֹחֲקָהּ לְמַטָּה. וּמְגַלֶּה מִקְצָת הָרְטִיָּה וּמְקַנֵּחַ פִּי הַמַּכָּה, וְחוֹזֵר וּמְגַלֶּה מִקְצָת רְטִיָּה, וּמְקַנֵּחַ פִּי הַמַּכָּה.

GEMARA **The Sages taught** a *baraita*: With regard **to a bandage that became detached from a wound, one** may **return** it to its place **on Shabbat** in all cases. **Rabbi Yehuda says:** If **it slipped downward, one** may **push it upward;** if it slipped **upward, one** may **push it** downward. **One** may also **uncover part of the bandage and clean the opening of the wound** on one side, **and then uncover another part of the bandage** on the other side **and clean the opening of the wound** on that side.[H]

וּרְטִיָּה עַצְמָהּ לֹא יְקַנֵּחַ, מִפְּנֵי שֶׁהוּא מְמָרֵחַ. וְאִם מֵירַח – חַיָּיב חַטָּאת.

However, **one** may **not clean the bandage itself, because** that would involve **spreading** the ointment, which is a subcategory of the prohibited labor of smoothing, **and if one spread** the ointment **he is liable** to bring **a sin-offering.** Actually restoring a bandage that was completely detached from the wound is prohibited in all cases.

אָמַר רַב יְהוּדָה, אָמַר שְׁמוּאֵל: הֲלָכָה כְּרַבִּי יְהוּדָה. אָמַר רַב חִסְדָּא: לֹא שָׁנוּ אֶלָּא שֶׁפֵּירְשָׁה עַל גַּבֵּי כְּלִי, אֲבָל פֵּירְשָׁה עַל גַּבֵּי קַרְקַע – דִּבְרֵי הַכֹּל אָסוּר!

Rav Yehuda said that Shmuel said: The *halakha* is in accordance with the opinion of **Rabbi Yehuda. Rav Ḥisda said:** The Sages **taught** that it is permitted to restore the bandage to the wound **only where it became detached** and fell **onto a utensil,** in which case one may immediately pick it up and replace it. **However, if it became detached** and fell **onto the ground, everyone agrees it is prohibited,** as this is considered as though one were bandaging the wound for the first time.[H]

אֲמַר מָר בַּר רַב אַשִׁי: הֲוָה קָאֵימְנָא קַמֵּיהּ אַבָּא! נְפַלָה לֵיהּ אַבֵּי סַדְיָא וְקָא מַהֲדַר לֵיהּ. אֲמִינָא לֵיהּ: לָא סָבַר לָהּ מָר לְהָא דְּאָמַר רַב חִסְדָּא: מַחֲלוֹקֶת – שֶׁפֵּירְשָׁה עַל גַּבֵּי כְּלִי, אֲבָל פֵּירְשָׁה עַל גַּבֵּי קַרְקַע – אָסוּר. וְאָמַר שְׁמוּאֵל: הֲלָכָה כְּרַבִּי יְהוּדָה!

Mar bar Rav Ashi said: I was standing before Father, and his bandage **fell onto a pillow and he replaced it. I said to him: Doesn't the Master hold that which Rav Ḥisda said: The dispute** is restricted to a case **where** the bandage **became detached** and fell **onto a utensil, but if it became detached** and fell **onto the ground,** everyone agrees that **it is prohibited; and** furthermore, **Shmuel said: The *halakha* is in accordance with** the opinion of **Rabbi Yehuda,** that it is prohibited to replace even a bandage that fell onto a utensil?

אֲמַר לִי: לָא שְׁמִיעַ לִי. כְּלוֹמַר: לָא סְבִירָא לִי.

He said to me: I did not hear this teaching;[N] **that is to say, I do not agree** with Rav Ḥisda's interpretation that the dispute is only in a case where the bandage fell onto a utensil. Rather, they disagree even if it fell onto the ground, and the *halakha* is that the bandage may be restored to the wound.

HALAKHA

Uncovering a bandage – מְגַלֶּה רְטִיָּה: It is permitted to uncover a bandage and clean part of the wound, and then uncover a different part of the bandage to clean a different section of the wound, in accordance with Rabbi Yehuda (*Shulḥan Arukh, Oraḥ Ḥayyim* 328:26).

Restoring a bandage – הַחֲזָרַת רְטִיָּה: It is prohibited to remove a bandage from a wound on Shabbat. If one did so intentionally, he is prohibited to restore it (*Magen Avraham*, citing the *Beit Yosef*). If the bandage fell onto a utensil, one may restore it. If it fell onto the ground, one may not restore it to the wound, in accordance with the respective opinions of Rashi and the Rif (*Shulḥan Arukh, Oraḥ Ḥayyim* 328:25).

NOTES

I did not hear this teaching – לָא שְׁמִיעַ לִי: The authorities dispute the subject of Rav Ashi's comment that he did not hear this teaching. According to the rule that the *halakha* follows the latter authority, Rav Ashi's statement should be accepted, yet it is unclear which opinion he was rejecting. Did he reject Shmuel's ruling that the *halakha* is in accordance with Rabbi Yehuda, or Rav Ḥisda's comment that the dispute pertains only to a case where the bandage fell onto a utensil, or does he reject both opinions? The Rif, for example, maintains that Rav Ashi rejected both statements. Consequently, he rules that the *halakha* is in accordance with the unattributed *baraita*. Rashi, by contrast, claims that Rav Ashi merely rejects Rabbi Ḥisda's position, as he contends that the dispute pertains only to a case where it fell onto the ground, but if it fell on a utensil, even Rabbi Yehuda agrees that it is permitted to replace the bandage.

LANGUAGE

String [*nima*] – נִימָא: From the Greek νῆμα, *nèma*, a thread or a string.

BACKGROUND

Harp – כִּנּוֹר: In antiquity, harps and lyres were closely related. Below is an image of a reconstructed ancient lyre resembling the ones that existed in the talmudic period. The strings of the lyre are tied to the buttons that protrude along its edge.

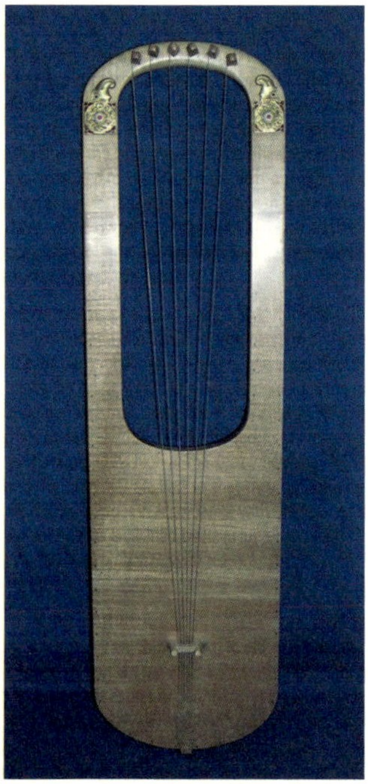

Reconstructed lyre from the sixth or seventh century

HALAKHA

A string in the Temple – נִימָא בַּמִּקְדָּשׁ: It is permitted to tie a temporary knot for the purpose of a mitzva. One may tie a broken harp string in the Temple but not outside of it. However, it is prohibited to tie a knot in the first instance, even in the Temple (Rambam *Sefer Zemanim*, *Hilkhot Shabbat* 10:6).

מתני׳ קוֹשְׁרִין נִימָא בַּמִּקְדָּשׁ, אֲבָל לֹא בַּמְּדִינָה. וְאִם בַּתְּחִילָּה – כָּאן וְכָאן אָסוּר.

MISHNA One may **tie up** on Shabbat **a string** [*nima*][L] that came loose from a harp[B] used **in the Temple,**[H] **but not in** the rest of **the country. And** tying the string to the harp for **the first time is prohibited** both **here and there.**

גמ׳ וּרְמִינְהוּ: נִימַת כִּנּוֹר שֶׁנִּפְסְקָה – לֹא הָיָה קוֹשְׁרָהּ, אֶלָּא עוֹנְבָהּ! לָא קַשְׁיָא; הָא – רַבָּנַן, וְהָא – רַבִּי אֱלִיעֶזֶר.

GEMARA And the Gemara **raises a contradiction** from a *baraita*: If **a harp string broke, one would not tie it up** with a knot, **but fashion a bow.** This teaching indicates that tying up a harp string is prohibited even in the Temple. The Gemara answers: It is **not difficult; this** *baraita*, which prohibits tying, was taught **in accordance with** the opinion of **the Rabbis; and that** mishna is in accordance with the opinion of **Rabbi Eliezer.**

לְרַבִּי אֱלִיעֶזֶר דְּאָמַר: ״מַכְשִׁירֵי מִצְוָה דּוֹחִין אֶת הַשַּׁבָּת״ – קוֹשְׁרָהּ, לְרַבָּנַן דְּאָמְרִי אֵין דּוֹחִין – עוֹנְבָהּ,

The Gemara clarifies this answer: **According to Rabbi Eliezer, who said** that **the preparations** that enable the performance **of a mitzva override** the prohibitions of **Shabbat,** one may **tie** even the broken harp string, as this is for the purpose of the mitzva of accompanying the Temple service with music. However, **according to the Rabbis, who say** that preparations for a mitzva **do not override** Shabbat prohibitions, **one** may only **fashion a bow.**

אִי רַבִּי אֱלִיעֶזֶר – אֲפִילּוּ לְכַתְּחִילָּה נַמִי!

The Gemara raises a difficulty: **If** in fact the mishna is in accordance with the opinion of **Rabbi Eliezer,** who permits facilitating performance of a mitzva even when it involves desecration of Shabbat, **even** in a case where the string did not break and one is tying it **for the first time,** this **too** should be permitted, as he is acting for the purpose of a mitzva.

אֶלָּא, לָא קַשְׁיָא; הָא רַבִּי יְהוּדָה, וְהָא – רַבָּנַן.

Rather, the Gemara provides a different resolution of the contradiction: It is **not difficult. This,** the mishna that permits tying the broken string, was taught in accordance with the opinion of **Rabbi Yehuda,** who maintains that making a bow is considered tying, and there is no difference between the two actions; **and that,** the *baraita* that prohibits it, is in accordance with the opinion of **the Rabbis,** who rule that fashioning a bow is not prohibited by Torah law, and therefore it is permitted to fashion a bow.

וְרַבִּי יְהוּדָה אַלִּיבָּא דְּמַאן?

The Gemara asks: **And Rabbi Yehuda, in accordance with whose** opinion did he express his view?

Perek **X**
Daf **103** Amud **a**

אִי אַלִּיבָּא דְּרַבִּי אֱלִיעֶזֶר קָאָמַר – אֲפִילּוּ לְכַתְּחִילָּה נַמִי!

If he stated his ruling **in accordance with** the opinion **of Rabbi Eliezer,** why did he permit tying a bow only after the fact? It should **also** be permitted **even *ab initio*,** as Rabbi Eliezer maintains that preparations required for the performance of a mitzva override the prohibitions of Shabbat.

אֶלָּא לָא קַשְׁיָא; הָא – רַבִּי שִׁמְעוֹן, הָא – רַבָּנַן. דְּתַנְיָא: בֶּן לֵוִי שֶׁנִּפְסְקָה לוֹ נִימָא בַּכִּנּוֹר – קוֹשְׁרָהּ, רַבִּי שִׁמְעוֹן אוֹמֵר: עוֹנְבָהּ.

Rather, the Gemara rejects the previous explanation: It is **not difficult; this** *baraita* that deems tying prohibited is according to the opinion of **Rabbi Shimon,** while **that** mishna that rules that tying is permitted, is according to the opinion of **the Rabbis. As it was taught** in a *baraita*: If **a string of the Levite's harp was severed** on Shabbat, **he** may **tie it** with a knot; **Rabbi Shimon says: He** may only **form a bow.** The Rabbis permit the preparations for a mitzva that could not have been performed before Shabbat, whereas Rabbi Shimon is stringent and prohibits even those preparations.

רַבִּי שִׁמְעוֹן בֶּן אֶלְעָזָר אוֹמֵר: אַף הִיא אֵינָהּ מַשְׁמַעַת אֶת הַקּוֹל, אֶלָּא מְשַׁלְשֵׁל מִלְּמַטָּה וְכוֹרֵךְ מִלְּמַעְלָה, אוֹ מְשַׁלְשֵׁל מִלְּמַעְלָה וְכוֹרֵךְ מִלְּמַטָּה.

The Gemara continues its citation of the *baraita*. **Rabbi Shimon ben Elazar says: Even** if he ties a knot or a bow, the harp **will not issue the** proper **sound,** and he would therefore be committing a transgression without performing the mitzva in a fitting manner. **Rather, he unwinds** the string **from the lower** knob and **winds it around the upper** one, **or he unwinds** the string **from the upper** knob **and winds it around the lower** one,[B] before tightening the string until it produces the proper note.

וְאִיבָּעֵית אֵימָא: הָא וְהָא רַבָּנַן, וְלָא קַשְׁיָא; כָּאן – בָּאֶמְצַע, כָּאן – מִן הַצַּד.

And if you wish, say instead that **both** sources were taught in accordance with the opinion of **the Rabbis,** who permit preparations for a mitzva that could not have been performed the day before, **and** even so it is **not difficult; here,** the mishna permits tying in a case where the string was severed **in the middle,** in which case the sound would be affected if the string were reconnected with a bow, whereas **there,** the *baraita* is referring to a string that was severed **on the side**[N] near the end of the string, which can be fixed with a bow.

וְאִיבָּעֵית אֵימָא: הָא וְהָא בָּאֶמְצַע, מָר סָבַר: גָּזְרִינַן, וּמָר סָבַר: לָא גָּזְרִינַן.

And if you wish, say instead that **both** sources are referring to a case where the string snapped **in the middle,** and the issue at hand is subject to a dispute between Rabbi Shimon and the Rabbis: **One Sage,** Rabbi Shimon, **maintains** in the *baraita* that it is prohibited even to tie a knot in the middle, **as a decree,** lest one unnecessarily tie a knot on the side as well. **And the other Sage,** the Rabbis, **maintains** in the mishna that **we do not issue a decree** of this kind.

מתני׳ חוֹתְכִין יַבֶּלֶת בַּמִּקְדָּשׁ, אֲבָל לֹא בַּמְּדִינָה. וְאִם בִּכְלִי – כָּאן וְכָאן אָסוּר.

MISHNA A wart is an example of a blemish that temporarily disqualifies a priest from performing the Temple service, and disqualifies an animal from being offered on the altar; they regain their fitness once the wart is removed. Consequently, on Shabbat **one** may **cut off a wart** by hand **in the Temple,** as this constitutes a preparatory act required for the sacrificial service. **However,** he may **not** cut off a wart **in** the rest of **the country. And if** he seeks to cut off the wart **with an instrument, it is prohibited in both** places.[H]

גמ׳ וּרְמִינְהוּ הַרְכָּבָתוֹ וַהֲבָאָתוֹ מִחוּץ לַתְּחוּם וַחֲתִיכַת יַבַּלְתּוֹ אֵין דּוֹחִין, רַבִּי אֱלִיעֶזֶר אוֹמֵר: דּוֹחִין!

GEMARA And the Gemara **raises a contradiction** from another mishna: When Passover eve occurs on Shabbat, the acts of **carrying** a Paschal lamb[N] on one's shoulders, **bringing it** to the Temple **from outside the** Shabbat **boundary,**[H] **and cutting off its wart** to render it fit for the altar, **do not override** the prohibitions of Shabbat. **Rabbi Eliezer,** conforming to his standard opinion, **says: They override** the Shabbat prohibitions. The mishna in *Eiruvin* apparently contradicts the opinion of these Sages.

רַבִּי אֶלְעָזָר וְרַבִּי יוֹסֵי (בֶּן) חֲנִינָא; חַד אָמַר: הָא וְהָא בְּלַחָה, וְלָא קַשְׁיָא; כָּאן – בַּיָּד, כָּאן – בִּכְלִי,

Rabbi Elazar and Rabbi Yosei ben Ḥanina suggested different resolutions to this difficulty: **One said** that **both** sources are referring to **a moist** wart, **and** it is **not difficult. Here,** the mishna permits removing the wart **by hand.** It is prohibited by rabbinic decree, as that is not the usual manner of performing the procedure. Whereas **there,** the mishna prohibits removal of the wart **with an instrument** by Torah law.

וְחַד אָמַר: הָא וְהָא בַּיָּד, וְלָא קַשְׁיָא; הָא – בְּלַחָה, הָא – בִּיבֵשָׁה.

And the other **one said** that in **both** cases the wart is removed **by hand, and** it is **not difficult. There,** the mishna prohibits the removal of **a moist** wart, whereas **here,** the mishna is referring to **a dry** wart, the removal of which does not constitute a prohibited labor.

וּלְמַאן דְּאָמַר "הָא – בַּיָּד, הָא – בִּכְלִי" מַאי טַעְמָא לֹא אָמַר הָא – בְּלַחָה, הָא – בִּיבֵשָׁה? אָמַר לָךְ: יְבֵשָׁה אֲפִילּוּ בִּכְלִי נַמִי שָׁרֵי. מַאי טַעְמָא – אִיפְּרוּכֵי אִיפָּרְכָא.

The Gemara raises a difficulty: **And according to the one who said: This** is referring to removal **by hand,** and **that** is referring to removal **with an instrument; what is the reason that he did not say,** as did his colleague: **This** is referring **to a moist** wart and **that** is referring to a **dry** one? The Gemara answers: **He** can **say to you** that with regard to **a dry** wart, **it is permitted** to remove it **even with an instrument. What is the reason?** As **it crumbles** on its own, cutting it is like cutting off dead skin.

BACKGROUND

Unwinding and winding – מְשַׁלְשֵׁל וְכוֹרֵךְ: The image below shows how a broken string can be unwound. As every string has a surplus at each end, if it breaks near one end it can be unwound at the other end. Another method is to knot the torn string, as was done for the second string from the left. Pictured is an endongo, which is considered the national musical instrument of the Baganda people of Uganda.

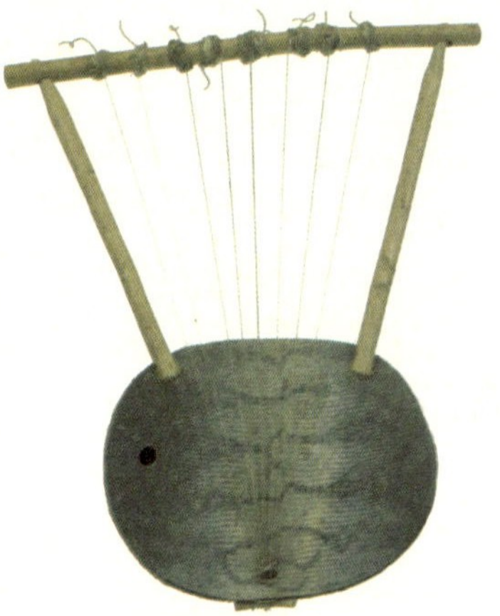

Endongo

NOTES

In the middle…on the side – בָּאֶמְצַע...מִן הַצַּד: Some commentaries suggest a different explanation: Tying in the middle is permitted, because one will certainly not leave a harp string tied in that manner; he will undoubtedly untie it the following day. Consequently, it is a temporary knot. Tying on the side, however, is prohibited, as the sound is less adversely affected and he might therefore leave it tied as it is; this would establish it as a permanent knot prohibited by Torah law (Rabbeinu Yehonatan; Rabbi Ovadya Bartenura).

Carrying a Paschal lamb – הַרְכָּבָתוֹ: As the Paschal sacrifice can be a kid goat or a lamb less than a year old, it is sometimes necessary to carry the animal. These animals are often so delicate that they cannot walk a great distance on their own, and their owners must therefore bear them on their shoulders.

HALAKHA

Cutting off a wart – חֲתִיכַת יַבֶּלֶת: It is prohibited to cut off a wart on Shabbat, whether by hand or with an instrument and whether the wart is dry or moist. If one cuts off a moist wart with an instrument, he is liable (*Maggid Mishne*; *Be'er Heitev*), but he is exempt if he removes it manually or if it is dry. In the Temple, it is permitted to cut off a moist wart by hand, and a dry one even with an instrument (Rambam *Sefer Zemanim*, *Hilkhot Shabbat* 9:8).

Carrying a Paschal lamb…bringing it from outside the Shabbat boundary – הַרְכָּבָתוֹ וַהֲבָאָתוֹ מִחוּץ לַתְּחוּם: It is prohibited to carry the Paschal lamb on one's shoulders in the public domain on Shabbat, or to bring it from beyond the Shabbat boundary, as these tasks can be performed before Shabbat (Rambam *Sefer Korbanot*, *Hilkhot Korban Pesaḥ* 1:18).

NOTES

Carrying the animal and bringing it – **הִרְכִּיבוֹ וַהֲבָאָתוֹ**: The Gemara's discussion is based on the assumption that these are rabbinic prohibitions. Indeed, most authorities rule that the Shabbat boundary is a rabbinic ordinance. With regard to carrying a lamb on one's shoulders, the Gemara accepts the principle of Rabbi Natan: A living being carries itself, and consequently carrying the lamb is not considered carrying a burden by Torah law. The Gemara suggests that these cases involve Torah prohibitions, in an effort to resolve the difficulty.

וּלְמַאן דְּאָמַר ״הָא – בְּלַחָה, וְהָא – בִּיבֵשָׁה״ מַאי טַעְמָא לֹא אָמַר ״הָא – בַּיָּד, הָא – בִּכְלִי״?! אָמַר לָךְ: בִּכְלִי – הָא תְּנַן: אִם בִּכְלִי – כָּאן וְכָאן אָסוּר.

And according to the one who said: This is referring **to a moist** wart and **that** is referring **to a dry one, what is the reason that he did not say,** like the other Sage: **This** is referring to removal **by hand** and **that** is referring to removal **with an instrument?** The Gemara answers: **He** can **say to you** that **with regard to an instrument, we** explicitly **learned** in the mishna: **If** he wishes to cut off the wart **with an instrument, it is prohibited in both** places. Consequently, it is unnecessary to teach again that it is prohibited to remove a wart with an instrument.

וְאִידָךְ: הָא דְּקָתָנֵי הָתָם – מִשּׁוּם דְּקָא בָּעֵי אִיפְלוּגֵי רַבִּי אֱלִיעֶזֶר וְרַבָּנַן.

And the other Sage, how does he respond to this contention? He can say that the other mishna **teaches this** *halakha* **there because it wants** to record **the dispute** between **Rabbi Eliezer and the Rabbis** on this issue, i.e., to inform us that Rabbi Eliezer disagrees and permits cutting off the wart even with an instrument.

וְאִידָךְ: דּוּמְיָא דְּהִרְכִּיבוֹ וַהֲבָאָתוֹ מִחוּץ לַתְּחוּם קָתָנֵי, דְּרַבָּנַן.

And the other Sage, how does he counter this reasoning? He can say that the *tanna* **teaches** the case of the wart **parallel to** the cases of **carrying** the animal **and bringing it** to the Temple **from outside the** Shabbat **boundary,** activities **that are** prohibited **by rabbinic law.** Consequently, the ruling involving a wart is also referring to cutting that is prohibited by rabbinic law, i.e., cutting by hand, not with an instrument.

וְאִידָךְ: הִרְכִּיבוֹ דְּלֹא כְּרַבִּי נָתָן, דְּאָמַר: הַחַי נוֹשֵׂא אֶת עַצְמוֹ. הֲבָאָתוֹ מִחוּץ לַתְּחוּם כְּרַבִּי עֲקִיבָא, דְּאָמַר: תְּחוּמִין דְּאוֹרַיְיתָא.

And the other Sage maintains that these cases also involve Torah prohibitions. How so? With regard to **carrying** the animal, the mishna was taught **not in accordance with** the opinion of **Rabbi Natan, who said: A living being carries itself,** which means that carrying an animal on one's shoulders is not considered carrying by Torah law, and is prohibited by rabbinic law.[N] If we do not accept this opinion, one who carries the Paschal lamb transgresses the Torah prohibition against carrying an object four cubits in the public domain. As for the case of **bringing** the animal **from outside the** Shabbat **boundary,** the mishna was taught **in accordance with** the opinion of **Rabbi Akiva, who said:** Bringing an animal from outside the Shabbat **boundaries** is prohibited **by Torah law.**

מְתִיב רַב יוֹסֵף, אָמַר רַבִּי אֱלִיעֶזֶר: קַל וָחוֹמֶר וּמַה שְּׁחִיטָה שֶׁהִיא מִשּׁוּם מְלָאכָה – דּוֹחָה אֶת הַשַּׁבָּת, אֵלּוּ שֶׁמִּשּׁוּם שְׁבוּת – אֵינוֹ דִּין שֶׁיִּדְחוּ אֶת הַשַּׁבָּת?

Rav Yosef raised an objection against this explanation from a mishna. **Rabbi Eliezer said** that this *halakha* is **an *a fortiori* inference: If slaughtering** the Paschal lamb, **which is** prohibited **due to** the fact that it is **a prohibited labor** by Torah law, nonetheless **overrides Shabbat** in the Temple, with regard to **these** actions, i.e., carrying the animal, bringing it from outside the Shabbat boundary, and cutting off its wart, which are prohibited **due to rabbinic decree, isn't it right that they** should **override Shabbat?** Evidently, the previous explanation must be rejected, as there too the mishna is referring to rabbinic prohibitions.

אֶלָּא אָמַר רַב יוֹסֵף: הָא וְהָא – בַּיָּד, וּשְׁבוּת מִקְדָּשׁ בַּמִּקְדָּשׁ – הִתִּירוּ, שְׁבוּת דְּמִקְדָּשׁ בַּמְּדִינָה – לֹא הִתִּירוּ.

Rather, Rav Yosef said: Both sources are referring to a case where the wart is removed **by hand,** an activity that constitutes a rabbinic prohibition, **and** the contradiction can be resolved as follows: To transgress **a rabbinic decree** relating to **the Temple within** the confines of **the Temple** itself, **they permitted** doing so. However, to transgress **a rabbinic decree** relating **to the Temple, in the country, they did not permit** doing so. Consequently, although these procedures involving the Paschal lamb are prohibited due to rabbinic decree and are indeed related to the Temple service, since they are performed outside the Temple, the Sages did not permit their performance.

יָתֵיב אַבַּיֵי וְקָאָמַר לְהָא שְׁמַעְתָּא. אֵיתִיבֵיהּ רַב סָפְרָא לְאַבַּיֵי: הָיָה קוֹרֵא בַּסֵּפֶר עַל הָאִסְקוּפָּה, וְנִתְגַּלְגֵּל הַסֵּפֶר מִיָּדוֹ – גּוֹלְלוֹ אֶצְלוֹ. וְהָא הָכָא, דִּשְׁבוּת דְּמִקְדָּשׁ בַּמְּדִינָה הוּא וְלָא גָּזְרִינַן דִּילְמָא נָפֵיל וְאָתֵי לְאֵיתוּיֵי!

Abaye sat with the scholars **and recited this *halakha*** in the name of Rav Yosef. **Rav Safra raised an objection to** the opinion cited by **Abaye** from a mishna: If **one was reading a scroll** of the Bible while sitting **on the threshold** of his house, **and the scroll rolled out of his hand,** i.e., while he was holding one end, the scroll rolled open into the public domain, **he** may **roll** the scroll back **to himself. And here, isn't it a rabbinic decree** involving a sacred scroll, which due to its sanctity should have the legal status of a rabbinic decree relating **to the Temple** with regard to an incident that occurred **in the country. And** yet **we do not issue a decree** prohibiting one to roll the scroll back to himself, **lest** the scroll **fall and he will** forget and **come to bring it in** from the public domain to a private domain. Apparently, the Sages did not impose a rabbinic prohibition with regard to matters relating to the Temple, even outside the Temple compound.

וְלָא אוֹקִימְנָא בְּאִסְקוּפָּה כַּרְמְלִית, וּרְשׁוּת הָרַבִּים עוֹבֶרֶת לְפָנֶיהָ! דְּכֵיוָן דְּאִיגְּדוֹ בְּיָדוֹ – אֲפִילּוּ שְׁבוּת נַמִי לֵיכָּא.

Abaye refutes this contention: **Didn't we** already **establish** this mishna as referring **to a threshold** that is **a** ***karmelit***, e.g., one that is four handbreadths wide but less than ten handbreadths high, **and before which the public domain passes? As he holds** one end of the scroll **in his hand, it is not** prohibited **even** by **rabbinic decree.** The reason is that even if the scroll fell from his hand and rolled into the public domain, and he were to carry it back from the public domain to the *karmelit*, he would not transgress a Torah prohibition.

אֵיתִיבֵיהּ: מְשַׁלְשְׁלִין אֶת הַפֶּסַח לַתַּנּוּר עִם חֲשֵׁיכָה. וְהָא הָכָא, דִּשְׁבוּת דְּמִקְדָּשׁ בַּמְּדִינָה וְלָא גָּזְרִינַן שֶׁמָּא יַחְתֶּה בַּגֶּחָלִים!

Rav Safra **raised an objection** from a different mishna: **One** may **lower the Paschal** lamb **into the oven**[H] on Shabbat eve **just before nightfall,** after its blood is sprinkled and it is brought outside the Temple for roasting. **But here** we are dealing **with** a violation of **a rabbinic decree** relating **to the Temple** that occurred **in the country,** and yet **we do not issue** a decree against lowering the sacrifice into the oven at that late hour **lest** one **rake the coals** to hasten the cooking. Once again, the mishna indicates that the Sages did not issue a rabbinic decree prohibiting an action related to the Temple service, even outside the Temple.

אִישְׁתִּיק. כִּי אֲתָא לְקַמֵּיהּ דְּרַב יוֹסֵף, אֲמַר לֵיהּ: הָכִי אֲמַר לִי רַב סָפְרָא. אֲמַר לֵיהּ: מַאי טַעְמָא לָא תְּשַׁנֵּי לֵיהּ: בְּנֵי חֲבוּרָה זְרִיזִין הֵן?

Abaye **was silent** and did not answer. **When he came before Rav Yosef, he said to him: This is what Rav Safra said to me,** contrary to your approach. Rav Yosef **said to him: What is the reason** that **you didn't answer him: Members of a group** who joined together to prepare and partake of a single Paschal lamb, which, like all sacrifices, requires careful attention, **are** certainly **vigilant**[N] and exacting in the performance of this mitzva. Consequently, there is less concern that they might commit a transgression than with regard to people in other circumstances. However, other rabbinic decrees relating to the Temple remain in effect outside the Temple.

וְאַבַּיֵי, כֹּהֲנִים זְרִיזִין הֵן – אָמְרִינַן, בְּנֵי חֲבוּרָה זְרִיזִין הֵן – לָא אָמְרִינַן.

The Gemara comments: **And** as for **Abaye,** why did he not accept this reasoning? He maintains that **we say** that only **priests are vigilant,**[N] as they are constantly involved in the Temple service, and they will therefore not mistakenly commit a transgression. However, that **members of a group of people** who join together for a single Paschal lamb **are vigilant, we do not say.** As they are not accustomed to that level of watchfulness, they might forget.

רָבָא אָמַר: רַבִּי אֱלִיעֶזֶר הִיא, דְּאָמַר מַכְשִׁירֵי מִצְוָה דּוֹחִין אֶת הַשַּׁבָּת. וּמוֹדֶה רַבִּי אֱלִיעֶזֶר, דְּכַמָּה דְּאֶפְשָׁר לְשַׁנּוֹיֵי – מְשַׁנֵּינַן.

Rava stated a different resolution of the contradiction between the two *mishnayot*: The mishna which permits the cutting of a wart, **is** according to **Rabbi Eliezer, who said** that the **preparations** for the performance **of a mitzva override** the prohibitions of **Shabbat,** and it is therefore permitted to cut the wart by hand. **And** if you say that in that case one should be permitted to do so with an instrument as well, **Rabbi Eliezer concedes** that **as much as it is possible to alter** the manner in which a procedure is performed to prevent violation of a Torah prohibition, **we alter** it, to emphasize that the day is Shabbat.

Perek **X**
Daf **103** Amud **b**

מַאי הִיא? דְּתַנְיָא: כֹּהֵן שֶׁעָלְתָה בּוֹ יַבֶּלֶת – חֲבֵירוֹ חוֹתְכָהּ לוֹ בְּשִׁינָּיו. בְּשִׁינָּיו – אִין, בִּכְלִי – לָא. חֲבֵירוֹ – אִין, אִיהוּ – לָא.

What is the source for this idea? **As it was taught** in a *baraita*: If **a priest grew a wart,** which temporarily disqualifies him from performing the service, **his fellow** priest may **cut it off for him** on Shabbat **with his teeth.** The Gemara infers: **With his teeth, yes,** this is permitted; but **with an instrument, no,** he may not do so. Likewise, for **his fellow** priest, **yes,** he may cut off his wart; but **he** himself, **no,** he may not cut off his own wart.

HALAKHA

One may lower the Paschal lamb into the oven – מְשַׁלְשְׁלִין אֶת הַפֶּסַח לַתַּנּוּר: It is permitted to lower the Paschal sacrifice, a kid goat or a whole lamb, into an oven on Shabbat eve just before nightfall, even though the oven is not sealed with clay, a requirement when roasting other animals. The rationale is that the members of the group who joined together to partake of a single Paschal sacrifice are vigilant in the performance of *mitzvot* and will not rake the coals (Rambam *Sefer Zemanim*, *Hilkhot Shabbat* 3:15).

NOTES

Members of a group are vigilant – בְּנֵי חֲבוּרָה זְרִיזִין הֵן: It can be assumed that every group includes at least one scholar, who instructs them how they must treat the sacrifice and who can also be relied upon to ensure that they do not transgress other prohibitions (Rashash).

Priests are vigilant – כֹּהֲנִים זְרִיזִין הֵן: Rashi suggests various reasons for this. One explanation is that priests were typically learned in Torah and served as teachers in Israel, as it states: "They shall teach Jacob Your judgments" (Deuteronomy 33:10). In addition, as they were numerous, they would remind each other not to make mistakes.

מַנִּי? אִילֵימָא רַבָּנַן וּבַמִּקְדָּשׁ, כֵּיוָן דְּאָמְרִי רַבָּנַן בְּעָלְמָא מִשּׁוּם שְׁבוּת – הָכָא מַה לִּי הוּא מַה לִּי חֲבֵירוֹ?

The Gemara inquires: According to **whose** opinion was this *baraita* taught? **If you say** it is in accordance with the opinion of **the Rabbis, and** the leniency is based on the principle that a rabbinic prohibition does not apply **in the Temple, since the Rabbis say in general** that biting off even one's own nails or wart, and certainly those of another, is prohibited **due to rabbinic decree,** then in this case **here, what is** the difference **to me** whether it is the priest **himself** who cuts off the wart, or **what is** the difference **to me** whether it is **another** priest who cuts it off?

אֶלָּא לָאו רַבִּי אֱלִיעֶזֶר, דְּאָמַר בְּעָלְמָא חַיָּיב חַטָּאת, וְהָכָא – אַף עַל גַּב דְּמַכְשִׁירֵי מִצְוָה דּוֹחִין אֶת הַשַּׁבָּת – כַּמָּה דְּאֶפְשָׁר לְשַׁנּוֹיֵי מְשַׁנֵּינַן.

Rather, wasn't it taught in accordance with the opinion of **Rabbi Eliezer,** who **said** that **in general** one **is liable to** bring **a sin-offering** for biting off his own nails or wart? **And here, even though** he maintains that **preparations** for **a mitzva override** the prohibitions of **Shabbat,** and it should therefore be permitted for him to cut off his own wart with an instrument, nevertheless, **as much as it is possible to alter** the procedure so that it does not entail the violation of a Torah prohibition, **one alters,** and biting off another person's wart is prohibited due to rabbinic decree, not Torah law.

לֹא, לְעוֹלָם רַבָּנַן, וְאִי עָלְתָה בִּכְרֵיסוֹ – הָכִי נַמִי.

The Gemara rejects this contention: **No,** this is not necessarily the case. **Actually,** this *baraita* can be explained in accordance with the opinion of the Rabbis, **and if** the wart **grew on his abdomen,** or anywhere else easily removable by hand, **so too,** it is clear that according to the Rabbis there is no difference between himself and his fellow priest, and he may remove it himself.

הָכָא בְּמַאי עָסְקִינַן – כְּגוֹן שֶׁעָלְתָה לוֹ נְשִׁיכָה בְּגַבּוֹ וּבְאַצִּילֵי יָדָיו, דְּאִיהוּ לָא מָצֵי שָׁקֵיל לָהּ.

However, **here, we are dealing with** a case **where,** the priest **received a bite** that developed into a wart **on his back**[N] **or on his elbow,** from **where he** himself **cannot remove it,** but someone else can.

וְאִי רַבָּנַן, נִשְׁקְלֵיהּ נִיהֲלֵיהּ בַּיָּד, וְתִפְשׁוֹט דְּרַבִּי אֶלְעָזָר. דְּאָמַר רַבִּי אֶלְעָזָר: מַחֲלוֹקֶת בַּיָּד, אֲבָל בִּכְלִי – דִּבְרֵי הַכֹּל – חַיָּיב!

The Gemara asks: **But if** the *baraita* reflects the opinion of **the Rabbis,** the other priest should be permitted to **remove** the wart **from him by hand,** rather than with an instrument, **and** therefore one should **resolve** the dilemma in accordance with the teaching of **Rabbi Elazar, as Rabbi Elazar said: The dispute** between the Rabbis and Rabbi Eliezer with regard to the removal of one's nails is limited to one who removed them **by hand, but** if he removed them **with an instrument, everyone agrees** that **he is liable** to bring a sin-offering.

וְלִיטַעְמִיךְ, לְרַבִּי אֱלִיעֶזֶר נַמִי: לִישְׁקְלֵיהּ נִיהֲלֵיהּ בַּיָּד! הַאי מַאי? אִי אָמְרַתְּ בִּשְׁלָמָא רַבִּי אֱלִיעֶזֶר – הַיְינוּ דְּגָזַר יָד אַטּוּ כְּלִי. אֶלָּא אִי אָמְרַתְּ רַבָּנַן הִיא – נִשְׁקְלֵיהּ נִיהֲלֵיהּ בַּיָּד, וְתוּ לָא מִידֵּי.

The Gemara rejects this argument: **And according to your reasoning, Rabbi Eliezer** should **also** agree **that he** should be permitted to **remove it for him by hand.** The Gemara expresses surprise at this comment: **What is** the nature of **this** contention? **Granted, if you say** that it was taught in accordance with **Rabbi Eliezer, this is** why removing the wart **by hand was decreed** prohibited **due to** a preventive measure, lest he remove it with **an instrument,** as he maintains that removing a wart with an instrument is prohibited by the Torah. **However, if you say it** is according to the opinion of **the Rabbis,**[N] **he** should be permitted to **remove it for him by hand. And nothing more** need be said,[N] as it is clear that the *baraita* was taught in accordance with the opinion of Rabbi Eliezer.

מתני׳ כֹּהֵן שֶׁלָּקָה בְּאֶצְבָּעוֹ – כּוֹרֵךְ עָלֶיהָ גֶּמִי בַּמִּקְדָּשׁ, אֲבָל לֹא בַּמְּדִינָה. אִם לְהוֹצִיא דָּם – כָּאן וְכָאן אָסוּר.

MISHNA With regard to **a priest who was injured on his finger** on Shabbat, **he** may temporarily **wrap it with a reed**[B] so that his wound is not visible while he is serving in the Temple.[H] This leniency applies **in the Temple, but not in the country,** as it also heals the wound, and medical treatment is prohibited on Shabbat due to rabbinic decree.[H] **If** his intention **is to draw blood** from the wound or to absorb blood, **it is prohibited in both** places.

גמ׳ אָמַר רַב יְהוּדָה בְּרֵיהּ דְּרַבִּי חִיָּיא: לֹא שָׁנוּ אֶלָּא גֶּמִי, אֲבָל צְלְצוֹל קָטָן – הָוֵי יִתּוּר בְּגָדִים.

GEMARA **Rav Yehuda, son of Rabbi Ḥiyya, said: They taught** that **only a reed** is permitted. **However, a small sash is** prohibited, as it would be **considered an extra garment,**[H] and it is prohibited for a priest to add to the priestly garments prescribed by the Torah.

NOTES

Received a bite on his back – שֶׁעָלְתָה לוֹ נְשִׁיכָה בְּגַבּוֹ: This response is puzzling for two reasons: First, the connection between a bite and a wart is unclear, and second, there is an apparent difficulty in identifying the parts of the body where one's hands cannot reach. Some commentaries explain that it means that one cannot reach his back with his teeth. The Rashash maintains that the individual in question is suffering from a bite in addition to his wart, and is unable to reach his back with his hand due to the pain.

If you say it is the Rabbis – אִי אָמְרַתְּ רַבָּנַן הִיא: The Gemara's difficulty is unclear; see Rashi and *Tosafot*. The Maharshal explains: If it is the opinion of the Rabbis, the other priest could have removed the wart by hand. Rather, the Rabbis evidently prohibit its removal by hand as well, which indicates that they agree with Rabbi Eliezer's opinion that a sin-offering must be brought even for the manual removal of a wart. This proves Rabbi Elazar's claim that the dispute concerns removal by hand, which Rabbi Eliezer prohibits.

And nothing more need be said – וְתוּ לָא מִידֵּי: In several places, Rashi explains this expression as follows: If this approach is accepted, there is no room for any further objections or discussion, as the matter is perfectly clear.

BACKGROUND

Reed – גֶּמִי: The reed referred to in this context is probably an umbrella term for objects produced from the papyrus sedge plant, *Cyperus papyrus* L. This plant, which grows in streams and swamps, was used in various industries. Its outer, harder section was used in the weaving of mats, while paper was manufactured from its inner part in ancient Egypt and other countries. These soft inner parts were also converted into strips with which objects could be tied, and occasionally as a bandage for a wound, as in this case.

Papyrus sedge

HALAKHA

Wrapping with a reed in the Temple – כְּרִיכַת גֶּמִי בַּמִּקְדָּשׁ: A priest who hurt his finger may wrap a reed around it. However, it is prohibited if his intention is to draw blood (Rambam *Sefer Avoda, Hilkhot Kelei HaMikdash* 10:9).

A reed on a wound – גֶּמִי עַל פֶּצַע: It is prohibited to place a reed on a wound on Shabbat, because it heals the wound (*Shulḥan Arukh, Oraḥ Ḥayyim* 328:24, and in the comment of the Rema).

An extra garment – יִתּוּר בְּגָדִים: It is prohibited for a priest to add to the priestly garments he is commanded to wear in the Torah. In a place on his body where he dons the priestly garments, even one extra thread is considered an interposition. If a piece of cloth is not in a place where the priest wears the garments, it is considered an interposition only if it is at least three by three fingerbreadths. However, a small sash interposes in either case, as it is considered more significant than a nondescript piece of cloth (Rambam *Sefer Avoda, Hilkhot Kelei HaMikdash* 10:6–8).

וְרַבִּי יוֹחָנָן אָמַר: לֹא אָמְרוּ יִתּוּר בְּגָדִים אֶלָּא בִּמְקוֹם בְּגָדִים, אֲבָל שֶׁלֹּא בִּמְקוֹם בְּגָדִים – לָא הָוֵי יִתּוּר בְּגָדִים.

And Rabbi Yoḥanan said: They said that donning an **extra garment** is prohibited **only** if it is worn **in a place** on the priest's body where the priestly **garments** are worn. **But in a place** where those **garments** are **not** worn, e.g., on his hand or the like, a sash that is tied there **is not considered an extra garment.**

וְתֵיפוֹק לֵיהּ מִשּׁוּם חֲצִיצָה! בִּשְׂמֹאל,

The Gemara asks: **And let him derive** that both the reed and the sash are prohibited **as an interposition.** As the reed and sash interpose between the priest's hand and the holy vessel, they should invalidate the service.[N] The Gemara rejects this contention: Perhaps the wound is **on** the priest's **left** hand, while the entire service is performed exclusively with his right hand. Consequently, a bandage on his left hand is not an interposition.

אִי נַמִי: בְּיָמִין, וְשֶׁלֹּא בִּמְקוֹם עֲבוֹדָה.

Alternatively, it is possible that the wound is **on** the priest's **right** hand, **but not in a place** used in the **service,** which means the bandage does not interpose between his hand and the holy vessels used in the Temple service.

וּפְלִיגָא דְּרָבָא, דְּאָמַר רָבָא, אָמַר רַב חִסְדָּא: בִּמְקוֹם בְּגָדִים – אֲפִילּוּ נִימָא אַחַת חוֹצֶצֶת, שֶׁלֹּא בִּמְקוֹם בְּגָדִים – שָׁלֹשׁ עַל שָׁלֹשׁ חוֹצְצוֹת, פָּחוֹת מִשָּׁלֹשׁ עַל שָׁלֹשׁ – אֵינָן חוֹצְצוֹת.

And this conclusion **disputes** the opinion **of Rava, as Rava said** that **Rav Ḥisda said: In a place** on the priest's body where the priestly **garments** are worn, **even one** extra **thread interposes** and is prohibited, whereas **in a place** where the priestly **garments** are **not** worn, if the fabric was **three** fingerbreadths **by three** fingerbreadths, **it interposes,** but if it was **less than three** fingerbreadths **by three** fingerbreadths, **it does not interpose.**

אַדְּרַבִּי יוֹחָנָן וַדַּאי פְּלִיגָא, אַדְּרַב יְהוּדָה בְּרֵיהּ דְּרַבִּי חִיָּיא מִי נֵימָא פְּלִיגָא?

The Gemara comments: This teaching **certainly disagrees with** the opinion **of Rabbi Yoḥanan,** as he maintains that the prohibition against interpositions does not apply at all in a place on the priest's body where the priestly garments are not worn. However, **shall we say that it** also **disagrees with** the opinion **of Rav Yehuda, son of Rabbi Ḥiyya,** who prohibits even a sash smaller than three by three fingerbreadths?

שָׁאנֵי צִלְצוֹל קָטָן דַּחֲשִׁיב.

The Gemara answers: Nothing can be proven from here, as **a small sash is different, since it is significant,** and it is therefore considered a garment even if it is less than three by three fingerbreadths.

לִישָּׁנָא אַחֲרִינָא, אָמְרִי לַהּ, אָמַר רַב יְהוּדָה בְּרֵיהּ דְּרַבִּי חִיָּיא: לֹא שָׁנוּ אֶלָּא גֶּמִי, אֲבָל צִלְצוֹל קָטָן – חוֹצֵץ.

According to **another version, they reported** this dispute as follows: **Rav Yehuda, son of Rabbi Ḥiyya, said** that **they taught** this leniency **only** with regard to **a reed, but** that **a small sash interposes.**

וְרַבִּי יוֹחָנָן אָמַר: לֹא אָמְרוּ חֲצִיצָה בְּפָחוֹת מִשָּׁלֹשׁ עַל שָׁלֹשׁ אֶלָּא בִּמְקוֹם בְּגָדִים, אֲבָל שֶׁלֹּא בִּמְקוֹם בְּגָדִים,

And Rabbi Yoḥanan said: They said that there is **interposition with regard to** an article that is **less than three by three** fingerbreadths **only in a place** where the priestly **garments** are worn. **However, in a place** where the priestly **garments** are **not** worn, the following distinction applies:

Perek **X**
Daf **104** Amud **a**

שָׁלֹשׁ עַל שָׁלֹשׁ – חוֹצְצוֹת, פָּחוֹת מִשָּׁלֹשׁ – אֵין חוֹצְצוֹת. וְהַיְינוּ דְּרָבָא אָמַר רַב חִסְדָּא.

If the fabric was **three** fingerbreadths **by three** fingerbreadths, **it interposes;** but if it was **less than three** fingerbreadths by three fingerbreadths, **it does not interpose. And this is** the same teaching that **Rava** said that **Rav Ḥisda said.**

לֵימָא פְּלִיגָא דְּרַב יְהוּדָה בְּרֵיהּ דְּרַבִּי חִיָּיא? שָׁאנֵי צִלְצוֹל קָטָן דַּחֲשִׁיב.

The Gemara suggests: **Let us say that this disagrees with** the opinion of **Rav Yehuda, son of Rav Ḥisda,** who prohibits a sash even smaller than three fingerbreadths by three fingerbreadths. The Gemara rejects this contention: This is not necessarily so, as **a small sash is different, since it is significant.** It is therefore like a garment, even if it is smaller than three fingerbreadths by three fingerbreadths.

וּלְרַבִּי יוֹחָנָן, אַדְּאַשְׁמְעִינַן גֶּמִי, לִישְׁמְעִינַן צִלְצוֹל קָטָן

The Gemara raises a question: **And according to** the opinion of **Rabbi Yoḥanan: Rather than teaching us** the *halakha* with regard to **a reed, let** the mishna **teach us** that a priest may wrap his wounded finger with **a small sash,** as that does not constitute an interposition.

NOTES

Interposition and an extra garment – חֲצִיצָה וְיִתּוּר בְּגָדִים: Although the Gemara is apparently discussing these two issues simultaneously, they are not identical. Interposition means that an object intervenes between the priest and his service, or between the priest and his garments. Consequently, if the interposition is not in a place where clothes are worn or is not in a place used in the service, such as the back of the hand, the prohibition of interposition is not in effect. However, an extra garment is prohibited in its own right, either based on the prohibition: "You shall not add" (Deuteronomy 4:2), or because it is equivalent to the absence of a priestly garment, which invalidates the service (Jerusalem Talmud). In this case, the guiding principle is not the particular location involved, but the nature of the extra garment (see *Ge'on Ya'akov*).

מִילְּתָא אַגַּב אוֹרְחֵיהּ קָא מַשְׁמַע לָן, דִּגְמִי מַסֵּי.

The Gemara explains: The *tanna* **teaches us** another **matter in passing, that a reed heals.** However, as far as a priest involved in the service in concerned, there is no concern with regard to this prohibition either, as it is also a rabbinic decree that is not in effect in the Temple.

מתני׳ בּוֹזְקִין מֶלַח עַל גַּבֵּי כֶּבֶשׁ בִּשְׁבִיל שֶׁלֹּא יַחֲלִיקוּ, וּמְמַלְּאִין מִבּוֹר הַגּוֹלָה וּמִבּוֹר הַגָּדוֹל בְּגַלְגַּל בַּשַּׁבָּת, וּמִבְּאֵר הַקַּר בְּיוֹם טוֹב.

MISHNA One may **scatter**[N] **salt** on Shabbat **on the ramp**[H] that leads to the altar **so that** the priests will **not slip** on their way up. **And** likewise, **one** may **draw water from the Cistern of the Exiles**[NB] **and from the Great Cistern,**[N] which were located in the Temple, **by** means of **the wheel**[B] designed for drawing water, even **on Shabbat. And** one may draw water **from the Heker Well** only **on a Festival.**

גמ׳ רָמֵי לֵיהּ רַב אִיקָא מִפַּשְׁרוֹנְיָא לְרָבָא, תְּנַן: בּוֹזְקִין מֶלַח עַל גַּבֵּי הַכֶּבֶשׁ בִּשְׁבִיל שֶׁלֹּא יַחֲלִיקוּ. בַּמִּקְדָּשׁ – אִין, בַּמְּדִינָה – לָא. וּרְמִינְהִי: חָצֵר שֶׁנִּתְקַלְקְלָה בְּמֵימֵי גְּשָׁמִים – מֵבִיא תֶּבֶן וּמְרַדֶּה בָּהּ!

GEMARA **Rav Ika from Pashronya raised a contradiction before Rava: We learned** in the mishna: **One** may **scatter salt** on Shabbat **on the ramp** that leads to the altar, **so that** the priests will **not slip,** from which it can be inferred: **In the Temple, yes,** it is permitted to do so, but outside the Temple, **in** the rest of **the country, no,** it is prohibited to scatter salt on a ramp. **And** he raised his **contradiction** from a *baraita*: With regard to **a courtyard that was damaged** on Shabbat **by rainwater,**[H] so that it became difficult to cross, **one** may **bring straw and scatter it about** to absorb the water. Apparently, an action of this kind is permitted even outside the Temple.

שָׁאנֵי תֶּבֶן דְּלָא מְבַטֵּיל לֵיהּ.

The Gemara answers: **Straw is different, as one does not negate it;** rather, he intends to remove it once the water has been absorbed. He is therefore permitted to scatter the straw in the courtyard, just as it is permitted to put it in any other place. However, it is prohibited to scatter objects that one intends to leave in place, such as salt, as this appears as though he is adding to the ground and building.

אֲמַר לֵיהּ רַב אַחָא בְּרֵיהּ דְּרָבָא לְרַב אַשִׁי: הַאי מֶלַח הֵיכִי דָּמֵי? אִי דִּמְבַטֵּל לֵיהּ – קָא מוֹסִיף אַבִּנְיָן (וּכְתִיב: ״הַכֹּל בִּכְתָב מִיַּד ה׳ עָלַי הִשְׂכִּיל״),

Rav Aḥa, son of Rava, said to Rav Ashi: This salt, what are the circumstances? If one negates it vis-à-vis the ramp so that it becomes part of the ramp, **he** effectively **adds to the structure**[N] of the Temple, **and it states** with regard to the Temple: **"All this do I give you in writing as God has made me wise by His hand upon me,** even all the works of this pattern" (I Chronicles 28:19). This verse indicates that all the details of the Temple structure were determined through prophecy and may not be changed in any way, even on a weekday.

וְאִי דְּלָא קָא מְבַטֵּל לֵיהּ – קָא הָוְיָא חֲצִיצָה!

And if he does not negate the salt vis-à-vis the ramp, **it would constitute an interposition** between the feet of the priests and the altar. This would mean that they would not be walking on the ramp during their service, and consequently they would not be performing the service as required by the Torah.

בְּהוֹלָכַת אֵבָרִים לַכֶּבֶשׁ, דְּלָאו עֲבוֹדָה הִיא.

The Gemara answers: In fact, he does not negate the salt. However, he scatters it **when the limbs** of the sacrifice **are brought up the ramp,** a procedure **that is not** considered part of the **Temple service** subject to disqualification due to interposition, as it is merely preparation for the burning of the limbs.

וְלֹא? וְהָא כְּתִיב: ״וְהִקְרִיב הַכֹּהֵן אֶת הַכֹּל וְהִקְטִיר הַמִּזְבֵּחָה״, וְאָמַר מָר: זוֹ הוֹלָכַת אֵבָרִים לַכֶּבֶשׁ! אֶלָּא אֵימָא: בְּהוֹלָכַת עֵצִים לַמַּעֲרָכָה, דְּלָאו עֲבוֹדָה הִיא.

The Gemara asks: **And** is this **not** a service? **But isn't it written: "And the priest shall offer it whole and make it smoke upon the altar"** (Leviticus 1:13), **and the Master said** in explanation: **This** is referring to **bringing the limbs to** the top of **the ramp.** Evidently, this too is a service written in the Torah. **Rather, say** that he scatters the salt **when the wood is brought** up the ramp **to the arrangement** of wood on the altar, a procedure **that is not a service.**

NOTES

Scatter – בּוֹזְקִין: Rashi explains the word as break, i.e., to crush large chunks of salt. The Rambam in his Commentary on the Mishna states that it means to throw repeatedly.

Cistern of the Exiles [*hagola*] – בּוֹר הַגּוֹלָה: Some commentaries vocalize this word without the definite article *ha*, as *gula*, meaning a bowl, as in the verse: "With a bowl [*gula*] upon the top if it" (Zechariah 4:2).

The Great Cistern – בּוֹר הַגָּדוֹל: The Rambam explains that the Great Cistern was located outside the Temple confines, but because of a certain incident the Sages permitted drawing water from it, similar to the Heker Well on a Festival (Rambam's Commentary on the Mishna).

Adds to the structure – מוֹסִיף אַבִּנְיָן: The First Temple was built by the word of God as received by prophecy. The Second Temple was constructed partly on the model of the First Temple, and partly in accordance with the prophecies of Ezekiel. Consequently, a special set of conditions must be met in order to make changes. For example, only the Great Sanhedrin may enlarge the Temple courtyards, and only by means of a special ceremony. Otherwise, even the smallest addition is prohibited.

BACKGROUND

Cistern of the Exiles – בּוֹר הַגּוֹלָה: The image below depicts three of the northern chambers in the Temple. The Parhedrin Chamber is to the right, with the yellow roof. On its left is the Exile Chamber, with the blue roof, which contained both the Cistern of the Exiles and the Great Cistern. Alongside them, with the red roof, is the Hewn Chamber, which housed the Sanhedrin.

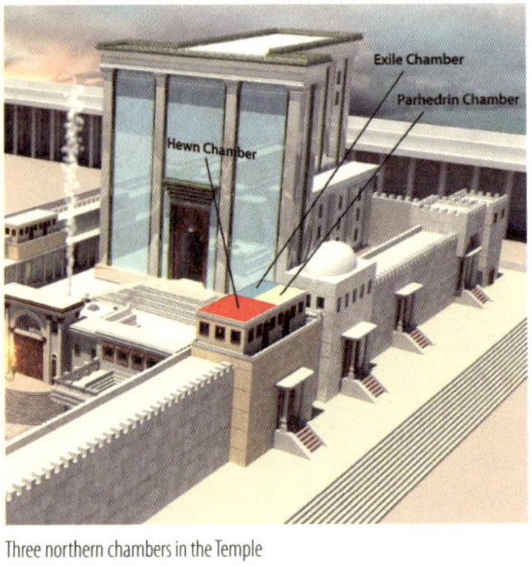

Three northern chambers in the Temple

Wheel – גַּלְגַּל: The image below is of an ancient Roman well at Gonio Fortress in Adjara, near Turkey, with a wheel for drawing water. It is possible that the wheel in the Temple resembled this one.

Ancient well at Gonio Fortress in Adjara with a wheel for drawing water

HALAKHA

Salt on the ramp – מֶלַח עַל גַּבֵּי כֶּבֶשׁ: One may scatter salt on the ramp of the altar on Shabbat so that priests will not slip on it. This is permitted only when the priests are bringing wood to the arrangement of wood on the altar, but not when they are carrying items that are an integral part of the Temple service (Rambam *Sefer Avoda, Hilkhot Temidin UMusafin* 6:3).

A courtyard that was damaged by rainwater – חָצֵר שֶׁנִּתְקַלְקְלָה בְּמֵימֵי גְּשָׁמִים: It is permitted to scatter straw on Shabbat in a courtyard that was damaged by rainwater, as this does not constitute building. However, one must alter his usual weekday manner of doing so, by scattering the straw with the bottom of a broken basket (*Shulḥan Arukh, Oraḥ Ḥayyim* 313:10).

דָּרַשׁ רָבָא: חָצֵר שֶׁנִּתְקַלְקְלָה בְּמֵימֵי גְשָׁמִים – מֵבִיא תֶּבֶן וּמְרַדֶּה בָּהּ. אֲמַר לֵיהּ רַב פָּפָּא לְרָבָא, וְהָתַנְיָא: כְּשֶׁהוּא מְרַדֶּה – אֵינוֹ מְרַדֶּה לֹא בְּסַל וְלֹא בְּקוּפָּה אֶלָּא בְּשׁוּלֵי קוּפָּה!

Rava taught: In **a courtyard that was damaged** on Shabbat **by rainwater, one may bring straw and scatter it about** to make it easier to walk across. **Rav Pappa said to Rava: But wasn't it taught** in a *baraita*: **When one scatters** the straw, **he** must **not scatter** it either **with a** small **basket or with a** large **basket, but** only **with the bottom of a** broken **basket,** i.e., he must scatter the straw in a manner different from that of an ordinary weekday. Rava, however, indicates that he may scatter the straw in the usual fashion.

הֲדַר אוֹקֵים רָבָא אָמוֹרָא עֲלֵיהּ וְדָרַשׁ: דְּבָרִים שֶׁאָמַרְתִּי לִפְנֵיכֶם טָעוּת הֵן בְּיָדִי, בְּרַם כָּךְ אָמְרוּ מִשּׁוּם רַבִּי אֱלִיעֶזֶר: וּכְשֶׁהוּא מְרַדֶּה אֵינוֹ מְרַדֶּה לֹא בְּסַל וְלֹא בְּקוּפָּה אֶלָּא בְּשׁוּלֵי קוּפָּה.

Rava then appointed an *amora* before him to publicize his teaching, **and taught: The statement I issued before you was a mistake of mine. However,** in fact **they said in the name of Rabbi Eliezer** as follows: **And when one scatters** the straw, **he** must **not scatter** it either **with a** small **basket or with a** large **basket, but** only **with the bottom of a** broken **basket.**

״מְמַלְּאִין מִבּוֹר הַגּוֹלָה״. עוּלָּא אִיקְּלַע לְבֵי רַב מְנַשֶּׁה, אֲתָא הָהוּא גַּבְרָא טְרַף אַבָּבָא. אֲמַר: מַאן הַאי? לִיתְחַל גּוּפֵיהּ, דְּקָא מְחַיל לֵיהּ לְשַׁבְּתָא.

We learned in the mishna: **One may draw water from the Cistern of the Exiles** by means of a wheel. The Gemara relates: **Ulla happened** to come **to the house of Rav Menashe** when **a certain man came and knocked at the door.** Ulla **said: Who is that? May his body be desecrated, as he desecrates Shabbat**[N] by producing a sound.

אֲמַר לֵיהּ רַבָּה: לֹא אָסְרוּ אֶלָּא קוֹל שֶׁל שִׁיר. אֵיתִיבֵיהּ אַבָּיֵי: מַעֲלִין בִּדְיוֹפֵי, וּמַטִּיפִין מֵיאָרַק לְחוֹלֶה בְּשַׁבָּת.

Rabba said to him: The Sages **prohibited only** a pleasant **musical sound** on Shabbat, not the rasping sound of knocking on a door.[H] **Abaye raised an objection to** Rabba from a *baraita*: **One** may **draw up** wine from a barrel **with a siphon** [*diyofei*],[L] **and one** may **drip** water from a vessel that releases water in drops [*miarak*],[LB] **for an ill** person **on Shabbat.**

לְחוֹלֶה – אִין, לְבָרִיא – לָא. הֵיכִי דָּמֵי? לָאו דְּנִים וְקָא בָּעֵי דְּלִיתְּעַר? שְׁמַע מִינַּהּ: אוֹלוּדֵי קָלָא אֲסִיר!

The Gemara infers: **For an ill** person, **yes,** this is permitted, but **for a healthy** person, **no,** one may not do so, **what are the circumstances?** Is it **not** the case **that he is dozing off and they wish to waken him,** and as they do not want to alarm him due to his illness, they do it by means of the sound of water poured from a vessel? **And** one can **learn from here** that **it is prohibited to produce a sound** on Shabbat, even one that is unpleasant, as the Sages permitted this only for an ill person.

לָא, דְּתִיר וְקָא בָּעֵי דְּלֵינִים, דְּמִשְׁתַּמַּע כִּי קָלָא דְּזִמְזוּמֵי.

The Gemara rejects this contention: **No,** it is referring to an ill person **who is awake and whom they want to have fall asleep,** and to this end they let water fall in drops, producing **a sound that is heard as melodious.**

אֵיתִיבֵיהּ: הַמְשַׁמֵּר פֵּירוֹתָיו מִפְּנֵי הָעוֹפוֹת וּדְלָעָיו מִפְּנֵי הַחַיָּה – מְשַׁמֵּר כְּדַרְכּוֹ בְּשַׁבָּת, וּבִלְבַד שֶׁלֹּא יְסַפֵּק וְלֹא יְטַפֵּחַ וְלֹא יְרַקֵּד כְּדֶרֶךְ שֶׁהֵן עוֹשִׂין בַּחוֹל.

Abaye **raised** another **objection to** Rabba from a *baraita*: **One who is guarding his produce**[H] **from birds or his gourds from beasts** may **guard** them, **in the manner** that **he** typically does so, **on Shabbat,** as his guarding does not entail a prohibited labor, **provided that he neither claps, nor slaps** his hands against his body, **nor dances** and produces noise with his feet, **in the manner that is performed on weekdays** to chase away birds and animals.

מַאי טַעְמָא – לָאו דְּקָמוֹלִיד קָלָא, וְכׇל אוֹלוּדֵי קָלָא אֲסִיר! אָמַר רַב אַחָא בַּר יַעֲקֹב: גְּזֵירָה שֶׁמָּא יִטּוֹל צְרוֹר.

The Gemara asks: **What is the reason** that these activities are prohibited? Is it **not because he is producing a sound** on Shabbat, **and any production of a sound is prohibited? Rav Aḥa bar Ya'akov said:** This is not the reason. Rather, it is **a decree** issued by the Sages, **lest** while acting in his usual weekday fashion **he** mistakenly **picks up a pebble** to throw at the birds, thereby handling an object that is set-aside.

NOTES

As he desecrates Shabbat – דְּקָא מְחַיל לֵיהּ לְשַׁבְּתָא: The *amora'im* of Eretz Yisrael were especially particular with regard to this prohibition. It is related that Rabbi Ilai spent the entire night outside his home because he did not want to knock on his door on Shabbat.

LANGUAGE

Siphon [*diyofei*] – דִּיוֹפֵי: Probably from the Greek διαβήτης, *diabetès*, meaning a siphon or an instrument for extracting liquid from a utensil by means of differences in height.

A vessel that releases water in drops [*miarak*] – מֵיאָרַק: The *Arukh* reads *miadak*, from an Arabic term meaning an object that produces a sound or a rattle.

BACKGROUND

A vessel that releases water in drops [*miarak*] – מֵיאָרַק: Based on the descriptions in the Gemara and the responsa of the *ge'onim*, this refers to an instrument very narrow at one end but wide and perforated at the other. When one presses his finger on the narrow end, the water stays inside, but once he releases his finger, the water drips slowly from the utensil. In order to produce a noise, the vessel is positioned so that its water drips onto a metal platter.

Miarak

HALAKHA

Producing a noise on Shabbat – הַשְׁמָעַת קוֹל בְּשַׁבָּת: It is prohibited to play an instrument on Shabbat. It is even prohibited to knock on a door if this is done in a rhythmic fashion, although it is otherwise permitted. The *halakha* is in accordance with Rava, because even Rabbi Aḥa bar Ya'akov accepts his approach, and Ameimar sought to act likewise (Rif). The Rema rules that one may not knock with an instrument designed to produce a sound, such as a door knocker. Others teach that if he performs a different action and the sound is produced of its own accord, this is permitted if it is not with the intention to produce a sound (Vilna Gaon, based on the Jerusalem Talmud; *Shulḥan Arukh, Oraḥ Ḥayyim* 338:1).

Guarding his produce – מְשַׁמֵּר פֵּירוֹתָיו: It is permitted to guard fruit and other produce to protect them from birds and animals on Shabbat, provided that one does not clap or slap his hands in the manner that he would during the week, lest he continue to conduct himself in the manner that he would during the week and pick up a stone to throw at them, which is prohibited in the public domain. The *Magen Avraham* rules that perhaps today it is unnecessary to be so stringent with regard to this matter, as actual public domains are rare (*Shulḥan Arukh, Oraḥ Ḥayyim* 338:4).

BACKGROUND

Play with nuts – מִשְׂחָק בֶּאֱגוֹזִים: The game is played by leaning a wooden board against a wall and rolling nuts down it. The player whose nut hits the other nuts wins them all. Variations of this game were played in Rashi's time and are played nowadays as well.

Game played with nuts

Wheel pump – גַּלְגַּל שְׁאִיבָה: The image depicts a sophisticated wheel pump, resembling ones found in Alexandria and Rome. Wheels of this type, powered by animals or a person, served as both bucket and pump by creating a powerful, steady jet of water for watering fields. It is possible that the wheel in Meḥoza and even the one used in the Temple looked like this machine.

Wheel pump

וְאֶלָּא הָא דְּאָמַר רַב יְהוּדָה אָמַר רַב: נָשִׁים הַמְשַׂחֲקוֹת בֶּאֱגוֹזִים – אָסוּר. מַאי טַעְמָא – לָאו דְּקָא מוֹלִיד קָלָא, וְכָל אוֹלוֹדֵי קָלָא אֲסִיר?

The Gemara asks: **However,** with regard to **that which Rav Yehuda said that Rav said: Women who play with nuts**[BN] by rolling them on the ground until they collide with each other, it is **prohibited** for them to do so; **what is the reason** for this prohibition? Is it **not because** knocking nuts together **produces a sound, and any production of a sound is prohibited?**

לָא, דִּלְמָא אָתֵי לְאַשְׁוּוֹיֵי גּוּמוֹת.

The Gemara rejects this contention: **No,** it is prohibited because **perhaps they will come to level the holes.** As small holes in the ground will interfere with their game, they might level them out and seal them up on Shabbat, which is prohibited as building.

דְּאִי לָא תֵּימָא הָכִי – הָא דְּאָמַר רַב יְהוּדָה: נָשִׁים מְשַׂחֲקוֹת בְּתַפּוּחִים אָסוּר, הָתָם מַאי אוֹלוֹדֵי קָלָא אִיכָּא? אֶלָּא: דִּילְמָא אָתֵי לְאַשְׁוּוֹיֵי גּוּמוֹת.

For if you do not say that **this** is the reason, there is a difficulty with **that** which **Rav Yehuda said: Women who play with apples,** this is **prohibited,**[H] as **what production of a sound is involved there?** Apples do not produce a sound when they collide with each other. **Rather,** the reason is that **they will perhaps come to level holes,** and the same reasoning applies to nuts.

תְּנַן: מְמַלְּאִין מִבּוֹר הַגּוֹלָה וּמִבּוֹר הַגָּדוֹל בְּגַלְגַּל בְּשַׁבָּת. בְּמִקְדָּשׁ – אִין, בִּמְדִינָה – לָא. מַאי טַעְמָא – לָאו מִשּׁוּם דְּאוֹלוֹדֵי קָלָא וַאֲסִיר

We learned in the mishna: One may **draw water from the Cistern of the Exiles and from the Great Cistern by** means of **the wheel on Shabbat.**[BH] From this it can be inferred: **In the Temple, yes,** it is permitted to do so; but outside the Temple **in** the rest of **the country, no,** it is prohibited to draw water from cisterns. **What is the reason** for this? Is it **not because he is producing a sound, and** that **is prohibited** on Shabbat?

לֹא, גְּזֵירָה שֶׁמָּא יְמַלֵּא לְגִינָּתוֹ וּלְחוּרְבָּתוֹ.

The Gemara again rejects this contention: **No,** it is **a decree** issued by the Sages, **lest he draw** water **for his garden and for his ruin.** As the wheel draws up large quantities of water, once he starts to use it, he might draw water for his garden as well and thereby transgress the prohibition against watering on Shabbat, a subcategory of a prohibited labor.

אַמֵימָר שְׁרָא לְמִימְלָא בְּגִילְגְּלָא בִּמְחוֹזָא, אֲמַר: מַאי טַעְמָא גָּזְרוּ רַבָּנַן – שֶׁמָּא יְמַלֵּא לְגִינָּתוֹ וּלְחוּרְבָּתוֹ, הָכָא לָא גִּינָּה אִיכָּא וְלָא חוּרְבָּה אִיכָּא.

The Gemara relates that **Ameimar permitted** people **to draw** water on Shabbat **by** means of **a wheel in Meḥoza,** as **he said: What is the reason the Sages decreed** that this is prohibited? They did so **lest one draw** water **for his garden and for his ruin.** However, **here** in Meḥoza **there are neither gardens nor ruins.** Meḥoza was entirely built up and lacked gardens or empty areas for sowing, and consequently, there was no concern that people might transgress.

כֵּיוָן דְּקָא חֲזָא דְּקָא

However, **once he saw that**

NOTES

Women who play with nuts – נָשִׁים הַמְשַׂחֲקוֹת בֶּאֱגוֹזִים: The reason this *halakha* was stated twice, with regard to both nuts and apples, is that after Rabbi Yehuda stated the first ruling, which specified nuts, in the name of his master Rav, he realized that it is possible to misconstrue the reason as being due to the sound produced. Consequently, he issued a similar ruling of his own concerning apples, which don't produce a sound when they collide (*Ge'on Ya'akov*). In addition, the winner of this game of nuts would not keep her winnings, as otherwise the game would violate the prohibition against engaging in commerce on Shabbat (Rashash; see Rema).

HALAKHA

Playing with nuts and apples – מִשְׂחָק בֶּאֱגוֹזִים וּבְתַפּוּחִים: One may not play games of nuts and apples on Shabbat that might lead him to level holes in the ground. However, if the game is played on a smooth table, it is permitted (*Shulḥan Arukh, Oraḥ Ḥayyim* 338:5, and in the comment of the Rema).

Drawing water with a wheel – שְׁאִיבָה בְּגַלְגַּל: It is prohibited to draw water by means of a wheel, lest one draw water for his garden. Consequently, if it is in a courtyard that is entirely paved it is permitted. The Rambam rules in accordance with Ameimar, as the latter did not reconsider his basic position, but merely took into account the special circumstances of Meḥoza (*Maggid Mishne*). The *Tosafot Rosh* claims that the Sages only prohibited using large wheels that draw water in great quantities, whereas small wheels are always permitted for use (*Shulḥan Arukh, Oraḥ Ḥayyim* 338:6).

תָּרוּ בָּהּ כִּיתְנָא, אֲסַר לְהוּ.

they were soaking flax in the water, **he prohibited them** from drawing water by means of a wheel, so that they should not draw water for prohibited purposes.

״וּמִבְּאֵר הַקֵּר״. מַאי בְּאֵר הַקֵּר? אָמַר שְׁמוּאֵל: בּוֹר שֶׁהִקְרוּ עָלֶיהָ דְּבָרִים וְהִתִּירוּהָ.

We learned in the mishna that water may be drawn on a Festival **from the Heker Well.** The Gemara asks: **What is the Heker Well? Shmuel said:** It is **a cistern with regard to which they advanced** [*hikru*] **arguments and permitted** drawing water from **it** on a Festival, by proving that the Torah permits doing so.

מֵיתִיבִי: לֹא כָּל הַבּוֹרוֹת הַקָּרוֹת הִתִּירוּ, אֶלָּא זוֹ בִּלְבַד. וְאִי אָמְרַתְּ ״שֶׁהִקְרוּ דְּבָרִים עָלֶיהָ״ מַאי ״זוֹ בִּלְבַד״?

The Gemara **raises an objection** from a *baraita*: **They did not permit all Heker wells, but only this one. And if you say** it was named because it is a cistern **with regard to which they put forward arguments** and permitted it, **what is** the meaning of Heker wells in the plural, and what does **only this one** mean? If it was named because of a particular announcement, how could other wells, about which no announcement was issued, bear the same name?

אֶלָּא אָמַר רַב נַחְמָן בַּר יִצְחָק: בְּאֵר מַיִם חַיִּים, שֶׁנֶּאֱמַר: ״כְּהָקִיר בַּיִר מֵימֶיהָ וגו׳״.

Rather, Rav Naḥman bar Yitzḥak said: The term Heker well denotes **a well of living water, as it is stated: "As a well keeps its water fresh** [*hakir*], so she keeps fresh her wickedness" (Jeremiah 6:7), i.e., it is a well of spring water.

גּוּפָא: לֹא כָּל הַבּוֹרוֹת הַקָּרוֹת הִתִּירוּ, אֶלָּא זוֹ בִּלְבַד. וּכְשֶׁעָלוּ בְּנֵי הַגּוֹלָה חָנוּ עָלֶיהָ, וּנְבִיאִים שֶׁבֵּינֵיהֶן הִתִּירוּ לָהֶן. וְלֹא נְבִיאִים שֶׁבֵּינֵיהֶן, אֶלָּא מִנְהַג אֲבוֹתָם בִּידֵיהֶם.

Returning to **the matter itself,** the Gemara cites the above *baraita* in full: **They did not permit all Heker wells, but only this one. And when the exiles ascended** from Babylonia, **they encamped by it, and the prophets among them,** Haggai, Zechariah, and Malachi, **permitted it to them. And it was not** really **the prophets among them** who permitted them to draw water from this well on a Festival, **but** rather, it was **a customary practice**[N] that was handed down **to them from their forefathers,** a practice the prophets permitted them to continue.

מתני׳ שֶׁרֶץ שֶׁנִּמְצָא בַּמִּקְדָּשׁ – כֹּהֵן מוֹצִיאוֹ בְּהֶמְיָינוֹ, שֶׁלֹּא לְשַׁהוֹת אֶת הַטּוּמְאָה, דִּבְרֵי רַבִּי יוֹחָנָן בֶּן בְּרוֹקָה. רַבִּי יְהוּדָה אוֹמֵר: בְּצְבָת שֶׁל עֵץ, שֶׁלֹּא לְרַבּוֹת אֶת הַטּוּמְאָה.

MISHNA With regard to the carcass of **a creeping animal,** of one of the eight species of reptile or rodent listed in Leviticus 11:29–30, one of the primary sources of ritual impurity **that is found in the Temple,**[H] **a priest** should **carry it out** on Shabbat **in his girdle,** which was one of the priestly garments. Although the girdle will be defiled by the carcass of the creeping animal, this is the best way to proceed, **so as not to delay** the removal of **the impurity** from the Temple. This is **the statement of Rabbi Yoḥanan ben Beroka. Rabbi Yehuda says:** The creeping animal carcass should be removed **with wooden prongs, so as not to increase the impurity,** as a wooden prong is not susceptible to impurity.

מֵהֵיכָן מוֹצִיאִין אוֹתוֹ – מִן הַהֵיכָל, וּמִן הָאוּלָם, וּמִבֵּין הָאוּלָם וְלַמִּזְבֵּחַ, דִּבְרֵי רַבִּי שִׁמְעוֹן בֶּן נַנָּס.

It is obvious that on a weekday the creeping animal carcass is removed from wherever it is found in the Temple, but **from where does one remove it** on Shabbat? **From the Sanctuary, from the Entrance Hall, and from** the area in the courtyard **between the Entrance Hall and the altar,** the most sanctified precincts of the Temple. However, it need not be removed from the rest of the courtyard.[BN] This is **the statement of Rabbi Shimon ben Nannas.**

BACKGROUND

The Temple and its courtyards – הַמִּקְדָּשׁ וַעֲזָרוֹתָיו: The image illustrates the primary sections of the Temple: The Sanctuary, the Entrance Hall, the area between the Entrance Hall and the altar, and the various courtyards.

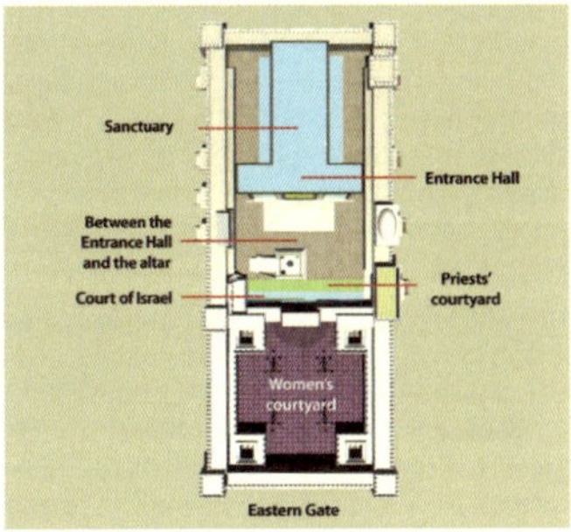

Main sections of the Temple

HALAKHA

The carcass of a creeping animal that is found in the Temple – שֶׁרֶץ שֶׁנִּמְצָא בַּמִּקְדָּשׁ: If a creeping animal carcass is found in the Temple, a priest removes it with wooden tongs, even though the impurity will remain there longer while the tongs are brought than if the priest carried it out in his girdle, as the *halakha* is in accordance with Rabbi Yehuda (Rambam *Sefer Avoda, Hilkhot Biat HaMikdash* 3:20).

NOTES

It was not the prophets…but a customary practice – לֹא נְבִיאִים אֶלָּא מִנְהַג: It was not the prophets among them, Haggai, Zechariah and Malachi, who permitted the people to draw water from the Heker Well. Rather, they relied on a custom of their ancestors. This expression is based on the well-known saying: The Jewish people are holy; if they are not prophets, they are the sons of prophets (Rav Ya'akov Emden).

From the Sanctuary and from the courtyard – מִן הַהֵיכָל וּמִן הָעֲזָרָה: With regard to the severity of the sin, there is no difference between the Sanctuary and the courtyard, as a ritually impure person who knowingly enters either of them is subject to the punishment of *karet*. However, Rabbi Shimon ben Nannas maintains that greater respect is granted to the Sanctuary than the courtyard, due to the honor of the Divine Presence (*Ge'on Ya'akov*).

רַבִּי עֲקִיבָא אוֹמֵר: כׇּל מָקוֹם שֶׁחַיָּיבִין עַל זְדוֹנוֹ כָּרֵת וְעַל שִׁגְגָתוֹ חַטָּאת, מִשָּׁם מוֹצִיאִין אוֹתוֹ. וּשְׁאָר כׇּל הַמְּקוֹמוֹת כּוֹפִין עָלָיו פְּסַכְתֵּר.

Rabbi Akiva says: Any place where one is liable to be punished with *karet* if he intentionally enters there in a state of ritual impurity, and is liable to bring a sin-offering if he does so unwittingly, from there one must remove it. This includes the entire area of the Temple courtyard. And as for the rest of the places in the Temple, one covers the creeping animal carcass with a bowl [*pesakhter*][L] and leaves it there until the conclusion of Shabbat.[NH]

רַבִּי שִׁמְעוֹן אוֹמֵר: מָקוֹם שֶׁהִתִּירוּ לְךָ חֲכָמִים – מִשֶּׁלְּךָ נָתְנוּ לְךָ. שֶׁלֹּא הִתִּירוּ לְךָ אֶלָּא מִשּׁוּם שְׁבוּת.

Rabbi Shimon says that this is the principle: Wherever the Sages permitted something to you, they granted you only from your own, as they permitted to you only activities that are prohibited due to rabbinic decree, not labors prohibited by Torah law.

גמ׳ אָמַר רַב טָבִי בַּר קִיסְנָא, אָמַר שְׁמוּאֵל: הַמַּכְנִיס טְמֵא שֶׁרֶץ לַמִּקְדָּשׁ – חַיָּיב. שֶׁרֶץ עַצְמוֹ – פָּטוּר. מַאי טַעְמָא? אָמַר קְרָא: ״מִזָּכָר וְעַד נְקֵבָה תְּשַׁלֵּחוּ״ – מִי שֶׁיֵּשׁ לוֹ טׇהֳרָה בַּמִּקְוֶה, יָצָא שֶׁרֶץ שֶׁאֵין לוֹ טׇהֳרָה.

GEMARA Rav Tavi bar Kisna said that Shmuel said: With regard to one who brings into the Temple an object that was defiled by a creeping animal carcass, he is liable, but if he brings in the carcass of a creeping animal[N] itself, he is exempt. What is the reason for this distinction? The verse said: "Both male and female shall you put out, without the camp shall you put them; that they defile not their camp, in the midst whereof I dwell" (Numbers 5:3). This verse teaches that the obligation to send out of the camp applies only to one who has the option of purification in a ritual bath, i.e., the male and female mentioned by the Torah; this excludes the carcass of a creeping animal, which has no purification. Consequently, one who brings the carcass of a creeping animal into the Temple is exempt, as he did not transgress the Torah's commandment to send away the impure.

לֵימָא מְסַיַּיע לֵיהּ: ״מִזָּכָר עַד נְקֵבָה תְּשַׁלֵּחוּ״ פְּרָט לִכְלִי חֶרֶס, דִּבְרֵי רַבִּי יוֹסֵי הַגְּלִילִי. מַאי טַעְמָא – לָאו מִשּׁוּם דְּלֵית לֵיהּ טׇהֳרָה בַּמִּקְוֶה?

The Gemara suggests: Let us say that a *baraita* supports him: "Both male and female shall you put out"; this excludes an earthenware vessel. This is the statement of Rabbi Yosei HaGelili. What is the reason for this? Is it not because an earthenware vessel does not have purification in a ritual bath,[H] in accordance with the opinion of Rav Tavi bar Kisna?

לֹא, מִי שֶׁנַּעֲשָׂה אָב הַטּוּמְאָה – יָצָא כְּלִי חֶרֶס שֶׁאֵינוֹ נַעֲשֶׂה אָב הַטּוּמְאָה.

The Gemara rejects this contention: No, the reason is that only something that can become a primary source of ritual impurity, i.e., a human being or a metal utensil, must be sent out of the camp. This excludes an earthenware vessel, which cannot become a primary source of ritual impurity.[H]

לֵימָא כְּתַנָּאֵי: שֶׁרֶץ שֶׁנִּמְצָא בַּמִּקְדָּשׁ – כֹּהֵן מוֹצִיאוֹ בְּהֶמְיָינוֹ, שֶׁלֹּא לְשַׁהוֹת אֶת הַטּוּמְאָה, דִּבְרֵי רַבִּי יוֹחָנָן בֶּן בְּרוֹקָה. רַבִּי יְהוּדָה אוֹמֵר: בִּצְבָת שֶׁל עֵץ מוֹצִיאוֹ, שֶׁלֹּא לְרַבּוֹת אֶת הַטּוּמְאָה.

The Gemara suggests: Let us say that this issue, whether or not there is liability for bringing a creeping animal carcass into the Temple, is parallel to a dispute between *tanna'im*, as we learned in the mishna: With regard to a creeping animal carcass that is found in the Temple, a priest should carry it out on Shabbat in his girdle, so as not to delay the removal of the impurity. This is the statement of Rabbi Yoḥanan ben Beroka. Rabbi Yehuda says: He should remove it with wooden prongs, so as not to increase the impurity.

מַאי לָאו בְּהָא קָא מִיפַּלְגִי: דְּמַאן דְּאָמַר שֶׁלֹּא לְשַׁהוֹת – קָסָבַר: הַמַּכְנִיס שֶׁרֶץ לַמִּקְדָּשׁ – חַיָּיב, וּמַאן דְּאָמַר שֶׁלֹּא לְרַבּוֹת – קָסָבַר: הַמַּכְנִיס שֶׁרֶץ לַמִּקְדָּשׁ – פָּטוּר!

What, isn't it the case that this is the matter with regard to which the two *tanna'im* disagree: The one who said we should not delay the removal of the impurity maintains that one who brings a creeping animal carcass into the Temple is liable, and therefore every effort must be made to remove it immediately. And the one who said we should not increase impurity maintains that one who brings a creeping animal carcass into the Temple is exempt. As no special command is in effect, the correct procedure is to prevent any additional impurity.

לֹא, דְּכוּלֵּי עָלְמָא חַיָּיב, וְהָכָא בְּהָא קָא מִיפַּלְגִי; מָר סָבַר: שְׁהוּיֵי טוּמְאָה עָדִיף, וּמָר סָבַר אַפּוּשֵׁי טוּמְאָה עָדִיף.

The Gemara rejects this explanation: No, everyone agrees that one who brings a creeping animal carcass itself into the Temple is liable, and here, this is the matter with regard to which they disagree: The one Sage, Rabbi Yoḥanan ben Beroka, holds: Delaying removal of the impurity[N] is the consideration that takes precedence. Consequently, it is permitted even to defile the priestly garments to prevent any delay in the removal of the impurity from the holy place. Whereas the other Sage, Rabbi Yehuda, holds: Increasing impurity is the consideration that takes precedence, and therefore the impurity should be removed only by means of wooden prongs.

LANGUAGE

Bowl [*pesakhter*] – פְּסַכְתֵּר: From the Greek ψυκτήρ, *psuktēr*, a kind of copper pot.

NOTES

Impurity in the Temple – טוּמְאָה בַּמִּקְדָּשׁ: The issue is not the propriety of bringing impurity into the Temple. Rather, the question is whether the obligation to remove impurity from the Temple precinct, a positive commandment, applies even to an object that cannot be purified in a ritual bath, or to an article that cannot become a primary source of ritual impurity. The verse: "both male and female you shall put out" (Numbers 5:3) is referring to people suffering from gonorrhea [*zavim*], a primary source of ritual impurity. Accordingly, the question concerns the extent of the commandment, and what is not included in the mitzva.

One who brings…the carcass of a creeping animal – הַמַּכְנִיס...שֶׁרֶץ: It is important to note that the one who brought in the creeping animal did not touch it, for otherwise he would be impure and prohibited from entering the Temple. Indeed, this is why the cited example involves a creeping animal carcass, because one who carries the carcass of other animals is defiled by carrying it, even if he does not touch it, whereas one who carries a creeping animal without touching it is not thereby rendered impure (*Tosafot*).

Delaying removal of the impurity – שְׁהוּיֵי טוּמְאָה: In the Jerusalem Talmud this discussion is linked to the dispute between Rabbi Eliezer and Rabbi Yehoshua with regard to intermingled blood. Apparently, the issue here is the relationship between two mitzvot, the commandment to "put out of the camp" (Numbers 5:2) anything impure and "they shall not defile their camp" (Numbers 5:3), the prohibition against defiling sacred places and objects. The question of which of these mitzvot takes precedence forms the basis of the dispute between Rabbi Yoḥanan ben Beroka and Rabbi Yehuda.

HALAKHA

Removal of a creeping animal carcass on Shabbat – הוֹצָאַת שֶׁרֶץ בְּשַׁבָּת: If a creeping animal carcass is found in the Temple on Shabbat, it must be removed from any place where one would be subject to the punishment of *karet* if he intentionally entered that place while impure. If it is found in other places in the Temple, it must be covered with a bowl until after Shabbat, in accordance with the opinion of Rabbi Akiva, contrary to the opinion of Rabbi Shimon (Rambam *Sefer Avoda, Hilkhot Biat HaMikdash* 3:20).

The purification of an earthenware vessel – טׇהֳרַת כְּלִי חֶרֶס: An earthenware vessel that contracts ritual impurity cannot be purified in a ritual bath. The impurity remains in effect until the vessel is broken (Rambam *Sefer Tahara, Hilkhot Mikvaot* 1:3).

The impurity of an earthenware vessel – טוּמְאַת כְּלִי חֶרֶס: An earthenware vessel cannot become a primary source of ritual impurity. Even if it were to come into contact with a corpse, which has the highest level of impurity, it would be impure only to the first degree and would not render people or utensils impure, by Torah law (Rambam *Sefer Tahara, Hilkhot Tumat Met* 5:6).

אֶלָּא כְּהָנֵי תַּנָּאֵי, דִּתְנַן: מֵהֵיכָן מוֹצִיאִין אוֹתוֹ כו׳?

Rather, the Gemara suggests that this issue is the subject of a dispute between **these *tanna'im*, as we learned** in that same mishna: **From where does one remove** the creeping animal carcass? Rabbi Shimon ben Nannas and Rabbi Akiva disagree whether it is removed only from the Sanctuary, the Entrance Hall, and the area of the courtyard between the Entrance Hall and the altar, or from the entire area of the courtyard as well.

מַאי לָאו בְּהָא קָא מִיפַּלְגִי; דְּמַאן דְּאָמַר מֵעֲזָרָה – לָא, קָסָבַר: הַמַּכְנִיס שֶׁרֶץ לַמִּקְדָּשׁ פָּטוּר, וּמַאן דְּאָמַר מִכּוּלָּהּ עֲזָרָה – קָסָבַר: חַיָּיב.

Isn't it the case **that** the two *tanna'im* **disagree about the following: The one who said** we do **not** remove it **from the** Temple **courtyard maintains** that **one who brings a creeping animal** carcass **into the Temple**[H] **is exempt,** and there is therefore no obligation to remove it from the courtyard on Shabbat. **And the one who said that** it must be removed **from the entire courtyard maintains** that one who brings a creeping animal carcass into the Temple **is liable.**

HALAKHA

One who brings a creeping animal carcass into the Temple – הַמַּכְנִיס שֶׁרֶץ לַמִּקְדָּשׁ: One who intentionally brings a creeping animal carcass into the Temple is subject to the punishment of *karet*. Even according to the second approach in the Gemara, which states that this opinion is not unanimous, Rabbi Akiva's opinion is accepted as *halakha* (Rambam *Sefer Avoda, Hilkhot Biat HaMikdash* 3:16).

Perek **X**
Daf **105** Amud **a**

אָמַר רַבִּי יוֹחָנָן: וּשְׁנֵיהֶם מִקְרָא אֶחָד דָּרְשׁוּ: ״וַיָּבֹאוּ הַכֹּהֲנִים לִפְנִימָה בֵית ה׳ לְטַהֵר וַיּוֹצִיאוּ אֵת כָּל הַטּוּמְאָה אֲשֶׁר מָצְאוּ בְּהֵיכַל ה׳ לַחֲצַר בֵּית ה׳ וַיְקַבְּלוּ הַלְוִיִּם לְהוֹצִיא לְנַחַל קִדְרוֹן חוּצָה״.

Rabbi Yoḥanan said: Both of them, Rabbi Shimon ben Nannas and Rabbi Akiva, **derived their opinions from the same verse: "And the priests went into the inner part of the House of God, to cleanse it, and they brought out all the impurity that they found in the Temple of God into the courtyard of the House of God. And the Levites took it, to carry it out to the brook of Kidron"** (II Chronicles 29:16).[N]

מָר סָבַר: מִדְּאִשְׁתַּנֵּי בָּעֲזָרָה בַּלְוִיִּם – טוּמְאָה בָּעֲזָרָה לֵיכָּא.

One **Sage,** Rabbi Shimon Ben Nannas, **maintains: As there was a change** from the priests who removed the ritual impurity from the inner part of the Temple to **the Levites,** who took over **in the courtyard,** this indicates that **there is no** obligation to remove **impurity in the courtyard,** and consequently the priests are not required to do so.

וּמָר סָבַר: עַד הֵיכָא דְּלָא אֶפְשָׁר בַּלְוִיִּם – מַפְּקֵי כֹּהֲנִים, הָשְׁתָּא דְּאֶפְשָׁר בַּלְוִיִּם – תּוּ לָא מְטַמְּאִי כֹּהֲנִים.

And one **Sage,** Rabbi Akiva, **maintains: Up to where it is impossible** for the task to be performed **by the Levites,** as it is prohibited for Levites to enter the Sanctuary, **the priests took it out.** However, **now** in the courtyard, **where it is possible** for the ritual impurity to be removed **by the Levites, the priests no longer render themselves ritually impure,** as they are prohibited from maintaining contact with ritual impurity for any longer than necessary. That is to say, the Levites removed it from any place where they were permitted to enter.

תָּנוּ רַבָּנַן: הַכֹּל נִכְנָסִין בַּהֵיכָל לִבְנוֹת לְתַקֵּן וּלְהוֹצִיא אֶת הַטּוּמְאָה, וּמִצְוָה בְּכֹהֲנִים. אִם אֵין שָׁם כֹּהֲנִים – נִכְנָסִין לְוִיִּם, אֵין שָׁם לְוִיִּם – נִכְנָסִין יִשְׂרְאֵלִים. וְאִידִי וְאִידִי טְהוֹרִין – אִין, טְמֵאִין – לָא.

The Sages taught in a *baraita*: It is permitted for **everyone** to **enter the Sanctuary to build, to repair, or to remove impurity** from inside. However, wherever possible, **the mitzva is** for these tasks to be performed **by priests.**[B] **If no priests are available, Levites enter; if no Levites are available, Israelites enter. In both** cases, if **they are** ritually **pure, yes,** they may enter, but if **they are impure, no,** they may not enter the holy place.[H]

אָמַר רַב הוּנָא: רַב כָּהֲנָא מְסַיֵּיעַ כָּהֲנֵי, דְּתָנֵי רַב כָּהֲנָא: מִתּוֹךְ שֶׁנֶּאֱמַר: ״אַךְ אֶל הַפָּרוֹכֶת לֹא יָבֹא״ יָכוֹל לֹא יְהוּ כֹּהֲנִים בַּעֲלֵי מוּמִין נִכְנָסִין בֵּין הָאוּלָם וְלַמִּזְבֵּחַ לַעֲשׂוֹת רִיקּוּעֵי פַּחִים –

Rav Huna said: Rav Kahana, who was a priest, **supports priests**[N] by emphasizing their special sanctity. **As Rav Kahana taught** in a *baraita*: **Since it is stated** with regard to a priest who has a physical blemish, **"Only he shall not go in unto the veil,** nor come near to the altar, because he has a blemish, that he profane not My holy places; for I am the Lord who sanctifies them" (Leviticus 21:23), **I might** have thought that **priests with blemishes** may **not enter** the area **between the Entrance Hall and the altar to manufacture beaten plates**[N] of gold for the Holy of Holies.

תַּלְמוּד לוֹמַר: ״אַךְ״ – חִלֵּק. מִצְוָה בִּתְמִימִים, אֵין שָׁם תְּמִימִים – נִכְנָסִין בַּעֲלֵי מוּמִין. מִצְוָה בִּטְהוֹרִין, אֵין שָׁם טְהוֹרִין – נִכְנָסִין טְמֵאִין. אִידִי וְאִידִי, כֹּהֲנִים – אִין, יִשְׂרְאֵלִים – לָא.

Therefore **the verse teaches "only"** as an expression of exclusion, which means that there is **a distinction** here: Although the **mitzva** should be performed with **unblemished** priests *ab initio*, **if no unblemished** priests **are available, blemished ones** may **enter.** Likewise, it is the duty of ritually **pure** priests; **if no pure** priests **are available, impure ones** may **enter.**[H] **In both** cases, if they are **priests, yes,** they may enter, but if they are **Israelites, no,** they may not enter the holy place. According to Rav Kahana, ritually impure priests take precedence over ritually pure Israelites.

NOTES

Impurity in the Sanctuary – טוּמְאָה שֶׁבַּהֵיכָל: According to some commentaries, this was an impurity imparted by a corpse itself, as priests are specifically prohibited from contracting impurity by touching a corpse (*Ge'on Ya'akov*).

Supports priests – מְסַיֵּיעַ כָּהֲנֵי: Rashi explains that in several places, Rav Kahana cites teachings that elevate the status of priests above that of the rest of the people.

Beaten plates – רִיקּוּעֵי פַּחִים: The inside of the Holy of Holies was entirely overlaid with gold plates. To lay these golden plates, it was necessary in practice to allow artisans, either priests or others, to enter, despite the fact that the High Priest alone was permitted to enter the Holy of Holies, and then only on Yom Kippur.

BACKGROUND

Sanctuary repairs – תִּיקּוּן הַהֵיכָל: This discussion concerning those suitable to enter the Sanctuary to build and to perform repairs had numerous practical ramifications, especially when the Temple was rebuilt by Herod. While the overall structure, particularly the large outer framework, was built relatively quickly, it took many years, some even say generations, before all the work was completed, as they wanted the work on the Temple itself to be performed by priests.

HALAKHA

Who enters the Sanctuary to perform repairs – מִי נִכְנָס לַהֵיכָל לְתַקֵּן: When it is necessary to perform repairs in the Sanctuary, the mitzva should be performed by ritually pure, unblemished priests. If no unblemished priests can do the repairs, blemished ones are allowed to enter. If there are no priests available, Levites enter, and if there are no Levites, Israelites enter. If no one is pure, then ritually impure people may enter to perform the repairs (Rambam *Sefer Avoda, Hilkhot Beit HaBeḥira* 7:23).

Impure and blemished – טָמֵא וּבַעַל מוּם: If it is necessary to allow either an impure priest or a blemished one to enter to perform repairs in the Sanctuary, it is preferable that a blemished priest enter rather than an impure one. This ruling is based on the conclusion elsewhere that communal impurity is only suspended, not freely permitted. Consequently, a pure, blemished priest takes precedence (*Kesef Mishne*). According to an alternative reading, the Rambam reversed the opinions, and ruled in accordance with Rav, contrary to his disciple Rabbi Elazar (*Mishne LeMelekh*, in accordance with *Mabit*; Rambam *Sefer Avoda, Hilkhot Beit HaBeḥira* 7:23).

אִיבַּעְיָא לְהוּ: טָמֵא וּבַעַל מוּם אֵיזוֹ מֵהֶן נִכְנָס? רַב חִיָּיא בַּר אַשִׁי אָמַר רַב: טָמֵא נִכְנָס, דְּהָא אִישְׁתְּרִי בַּעֲבוֹדַת צִיבּוּר. רַבִּי אֶלְעָזָר אוֹמֵר: בַּעַל מוּם נִכְנָס, דְּהָא אִישְׁתְּרִי בַּאֲכִילַת קָדָשִׁים.

A dilemma was raised before the Sages: If one priest is ritually **impure and** another **has a blemish, which of them** should **enter** to perform repairs? **Rav Ḥiyya bar Ashi said** that **Rav said:** The **impure one** should **enter, as he is permitted** to participate **in communal service.** If the entire community is ritually impure, even impure priests may perform the service, whereas blemished priests may not serve under any circumstances. **Rabbi Elazar says:** The **one with the blemish** should **enter, as he is permitted to eat consecrated foods,** which indicates that he retains the sanctity of the priesthood despite his blemish. The Gemara leaves this question unresolved.

״רַבִּי שִׁמְעוֹן אוֹמֵר וכו׳״. רַבִּי שִׁמְעוֹן הֵיכָא קָאֵי? הָתָם קָאֵי, דִּתְנַן: מִי שֶׁהֶחְשִׁיךְ חוּץ לַתְּחוּם, אֲפִילּוּ אַמָּה אַחַת לֹא יִכָּנֵס. רַבִּי שִׁמְעוֹן אוֹמֵר: אֲפִילּוּ חָמֵשׁ עֶשְׂרֵה אַמָּה יִכָּנֵס, לְפִי שֶׁאֵין הַמָּשׁוֹחוֹת מְמַצְּעִין אֶת הַמִּדּוֹת מִפְּנֵי הַטּוֹעִים.

We learned in the mishna that **Rabbi Shimon says:** Wherever the Sages permitted an action to you, they granted you only from your own. The Gemara asks: With regard to **Rabbi Shimon, on the basis of what** mishna did he formulate this principle? The Gemara answers: He taught this principle **on the basis** of the mishna **there, as we learned:** With regard to **one** for **whom it grew dark** while he was **outside the** Shabbat **limit, even** if he was only **one cubit** outside the limit **he** may **not enter** the town. **Rabbi Shimon says: Even** if he was **fifteen cubits** outside the limit, **he** may **enter** the town, **because** when **the surveyors** mark the Shabbat limit, they **do not measure precisely.** Rather they position the boundary mark within the two-thousand-cubit limit, **because of those who err.**

דְּקָאָמַר תַּנָּא קַמָּא לֹא יִכָּנֵס, וְאָמַר לֵיהּ רַבִּי שִׁמְעוֹן יִכָּנֵס.

With regard to **that which the first** ***tanna*** **said,** i.e., that **he** may **not enter, Rabbi Shimon said to** the *tanna*: **He** may **enter.** His reason, as stated, is that the limit does in fact extend that far, as any area the Sages granted to a person was actually permitted to him by Torah law.

״שֶׁלֹּא הִתִּירוּ לְךָ אֶלָּא מִשּׁוּם שְׁבוּת״. הֵיכָא קָאֵי? הָתָם קָאֵי, דְּקָאָמַר תַּנָּא קַמָּא: קוֹשְׁרָהּ, וְאָמַר לֵיהּ רַבִּי שִׁמְעוֹן: עוֹנְבָהּ.

Rabbi Shimon further said: **As they permitted to you only** activities prohibited **due to rabbinic decree,** but not actions prohibited by Torah law. The Gemara asks: **On the basis of what** teaching did he formulate this principle? The Gemara answers: He taught it **on the basis** of the mishna **there, where the first** ***tanna*** **said** with regard to a harp string in the Temple that broke on Shabbat, that **one** may **tie it** with a knot, **and Rabbi Shimon said: He** may **form** only **a bow.**[N]

עֲנִיבָה דְּלָא אָתֵי לִידֵי חִיּוּב חַטָּאת – שָׁרוּ לֵיהּ רַבָּנַן, קְשִׁירָה דְּאָתֵי לִידֵי חִיּוּב חַטָּאת – לָא שָׁרוּ לֵיהּ רַבָּנַן.

The reason why only **forming a bow** is permitted, is **that it cannot lead to liability for a sin-offering,** as forming a bow cannot constitute a violation of the category of the prohibited labor of tying. Consequently, **the Sages permitted it.** However, with regard to **tying** a knot, **which can lead to liability for a sin-offering** when performed outside the Temple, **the Sages did not permit it,** as Rabbi Shimon maintains that the Sages permitted only activities whose prohibition involves a rabbinic decree.[N]

הדרן עלך המוצא תפילין
וסליקא לה מסכת עירובין

NOTES

The statement of Rabbi Shimon – דִּבְרֵי רַבִּי שִׁמְעוֹן: Rabbi Ovadya Bartenura explains that Rabbi Shimon sought to clarify why he is so stringent in the case of the broken harp string, despite his leniency with regard to one outside the Shabbat boundary. His explanation is that the Sages permit only activities prohibited by rabbinic decree, as: From your own they grant you. Consequently, they were lenient in the case of boundaries, where the surveyors' measurements allow for a certain leeway, but they were stringent in a case involving a Torah prohibition.

The conclusion of the tractate – סִיּוּם הַמַּסֶּכֶת: The Maharsha adds that although the Gemara suggests particular sources for Rabbi Shimon's statement, his teaching basically applies to the entire tractate, according to all opinions. In other words, the guiding principle of rabbinic prohibitions and the leniencies granted by the Sages with respect to their own stringencies, pertain to all the *halakhot* of *eiruvin*. Likewise, in the *Tosefta* and the Jerusalem Talmud, the concluding statement is: Tongs are formed with tongs, i.e., one set of tongs can be used to produce many tongs. Analogously, all rabbinic decrees intended to enhance the character of Shabbat as a day of rest were derived from the basic principle of rest.

Summary of **Perek X**

Several aspects of the rabbinic decrees designed to preserve the integrity of Shabbat as a day of rest were discussed in this chapter. Essentially, what are the limits of rabbinic decrees? Under what circumstances do the Sages insist on full compliance and when are they more flexible? The prohibited labor of carrying out is an inferior labor, as, in contrast to the other primary categories of prohibited labor, no apparent change has been engendered in the object, and the lines demarcating the boundaries between the various domains of Shabbat are similarly not always apparent. Consequently, numerous rabbinic decrees were issued in an attempt to limit the possibility that one will transfer objects from one domain to another. The Sages prohibited transfer of objects from domain to domain even when it is accomplished through an intermediate domain, unless it was performed while observing numerous precautionary measures.

Indeed, the principle established by Rabbi Shimon was, in a certain sense, the key to all of the halakhic issues discussed in this chapter; it applied to the rabbinic decrees issued to preserve the character of Shabbat as a day of rest: Wherever the Sages permitted you to perform a certain action, they merely gave you from that which was yours. As it was the Sages who issued these decrees, they, at times, permitted the performance of actions similar to those they prohibited for various reasons.

Therefore, the Sages employed extensive leniency with regard to matters associated with sacred items, e.g., sacred writings, phylacteries, and the like. This approach was especially conspicuous with regard to the Temple precincts. There, many of the decrees issued by the Sages were not in effect, either due to the diligence of the priests and their meticulousness in the performance of mitzvot, in contrast to the general public, whose lack of attention could lead to failure in those matters, or due to the fact that stringency within the Temple precincts with regard to one matter could lead to laxity with regard to other mitzvot of the Temple that are Torah obligations.

Nevertheless, not everything permitted by Torah law was actually performed within the Temple precincts. The suspension of decrees was implemented only for matters that were essential and with regard to which there was no danger that a Torah prohibition would be violated. Just as the Sages were lenient in applying decrees issued to preserve Shabbat as a day of rest within the Temple precincts, so too were they lenient with regard to other rabbinic decrees and stringencies there, limiting their decrees only to cases where there was concern lest even the priests in the Temple come to violate a Torah prohibition.

Image **Credits**

All images are copyright © Koren Publishers Jerusalem Ltd., except:

p202 © JMiall; **p225** 2nd image © Victor Hermida Prada; **p253** left image © Nicholas; **p260** © Ori; **p265** 1st image © Silje L. Bakke; **p268** © Dr. Steven Plunkett; **p269** © Tropenmuseum; **p272** © pjt56; **p274** 1st image © HaRav Menachem Makover, courtesy of *Harenu Bevinyano*; **p274** 2nd image © DDohler; **p276** 2nd image © Neot Kedumim – The Biblical Landscape Reserve in Israel, www.n-k.org.il; **p277** 2nd image © HaRav Menachem Makover, courtesy of *Harenu Bevinyano*.